Politik und Wirtschaft

Kursthemen für die Sekundarstufe II

Band 5:

GLOBALISIERUNG

Internationale Politik im Wandel

Herausgegeben von Peter Jöckel und Dirk Lange

Erarbeitet von Peter Jöckel

Cornelsen

Politik und Wirtschaft
Kursthemen für die Sekundarstufe II
Band 5: Globalisierung – Internationale Politik im Wandel

Herausgegeben von Peter Jöckel und Dirk Lange

erarbeitet von Peter Jöckel

Redaktion:	Jürgen Schmidt
Umschlaggestaltung:	Rosendahl Grafikdesign
Grafik:	Infotext, Berlin
Layout und technische Umsetzung:	Stephan Hilleckenbach, Berlin

www.cornelsen.de

1. Auflage, 1. Druck 2012

Alle Drucke dieser Auflage sind inhaltlich unverändert und können im Unterricht nebeneinander verwendet werden.

Druck: Stürtz GmbH, Würzburg

ISBN 978-3-06-065154-2

Inhalt gedruckt auf säurefreiem Papier aus nachhaltiger Forstwirtschaft.

Liebe Lehrerinnen und Lehrer, liebe Schülerinnen und Schüler,

die Bände der Reihe „Kursthemen Politik und Wirtschaft" sind für die gymnasiale Oberstufe konzipiert und bieten umfassende Materialien zur Abiturvorbereitung. Die Bände „Soziologie", „Demokratie" und „Wirtschaft" greifen die grundlegenden Problemstellungen der Bezugswissenschaften des Faches auf. Die Bände „Sozialpolitik", „Globalisierung", „Wirtschaftspolitik" und „Europa" gehen von diesen Grundlagen aus und behandeln zentrale Leitthemen, wie sie auch in den Lehrplänen ihren Niederschlag finden. Die drei erstgenannten Bände eignen sich daher insbesondere für die Einführungsphase der gymnasialen Oberstufe, die vier weiteren für die Qualifikationsphase.

Hilfestellung und Orientierung
In fast allen Bundesländern sind die Schülerinnen und Schüler der gymnasialen Oberstufe aufgrund der Schulzeitverkürzung jünger geworden. Die Bände der Reihe tragen diesem Umstand Rechnung und geben mit verschiedenen Mitteln Hilfestellung und Orientierung. Sie beruhen auf dem Verfahren des kooperativen Lernens. Die Arbeitsanregungen sind differenziert und ermöglichen ein problemorientiertes und urteilsbildendes Vorgehen. Der Aufbau der Bände folgt dem Doppelseitenprinzip. Vielfach wird das zu behandelnde Thema auf zwei gegenüberliegenden Seiten abgehandelt. Ist es komplexer, so können auch zwei oder mehr Doppelseiten einem Thema gewidmet sein.

Förderung von selbstständiger Arbeit und Recherche
Die Themen knüpfen an aktuelle politische, wirtschaftliche und gesellschaftliche Fragestellungen an und ermöglichen es, zum gegenwärtigen politischen Geschehen selbst Stellung zu nehmen. Da jedes Thema in Zeiten raschen sozialen, politischen und ökonomischen Wandels ständig der Aktualisierung bedarf, werden den Schülerinnen und Schülern vielfältige Möglichkeiten zur Weiterarbeit geboten. Hierbei hilft ihnen ein ausführlicher Methodenanhang, den jeder Band enthält. Die Schülerinnen und Schüler werden stets aufgefordert, sich selbstständig mit den Problemstellungen zu befassen und zur Bearbeitung eine passende Methode aus dem Methodenanhang auszuwählen und zu nutzen. Zudem ist in jedem Band eine Methode exemplarisch ausgeführt.

Fachspezifischer Kompetenzerwerb
Die Bände tragen zu einem fachspezifischen Kompetenzerwerb bei. Die gymnasiale Oberstufe soll die Voraussetzungen für ein wissenschaftliches Studium schaffen. Entsprechend bieten die Bände der Reihe Materialien, die den Erwerb entsprechender Kompetenzen ermöglichen sollen. Jedem Kapitel ist ein „Kompetenzcheck" zugeordnet, der nach den Anforderungsbereichen (AFB) der Prüfungsanforderungen für das Fach Politik und Wirtschaft bzw. Sozialwissenschaften gegliedert ist. Damit können die Schülerinnen und Schüler überprüfen, ob sie sich anhand des jeweiligen Kapitels sozialwissenschaftliche Kompetenzen erworben haben.

Merkmale der Reihe
Kurz zusammengefasst zeichnen sich die Bände der Reihe „Kursthemen Politik und Wirtschaft" aus durch
- Einüben politischer Urteilsbildung
- Kompetenzorientierung
- Kontroversität
- Problemorientierung
- Methodenorientierung
- Handlungsorientierung

Herausgeber und Verlag

7 Eine Welt

8 Globale Herausforderungen

9 Methoden in den Sozialwissenschaften

1 Globalisierung

Der Begriff Globalisierung ist seit einigen Jahren aus der öffentlichen Diskussion nicht mehr wegzudenken. Er wird häufig zur Erklärung neuer wirtschaftlicher, politischer und sozialer Phänomene herangezogen, aber auch als Argumentationshilfe für politische Entscheidungen gebraucht. Globalisierung und globales Handeln sind keine Begriffe, die in der wissenschaftlichen Diskussion streng festgelegt wären. Sie haben mittlerweile zu einem großen Teil den Charakter von Schlagworten und politischen Kampfbegriffen angenommen.
Umso wichtiger ist es deshalb, die unterschiedlichen Bedeutungen des Begriffs zu klären, die auch Folgen unterschiedlichen Gebrauchs sind. Wichtig ist es zudem, einschätzen zu können, welche Auswirkungen die Globalisierung auf die internationale Politik hat und welche neuen Akteure in ihrem Gefolge die Weltbühne betreten haben.

Wer handelt global?

Das Ende der Herrschaftsblöcke Anfang der 1990er-Jahre hatte das Entstehen mehrerer Herrschaftszentren auf der Welt zur Folge und gab damit den Weg für einen neuen Schub der Globalisierung frei. Die zunehmende internationale Verflechtung von Wirtschaft, Technologie und Ökologie der letzten 20 Jahre bewirkte eine Erosion nationalstaatlicher Souveränität. Internationale Akteure rückten in den Vordergrund, teilweise entstanden sie sogar erst neu. Zu den westlichen Machtzentren und ihren Akteuren traten zunehmend asiatische und mittelöstliche Akteure hinzu, die nun sowohl als Konkurrenten als auch als Partner agieren. Entscheidend für die Fähigkeit, die Probleme der Weltgesellschaft und Weltwirtschaft zu lösen, ist nicht nur die Stärke dieser Organisationen selbst, sondern auch ihr Wille zur Kooperation untereinander. Bedingung für weltweiten Fortschritt ist es also, das Vernetzungspotenzial dieser Akteure zu nutzen.

Der „blaue Planet"

M1 Globales Handeln, Beispiel 1

James Irwin (1930–1991), US-Astronaut und achter Mensch auf dem Mond: „Die Erde erinnerte uns an eine in der Schwärze des Weltraums aufgehängte Christbaumkugel. Mit größerer Entfernung wurde sie immer kleiner. Schließlich schrumpfte sie auf die Größe einer Murmel – der schönsten Murmel, die du dir vorstellen kannst. Dieses schöne, warme, lebende Objekt sah so zerbrechlich aus, als ob es zerkrümeln würde, wenn man es mit dem Finger anstieße. Ein solcher Anblick muss einen Menschen einfach verändern, muss bewirken, dass er die göttliche Schöpfung und die Liebe Gottes dankbar anerkennt."

Zit. nach: Kevin W. Kelly: Der Heimatplanet, Frankfurt/M. 1989, o.S.; in www.paoweb.org, (Zugriff: 17.4.2012)

M2 Globales Handeln, Beispiel 2

Hungersnot in Somalia

M3 Globales Handeln, Beispiel 3: Chrysler schließt Werk für Spritfresser

Weil selbst die Amerikaner inzwischen weniger spritfressende überdimensionierte Autos kaufen, schließt der US-Autobauer Chrysler ein Werk auf unbestimmte Zeit. Von der Schließung des Standorts St. Louis Süd im US-Bundesstaat Missouri seien insgesamt 1500 Mitarbeiter betroffen, teilte Vizechef Tom LaSorda mit. Auch bei Ford macht sich der Spritpreis inzwischen bemerkbar. (...)

„Es ist unwahrscheinlich, dass sie wieder zurückkommen. Wir sehen für die Zukunft keinen Bedarf", ergänzte LaSorda. In dem Werk werden Minivans produziert. Auch am Standort St. Louis Nord, in dem Pick-Up-Trucks gebaut werden, soll die Produktion demnach ab September zurückgefahren werden. 900 Mitarbeiter stünden vor der Entlassung. (...)

Die Rekordpreise für Treibstoff haben in den USA die Nachfrage nach PS-starken Pickup-Trucks und Jeep-Fahrzeugen sinken lassen. Chrysler hat nach eigenen Angaben in diesem Jahr 14 Prozent weniger Autos verkauft. „Wir werden künftig verstärkt kleinere Fahrzeuge produzieren", sagte Chrysler-Vize Jim Presse. Vor Chrysler hatten sich schon Ford und General Motors entschieden, die Produktion spritfressender Pickup-Trucks zu drosseln.

AFP/dpa-AFX/t-online.de: Chrysler schließt Werk für Spritfresser, in: http://wirtschaft.t-online.de (Zugriff: 1.8.2011)

M4 Globales Handeln, Beispiel 4

M5 Globales Handeln, Beispiel 5: Der weltweite Fertigungsverbund

Zahl der Mitarbeiter an den Standorten des Volkswagenkonzerns weltweit, Angaben gerundet

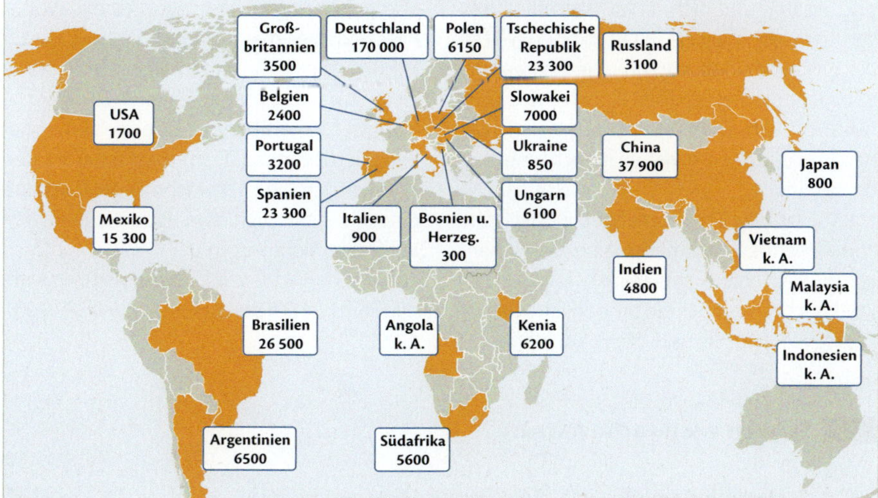

Nach: http://de.wikipedia.org/wiki/Volkswagen_AG; Stand 2004; k. A.: keine Angaben

1 Ordnen Sie die Beispiele danach ein, inwiefern hier globales Handeln zum Ausdruck kommt. Finden Sie weitere Beispiele.

2 Tauschen Sie anschließend im Placemat-Verfahren Ihre Sichtweise von globalem Handeln aus und beurteilen Sie die Ergebnisse.

3 „Global denken – lokal handeln" – diskutieren Sie diesen Satz der Ökologiebewegung.

Wer sind die Akteure der internationalen Politik?

Auch die Politik zwischen Staaten wird letztendlich von Menschen gemacht. Staaten bzw. nichtstaatlich Handelnde unterhalten mittels Normen und Institutionen Beziehungen zu anderen Staaten bzw. nichtstaatlichen Gruppen. Für diese Menschen hat sich der Begriff der Akteure herausgebildet – und zwar für individuelle und für überindividuelle Akteure. Individuelle Akteure sind einzelne Menschen, überindividuelle Akteure sind Zusammenschlüsse von vielen Menschen: Staaten, Konzerne, NGOs u.a. Wie stark diese Akteure auf die internationale Politik einwirken, ist umstritten. Können auch Einzelne im globalen Kontext handeln und etwas bewegen? Zur Beantwortung dieser Frage werden einige Personen vorgestellt.

Pascal Lamy, Chef der Welthandelsorganisation (WTO). Die WTO ist ein wichtiger zwischenstaatlicher Akteur der Globalisierung

M6 Staaten – wichtige Akteure

Die Bedeutung von Staaten in internationalen Prozessen ist in hohem Maße davon abhängig, wie sie innerlich verfasst sind und wie staatliche Politik nach außen agiert. Grundsätzlich kann man dabei festhalten, dass die Staaten nach wie vor ganz entscheidende Akteure auf der Weltbühne und somit auch im Prozess der Globalisierung sind. Es ist gerade die Einrichtung beziehungsweise die inhaltliche Entwicklung internationaler Organisationen und Abkommen (WTO, OECD, EU, NAFTA und so weiter), die auf der Grundlage ausdrücklichen politischen Willens in den Nationalstaaten die Globalisierung befördert hat. Stichworte sind Liberalisierungen oder Handelsabkommen.

Vertragspartner oder Mitglieder dieser internationalen Institutionen und Organisationen sind Staaten und nicht etwa Weltbranchenverbände, Weltgewerkschaften oder Weltarbeitgeberverbände. Kurzum: Die Staaten sind also nicht die Getriebenen einer höheren Gewalt, sondern agieren selbst auf vielen Ebenen und in vielen Bereichen in Richtung Globalisierung.

Dass staatliche Politik maßgeblich an stark zunehmenden internationalen wirtschaftlichen Verflechtungen teilhat, sagt jedoch noch nichts aus über die tatsächliche demokratische Kontrolle und damit auch über die Legitimation transnationaler Politik. Hier lässt sich insgesamt eine schleichende Abkoppelung erkennen.

Wenn die Staats- und Regierungschefs der führenden Industriestaaten die Grundzüge ihrer Wirtschafts- und Finanzpolitik abstimmen oder die Experten im Rahmen der World Trade Organization (WTO) über die Aufhebung von Handelsschranken verhandeln, hat die Öffentlichkeit, haben aber auch die Parlamente daran oft nur in sehr geringem Ausmaß teil.

Eine Einbindung findet häufig erst in der Folge statt, also dann, wenn internationale Absprachen oder Verträge in nationale Politik und nationale Gesetze umgesetzt werden. Dann aber sind Fakten geschaffen, die ein Parlament kaum umkehren oder maßgeblich korrigieren wird, selbst wenn es das wollte. Hier bedarf es mehr Öffentlichkeit und Aufklärung über Ziele und Inhalte internationaler Politik, und es bedarf einer engeren beziehungsweise früheren Einbeziehung der Volksvertretungen. Demokratische Staaten können sich eine schwache Legislative und eine schwache Legitimation der Regierungen auf Dauer nicht leisten.

Thomas de Maizière: Globalisierung und Nationalstaat, in: Die politische Meinung 382/2001, S. 20

M7 Staaten – schwache Akteure

Die Globalisierung bringt die Nationalstaaten in eine ungemütliche Sandwichposition. Für die großen Zukunftsfragen der Menschheit sind sie zu klein, für die großen Sorgen der kleinen Leute sind sie zu groß. Klimaveränderung, Erderwärmung, steigende Meeresspiegel, aber auch Bevölkerungswachstum, Massenmigration oder die Fragen des friedlichen Neben- und Miteinanders machen weder an nationalen Grenzen Halt, noch lassen sie sich von einem Land allein beeinflussen. Sie fordern weltweit alle gleichermaßen heraus. Während aber die Ursachen weit weg liegen, bleiben die konkreten Wirkungen sehr lokal.

Die Folgen der Globalisierung zeigen sich vor der eigenen Haustür, auf dem lokalen Arbeitsmarkt, bei der heimischen Umweltqualität, bei der Sauberkeit von Luft und Wasser oder bei der Lebensqualität und der Kriminalstatistik am Wohnort.

Für die globale Ursachenbehebung sind Nationalstaaten zu klein. Das Klima lässt sich nicht durch nationale Regierungen anordnen. Für die Problembewältigung sind Nationalstaaten zu groß. Emotionale Betroffenheit, menschliche Sorgen und berufliche Zukunftsängste benötigen das Vertrauen kleiner Therapiegruppen und nicht standardisierte Ratschläge anonymer Bundesministerien.

Thomas Straubhaar: Zerreißt uns die Globalisierung? In: HWWI (Hamburgisches Weltwirtschaftsinstitut), Standpunkt Mai 2006, S. 25

M 8 Transnationale Konzerne vermehren sich

Transnationale Unternehmen (TNU) in absoluten Zahlen
und Anteil der TNU aus ökonomisch entwickelten Staaten in Prozent

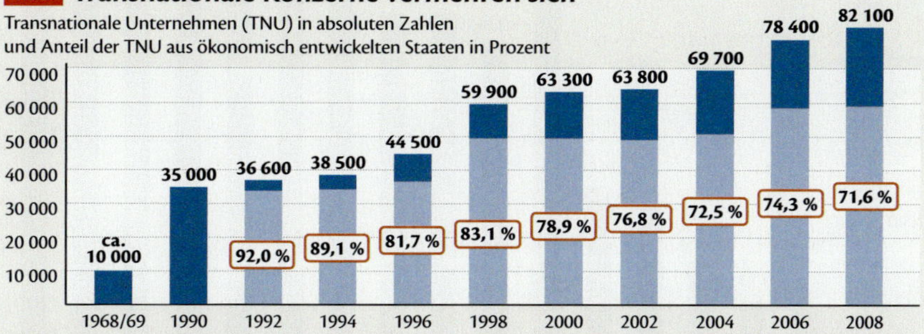

Der jeweilige Gesamtwert enthält Werte aus früheren Jahren, die Jahresangaben beziehen sich dabei auf das letzte Jahr, aus dem Daten zur Verfügung standen. 1968/69: abgeleiteter Wert, 1968/69 und 1990: keine Angaben zum Anteil auf ökonomisch entwickelten Staaten
Quelle: Bundeszentrale für politische Bildung

M 9 Die 10 größten Transnationalen Unternehmen*

ohne Finanzbranche, nach Vermögenswerten (Aktiva) im Ausland, 2008

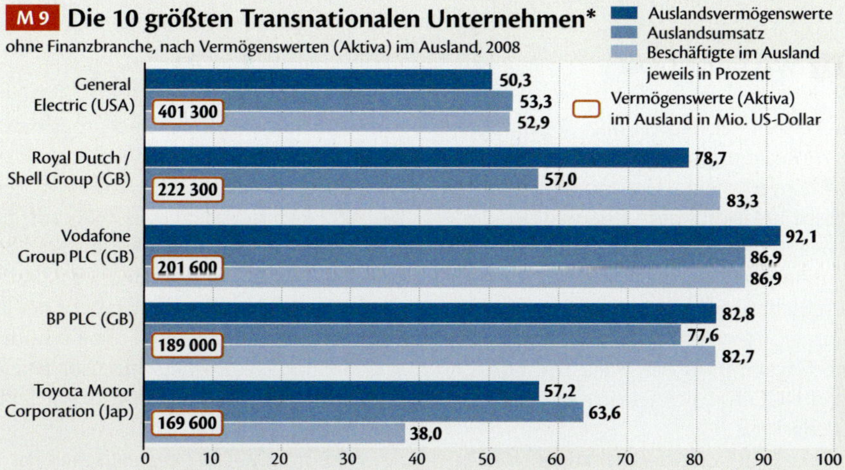

**bezogen auf die Vermögenswerte (Aktiva) im Ausland, nicht auf die Vermögenswerte insgesamt*
Quelle: Bundeszentrale für politische Bildung, Stand 2008

1 Bearbeiten Sie im Verfahren des Gruppenpuzzles die Materialien zu den Akteuren der Globalisierung aus **M 1** bis **M 13**.

2 Konzentrieren Sie sich auf **M 6** und **M 7** und beurteilen Sie, welchen Einfluss Staaten auf die Globalisierung nehmen können.

3 Analysieren Sie arbeitsteilig die verschiedenen Biografien und analysieren Sie die Interviews (**M 14–M 18**). Beurteilen Sie, welchen Einfluss die oder der Einzelne auf den weiteren Prozess der Globalisierung nehmen kann. Präsentieren Sie danach,
- in welcher Weise die Person auf die Weltgesellschaft einwirkt,
- welche Voraussetzungen die Person mitbringt,
- in welcher Beziehung die Person zu Staaten, multinationalen Unternehmen und zwischenstaatlichen Institutionen steht.

4 Entwerfen Sie ein Bild einer idealen „globalen Persönlichkeit".

M 10 Vermehrung der NGOs

Absolute Zahl der Nicht-Regierungsorganisationen weltweit von 1909 bis 2007

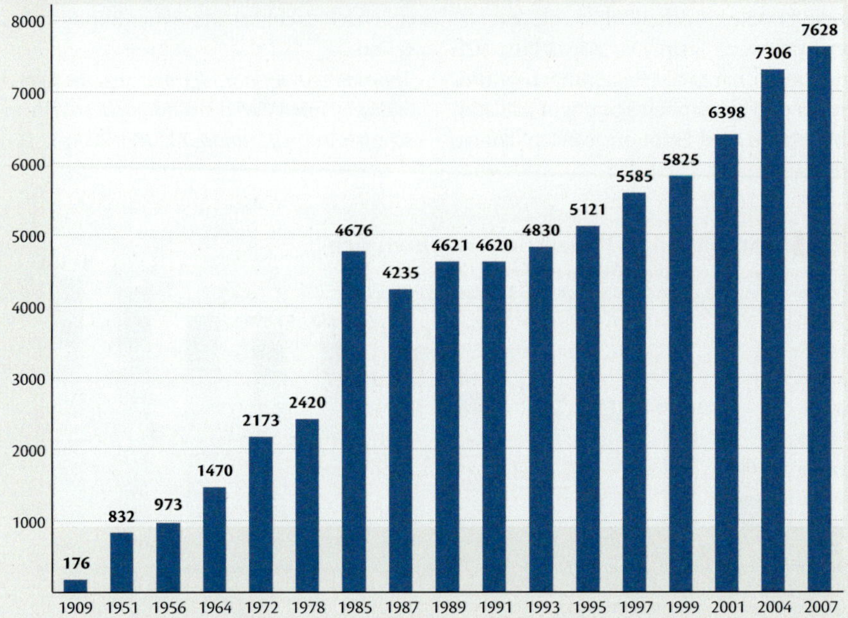

Quelle: Bundeszentrale für politische Bildung

M 11 Was sind NGOs?

Die ersten Vorläufer der sogenannten Nicht-Regierungsorganisationen (NGOs – Non-Governmental Organizations) finden sich im 19. Jahrhundert. 1839 wurde die erste Menschenrechtsorganisation, die Foreign Anti-Slavery Society (Anti-Sklaverei-Gesellschaft), gegründet. Mit dem Roten Kreuz gründete sich 1863 die erste humanitäre Organisation der Welt. Die Bezeichnung NGO hat sich jedoch erst seit 1945 durchgesetzt.

Vom Ende des Zweiten Weltkriegs bis zu Beginn der 1980er-Jahre stieg die Zahl der NGOs kontinuierlich. Während die Union of International Associations (UIA) im Jahr 1951 lediglich 832 NGOs registrierte, waren es 1972 bereits knapp 2200. In den 1980er-Jahren stagnierte die Zahl der NGOs und lag bei rund 4500.

Das Ende der Blockkonfrontation und die damit einhergehende Neugestaltung der internationalen Politik ließ die Zahl der NGOs schließlich rasant ansteigen. Insbesondere die Weltkonferenzen der Vereinten Nationen (UN), beginnend mit der Konferenz über Umwelt und Entwicklung (UNCED) im Jahre 1992 in Rio de Janeiro, führten zu einer neuen Stellung und Akzeptanz der NGOs.

Parallel zu ihrer steigenden Bedeutung durch Mitarbeit, Expertise und Lobbytätigkeit erhöhte sich die Anzahl der NGOs von 1991 bis 2007 kontinuierlich von 4620 auf gut 7600. Heute sind die NGOs ein fester Bestandteil aller Global-Governance-Ansätze (s. S. 236). NGOs sollen das Gewicht der Zivilgesellschaft auf globaler Ebene erhöhen und Themen wie Umweltschutz, soziale Gerechtigkeit und Menschenrechte zur Sprache bringen.

Auch wenn NGOs keiner politischen Partei zuzuordnen sind und sie für sich in Anspruch nehmen, allgemeine und universelle Gesellschaftsinteressen zu vertreten, gibt es dennoch Kritik an einer zu starken Stellung der NGOs: So kann die fehlende öffentliche Legitimation transnationaler Politik nicht durch NGOs ausgeglichen werden, da diese ebenfalls nicht demokratisch legitimiert sind. Selbst die NGOs, die sich für mehr Demokratie auf globaler Ebene einsetzen, sind nicht gewählt und damit nicht ermächtigt, im Namen des Volkes zu agieren. Zudem sind NGOs auch intern nicht immer demokratisch strukturiert, und ihre Spendenabhängigkeit kann in Widerspruch zu ihrer Glaubwürdigkeit stehen.

Beispiele für NGOs:

ICRC

www.redcross.ch/org/international/ikrk

AMNESTY INTERNATIONAL

www2.amnesty.de

attac

www.attac.de

Bisher konnte sich weder in der öffentlichen Diskussion noch in der Fachwelt eine einheitliche Definition des NGO-Begriffs durchsetzen. Generell sind unter dem Begriff alle internationalen Organisationen zu verstehen, die nicht durch ein öffentliches Mandat legitimiert sind. Wird der Begriff „NGO" breiter gefasst und werden alle privaten Akteure und Interessengruppen – also internationale Gewerkschaften, Wirtschaftsverbände, Verbände von wissenschaftlichen Einrichtungen, Wohlfahrtsverbände, Hilfsorganisationen, Stiftungen, Kirchen, Selbsthilfegruppen und Bürgerinitiativen – mit einbezogen, steigt die Zahl der NGOs auf mehr als 21 000 im Jahr 2007.

Während beispielsweise die UN eine breite Definition verwendet, richten sich die hier gemachten Angaben nach der Definition der Union of International Associations (UIA), die einen umfassenden Kriterienkatalog für die von ihr registrierten NGOs erstellt hat. Danach müssen NGOs

- auf private Initiative gegründet werden,
- unabhängig – vor allem von staatlicher Einflussnahme – sein,
- eine internationale Mitgliedschaft vorweisen,
- ihre finanziellen Mittel aus mindestens drei Ländern beziehen,
- in mindestens drei Staaten tätig sein,
- über einen Wahlmechanismus für das Leistungsgremium verfügen sowie
- einen Hauptsitz und einen festen Mitarbeiterstab nachweisen.

Bundeszentrale für politische Bildung: Zahlen und Fakten: CD-ROM, 3. Auflage 2010, NGOs

M 12 Gouvernementale Organisationen

a) Zwischenstaatliche Organisationen

Internationale Organisationen sind Zusammenschlüsse von mindestens zwei Staaten zur Erfüllung überstaatlicher Aufgaben. Sie sind auf Dauer angelegte Bündnisse, die sich über nationalstaatliche Grenzen hinweg betätigen. Insbesondere nach dem Ende des Zweiten Weltkrieges hat sich dieses Konzept der internationalen Zusammenarbeit etabliert. Das Bedürfnis der Staaten zu wirtschaftlicher, sicherheitspolitischer oder rechtlicher Koordination und Kooperation ist mit der zunehmenden globalen Verflechtung stark gewachsen. Derzeit gibt es weltweit etwa 250 internationale Organisationen.

UNO

Die UNO (englisch United Nations Organization; Vereinte Nationen) ist ein zwischenstaatlicher Zusammenschluss von 193 Staaten. Eine der Hauptaufgaben der UNO ist die Friedenssicherung.

IAEO

Die Internationale Atomenergieorganisation IAEO wurde 1957 im Rahmen des „Atoms-for-Peace"-Programms der UN gegründet.

UNHCR

UNHCR (engl. United Nations High Commissioner for Refugees) ist das Flüchtlingskommissariat der UNO.

UNRWA

UNRWA (engl. United Nations Relief and Works Agency for Palestine Refugees in the Near East) ist ein temporäres Hilfsprogramm der UNO.

UNICEF

UNICEF (engl. United Nations International Children's Emergency Fund) ist das Kinderhilfswerk der UNO und wurde 1946 gegründet.

WHO

Die WHO (engl. World Health Organization, deutsch Weltgesundheitsorganisation) ist eine Sonderorganisation der UNO mit Sitz in Genf.

FAO UND WFP

Die FAO (engl. Food and Agriculture Organization, deutsch Ernährungs- und Landwirtschaftsorganisation) ist eine Organisation der UNO und wurde 1945 gegründet.

b) Staatenbünde und Militärblöcke

Ein Staatenbund ist ein Zusammenschluss souveräner Staaten.

Arabische Liga

Im Lauf des Zweiten Weltkriegs wurde der Zusammenhalt der arabischen Länder von den Briten gefördert in der Hoffnung, diese für die Opposition gegen Hitler-Deutschland zu gewinnen.

NATO

Die NATO ist ein 1949 gegründetes militärisches Bündnis europäischer und nordamerikanischer Staaten.

Europäische Union (EU)

Die Europäische Union (EU) ist ein Staatenverbund. Derzeit hat die EU 27 Mitgliedsstaaten mit einer Bevölkerung von knapp 500 Millionen Einwohnern.

Afrikanische Union (AU)
Die Afrikanische Union (AU) ist ein Zusammenschluss von 53 afrikanischen Staaten.

OSZE
Die Organisation für Sicherheit und Zusammenarbeit in Europa (OSZE) wurde am 1. Januar 1995 gegründet und hat 56 Mitgliedsstaaten.

Europarat
Der Europarat ist die älteste zwischenstaatliche Organisation in Europa. Er wurde am 5. Mai 1949 mit dem Ziel gegründet, Rechtsstaatlichkeit, Menschenrechte und Demokratie zu fördern.

MERCOSUR
Mercosur (span. Mercado Común del Sur, dt. Gemeinsamer Markt des Südens) wurde 1991 gegründet.

c) Finanz- und Handelsorganisationen

Internationaler Währungsfonds (IWF)
Der IWF (Internationaler Währungsfonds) wurde 1944 gegründet. Er ist eine Sonderorganisation der UNO mit Sitz in Washington.

Weltbank
Die Gründung der Weltbank wurde 1944 auf der Währungs- und Finanzkonferenz der Vereinten Nationen in Bretton Woods beschlossen.

WTO
Die Welthandelsorganisation (englisch World Trade Organization, WTO) ist eine internationale Organisation mit Sitz in Genf (Schweiz).

OPEC
Die OPEC (engl. Organization of the Petroleum Exporting Countries, deutsch Organisation Erdöl exportierender Länder) ist eine 1960 in Bagdad gegründete internationale Organisation.

Nach: Friedensbüro Salzburg, whywar?at, in: http://www.whywar.at/internationale_organisationen (Zugriff: 11.7.2012)

M 13 Zwischenstaatliche Organisationen in Europa

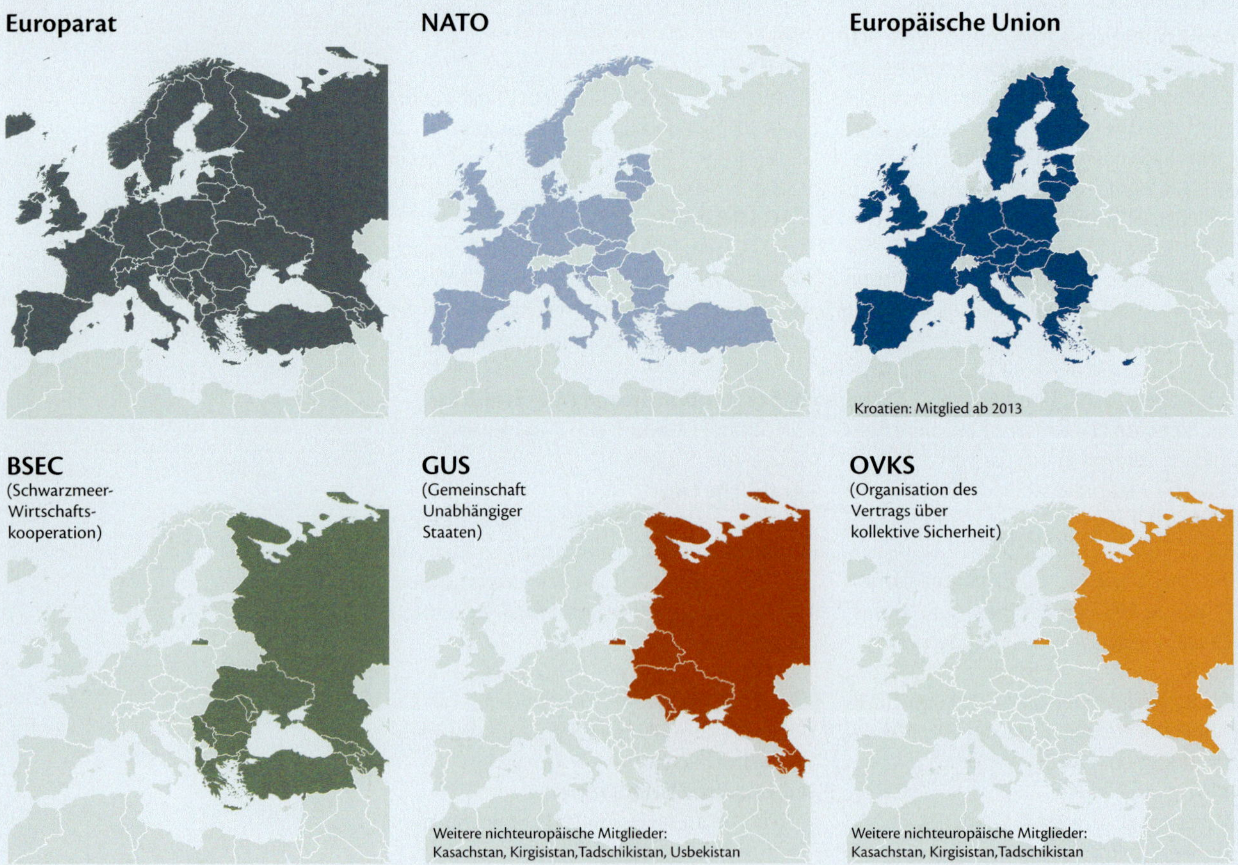

Quelle: Bundeszentrale für politische Bildung

M 14 Interview mit Nicolas Negroponte: „Auch unsere Server werden 100 Dollar kosten“

WELT.de sprach mit dem Visionär des 100-Dollar-Laptops über Fortschritte und die größten Probleme des Projekts. Negroponte verrät, wie er das Internet in allen Regionen der Erde etablieren will und warum der Preis des Kleincomputers zunächst höher als erwartet ist.

Das Computer-Projekt One Laptop Per Child (OLPC) hat in China die ersten Testrechner anfertigen lassen. Eines Tages will Nicholas Negroponte, Vorsitzender des Projekts, das von Privatleuten, Unternehmen und Forschern getragen wird, eine Milliarde Billigrechner verteilt haben. Seine Idee ist nichts weniger als eine über das Internet getragene Bildungs-Revolution.

WELT.de: Sie wollten ursprünglich 100 Millionen Laptops jährlich ab 2006 an ärmere Schulkinder weltweit verteilen. Jetzt starten Sie mit viel weniger Rechnern. Wie weit ist Ihr Projekt vom Ziel entfernt, jedem Kind ein Laptop auszuhändigen?

Negroponte: Wir starten immerhin demnächst mit 5000 Testrechnern in fünf Ländern: Thailand, Brasilien, Nigeria, Argentinien und Libyen. Im zweiten Quartal 2007 wollen wir fünf Millionen Geräte herausbringen. Ein Zwischentest erfolgt zuvor im ersten Quartal. Wir halten weiterhin an unserem Plan fest, zwölf Monate nach der Einführung zwischen 50 und 100 Millionen Laptops im folgenden Jahr zu liefern.

WELT.de: Sie haben angekündigt, dass der Preis anfangs tatsächlich höher als 100 Dollar pro Laptop liegt. Warum?

Negroponte: Die Kosten liegen zunächst bei 150 Dollar. Wir nehmen an, dass der gedrückt werden kann. Unsere Kosten und der Endpreis decken sich. Der höhere Preis liegt vor allem an den Kosten für den Speicher im Rechner. Diese sinken aber bekanntlich.

WELT.de: Spender internationaler Computerfirmen könnten dazu beitragen, den Preis zu senken.

Negroponte: Alle Hersteller, die involviert sind, (…) machen Profit. Wir bitten die Firmen nicht um Spenden oder darum, mit Verlust für uns zu arbeiten. Die Gewinne sind ziemlich gering, aber garantiert.

Welt Online v. 21.11.2006; in: http://www.welt.de; die Fragen stellte Oliver Haustein-Teßmer (Zugriff: 12.7.2012)

Nicholas Negroponte (geb. 1943 in New York) war zunächst Architekt und arbeitete dann viele Jahre als Professor am Massachusetts Institute of Technology in Boston. Dort begründete er das Media Lab. 2005 trat er mit der Idee des Laptops für jeden Schüler an die Öffentlichkeit

M 15 Laptop für Kinder

Das Projekt „One Laptop per Child“ für Schulen in der Dritten Welt

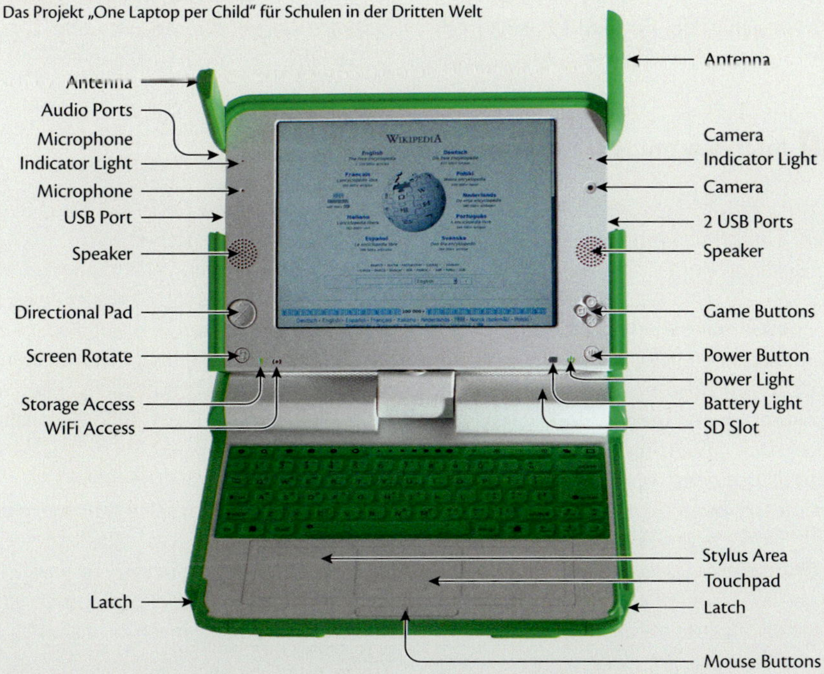

Nach: http://mediacology.com/wp-content/uploads/2008/OS/OX-1.jpg

Bill Gates (geb. 1955 in Seattle) gründete als Unternehmer und Programmierer 1975 das Softwareunternehmen Microsoft, das mit Produkten wie dem Betriebssystem Windows außerordentlich erfolgreich war. Microsoft ist u.a. durch diese Software für PCs ein Welterfolg und eines der größten Weltunternehmen. Bill Gates wurde zu einem der reichsten Menschen der Welt.

M16 Interview mit Bill Gates (Juli 2006)

Auf ihrer Südafrika-Reise in die Townships und Kliniken von Kapstadt bis Durban haben die Eheleute Gates der Frankfurter Allgemeinen Zeitung ein Interview gegeben. Das reichste Ehepaar der Welt hat mit der „Melinda & Bill Gates Foundation" Maßstäbe in der Wohltätigkeitsarbeit gesetzt, nicht nur, weil sie inzwischen über die immense Summe von sechzig Milliarden Dollar Stiftungsvermögen verfügt. Wenn es um die Bekämpfung der größten medizinischen Geiseln der Menschheit geht, um Aids, Malaria, Tuberkulose, ist ihr Einsatz beispiellos – und zieht dennoch Kritik auf sich.

FAZ: Sie sind der reichste Mann der Welt. Was werden Sie von 2008 an tun, wenn Sie mit Mitte Fünfzig Ihren Vollzeitjob bei Microsoft aufgeben?

Bill Gates: Ich werde zusammen mit Melinda und den Wissenschaftlern unterwegs sein, öfter auf Reisen gehen und mich mit Politikern treffen, die sich um die Gesundheit kümmern. (…)

FAZ: Was haben Sie empfunden, als Sie von den südafrikanischen Wissenschaftlern gehört haben, dass die medizinische Situation in den Townships zusehends schlechter wird, speziell was Tuberkulose und Aids angeht?

Bill Gates: Wenn man wie wir viel über Weltgesundheit gehört und gelernt hat und das mit dem vergleicht, was wir hier gesehen haben, dann ist das schon sehr verschieden und auch ein wenig deprimierend. Ich kann mich nicht an den schrecklichen Gedanken gewöhnen, dass die Welt nicht tut, was sie tun müsste, ob es um die Verteilung von Medikamenten geht oder um deren Entwicklung. Aber es gibt ja glücklicherweise auch einige Fortschritte. Die Kindersterblichkeit beispielsweise geht weltweit herunter. Um 1900 war sie in den Vereinigten Staaten am niedrigsten, dennoch war sie höher als in den am schlimmsten betroffenen Ländern heutzutage. Ja, es gibt riesige Herausforderungen, Aids ist so eine, auch Malaria verschlimmert sich mancherorts, und Tuberkulose geht weltweit gesehen zwar herunter, aber an Orten wie hier mit Aids verschlechtert sich die Situation weiter.

FAZ: Woher nehmen Sie Ihren Optimismus, das zu ändern, wenn man bedenkt, dass Robert Koch die Tuberkulose-Bazillen schon vor mehr als hundert Jahren entdeckt hat und die Therapiefortschritte in vielen Ländern so bescheiden sind?

Melinda Gates: Weil wir bisher einfach nicht genügend fokussiert waren auf die Tuberkulose. Wir hatten sie in unseren Ländern ja quasi eliminiert. Das war der Schock, den wir erlebt haben, als wir nach der Gründung der Stiftung nach Ländern gesucht haben, in denen wir medizinisch etwas bewegen können. Wir sagten, o Gott, was ist das für eine riesige Ungerechtigkeit. Mit unserem Geld haben wir jetzt eine großartige Gelegenheit, das zu ändern.

Faz.net v. 21.7.2006; in: http://www.faz.net. Das Gespräch führte Joachim Müller-Jung (Zugriff: 12.7.2012)

Julian Assange (geb. 1973 in Townsville, Australien) ist Journalist und Sprecher von wikileaks. Diese Internetplattform hat es sich zum Ziel gesetzt, geheime Dokumente zu veröffentlichen. U.a. veröffentlichte wikileaks geheime Dokumente der USA über den Krieg im Irak und in Afghanistan. Assange wird in Schweden wegen eines Verbrechens gesucht und steht 2011 vor der Auslieferung aus England nach Schweden. Assange ist international bekannt, seine Veröffentlichungsplattform ist Vorbild für viele andere weltweite Aktivitäten von Netznutzern.

M17 Interview mit Julian Assange (Juli 2010)

Seit wikileaks das Bordvideo eines amerikanischen Kampfhubschraubers veröffentlichte und bekannt wurde, dass die Organisation rund 260 000 diplomatische Depeschen hat, die quasi-kriminelle Aktivitäten amerikanischer Botschaften belegen, gibt es Spekulationen darüber, wie die amerikanischen Behörden dem Australier und seinen Mitarbeitern nachstellen. Das US Army Counterintelligence Center klassifizierte wikileaks als ernsthaftes Sicherheitsrisiko für die amerikanischen Streitkräfte. Seither zeigt sich Assange nur selten in der Öffentlichkeit.

Auf der Ted-Konferenz in Oxford trat er jetzt als Überraschungsgast auf und wurde wie ein Revolutionsheld gefeiert. Nach seinem Vortrag gab er einem kleinen Kreis internationaler Journalisten ein Interview.

Süddeutsche Zeitung (SZ): Herr Assange, gefährden die USA Ihre Sicherheit?

Assange: Die offiziellen Verlautbarungen waren eher gemäßigt. Es gab allerdings einige inoffizielle Bemerkungen von Mitgliedern der amerikanischen Regierung, die andeuteten, dass sie sich, was uns betrifft, nicht unbedingt an den Rahmen der Gesetzmäßigkeit halten wollen.

SZ: Was hatte das für Folgen für Sie?

Assange: Ich habe alle meine Auftritte in den USA abgesagt. Einen in Las Vegas und zwei in New York. Der Auftritt in Las Vegas wäre bei einer Podiumsdiskussion im Rahmen einer Konferenz für investigativen Journalismus gewesen. (…)

SZ: Haben Sie schon früher Sicherheitsvorkehrungen getroffen?

Assange: Über die Jahre kam es immer wieder zu Vorfällen. Bis hin zu physischen Bedrohungen, meist in Entwicklungsländern, bis hin zur Ermordung von zwei Menschenrechtsanwälten in Kenia im März 2009.
SZ: Hatte das direkt mit wikileaks zu tun?
Assange: Das waren Figuren des öffentlichen Lebens dort, äußerst mutige Aktivisten, die uns offen mit Material versorgten. Sie wurden ermordet, weil sie Morde durch die Polizei aufdeckten. (...)
SZ: Gab es nicht eigentlich die Hoffnung, dass die Obama-Regierung die Geheimniskrämerei-Politik der Bush-Jahre revidieren würde?
Assange: Die Obama-Regierung hat da keine klare Linie. Sie hat auf der einen Seite einiges an der Politik geändert, auch wenn sich viele Behörden da noch sträuben. Auf der anderen Seite hat in den letzten Jahren keine Regierung so aggressiv Whistleblowers verfolgt und vor Gericht gebracht wie die Regierung unter Barack Obama.

Nach: Süddeutsche Zeitung v. 19.7.2010; Pool-Interview: Andrian Kreye

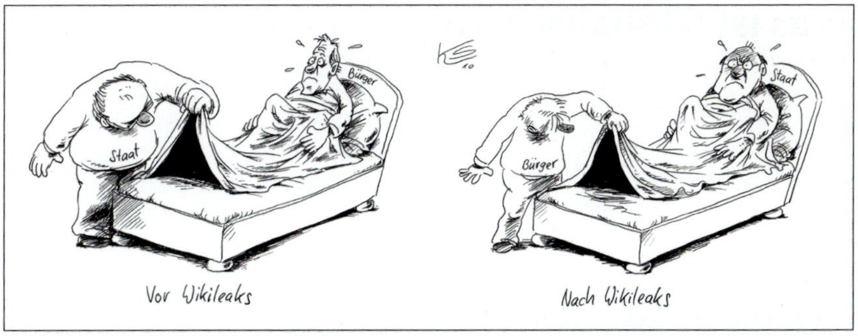

Zeichnung: Stuttmann

M 18 Interview mit Rigoberta Menchú

***Global vision:** Welche Botschaft haben Sie für die Menschheit?*
Menchú: Wir leben in einer unruhigen Welt, einer Zeit der großen Unsicherheit. Es ist Zeit, über viele Dinge nachzudenken, besonders über die Menschheit insgesamt und die Balance zwischen gemeinschaftlichen und individuellen Werten.
Heutzutage ist die Welt bestimmt durch Geschäfte, Kaufen und Verkaufen und Geldmachen. Lösungen können in unserer Gemeinschaft gefunden werden, unter den indigenen Völkern, die die Opfer massiver Unterdrückung und von Rechtsbrüchen in vielen Teilen der Welt sind. Sie können Erfahrung finden, autodidaktische Leute und eine ganze Seite der Wissenschaft finden, die so gut wie unbekannt ist.
Die Art, wie Menschen die Welt sehen, verändert sich derzeit massiv: Sie verändert sich bezüglich des Entwicklungskonzepts, in der Art, wie Menschen zusammenleben. Damit dieser Wandel aber Früchte trägt, brauchen wir eine globale Erziehung. Die Menschheit wird sich ohne die globale Erziehung von ihren Fehlern nicht erholen. Alle, die Vereinten Nationen, Menschenrechtsorganisationen, indigene Völker, alle Länder der Welt sollten sich auf die globale Erziehung konzentrieren. Lösungen werden sich ergeben, wenn die Welt zu globalen Werten findet, den Werten ihrer Einwohner und Gemeinschaften.
In dieser Zeit der großen Veränderungen müssen wir uns auf Lösungen konzentrieren. Wenn wir nur abwarten, werden uns die Probleme überwältigen. Wir müssen initiativ werden und lokale, regionale und globale Projekte ins Leben rufen, unsere Anstrengungen bündeln und den indigenen Völkern wirklich zuhören. Wir müssen den Völkern zuhören, um herauszufinden, was sie wollen und welche Lösungen sie für die Zukunft anbieten.
***Global vision:** Was muss getan werden, um die indigenen Völker zu schützen?*
Zunächst einmal muss man verstehen, dass die indigenen Völker nicht „beschützt" werden müssen. Was wir wirklich brauchen, ist die Möglichkeit zu leben, zu überleben, die eigene Kultur zu entwickeln und die Bedeutung unserer Geschichte wiederzuentdecken. (...)
***Global vision:** Was denken Sie über die Menschenrechte?*
Unter den Nationen, die unter Menschenrechtsverletzungen, Mord, Terror und Furcht gelitten haben, ist Guatemala. Die jüngsten historischen Ereignisse haben die Kultur der Maja in viele Teile zerrissen. Vertreibung, Flucht und Exil sind alltäglich in meinem Land. (...)
Solidarität zwischen den Nationen muss wehrhaft, andauernd und anhaltend sein. Wir brauchen internationale Organisationen, an die sich die Opfer hilfesuchend wenden können, zu denen Leute gehen können, um ihr Leben zu verteidigen und ihre Menschenrechte zu schützen.

Global Vision, www.global-vision.org/interview/menchu.html, Übersetzung: P.J.

Rigoberta Menchú (geb. 1959 in Chimel/Guatemala), sechstes von zehn Kindern einer Indiofamilie, wuchs im Hochland von Guatemala auf. Mit 20 Jahren wurde sie aktiv gegen die Unterdrückung der indigenen Bevölkerung in Guatemala. Ihre Eltern und einer ihrer Brüder wurden ermordet, weil sie ebenfalls gegen die Unterdrückung aufstanden. Menchú musste nach Mexiko fliehen. Von dort aus machte sie die Weltöffentlichkeit auf das Unrecht gegenüber der indigenen Bevölkerung aufmerksam. 1992 erhielt sie für ihr Engagement den Friedensnobelpreis.

Was ist Globalisierung?

Globalisierung ist ein oft gebrauchter Begriff, unter dem unterschiedliche Menschen häufig Unterschiedliches verstehen. Definitionen wurden schon viele versucht, aber es stellt sich heraus, dass eine immer genauere wissenschaftliche Behandlung auch immer neue Sichtweisen mit sich bringt. Nicht zufällig nämlich hängt das Verständnis mit der Einordnung des Phänomens und seiner Bewertung eng zusammen. Ist Globalisierung gut oder schlecht, unausweichliches Schicksal oder Anlass umzudenken?

Ernst Ulrich von Weizsäcker (geb. 1939)

M 19 Was ist Globalisierung, und wie erklärt sie sich?

Der deutsche Naturwissenschaftler und Politiker (SPD) Ernst Ulrich von Weizsäcker, 2002:

Mit dem Wort Globalisierung verbinden sich bei den Menschen in allen Erdteilen Hoffnungen und Ängste. Auffällig ist Folgendes: Wer Einfluss auf das globale Geschehen hat, spricht typischerweise positiv bis enthusiastisch über die Globalisierung. Wer sich machtlos und ausgeliefert fühlt, bei dem überwiegen die Ängste. (...) Am Anfang der politischen Erörterung der Globalisierung steht notwendigerweise eine Verständigung darüber, was wir darunter verstehen.

Globalisierung ist die weltweite Verflechtung, in erster Linie die wirtschaftliche. Vor 1990 war das Wort Globalisierung nicht in Gebrauch. Man sprach vielleicht von der Internationalisierung der Wirtschaft. Diese hatte ihre Ursprünge in den Jahrhunderten der (europäischen) Seefahrer. Sie kam zu einem tragischen Höhepunkt während der Kolonialzeit des 19. Jahrhunderts. Mit dem technischen Fortschritt beim Verkehr und der Kommunikation wurde die wirtschaftliche Verflechtung der Staaten und der Erdteile immer intensiver und enger. Später haben auch politische Zielsetzungen der regionalen Integration, der Expansion und der Friedenssicherung die wirtschaftliche Verflechtung gefördert.

Die zunehmende wirtschaftliche Verflechtung ist nicht einfach urwüchsig über die Welt gekommen. Sie ist politisch aktiv herbeigeführt worden. Einmal sind die Verkehrs- und Kommunikationstechnik und die zugehörige Infrastruktur massivst staatlich gefördert worden. Auch die Gemeinkosten von Verkehr und Kommunikation (z. B. Verkehrspolizei, Normen und Regeln) werden in aller Regel nicht von den Benutzern, sondern von der Allgemeinheit getragen. Bei der Subventionierung des Verkehrs und der Kommunikation haben wirtschaftliche Überlegungen ebenso wie Expansions- oder Integrationsabsichten, wissenschaftliche Neugier ebenso wie militärische Zwecke eine Rolle gespielt. Später galt – insbesondere nach den Schrecken des Zweiten Weltkrieges – die Förderung der wirtschaftlichen Verflechtung als besonders vernünftige Strategie zur Verhinderung künftiger Kriege. (...)

Die wirtschaftliche Verflechtung und der Ausbau des Freihandels waren auch das wichtigste Ziel der US-amerikanischen Wirtschaftspolitik nach dem Zweiten Weltkrieg. (...)

Das herausragende Ereignis zur Etablierung des Verflechtungstrends war die Bretton Woods-Konferenz von 1944. Hier wurden die Weltbank und der Internationale Währungsfonds gegründet. 1947 kam das Allgemeine Zoll- und Handelsabkommen GATT hinzu. (...)

Das Wort Globalisierung ist zugleich ein äußerst schillernder Begriff. Er fasst zunächst einmal sachlich die eingangs skizzierten Entwicklungen zusammen. Zugleich wird das Wort aber für allerlei Nebenzwecke eingesetzt:

– Entschuldigung für nationale Untätigkeit oder Misserfolge;
– Ausübung von Druck auf nationale Regierungen oder Verbände;
– Ausrede für Resignation oder Rückzug in die Schmollecke. (...)

Auch die Arbeitsmärkte werden durch das neue Phänomen der Globalisierung intensiv beeinflusst. So hat die Öffnung der Märkte in einigen Schwellenländern zu hohen Wachstumsraten des BIP und entsprechenden Arbeitsmarkteffekten geführt. In vielen OECD-Ländern hingegen sind positive und auf eine stärkere weltwirtschaftliche Integration zurückführbare Beschäftigungswirkungen nicht durchgängig erkennbar. Vielmehr ist die Arbeitslosigkeit seit Mitte der 70er-Jahre kontinuierlich gestiegen und das Wirtschaftswachstum hat sich verlangsamt.

Besondere Beachtung verdient die Lage in den Entwicklungsländern. Vielerorts ist ein

Anstieg der absoluten und relativen Armut und trotz oder sogar wegen der globalen Markteinbindung eine Ausweitung von Tätigkeiten im informellen Sektor zu verzeichnen.

Die neuen Informations- und Kommunikationstechnologien scheinen zu dauerhaftem Wirtschaftswachstum und positiven Beschäftigungseffekten zu führen. (…)

Die Weltbevölkerung nimmt weiter zu und wird kaum vor der Marke von 10 Milliarden Menschen halt machen. (…)

Wenn nun aber sechs Milliarden oder gar zehn Milliarden Menschen das heutige Wohlstandsniveau der USA oder Westeuropas kopieren, wäre die Erde in kürzester Zeit ökologisch am Ende – mit der Folge horrender Einbrüche, Konflikte, bis hin zu einem womöglich nicht mehr einzudämmenden Weltenbrand.

Ernst Ulrich v. Weizsäcker: Was ist Globalisierung, und wie erklärt sie sich? 2002, in: http://www.globalisierung-online.de (Zugriff: 12.7.2012)

M 20 McDonald's-Filialen weltweit

o. l.: Queensland (Australien)
o. M.: Schanghai (VR China)
o. r.: Dubai (VAE)
u. l.: Halle (Deutschland)
u. M.: Johannesburg (Südafrika)
u. r.: New York (USA)

1 Entwickeln Sie im Placemat-Verfahren Ihr gemeinsames Verständnis von Globalisierung.

2 Analysieren Sie den Grundlagentext (**M 19**) und vergleichen Sie die Aussagen mit Ihrem Verständnis von Globalisierung.

3 Analysieren Sie die Materialien **M 21** bis **M 23** hinsichtlich ihrer Aussagen über die Veränderungen, die die Globalisierung für die/den Einzelnen mit sich bringt. Strukturieren Sie Ihre Analyse nach den in **M 22** genannten Bereichen.

4 Beurteilen Sie, ob die Ausbreitung von Ketten und Marken, wie in den Bildern (**M 20**) dokumentiert, über die ganze Welt zu einer „McDonaldisierung", einer Zerstörung der Vielfalt, führt.

Anthony Giddens (geb. 1938)

M21 Wie die Globalisierung unser Leben verändert

Der britische Soziologe Anthony Giddens, 2001:

Es ist ein Irrtum anzunehmen, die Globalisierung betreffe nur große Systeme wie die globalen Finanzmärkte. Sie beeinflusst nicht nur das, was „da draußen", weit weg vom einzelnen, vor sich geht. Sie findet auch „hier drinnen" statt und berührt intime und private Bereiche unseres Lebens. So mag man zum Beispiel glauben, dass die familienpolitischen Kontroversen, die in vielen Ländern ausgetragen werden, nichts mit der Globalisierung zu tun hätten. Das stimmt aber nicht. In vielen Teilen der Welt geraten herkömmliche Familienformen vor allem deshalb unter Druck und verändern sich, weil Frauen ihre Gleichberechtigung fordern. Nach allem, was überliefert ist, hat es bislang nie eine Gesellschaft gegeben, in der Frauen und Männer auch nur annähernd gleichberechtigt waren. Insofern ist dies eine wahrhaft globale Veränderung des Alltags, deren Folgen überall auf der Welt auf allen Gebieten, (...) vom Arbeitsleben bis zur Politik, spürbar werden.

Aus diesem Grund handelt es sich bei der Globalisierung nicht etwa um einen Prozess, sondern um eine komplexe Reihe von Prozessen. (...) Deren Auswirkungen sind durchaus widersprüchlich und gegensätzlich. Die meisten Menschen glauben, dass Macht und Einfluss von lokalen Gemeinschaften und Nationalstaaten durch Globalisierung abnehmen und auf einen globalen Schauplatz verlagert werden. Dies ist tatsachlich eine ihrer Folgen. Die Nationalstaaten verlieren einen Teil ihrer gewohnten wirtschaftlichen Macht. Allerdings bewirkt die Globalisierung auch das Gegenteil. Sie erzeugt nicht nur einen Sog nach oben, sondern auch einen Druck nach unten und wiederbelebt die Forderung nach lokaler Selbstständigkeit. Der amerikanische Soziologe Daniel Bell bringt es auf den Punkt, wenn er schreibt, dass die Nationen inzwischen zu klein sind, um die großen Probleme, zu lösen, andererseits aber auch zu groß, um den kleinen beikommen zu können.

Die Globalisierung ist verantwortlich dafür, dass regionale Kulturen in vielen Teilen der Welt eine Art Renaissance erleben. Dass die Schotten mehr Unabhängigkeit von Großbritannien fordern und dass es eine starke separatistische Bewegung in Quebec gibt, rührt nicht allein von der speziellen Historie dieser Kulturen her. Vielmehr entstehen solche lokalen Nationalismen als Reaktion auf den Trend zur Globalisierung, da diese Macht und Einfluss der älteren Nationalstaaten schwinden lässt.

Die Globalisierung erzeugt auch einen horizontalen Druck. Sie schafft neue Wirtschafts- und Kulturzonen innerhalb der Nationen und über ihre Grenzen hinweg. Beispiele hierfür sind die Regionen Hongkong, Norditalien und Silicon Valley in Kalifornien. Oder die Region um Barcelona: Sie reicht vom Norden Spaniens bis nach Frankreich hinein. Katalonien, zu dem Barcelona gehört, ist eng in die Europäische Gemeinschaft integriert. Es ist Teil Spaniens, blickt aber über dessen Grenzen hinaus.

Hinter all diesen Veränderungen steht eine ganze Reihe von Faktoren, von denen manche struktureller, andere eher spezifischer und historischer Natur sind. Ohne Zweifel gehören die Wirtschaft und vor allem das globale Finanzwesen zu den treibenden Kräften dieser Entwicklung. Aber sie sind keineswegs Naturgewalten.

Vielmehr werden sie von technologischen Neuerungen und der kulturellen Durchdringung geformt und von den Entscheidungen der Regierungen beeinflusst, die sich um eine Liberalisierung und Deregulierung ihrer nationalen Ökonomien bemühen.

Anthony Giddens: Entfesselte Welt. Wie die Globalisierung unser Leben verändert, Frankfurt a. M. 2001, S. 23 ff.

Naturgesetze.

Zeichnung: Plaßmann

M 22 Aspekte der Globalisierung

Nach: dtv-Atlas Politik, München 2010, S. 240

M 23 Definitionen von Globalisierung

Globalisierung ist

die „größte wirtschaftliche und gesellschaftliche Umwälzung seit der industriellen Revolution" (Dirk Messner/Franz Nuscheler)

die „Entfesselung der Kräfte des Weltmarktes und ökonomische Entmachtung des Staates" (Schumann/Martin)

der „Prozess steigender Verbindungen zwischen Gesellschaften und Problembereichen" (Johannes Varwick)

„die zunehmende wechselseitige Abhängigkeit und Integration der verschiedenen Ökonomien rund um den Globus" (Meghnad Desai)

die „quantitative und qualitative Intensivierung grenzüberschreitender Transaktionen bei deren gleichzeitiger räumlicher Ausdehnung" (Ulrich Menzel)

die „Intensivierung weltweiter sozialer Beziehungen, durch die entfernte Orte in solcher Weise miteinander verbunden werden, dass Ereignisse am einen Ort durch Vorgänge geprägt werden, die sich an einem viele Kilometer entfernten Ort abspielen, und umgekehrt" (Anthony Giddens)

„ein Prozess der Überwindung von historisch entstandenen Grenzen. Sie ist daher gleichbedeutend mit der Erosion (also nicht mit dem Verschwinden) nationalstaatlicher Souveränität und stellt sich als ‚Entbettung' der Marktökonomie aus den moralischen Regeln und institutionalisierten Bindungen von Gesellschaften dar" (Elmar Altvater)

Globalisierung – wie kommt es dazu?

Wissenschaftler sind sich einig, dass die Ursachen der Globalisierung in der Entwicklung des Transportwesens, der Technik und des Handels liegen. Darüber hinaus gibt es unterschiedliche Erklärungsansätze. So sehen einige in der Globalisierung eine neue, bisher nicht gekannte Entwicklung der internationalen Beziehungen an. Andere sehen sie keineswegs als neue Erscheinungsform, sondern verweisen darauf, dass es Merkmale, die heute der Globalisierung zugerechnet werden, in früheren Zeiten teilweise schon deutlicher gab.
Entwicklungen, die zur heutigen Erscheinungsform der Globalisierung beitragen, sollen deshalb nun beispielhaft und auszugsweise zur Diskussion gestellt werden.

M 24 Transport- und Kommunikationskosten

Index (1930 = 100), in konstanten Preisen, 1930–2005

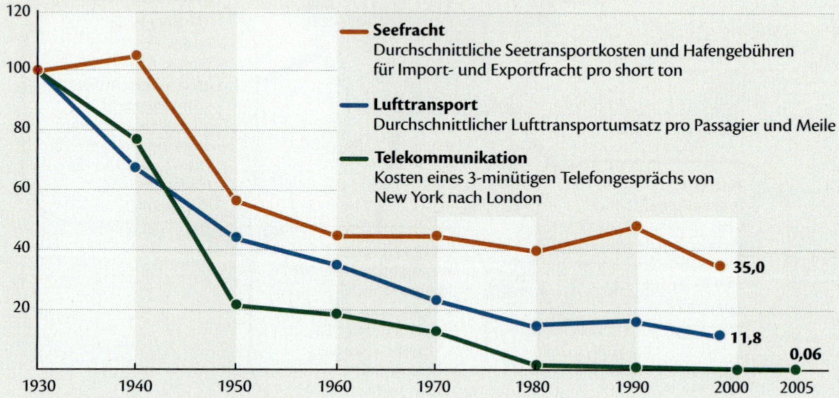

Quelle: Bundeszentrale für politische Bildung

M 25 Internet- und Kommunikationstechnologie

Zahl der Anschlüsse und Geräte je 100 Einwohner 1995 2006

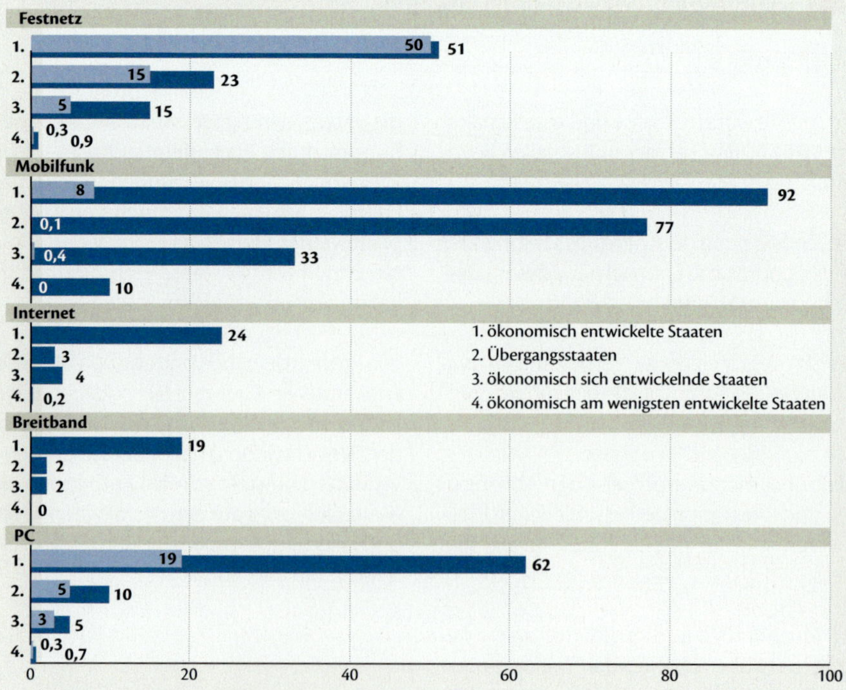

Quelle: Bundeszentrale für politische Bildung

M26 Globalisierung politisch: Entwicklung der Mitgliedschaft in den Vereinten Nationen 1945–2011

Jahr	Anzahl	Mitgliedstaat
1945	Gründungsmitglieder 51	Ägypten, Äthiopien, Argentinien, Australien, Belarus, Belgien, Bolivien, Brasilien, Chile, China, Costa Rica, Dänemark, Dominikanische Republik, Ecuador, El Salvador, Frankreich, Griechenland, Guatemala, Haiti, Honduras, Indien, Irak, Iran, Jugoslawien, Kanada, Kolumbien, Kuba, Libanon, Liberia, Luxemburg, Mexiko, Neuseeland, Nicaragua, Niederlande, Norwegen, Panama, Paraguay, Peru, Philippinen, Polen, Russische Föderation, Saudi-Arabien, Südafrika, Syrien, Tschechoslowakei, Türkei, Ukraine, Vereinigte Staaten von Amerika, Vereinigtes Königreich Großbritannien und Nordirland, Uruguay, Venezuela
1946	55	Afghanistan, Island, Schweden, Thailand
1947	57	Jemen, Pakistan
1948	58	Myanmar
1949	59	Israel
1950	60	Indonesien
1955	76	Albanien, Bulgarien, Finnland, Irland, Italien, Jordanien, Kambodscha, Laotische Volksdemokratische Republik, Libyen, Nepal, Österreich, Portugal, Rumänien, Spanien, Sri Lanka, Ungarn
1956	80	Japan, Marokko, Sudan, Tunesien
1957	82	Ghana, Malaysia
1958	83	Guinea
1960	99	Benin, Burkina Faso, Côte d'Ivoire, Demokratische Republik Kongo, Gabun, Kamerun, Kongo, Madagaskar, Mali, Niger, Nigeria, Senegal, Somalia, Togo, Tschad, Zentralafrikanische Republik, Zypern
1961	104	Mauretanien, Mongolei, Sierra Leone, Vereinigte Republik Tansania
1962	110	Algerien, Burundi, Jamaika, Ruanda, Trinidad und Tobago, Uganda
1963	112	Kenia, Kuwait
1964	115	Malawi, Malta, Sambia
1965	117	Gambia, Malediven, Singapur
1966	122	Barbados, Botswana, Guyana, Lesotho
1967	123	Demokratischer Jemen
1968	126	Äquatorialguinea, Mauritius, Swasiland
1970	127	Fidschi
1971	132	Bahrain, Bhutan, Oman, Katar, Vereinigte Arabische Emirate
1973	135	Bahamas, Bundesrepublik Deutschland, Deutsche Demokratische Republik
1974	138	Bangladesch, Grenada, Guinea-Bissau
1975	144	Kap Verde, Komoren, Mosambik, Papua-Neuguinea, Sao Tome und Principe, Suriname
1976	147	Angola, Samoa, Seychellen
1977	149	Dschibuti, Vietnam
1978	151	Dominica, Salomonen
1979	152	St. Lucia
1980	154	St. Vincent und die Grenadinen, Simbabwe
1981	157	Antigua und Barbuda, Belize, Vanuatu
1983	158	St. Kitts und Nevis
1984	159	Brunei Darussalam
1990	161	Liechtenstein, Namibia
1991	166	Demokratische Volksrepublik Korea (Nord-Korea), Estland, Mikronesien, Lettland, Litauen, Marshall-Inseln, Republik Korea (Süd-Korea)
1992	179	Armenien, Aserbaidschan, Bosnien und Herzegowina, Georgien, Kasachstan, Kirgisistan, Kroatien, Republik Moldau, San Marino, Slowenien, Tadschikistan, Turkmenistan, Usbekistan
1993	184	Andorra, Die ehemalige Jugoslawische Republik Mazedonien, Eritrea, Monaco, Slowakei (Slowakische Republik), Tschechien (Tschechische Republik)
1994	185	Palau
1999	188	Kiribati, Nauru, Tonga
2000	189	Tuvalu
2002	191	Schweiz, Ost-Timor (Demokratische Republik Ost-Timor)
2006	192	Montenegro
2011	193	Südsudan

Nach: http://www.crp-infotec.de/06orgs/uno/mitgliederentw.html

M 27 Entwicklung des grenzüberschreitenden Warenhandels

Index (1960 = 1), in konstanten Preisen, Zuwächse in Prozent, weltweit 1960 bis 2009

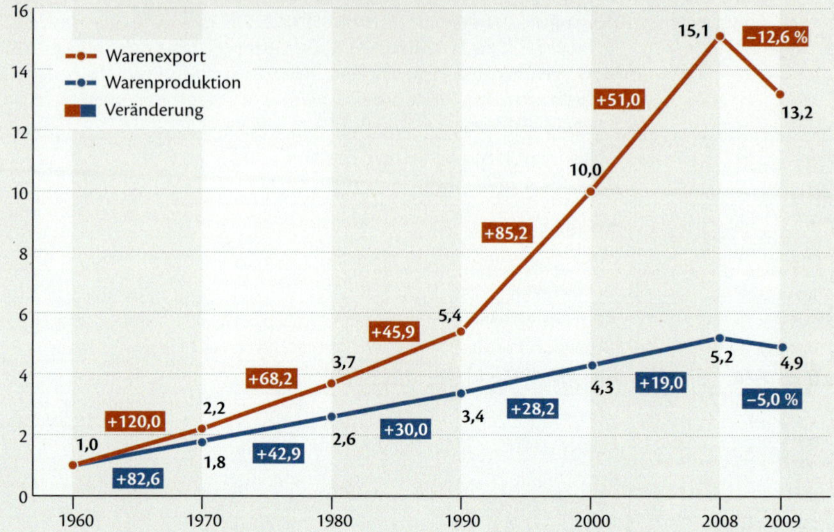

Quelle: Bundeszentrale für politische Bildung

M 28 Globalisierung kulturell: Mode

Eröffnungsjahr der jeweils ersten Filiale des Modeunternehmens H&M nach Staaten

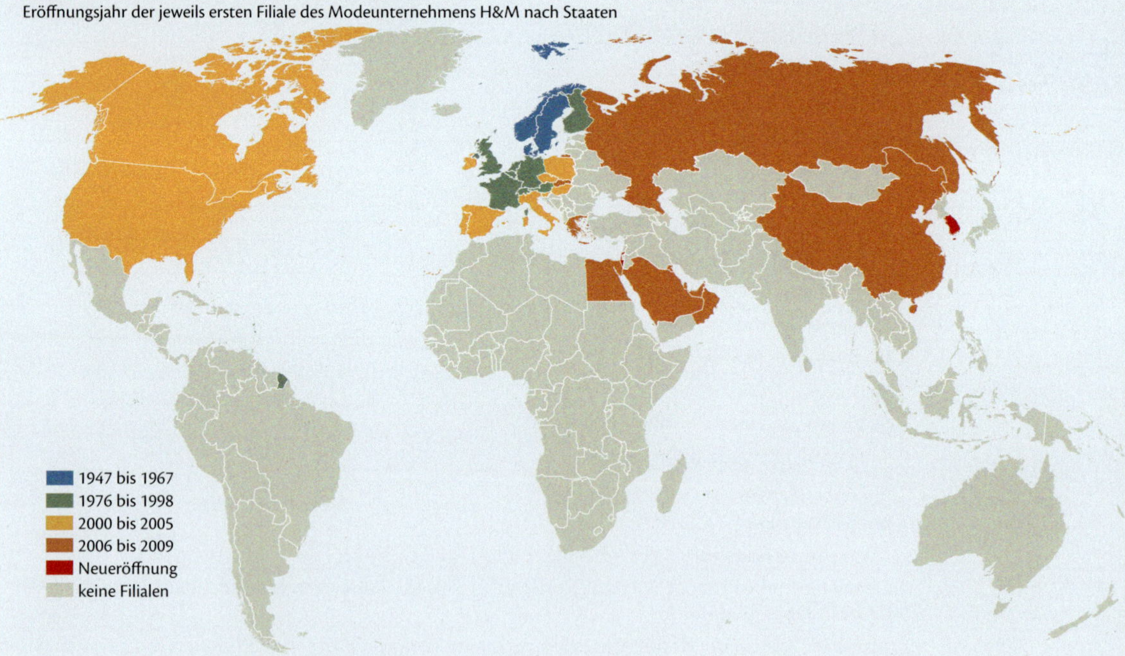

Quelle: Bundeszentrale für politische Bildung, Stand 2009

M 29 Auswirkungen der Globalisierung auf persönliche Lebensrisiken

Frage: „Wenn es um die Zukunft in Politik und Gesellschaft geht, dann werden ja ganz unterschiedliche Entwicklungen diskutiert. Ich lese Ihnen nun einige solcher Entwicklungen vor. Sagen Sie mir bitte zu jeder Entwicklung, wie die Auswirkungen auf Ihr persönliches Leben wären, wenn diese Entwicklung eintreten würde." Antwortmöglichkeiten „sehr groß – eher groß – eher gering – sehr gering", Anteil der ersten beiden Antwortmöglichkeiten, Angaben in Prozent.

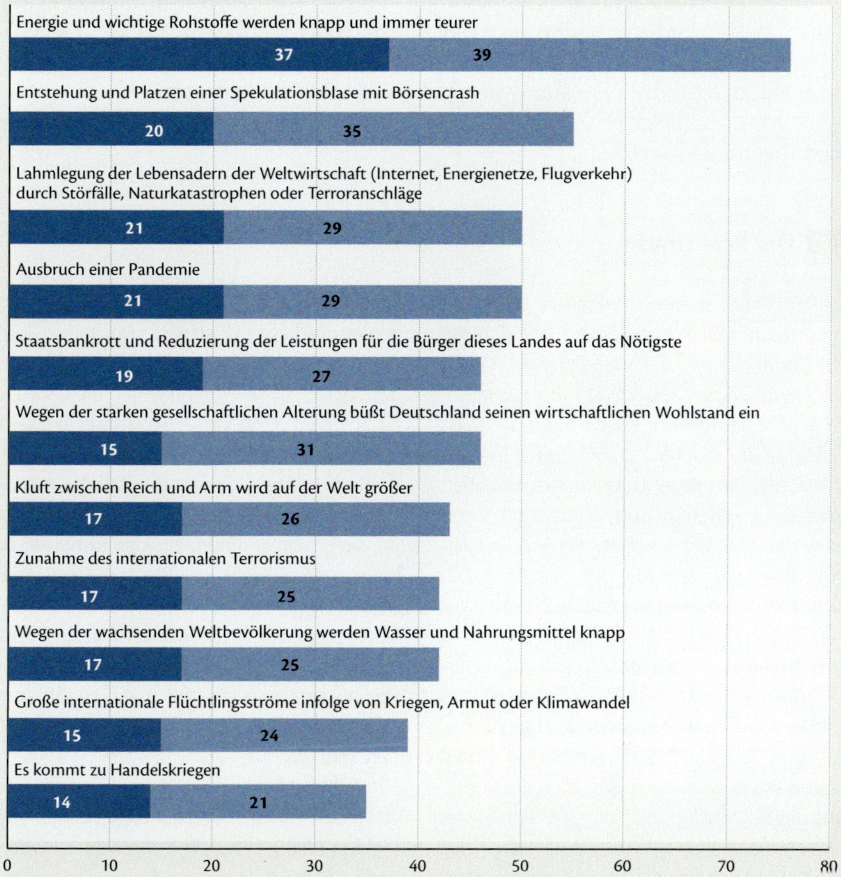

Quelle: Infas-Umfrage: Meinungen und Einstellungen der Bürger zur Globalisierung und zu globalen ökonomischen Risiken, Gütersloh: Bertelsmann-Stiftung 2011, S. 25

1 Stellen Sie arbeitsteilig in Gruppenarbeit die fünf Dimensionen der Globalisierung im Kurs vor. Beschreiben Sie dazu,
- worin die ökonomische Dimension der Globalisierung besteht,
- welche Veränderungen positiver wie negativer Art dadurch ausgelöst werden,
- welche Auswirkungen diese Dimension auf die beteiligten Gesellschaften hat.

2 Diskutieren Sie anschließend, inwiefern die Globalisierung positiv oder negativ bewertet werden muss.

3 Beurteilen Sie unter Berücksichtigung der fünf Dimensionen, inwiefern die genannten Berufe oder gesellschaftlichen Gruppen eher Globalisierungsgewinner oder Globalisierungsverlierer sind:
- Arbeitnehmer
- Konsumenten in entwickelten Ländern
- Kleingewerbetreibende
- internationale Konzerne
- Politiker
- Lehrer
- Rentner
- Schülerinnen und Schüler
- Studentinnen und Studenten in Entwicklungsländern

Eine Frage der Perspektive? – Theorien der internationalen Politik

Erklärungen für die internationalen Beziehungen fußen auf unterschiedlichen theoretischen Überlegungen, die auf unterschiedlichen Sichtweisen beruhen. Diese Überlegungen sind zumeist als Theorien formuliert. Unter Theorien versteht man Systeme von relativ allgemeinen wissenschaftlichen Sätzen, die einen bestimmten Ausschnitt der Realität widerspruchsfrei erklären sollen. Sie müssen systematisch geordnet und überprüfbar sein.
Theorien sind jedoch nicht zweckfrei. Für Politiker sind Prognosen über zukünftige Ereignisse und Entwicklungen der internationalen Politik von großer Bedeutung. Sie müssen aus einer Menge von Handlungsoptionen auswählen und diese in die Praxis umsetzen. Dabei leisten ihnen Theorien große Hilfe.

Ideengeschichtlich geht der Idealismus zurück auf **Immanuel Kant** (1724–1804). Er verfasste1795 die Schrift „Zum ewigen Frieden", in der er erstmals eine systematische Theorie des Friedens entwickelte. Die darin enthaltene Idee des Völkerrechts hat entscheidend die „Charta der Vereinten Nationen" von 1945 beeinflusst.

M30 Der Realismus

Der Realismus ist eine Denkschule innerhalb der Internationalen Beziehungen, die sich mit dem Charakter und der Verteilung der Macht im internationalen System auseinandersetzt.
Der klassische Realismus setzt auf das Prinzip der Selbsthilfe. Jeder Staat sucht seine Interessen nach außen gegenüber widerstrebenden Interessen anderer Staaten so gut durchzusetzen, wie er kann. Dazu benötigt er Macht. Hierbei geht es in erster Linie um militärische, in zweiter Linie um wirtschaftliche Macht. Nur sind die Fähigkeiten, das Selbsthilfeprinzip zu verfolgen, sehr unterschiedlich verteilt. Großen, mächtigen und wohlhabenden Staaten ist es viel eher möglich, ihre Interessen in der Welt zu verfolgen, als kleinen, schwachen und armen Staaten. Auch ist zu erwarten, dass die Verfolgung des Selbsthilfeprinzips zu einer konfliktgeladenen Konstellation führt, in der der Krieg oder die Androhung des Krieges, der Handelskrieg oder die Androhung wirtschaftlicher Sanktionen an der Tagesordnung sind. Einhegen kann diese Konstellation nur eine Politik der Abschreckung oder des Gleichgewichts, bei der sich die Kleineren gegen die Größeren zusammentun. So kann zwar Stabilität erreicht werden, aber schwerlich eine positive internationale Ordnung, die gestalterisch den internationalen Bedarf bedient. Außerdem lauert hinter dem Selbsthilfeprinzip das Sicherheitsdilemma. Wenn ein Staat rüstet, um seine Sicherheit zu steigern, produziert er bei den anderen Staaten Unsicherheit. Macht im internationalen System ist ein Nullsummenspiel. Also müssen die anderen Staaten mit Gegenrüstung antworten, die wiederum die eigene Sicherheit schmälert.

Ulrich Menzel: Imperium oder Hegemonie? Folge 16: Das Ergebnis und der allgemeine Befund (1): Die Idealtypen von Imperium und Hegemonie, Braunschweig (Institut für Sozialwissenschaften) 2011, S. 6 f.

M31 Der Idealismus

Der überwiegend optimistische Ansatz des Liberalismus ist dem Realismus entgegengesetzt.
Der klassische Idealismus setzt stattdessen auf die Kooperation der Staaten. Weil die Staaten bzw. deren verantwortliche Politiker vernünftig sind, werden sie sich den rationalen Argumenten, dass Zusammenarbeit bessere Politikergebnisse erzielt als das Selbsthilfeprinzip oder dass die Kosten des Krieges höher sind als dessen Nutzen, nicht entziehen. Das gilt besonders für die kleinen Staaten, die kaum die Möglichkeit haben, dem Selbsthilfeprinzip zu folgen. Mindestens geht die idealistische Theorie davon aus, dass demokratisch verfasste Staaten eine politische Kultur besitzen, die auch in den Außenbeziehungen den normativen Rahmen setzt und zu kooperativem Verhalten, zu Kompromiss und Ausgleich von Interessen anhält. Frieden, Wohlstand, Durchsetzung der Menschenrechte, Schutz der Umwelt und andere idealistische Ziele sind grundsätzlich durch Kooperation zu erreichen. Dazu nehmen die Staaten diplomatische Beziehungen auf, schließen Verträge, unterwerfen sich den Regeln des Völkerrechts, verinnerlichen Normen, wie sie in der Charta der Vereinten Nationen zum Ausdruck kommen. Deshalb sind sie sogar bereit, Souveränität an Internationale Organisationen abzutreten, die auf ihren jeweiligen Politikfeldern zuständig sind für die Errichtung einer internationalen Ordnung.

Ebenda, S. 7 f.

M 32 Institutionalismus oder Neoliberalismus

Der Institutionalismus nimmt eine Mittelposition zwischen Idealismus und Realismus ein. Kooperation ist prinzipiell denkbar, nur muss sie realistisch und nicht idealistisch fundiert sein. Eine realistische Begründung für kooperatives Verhalten ist aber der Eigennutz, den die Kooperationspartner aus diesem Verhalten ziehen können. Rüstungskontrollvereinbarungen z.B. haben dann eine Chance, wenn sie nicht nur zur Überwindung des Sicherheitsdilemmas führen, sondern auch helfen, militärisch gebundene Ressourcen zu sparen, die einer zivilen Nutzung zugeführt werden können und damit den jeweiligen Wohlstand der Partner mehren. Sind solche Institutionen friedensstiftender, wohlstandsmehrender, menschenrechtewahrender oder umweltschonender Art erst einmal etabliert, und sind sie auch erfolgreich, entwickeln sie eine Eigendynamik und können somit normative Wirkung entfalten.

Ulrich Menzel/Katharina Varga: Theorie und Geschichte der Lehre von den Internationalen Beziehungen, Hamburg 1999, S. 16

M 33 Strukturalismus oder Neorealismus

Der Strukturalismus nimmt auf eine andere Weise eine Mittelposition zwischen Idealismus und Realismus ein. Realistisch ist er insofern, als er von der materiellen Basis der internationalen Beziehungen ausgeht. Das internationale System ist aus strukturalistischer Sicht durch Ungleichheit in der Macht- und Wohlstandsverteilung und, daraus resultierend, durch Krieg, Unterdrückung und Ausbeutung geprägt. Die Verfolgung des Selbsthilfeprinzips führt nicht nur zu Sicherheit und Wohlstand für die einen, sondern auch zu Krieg und Ausbeutung für die anderen, zu Imperialismus und Kolonialismus. Kooperation ist deshalb nur möglich, wenn es zu einer radikalen Aufhebung von struktureller Ungleichheit und Ausbeutung im Weltmaßstab gekommen ist. Erst dann sind die Ursachen für Interessenkonflikte und Kriege beseitigt, haben die idealistischen Vorstellungen einer Welt, in der das Solidaritätsprinzip herrscht, eine Chance der Verwirklichung. Dabei lehnt der Strukturalismus nicht per se den Krieg ab. Unterschieden wird nämlich zwischen „emanzipatorischen" Kriegen (z.B. gegen Kolonialmächte oder sonstige Unterdrücker) und „reaktionären" Kriegen, die etwa zwischen imperialistischen Eliten ausgetragen werden. *Ebenda*

M 34 Marxistische Theorien

Karl Marx (s. S. *154*) selbst hat sich nicht als Theoretiker der internationalen Beziehungen verstanden. Die Autoren, die sich auf ihn als einen solchen berufen, tun dies gleichwohl mit einigem Recht. Wie für Marx rückt für sie das kapitalistische Weltwirtschaftssystem in das Zentrum der Theorie. Statt des Gegensatzes von Arbeit und Kapital steht heute jedoch der Gegensatz zwischen Industriestaaten und den nicht industrialisierten Ländern im Vordergrund der Analyse. Ebenso werden die Einflussmöglichkeiten von Wirtschaftsunternehmen auf die Staaten (und umgekehrt) untersucht. (...) Die moderne marxistische Dependenztheorie (...) sieht imperialistische Tendenzen nicht mehr primär staatenbezogen, weil die wirtschaftliche Macht transnational organisiert ist. Im Mittelpunkt der Analyse stehen Zentrum-Peripherie-Beziehungen, seien sie politischer, wirtschaftlicher oder kultureller Art. Diese Beziehungen sind strukturell ungleich, gehen zulasten der Peripherie und führen zu globalen Abhängigkeitsstrukturen.

dtv-Atlas Politik, 2. Aufl. München 2011, S. 187

1 Erstellen Sie in Gruppen, die sich arbeitsteilig mit einer Theorie der internationalen Beziehungen befassen, jeweils eine knappe Darstellung des Ansatzes der Theorie, eine Beschreibung möglicher politischer Folgen der Theorie.

2 Analysieren Sie **M 35** bis **M 37** und ergänzen Sie durch eigene Recherche. Verfassen Sie auf dieser Grundlage eine Stellungnahme zur Frage, ob Deutschland an der Seite der NATO-Staaten beim Volksaufstand in Libyen gegen den Machthaber Gaddafi hätte eingreifen sollen.

M35 Libyen unter Gaddafi

Der tunesische Journalist Rachid Khechana, April 2011:

Als die Freien Offiziere am 1. September 1969 die Macht übernahmen, hatte Libyen nur 2,5 Millionen Einwohner und mit Tripolis, Bengasi und Misurata nur drei größere Städte. Im Grunde war das an Öl- und Gasvorkommen reiche Land eine Stammesgesellschaft, die zu drei Vierteln aus Beduinen bestand.

Die neuen Machthaber schafften die Monarchie ab, begründeten eine arabische Republik und etablierten im März 1973 auf einem Kongress die „Macht des Volkes". Schon seit 1972 war das Gesetz Nr. 17 in Kraft, das die Gründung von politischen Parteien untersagte, nach dem Motto: „Wer einer Partei angehört, ist ein Verräter." Zum Rückgrat des Systems wurde nunmehr die aus der „Bewegung der Volkskomitees" hervorgegangene Arabische Sozialistische Union. (…)

Dem tunesischen Forscher Taoufik Monasteri zufolge ist Gaddafi durch die Ideen des französischen Philosophen Jean-Jacques Rousseau beeinflusst; auf diesen berief er sich bei seiner Gründung einer „bédouinocratie" in Libyen. Wichtigstes Merkmal dieser „Beduinenherrschaft" ist die Abwesenheit eines „Staates": Der Staatspräsident ist durch den „Revolutionsführer" ersetzt, die Parteien durch Volkskomitees, die auch die Verwaltung des Landes beaufsichtigen. Ein Gegengewicht bilden die „Revolutionskomitees" (ergänzt durch „Kontrollkomitees" als Vermittlungsinstanz bei Meinungsverschiedenheiten zwischen den Revolutions- und den Volkskomitees). Wie diese Institutionen funktionierten, blieb im Dunkeln, zumal kein Mensch wusste, wie deren Mitglieder ernannt wurden.

Fest stand allerdings immer, dass sich Gaddafi auf den Schutz durch seinen Stamm, die Guededfa-Beduinen, stets verlassen konnte. Dass er bei seinen Auslandsreisen das berühmte Beduinenzelt (khaima) mitführte, sollte daran erinnern, dass er sich diesem Stamm auch jenseits der libyschen Grenzen zugehörig fühlte. Dabei ging es keineswegs nur um eine folkloristische Inszenierung. Es war vielmehr die klare Botschaft an die Beduinen, die ihn nicht als Präsidenten, sondern als Führer gewählt hatten – ein Status, auf den sich Gaddafi stets und bis heute beruft, wenn er erklärt, er könne nicht abgesetzt werden. (…)

Schritt für Schritt tauschte Gaddafi seine alten Gefährten in hohen Positionen gegen seine Söhne al-Saadi, Mutasim, Mohammed und Khamis aus. Nach dem Scheitern der „Öffnungspolitik" machte er schließlich im Oktober 2010 seinen Sohn Saif al-Islam zum „Koordinator der Volksmacht", was allgemeines Erstaunen hervorrief. Saif al-Islam wurde damit eine Art Staatsoberhaupt, dem die wichtigsten Machtorgane unterstehen: der Allgemeine Volkskongress (das Parlament), das Allgemeine Volkskomitee (die Regierung) und die Sicherheitsorgane. (…)

Der Machtmissbrauch und die Unterdrückung aller bürgerlichen Freiheiten brachte schließlich auch die libyschen Eliten dazu, den Diktator Gaddafi und seine Handlanger offen zu kritisieren und sich gegen die politische Bevormundung zu wehren. (…) Angesichts der wachsenden Unruhe im Land zeigten sich die Machthaber manchmal zerstritten, manchmal, wenn es um ihre eigenen Interessen ging, sehr einig. So etwa im Fall von Mohammed Larbi Essarit: Der für seine kritischen Artikel bekannte Journalist wurde Ende September 2010 in Bengasi überfallen und zusammengeschlagen, sodass er in die Notaufnahme eines Krankenhauses eingeliefert werden musste. Von dort wurde er trotz seiner erheblichen Verletzungen von der Polizei zum Verhör abgeholt. Daraufhin beeilte sich die von Saif al-Islam geleitete Internationale Gaddafi-Stiftung, über ihre „Vereinigung für Menschenrechte" zu erklären, die Sicherheitsorgane hätten mit diesem Vorfall nichts zu tun.

Der Autismus der Macht, die Besetzung aller politischen Entscheidungszentren und aller wichtigen militärischen Kommandoposten durch die Gaddafi-Familie, die Überwachung und Gängelung der Bevölkerung und die Zensur der Presse – all das hat einen friedlichen Wandel völlig unmöglich gemacht und die Menschen zum Aufstand getrieben.

Rachid Khechana in: Le monde diplomatique v. 8.4.2011; Übersetzung und Rechte: taz-Verlag

Gaddafi residiert beim EU-Afrika-Gipfel 2007 in einem Zelt

M 36 Volksgruppen und Rohstoffe in Libyen

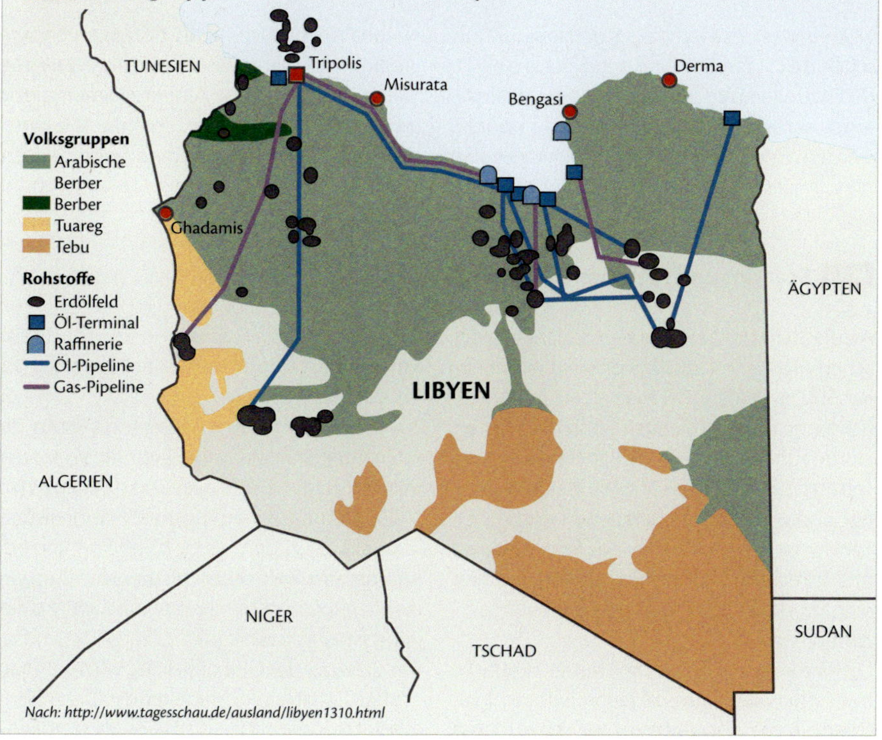

Nach: http://www.tagesschau.de/ausland/libyen1310.html

M 37 Libyen und der Westen

Die Politologin Isabelle Werenfels, 2008:

Mit der formellen Beendigung der außenpolitischen Isolation Libyens 2004 ging im Westen die Hoffnung auf eine mittelfristige innenpolitische Öffnung des Landes einher. Anfang 2008 gibt es dafür indes kaum Anzeichen. Politische Parteien bleiben verboten, die Meinungsfreiheit ist weiterhin massiv eingeschränkt, und die wenigen bekennenden Oppositionellen leben nach wie vor gefährlich. Kurzum: 39 Jahre nach Gaddafis Machtübernahme gehört das libysche Regime noch immer zu den repressivsten, nicht nur der arabischen Welt. Dabei haben sich das Regime ebenso wie das politische System, das auf einer Kombination formeller und der Form nach basisdemokratischer Strukturen mit semiformellen revolutionären und Stammesstrukturen beruht, als stabil und reformresistent erwiesen. Dazu hat nicht zuletzt die außenpolitische Wende beigetragen: Sie wehrte die Gefahr eines von außen induzierten „Regime Change" ab, und sie eröffnete die Möglichkeit, die durch die Sanktionen angeschlagenen Verteilungskapazitäten des libyschen Rentiersystems, die entscheidend für den Machterhalt Gaddafis sind, wieder auszubauen.

Gut vier Jahre nach dem Ende der internationalen Isolation zeigen sich aber auch die Grenzen der Strategie, die dieser Wende zugrunde lag. Die außenpolitische Normalisierung konnte viele der notorischen strukturellen Probleme – seien es sozioökonomische, wie die hohe Jugendarbeitslosigkeit, oder politische, wie die systemimmanente Korruption und die mangelnde Legitimität und Effektivität des chaotisch anmutenden politischen Prozesses – nicht lösen, ihre Lösung wurde lediglich auf die lange Bank geschoben. Und auch dies vor allem, weil der hohe Ölpreis es erlaubte, die Staatsausgaben massiv zu erhöhen. Mit dem Wegfall des „äußeren Feindes" haben sich überdies innere Probleme verschärft, allen voran die Richtungskämpfe zwischen Status-quo-orientierter alter Garde und Reformern. Nicht zuletzt hat die außenpolitische Öffnung hohe Erwartungen bei der Bevölkerung geweckt, die sich auf eine Veränderung ihrer Lebensumstände richten.

Isabelle Werenfels: Qaddafis Libyen – endlos stabil und reformresistent? Berlin: Stiftung Wissenschaft und Politik 2008, S. 5; http://www.swp-berlin.org (Zugriff: 13.7.2012)

Mehr als Anarchie? – Struktur der Staatenwelt

Nach Endes des Ost-West-Konflikts und mit der Globalisierung traten die Beziehungen zwischen den Staaten in eine neue Phase ein. Die internationale Staatenwelt musste sich auf neue Bedingungen und Herausforderungen einstellen. Viele nichtstaatliche Akteure kamen hinzu, durch schwache Staaten wurde die Handlungsmacht der Staaten eingeschränkt. Wodurch werden nun die Beziehungen der Staaten untereinander geprägt? An welchen Stellen ändert die Globalisierung das Staatengefüge?

M38 Staaten und Nationen

An die Stelle der persönlichen Beziehung zwischen Herrscher und Beherrschten trat (*in der frühen Neuzeit*) die formale Rechtsunterworfenheit. Das Außenverhältnis der Staaten wurde zunehmend von der Übereinkunft bestimmt, sich wechselseitig als gleichberechtigt und souverän anzuerkennen und miteinander zu verkehren, d. h. das Selbstbestimmungsrecht der anderen zu achten und sich nicht in deren interne Angelegenheiten einzumischen.
Die Anerkennung der prinzipiellen Rechtsgleichheit zwischen Staaten bedeutet jedoch nicht, dass Staaten nicht gegeneinander Krieg führen oder sich auf andere Weise bekämpfen. (...)
Auf dem Weg zur modernen Staatlichkeit sind zwei Entwicklungen von entscheidender Bedeutung: Zum einen wird die Frage der Souveränität im Inneren spätestens durch die Verfassung der USA und die Französische Revolution zugunsten der Volkssouveränität beantwortet. Zum anderen wird die nationale Frage mit dem Staat verbunden, dies hat weitreichende Auswirkungen auf die internationale Politik, denn die Territorien von Staaten und die von Nationen können, müssen aber nicht deckungsgleich sein, wie es z. B. Südtiroler in Italien, Basken in Spanien, Palästinenser im Nahen Osten oder Tibeter in China erfahren. (...)
Da umstritten ist, welche der rund 3500 Ethnien in der Welt sich zu Recht als Volk oder Nation verstehen können und deshalb einen Anspruch auf einen eigenen Nationalstaat anmelden dürfen, sind Konflikte vorprogrammiert. Nur selten bleiben die Auswirkungen solcher Konflikte auf das Gebiet eines Einzelstaates beschränkt.
Im Zeitalter der Globalisierung wird der (National-)Staat als dominierende Organisationsform politischer Gemeinwesen zunehmend infrage gestellt. Er gilt als ungeeignet, die zahlreichen grenzüberschreitenden Risiken und Probleme (Klimaveränderung, Umweltzerstörung, Völkermord etc.), die ein konzentriertes und aufeinander abgestimmtes Zusammenwirken zahlreicher politischer und gesellschaftlicher Akteure erfordern, zu bewältigen. Trotzdem bleiben Staat und Nation wichtige Begrifflichkeiten der Internationalen Beziehungen.

Andreas Vierecke/Bernd Mayerhofer/Franz Kohout: dtv-Atlas der Politik, 2. Aufl. München 2011, S. 165

M39 Staatliche Souveränität

Souveränität meint den Anspruch des Staates auf eine im Innern unangefochtene Herrschaft und eine nach außen keiner anderen Macht unterworfene Unabhängigkeit. (...) Territoriale Integrität und politische Unabhängigkeit eines Staates gelten nach dem Souveränitätsprinzip als unantastbar.
Das Souveränitätsprinzip umfasst drei Grundsätze:

- Das Prinzip der Staatengleichheit bedeutet, dass es im völkerrechtlichen Sinn keine Rangordnung zwischen den Staaten gibt.
- Das Prinzip der Gegenseitigkeit meint nicht nur gegenseitige Anerkennung unter Gleichen, sondern stellt gleichzeitig eine der Voraussetzungen dafür dar, dass das internationale Zusammenleben auch ohne einen überstaatlichen Sanktions- und Vollzugsapparat möglich ist.
- Gemäß dem Interventionsverbot oder Nichteinmischungsgebot ist auch die Anwendung nichtmilitärischer Gewalt, etwa in Gestalt diplomatischer, wirtschaftlicher und propagandistischer Mittel, unzulässig.

Andreas Vierecke/Bernd Mayerhofer/Franz Kohout: dtv-Atlas der Politik, 2. Aufl. München 2011, S. 167

M 40 Nationale Minderheiten in Europa (Auswahl)

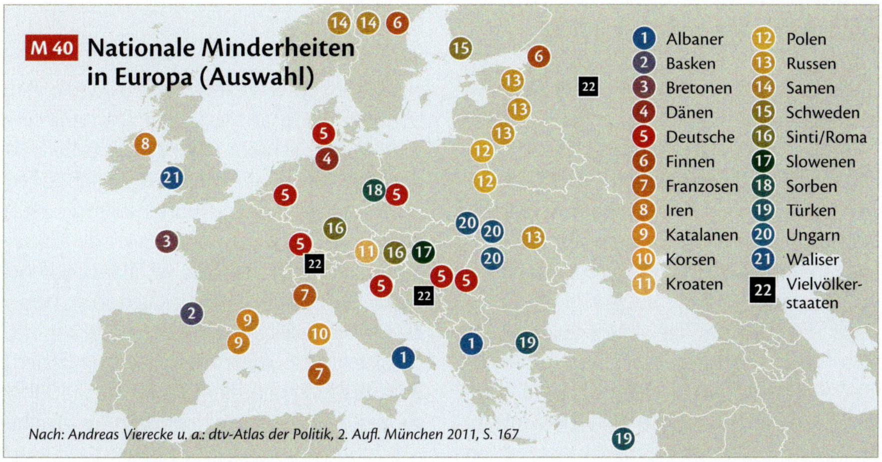

Nach: Andreas Vierecke u. a.: dtv-Atlas der Politik, 2. Aufl. München 2011, S. 167

M 41 Fragile Staatlichkeit

Staatsversagen ist an sich nichts Neues, sondern kann als übliches Phänomen des nachkolonialen Zeitalters bezeichnet werden. Mit dem Ende des Kalten Krieges sind jedoch viele Länder zu „failing“ bzw. gar „failed“ oder „collapsed“ states geworden. (…)
Ausgehend von den Grundmerkmalen eines Staates: Staatsgebiet, Staatsvolk und Staatsgewalt, weist ein fragiler Staat Defizite in der Wahrnehmung staatlicher Kernfunktionen wie die Gewährleistung von Sicherheit, die Schaffung rechtstaatlicher politischer Verhältnisse, die Bereitstellung von Wohlfahrtsleistungen (Bildung, Gesundheit, Infrastruktur) sowie die Aufrechterhaltung einer durchsetzungsfähigen Verwaltung auf.
Fragile Staatlichkeit hat zunächst eine interne Dimension: Die soziale Kohärenz ist gefährdet, die Gesellschaft ist nicht mehr in der Lage, Unterstützung für bzw. Forderungen an den Staat zu artikulieren und zu aggregieren. Zwar übernehmen oftmals traditionelle Autoritäten die Kontrolle in einer bestimmten Region; sie sind aber nicht in der Lage, auf gesamtstaatlicher Ebene politische Führungsfunktionen auszuüben.
Daneben ist die externe Dimension zu beachten, insbesondere auf subregionaler Ebene: Denn die Nachbarstaaten sind durch Flüchtlingsströme, die räumliche Ausweitung militärischer Operationen und wechselseitige Destabilisierung gefährdet. Durch die hohe Verfügbarkeit von Waffen, die Entstehung kriegsökonomischer Strukturen sowie neue Möglichkeiten der Rekrutierung von Söldnern haben sich darüber hinaus neue Wirtschafts- und Sicherheitsstrukturen gebildet, die eine Art funktionales Äquivalent zu staatlicher Regulation darstellen (Kriege und Gewaltkonflikte).

Tobias Debiel/Julia Viebach: Fragile Staaten – Staatsverfall, in: Peter Meyns (Hg.): Handbuch Eine Welt, Wuppertal 2009, S. 63

M 42 Fail-State-Index 2011

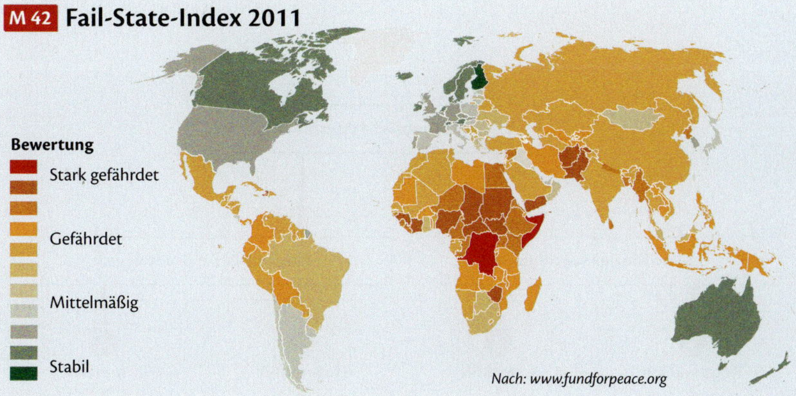

Nach: www.fundforpeace.org

1. Erarbeiten Sie die grundlegenden Fachbegriffe zur Struktur der Staatenwelt (M 38 bis M 41).
2. Fragile Staatlichkeit und Staatszerfall sind ein großes Problem aktueller Weltpolitik. Erläutern Sie, warum dieses Phänomen internationale Politik schwierig gestaltet.
3. Diskutieren Sie, welche Konsequenzen sich für ein einzelnes Land wie Deutschland aus fragiler Staatlichkeit von Partnerländern ergeben und inwiefern dieser Tendenz entgegengewirkt werden kann.

M43 Anarchie und Hierarchie

Die klassische Vorstellung von der Anarchie der Staatenwelt resultiert aus der Logik des Westfälischen Staatensystems, das sich seit dem Westfälischen Frieden (1648) schrittweise herausgebildet hat. Seine wesentlichen Grundsätze sind das Territorialprinzip, das Souveränitätsprinzip und das Legalitätsprinzip, seit dem Frieden von Utrecht (1713) ergänzt um das Gleichgewichtsprinzip. Innerhalb ihrer Grenzen setzen die Staaten das Gewaltmonopol durch, nehmen eine Ordnungsfunktion wahr und bieten Leistungen für ihre Bevölkerung. Das Problem resultiert daraus, dass es in den zwischenstaatlichen Beziehungen zwar einen großen Regelungsbedarf gibt, aber keine überstaatliche Gewalt, die dafür zuständig ist. Die idealistische Antwort auf den Regelungsbedarf angesichts der Anarchiekonstellation ist die Kooperation. Die Staaten schließen Verträge, unterhalten diplomatische Beziehungen, orientieren sich am Völkerrecht und werden Mitglied in internationalen Organisationen.

Am Ende eines langen Prozesses sind sie in ein dichtes Geflecht von Interaktionsbeziehungen eingebunden, bei denen das Recht die Macht ersetzt hat. (...) Die realistische Antwort auf die Problematik ist die Selbsthilfe. Jeder Staat ist bestrebt, seine Interessen gegenüber einer prinzipiell durch gegenseitige Interessenlagen (...) aus eigener Kraft wahrzunehmen.

Macht wie Wohlstand sind ein Nullsummenspiel. Was der eine gewinnt, muss der andere verlieren. Um seine Interessen zu verfolgen, benötigt ein Staat Macht, vor allem militärische Macht. Je mehr Macht er aufbaut, desto besser kann er seine Interessen nach außen wahrnehmen. Rüstung führt insofern zur Stabilisierung des Systems und damit der Einhegung der Anarchie, als sie abschreckend wirkt. Die Anarchie wird aufgehoben, wenn es zu einem Gleichgewicht der Kräfte kommt, das auf gegenseitiger Abschreckung basiert. Bündnisse dienen nicht dazu, Integrationsprozesse zu fördern, sondern ungleiche Machtverteilung auszubalancieren.

Gegenüber dieser klassischen Vorstellung geht das strukturalistische Denken von der Hierarchie der Staatenwelt aus. Staaten unterscheiden sich durch ihre Größe, ihre Bevölkerungszahl, ihre Kultur, ihre technischen Fähigkeiten, ihren Wohlstand, ihre Ressourcen, ihre geopolitische Lage, ihre Macht, ihre zivilisatorische Leistung und Ausstrahlungskraft. In der Hierarchie der Staatenwelt nehmen sie unterschiedliche Rangplätze ein. Eine Aufwärts- oder Abwärtsmobilität in der internationalen Rangordnung ist möglich. Entsprechend haben sie unterschiedlichen Einfluss auf das internationale System. Der Einfluss des Staates an der Spitze der Hierarchie ist so groß, dass er die Geschicke der übrigen maßgeblich beeinflusst oder sie sogar beherrscht.

Auch hier gibt es zwei Varianten, die hegemoniale und die imperiale. Hegemonialmächte nehmen eine internationale Führungsrolle wahr, indem sie internationale bzw. globale öffentliche Güter zur Verfügung stellen. Internationale öffentliche Güter sind definiert als solche, von deren Nutzung niemand ausgeschlossen werden kann, deren Nutzer nicht um das Gut konkurrieren und deren Nutzung unentgeltlich ist. Klassisches Beispiel ist der Leuchtturm. Wichtige internationale öffentliche Güter sind Frieden und wirtschaftliche Stabilität, konkreter die Offerierung eines Welthandels- und Weltwährungssystems von internationaler Liquidität, Weltgeld, die Gewährleistung der Freiheit der Meere, der Kampf gegen Piraten oder Terrorismus, die Garantie nuklearer Sicherheit, der Ölversorgung, die Installation eines GPS-Systems und vieles mehr, was zum Funktionieren der internationalen Beziehungen notwendig ist. Der Hegemon stellt diese Güter bereit und kommt für die Kosten auf. Er tut das, weil er selber den größten Nutzen daraus

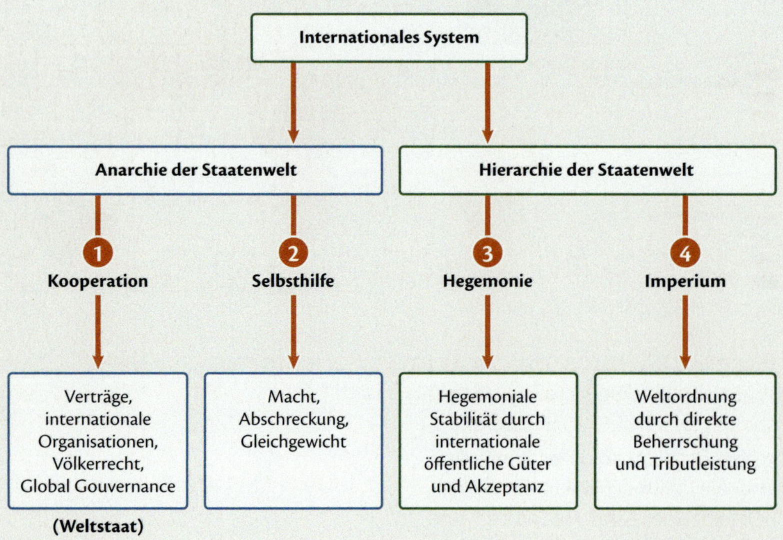

Nach: Ulrich Menzel: Die Hierarchie der Staatenwelt, in: Zeitschrift für Weltgeschichte 11/2010

zieht und weil andere nicht oder nur unzulänglich dazu in der Lage sind. Er befindet sich im klassischen Freiwilligendilemma. Übernimmt er die Rolle, muss er die Lasten tragen, übernimmt er sie nicht, trägt sie keiner, ist er selber ein Hauptleidtragender.

Da die anderen Staaten als Freerider immer wieder in den Genuss dieser Güter kommen, sind sie bereit, den Führungsanspruch zu akzeptieren. Das Selbsthilfeprinzip wäre für sie nur zu hohen Kosten bei schlechteren Ergebnissen oder gar nicht zu verfolgen. (...)

Strikt davon zu unterscheiden sind imperiale Weltordnungen. (...) Imperiale Ordnungen beruhen nicht auf Freiwilligkeit und Akzeptanz, sondern auf Zwang und gewaltsamer Unterordnung. Die imperiale Macht ist durchaus in der Lage, eine stabilisierende Rolle zu spielen, an der auch andere partizipieren. Im Unterschied zu Hegemonialmächten offerieren sie aber keine öffentlichen Güter, an denen alle partizipieren können, sondern sog. Clubgüter, in deren Genuss nur die „Mitglieder“ (Vasallen) des Imperiums kommen.

Auch werden diese nicht zum Nulltarif geboten. Die vom Imperium beherrschten Vasallen (Provinzen, Länder, Regionen) müssen die Herrschaftskosten und auch die Kosten für die Clubgüter tragen in Form des Tributs, den sie an die imperiale Macht zu entrichten haben. Dieser Tribut kann viele Formen (Sachleistungen, Finanzmittel, Arbeitsdienste, Reparationen, Militärdienste, Transfers aller Art) annehmen. Ist der Nutzen des Imperiums für die Vasallen nicht mehr erkennbar, übersteigt die Höhe des Tributs den Nutzen für die Vasallen, kommt es zur Auflehnung, die das Imperium gewaltsam unterdrücken muss, um seine Macht nicht zu gefährden. Deshalb ist ein erheblicher Teil des Tributs in die Herrschaftssicherung und die Institutionen zur Aufbringung des Tributs zu reinvestieren. Die Herrschaftskosten werden also nicht vom Imperium, sondern von den Vasallen getragen. Eine Akzeptanz ist kaum zu erwarten, auch wenn sie aus Sicht des Imperiums natürlich angestrebt wird, da sie die Ordnung stabilisiert. Hegemoniale Stabilität beruht auf Akzeptanz, imperiale Stabilität auf Zwang. Die Kosten einer hegemonialen Ordnung trägt eher der Hegemon, die Kosten einer imperialen Ordnung tragen eher die Vasallen.

Ulrich Menzel: Die Hierarchie der Staatenwelt. Historische-komparative Untersuchungen zu einer Theorie der internationalen Ordnung, in: Zeitschrift für Weltgeschichte 11/2010

M 44 Polare Weltordnungen im 20. Jahrhundert

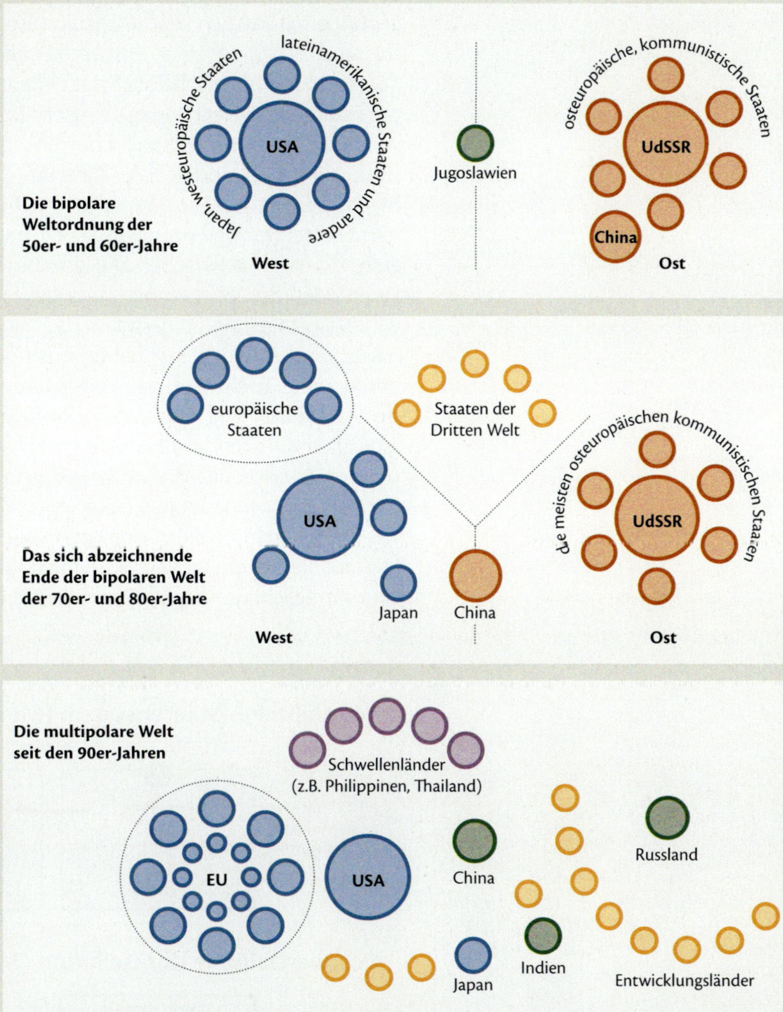

Nach: dtv-Atlas Politik, München 2010, S. 176

1 Erstellen Sie im Jigsaw-Verfahren in Gruppen Arbeitsplakate zum alten und veränderten Beziehungssystem der Staatenwelt. Berücksichtigen Sie dabei auch die veränderte Rolle der (National-)Staaten und die Veränderungen durch die Globalisierung.

2 Es wird die These vertreten, dass es einen Bedeutungsverlust der Nationalstaaten in der neuen Weltordnung gebe. Diskutieren Sie diese These unter Einbeziehung der Sichtweisen unterschiedlicher Theorien internationaler Politik:
- Trifft sie zu?
- Welche Folgen ergeben sich für die internationalen Beziehungen?

M45 Paradoxien der neuen Weltordnung

Was sind nun die Konsequenzen dieser Prozesse im Hinblick auf das eingangs skizzierte westfälische Modell des Staatensystems (s. S. 32), insbesondere das Souveränitätsprinzip und die klassischen Staatsfunktionen? Wenn Entgrenzung ein wesentlicher Ausdruck von Globalisierung ist und wenn dieser Befund auch faktisch zutrifft, dann führt Globalisierung zwangsläufig zur schrittweisen Entterritorialisierung aller bislang territorial gebundenen sozialen bzw. nationalen Systeme und damit zu einer *postwestfälischen Konstellation*. Für den Nationalstaat bedeutet dieses einen entsprechenden Verlust an Souveränität, Autonomie, fiskalischer Kompetenz, politischer und sozialer Gestaltungsmacht. Seine Integrationskapazität nach innen wie seine Abgrenzungskapazität nach außen werden schwächer. Die genannten Funktionen des Verwaltungsstaats, des Entwicklungsstaats, des Steuerstaats, des Nationalstaats, des Sozialstaats haben nur noch beschränkte Reichweite, wenn ein wachsender Anteil aller Aktivitäten und Probleme grenzüberschreitenden und nicht mehr nationalen Charakter hat. Wenn Umweltprobleme weltweite Dimensionen bekommen, wie z. B. der Treibhauseffekt, ist eine nationale Politik zur Reduzierung der CO_2-Emissionen kaum möglich; wenn 200 Fernsehkanäle via Satellit aus der ganzen Welt zu empfangen sind, sind nationale Verbote von Gewalt- und Pornografiedarstellung von begrenzter Reichweite; wenn der Produktionsort und der Steuerort eines transnational operierenden Unternehmens auseinanderfallen, wird die nationale Steuergesetzgebung unterhöhlt; wenn das Kapital, das weltweit zur Devisenspekulation eingesetzt wird, das Volumen der nationalen Währungsreserven übersteigt, geht die Kapazität zur nationalen Währungspolitik verloren; wenn die Elendswanderung die Millionengrenze überschreitet, ist der Sozialstaat überfordert; wenn die illegale Beschäftigung von Bauarbeitern auf Berliner Großbaustellen in die Zehntausende geht, kann selbst der Neubau einer Hauptstadt die örtliche Arbeitslosigkeit im Bausektor nicht mehr beheben, ist die Verhandlungsmacht der Gewerkschaft gebrochen.

Der grundsätzliche Unterschied zwischen dem Westfälischen Staatensystem und einer postwestfälischen Konstellation lässt sich anhand eines Modells verdeutlichen (s. Grafik): Im Westfälischen Staatensystem (Modell 1) führt die Souveränität der Staaten nach außen zur Anarchie der Staatenwelt. Regierungen treten als maßgebliche Akteure des internationalen Systems miteinander in Beziehungen. Die Souveränität der Staaten nach innen,

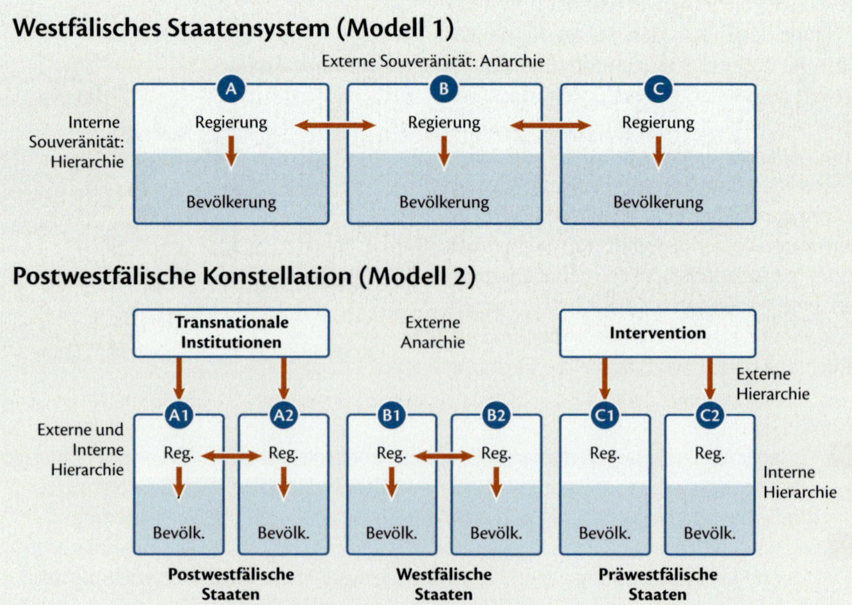

Quelle: Ulrich Menzel: Paradoxien der neuen Weltordnung, Frankfurt/M. 2004

ihre Freiheit zur Gestaltung des politischen Systems, führt zu einer Hierarchie zwischen Regierung und Bevölkerung. In der postwestfälischen Konstellation (Modell 2) gibt es nicht mehr nur den doppelt souveränen Nationalstaat (wie ausschließlich in Modell 1), sondern drei Typen:
Den Typ A der postwestfälischen Staaten, der einen Teil seiner Souveränität an transnationale Institutionen wie z. B. die Europäische Union abgetreten hat, den Typ B der westfälischen Staaten, der weiterhin seine Souveränität uneingeschränkt behauptet wie z. B. die USA, und den Typ Staaten, der aufgrund eines fortgeschrittenen Staatszerfalls wie z. B. im Kongo Souveränität nach innen und nach außen verloren hat. Für die postwestfälischen Staaten Europas wird die externe Anarchie in transnationalen Institutionen aufgehoben, die interne Hierarchie verwandelt sich bzw. wird erweitert zu einer externen Hierarchie. Für die westfälischen Staaten ändert sich nichts. Für die präwestfälischen Staaten kommt es ebenfalls zu einer Verkehrung von Anarchie und Hierarchie, allerdings in einem anderen Sinne als bei den postwestfälischen Staaten. An die Stelle der internen Hierarchie ist als Folge des Souveränitätsverlusts nach innen die interne Anarchie getreten. An die Stelle der externen Anarchie tritt die externe Hierarchie, die durch die Intervention von außen hergestellt wird, exekutiert durch den Weltwährungsfonds, durch die Vereinten Nationen im Zuge von Peace-keeping- oder Peace-enforcement-Operationen oder durch das amerikanische Militär im Kampf gegen Terrorismus und Schurkenstaaten. Komplex wird die postwestfälische Konstellation dadurch, dass die drei Typen von Staaten nebeneinander existieren und durch diverse symmetrische und asymmetrische Beziehungen anarchisch und hierarchisch in Verbindung stehen.

Ulrich Menzel: Paradoxien der neuen Weltordnung. Politische Essays, Frankfurt/M. 2004, S. 163 ff.

Verhandlungsteilnehmer des Westfälischen Friedens im Münsteraner Rathaus, 1648. Gemälde von Gerard Ter Borch, 1648

Kompetenzcheck

Anforderungsbereich I:

- Nennen Sie Merkmale der Globalisierung aus verschiedenen Bereichen.
- Stellen Sie die Rolle der Akteure der Globalisierung dar.
- Benennen Sie begründet Globalisierungsgewinner und Globalisierungsverlierer.
- Stellen Sie die Ihnen bekannten Theorieansätze internationaler Politik dar.
- Stellen Sie den Einfluss der Globalisierung auf die Struktur der Staatenwelt dar.

Anforderungsbereich II:

- Erläutern Sie, wann ein Mensch global handelt oder denkt.
- Definieren Sie Globalisierung.
- Stellen Sie die Komplexität des Begriffs der Globalisierung dar, indem Sie die Dimensionen der Globalisierung zugrunde legen.
- Vergleichen Sie die Konsequenzen Ihnen bekannter Theorieansätze der internationalen Politik im Hinblick auf ein aktuelles internationales politisches Problem (z. B. den Nahost-Konflikt).
- Erläutern Sie den Begriff der Anarchie der Staatenwelt.
- Skizzieren Sie die Struktur der Staatenwelt nach dem Ende des Ost-West-Konflikts.
- Erläutern Sie Menzels Begriff des westfälischen Staatensystems und zeigen Sie, wie sich dieses verändert.
- Stellen Sie den Zusammenhang von failed states und postwestfälischem Staatensystem dar.

Anforderungsbereich III:

- Nehmen Sie Stellung zur Frage, inwiefern die folgenden Begriffe geeignet sind, die derzeitige Struktur der Staatenwelt zu beschreiben: Anarchie, Hegemonie, Imperium, Weltstaat (siehe Grafik unten).
- Beurteilen Sie die These vom Bedeutungsverlust der Nationalstaaten in der Globalisierung.
- Beurteilen Sie, inwiefern die USA die Rolle des Hegemons in der derzeitigen Weltordnung spielen bzw. spielen können.
- Diskutieren Sie, in welcher Weise die Außenpolitik Deutschlands auf failed states eingehen sollte.

Weltordnungsmodelle von Anarchie bis Weltstaat

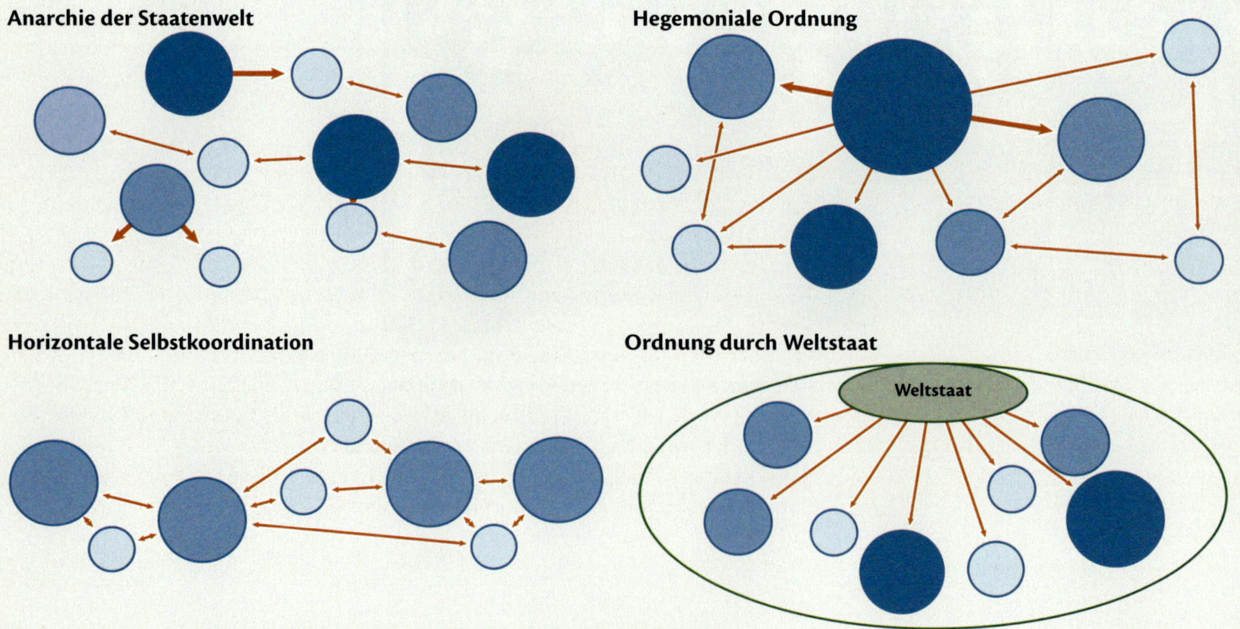

Nach: Tobias Debiel u. a. (Hg.): Globale Trends 2010. Frieden–Entwicklung–Umwelt, Bonn (Bundeszentrale) 2010, S. 52

2 Die Vereinten Nationen

Die UNO (United Nations Organization) – auch Vereinte Nationen (VN) – ist eine internationale Organisation, in der sich fast alle Länder der Welt (193 Staaten) in der Absicht zusammengeschlossen haben, Frieden und humane Lebensbedingungen für die Völker der Welt zu gewährleisten. Die UNO wurde 1945 nach der Erfahrung des Zweiten Weltkriegs gegründet und trat damit die Nachfolge des Völkerbunds an, der von 1920 bis 1946 existierte.

Die Vereinten Nationen sind zwar ein zentraler Akteur der internationalen Politik, doch von einer „Weltregierung“ sind sie weit entfernt. Ihr Handeln ist davon bestimmt, wie viel Spielraum und wie viele finanzielle Mittel andere Akteure, insbesondere die Nationalstaaten, ihnen überlassen. Können die Vereinten Nationen dennoch ihren Aufgaben nachkommen? Können sie z. B. einen wichtigen Beitrag zur Sicherung des Weltfriedens oder zum Kampf gegen den Hunger leisten?

Weltgemeinschaft oder überflüssige Organisation? – Die UNO

Obwohl sich fast alle Staaten auf der Welt den Vereinten Nationen (UN) angeschlossen haben, sind diese für viele Menschen weit weg. Gelegentlich hört man von Besuchen des Generalsekretärs, von Appellen gegen den Hunger in der Welt oder von Blauhelm-Einsätzen. In das tägliche Leben aber scheinen die UN nicht einzugreifen. Andererseits verbindet sich mit ihnen die Vorstellung, dass es über den nationalstaatlichen Regierungen noch eine Instanz geben müsse, die auch für globale Probleme wie etwa den Klimawandel zuständig ist. Wie kommt dieser Widerspruch zustande?

Eingangstor der Vereinten Nationen in New York mit dem Logo der UNO

Organigramm: Schaubild, das den Aufbau einer Organisation zeigt

M1 Die Zwiespältigkeit der UNO

Hoffnungsträger und Sündenbock, beide Attribute liegen nahe beieinander, wenn die Rede auf die UNO kommt. Dabei zeigt schon ein Blick auf das Organigramm (s. *M 2*), dass es *die* UNO nicht gibt. Die UNO, das ist mal der Sicherheitsrat, mal die Generalversammlung, mal der Wirtschafts- und Sozialrat, das Sekretariat oder auch der Internationale Gerichtshof. Die UNO kann aber auch für eine der weit über 20 ihrer Sonder- und Nebenorganisationen stehen oder für eine der angeschlossenen Organisationen wie die Internationale Atomenergie-Organisation oder den Internationalen Strafgerichtshof, die nach ihrem Statut jedoch autonome Einrichtungen sind.

Nicht zu vergessen ist schließlich ein Punkt, dessen Berücksichtigung eigentlich selbstverständlich sein müsste, der aber vielleicht gerade deshalb so häufig übersehen wird: Gegen den Willen von Staaten kann die UNO nur wenig oder gar nichts bewirken. Sehr instruktiv ist in dieser Hinsicht der jüngste Streit über die immer wieder und von vielen Seiten geforderte Reform der Vereinten Nationen. Wie sehr die Meinungen auseinandergingen, wurde bereits im Vorfeld des letzten Gipfels deutlich, vor allem im Hinblick auf die Erweiterung des Sicherheitsrats.

Nach anfänglicher Zuversicht über das bereits Erreichte, das die nächsten Schritte – Zweidrittelmehrheiten bei den erforderlichen Abstimmungen in der Generalversammlung – fast als bloße Formalität erscheinen ließ, kam dann die plötzliche Ernüchterung, als sich die afrikanischen Staaten mit ihrer Forderung nach zwei Sitzen, und zwar mit Vetorecht, nicht so verhielten, wie sie sich aus Sicht der Hauptinteressenten für eine Erweiterung des UN-Gremiums (Brasilien, Deutschland, Indien, Japan) verhalten sollten. Damit war die Erweiterung kein Thema mehr für den Reformgipfel.

Ähnlich sollte es auch den anderen Themen ergehen, deren Behandlung und ansatzweise Lösung von Staaten wie von Nichtregierungsorganisationen (NGOs) verlangt worden waren. Weder zur Reform der UN-Menschenrechtsorganisation noch zum Verhältnis zwischen staatlicher Souveränität und möglichen Interventionsrechten oder -pflichten bei formaler Verletzung dieser Souveränität wurden konkretere Beschlüsse gefasst, und die Millenniumsziele, fünf Jahre zuvor mit großem Engagement und Ehrgeiz formuliert, kamen nur am Rande und in wenig verbindlichen Erklärungen vor. (...)

Als der Weltgipfel Mitte September 2005 („Millenniumsgipfel") zu Ende ging, fand sich im sogenannten Ergebnisdokument, der Abschlusserklärung der anwesenden Staats- und Regierungschefs, folgender Satz: „Wir bekräftigen unseren Glauben an die Vereinten Nationen und unser Bekenntnis zu den Zielen und Grundsätzen der Charta und des Völkerrechts, die unverzichtbare Grundlagen einer friedlicheren, wohlhabenderen und gerechteren Welt sind, und bekunden erneut unsere Entschlossenheit, ihre strikte Achtung zu fördern." Im nächsten Absatz des Dokuments erfolgt dann der Hinweis auf die Millenniumserklärung, an der festgehalten werden soll, und noch ein paar Absätze weiter ist als eine Art Schlussfolgerung mit perspektivischem Auftrag zu lesen: „Wir beschließen daher, eine friedlichere, wohlhabendere und demokratischere Welt zu schaffen und konkrete Maßnahmen zu ergreifen, um auch weiterhin Mittel und Wege zur Umsetzung der Ergebnisse des Millenniumsgipfels und der anderen großen Konferenzen und Gipfeltreffen der Vereinten Nationen zu finden und so multilaterale Lösungen für Probleme auf den folgenden vier Gebieten herbeizuführen: Entwicklung, Frieden und kollektive Sicherheit, Menschenrechte und Herrschaft des Rechts, Stärkung der Vereinten Nationen." (...)

Die zitierten Passagen lassen sich aber auch als Ausdruck dessen verstehen, was derzeit möglich ist. (…) Ganz gleich, welcher Sichtweise man zuneigt, fest steht, dass die UNO existiert und auf absehbare Zeit weiterhin existieren wird. Dass sie oft ein widersprüchliches Bild bietet und für beinahe jede Projektion taugt, liegt zweifelsohne an ihrem Tun oder Unterlassen, das jedoch allzu oft nur das Tun oder Unterlassen von Staaten verdeckt. Die Fehler der Vergangenheit wird die UNO indes nur vermeiden und die Herausforderungen der Zukunft nur bewältigen können, wenn sich in ihr möglichst viele Kräfte, Staaten, Zivilgesellschaften und NGOs, wiederfinden. Das mag wie eine Binsenweisheit klingen, für eine Organisation, deren Autorität mit dem Grad externer Zustimmung steht oder fällt, ist das die einfache Wahrheit. Ohne eine hinter ihr stehende Gemeinschaft ist die UNO weder handlungsfähig noch in ihren Entscheidungen legitimiert.

Gerd Hankel: Die UNO. Idee und Wirklichkeit, Bonn: Bundeszentrale für politische Bildung 2010, S. 7 ff.

M 2 **Die UNO und die mit ihr verbundenen Organisationen im Überblick**

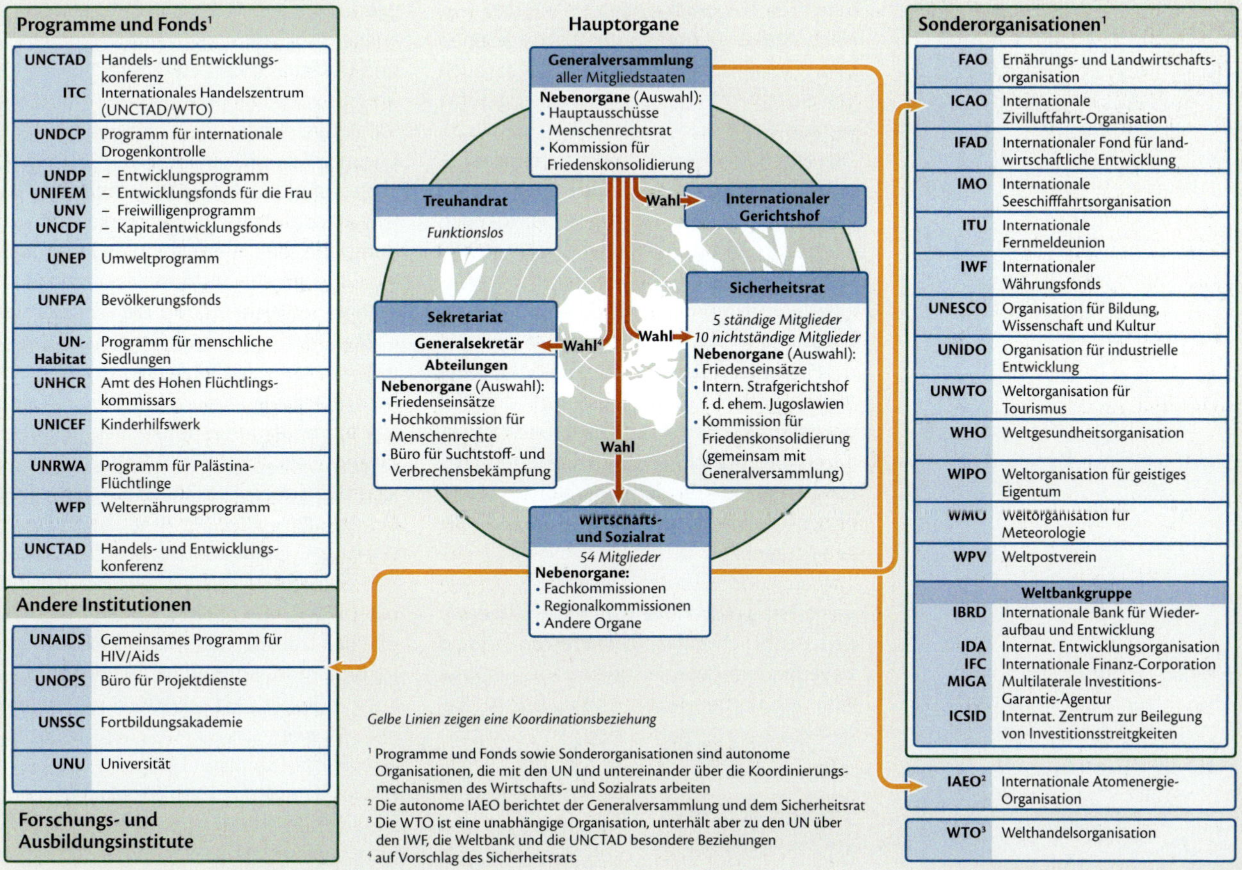

[1] Programme und Fonds sowie Sonderorganisationen sind autonome Organisationen, die mit den UN und untereinander über die Koordinierungsmechanismen des Wirtschafts- und Sozialrats arbeiten
[2] Die autonome IAEO berichtet der Generalversammlung und dem Sicherheitsrat
[3] Die WTO ist eine unabhängige Organisation, unterhält aber zu den UN über den IWF, die Weltbank und die UNCTAD besondere Beziehungen
[4] auf Vorschlag des Sicherheitsrats

Quelle: www.unric.org

1 Erstellen Sie Placemats zu Ihren Vorkenntnissen zu den Vereinten Nationen.

2 Erarbeiten Sie im arbeitsteiligen Verfahren die Materialien zu den Vereinten Nationen (M 1 bis M 5) und stellen Sie auf Plakaten die VN überblickshaft vor. Differenzieren Sie dabei nach Zielen, Erfolgen und Grenzen der Tätigkeit der VN.

3 Vergleichen Sie Ihre Vorkenntnisse mit den Ergebnissen der Erarbeitung und diskutieren Sie, inwiefern sich die Vereinten Nationen auf dem Weg zu einer Weltregierung befinden.

M3 Konfliktbewältigungsstrategien der Vereinten Nationen

Um den Frieden zu wahren, wurde in der VN-Charta ein modifiziertes System kollektiver Sicherheit geschaffen, mit dem Sicherheitsrat als dessen zentralem Organ. Nur der Sicherheitsrat hat das Recht, Zwangsmaßnahmen nach Kapitel VII der Charta gegen Staaten zu verhängen, die den Weltfrieden bedrohen. Solche Zwangsmaßnahmen reichen von nichtmilitärischen Sanktionen, z. B. Wirtschafts- und Waffenembargo, bis zum militärischen Einsatz von Land-, Luft- und Seestreitkräften, wozu Mitgliedstaaten nach Artikel 43 der Charta den Vereinten Nationen Streitkräfte zur Verfügung stellen können, die im Bedarfsfall unter dem Oberkommando der Vereinten Nationen eingesetzt werden. (...) Nach Artikel 42 und 48 der Charta können Zwangsmaßnahmen des Sicherheitsrats auch von einzelnen Mitgliedstaaten durchgeführt werden. (...)

Die folgende Typisierung der friedenspolitischen Konfliktbewältigungsstrategien und -instrumente wurde in ihren Grundzügen erstmals in der Agenda für den Frieden (1994) vom damaligen Generalsekretär Boutros-Ghali vorgenommen und später modifiziert:

Vorbeugende Diplomatie (preventive diplomacy): Hierunter fällt der Einsatz diplomatischer Mittel mit dem Ziel, das Entstehen von Streitigkeiten zwischen einzelnen Parteien zu verhüten, die Eskalation bestehender Streitigkeiten zu Konflikten zu verhindern und – sofern es doch zu Konflikten kommen sollte – diese einzugrenzen.

Vorbeugende Einsätze (preventive deployments) sind präventive Truppeneinsätze, um den Ausbruch eines Konfliktes im Vorfeld zu verhindern. Bei einer innerstaatlichen Krise kann ein vorbeugender Einsatz auf Antrag bzw. mit Zustimmung der Regierung oder aller Konfliktparteien erfolgen. Gleiches gilt, wenn ein Land sich bedroht fühlt und die Errichtung einer VN-Truppe nur auf seiner Seite der Grenze beantragt.

Friedensschaffung (peace-making) ist der Prozess bis zum Abschluss eines Friedensvertrags oder Waffenstillstands und bezeichnet Aktivitäten mit dem Ziel, feindliche Parteien zu einer Einigung zu bringen, im Wesentlichen durch solche friedlichen Mittel, wie sie in Kapitel VI der VN-Charta vorgesehen sind.

Friedenssicherung (peace-keeping) bezeichnet die Errichtung einer personellen Präsenz der Vereinten Nationen vor Ort mit Zustimmung aller Konfliktbeteiligten durch Einsatz von durchweg leichtbewaffneten Soldaten, Wahlbeobachtern und Polizisten zur Überwachung und Durchführung von Waffenstillstands- und Friedensvereinbarungen. Die Friedenssicherung ist eine Technik, welche die Möglichkeiten für eine Konfliktverhütung wie auch eine Friedensschaffung erweitert.

Friedensdurchsetzung (peace-enforcement) sind Einsätze stärker bewaffneter VN-Truppen und als vorläufige Maßnahme nach Kapitel VII, Artikel 40 der VN-Charta zu verstehen. Darunter fallen Maßnahmen z. B. zur Wiederherstellung und Aufrechterhaltung der Waffenruhe, die aufgrund ihrer stärkeren Bewaffnung über den Auftrag an Friedenstruppen hinausgehen, aber nicht mit Zwangsmaßnahmen zu verwechseln sind, die – nach Artikel 43 der Charta – verhängt werden können, um gegen Angriffshandlungen vorzugehen.

Friedenserzwingung durch militärische Gewalt (use of military force) bezeichnet militärische Zwangsmaßnahmen nach Kapitel VII, Artikel 42 der Charta, die bei Bedrohung oder Bruch des Friedens oder bei Angriffshandlungen verhängt werden können, um den Weltfrieden aufrechtzuerhalten. Der Sicherheitsrat hat bislang nur selten Gebrauch gemacht von den stärksten der militärischen Zwangsmaßnahmen. Sonderfälle waren der Golfkrieg II (*Irak–Kuwait, 1990/91*) wie auch die erste Intervention zur Absicherung humanitärer Hilfe in Somalia (*1993*) (...).

Friedenskonsolidierung (post-conflict peacebuilding) ist nach erfolgreicher Beendigung eines Konfliktes auf die Wiederherstellung bzw. Förderung staatlicher Strukturen gerichtet, die geeignet sind, den Frieden zu festigen und zu konsolidieren, um das Wiederaufleben eines Konfliktes zu verhindern. Hierzu gehören die Demobilisierung von (Ex-)Kombattanten, ihre Entwaffnung und Rehabilitierung durch Wiedereingliederung in die Zivilgesellschaft; ferner der Aufbau von Verwaltung und Justiz nach rechtsstaatlichen Prinzipien.

Auswärtiges Amt (Hg.): ABC der Vereinten Nationen, Berlin 2000, S. 37 ff.

Intervention der UNO in Somalia zur Absicherung humanitärer Hilfe, 1993

M4 Das fehlende Welt-Gewaltmonopol

Die VN sind die einzige Instanz in der Welt, die auch vorbeugend zur Anwendung militärischer Gewalt greifen darf. Sind der Weltfrieden und die internationale Sicherheit bedroht, so erlaubt Art. 42 der Charta dem Sicherheitsrat, notfalls auch mit militärischen Mitteln einzuschreiten. Die VN bilden die weltweit einzige Instanz, die nicht nur einen Verteidigungs-, sondern auch einen Angriffskrieg führen darf. Bei dieser rein auf die Rechtslage konzentrierten Betrachtung muss man sie als einzig verbliebenen Souverän – als Weltsouverän – ansehen. Dem widerspricht aber die Tatsache, dass die VN über kein eigenes Militär verfügen. Sie besitzen das alleinige *ius ad bellum*, ohne auch das dazugehörige Gewaltmonopol zu haben. (...)

In Ermangelung einer eigenen Exekutive müssen sich die VN ihre Kontingente bei den Nationalstaaten „ausleihen". Sie können sie nicht souverän kommandieren. Deshalb ist das Angriffskriegsverbot im Ernstfall wirkungslos. Es kann mithilfe der „Sole Superpower" USA gegen einen kleinen Staat (zuletzt den Irak, als er 1991 Kuwait besetzte) durchgesetzt werden. Gegenüber den Rechtsbrüchen der Supermacht selbst aber sind die VN machtlos. Weil die VN den Nationen von oben her keinen Schutz gewähren, konnte die Charta kein allgemeines Gewaltverbot aussprechen: Sie musste den Nationen die Verteidigung erlauben. Damit aber behielten diese auch die praktische Potenz zu einem Angriff – den „preemptive" zu nennen ihnen unbenommen ist. (...)

Es gibt einen weiteren Grund, aus dem die VN in der Praxis nicht der Weltsouverän sind: ihre Schwächung durch das Vetorecht. Wenn der Sicherheitsrat nicht über den Kopf einer Großmacht hinweg eine Entscheidung treffen kann, so ist das angesichts des Mangels einer zentralen Exekutive strukturell notwendig. Denn andernfalls könnte eine überstimmte Großmacht gegen den Mehrheitsbeschluss zu den Waffen greifen – es drohte der Weltkrieg, den die Charta unter allen Umständen verhindern will.

Sibylle Tönnies: Souveränität und Angriffskriegsverbot, in: Aus Politik und Zeitgeschichte 22/2005, S. 25

präemptiv: einem möglicherweise bevorstehenden Ereignis aktiv vorbeugen

M5 Die Grenzen der UN

Heutzutage spielen die Vereinten Nationen eine zentrale Rolle bei der Legitimierung, in der Krisendiplomatie, Friedenssicherung und bei humanitären Einsätzen. Aber allein schon ihre Größe hat sich für viele andere Funktionen als Nachteil erwiesen. (...)

Das größte Dilemma, mit dem die internationale Gemeinschaft konfrontiert ist, besteht darin, wie sie jeden einbeziehen soll und trotzdem handlungsfähig bleiben kann. Die Antwort liegt vermutlich in etwas, das die Europäer als „variable Geometrie" bezeichnen. Es wird mannigfaltigen „Multilateralismus" und „Minilateralismus" geben, wobei die Verteilung der Machtressourcen je nach Thema variieren wird.

Im Bereich Geldpolitik etwa ging 1944 aus der Konferenz von Bretton Woods der Internationale Währungsfonds hervor, der inzwischen auf 186 Mitgliedsländer ausgeweitet wurde. Neue Institutionen wie etwa der Finanzstabilitätsrat (FSB) wurden geschaffen, während bilaterale Diskussionen zwischen den USA und China eine zunehmend wichtige Rolle spielten. Ein erfahrener Diplomat formulierte es folgendermaßen: „Wenn man versucht, mit 20 Ländern ein Währungsabkommen auszuhandeln oder ein Rettungspaket für Mexiko mit 20 Ländern, wie in den Anfangstagen von Clinton, ist das nicht einfach. Wenn man mehr als zehn ist, wird es einfach verflucht schwierig, etwas zu erreichen."

Er hat natürlich recht. Bei drei Ländern gibt es drei bilaterale Beziehungen; bei zehn Ländern sind es 45, und mit 100 Akteuren ist man bei fast 5000. (...)

Um die transnationalen Herausforderungen zu meistern, die das globale Informationszeitalter charakterisieren, wird die internationale Gemeinschaft weiterhin eine Reihe komplementärer Netzwerke und Institutionen entwickeln müssen, die den globalen Rahmen der UN ergänzen. Sind sich wichtige Länder uneinig, ist es allerdings unwahrscheinlich, dass sogar Netzwerkorganisationen wie die G 20 die Tagesordnung für die UN und die Finanzinstitutionen von Bretton Woods festlegen können, entsprechend derer zu handeln ist.

Joseph Nye: Die Grenzen der UN, Die Welt v. 14.10.2010

Weltpolizist? – Der Sicherheitsrat als Akteur

Der Sicherheitsrat der Vereinten Nationen ist das mächtigste Organ der Vereinten Nationen. Er setzt sich aus fünf ständigen und zehn nichtständigen Mitgliedern beziehungsweise Staaten zusammen. Die fünf ständigen Mitglieder sind die Siegermächte des Zweiten Weltkriegs (die Vereinigten Staaten, das Vereinigte Königreich, Russland und Frankreich) sowie die Volksrepublik China. Sie besitzen bei der Verabschiedung von Resolutionen ein erweitertes Vetorecht und werden daher auch als Vetomächte bezeichnet. Jedes Jahr werden fünf nichtständige Mitglieder für die Dauer von zwei Jahren durch die Generalversammlung neu gewählt.
Der Sicherheitsrat kann nach den Bestimmungen der UN-Charta Entscheidungen mit Bindungswirkung für die Mitgliedstaaten treffen. Dabei besteht jedoch eine grundsätzliche Rechtsbindung an die Normen der UN-Charta.
Der Sicherheitsrat der Vereinten Nationen ist in der Lage, wenn er sich einig ist, gewaltige Macht auf Einzelstaaten auszuüben. Aber taugt er zur Exekutive, gar zu einer Art Weltregierung?

M6 Der UN-Sicherheitsrat – Aufbau und Funktionen

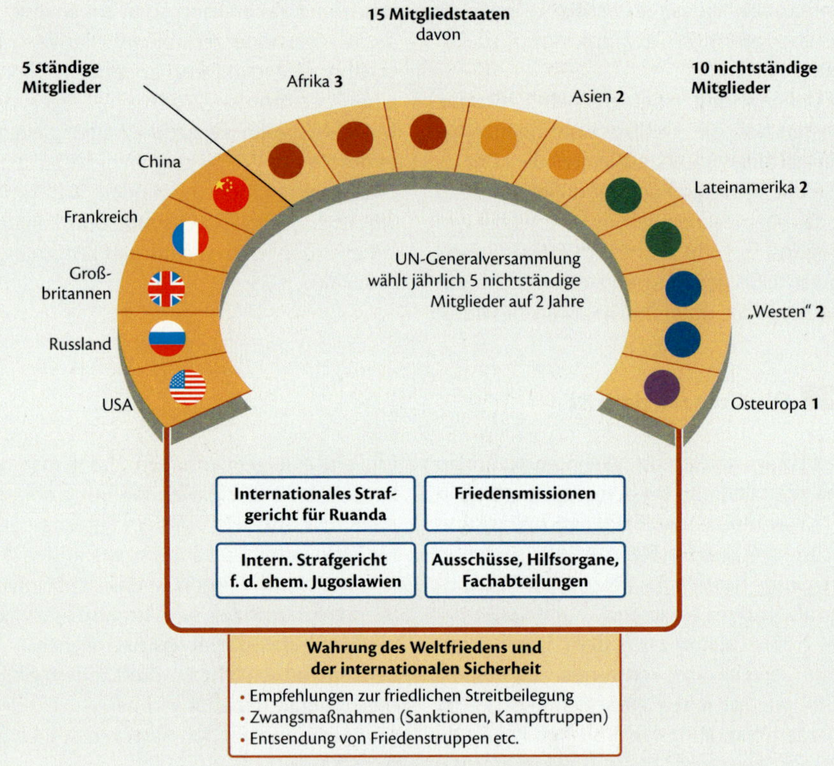

Nach: http://www.dadalos-d.org/uno/grundkurs_3/sicherheitsrat.htm

M7 Warum muss der Sicherheitsrat reformiert werden?

Der Sicherheitsrat der Vereinten Nationen ist das zentrale Organ der Internationalen Staatengemeinschaft für Friedenssicherung und Konfliktmanagement. Er fasst Beschlüsse (Resolutionen), die – anders als die der Generalversammlung – für alle Mitgliedstaaten bindend sind. (...)
Der Rat ist in seiner jetzigen Zusammensetzung nicht mehr repräsentativ für eine Welt, in der seit 1945 141 Staaten zusätzlich in die Vereinten Nationen aufgenommen wurden. Insbesondere Afrika, Asien sowie Lateinamerika und die Karibik sind nicht ihrem heutigen Gewicht entsprechend im Rat vertreten und fordern deshalb, dass die Zusammensetzung des Sicherheitsrats den neuen Realitäten angepasst werden muss.
Neben einer ausgewogenen geografischen

Verteilung der Sitze legt die Charta der Vereinten Nationen auch besonderen Wert darauf, dass Staaten, die erhebliche Beiträge für die Vereinten Nationen leisten, Mitglieder des Sicherheitsrats sein sollen. Die Mehrheit der Mitgliedstaaten der Vereinten Nationen sieht deshalb auch Deutschland und Japan als Kandidaten für neue ständige Sitze an.

Auswärtiges Amt: Reform des Sicherheitsrates – Fragen und Antworten; 5.7.2011, in: www.auswaertiges-amt.de (Zugriff: 15.7.2012)

M 8 Kandidatur Deutschlands für den Sicherheitsrat

Der VN-Sicherheitsrat ist das Herzstück der internationalen Friedensordnung. Als international geschätzter Partner, als wichtiger Akteur in den Vereinten Nationen und als drittgrößter Beitragszahler bewirbt sich Deutschland 2011/12 für einen nichtständigen Sitz im Sicherheitsrat. Weiterhin bleibt die Reform des Sicherheitsrats ein wichtiges Ziel deutscher Außenpolitik.

Die Kandidatur 2011/12 für einen nichtständigen Sitz ist logische Konsequenz des weltweiten Engagements der Bundesregierung.

Deutschland will 2011/12

- an sein bisheriges Engagement anknüpfen und erneut ein verlässlicher Partner sein,
- sich an seinen eigenen Forderungen nach mehr Offenheit messen lassen,
- Initiativen unterstützen, die nachhaltige Lösungen für Frieden und Sicherheit anstreben,
- sich nach Kräften für wirtschaftliche und soziale Gleichberechtigung einsetzen, denn nur eine gerechte Welt ist eine sichere Welt, und
- sich mit Nachdruck für die Überwindung globaler Herausforderungen wie Klimawandel, Ressourcenknappheit und Nahrungsmittelkrise einsetzen.

Botschaft der Bundesrepublik Deutschland, Kairo: Kandidatur für einen nichtständigen Sitz im Sicherheitsrat 2011/2012; in: http://www.kairo.diplo.de (Zugriff: 15.7.2012)

Karikatur: Sakurai

1 Informieren Sie sich über die Grundlagen des VN-Sicherheitsrats anhand von **M 6** und **M 7** und recherchieren Sie die aktuellen Missionen des VN-Sicherheitsrats. Differenzieren Sie dabei nach den in **M 3** (S. 40) aufgeführten Strategien.

2 Stellen Sie zusammen, inwiefern die Interessen Deutschlands durch die in den Missionen bearbeiteten Konflikte betroffen sind.

3 Nehmen Sie auf der Grundlage von **M 7** und **M 8** Stellung zum Begehren der Bundesregierung nach einem ständigen Sitz im Sicherheitsrat. Berücksichtigen Sie dabei die Karikatur.

Menschenrechte – zwangsweise durchgesetzt?

Als Menschenrechte werden subjektive Rechte bezeichnet, die jedem Menschen gleichermaßen zustehen. Diesen Rechten liegt ein universaler Geltungsanspruch zugrunde. Dies bedeutet, dass sich jeder Mensch auf sie berufen kann, aber auch, dass jeder Mensch deren Geltung anerkennt. Das Bestehen von Menschenrechten wird heute von fast allen Staaten prinzipiell anerkannt, sie werden aber bei weitem nicht in allen Staaten umgesetzt.
Die Menschenrechte spielen eine größere Rolle in der internationalen Politik, seit die internationale Gemeinschaft nach den Verbrechen des Nationalsozialismus und in der Zeit der Globalisierung Verantwortung auch dafür zu übernehmen bereit ist, was innerhalb von Staaten vor sich geht.

Die Südafrikanerin **Navanethem Pillay** (geb. 1941), UN-Hochkommissarin für Menschenrechte, Foto 2011

M9 Was sind die Menschenrechte?

Menschenrechte der UNO vom 10. Dezember 1948:

Artikel 1: Alle Menschen sind frei und gleich an Würde und Rechten geboren. Sie sind mit Vernunft und Gewissen begabt und sollen einander im Geiste der Brüderlichkeit begegnen.

Artikel 2: Jeder hat Anspruch auf alle in dieser Erklärung verkündeten Rechte und Freiheiten, ohne irgendeinen Unterschied, etwa nach Rasse, Hautfarbe, Geschlecht, Sprache, Religion, politischer oder sonstiger Anschauung, nationaler oder sozialer Herkunft, Vermögen, Geburt oder sonstigem Stand.
Des Weiteren darf kein Unterschied gemacht werden aufgrund der politischen, rechtlichen oder internationalen Stellung des Landes oder Gebietes, dem eine Person angehört, gleichgültig ob dieses unabhängig ist, unter Treuhandschaft steht, keine Selbstregierung besitzt oder sonst in seiner Souveränität eingeschränkt ist.

Artikel 3: Jeder hat das Recht auf Leben, Freiheit und Sicherheit der Person. (…)

Artikel 7: Alle Menschen sind vor dem Gesetz gleich und haben ohne Unterschied Anspruch auf gleichen Schutz durch das Gesetz. Alle haben Anspruch auf gleichen Schutz gegen jede Diskriminierung, die gegen diese Erklärung verstößt, und gegen jede Aufhetzung zu einer derartigen Diskriminierung.

Artikel 8: Jeder hat Anspruch auf einen wirksamen Rechtsbehelf bei den zuständigen innerstaatlichen Gerichten gegen Handlungen, durch die seine ihm nach der Verfassung oder nach dem Gesetz zustehenden Grundrechte verletzt werden.

Artikel 9: Niemand darf willkürlich festgenommen, in Haft gehalten oder des Landes verwiesen werden. (…)

Artikel 12: Niemand darf willkürlichen Eingriffen in sein Privatleben, seine Familie, seine Wohnung und seinen Schriftverkehr oder Beeinträchtigungen seiner Ehre und seines Rufes ausgesetzt werden. Jeder hat Anspruch auf rechtlichen Schutz gegen solche Eingriffe oder Beeinträchtigungen.

Artikel 13: 1. Jeder hat das Recht, sich innerhalb eines Staates frei zu bewegen und seinen Aufenthaltsort frei zu wählen.
2. Jeder hat das Recht, jedes Land, einschließlich seines eigenen, zu verlassen und in sein Land zurückzukehren.

Artikel 14: 1. Jeder hat das Recht, in anderen Ländern vor Verfolgung Asyl zu suchen und zu genießen. 2. Dieses Recht kann nicht in Anspruch genommen werden im Falle einer Strafverfolgung, die tatsächlich aufgrund von Verbrechen nichtpolitischer Art oder aufgrund von Handlungen erfolgt, die gegen die Ziele und Grundsätze der Vereinten Nationen verstoßen.

Artikel 15: 1. Jeder hat das Recht auf eine Staatsangehörigkeit. 2. Niemandem darf seine Staatsangehörigkeit willkürlich entzogen noch das Recht versagt werden, seine Staatsangehörigkeit zu wechseln.

Artikel 17: 1. Jeder hat das Recht, sowohl allein als auch in Gemeinschaft mit anderen Eigentum innezuhaben. 2. Niemand darf willkürlich seines Eigentums beraubt werden.

Artikel 18: Jeder hat das Recht auf Gedanken-, Gewissens- und Religionsfreiheit; dieses Recht schließt die Freiheit ein, seine Religion oder seine Weltanschauung zu wechseln, sowie die Freiheit, seine Religion oder seine Weltanschauung allein oder in Gemeinschaft mit anderen, öffentlich oder privat durch Lehre, Ausübung, Gottesdienst und Kulthandlungen zu bekennen. (…)

Artikel 22: Jeder hat als Mitglied der Gesellschaft das Recht auf soziale Sicherheit. (…)

Auszüge aus der Allgemeinen Menschenrechtserklärung von 1948, in: http://www.amnesty.de (Zugriff: 24.7.2011)

M 10 Systematik der Menschenrechte

Menschenrechte sind Rechte, die jedem Menschen allein aufgrund seines Menschseins zustehen. Sie sind darauf ausgerichtet, die Würde jedes Menschen zu wahren, und weisen folgende Merkmale auf:

- Menschenrechte sind angeboren und unveräußerlich. Sie stehen jedem Mensch „von Geburt an" zu und können weder erworben, verdient, verliehen, aberkannt noch verwirkt werden.
- Menschenrechte sind egalitär: Sie stehen allen Menschen gleichermaßen zu, unabhängig von „Hautfarbe, Geschlecht, Sprache, Religion, politischer oder sonstiger Anschauung, nationaler oder sozialer Herkunft, Vermögen, Geburt oder sonstigem Stand". Ihrer Natur nach lassen Menschenrechte keinerlei Diskriminierung zu.
- Menschenrechte sind unteilbar: Sie bilden einen Zusammenhang zwischen sich wechselseitig bedingenden Rechten, die in ihrer Gesamtheit die Würde des Menschen schützen. Bürgerliche, politische, wirtschaftliche, soziale und kulturelle Menschenrechte bilden daher eine Einheit.
- Menschenrechte sind universell: Ihrem Anspruch nach gelten Menschenrechte weltweit. Über Traditionen und kulturelle Eigenheiten hinweg beschreiben sie einen Grundbestand an Rechten, der für alle Menschen gelten soll.

Gertrud Gandenberger/Sandra Reitz: Menschenrechtsbildung = Menschenrechte + Bildung? In: Politische Bildung 3/2010, S. 103 f.

M 11 Humanitäre Interventionen

Was tun, wenn in einem „fernen Land" die Menschenrechte systematisch verletzt werden, wenn Gewalt und Krieg herrschen, wenn die Regierung ihre Bevölkerung nicht vor Übergriffen und Hungerkatastrophen schützen kann oder will, wenn Menschen massenhaft zur Flucht gezwungen werden? Ist dann die Zeit für eine „humanitäre Intervention" mit militärischen Mitteln gekommen? Sichern militärische „Friedensmissionen" das Überleben der Menschen in Kriegs- und Krisenregionen, dienen sie der weltweiten Terrorismusbekämpfung? (...)

Zum Schutze und zum Wohle fremder Menschen sollen militärische Zwangsmittel auf fremden Territorien eingesetzt werden. Dies bedeutet massive Gewalt anzuwenden, ja Krieg für „höhere" Ziele zu führen. (...)

Humanitäre Intervention bedeutet die Ausschaltung des staatlichen Souveränitätsprinzips und das Führen eines Angriffskrieges und stellt damit einen Bruch des bisherigen Völkerrechts dar. Zumindest bis zum Jahr 2006, als der Sicherheitsrat der UN die zuvor von der Generalversammlung beschlossene „Responsibility to React" übernahm. Dies ist eine Übereinkunft, die besagt, dass jeder Staat die Pflicht hat, seine Bevölkerung zu schützen. Wenn dies nicht geschieht, hat die internationale Gemeinschaft für den Fall, dass die Bevölkerung eines Landes großem Leid ausgesetzt ist, die Pflicht, diesen Schutz zu gewährleisten. Die Legitimierung dieses Rechtes zur militärischen Intervention wird vom Sicherheitsrat der UN ausgesprochen. (...)

Diese Entwicklungen stellen Hilfsorganisationen wie „Brot für die Welt" vor vielfältige Probleme und sind Anlass für kontroverse Diskussionen in Gesellschaft und Schule. Dabei geht es um zentrale Fragen des menschlichen Zusammenlebens und der gegenseitigen Verantwortung.

Brot für die Welt, Global Lernen, 2007-3

1 Erarbeiten Sie mit der Placemat-Methode: Welche Rechte müssen allen Menschen zuerkannt und garantiert werden?

2 Analysieren Sie **M 9** und **M 10** und vergleichen Sie die Aussagen mit Ihren Placemats.

3 Führen Sie anschließend das Planspiel R2P for Ruwalia durch (**M 12** bis **M 31**). Diskutieren Sie im Anschluss Ihre Erkenntnisse über die Mechanismen im Sicherheitsrat und die Übertragbarkeit der Simulation auf die Wirklichkeit.

Methode: R2P for Ruwalia? – ein Planspiel

In einem Planspiel werden reale Situationen simuliert. Die einzelnen Rollen dienen dazu, für den jeweiligen Zusammenhang wichtige Interessen darzustellen und sie in ihrer Interaktion zu erfassen.
Das Planspiel R2P for Ruwalia basiert auf realen Konstellationen, ist aber für dieses Buch neu zusammengestellt. Die Staaten sowie die Beweggründe der real existierenden Staaten sind fiktiv und weisen allenfalls Anklänge an reale Motive und Konstellationen auf.
Die Schutzverantwortung (englisch Responsibility to Protect, kurz R2P oder RtoP) ist ein Konzept der internationalen Politik und des Völkerrechts zum Schutze des Menschen vor schweren Menschenrechtsverletzungen und Brüchen des humanitären Völkerrechts. Sie wurde in den Jahren 2000/2001 entwickelt und international verbreitet.

M12 Problemsituation

Ruwalia ist ein Land in Zentralafrika. Nach der Kolonialzeit wurde es mit vielen anderen ehemaligen Kolonien in die Unabhängigkeit entlassen, ohne es darauf strukturell vorzubereiten. Die Grenzen des Landes beruhen auf willkürlichen Grenzziehungen des Koloniallandes. So setzt sich das Land aus unterschiedlichen Bevölkerungsteilen verschiedener Religionen und Hautfarben zusammen. Diese Bevölkerungsteile wohnen überwiegend in deutlich getrennten Landesteilen. Bisher ist es nicht gelungen, sie zu einer gemeinsam fühlenden Nation zu vereinen. Sie verstehen sich zum allergrößten Teil nicht als Ruwalier, sondern als Angehörige ihres Volkes, Stammes oder Clans.
Immer wieder kommt es besonders in den Überlappungszonen zwischen den Völkern und besonders in der Provinz Parcours zu Auseinandersetzungen, die auch gewaltsam ausgetragen werden. Die Polizei des Landes Ruwalia ist schlecht bezahlt, korrupt und greift nur in den seltensten Fällen neutral und schlichtend, meist aber parteiisch für eine Seite in die Auseinandersetzungen ein, sodass eine Befriedung dauerhaft nicht gelingt.
In der Provinz Parcours werden Seltene Erden abgebaut. Der Bergbau wird von Firmen aus den Industrieländern betrieben und arbeitet mit Großtechnik und nur sehr wenigen einheimischen Arbeitskräften. Die Lizenzen bringen dem Staat Ruwalia Deviseneinnahmen, die überwiegend für die Rüstung ausgegeben werden. Der Bergbau bringt starke Umweltbelastungen mit sich, die nicht durch ruwalische Gesetze und Maßnahmen bekämpft werden.
Die ruwalische Regierung wird nur in Teilen des Landes respektiert. Sie gehört überwiegend dem christlichen Volk der Tomé an, einer der größeren Bevölkerungsgruppen in Ruwalia.
Seit zwei Jahren beklagt der Nachbarstaat von Ruwalia, die Mittelafrikanische Republik, häufiger Grenzverletzungen durch bewaffnete Gruppen aus Ruwalia. In letzter Zeit macht die Mittelafrikanische Republik darauf aufmerksam, dass immer mehr Flüchtlinge, überwiegend aus dem Volk der Anda, das auch in der Mittelafrikanischen Republik beheimatet ist, die Grenzen überschreiten. Die Mittelafrikanische Republik

Seltene Erden: Lanthan, Europium und Neodym sowie 14 weitere Metalle, die u. a. bei der Herstellung von Akkus, Turbinen und Motoren als Rohstoffe benötigt werden

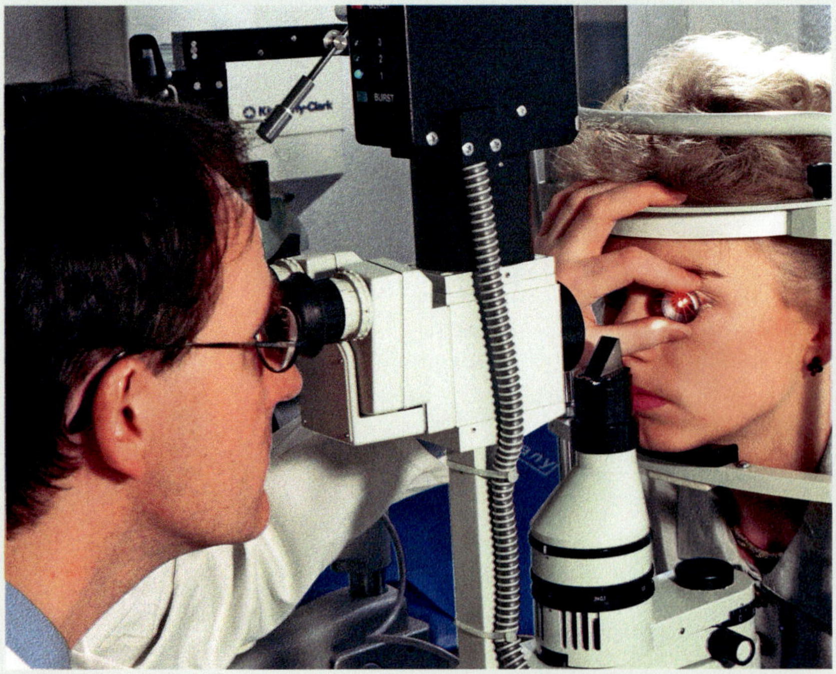

Anwendung von Neodym in einem Laser für die Augenheilkunde, der im infraroten unsichtbaren Bereich arbeitet

sieht sich zunehmend außerstande, die Flüchtlinge zu versorgen, und hat bereits westliche Hilfsorganisationen um Unterstützung gebeten.

Wegen des steigenden Bedarfs nach Seltenen Erden und eines rapiden Anstiegs der Preise für diese Rohstoffe erhält Ruwalia vermehrt Angebote für die Ausbeutung der Vorkommen besonders in der Provinz Parcours. Von Ruwalia wird dabei erwartet, dass die Vorkommen unter ausreichendem Schutz gefördert und in die Hafenstadt Port St. James transportiert werden können, wo sie in die Industrieländer verschifft werden. In der Provinz Parcours regt sich Widerstand gegen die Pläne der Regierung. Es werden steigende Umweltbelastungen ebenso befürchtet wie die Vereinnahmung der Gewinne aus den Lizenzen durch die ruwalische Regierung, die dem Volk der Tomé zugerechnet wird. Außerdem entdeckt die Regierung der Mittelafrikanischen Republik gemeinsame Volkszugehörigkeiten mit den Anda und unterstützt eine Befreiungsbewegung in der Provinz Parcours.

Die ruwalische Regierung verstärkt ihre Armee durch Söldner aus dem benachbarten Lamubia und stationiert sie in der Provinz Parcours, um einerseits die Grenze zur Mittelafrikanischen Republik zu sichern und andererseits die Transportwege für die Rohstoffe nach Port St. James zu gewährleisten. Die Söldner werden aus Lizenzgewinnen bezahlt und sind gut genährt und ausgebildet, aber landesfremd.

M 13 **Karte von Ruwalia**

M 14 Arbeitskarte

In dem Planspiel simulieren Sie die Verhandlungen im UN-Sicherheitsrat um die Frage, ob in Ruwalia nach dem Prinzip Responsibility to Protect eingegriffen werden soll. Die Kursmitglieder werden den Gruppen nach den Rollenkarten zugeordnet. Diese Gruppen bereiten selbstständig anhand der Rollenkarten und der informierenden Materialien eine Sitzung des UN-Sicherheitsrats vor. Dazu verschaffen sie sich zunächst selbst eine Einschätzung und definieren ein Ziel für ihre Position. Anschließend versuchen sie durch Verhandlungen mit anderen Gruppen die Positionen der anderen auszuloten und evtl. Bündnispartner für eine Mehrheit im Sicherheitsrat zu finden. Beachten Sie dabei auch, dass fünf Mächte eine Vetomöglichkeit haben und auch Mehrheitsentscheidungen damit hinfällig machen können.
Die Sitzung des Sicherheitsrats wird im Plenum durchgeführt.
Am Ende muss über folgende Fragen entschieden werden:

- Stimmt der Sicherheitsrat der vorgelegten Resolution zu?
- Falls er ihr zustimmt: Welche Staaten sind bereit, die Resolution unter eigener Beteiligung umzusetzen?

Um das Planspiel auch bei kleineren Kursen möglich zu machen, haben die nichtständigen Sicherheitsratsmitglieder (fünf anstatt zehn in der Realität) jeweils zwei Stimmen. Die ständigen Mitglieder haben eine Stimme und ihre Vetomöglichkeit. Die Entscheidung im Sicherheitsrat wird mit Mehrheit gefällt; Enthaltung ist möglich. Über ihr Veto entscheiden natürlich die Vetomächte allein.
Sollten die Kurse sehr klein sein, können die Rollen Kanada, Indien, Russland und Uruguay unbesetzt bleiben.
Vor Beginn der Phase 3 des Planspiels lesen Sie bitte die Ereigniskarte 1 (M 25). Danach werden alle 15 Minuten die weiteren Ereigniskarten in das Planspiel eingebracht. Erfolgt eine Einigung im Sicherheitsrat, werden weitere Ereigniskarten nicht gezogen.
Sollte nach Einbringen aller Ereigniskarten keine Einigung erreicht worden sein, herrscht die in der letzten Ereigniskarte beschriebene Situation (M 31).

M 15 Rollenkarte USA

Die USA pflegen keine besonderen Beziehungen zu Ruwalia und dessen Nachbarstaaten. Die US-Wirtschaft ist auf Seltene Erden aus Ruwalia nicht angewiesen; lediglich ein Prozent des Bedarfs stammt aus dem Land. Allerdings ist auch US-amerikanisches Kapital an den Bergbaukonzernen in Ruwalia beteiligt. Ansonsten ist Ruwalia in den USA relativ unbekannt.
Als Vetomitglied im UN-Sicherheitsrat haben die USA ein besonderes Interesse an der Erhaltung des Weltfriedens. Sie haben die Möglichkeit, überall auf der Welt militärisch einzugreifen, wenn es der Weltfrieden bzw. ihre Interessen erfordern.
Die Einhaltung der Menschenrechte ist in den USA traditionell ein hoher Wert für die Bevölkerung.

M 16 Rollenkarte China

China ist wegen der rasch wachsenden Wirtschaft stets an der Sicherung neuer Rohstoffquellen interessiert. Zwar verfügt China selbst über die Hauptvorkommen an Seltenen Erden, aber der Bedarf wächst immens. China hat deshalb eine eigene Mine in Ruwalia, um Lanthan zu fördern.
China versteht sich nicht als Industrieland, sondern als Entwicklungsland. Als größtes Entwicklungsland möchte China die Interessen dieser Länder gegenüber den westlichen Industrieländern besonders sichern und fördern. Dabei kommt es China ganz besonders darauf an, dass sich die Entwicklungs- und ehemaligen Kolonialländer endlich aus der Bevormundung durch den Westen lösen. China tritt deshalb ganz besonders für die Souveränität und territoriale Integrität der nichtwestlichen Staaten ein. Als Vetomacht im Sicherheitsrat ist China dafür auch bereit, eine Beschlussfassung der anderen Sicherheitsratsmitglieder durch Veto zu blockieren. Wegen der Politik im eigenen Land ist das Augenmerk der chinesischen Regierung kaum auf die Einhaltung der Menschenrechte gerichtet, die als teilweise dem westlichen Kulturkreis entstammend und nicht einfach auf Entwicklungsländer übertragbar verstanden werden.

M 17 Rollenkarte Russland

Russland konzentriert sich nach dem Ende des Ost-West-Konflikts hauptsächlich auf seine Interessen in Europa und Asien sowie auf die Sicherung seines eigenen Territoriums gegen separatistische Tendenzen. Wegen der relativen wirtschaftlichen Schwäche Russlands und der eigenen großen Rohstoffvorkommen hat es wenig Interesse an den Seltenen Erden in Ruwalia.
Menschenrechtsverletzungen werden auch Russland häufig vorgeworfen, insbesondere im Umgang mit der Opposition im Lande sowie mit separatistischen Bestrebungen wie in Tschetschenien.
Die Rivalität mit den USA ist in Russland noch nicht ganz vergessen, und die russische Politik sucht nach Gelegenheiten, der Welt eine Rückkehr der alten Stärke zu beweisen. Russland legt aus verschiedenen Gründen besonderen Wert auf die Souveränität und territoriale Integrität der Staaten. Auch ist die russische Armee weiterhin ein Aushängeschild für die Stärke Russlands, die nach neuen Selbstbeweisen sucht.

Münchner Schülerinnen und Schüler sowie Kollegen aus dem europäischen Ausland simulieren beim Planspiel „Model United Nations of Munich" (Munom) die Arbeit der Vereinten Nationen, 2007

M18 Rollenkarte Vereinigtes Königreich

Als ehemalige Kolonialmacht in Ruwalia hat das UK (United Kingdom) nach wie vor viele Verbindungen in das Land. Für den christlichen Bevölkerungsteil herrschen auf der Insel große Sympathien, die Regierung Ruwalias war in London immer gern gesehener Gast. Der Bergbau in Ruwalia wird überwiegend von Firmen betrieben, die auf britische Gründung zurückgehen, auch wenn deren Kapital nicht mehr ausschließlich aus UK kommt. Der Bedarf an Seltenen Erden wird zum größten Teil aus den Vorkommen in Ruwalia gedeckt.
Die Einhaltung der Menschenrechte ist in UK ein hoher Wert für die Bevölkerung.
Mit seiner Vetofähigkeit im Sicherheitsrat ist das Vereinigte Königreich sehr zurückhaltend. In aller Regel nimmt UK Rücksicht auf die Interessen des Bündnispartners USA sowie auf die europäischen Partner.
Das britische Militär ist in der Lage, begrenzt auch in anderen Weltteilen zur Sicherung der eigenen Interessen und des Weltfriedens zusammen mit dem großen Partner USA einzugreifen.

M19 Rollenkarte Frankreich

Frankreich hat traditionell gute Kontakte zur Mittelafrikanischen Republik, deren Kolonialmacht es war. Seit einigen Jahren sind auch französische Unternehmen am Abbau von Seltenen Erden in Ruwalia beteiligt. Frankreich hat wiederholt mit Erfolg Fallschirmjäger zur Sicherung französischer Staatsangehöriger in Afrika eingesetzt.
Seit der Französischen Revolution ist in Frankreich die Einhaltung der Menschen- und Bürgerrechte ein hoher Wert für die Bevölkerung.
Als Vetomacht im Sicherheitsrat nimmt Frankreich Rücksicht auf die Interessen seiner europäischen Partner sowie die der USA.

M20 Rollenkarte Deutschland

Deutschland ist derzeit nichtständiges Mitglied im Sicherheitsrat. Als großes Exportland mit dem Schwerpunkt Maschinenbau ist Deutschland auf die Sicherung der Ressourcen besonders auch an Seltenen Erden dringend angewiesen, die für Akkus, Turbinen und Motoren benötigt werden.
Deutsche Geldgeber sind auch am Kapital der Bergbaugesellschaften in Ruwalia beteiligt.
Spätestens seit der Entwicklungspolitik des Bundeskanzlers und Nobelpreisträgers Willy Brandt setzt sich die deutsche Politik besonders für die Menschenrechte in der Welt ein.
Deutschland ist militärisch nicht in der Lage, selbstständig außerhalb Europas einzugreifen. Allerdings engagiert sich Deutschland auch militärisch bei der Sicherung von Handelswegen nach Europa, besonders auf See.

M21 Rollenkarte Kanada

Kanada ist nichtständiges Mitglied im Sicherheitsrat. Kanada gehört der NATO an und ist mit den ehemaligen Kolonialländern Vereinigtes Königreich und auch Frankreich freundschaftlich verbunden, besonders aber mit dem Nachbarland USA.
Als recht kleines Industrieland hat Kanada in Afrika keine besonderen Interessen außer der Sicherung der benötigten Rohstoffe.
Die Menschenrechte werden in Kanada groß geschrieben.

M22 Rollenkarte Indien

Indien ist mit dem Vereinigten Königreich, seiner ehemaligen Kolonialmacht, besonders verbunden. Es arbeitet wirtschaftlich mit den westlichen Industrieländern zusammen. Wegen des starken Wachstums wichtiger Teile seiner Industrie ist Indien an der Sicherung des Rohstoffnachschubs dauerhaft interessiert.
Indien steht in traditioneller Rivalität zu seinem Nachbarland China, mit dem es bereits Kriege geführt hat. In Afrika hat Indien bis auf eine besondere Verbundenheit mit der Republik Südafrika kaum eigene Interessen.
Indien ist zwar eine Demokratie, tritt aber als Verfechter der Menschenrechte kaum hervor.

M23 Rollenkarte Uruguay

Uruguay ist ein kleines Land in Südamerika. Die nationalen Interessen reichen kaum über den südamerikanischen Kontinent hinaus. Seine Rolle im Sicherheitsrat möchte Uruguay besonders im Hinblick auf die Sicherung des Weltfriedens spielen, ohne dabei eigene Interessen zu verfolgen.
Insgesamt setzt sich Uruguay deshalb für die Einhaltung der wichtigen Prinzipien der Vereinten Nationen, u. a. die Allgemeine Erklärung der Menschenrechte, ein.

M24 Rollenkarte Südafrika

Südafrika ist eine ehemalige Kolonie des Vereinigten Königreichs. Heute ist es das mächtigste Land im südlichen Afrika und nimmt seine Rolle bei der Sicherung des Friedens in Afrika ernst.
Wegen der Erfahrungen in seiner Kolonialgeschichte ist Südafrika skeptisch gegenüber der Ausbeutung von Rohstoffvorkommen durch internationale Konzerne und möchte eher die Überführung in nationale Regie.
Südafrika ist bereit und in der Lage, im südlichen Afrika außerhalb der eigenen Grenzen militärisch einzugreifen, um seine eigenen Interessen und die Stabilität der Region zu sichern.

M25 Ereigniskarte 1

Die Mittelafrikanische Republik wendet sich an den Sicherheitsrat der Vereinten Nationen mit der Bitte, die Lage im Nachbarland Ruwalia auf die Tagesordnung zu setzen und zur Sicherung des Friedens in der Region sowie der Menschenrechte in Ruwalia einzugreifen.
Als Begründung wird dabei angeführt:
Die Flüchtlingsströme aus Ruwalia nähmen in erheblichem Umfang zu, sodass die Mittelafrikanische Republik definitiv die Versorgung der Flüchtlinge auch mit der derzeitigen Unterstützung internationaler Hilfsorganisationen nicht mehr sichern könne. Die Ursachen der Flüchtlingsströme lägen in einer Vertreibungspolitik der Regierung von Ruwalia, die ihre Söldnerarmee dazu einsetze, die Bevölkerung aus der Provinz Parcours, die der Bevölkerungsgruppe der Anda angehöre, systematisch zu vertreiben und ins Nachbarland abzuschieben, um leichter die Rohstoffvorkommen in der Provinz ausbeuten zu können. Dabei komme es zu massiven Menschenrechtsverletzungen, da den Vertriebenen ihr Recht auf Eigentum, auf körperliche Unversehrtheit, ja teilweise das Recht auf Leben genommen werde. Auch würden die Flüchtlinge von der Söldnerarmee bis auf das Gebiet der Mittelafrikanischen Republik verfolgt und teilweise ermordet, obwohl sie keine Waffen trügen. Hilfsorganisationen, die in der Mittelafrikanischen Republik in Flüchtlingslagern arbeiteten, werde der Grenzübertritt in das Land Ruwalia verweigert. All dies entspreche einer Politik der ethnischen Säuberung durch die Regierung Ruwalias.
Die Mittelafrikanische Republik erklärt sich außerstande, die Grenzverletzungen und die Übergriffe auf die Mitglieder des Volks der Anda länger tatenlos hinzunehmen, und droht dem Land Ruwalia mit dem Einsatz der eigenen Armee zur Sicherung der Grenzen und des Lebens und der Sicherheit der Angehörigen des Volks der Anda.

Die Republik Südafrika schlägt im Anschluss an die Eingabe der Mittelafrikanischen Republik die folgende Resolution zur Verabschiedung vor:

Resolutionsentwurf Nr. 2500
Der Sicherheitsrat,
mit dem Ausdruck seiner großen Besorgnis über die sich verschlimmernde Lage in der ruwalischen Provinz Parcours und dem Grenzgebiet zur Mittelafrikanischen Republik, die Eskalation der Gewalt und die zahlreichen Opfer unter der Zivilbevölkerung;
unter Verurteilung der groben und systematischen Verletzung von Menschenrechten, insbesondere willkürlicher Vertreibungen und Tötungen;
mit dem Ausdruck seiner Entschlossenheit, den Schutz der Zivilpersonen und der von der Zivilbevölkerung bewohnten Gebiete zu gewährleisten;
missbilligend, dass die ruwalischen Behörden weiter Söldner einsetzen;
sowie mit dem Ausdruck der Sorge um die Sicherheit ausländischer Staatsangehöriger und ihre Rechte in Ruwalia;
feststellend, dass die Situation in Ruwalia eine Bedrohung des Weltfriedens und der internationalen Sicherheit darstellt;
tätig werdend nach Kapitel VII der Charta der Vereinten Nationen:

1. *verlangt* eine sofortige Waffenruhe und ein vollständiges Ende der Gewalt und aller Angriffe und Vertreibungen gegen Zivilpersonen;
2. *appelliert* an die Regierung der Mittelafrikanischen Republik, die Verletzung seiner territorialen Integrität nicht mit Waffengewalt zu beantworten, sondern sich in den Schutz der internationalen Gemeinschaft zu begeben;
3. *betont*, dass verstärkte Anstrengungen unternommen werden müssen, um eine Lösung für die Krise zu finden;
4. *verlangt*, dass die ruwalischen Behörden ihren Verpflichtungen nach dem Völkerrecht, namentlich dem humanitären Völkerrecht, den internationalen Menschenrechtsnormen und dem Flüchtlingsvölkerrecht, nachkommen und alle Maßnahmen ergreifen, um Zivilpersonen zu schützen und ihre Grundbedürfnisse zu decken sowie den raschen und ungehinderten Durchlass humanitärer Hilfe zu gewährleisten;
5. *ermächtigt* die Mitgliedstaaten, alle notwendigen Maßnahmen zu ergreifen, um von Angriffen bedrohte Zivilpersonen und von der Zivilbevölkerung bewohnte Gebiete in der ruwalischen Provinz Parcours zu schützen, und ersucht die betreffenden Mitgliedstaaten, den Generalsekretär sofort von den Maßnahmen zu unterrichten, die sie gemäß der in dieser Ziffer erteilten Ermächtigung ergriffen haben, die sofort dem Sicherheitsrat zur Kenntnis zu bringen sind.

M26 Ereigniskarte 2

Die Regierung von Ruwalia nimmt zu den Vorwürfen aus dem Nachbarstaat Stellung.
Keineswegs werde die Bevölkerungsgruppe der Anda in Ruwalia verfolgt und vertrieben. Bei den militärischen Aktionen in der Provinz Parcours handle es sich vielmehr um Schutzmaßnahmen zur Sicherung der staatlichen Autorität und des Eigentums der Bergbaugesellschaften sowie zur Sicherung der Handelswege für den Transport Seltener Erden zum Hafen von St. James zum Weitertransport in die ganze Welt.
In der Provinz Parcours werde die Sicherheit auch der ausländischen Mitarbeiter der Bergbaugesellschaften massiv durch Banden gestört, die über die Grenze aus der Mittelafrikanischen Republik eindrängten. Bei der Verfolgung dieser Banden durch die reguläre ruwalische Armee sei es gelegentlich zu unabsichtlichen Grenzübertritten gekommen.
Die Regierung Ruwalias werde sich weiterhin Versuchen auch gewaltsam widersetzen, Teile des Staatsgebiets ihres Landes ihrer Kontrolle zu entziehen und die Rohstoffvorkommen unter fremde Kontrolle zu bringen.

M27 Ereigniskarte 3

Nach Berichten internationaler Hilfsorganisationen aus der Mittelafrikanischen Republik nimmt das Flüchtlingselend in den Lagern massiv zu. Die Zahl der Flüchtlinge steige rapide und gehe in die Hunderttausende. Die Ärzte müssten bei den Flüchtlingen, die unbewaffnet seien, immer wieder Schusswunden, Granatsplitterverletzungen und Folgen von Gewalt mit Gewehrkolben und Holzstöcken versorgen. Die Flüchtlinge gehörten fast ausnahmslos dem Volk der Anda an.

M28 Ereigniskarte 4

Die Regierung der Mittelafrikanischen Republik erklärt dem Land Ruwalia den Krieg. Es gelte, die Grenzen der Mittelafrikanischen Republik zu sichern und das Volk der Anda vor der Vernichtung durch die verbrecherische Regierung von Ruwalia zu schützen. Bei ersten Kampfhandlungen drang die Armee der Mittelafrikanischen Republik in die Provinz Parcours ein und besetzte unter anderem mehrere Bergwerke. Dabei sollen auch ausländische Arbeitskräfte getötet worden sein.
Die Regierung Ruwalias fordert den Sicherheitsrat auf, die Invasion der mittelafrikanischen Armee und über die Grenze gekommener Terroristen zu verurteilen. Sie kündigt eigene Luftangriffe auf die Mittelafrikanische Republik und die „Terroristenlager" an der Grenze an.

M29 Ereigniskarte 5

Die Lage an der Grenze zwischen Ruwalia und der Mittelafrikanischen Republik spitzt sich zu. Das Volk der Anda in der Provinz Parcours befindet sich vollständig auf der Flucht. Es herrscht Krieg zwischen der ruwalischen Armee und den Einheiten aus der Mittelafrikanischen Republik, die durch Milizionäre aus dem Volk der Anda verstärkt sein sollen.
Die Regierung der Mittelafrikanischen Republik hat erklärt, das Land Parcours zum Schutz der Angehörigen des Volks der Anda dauerhaft von der Gewalt der ruwalischen Regierung befreien zu wollen und in den Schutz der Mittelafrikanischen Republik zu stellen.
Angriffe der ruwalischen Luftwaffe auf die Hauptstadt der Mittelafrikanischen Republik konnten durch die Luftabwehr des Staates zurückgeschlagen werden. Die Flüchtlingslager verfügen nicht über eine Luftabwehr und sind den Angriffen schutzlos ausgeliefert.
Falls nicht sofort Maßnahmen des Sicherheitsrats erfolgen, kündigt Frankreich den Einsatz von Fallschirmjägern zum Schutz französischer Staatsangehöriger und von EU-Bürgern in den Bergwerken Ruwalias an.

M30 Ereigniskarte 6

Französische Fallschirmjäger sind in Parcours gelandet und haben mehrere Bergwerke besetzt. Sie haben mit Widerstand sowohl ruwalischer Einheiten wie von Armeeangehörigen der Mittelafrikanischen Republik zu tun. Frankreich betont, dass die Fallschirmjäger sofort das Land verlassen werden, wenn die Bergleute aus der EU evakuiert sind. Die Republik Südafrika sieht ihre Interessen verletzt und schickt Soldaten zur Unterstützung der Mittelafrikanischen Republik aus.

M31 Ereigniskarte 7

Die Volksrepublik China erklärt ihre Solidarität mit der Regierung Ruwalias und verurteilt die Invasion in Parcours. Russland erklärt sich mit China solidarisch. Indien erklärt die Unterstützung für die Anstrengungen Südafrikas, den Frieden in der Region des südlichen Afrika wiederherzustellen. Indien betont, dass es chinesischen Einmischungsversuchen nicht tatenlos zusehen werde.
Die Regierung der USA fordert China und Russland dringend auf, alles zu tun, um den Weltfrieden zu erhalten. Die USA erklären, zur Sicherung der Interessen des Westens alle erforderlichen Maßnahmen ergreifen zu wollen.

Was können die ausrichten? – Die Nichtregierungsorganisationen

Nicht nur Staaten und Regierungen bewegen sich auf internationalem Parkett, sondern zunehmend auch Organisationen, die sich ganz bewusst von Regierungseinflüssen frei halten wollen. In Kapitel 1 findet sich eine Übersicht über diese Akteure der internationalen Politik – die Nichtregierungsorganisationen (NGOs) (s. S. 12). Im Folgenden wird nun die Rolle der NGOs im System der VN dargestellt, in dem sie inzwischen einen festen Platz haben und bei den Aktionen der VN mitreden. Vielen sind solche Organisationen sympathisch, da sie frei von Intrigen, machtpolitischen Absichten und nationalstaatlichem Eigensinn zu sein scheinen.
NGOs spielen häufig die Rolle Davids gegen Goliath. Doch sind diese Klischees zutreffend?

M32 NGOs – ein wichtiges Korrektiv?

Streng genommen ist der Begriff „Nichtstaatliche Organisation" sehr weit und kann sich auch auf Kirchen, Vereine oder Gewerkschaften beziehen.
Heute werden jedoch meist mitgliederstarke, international tätige Interessengruppen als nichtstaatliche Organisation bezeichnet. Viele von ihnen widmen sich den klassischen Themen der 68er Bewegung: soziale Gerechtigkeit, Geschlechtergleichstellung, Umweltschutz und Friedenspolitik. NGOs versuchen durch verschiedenste Mittel, nationale wie internationale Politik zu beeinflussen und Gesellschaften für ihre Vorstellungen zu sensibilisieren.
Mit dem 1992 in Rio de Janeiro stattfindenden Weltgipfel (Rio Summit) erzielten ihre Bestrebungen den vorläufig größten Erfolg: 2400 Vertreter nichtstaatlicher Organisationen nahmen an der Konferenz teil, 17 000 Menschen am parallel stattfindenden NGO-Forum. Dort wurde auch festgelegt, dass der Begriff „nichtstaatliche Organisation" stets auch untrennbar mit einer zivilgesellschaftlichen Handlungsweise verbunden ist. Der Rio-Gipfel führte dazu, dass wir NGOs heute mehrheitlich als Organisationen wahrnehmen, die dem Prozess der Globalisierung kritisch begegnen, Umweltschutz betreiben oder für Frieden und Völkerverständigung eintreten. Gerade im Zuge der rasanten Globalisierungsentwicklung nahm in den letzten Jahren auch die Anzahl an NGOs deutlich zu: Mittlerweile gehen Forscher von 25 000 Organisationen weltweit aus.
Auch bei den NGOs gibt es ein Nord-Süd-Gefälle. NGOs aus wirtschaftlich starken Staaten denken und handeln anders als solche aus ökonomisch schwachen Ländern. „Die meist aus dem Norden stammenden Gruppen können beispielsweise bei Umweltkonflikten nicht unbedingt für die Mehrheit der Bevölkerung im Süden reden", so der Gießener Politologe Claus Leggewie. Auch neue Arbeitsgebiete wie das Nation Building, beispielsweise beim Wiederaufbau des Irak, entwickeln sich zu Konfliktfeldern zwischen den zivilgesellschaftlichen Akteuren in Europa oder Amerika und der einheimischen Bevölkerung.

Volker Bonacker/Tobias Stich: Was tun NGOs?, bpb-themen 1.2.2006 in: http://www1.bpb.de/themen (Zugriff: 16.7.2012)

M33 Sind NGOs legitimiert?

NGOs gelten gemeinhin als Impulsgeber in globalen Fragen. Sie engagieren sich auf zahlreichen Ebenen, nehmen Einfluss auf gesellschaftliche Abläufe und betreiben erfolgreich politische Lobbyarbeit. (...) Der Beitrag von NGOs als Teilnehmer einer „internationalen Zivilgesellschaft" sollte jedoch auch nicht überschätzt werden, ein realistischer Blick auf Fragen ihrer Legitimation und andere Kritikpunkte ist nicht zu umgehen. (...)
Inwieweit kann man auch NGOs als legitimierte Akteure bezeichnen? Die Legitimation einer nichtstaatlichen Organisation muss an ihrem Anspruch gemessen werden. So hat die Umweltorganisation „Greenpeace" die Ambition, im Interesse von Natur und breiten Teilen der Gesellschaft auf zentrale ökologisch-politische Entscheidungsprozesse Einfluss zu nehmen. Ohne eine breite Unterstützung in der Gesellschaft wäre dieser Anspruch kaum zu rechtfertigen. (...)
In demokratischen Staaten wird die Politik von einer vom Volk gewählten Regierung bestimmt, die Gesetze vom jeweiligen Parla-

ment verabschiedet – und eine unabhängige Gerichtsbarkeit überwacht ihre Einhaltung. Die wesentlichen Kompetenzen in der politischen Sphäre liegen somit in der Hand des Staates. Natürlich ist im demokratischen Staatsmodell auch vorgesehen, dass gesellschaftliche Gruppen direkt oder indirekt auf politische Entscheidungsprozesse Einfluss nehmen. Lobbyismus oder öffentlicher Druck sind zwei Beispiele, wie sich nichtstaatliche Macht artikulieren kann. In Vergangenheit und Gegenwart konnten und können Gewerkschaften, Kirchen oder Verbände immer wieder Einfluss auf den Staat nehmen. Auch moderne NGOs sind nahezu parteiübergreifend für ihr Engagement anerkannt und werden als notwendige Ergänzung repräsentativer Demokratie wahrgenommen. Die Frage nach der Legitimation solcher Einflussnahme bezieht sich deshalb vor allem darauf, ob die verschiedenen Organisationen tatsächlich die Interessen vertreten, die sie zu vertreten vorgeben.

Kathrin Kirstein/Bernhard Böth: Nichtstaatliche Organisationen – NGOs, Bonn 2007; in: http://www1.bpb.de

Afghanische Aktivistin der NGO-Organisation „Young Women for Change" mit einem Plakat gegen die Unterdrückung der Frauen in Kabul, Afghanistan, April 2012

M 34 Rolle der NGOs

1. Die Einschätzung der Rolle der NGOs in den internationalen Beziehungen im Allgemeinen und in der internationalen Menschenrechtspolitik im Besonderen schwankt zwischen unkritischer Romantisierung, die bei den NGOs eine Selbstüberschätzung animiert, und despektierlicher Abwertung des „bunten Haufens" zu lästigen Störenfrieden durch hartgesottene „Realisten" in Politik und Wissenschaft. (…)
2. Viele Menschenrechtsorganisationen haben sich bereits als INGOs (Internationale NGOs) organisiert und in internationale oder regionale Netzwerke eingebunden. Sie verstehen sich als Promotoren universeller Werte, befördern die „moralische Interdependenz" der Weltgesellschaft und praktizieren das kommunikative Handeln in den internationalen Beziehungen. (…)
3. Das transnationale Netzwerk hat allerdings einen gewichtigen Webfehler: Zwei Drittel der transnational operierenden NGOs (…) haben ihre Operationsbasis in Westeuropa und Nordamerika. Sowohl der Süden als auch der Osten sind unterrepräsentiert. (…)
4. Unumstritten ist, dass die NGOs im Rahmen des UN-Systems einen wesentlichen Beitrag zur Fortentwicklung von Menschenrechtsnormen und zur Verbesserung des internationalen Menschenrechtsschutzes geleistet haben. (…)
5. Den NGOs werden große Leistungen beim „standard setting" zugebilligt, das in Konferenzräumen stattfindet. Umstritten sind jedoch ihre Erfolge im Kernbereich ihres Gründungszweckes: dem Schutz der Menschenrechte und dem Kampf gegen schwere Menschenrechtsverletzungen. (…)
6. Die transnationalen NGOs haben es nicht nur geschafft, die Staaten in der Menschenrechtspolitik unter Handlungsdruck zu setzen. Ohne ihre Informationskampagnen und ohne ihr Lobbying würde es den Staaten noch leichter fallen, die Menschenrechte auf dem Altar von kommerziellen und geostrategischen Interessen zu opfern. Durch ihr Eintreten für universelle Menschenrechte und ihre interkulturelle Kommunikation befördern sie die Entwicklung einer Weltethik, die das normative Fundament der sich herausbildenden Weltgesellschaft bildet.
7. Die Menschenrechtsorganisationen wurden zum Sauerteig der internationalen Menschenrechtspolitik. Sie haben einen konstruktiven Einfluss auf alle wichtigen Konventionen und Deklarationen zu den Menschenrechten ausgeübt und durch ihr Drängen die Einrichtung von wichtigen Institutionen (wie des UN-Hochkommissariats für Menschenrechte und des Internationalen Strafgerichtshofes) erreicht. (…)

Franz Nuscheler: NGOs in Weltgesellschaft und Weltpolitik: Menschenrechtsorganisationen als Sauerteig einer besseren Welt? In: http://www.oneworld.at (Zugriff: 30.5.2010)

Standard setting: Festlegung von Standards

1 Erkunden Sie nach der Lektüre von **M 32** bis **M 34** die Arbeitsweise von NGOs durch Besuche in Geschäftsstellen, Kontakte mit Mitgliedern usw. (Beispiel: amnesty international unter: http://www.amnesty.de).

2 Beurteilen Sie unter Einbeziehung von **M 33** und **M 34** die Legitimität von NGOs in der internationalen Politik.

Besser gemeinsam? – Regionalisierung

Die Vereinten Nationen sind Akteure einer globalen Politik. Sie haben den Anspruch, auf der ganzen Welt präsent zu sein und eingreifen zu können. Andere Organisationen konzentrieren sich auf bestimmte Weltregionen und versuchen dort, in ihrem Sinn Einfluss zu nehmen. Diverse Paktsysteme von Staaten wie die Organisation der Afrikanischen Einheit (OAU) versuchen regional ähnliche Ziele zu verfolgen (z. B. die Friedenssicherung). Ein Beispiel für eine solche Organisation ist die Europäische Union (EU).
Auch wenn die Europäische Union krisengeschüttelt ist, so ist sie doch das bisher gelungenste Beispiel für den Erfolg, den die Kooperation von Staaten haben kann. Andere Weltregionen versuchen es der EU gleichzutun. Dennoch ist die Integration von Staaten in ein gemeinsames überstaatliches Gebilde, wie sie die EU erreicht hat, bisher unübertroffen.
Sind diese regionalen Zusammenschlüsse eine Konkurrenz zu den VN? Bilden die regionalen Zusammenschlüsse ein Gegengewicht zu zentralisierenden Tendenzen?

M 35 Regionalisierung als Trend in der Globalisierung

Wir sprechen immer von Globalisierung, die heute alles verändert. Die Rede von der Globalisierung erweckt den Eindruck, als ginge es vornehmlich um die Überschreitung bislang bestehender Grenzen zu größeren Gebilden und einem freieren Fluss von Daten, Menschen oder Gütern. Aber das ist nur eine einseitige Perspektive, die durch zunehmende Regionalisierung und Balkanisierung unterhalb der Ebene der Nationalstaaten ergänzt wird.
Die Trends für den Prozess der Bildung kleinerer, aber global vernetzter Einheiten sind unübersehbar. Regionen, Städte oder Stadtviertel lösen sich aus ihrem Umfeld, schließen sich ein und versuchen, vornehmlich aus ökonomischen und Sicherheitsgründen, sich als attraktiver Standort zu präsentieren. Extreme Formen dieser Herauslösung aus dem gesellschaftlichen Zusammenhang sind die bewachten Wohnsiedlungen, Malls, Einkaufszonen und Freizeitzentren, aber auch Projekte, unabhängige Kleinststaaten zu schaffen, während auf der anderen Seite, auf der Seite der Globalisierungsverlierer, die Neigung besteht, sich in ethnisch oder kulturell „gesäuberten" Gebieten und Vierteln einzuschließen, oder der Zwang entsteht, in solchen Slums leben zu müssen, die wie schwarze Löcher sind und möglichst von niemandem mehr betreten werden, der dort nicht wohnt.
Separatistische Bewegungen der Globalisierungsgewinner sind mittlerweile an der Tagesordnung. Der Krieg im ehemaligen Jugoslawien etwa nahm seinen Anfang, weil sich die reicheren Regionen Slowenien und Kroatien unter anderem auch deswegen aus dem Staatenbund herausgelöst haben, weil sie nicht mehr bereit waren, die ärmeren Regionen mit zu finanzieren. In Norditalien oder bei den Katalanen ist eine ähnliche Tendenz zu bemerken, und in vielen Mega-Cities der Welt ist diese Wirklichkeit bereits Alltag.
Die USA, das führende Land der Informationsgesellschaft, in dem die Informationstechnologie bereits zur führenden Industriebranche und das jetzt in einer Untersuchung als „Cybernation" getauft wurde, sind auch in der westlichen Welt führend, was die Segmentierung der Gesellschaft angeht. Das liegt auch an der Politik. Wenn Steuereinnahmen nicht einer nationalen Umverteilung unterliegen, wachsen die Gefälle zwischen Gemeinden, Regionen, Ländern und Stadtvierteln. Und

APEC-Treffen in Kazan, Russland, Juni 2012

die wachsende Kluft führt zu einer immer größeren Entsolidarisierung der Gesellschaft, was sich auch daran zeigt, dass etwa die Sozialhilfe gekürzt und den Ländern anheimgegeben wird, sodass in der Konkurrenz ein Dumping stattfindet – und die ärmeren Menschen von den reicheren Standorten gewissermaßen outgesourct werden.

Florian Rötzer, Regionalisierung als Kehrseite der Globalisierung, in: telepolis v. 26.11.1997, in: http://www.heise.de (Zugriff: 16.7.2012)

M 36 Supranationale Regionalisierung

Im globalen Kontext der Völkergemeinschaft besteht eine Region aus einer Gruppe von Staaten, die sich zur Bewältigung spezifischer Herausforderungen in einem Politikfeld zusammenschließen. Neben Aspekten der militärischen Sicherheit stehen bei internationalen Kooperationsbeziehungen vor allem ökonomische Erwägungen im Vordergrund. Die sich beschleunigende Vernetzung im internationalen Wirtschafts- und Finanzsystem macht nationalstaatliche Einzelmaßnahmen wirkungslos. Globale Regime wie die Institutionen des Internationalen Währungsfonds, der Weltbank und der Welthandelsorganisation sind notwendig, um elementare Regelungsmechanismen in Kraft zu setzen. Daneben gewinnen multilaterale Freihandelsabkommen und regionale Wirtschaftszusammenschlüsse zunehmend an Bedeutung. Unter der Vielzahl der ökonomischen Regionalorganisationen ragen drei Makroregionen heraus: Westeuropa, Nordamerika und Japan/Ostasien. Die (...) wirtschaftliche Internationalisierung findet nicht wirklich global statt, sondern beschränkt sich auf die genannten drei Zentren. Das Phänomen der Globalisierung besteht im Wesentlichen in der inter- und intraregionalen Verflechtung dieser Triade. Supranationale Regionalisierung stellt somit einen integralen Bestandteil – quasi eine „erste Phase" – der Globalisierung dar und ist weniger als antagonistische, sondern als komplementäre Strategie der Staaten zu werten.

Der Europäische Binnenmarkt, in dem der freie Verkehr von Gütern, Arbeitskräften und Kapital fest verankert ist, gilt als das Vorbild der meisten regionalen Wirtschaftszusammenschlüsse. Die Errichtung des gemeinsamen Marktes machte Harmonisierungen auch in anderen Politikfeldern notwendig. Die ökonomische Verdichtung im europäischen Raum wurde durch politische Institutionen verstetigt und die so in Gang gesetzte Zusammenarbeit beständig ausgedehnt. Zu Recht spricht man inzwischen in der Politikwissenschaft von der Europäischen Union als einem eigenen politischen System. (...)

Supranationale Integrationsgemeinschaften sind eine ambivalente Angelegenheit: Einerseits sichern und vergrößern sie die Handlungs- und Strategiefähigkeit des einzelnen Nationalstaates angesichts internationaler Herausforderungen, andererseits verpflichtet die Einbindung in multinationale Kooperationsformen zur beständigen Konsenssuche mit den Partnern. Die Rückkopplungseffekte früherer Beschlüsse entfalten eine langfristige Prägekraft und bestimmen künftige Entscheidungen. Eingeschlagene Pfade können nur unter erheblichen Kosten verlassen werden.

Während die Rahmenentscheidungen zur Wirtschaftspolitik auf supranationaler Ebene in Brüssel fallen, sind die Regionen mit der Ausgestaltung der „regionalen Standortfaktoren" betraut:

Raumordnung und Verkehrswesen, Aus- und Fortbildung, Wissenschaft und Technologie, Energie und Kommunikation, öffentliche Unternehmen und Sozialfürsorge, Sport und Freizeit – die Kompetenzen zur regionalen Wirtschaftsentwicklung sind bedeutend. Die Bundesländer präsentieren sich selbst als kompetente und bürgernahe Steuerungssubjekte.

Karin Goetz: Menschliche Existenz im vertikalen Mehrebenensystem, in: Politische Studien 378 (2001), S. 47 ff.

Regionale Zusammenschlüsse

NAFTA: Nordamerikanisches Freihandelsabkommen (engl. North American Free Trade Agreement); Wirtschaftsverbund zwischen Kanada, den USA und Mexiko

APEC: Asiatisch-pazifische wirtschaftliche Zusammenarbeit (engl. Asia-Pacific Economic Cooperation); Organisation mit dem Ziel, im pazifischen Raum eine Freihandelszone einzurichten

EPZ: Europäische Politische Zusammenarbeit; Verfahren, durch das die Mitgliedstaaten der Europäischen Gemeinschaften von 1970 bis 1992 ihre Kooperation in nicht-wirtschaftlichen Politikfeldern, vor allem im Bereich der Außenpolitik, institutionalisierten

WEU: kollektiver militärischer europäischer Beistandspakt, der von 1954 bis 2011 existierte

M37 Die EU und die Regionalisierung

Bei der Globalisierungsfrage waren die Schlagzeilen über die EU eher negativ. Außerhalb wurde ihr Blockbildung hinter hohen Mauern unterstellt, im Innern wurde besorgt gefragt, ob die europäischen Wirtschaften und Gesellschaften mit den USA mithalten könnten. In der Regionalisierungsdebatte kam die EU weit besser weg. Hier dominierten ihre Erfolge als Integrationsgebilde. Allenfalls negative Blockwirkungen für Außenstehende wurden befürchtet. (...) Als regionaler Akteur zielte sie mit dem Binnenmarktprogramm auf regionale Integration durch Marktintegration und beförderte mit dem Vertrag von Maastricht Währungsintegration und politische Integration.

Die EU wirkt traditionell als ein Regionalisierungsakteur im internationalen System. Als Freihandelszone und Zollunion gewann sie Vorbildwirkung. Sie gab den Anstoß für mittlerweile erfolgreiche Nachahmer wie die NAFTA und weniger erfolgreiche wie APEC (s. S. 55) und Mercosur. Als erfolgreiches Integrationsgebilde steht die EU im internationalen System noch allein. Wenn der Begriff des offenen Regionalismus überhaupt noch einen Sinn hat, weil er für das asiatische Beispiel APEC geprägt wurde, wo er als Verschleierung für die Heterogenität des Gebildes diente, könnte er für die EU zutreffen.

Als regionaler Block wirkte die EU allerdings nur indirekt stimulierend im Prozess der Globalisierung. Sie verdeutlicht eine Vorstufe jenseits der alten Nationalstaaten. In der EU findet Entgrenzung statt, weil die früher harte Schale des Nationalstaats immer mehr porös wird. Diese Wirkung ist regional stark, global schwach. Sie ist nach Politikfeldern unterschiedlich dynamisch. Im Handelssektor ist mit dem Binnenmarkt keine „Festung“ entstanden. Die optimistische Variante sieht daher die EU als Vorstufe zur zunehmenden wirtschaftlichen Globalisierung, die pessimistische Sicht rechnet mit einer zunehmenden Blockabschottung im neomerkantilistischen Sinne. Tatsächlich ist der Zusammenhang nicht eindimensional. Die einfache Entweder/Oder-Frage ist eher normativ gestellt. Regionalisierung ist selbst zum Teil eine Antwort auf den Globalisierungsprozess, um Wettbewerbsfähigkeit und regionales Regieren zu optimieren. Dies galt vor allem für die EG/EU seit (...) den achtziger und verstärkt in den neunziger Jahren. Mit dem Binnenmarktprogramm und der Währungsunion hatte Westeuropa nicht nur die Dynamik des eigenen Integrationsprozesses fortgeführt, war also einer endogenen Logik gefolgt, sondern hatte wiederum exogene Anstöße aufgenommen, die von den wirtschaftlichen Erfolgen Japans in den achtziger und der USA in den neunziger Jahren ausgegangen waren. Die EWG/EG/EU war einem Aktions-Reaktions-Schema gefolgt, bei dem mittlerweile Regionalisierung und Globalisierung zwei Seiten der gleichen Medaille sind. Die Euro-Region rückt wirtschaftlich immer enger zusammen, um beim globalen Wettbewerb von Staaten und Regionen in der Spitzengruppe zu bleiben. Ihr regionaler Erfolg stimuliert die Konkurrenten in der Triade, die USA und Japan sowie erfolgreiche Schwellenländer, regionalistische Strategien zu übernehmen, was die EU wiederum antreibt.

Die westeuropäischen Erfolge wurden bislang vor allem bei der wirtschaftspolitischen und der Marktintegration erzielt, die Felder der allgemeinen Außenpolitik, die EPZ und die gemeinsame Sicherheitspolitik in der WEU (s. S. 55) sind trotz punktueller Fortschritte bekannte Schwachstellen geblieben.

Reinhard Rode: Globalisierung und Regionalisierung: Die EU in der WTO, in: Die Europäische Gemeinschaft in der Welthandelsorganisation: Europa und die Globalisierung, Heidelberg 1999, S. 1 f.

Mercosur ist die abgekürzte Bezeichnung für den Gemeinsamen Markt Südamerikas. Die spanische Bedeutung für die Abkürzung ist *Mercado Común del Sur* (Gemeinsamer Markt des Südens)

M38 Die Eurokrise

Mit Staatsschuldenkrise im Euroraum (auch Schuldenkrise oder Euro-Krise genannt) werden Verschuldungskrisen einiger Mitgliedstaaten der Eurozone bezeichnet, die den Zahlungsverpflichtungen aus ihrer Verschuldung ohne Unterstützung Dritter nicht mehr nachkommen können.

Als Beginn dieser Krise wird der Zeitraum von Oktober 2009 bis April 2010 gesehen, in dem Griechenland nach einer neuen Regierungsbildung das tatsächliche Ausmaß seiner bisher verschleierten Haushaltsdefizite und seines Schuldenstandes offenlegte und dann EU sowie IWF um Hilfe bat, um eine Staatsinsolvenz abzuwenden (Griechische Finanzkrise).

Nach Griechenland konnten auch Irland und Portugal aus eigener Kraft nicht mehr ihre Schulden bedienen. In geringerem Maße haben auch Italien und Spanien teilweise Probleme, am Kapitalmarkt Kredite aufzunehmen, und werden genauso zu den Krisenstaaten gezählt.

Durch den IWF, die 2010 eingerichtete Europäische Finanzstabilisierungsfazilität (EFSF) und den 2011 abgeschlossenen Vertrag zum Europäischen Stabilitätsmechanismus wurden mehrere sogenannte Rettungsschirme verabschiedet, die mittels teilweise umstrittener politischer Mittel, d. h. Notbürgschaften und Notkrediten, eine Staatsinsolvenz in Griechenland, Irland und Portugal bislang verhindert haben. Auch die Europäische Zentralbank intervenierte mit dem umstrittenen Mittel der Monetarisierung von Staats- und Privatschulden zugunsten der Krisenstaaten und gab damit an die Krisenstaaten sowie deren Wirtschaft und Banken weitere Kredite und Liquidität. Die Krisenländer und deren Banken wurden von Ratingagenturen (s. S. 163) mehrfach abgestuft.

In allen fünf betroffenen Staaten kam es 2011 zu außerordentlichen Regierungswechseln. In Irland, Portugal und Spanien geschah dies nach vorgezogenen Neuwahlen, während in Griechenland und Italien Übergangsregierungen von parteilosen Wirtschaftsexperten gebildet wurden.

http://de.wikipedia.org/wiki/Staatsschuldenkrise_im_Euroraum (Zugriff: 17.7.2012)

Zeichnung: Schwarwel

1 Beschreiben Sie die widersprüchlichen Tendenzen von Globalisierung und Regionalisierung.

2 Erörtern Sie, inwiefern Tendenzen zur Regionalisierung auch Tendenzen der wachsenden Konkurrenz sind. Recherchieren Sie zu entstehenden Gegensätzen zwischen wirtschaftlichen und politischen Machtblöcken.

3 Analysieren Sie, inwiefern der wachsende Zusammenschluss der EU eine Antwort auf die Tendenz von Globalisierung und Regionalisierung ist (**M 35** bis **M 37**).

4 Beurteilen Sie die Zukunft der EU als regionaler Zusammenschluss unter den Bedingungen der Krise (**M 38**).

5 Recherchieren Sie zur Karikatur und interpretieren Sie sie. Stellen Sie einen Zusammenhang zur Eurokrise her.

Kompetenzcheck

Anforderungsbereich I:

- Stellen Sie den Aufbau der UNO dar.
- Nennen Sie die Möglichkeiten, über die die Vereinten Nationen zur Erfüllung ihrer Aufgaben verfügen.

Anforderungsbereich II:

- Erläutern Sie Struktur und besondere Rolle des Sicherheitsrats der Vereinten Nationen.
- Analysieren Sie die Karikatur im Hinblick auf ihre Aussagen zu Globalisierung und Regionalisierung.

Zeichnung: Mohr

- Erläutern Sie an Beispielen die Schwierigkeiten, mehr als 190 Staaten auf der Welt in einer gemeinsamen Organisation zusammenzufassen.
- Stellen Sie dar, welche Möglichkeiten den Vereinten Nationen zur Sicherung der Menschenrechte auf der Welt zur Verfügung stehen.
- Verdeutlichen Sie die Möglichkeiten und Grenzen der derzeitigen Struktur der Vereinten Nationen an einem Beispiel.
- Erläutern Sie Möglichkeiten und Grenzen von NGOs.
- Skizzieren Sie das Legitimationsproblem der NGOs.

Anforderungsbereich III:

- Nehmen Sie Stellung zum Einfluss von NGOs auf die Weltpolitik.
- Nehmen Sie Stellung zur Frage, inwiefern regionale Zusammenschlüsse die negativen Folgen der Globalisierung abzufedern vermögen.
- Diskutieren Sie die Möglichkeiten, ein Weltgewaltmonopol zu erringen. Beziehen Sie dabei Ihre Kenntnisse über die Struktur des Staatensystems und die Diskussion um Hegemonie und Imperium ein.

3 Internationale Konflikte und Friedenssicherung

Internationale Auseinandersetzungen bergen stets die Gefahr von Kriegen. Seit der Erfindung der Atombombe um die Mitte des letzten Jahrhunderts bedrohen Kriege die Existenz der gesamten Menschheit. In früheren Zeiten galt die Kriegführung als Bestandteil der Politik und als Kunst, heute hat sich die Sichtweise umgedreht, und es haben eher Kriegsvermeidung und Friedenssicherung Vorrang.

Seit dem Ende des Ost-West-Konflikts hat sich der Charakter des Krieges verändert. Heute sind die weitaus meisten Kriege innerstaatliche Konflikte, also unkonventionelle Bürgerkriege und Aufstände, bei denen es um die Macht im Staat geht. Zwischenstaatliche militärische Gewalt hingegen hat an Bedeutung verloren.

Zwar ist seit 1992 die Zahl der Kriege stark zurückgegangen, zugleich ist aber die Wahrscheinlichkeit gestiegen, dass Kriege wieder aufflammen, weil ihre Ursachen fortbestehen. Angesichts dieser Entwicklungen verwenden viele Politikwissenschaftler den Begriff „Neue Kriege“, der allerdings umstritten ist.

Um die heutigen Kriege zu verstehen, ist es wichtig, Klarheit über ihren Charakter und ihre Ursachen herzustellen.

Krieg oder „neuer Krieg"?

Einzelne Staaten als Akteure der Weltpolitik handeln nach ihren eigenen Interessen, wenn sie sich nicht einem Hegemon unterordnen müssen oder Interessengemeinschaften bilden. Zwischen Staaten kommt es wie zwischen Individuen zu Konflikten. Häufig ist es aber unklar, ob von einem Krieg gesprochen werden kann, weil die klassischen Merkmale eines Krieges, zu denen u. a. die Kriegserklärung gehört, fehlen. Im Sinne der Ursachenforschung führt es weiter, Eskalationsstufen von internationalen Konflikten zu bestimmen, unter denen der Krieg eine ist.

M 1 **Kriege und bewaffnete Konflikte 2010**

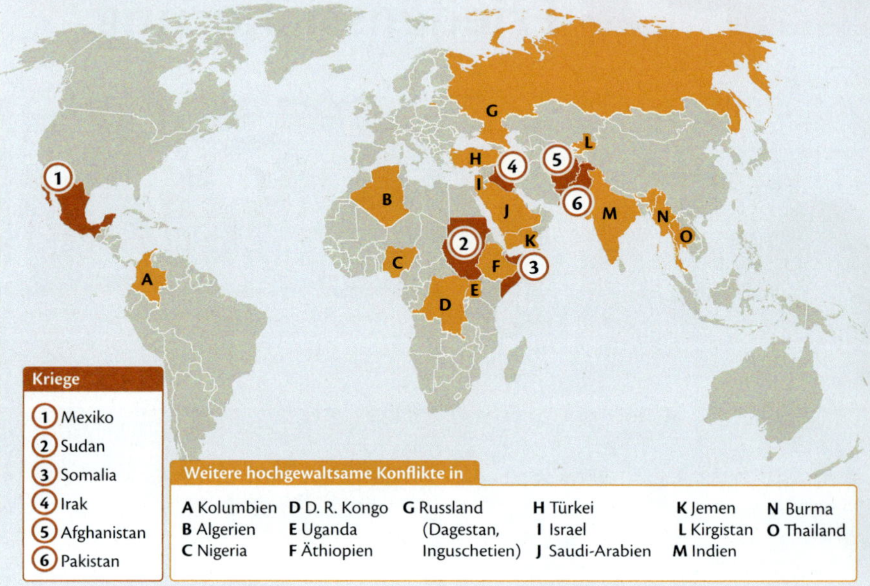

Quelle: Heidelberger Institut für Internationale Konfliktforschung

M2 Krieg – eine Definition

Die Kriegsdefinition der „Arbeitsgemeinschaft Kriegsursachenforschung" (AKUF), Institut für Politikwissenschaft der Universität Hamburg:

„Krieg" definiert die AKUF in Anlehnung an den ungarischen Friedensforscher István Kende (1917–1988) als einen „gewaltsamen Massenkonflikt", der alle folgenden Merkmale ausweist:

a) An den Kämpfen sind zwei oder mehr bewaffnete Streitkräfte beteiligt, bei denen es sich mindestens auf einer Seite um reguläre Streitkräfte (Militär, paramilitärische Verbände, Polizeieinheiten) der Regierung handelt;

b) auf beiden Seiten muss ein Mindestmaß an zentral gelenkter Organisation der Kriegführenden und des Kampfes gegeben sein, selbst wenn dies nicht mehr bedeutet als organisierte bewaffnete Verteidigung oder planmäßige Überfälle (Guerillaoperationen, Partisanenkrieg usw.);

c) die bewaffneten Operationen ereignen sich mit einer gewissen Kontinuität und nicht nur als gelegentliche, spontane Zusammenstöße, d. h. beide Seiten operieren nach einer planmäßigen Strategie, gleichgültig ob die Kämpfe auf dem Gebiet eines oder mehrerer Gesellschaften stattfinden und wie lange sie dauern.

Kriege gelten als beendet, soweit Kampfhandlungen dauerhaft, d. h. für mindestens ein Jahr, eingestellt bzw. nur unterhalb der AKUF-Kriegsdefinition fortgesetzt werden.

Bei einem „bewaffneten Konflikt" handelt es sich um gewaltsame Auseinandersetzungen, bei denen die Kriterien der Kriegsdefinition nicht in vollem Umfang gegeben sind.

Werner Schreiber: Krieg und bewaffnete Konflikte 2010. Ein erster Überblick, in: AKUF Analysen 9/2010; in: www.whywar.at (Zugriff: 1.10.12)

M3 Zahl der inner- und zwischenstaatlichen Konflikte 1946–2006

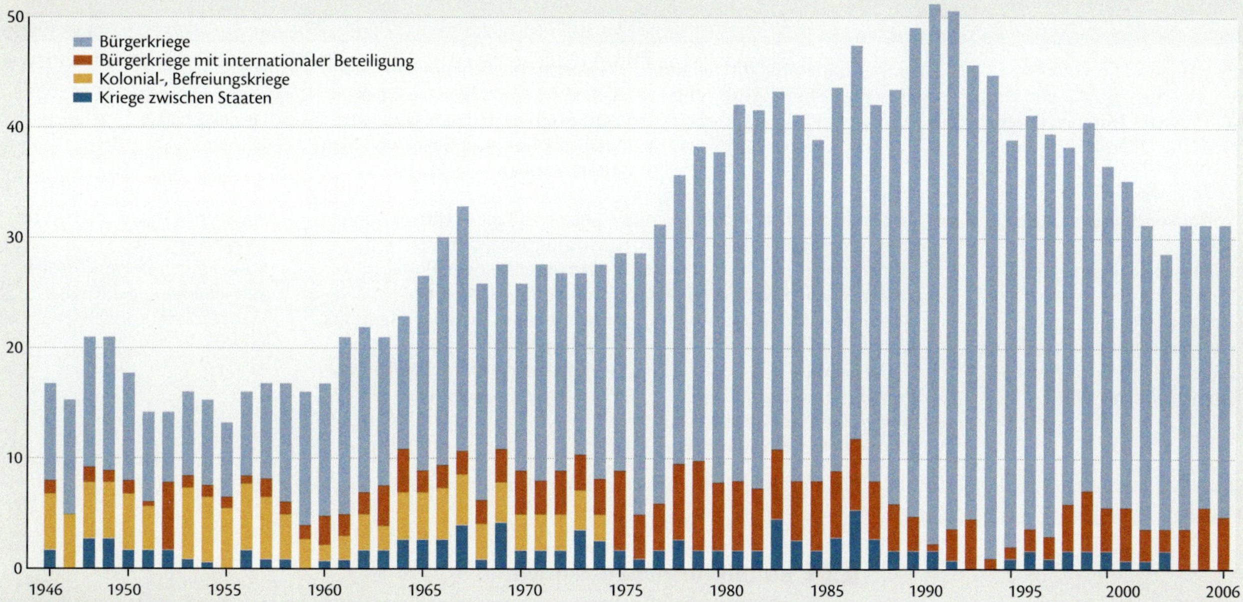

Nach: Atlas der Globalisierung, 2009

M4 Schwache Strukturen fördern Konflikte

In absehbarer Zukunft werden wir es (...) nicht nur mit „neuen“ Kriegen zu tun haben, in denen sich staatliche und nichtstaatliche Akteure gegenüberstehen (Afghanistan, Pakistan). Vielmehr wird es auch geopolitische Konfrontationen „alten“ Typs geben, in denen kriegerische Auseinandersetzungen zwischen Staaten drohen, die allerdings auch von nichtstaatlichen Milizen, tribalen (*Stammes-*)Gruppen oder Rebellen ausgelöst werden können (Sudan, Tschad).

Grenzüberschreitende oder innerstaatliche Konflikte bieten den Nährboden für extremistische und terroristische Gruppen, die sich nicht immer auf ihr lokales und regionales Umfeld beschränken. Der israelisch-palästinensische Konflikt etwa wird, solange er ungelöst bleibt, eine offene Wunde der arabisch-muslimischen Welt bleiben und stets die Kräfte mobilisieren, die einen existenziellen Kampf zwischen Muslimen und dem globalen Westen sehen oder wünschen. Oft wirkt zudem die Fragilität eines Staatswesens wie eine Einladung an andere, sich einzumischen. Gefährdete Staaten (oder Protostaaten wie die palästinensischen Autonomiegebiete) werden so durch anhaltende regionale Konflikte und Kriege noch weiter geschwächt.

Im multipolaren System von heute wirken sich regionale Konflikte immer auch auf globaler Ebene aus. Dabei reagieren insbesondere die großen Mächte aus einer bestimmten geopolitischen Perspektive. Dazu gehört auch die Sorge, dass andere Staaten regionale Konflikte nutzen könnten, um Einfluss in ihrer jeweiligen Peripherie zu gewinnen.

Volker Perthes: Starke Strukturen für schwache Staaten, in: Le monde diplomatique, Atlas der Globalisierung, Berlin 2009, S. 166

Irakkrieg: „England und Amerika suchen den Kriegsgrund“. *Zeichnung: Haitzinger*

M5 Root Causes of Conflicts

Root Cause 1	Root Cause 2	Root Cause 3	Root Cause 4
Ungleichgewicht politischer, ökonomischer, sozialer und kultureller Chancen zwischen unterschiedlichen Identitätsgruppen	Illegitime, undemokratische und ineffiziente Regierungsführung	Fehlende Möglichkeiten für friedlichen Ausgleich von Gruppeninteressen und für das Überwinden von Trennungslinien von Identitätsgruppen	Abwesenheit einer aktiven und organisierten Zivilgesellschaft
– Sozioökonomische Ungleichheit – Exklusive Regierungselite – Verletzung politischer Gruppenrechte – Destabilisierung durch Flüchtlinge und intern Vertriebene – Demografischer Druck	– Legitimitätsdefizit von Regierung und öffentlichen Einrichtungen – Unzureichende, sich verschlechternde öffentliche Dienste – Kriminalität, soziale und politische Gewalt – Parteiliche Auslegung und Anwendung von Gesetzen durch Justiz und Sicherheitskräfte	– Abwesenheit effektiver Konfliktlösungsmechanismen – Abwesenheit von Pluralismus und offener Debatte – Misstrauen zwischen Identitätsgruppen – Schwaches oder schädliches externes Engagement	– Schwache Organisationen der Zivilgesellschaft – Abwesenheit professioneller und unabhängiger Medien – Mangel ökonomischer *peace interests*

Andreas Mehler: Alles Krise oder was?, in: Brigitte Fahrenhorst (Hg.): Die Rolle der Entwicklungszusammenarbeit in gewalttätigen Konflikten. SID-Berichte Nr. 11, Berlin 2000, S. 36

Die **Root Cause Analysis** (RCA) untersucht den ursprünglichen Grund für Abweichungen von einem Prozess. Der Grundgedanke dabei ist, dass die Abweichung beseitigt wird, wenn die Grundursache (cause) behoben oder korrigiert wird. Man versucht also, das „Übel" an der Wurzel (root) zu packen

M6 Konfliktursachen-Modell

Ebene	Beispiel der Konfliktursache
Global	Globale Systemveränderungen (bspw. Ende des Kalten Krieges), Globalisierung, Nord-Süd-Gefälle
Regional	„Spill-Over"-Effekte (Flüchtlinge, Kriegsparteien, Waffen, politische Unterstützung)
Staatlich	Verletzung staatlichen Territoriums*
Sozial	Schwache Gesellschaft: Fehlende gesellschaftl. Homogenität (gemeinsame Werte, Identität etc.)
Ökonomisch	Schwache Wirtschaft: Armut, soziale Ungleichheit
Politisch	Schwaches Staatswesen: fehlende Legitimation, schwache Institutionen etc.
Konfliktparteien	Gruppendynamiken, Mobilisierung, Exklusion
Eliten/Individuen	Agitation und Massenmobilisierung durch Eliten und politische Führer

* *Ergänzt*

Dieses Konfliktursachen-Modell macht deutlich, dass jedes Bestreben, einen Konflikt vor einer möglichen gewaltsamen Eskalation einzudämmen, multidimensional strukturiert sein muss (sogenannte multi-track conflict resolution). So müssen die globalen und regionalen Faktoren ebenso adressiert werden wie gesellschaftliche und lokale Aspekte. Hinzu kommt, dass je nach Fortschreiten der Konfliktentwicklung und je nach Konfliktstruktur (was steht im Mittelpunkt des Konflikts – Interessen, Perzeptionen, Verhalten?) unterschiedliche Methoden angewandt werden müssen: Frühwarnkapazitäten, Conflict-Mapping, Mediation, Peacekeeping, diplomatische oder militärische Intervention, Peacebuilding.

Ulla Jasper: Friedens- und Konfliktforschung. Ursprünge, aktuelle Entwicklungen, Kritik, in: http://www.weltpolitik.net (Zugriff: 12.3.2010)

M7 Gier oder Groll?

Die Ursachen innerstaatlicher Konflikte sind komplex, und zum Teil bestehen Überschneidungen zu den Bedingungsfaktoren von Staatsverfall. Gewaltkonflikte resultieren in der Regel aus den Wechselbeziehungen unterschiedlicher Kausalfaktoren, die sich auf verschiedenste Bereiche beziehen: die sozio-ökonomische Lage eines Landes und seine Ressourcenausstattung; Fragen des politischen Systems und seines Wandels, die Benachteiligung ethno-politischer Gruppen; die Instrumentalisierung von Identität und Ethnizität oder auch die regionale Einbettung des Landes. Besonders heftig wurde in jüngerer Zeit eine Kontroverse darüber ausgetragen, ob eher die Gier (*greed*) gewaltökonomisch orientierter

Rebellenorganisationen oder der Groll (*grievance*) über soziale Missstände für Gewaltkonflikte ausschlaggebend ist. Collier/Hoeffler (2001) haben darauf hingewiesen, dass sich die Gelegenheit zu militärisch organisierten Rebellionen insbesondere bei wirtschaftlicher Unterentwicklung und stagnierenden Wachstumsraten ergibt. So wird u. a. ein niedriges Pro-Kopf-Einkommen als Unfähigkeit des Staates interpretiert, effektive Kontrolle über sein Territorium zu erhalten. In Anlehnung daran können also niedrige Einkommen und langsame Wachstumsraten die Rekrutierungskosten von Rebellenbewegungen senken. Vor diesem Hintergrund bestimmen Collier/Hoeffler die Bedingungen für das Auftreten von Gewaltkonflikten aus der Perspektive oppositioneller Eliten. Diese müssen zum Aufbau und zur Aufrechterhaltung einer Rebellenorganisation bzw. -armee über hinreichend finanzielle Ressourcen verfügen. Im Zusammenhang mit der Rekrutierung wurde festgestellt, dass in besonderem Maße Männer mit geringen Berufsaussichten und niedriger Schulbildung eine erhöhte Bereitschaft zum Waffengang aufweisen. Die Finanzierung von Rebellenorganisationen und die Aufrechterhaltung des Krieges werden insbesondere durch die Verfügbarkeit ausbeutbarer Ressourcen begünstigt: „Je höher das Vorkommen wertvoller Rohstoffe an der Peripherie der staatlichen Kontrolle und je höher deren Anfälligkeit für Plünderungen, desto größer die Wahrscheinlichkeit eines lang anhaltenden Konflikts." Eine Alternativerklärung zum „greed"-Ansatz bietet die „grievance"-Variante, die sozio-ökonomische und politische Diskriminierung als Ausgangspunkt für die Selbstorganisation insbesondere ethno-politischer Gruppen ansieht.

Julia Viebach/Tobias Debiel: Kriege und Gewaltkonflikte, in: Peter Meyns (Hg.): Handbuch eine Welt. Entwicklung im globalen Wandel, Wuppertal 2009, S. 152 f.

M8 Konfliktintensitäten

Gewaltgrad	Intensitätsgruppierung	Intensitätsstufe	Intensitätsbezeichnung	Definition
Nicht gewaltsam	Niedrig	1	Latenter Konflikt	Eine Positionsdifferenz um definierbare Werte von nationaler Bedeutung ist dann ein latenter Konflikt, wenn darauf bezogene Forderungen von einer Partei artikuliert und von der anderen Seite wahrgenommen werden.
		2	Manifester Konflikt	Ein manifester Konflikt beinhaltet den Einsatz von Mitteln, welche im Vorfeld gewaltsamer Handlungen liegen. Dies umfasst beispielsweise verbalen Druck, die öffentliche Androhung von Gewalt oder das Verhängen von ökonomischen Zwangsmaßnahmen.
Gewaltsam	Mittel	3	Krise	Eine Krise ist ein Spannungszustand, in dem mindestens eine der Parteien vereinzelt Gewalt anwendet.
	Hoch	4	Ernste Krise	Als ernste Krise wird ein Konflikt dann bezeichnet, wenn wiederholt und organisiert Gewalt eingesetzt wird.
		5	Krieg	Kriege sind Formen gewaltsamen Konfliktaustrags, in denen mit einer gewissen Kontinuität organisiert und systematisch Gewalt eingesetzt wird. Die Konfliktparteien setzen, gemessen an der Situation, Mittel in großem Umfang ein. Das Ausmaß der Zerstörung ist nachhaltig.

Nach: dtv-Atlas der Politik, München 2010, S. 170

1. Erarbeiten Sie in der Gruppe anhand der Materialien eine möglichst genaue Definition von Krieg.
2. Bestimmen Sie den Krieg als Teil einer Eskalationsstufe internationaler Konflikte.
3. Erläutern Sie anhand der Materialien Ursachen von Kriegen.
4. Beurteilen Sie gemeinsam die These von Neuen Kriegen (**M 9** und **M 10**).
5. Diskutieren Sie Konsequenzen aus Ihren Erarbeitungen für die Arbeit an der Friedenssicherung. Welche Anstrengungen kann ein Land wie Deutschland unternehmen, um Kriege und gewaltsame Auseinandersetzungen möglichst zu verhindern?

Carl von Clausewitz (1780–1831), preußischer General und Militärtheoretiker, gehörte nach 1808 zum Kreis um die preußischen Heeresreformer Scharnhorst und Gneisenau. Sein unvollendetes Werk „Vom Kriege" (1832), eine philosophische Abhandlung über das Wesen des Krieges, machte ihn zum Begründer der modernen Kriegslehre

Herfried Münkler, geb. 1951

M9 Neues vom Chamäleon Krieg

Der Politikwissenschaftler Herfried Münkler, 2004:

Clausewitz hat in seinem Buch „Vom Kriege" den Krieg als ein Chamäleon bezeichnet, das sich fortgesetzt seinen Umweltbedingungen anpasst. In diesem Sinne ist auch die Entstaatlichung eine Anpassung des Krieges an veränderte Umweltbedingungen. An die Stelle des Krieges zwischen regulären Armeen, die sich gegenseitig niederzuringen suchten, um den politischen Willen der Gegenseite wehrlos zu machen und zur Kapitulation zu zwingen, ist ein diffuses Gemisch unterschiedlicher Gewaltakteure getreten, das von Interventionskräften mit dem Mandat internationaler Organisationen bis zu lokalen Warlords reicht, denen es um die Sicherung von Macht und Einfluss innerhalb eines begrenzten Gebietes geht. Folgenreich daran ist, dass sich die klassische Trennlinie zwischen Staaten- und Bürgerkrieg, zwischenstaatlichen Kriegen und mit Gewalt ausgetragenen innergesellschaftlichen Konflikten aufgelöst hat und beide Kriegstypen zunehmend diffundieren.

Deregulierung des Krieges

Gleichzeitig hat die militärische Gewalt durch die Entsendung multinationaler Streitkräfte mit dem Auftrag der Friedenserzwingung eine normative Legitimierung erhalten, die Krieg und Polizeiaktion einander so sehr angenähert hat, dass beide oft kaum noch voneinander zu unterscheiden sind. Dieser „Verpolizeilichung" des Krieges steht seine Deregulierung gegenüber, und zwar dergestalt, dass in zunehmendem Maße Akteure in das Kriegsgeschehen eintreten, die sich weder um die Bestimmungen der Haager Landkriegsordnung noch die der Genfer Konventionen scheren, sondern ihre Operationsfähigkeit gerade daraus gewinnen, dass sie sich asymmetrischer Kampfweisen bedienen: Sie ziehen die Zivilbevölkerung in die Kampfhandlungen hinein, indem sie diese als Deckung und logistisches Rückgrat benutzen, oder sie machen eben diese Zivilbevölkerung zum Hauptziel ihrer Angriffe. (…) Die wichtigste Errungenschaft des Kriegsvölkerrechts, die Unterscheidung zwischen Kombattanten und Nicht-Kombattanten, ist damit hinfällig geworden. (…)

Waffen – von jedermann zu bedienen

In den zahllosen Kriegen an den Rändern der Wohlstandszonen wird nicht teures, wartungsintensives und nur von hoch qualifizierten Spezialisten zu bedienendes Großgerät eingesetzt, sondern diese Kriege werden mit billigen, tendenziell von jedermann und jederfrau zu bedienenden Waffen geführt: automatischen Gewehren, Landminen, leichten Raketenwerfern und schließlich Pick-ups als Transport- und schnelles Gefechtsfahrzeug in einem.

Kriege sind billig geworden

Auch das Personal, mit dem diese Kriege geführt werden, besteht in der Regel nicht aus professionalisierten Soldaten, sondern aus eilends rekrutierten Kriegern, verschiedentlich gar Kindern, für die der Krieg zu einer Art Lebensunterhalt und Form des Prestigegewinns geworden ist. Diese Kriege sind für die, die sie führen, relativ billig, und dadurch hat sich der Kreis der kriegführungsfähigen Parteien dramatisch vergrößert. Oftmals genügen nur ein paar Millionen Dollar, um einen Krieg zu beginnen, und dieses Geld kann von Emigrantengemeinden, größeren Wirtschaftsunternehmen, verdeckt agierenden Nachbarstaaten, Clanführern und schließlich als Gewaltunternehmer auftretenden Privatleuten leicht aufgebracht werden. Die Schwelle der Kriegführungsfähigkeit ist dadurch in einer Weise abgesenkt worden, dass sie von zahllosen Gruppierungen überschritten werden kann.

Soldat wird durch Krieger abgelöst

Die Entwicklung der letzten zwei Jahrzehnte bietet somit ein verwirrendes, zutiefst widersprüchliches Bild. Auf der einen Seite ist der Kreis der kriegführungsfähigen Akteure weiter eingeschränkt worden, wobei in manchen Bereichen nur noch die USA übrig geblieben sind, während er sich auf der anderen Seite dramatisch ausgeweitet hat. Einerseits ist es zu einer weiteren Verrechtlichung des Gebrauchs kriegerischer Gewalt gekommen, und andererseits ist in vielen Kriegen die Gestalt des Soldaten durch die eines Kriegers abgelöst worden, der sich weder dem Ethos der Ritterlichkeit noch den Bestimmungen des Kriegsvölkerrechts verpflichtet fühlt, sondern Gewalt in der Form anwendet, wie sie ihm gerade zweckmäßig und zielführend erscheint.

Herfried Münkler: Die neuen Kriege, in: Der Bürger im Staat 4/2004, S. 180 f.

M 10 „Kleiner Krieg" – Normalfall in der Geschichte

Der Sicherheits- und Militärexperte Martin Hoch, 2001:

In der auf die Neuzeit fokussierten, eurozentrischen Perspektive erscheint der Krieg zwischen Staaten bzw. zwischen den regulären Streitkräften dieser Staaten als Normalfall. Der Krieg in seiner zwischenstaatlichen Form hat bis in die Gegenwart hinein das Bild des Krieges nicht nur in Politik, Streitkräften und Öffentlichkeit, sondern auch in der Wissenschaft geprägt. Durch eine solche Sichtweise wurde und wird jedoch verdeckt, dass der Krieg zwischen Staaten nur in einer vergleichsweise kurzen historischen Phase und in einem beschränkten geografischen Raum die vorherrschende Kriegsform war.

„Einhegung" des Krieges

Die Auffassung vom Krieg als einem Rechtszustand zwischen Staaten setzte sich zuerst in der Folge des Dreißigjährigen Krieges in Europa durch und ist in engem Zusammenhang mit der Herausbildung des Territorialstaates zu sehen. Nunmehr hatten allein Staaten bzw. ihre regulären Streitkräfte das Recht, Krieg zu führen. Dies bedeutete gegenüber der Katastrophe des Dreißigjährigen Krieges auch eine Einhegung des Krieges: Er sollte von nun an nach den kodifizierten Regeln eines immer weiter ausdifferenzierten Kriegsrechts und Kriegsvölkerrechts geführt werden. Eine der wichtigsten Auswirkungen war, dass – zumindest in der politischen und militärischen Vorstellungswelt – im Regelfall nur noch die Streitkräfte des Gegners als legitimes Ziel militärischer Handlungen gelten sollten, nicht aber die Zivilbevölkerung. Diese Einhegung des Krieges war allerdings auf die Beziehungen zwischen europäischen bzw. atlantischen Staaten beschränkt: Bezeichnenderweise galten die rechtlichen Beschränkungen, die nach dem Ende des Dreißigjährigen Krieges in diesem zwischenstaatlichen Kriegskonzept zum Tragen kamen, nicht für die gleichzeitigen Kriege dieser Staaten in ihren Kolonien oder gegen andere, nichteuropäische Völker.

„Kleine Kriege"

Sowohl in der Zeit vor dem Dreißigjährigen Krieg wie parallel zum zwischenstaatlichen Krieg in der Zeit nach 1648 war und ist stets auch eine ganz andere Kriegsform präsent. Sie ist nicht – wie der zwischenstaatliche Krieg – durch gegenseitig anerkannte Regeln gekennzeichnet, sondern gerade durch deren Abwesenheit. Es sind dies die sogenannten „kleinen Kriege". (...)

Fließende Grenzen

Und die kleinen Kriege sind nicht notwendigerweise „kleiner" als die großen Kriege – weder in ihrer Intensität noch in ihrer Dauer, noch in ihrer Zerstörungskraft. Kennzeichnend für die kleinen Kriege ist die Abwesenheit bzw. Durchbrechung verbindlicher Regeln für die Kriegführung, die in der fehlenden Unterscheidung zwischen Kombattanten und Nichtkombattanten, dem Herzstück des modernen humanitären Völkerrechts, am augenfälligsten wird. Aber auch die Grenzen zwischen Krieg und Frieden sind in ihnen fließend: Die Folge ist, dass die gewohnte klare (und in rechtlichen Kategorien gefasste) Unterscheidung zwischen Krieg und Frieden, welche dem modernen westlichen Verständnis zugrunde liegt, für kleine Kriege gar nicht mehr getroffen werden kann. Auch die enge Verbindung mit mehr oder minder organisierter Kriminalität – etwa dem Drogenhandel (...) – ist für den kleinen Krieg typisch.

Der kleine Krieg ist per definitionem entgrenzt, alle Mittel kommen in ihm zum Einsatz, und oft nimmt er in seiner charakteristischen Brutalität – insbesondere gegenüber Nichtkombattanten, hier vor allem Frauen und Kindern – Züge an, die mit dem Phänomen des totalen Krieges in Zusammenhang gebracht werden: Die Gesamtheit des Gegners, und nicht nur dessen Kombattanten, wird als Feind angesehen und bekämpft. Die Symmetrie, also die Beschränkung des Kampfes auf die Kombattanten, kennzeichnet den großen Krieg; für den kleinen Krieg hingegen ist die bewusst angestrebte Asymmetrie im Kampf gegen die verwundbarste Stelle des Gegners, eben die Nichtkombattanten, charakteristisch. Daher rührt der hohe Anteil von Zivilisten unter den Opfern kleiner Kriege. Auch reguläre Streitkräfte, die in einem kleinen Krieg gegen irreguläre Kräfte eingesetzt werden, tendieren dazu, sich die regellose Kampfesweise des Gegners zu eigen zu machen.

Martin Hoch: Krieg und Politik im 21. Jahrhundert, in: Aus Politik und Zeitgeschichte 20/2001, S. 21

Warum wir? – Al Qaida und die Folgen

Mit den Ereignissen vom 11. September 2001 ist auch der internationale Terrorismus als Akteur der Weltpolitik in die öffentliche Diskussion eingetreten. Die Organisation Al Qaida ist eine wichtige, aber bei weitem nicht die einzige international agierende Gruppe. Was aber wollen Terroristen? Sie einfach nur als „Böse" in die Ecke zu stellen, wie die Regierung des ehemaligen amerikanischen Präsidenten Bush es tat, vereinfacht die Sache zu sehr. Niemand kann wollen, dass Terror ihn selbst betreffen kann. Mit welchen Mitteln aber soll er bekämpft werden? Ist der „Krieg gegen den Terror" ein legitimes und erfolgversprechendes Mittel?

M11 Was geschah am 11.9.2001?

Niemand wird die apokalyptischen Bilder wohl jemals vergessen können, die weltweit von den Fernsehsendern am 11. September 2001 übertragen werden. Fassungslos sitzt die Welt vor den Bildschirmen. Eine riesige Boeing 767 bohrt sich wie ein Projektil in den nördlichen 411 Meter hohen Tower des World Trade Center (WTC) in New York und explodiert, 18 Minuten später schlägt eine weitere Boeing 767 in den südlichen Tower des WTC ein. Fast 3000 Menschen sterben an diesem Tag.

Damit ist der Morgen des Schreckens noch nicht vorbei: Etwas später stürzt ein weiteres entführtes Flugzeug in das Zentrum der amerikanischen Verteidigung, das Pentagon, in Washington. 125 Menschen sterben in den Trümmern. Ein viertes entführtes Flugzeug stürzt bei Pittsburgh ab, das vermutliche Ziel war das Weiße Haus.

Die Täter wussten genau, was sie taten, absolut perfekt, professionell und mediengerecht umgesetzt. Die Symbole, die sie zerstörten, waren präzise ausgewählt: das Weiße Haus und das Pentagon als Symbole der Macht, das World Trade Center als Symbol des Kapitals und der Wirtschaft.

2750 Menschen, darunter 30 Deutsche, starben in oder an den Türmen des WTC, 147 in den Flugzeugen, 184 Opfer kamen im Pentagon ums Leben, 40 Menschen wurden in dem in Pennsylvania abgestürzten Flugzeug Opfer des bisher perfidesten Terroranschlags, den islamistische Terroristen ausgelöst haben. Der amerikanische Präsident George W. Bush, der sich zum Zeitpunkt der Anschläge in Florida aufhält, äußert sich in einer ersten Fernsehansprache: „Täuschen Sie sich nicht. Wir werden diese Leute bis zum Ende jagen und bestrafen."

Die USA befanden sich im Schockzustand: Die Anschläge waren der erste quasi militärische Angriff auf die kontinentalen Vereinigten Staaten seit 1814. Sie hatten daher weltweit gravierende politische und militärische Folgen. Amerika erwies sich am 11. September 2001 erstmals seit den Kämpfen um seine Unabhängigkeit von England im späten 18. und frühen 19. Jahrhundert als im eigenen Land verwundbar.

Wer sind die Hintermänner dieser apokalyptischen Anschläge? Die Passagierlisten der entführten Flugzeuge machten rasch klar, dass es sich bei den Tätern um radikale Islamisten handeln musste. Sehr bald fällt der Verdacht auf den saudischen Radikalislamisten Osama bin Laden, der sich unter dem Schutz der Taliban in Afghanistan aufhielt. Nur ihm traut man zu, sowohl finanziell als auch logistisch in der Lage zu sein, die Drähte einer solchen komplexen Terroraktion zu ziehen. Die 19 Flugzeugentführer kamen mit gültigen Papieren in die USA, zumeist einige Monate vor den Anschlägen. Einige nahmen Flugstunden. Ansonsten verhielten sie sich unauffällig.

New York, 11. September 2001

Knapp vier Wochen nach den Attentaten von New York und Washington haben die USA und Großbritannien mit dem Militärschlag gegen das Taliban-Regime in Afghanistan begonnen. Mit den Terroranschlägen von Madrid im März 2004, den Anschlägen in London im Juli 2005 und den misslungenen Anschlägen in den Bahnhöfen in Dortmund und Koblenz im Juli 2006 erreichte der Terror auch Europa. Die Welt ist unsicherer geworden.

Landeszentrale für politische Bildung Baden-Württemberg: 9/11 – Tag des Terrors, in: http://www.lpb-bw.de/11september.html (Zugriff: 17.7.2012)

M 12 Weltweiter Terror der Islamisten

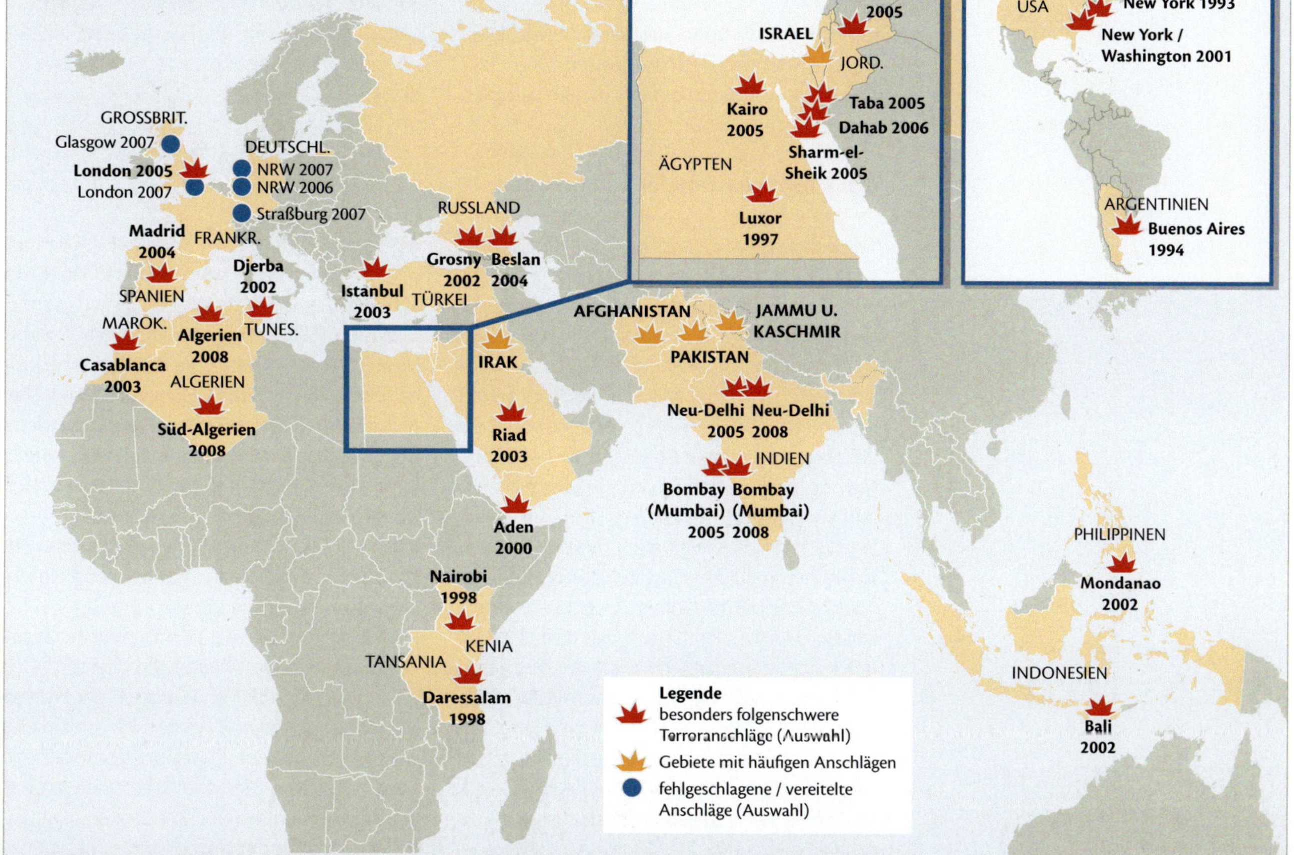

Nach: http://www.crp-infotec.de/08spezi/terrorbasics/grafs/anschlaege_2011.gif, Stand 1.1.2011, nach: Richter-Publizistik

1 Recherchieren Sie anhand der Materialien **M 11** und **M 12** zum aktuellen Stand der Terrororganisation Al Qaida. Welche Aktionen werden ihr zugeschrieben? Was ist über ihre Struktur bekannt?

2 Erarbeiten Sie arbeitsteilig die Materialien **M 13** bis **M 18** zum Terrorismus. Fertigen Sie in Gruppen Schaubilder zu den Motiven und Zielen internationaler Terroristen.

3 Diskutieren Sie die aktuelle Bedrohung durch den internationalen Terrorismus am Beispiel des Jihadismus bzw. Salafismus.

4 Erarbeiten Sie arbeitsteilig die Materialien zum Krieg gegen den Terror (**M 19** bis **M 25**). Fertigen Sie Schaubilder an, die die Maßnahmen und ihre Erfolge verdeutlichen.

5 Diskutieren Sie die eingesetzten Mittel im Krieg gegen den Terrorismus:
- Halten Sie die Nationale Sicherheitsstrategie der Regierung Bush für legitim (**M 19**)?
- Lassen sich beispielsweise Exekutionen einzelner Menschen durch Drohnen auf diese Weise rechtfertigen?
- Soll im Kampf gegen den Terrorismus die Freiheit zugunsten der Sicherheit eingeschränkt werden?

M 13 Terroristen – Unterschiede und Gemeinsamkeiten

Terroristen sind substaatliche Akteure, die Gewalttaten gegen Zivilisten begehen, um Dritten eine politische Botschaft zukommen zu lassen. Terroristen sind weder verrückt noch amoralisch. Sie kommen aus allen Teilen der Welt. Sie kommen aus allen gesellschaftlichen Schichten. Sie kämpfen für ein Spektrum unterschiedlicher Ziele. Viele werden von den Gemeinschaften unterstützt, aus denen sie kommen; andere nicht. Ihre Gruppengröße reicht von einer Hand voll korsischer Nationalisten bis zu Tausenden bewaffneter Tamilen. Einige kämpfen für dieselben Ziele, die schon seit Jahrhunderten Anlass zu Kriegen boten, etwa um die Macht über ein bestimmtes Territorium. Einige versuchen das Staatensystem an sich umzustürzen. Sie entstammen allen möglichen religiösen Traditionen oder gar keinen. Eines aber ist ihnen gemeinsam: Sie sind schwächer als die, gegen die sie kämpfen.

Louise Richardson: Was Terroristen wollen. Die Ursachen der Gewalt und wie wir sie bekämpfen können. Bonn: Bundeszentrale für politische Bildung 2007, S. 46 f.

M 14 Transnationaler Terrorismus

Wie gesehen, handelt es sich beim Terrorismus um eine Form politisch motivierter Gewaltanwendung. Er unterscheidet sich insbesondere dadurch, dass das dem terroristischen Handeln zugrunde liegende strategische Kalkül vor allem auf dem über die Medien transportierten Schockeffekt beruht. Auf diese Weise sollen die Politiker eines Staates, einer Koalition von Staaten oder einer internationalen Organisation unter Druck gesetzt werden.

An diesem Punkt wird auch deutlich, warum lange Zeit westliche Gesellschaften besonders häufig Opfer terroristischer Anschläge wurden. Sie zeichnen sich durch Merkmale aus, die die Erfüllung des strategischen Kalküls der Terroristen auf den ersten Blick in besonderem Maße zu begünstigen scheinen.

So unterschieden sich westliche Gesellschaften lange Zeit von weniger entwickelten Gesellschaften dadurch, dass ihre modernen Massenmedien die gesamte Bevölkerung erreichten.

Die Expansion des Fernsehens in fast hundert Prozent der Haushalte bedeutete beispielsweise für die Terroristen, dass sie sich einem enorm großen Publikum präsentieren können. Ihre Attentate müssen lediglich dramatisch und schockierend genug sein, um das Interesse der Medien zu wecken.

Als Beispiel kann der Anschlag palästinensischer Terroristen während der Olympischen Sommerspiele in München im Jahr 1972 dienen. Dort nahmen diese die gesamte israelische Olympiamannschaft als Geiseln und töteten sie im späteren Feuergefecht mit deutschen Sicherheitskräften auf dem Flughafen von Fürstenfeldbruck. Mit einem Schlag gelang es den Terroristen, die Massenmedien für die Situation der Palästinenser zu interessieren. Hier profitierten die Terroristen jedoch nicht nur von dem Entwicklungsstand westlicher Massenmedien. In westlichen Demokratien können politische Entscheidungsträger, selbst wenn diese es wollten, den Fluss von Informationen über Terroranschläge nicht kontrollieren.

Die Verbreitung neuer Kommunikationstechnologien verwischt jedoch zunehmend die Unterschiede in der theoretisch denkbaren Wirkmächtigkeit terroristischer Anschläge in westlichen und nicht-westlichen Gesellschaften. Auch in weniger entwickelten Regionen der Erde erlaubt die zunehmende Verbreitung von Internet und Mobilfunk den Transport der Bilder von Anschlägen sowie den damit verbundenen Botschaften der Terroristen unter Umgehung staatlicher Kontrolle an eine wachsende Zahl von „zu interessierenden Dritten".

Laut den Vordenkern des islamistischen Terrorismus fallen alle Wähler westlicher Demokratien in die Kategorie potenzieller Opfer, da sie mit ihren Wahlentscheidungen eine westliche Politik ermöglichen, die in den islamistischen Verschwörungstheorien als Hauptursache für die gegenwärtigen Krisen muslimischer Gesellschaften ausgemacht wird (s. *auch* S. 70).

Lars Berger/Florian Weber: Terrorismus, Landeszentrale für politische Bildung Baden-Württemberg, 2. Aufl. Tübingen 2008, S. 20 ff.

M 15 Die drei Rs: Rache, Ruhm, Reaktion

Rache

Bei jedem Gespräch mit Terroristen, seien es einstige oder momentane, Führer oder Anhänger, religiöse oder säkulare, linke oder

rechte, junge oder alte, Männer oder Frauen, ist das alles andere überragende Thema die Rache. Das objektive Ausmaß der Missstände treibt Terroristen nicht mehr an als das objektive Ausmaß des Elends, das Verlangen nach Rache hingegen ist unter ihnen allgegenwärtig. (…)
Der Rachedurst ist mit dem Beitritt zu einer Terrorbewegung nicht gestillt. Im Gegenteil, greift ein Mensch erst einmal zur Gewalt, multipliziert sich das zu rächende Leid, während die Gelegenheiten und die Mittel dafür drastisch zunehmen. In Nordirland suchten die IRA-Mitglieder Rache an der britischen Armee für Ereignisse wie den „Bloody Sunday" und die Einführung der Internierungslager. Sie rächten die schlechte Behandlung von Gefangenen, indem sie Gefängniswärter ermordeten, und sie übten Vergeltung an den Protestanten, weil diese sie aus ihren Häusern gebrandschatzt hatten.
Die Übergriffe auf die Protestanten hatten zur Folge, dass weitere Terrororganisationen entstanden, die dafür Rache nehmen wollten. (…)

Ruhm
Aufmerksamkeit zu erregen war schon immer ein zentrales Ziel von Terrorismus. Das macht das eigene Anliegen publik und verbreitet die Angst vor dem Terrorismus. Ruhm jedoch bedeutet mehr als schlichtes Ansehen. Dazu gehört auch Größe. Diesen Nimbus von Ruhm, Größe und Prestige wollen Terroristen für sich und für ihre Sache, um die Erniedrigung wettzumachen, die sie ihrer Ansicht nach erlitten haben. Die Führer wollen auf nationaler und zunehmend globaler Ebene berühmt werden. Den Anhängern genügt es, von ihrer Gemeinschaft verehrt zu werden. (…)

Reaktion
Unabhängig von ihren letztendlichen Zielen sind Terroristen allesamt handlungsorientierte Menschen, die in handlungsorientierten Gruppen operieren. Mittels ihrer Aktionen kommunizieren sie mit der Welt. Dieses Phänomen wird als „Propaganda durch die Tat" bezeichnet. Ihr Handeln demonstriert ihre Existenz und ihre Stärke. Durch die Aktion wollen sie eine Reaktion hervorrufen.
Terroristen hegen oft überaus optimistische Erwartungen, welche Reaktionen ihr Handeln provozieren wird: den Rückzug der Amerikaner und Israelis aus dem Nahen Osten, den Rückzug der Briten aus Nordirland, den Zusammenbruch des Kapitalismus. (…)
Anscheinend haben Terroristen selten eine sonderlich kohärente Vorstellung, welche Reaktionen sie hervorrufen werden. Oft erwarten sie eine vollständige Kapitulation.

Erniedrigung
Der Rachedurst und das Verlangen nach einer Reaktion haben eindeutig mit der Tatsache zu tun, dass Terroristen eine empfundene Erniedrigung wieder wettmachen wollen. Manchmal steckt eine persönliche Erfahrung dahinter. (…) Das Gefühl der Erniedrigung kann sich auf mehreren Ebenen einstellen. In vielen Fällen fühlen sich Einzelne persönlich gedemütigt. Gemeinschaften können aber auch eine kollektive Erniedrigung empfinden, wie etwa viele Palästinenser, wenn sie bei der Ein- und Ausreise die israelischen Kontrollstellen passieren müssen. (…)
Die Sehnsucht nach Ruhm und nach Publizität kann man vor diesem Hintergrund eines tief verwurzelten Gefühls der Demütigung verstehen. Dass so viele Menschen sich offensichtlich über die Ereignisse vom 11. September freuten, muss in diesem Licht gesehen werden. Sie freuten sich nicht darüber, dass bestimmte Menschen getötet wurden, sie freuten sich darüber, dass die mächtigen und arroganten Vereinigten Staaten von einem der Ihren in die Knie gezwungen worden waren – eine Geschichte von David und Goliath.

Louise Richardson: Was Terroristen wollen. Die Ursachen der Gewalt und wie wir sie bekämpfen können. Bonn: Bundeszentrale für politische Bildung 2007, S. 126 ff.

„Bloody Sunday" („Blutsonntag"): Bezeichnung für den 30. Januar 1972. An diesem Tag wurden in der nordirischen Stadt Derry bei einer Demonstration für Bürgerrechte und gegen die britische Regierung 13 Menschen von Soldaten der britischen Armee erschossen und 13 weitere angeschossen

„Übrigens, wir sind flexibel!"

Zeichnung: Haitzinger

M 16 Das Netzwerk der Al Qaida

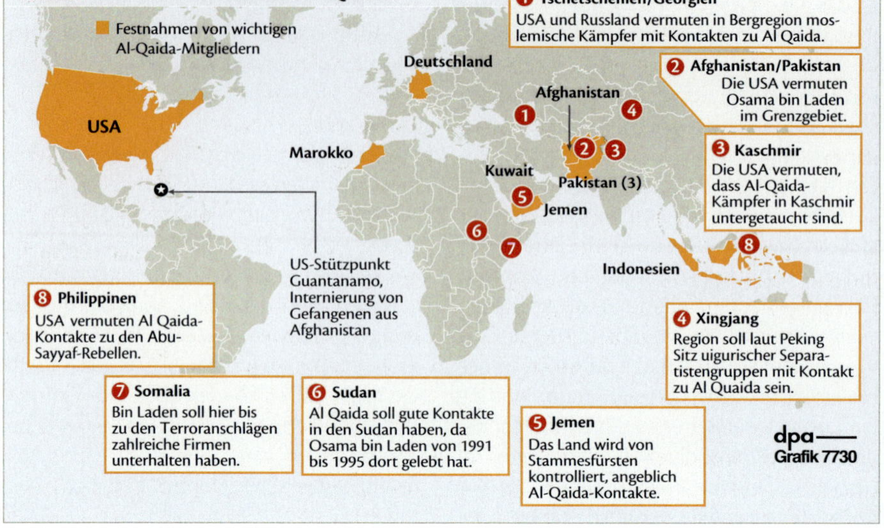

M 17 Ziele der Al Qaida

Ideologischer Rückgriff

Die Organisation der Al Qaida versinnbildlicht die terroristische Entwicklung von einer ethnonationalistischen Generation zu stärker transnational operierenden Akteuren. Im Hinblick auf die ideologische Motivation der Terroristen der Al Qaida muss zwischen mittel- und langfristigen Konzepten unterschieden werden. In der grundsätzlichen Haltung dieser Terroristen offenbart sich ein Hass und Nihilismus, der die Ebene aktueller Tagespolitik hinter sich lässt. Ein wesentliches Motiv der Ideologie der Al Qaida geht zurück auf den ägyptischen Vordenker der gewaltbereiten Islamisten, Sayyid Qutb. Vor seiner Hinrichtung durch das Regime Gamal Abd al-Nassers in den 1960er-Jahren hatte Qutb die „Unrechtmäßigkeit" der weltlichen Regierungen in der Region „belegt". Sayyid Qutb forderte, dass eine Avantgarde der Gläubigen die Auflehnung gegen die herrschende Ordnung beginnen sollte. (…)

Verschwörungstheorien

Weder Qutb noch die Ideologen der Al Qaida kümmern sich um die Ausformulierung einer konkreten Vision eines islamischen Staates. Sie sorgen sich vielmehr um die angebliche Bedrohung der Welt des Islams durch fremde Mächte. Da sie nicht willens sind, zwischen dem weltlichen Charakter des modernen internationalen Systems und der Machtverteilung in diesem zu unterscheiden, neigen sie zur Verbreitung von Verschwörungstheorien über westliche Außenpolitik. Für die westliche Welt bedeutet dies, dass ihre Politik immer als Teil eines „Plans" zur Beherrschung des Nahen und Mittleren Osten verstanden wird. (…)

Strategie in Ägypten

Nach der Konfrontation mit dem Regime Nassers entschied sich die Muslimbruderschaft entgegen den Ideen ihres ehemaligen Mitglieds Sayyid Qutb mehrheitlich für das Ende politischer Gewaltanwendung (…). Demgegenüber strebten die Mitglieder der von den ägyptischen Medien Tanzim al-Jihad (dt. Organisation al-Jihad) genannten Gruppierungen aktiv nach dem unmittelbaren gewalttätigen Sturz des Regimes. Ebenfalls von einem ehemaligen Muslimbruder gegründet, sahen sie den Beginn einer Revolution nur nach einem gezielten Schlag gegen die Führung des Staates. (…)

Die Situation in Saudi-Arabien

In Saudi-Arabien hatte sich jedoch eine eigene, vor allem durch religiöse Gelehrte getragene, islamistische Opposition entwickelt. Diese störte sich neben der Stationierung US-amerikanischer Truppen im Zuge der Befreiung Kuwaits vor allem an den damit verbundenen Forderungen der liberalen Opposition nach einer vorsichtigen Öffnung des Landes und einer Stärkung der Rolle der Frau. Deren radikalste Mitglieder um Osama bin Laden trafen in Afghanistan mit den Ägyptern um al-Zawahiri zusammen. So verlangten die führenden Vertreter dieser islamistischen Opposition von der Regierung Saudi-Arabiens die Verstärkung der Hilfen für islamistische Organisationen wie die algerische Islamische Heilsfront. Außerdem forderten sie das Ende der Beziehungen zu den USA wegen ihrer „feindlichen Politik gegenüber Muslimen" und die Ablehnung eines Friedens mit Israel. Zudem sollten sich die Auslandsvertretungen Saudi-Arabiens stärker auf die Verbreitung des Islams konzentrieren und darauf achten, dass die dort jeweils angestellten Frauen das Tragen von „anstößiger Kleidung" unterließen.

„Invasion der Kreuzfahrer"

Einer der prominentesten Islamisten aus dieser Zeit war Safar Bin Hawali. Er übte Kritik an der angeblichen kulturellen Infiltration der arabischen und islamischen Welt durch den Westen. Seine Aufrufe gingen an die Einwohner Saudi-Arabiens, sich gegen die „Invasion der Kreuzfahrer" auf der Arabischen Halbinsel zu wehren und den Islam im angeblichen „Krieg mit dem Westen" zu verteidigen. Dadurch inspirierte er den schon durch seinen Aufenthalt in Afghanistan vorgeprägten Osama bin Laden. In seiner Kriegserklärung an das saudische Regime von 1996 bezichtigte bin Laden die saudische Königsfamilie, mit ihrem Vorgehen gegen die islamistische Opposition, den Griff zur Gewalt provoziert zu haben. Die Ausrufung eines „Krieges" gegen die USA und ihre westlichen Verbündeten lässt sich somit am besten als Ergebnis des Zusammentreffens von gescheiterten politischen Revolutionen und der kulturellen Krise im Nahen und Mittleren Osten verstehen.

Das Konzept des Jihad

Das von Osama bin Laden aufgenommene Konzept des „Jihad" bedeutet in seinem ursprünglichen Sinne nichts anderes als das Streben eines jeden Muslims nach Einhaltung der religiösen Gebote. Im militärischen Sinn handelt es sich dabei um die Verteidigung des muslimischen Territoriums vor äußeren Angriffen. Osama Bin Laden versuchte damit, obwohl religiös in keiner Weise legitimiert, die breite arabische Öffentlichkeit auf seine Seite zu ziehen. Ermöglicht wurde dies dadurch, dass es im Islam keine zentrale religiöse Autorität gibt. Das Konzept des Jihad diente so bereits der Legitimation verschiedener Kämpfe (...)

Bombenanschlag der Al Qaida in Madrid, März 2004

„Alle Wähler sind schuld"

Neben dieser Erweiterung der möglichen Partner in der Ausübung terroristischer Anschläge wurde der Kreis der potenziellen Teropfer auf alle Bürger der westlichen Welt ausgedehnt. All diejenigen, die wählen gingen oder auch nur Steuern zahlten, machten sich demnach haftbar für die Außenpolitik ihrer jeweiligen Regierung. Die Niederlage Al Qaidas in Afghanistan erscheint als natürliche Fortsetzung bekannter Niederlagen regionaler Akteure. Osama bin Ladens Hoffnung, dass sich im Anschluss an den 11. September 2001 in der arabischen Welt die Menschen massenhaft gegen ihre Regierungen erheben würden, hat sich nicht erfüllt. Im Gegenteil: Die islamistischen Gewaltkampagnen in Ägypten und Saudi-Arabien haben die Solidarisierung der Bevölkerungen mit den von ihnen teilweise verhassten Regierungen vorangetrieben. Dass Osama bin Laden überhaupt auf die Idee kommen konnte, der Massenmord an dreitausend unschuldigen Menschen könne solche Wirkungen erzielen, belegt die Entrücktheit seiner Überlegungen.

Lars Berger/Florian Weber: Terrorismus, Landeszentrale für politische Bildung Baden-Württemberg, 2. Aufl. Tübingen 2008, S. 97 ff.

M 18 Folgen des 11. September

Bereits vor dem 11. September 2001 hatte in der sicherheitspolitischen Debatte eine starke Ausdifferenzierung zu der Frage eingesetzt, was denn das zu schützende Objekt sicherheitspolitischen Handelns sei: Nicht länger war traditionsgemäß der Staat das einzige Referenzobjekt, dessen territoriale Integrität und politische Souveränität zu schützen sei. Seit den 1970er-Jahren war die Ordnungsvorstellung gesellschaftlicher Sicherheit daneben gerückt, in deren Mittelpunkt die Annahme stand, dass nicht die staatliche Sicherheit allein Ziel sicherheitspolitischen Handelns sei, sondern die Gesellschaft als eines Zusammenschlusses von Individuen, die in Frieden und Freiheit leben wollten. Schließlich war ab den 1990er-Jahren die Dimension der menschlichen Sicherheit hinzugetreten, deren Verfechter darauf verwiesen, dass es Aufgabe von Sicherheitspolitik sei, Rahmenbedingungen sicherzustellen, die dem Individuum ein Leben in Freiheit, Sicherheit und Wohlstand ermöglichen.

Bei näherer Betrachtung dieser drei Typen wird man feststellen, dass hier etwas stärker analytisch getrennt wird, als dies die politische Wirklichkeit zuließe oder gar nahelegte: Selbstverständlich ging es beim Schutz des Staates niemals nur um den Erhalt einer konstitutionellen oder institutionellen Form, sondern auch um die Menschen, die Träger einer staatlichen Ordnungsidee sind. Und auch der Schutz des Individuums lässt sich gar nicht ohne eine überwölbende gesellschaftliche Organisationsform denken.

Für die Wirkung der Anschläge auf das World Trade Center und das Pentagon ist aber eine andere Dimension bedeutsam: Die Bedrohung einer Gesellschaft beziehungsweise der in ihr verbundenen Individuen ist durch den 11. September 2001 zum nahezu ausschließlichen Paradigma sicherheitspolitischer Wahrnehmungen und Analysen geworden. Das Nicht-Funktionieren wirtschaftlicher Prozesse und die Erosion gesellschaftlicher Bindekräfte erscheinen vielen Menschen im Westen heute bedrohlicher als klassische sicherheitspolitische Themen wie etwa Fragen der zwischenstaatlichen Rüstung und Rüstungskontrolle oder ungelöster Territorialkonflikte. Zugespitzt formuliert: Fragen sozialer Sicherheit erscheinen in dieser Sicht bedeutsamer als die Bürgerkriege in der Peripherie Europas.

Diese „Entstaatlichung" betrifft aber auch die Frage, von wem sicherheitspolitische Bedrohungen ausgehen: Bereits mit dem Ende des Ost-West-Konfliktes und dem sich anschließenden Transformationsprozess der internationalen Ordnung waren für weite Teile der Welt, vor allem in denjenigen Staaten, die politisch „dem Westen" zugeordnet werden, die Möglichkeiten eines zwischenstaatlichen Konfliktes unwahrscheinlich geworden. Stattdessen begann eine Wahrnehmung zu dominieren, der zufolge die weit überwiegende Zahl von sicherheitspolitischen Bedrohungen von nichtstaatlichen Akteuren ausgehe, beziehungsweise es sich um Akteure handele, die nicht immer klar ersichtlich sind (wie schwache oder zerfallende Staaten, die Wirkung unkontrollierter Migration) oder es sich um Risiken handele, deren Genese territorial unbestimmt ist (wie Klimasicherheit, Cybersicherheit).

Die Anschläge des 11. September haben beide Tendenzen – die „Entstaatlichung" sowohl in der Frage, was von der Sicherheitspolitik zu schützen sei, als auch in der, von welchen Akteuren die größten Bedrohungen ausgehen – nicht ausgelöst, aber diese bereits zuvor erkennbaren Entwicklungen enorm verstärkt.

Markus Kaim: Internationale Sicherheitspolitik nach dem 11. September, in: Aus Politik und Zeitgeschichte 27/2011, S. 3 f.

M 19 „Krieg gegen den Terror"

George W. Bush (geb. 1946), US-Präsident von 2001 bis 2009

Die militärische Reaktion der USA auf die Anschläge im Herbst 2001 lässt sich nicht trennen von einer spezifischen Wahrnehmung der terroristischen Bedrohung durch die US-Regierung unter George W. Bush; das heißt der Auslegung der Auseinandersetzung mit dem Terrorismus als „Krieg". Sie lässt sich auch nicht von der Art und Weise trennen, wie die Bush-Regierung das Verhältnis zwischen den USA feindlich gesonnenen Regierungen („Schurkenstaaten") und terroristischen Gruppen interpretiert hat. Unmittelbar nach den Anschlägen hat die US-Regierung ihre Außen- und Sicherheitspolitik auf die Bekämpfung von Al Qaida und das Taliban-Regime in Afghanistan ausgerichtet. In den folgenden Monaten dehnte sie ihren Ordnungsanspruch aus: Nicht nur Terrororganisationen, sondern auch autoritäre Staaten, die Terroristen unterstützten oder Zugang zu Massenvernichtungswaffen hatten oder sich solche zu beschaffen versuchten, konnten das Ziel amerikanischer Militäraktionen werden. Mit der Nationalen Sicherheitsstrategie wurde im Jahr 2002 schließlich eine Weltordnungskonzeption vorgelegt, die eine mit politischen, ökonomischen und militärischen Mitteln herzustellende, auf liberalen Werten basierende Weltordnung deklarierte und die in ihrer Ambition weit über eine reine Strategie zur Terrorismusbekämpfung hinausging.

Die Nationale Sicherheitsstrategie enthielt drei zentrale Aspekte:

1. Der 11. September darf sich auf keinen Fall wiederholen, deshalb müssen Terroristen an weiteren Taten gehindert werden, selbst wenn dazu von internationalen Rechtsnormen nicht gedeckte Maßnahmen notwendig werden sollten. Gegen Terroristen und ihre Unterstützer muss unter Umständen auch präventiv Gewalt angewendet werden.
2. Ein großes Risiko stellen autoritäre Staaten dar, die wissentlich Terroristen beherbergen, Massenvernichtungswaffen besitzen oder sich zu beschaffen versuchen und diese Waffen oder Grundstoffe für ihren Bau an Terroristen weitergeben könnten. Auch gegen sie muss deshalb rechtzeitig und mit allen zur Verfügung stehenden Mitteln, unter Umständen auch mit Nuklearwaffen, vorgegangen werden. Nur wenn feindliche autoritäre Staaten durch Demokratien ersetzt werden, können sich die USA langfristig sicher fühlen.
3. Die übergeordnete ordnungspolitische Herausforderung bestand aus der Warte der Bush-Regierung deshalb darin, eine auf konsolidierten Demokratien beruhende Weltordnung zu etablieren. Diese Konzeption verband „rationale" sicherheitspolitische Erwägungen mit normativen: Die Bekämpfung des Terrorismus wurde als globale Norm propagiert, und sämtliche Regierungen der Welt wurden dazu aufgerufen, ihrer „souveränen Verantwortung" nachzukommen und sich dem Kampf gegen den Terrorismus anzuschließen. Die Entscheidung, ob Regierungen sich verantwortlich verhielten, würden die Vereinigten Staaten im Notfall allein treffen – in dieser Hinsicht wollten sie eine „Weltinnenpolitik" nach von ihnen gesetzten Regeln generieren.

Martin Kahl: Die Militärstrategie der USA nach dem 11. September, in: Aus Politik und Zeitgeschichte 27/2011, S. 19 f.

M20 Präventionsrecht?

Egal, wann Terroristen zuschlagen und welchen Staat sie ins Visier nehmen, alle demokratisch verfassten Gesellschaften sehen sich der gleichen Herausforderung gegenüber. Stehen rechtsstaatliche Prinzipien zwecks Verteidigung des Rechtsstaats zur Disposition? Welche Grund- und Freiheitsrechte können oder müssen zwecks einer Abwehr terroristischer Gefahr eingeschränkt werden, wie lange sollen Ausnahmeregelungen gelten, wer verhängt sie und wer kontrolliert ihre Ausübung? Wann wird Sicherheit auf Kosten von Freiheit geschaffen, welche Risiken ist man um bestimmter Freiheiten willen bereit zu akzeptieren? Stets geht es um das Abwägen knapper Güter und um die Verhältnismäßigkeit der Mittel. Oder, wie es in der Sprache von Verfassungsrichtern heißt, um den Respekt vor dem Übermaßverbot. Womit die Unhintergehbarkeit eines normativen Postulats angesprochen ist: Welche Grenzen zu ziehen und welche Grenzüberschreitungen hinnehmbar sind, ist im Vorhinein nicht zu beantworten. Die Frage stellt sich vielmehr stets aufs Neue, duldet aber gleichwohl keine beliebige Antwort. (…)

Im Voraus ahnden

Gleichwohl ist diesseits wie jenseits des Atlantiks seit jeher das Verlangen nach einem Königsweg aus dem Dilemma groß. „Prävention" heißt das Stichwort und gemeint ist, nicht erst im Nachhinein zu bestrafen, sondern nach Möglichkeit sicherzustellen, dass künftig keine Verbrechen begangen werden – also im Vorwege zu ahnden. Im Vorwege aber heißt: Ermittler nehmen auch ohne konkreten Verdacht ihre Tätigkeit auf, sie benötigen keine tatsächlichen Anhaltspunkte für ein geplantes Verbrechen. Die Fahndungsräume für imaginierte, phantasierte und konstruierte Gefahren jeder Art sind per definitionem unbegrenzt, im Prinzip kann jederzeit gegen jedermann ermittelt werden. Weil die Unschuldsvermutung gegenüber Einzelnen durch einen Generalverdacht gegen alle ersetzt wird und Personen nach Überzeugungen und Gesinnungen statt nach ihren Taten beurteilt werden, schmilzt der Kern des Rechtsstaates. Fortan muss der Beschuldigte seine Unschuld beweisen. Mit dem vorbeugenden „Bekämpfungsrecht" verabschiedet man sich von der Einsicht, dass der Staat fehlerhaft handeln kann und daher das Risiko eingehen muss, eher zehn Schuldige aus Mangel an Beweisen freizusprechen als einen Unschuldigen einzusperren. (…) In jedem Fall ebnet die antagonistische Entgegensetzung von Freiheit und Sicherheit einem maßlosen Streben nach Prävention die Bahn.

Großbritannien als Vorreiter

In Europa war Großbritannien der Vorreiter. Erstmals 1922 und verstärkt seit den 1970er-Jahren verabschiedete man zur Bekämpfung des nordirischen Widerstands Gesetze, die lange Zeit als die drakonischsten in der westlichen Welt galten. Der umstrittene „Terrorism Act" aus dem Jahr 2000 nahm gar viele Bestimmungen vorweg, die andernorts erst im Schatten von „9/11" durchgesetzt werden konnten. Beispielsweise war es fortan erlaubt, Verdächtige ohne konkreten Anhaltspunkt für 48 Stunden in „Incommunicado-Haft" zu halten – ohne richterliche Anordnung und ohne anwaltliche Beratung also. Überdies lag die Beweislast unter bestimmten Voraussetzungen nicht beim Ankläger, sondern beim Angeklagten. Weil der Terrorismusbegriff sehr weit gefasst war, sprachen Kritiker auch von einem Instrumentarium zur Disziplinierung politischer Opposition. In Spanien – wo der jahrzehntelange Terror baskischer und katalonischer Separatisten hunderte von Toten forderte – wurde mit Artikel 55 der Verfassung eine Handhabe zur Suspendierung aller Freiheitsrechte geschaffen. Für die Dauer eines nationalen Notstands kann das Recht auf die Unverletzlichkeit der Wohnung, auf Bewegungsfreiheit, freie Meinungsäußerung und Versammlungsfreiheit außer Kraft gesetzt werden. Die Morde der „Roten Armee Fraktion" in Deutschland und die Anschläge algerischer und korsischer Untergrundgruppen in Frankreich hinterließen juristisch zwar weniger drastische, aber dennoch bleibende Spuren. Sogenannte „Vorfeldgesetze" regeln seither den staatlichen Zugriff auf private Daten, das akustische Abhören und optische Überwachen, das flächendeckende Fahnden anhand potenzieller Täterprofile und nicht zuletzt die Ausdehnung der „Incommunicado-Haft" – im deutschen Fall für einen Zeitraum von maximal 30 Tagen.

9/11 als Zeitenwende

„9/11" freilich steht für eine Zeitenwende. Auch wenn die im Gefolge der Anschläge erlassenen Gesetze zahlreiche Vorläufer hatten und eine über Jahrzehnte geführte Diskussion fortschrieben, so ist die seither in Europa wie in den USA zu beobachtende Entwicklung ungleich wuchtiger. Vor allem zeichnet sie sich durch eine größere Nachhaltigkeit aus. In keinem Land wurde bis dato ein „Rückbau" ausufernder Verfügungen oder Apparate in Angriff genommen. Im Gegenteil. Die untergründig präsente Angst gibt immer wieder Anlass, eine beständige Erweiterung des „Sicherheitskatalogs" zumindest im Gespräch zu halten.

Bernd Greiner: 11. September. Der Tag, die Angst, die Folgen. München 2011, S. 236 ff.

M21 Folter und Lager

Keine Rücksichten nehmen zu dürfen und in harten Zeiten mit harter Hand vorgehen zu müssen – davon waren George W. Bush und seine Berater subjektiv überzeugt, diese Botschaft kommunizierten sie ihrer Umwelt auf jede erdenkliche Art und Weise. (...) „Die Geschichte hat uns zum Handeln aufgerufen, und diese Nation folgt dem Ruf. (...) Wir haben für den Schutz der Schwachen zu sorgen. Wir müssen die Welt und diese Zivilisation, so wie wir sie kennen, vor diesen bösen Menschen schützen. Wir haben keine andere Wahl." – „Das sind böse Menschen." Die Wahl der Worte, die Inszenierung und die Häufigkeit derartiger Auftritte hinterließen ihre unverwechselbare Signatur, einen – wie es im Amerikanischen heißt – „do what it takes mindset". Wo gehobelt wird, fallen Späne, wäre eine im Deutschen angemessene Umschreibung. (...)

Wo, wann, von wem und wie oft seit Herbst 2001 mit „verschärften Methoden" verhört und gefoltert wurde, ist nur in Umrissen bekannt. „Kill, capture, or detain members of Al-Qaida anywhere in the world" – „Angehörige von Al-Qaida überall in der Welt zu töten, zu ergreifen und in Gewahrsam zu halten": So lautete der Auftrag einer streng geheimen „Executive Order" des Präsidenten vom 17. September 2001. Zugrunde gelegt wurde eine „Worldwide Attack Matrix", ein auf sage und schreibe 80 Länder zugeschnittener Operationsplan, für dessen Umsetzung allein die CIA knapp 900 Millionen Dollar zusätzlicher Mittel erhielt. Kurz darauf – vermutlich Ende 2001 oder Anfang 2002 – wurde das Verteidigungsministerium angewiesen, eine aus Elitesoldaten der Marine und Luftwaffe sowie paramilitärischen Einsatzkräften der CIA bestehende Sondereinheit zu bilden. Offiziell war von einem „Special Access Program" (SAP) die Rede, Tarnsprache für eine globale Menschenjagd, die vor keiner Grenze Halt machte und keinen Respekt vor Recht und Gesetz gelten ließ. Angeblich wussten in Washington nur ungefähr 200 Personen über Sinn und Zweck des „SAP" Bescheid.

Binnen weniger Monate entstand zwischen Indonesien und Kuba ein nach wie vor unübersichtlicher Archipel von Gefängnissen und Lagern. Neben dem Hauptlager Guantanamo haben es einige Einrichtungen in der irakischen und afghanischen Kriegszone im Laufe der Zeit zu trauriger Berühmtheit gebracht: Bagram, Kandahar, Abu Ghraib und ungefähr ein Dutzend weiterer „Counter-Terrorist Intelligence Centers" auf US-Stützpunkten. (...)
Angeblich wurden zwischen Herbst 2001 und Sommer 2005 in 90 Ländern ungefähr 3000 Menschen verhaftet, über 600 von ihnen landeten in Guantanamo (Kuba). Viele, wenn nicht die meisten, hatten sich einfach nur zur falschen Zeit am falschen Ort aufgehalten: der Gewürzhändler aus Kabul, der neben Kräutern auch Honig verkaufte und sich verdächtig machte, weil Honig angeblich eine Haupteinnahmequelle von Al Qaida ist; der jordanische Palästinenser, in Pakistan offiziell als Flüchtling anerkannt, dem man unterstellte, als Araber Terroristen kennen zu müssen; der russische Ingenieur und der Unternehmer, die ein neues Leben in einem muslimischen Land beginnen wollten und das Pech hatten, zwischen die Fronten der Taliban und der „Nordallianz" zu geraten; oder der Deutsche Khaled El-Masri, der Ende 2003 an der mazedonischen Grenze einer Namensverwechslung zum Opfer fiel.

Bernd Greiner: 11. September. Der Tag, die Angst, die Folgen, München 2011, S. 196 f.

Zeichnung: Mester

M22 Mit Drohnen gegen Al Qaida und Aufständische

Ein grundsätzliches Problem blieb aber, dass trotz dieser Einsichten weiter Luftschläge und Kommandooperationen mit Spezialeinheiten durchgeführt wurden, um Taliban und Al-Qaida-Mitglieder zu töten oder gefangen zu nehmen – mit der Folge, dass nach wie vor erhebliche Opfer unter der Zivilbevölkerung zu beklagen waren. Dies war jedoch mit den neu deklarierten Zielen der Counterinsurgency von ISAF nicht zu vereinbaren.
Die Problematik gilt auch für den Einsatz von Drohnen, der unter der Obama-Regierung noch einmal deutlich ausgeweitet worden ist. Hierin spiegelt sich der gegenwärtige militär-technische Trend am deutlichsten wider: Drohnen sind flexibler einsetzbar als Flugzeuge, liefern verlässliche Aufklärungsdaten, sind fern- oder selbstgesteuert.
Bereits im November 2001 ist in Afghanistan von der CIA eine Predator-Drohne eingesetzt worden, durch welche ein militärischer Kommandeur von Al Qaida getötet wurde. (...) In der Folgezeit wurden die Drohnen-Einsätze auf Pakistan ausgeweitet, insbesondere auf die unwegsamen paschtunischen Stammesgebiete im Nordwesten Pakistans. Im Juni 2004 wurde hier ein Taliban-Führer durch einen Drohnen-Einsatz getötet, im Mai und Dezember 2005 zwei hochrangige Mitglieder von Al Qaida. Die Einsätze hatten jedoch einen hohen Preis: Allein in Pakistan wurden dabei hunderte Zivilisten getötet. (...)
Drohnen-Einsätze sind auch unter Barack Obama im militärischen Handlungsrepertoire geblieben, mehr noch, sie sind mangels Alternativen zum militärischen Mittel erster Wahl geworden.

Martin Kahl: Die Militärstrategie der USA nach dem 11. September, in: Aus Politik und Zeitgeschichte 27/2011, S. 23 f.

Drohne: Unbemanntes Flugzeug zur Aufklärung oder für den Kampfeinsatz.

ISAF: International Security Assistance Force (Internationale Sicherheitsunterstützungstruppe), Sicherheits- und Aufbaumission unter NATO-Führung in Afghanistan

M23 Deutsche Sicherheitsgesetze

Ausgelöst durch den Schock der Ereignisse vom 11. September 2001 kam es rasch zu gesetzlichen Veränderungen in den Bereichen, die zur Gewährleistung der nationalen Sicherheit beitragen. Hinter den beschlossenen Maßnahmen steht immer die Frage, wie viele Eingriffe in die individuelle Freiheit des Einzelnen zugelassen werden können und wo die gesellschaftspolitische Akzeptanzgrenze ist, ohne die demokratische rechtsstaatliche Kultur Deutschlands infrage zu stellen.

Die erste Reaktion des damaligen Bundesinnenministers Otto Schily auf die Anschläge in den USA war der Ruf nach einer übergeordneten Behörde, um die Sicherheitsmaßnahmen auf Landes- und Bundesebene besser koordinieren zu können. Das zum 1. Mai 2004 errichtete „Bundesamt für Bevölkerungsschutz und Katastrophenhilfe" (BBK) war ein erster Beitrag des Bundes zur „Neuen Strategie zum Schutz der Bevölkerung in Deutschland".

Zudem verabschiedete die Bundesregierung zügig das erste sogenannte Antiterrorismuspaket, das die Bereitstellung von drei Milliarden Euro für die Nachrichtendienste, die Bundeswehr, den Bundesgrenzschutz, das Bundeskriminalamt und den Generalbundesanwalt vorsah. Im Gesetz sind ferner eine Reihe von Maßnahmen beschlossen worden, die den Sicherheitsauftrag des Staates festigen sollen. Ziel des am 30. November 2001 gebilligten ersten Sicherheitspakets ist die Bekämpfung terroristischer Vereinigungen.

Zusammenfassend lässt sich sagen, dass die im Rahmen des Sicherheitspakets erlassenen Gesetze und Neuregelungen die Aufhebung des Religionsprivilegs aus dem Vereinsgesetz vorsahen. (...)

Ferner wurde Paragraf 129 a des Strafgesetzbuches, der die Bildung terroristischer Vereinigungen unter Strafe stellt, durch Paragraf 129 b ergänzt, sodass nun die Mitgliedschaft in terroristischen Vereinigungen sowie Sympathieerklärungen strafbar sind, selbst wenn die Terrorgruppe in Deutschland keine Infrastruktur unterhält. Mit anderen Worten: Durch die Ergänzungen wurde die Bildung krimineller und terroristischer Vereinigungen auch dann strafbar, wenn diese im Ausland agieren. (...)

Das Gesetz zur Bekämpfung des internationalen Terrorismus (Terrorismusbekämpfungsgesetz) sah mehrere Einfügungen und Veränderungen in 17 Gesetzen und fünf Rechtsverordnungen vor. Die wesentlichen Grundlagen des bisherigen Verfassungsschutzrechts – das Gesetzmäßigkeitsprinzip, das Gebot der organisatorischen Trennung von Polizei und Nachrichtendiensten sowie der Ausschluss polizeilicher Zwangsbefugnisse – blieben zwar unangetastet, doch beinhaltete das Gesetz im Rahmen einer Präventionsstrategie zahlreiche Veränderungen des Bundesverfassungsschutzgesetzes, des Gesetzes über den Militärischen Abschirmdienst (MAD-Gesetz), des Gesetzes über den Bundesnachrichtendienst (BND-Gesetz), des Bundesgrenzschutzgesetzes, des Bundeskriminalamtgesetzes, deren Kompetenzen erheblich erweitert wurden, sowie des Ausländergesetzes.

Das Gesetz zielte auf die Schaffung von Rahmenbedingungen, die einen besseren Informationsaustausch gewährleisten sowie die Einreise terroristischer Straftäter nach Deutschland verhindern und identitätssichernde Maßnahmen bilden.

Marwan Abou-Taam: Folgen des 11. September 2001 für die deutschen Sicherheitsgesetze, in: Aus Politik und Zeitgeschichte 27/2011, S. 10 f.

M24 Freiheit kontra Sicherheit?

Das Grundgesetz mit seiner demokratisch rechtsstaatlichen Substanz schließt freiheitsvernichtende (tendenziell „absolute") Sicherheit ebenso aus wie sicherheitsvernichtende, grenzenlose Freiheit. Nach unserer Verfassung kann die Sicherheitsaufgabe des Staates nur als Auftrag verstanden werden, die realistischerweise „machbare" Sicherheit zu optimieren und dabei Freiheitseinschränkungen zulasten der „Störer" wie auch generelle, reflexmäßige Belastungen nicht missbrauchter bürgerlicher Freiheit (z. B. durch Kontrollstellen, Rasterfahndung) zu minimieren. Das zentrale verfassungsrechtliche Instrument zur Steuerung der Ausbalancierung von Sicherheitsinteressen und Freiheitsbelangen ist das rechtsstaatliche Prinzip der Verhältnismäßigkeit der Mittel. Dieses erlaubt es auch, bei drastischen, allgemeinen Erhöhungen der Sicherheitsrisiken (zumindest für ihre Zeitdauer) die Sicherheitsgesetze „proportional" zu verschärfen, solange dadurch der Wesensgehalt der Freiheitsrechte nicht angetastet wird.

Das Bundesverfassungsgericht hat den hohen Rang der Sicherheit wie folgt gekennzeichnet: „Die Sicherheit des Staates als verfasster Friedens- und Ordnungsmacht und die von ihm zu gewährleistende Sicherheit seiner Bevölkerung sind Verfassungswerte, die (...) unverzichtbar sind, weil die Institution Staat von ihnen die eigentliche und letzte Rechtfertigung herleitet." Und in seinem berühmten „Abhör-Urteil" (zur Notstandsverfassung) betont das Gericht die Sozialpflichtigkeit der Freiheit in Sachen Sicherheit und führt aus, dass der unbeteiligte Bürger Belastungen seiner Freiheit, die sich aus der staatlichen Wahrung hochrangiger Sicherheitsinteressen ergeben, als eine ihn „treffende Last" zu tragen habe, sofern diese zumutbar und nicht übermäßig belastend sei.

Sicherheit hat eben ihren Preis, nicht nur im finanziellen Sinne – dies betonten schon die nordamerikanischen Verfassungen von New Hampshire und Massachusetts aus dem 18. Jahrhundert –, sondern auch im ideellen, freiheitsverständlichen Sinne. Kritische Kontrolle ist bei jedem Ausbau gesetzlicher Polizeimacht demokratisch zulässig und geboten. Das ist keine Frage. Deplatziert ist jedoch eine künstliche Aufregung über Gesetzesänderungen, die bereits bestehende, wohl begründete Sicherheitspflichten des Bürgers nur weiter konkretisieren.

Günter Erbel: Die öffentliche Sicherheit im Schatten des Terrorismus, in: Aus Politik und Zeitgeschichte 10–11/2002, S. 20 f.

„Arbeiten am Schutzwall." *Zeichnung: Plaßmann*

M25 Wird Freiheit vernachlässigt?

Die gegenwärtige Sicherheitsdiskussion steht unter dem Vorzeichen des technisch Machbaren. Die Digitalisierung der Kommunikation und des beruflichen wie privaten Lebens haben den Raum der Überwachungs- und Kontrollmöglichkeiten enorm erweitert. In Sekundenschnelle lassen sich heute Datenmengen abgleichen (...). Mit den zunehmenden Möglichkeiten der Überwachung scheint die Frage danach, welchen Sinn und Zweck diese Techniken haben bzw. welchen Sicherheitsgewinn sie wirklich bieten, immer mehr in den Hintergrund zu treten. Bezeichnend dafür ist die Tatsache, dass das große Vorbild staatlichen Datensammelns – die Rasterfahndung – seine Nützlichkeit bisher nicht beweisen konnte.

Ebenso Besorgnis erregend ist die Beobachtung, mit welcher Leichtfertigkeit und Geschwindigkeit heute Sicherheitspolitik betrieben wird. Brauchte die Regierung einst zehn Jahre, um eine Notstandsverfassung durchzusetzen, so reichten ihr im Herbst 2001 wenige Wochen, um zwei Anti-Terror-Pakete durch den Deutschen Bundestag beschließen zu lassen. Dass darunter die Sorgfalt leidet, die bei staatlichen Zugriffen auf die Privatsphäre der Bürgerinnen und Bürger geboten ist, kann niemanden verwundern. Die Frage, ob es überhaupt einen gesetzlichen Regelungsbedarf gebe, mit dem auf die Anschläge des 11. September 2001 zu reagieren sei, wurde nie ernsthaft erwogen. Ebenso wenig gab es eine Bestandsaufnahme, mit welchen Maßnahmen die Anschläge möglicherweise hätten verhindert werden können.

Werner Koep-Kerstin/Rosemarie Will: Der 11. September 2001 und seine Folgen, in: Humanistische Union & Gustav Heinemann-Initiative, Graubuch Innere Sicherheit, Berlin 2009, S. 9 f.

Ressourcenkonflikte – die wahren „neuen Kriege"?

Betrachtet man die Ursachen von internationalen Konflikten, so geraten mehr und mehr Fragen der vorhandenen globalen Ressourcen in die Diskussion. So ist etwa die Verfügungsgewalt über die Wasserreserven im Nahen Osten von großer Bedeutung. Kriege können dadurch entstehen oder befördert werden, dass Bewässerungsmöglichkeiten durch Staudämme abgeschottet werden. Auch der Krieg der USA und ihrer Verbündeten im Irak wurde von vielen als ein „Krieg um Öl" gesehen, bei dem die Terrorismusbekämpfung und die Suche nach Massenvernichtungswaffen nur Vorwände gewesen seien.

M26 Ressourcenkonflikte

Den natürlichen Ressourcen kommt in mehrfacher Hinsicht eine besondere Rolle zu. Einerseits sind sie nicht beliebig vermehrbar, sodass ihre Endlichkeit schon vor Jahrzehnten zu Diskussionen über die „Grenzen des Wachstums" führte. Vor allem aber sind sie im Unterschied zu industriell produzierbaren Gütern ortsgebunden. Ihre Ausbeutung und Verwertung setzt die Kontrolle über dieses Territorium und die entsprechenden Transportwege voraus, was die Grundlage einer ganzen Reihe von Konflikten liefert.

Bereits in den klassischen Imperialismustheorien wurden derartige Fragen verhandelt. Allerdings geht es heute nicht nur um die physischen Räume, sondern auch um die funktionalen Räume des Weltmarkts, um die Beherrschung der Preisbildung und der Fakturierung der Ressourcen. (...)

Ressourcenkonflikte, die häufig das Potenzial zu einem militärisch ausgetragenen Konflikt haben, werden im 21. Jahrhundert wahrscheinlich keineswegs abnehmen, sie werden eher zunehmen. Dabei kann es sich um Konflikte von ganz unterschiedlicher Struktur handeln. So ist nicht nur Öl, sondern auch Wasser eine zunehmend umstrittene Ressource.

Bereits jetzt gibt es erhebliche Wasserkonflikte zwischen der Türkei, Syrien und dem Irak, zwischen Israel und seinen Nachbarn sowie zwischen Ägypten und dem Sudan und Äthiopien. Die Erschöpfung oder Vernichtung landwirtschaftlicher Böden durch zunehmende Versteppung (welche ihre Ursache unter anderem im Klimawandel haben dürfte) führte bereits zu Millionen von Umweltflüchtlingen, die in Städte oder andere Länder auswandern und dort die sozialen Konflikte verschärfen. Häufig führen diese Fluchtbewegungen auch zu erheblichen politischen Spannungen zwischen benachbarten Ländern.

Allerdings dürften auch in Zukunft die Konflikte um Erdöl als den Energieträger Nummer eins des gegenwärtigen Kapitalismus von besonderem Gewicht sein. Während sich die Vorräte an fossilen Brennstoffen in diesem Jahrhundert ihrer Erschöpfung nähern, wächst gleichzeitig der Verbrauch an Erdöl immer weiter an:

M27 Konflikte um Rohstoffe in Afrika

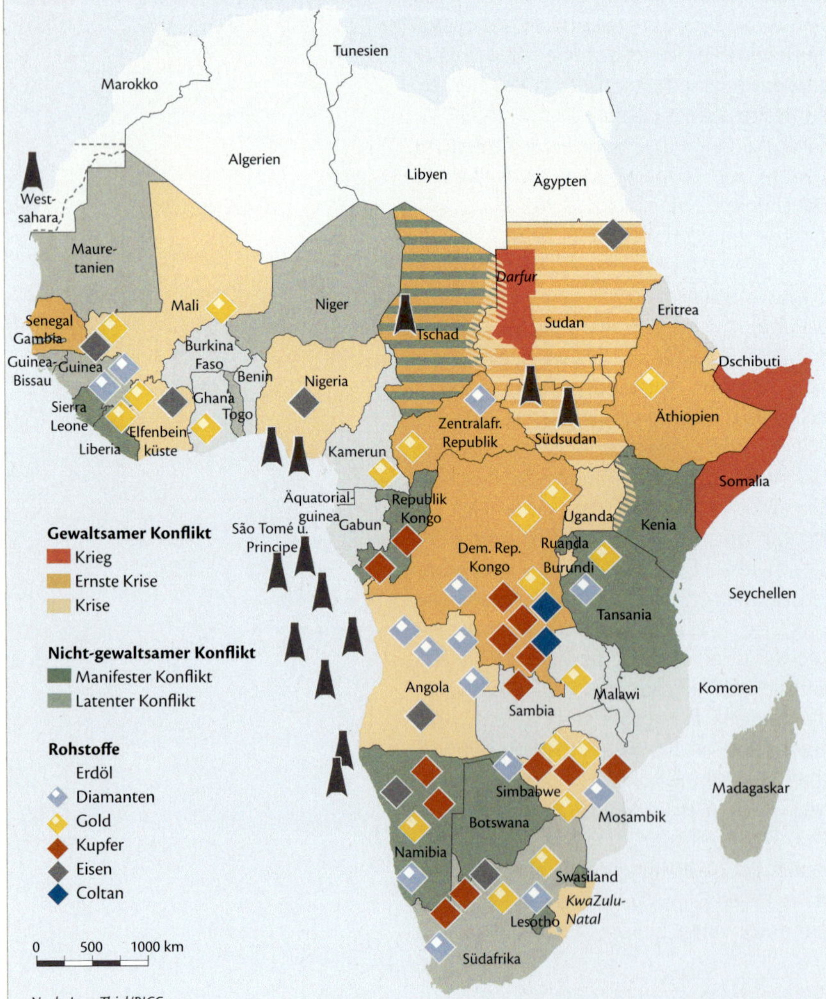

Nach: Ingo Thiel/BICC

Länder wie China, deren industrielle Entwicklung mit hohem Tempo vorangeht, haben ihren Ölverbrauch bereits bedeutend erhöht und werden ihn mit Sicherheit noch weiter steigern; auf der andere Seite erfolgen Energiesparmaßnahmen in vielen entwickelten Ländern, vor allem in dem größten Verbraucherland, den USA, nur sehr zögerlich. Zugleich hat der Verbrauch der fossilen Energieträger eine erhebliche Belastung der Atmosphäre zur Folge, deren klimaverändernde Wirkungen man bereits spüren kann.

Editorial zu: Probleme des Klassenkampfs 135 „Ressourcenkonflikte", Juni 2004

M28 Unterhaltswirtschaften gegen Marktökonomie

Konflikte um Ressourcen sind auf der Welt alltäglich. Angesichts der wachsenden Weltbevölkerung und der Endlichkeit der Ressourcen ist dies auch nicht verwunderlich. Vielfach werden die Konflikte durch ethnische oder religiöse Ideologien – auch in den Medien der Industriestaaten – dramatisiert und überhöht. Andererseits ist es offenbar auch für die Führer der westlichen Welt einfacher, für einen bewaffneten Konflikt zu mobilisieren, wenn es nicht schlicht um die Verteilung von Wasser oder Öl, sondern um die westliche Wertegemeinschaft, das Abendland oder die Demokratie geht. (...) Mit der Öffnung der Grenzen für transnationale Unternehmen im Zuge der Globalisierung hat sich der Drang, die Frontlinie der Ausbeutung vorzuverlegen, vertieft und beschleunigt. Besonders da, wo die Rohstoffausbeutung in bisher unerschlossene Gebiete vorrückt, sind es die Territorien indigener Gesellschaften, welche ins Netz weltweiter Ressourcenflüsse eingegliedert werden.

Auf der einen Seite steigt die Weltnachfrage nach Naturressourcen aller Art, auf der anderen Seite aber warten diese Ressourcen nicht einfach in einem Niemandsland darauf, abgeholt zu werden. Vielmehr liegen sie oft im Lebensraum ortsansässiger Bewohner und machen deren Lebensgrundlagen aus. Unregulierte Ressourcenausbeute degradiert, dezimiert und desakralisiert oft deren Landschaften, besonders in den Peripherien des Südens. Die Nutzung der Ökosysteme als commons steht dabei gegen ihre Nutzung als assets zur Gewinnbildung. Das Bedürfnis lokaler Gemeinschaften nach Gesundheit und Überleben steht gegen das Bedürfnis ferner Konsumenten nach Treibstoff und Heizöl. Subsistenzbedürfnisse konkurrieren mit Luxusbedürfnissen. Deshalb rufen nicht nur die Ölförderung, sondern etwa auch Entwaldung oder industrieller Fischfang oftmals lokalen Widerstand hervor, wenn mit dem Ressourcenabbau die Lebensbasis der Einwohner bedroht wird. Die Armen werden – zugespitzt gesagt – ihrer Ressourcen beraubt, damit die Reichen über ihre Verhältnisse leben können.

Wolfgang Sachs: Ressourcenkonflikte. Unterhaltswirtschaften gegen Marktökonomie, in: www.interpeacenet.org/peacestudies/ressourcenkonflikte.pdf (Zugriff: 12.3.2010)

Commons: Ressourcen in öffentlicher Hand
Assets: private Vermögenswerte

1. Untersuchen Sie aktuelle Konflikte im Hinblick auf die These, hinter den ideologischen Kriegsgründen versteckten sich häufig Ressourcenkonflikte.
2. Erläutern Sie, welche öffentliche Kritik Horst Köhler hervorgerufen hat. Diskutieren Sie vor diesem Hintergrund die Motive seines Rücktritts (**M 29**).
3. Diskutieren Sie, inwiefern sich Deutschland auf die gewaltsame Austragung von Ressourcenkonflikten einrichten sollte.
4. Analysieren Sie die Karikatur auf S. 80 im Hinblick auf die Haltung westlicher Staaten zur Wichtigkeit ihrer Ressourcenversorgung.
5. Stellen Sie arbeitsteilig Informationen zum Land Grabbing zusammen (**M 30** bis **M 32**) und stellen Sie die Merkmale der Klasse vor.
6. Diskutieren Sie, inwiefern durch Land Grabbing ein neues Handlungsfeld für internationale Politik entsteht.

M29 Militärischer Einsatz zur Sicherung von Interessen

Interview von „Deutschlandradio" mit dem damaligen Bundespräsidenten Horst Köhler, 22.5.2010 (Interviewer: Christoph Ricke):

Ricke: In der politischen Debatte wird auch darüber nachgedacht, ob das Mandat, das die Bundeswehr in Afghanistan hat, ausreicht, weil wir uns inzwischen in einem Krieg befinden. Brauchen wir ein klares Bekenntnis zu dieser kriegerischen Auseinandersetzung und vielleicht auch einen neuen politischen Diskurs?

Köhler: Nein, wir brauchen einen politischen Diskurs in der Gesellschaft, wie es kommt, dass Respekt und Anerkennung zum Teil doch zu vermissen sind, obwohl die Soldaten so eine gute Arbeit machen. Wir brauchen den Diskurs weiter, wie wir sozusagen in Afghanistan das hinkriegen, dass auf der einen Seite riesige Aufgaben da sind des zivilen Aufbaus – also Verwaltung, Korruptionsbekämpfung, Bekämpfung dieser Drogenökonomie –, gleichzeitig das Militär aber nicht alles selber machen kann. Wie wir das vereinbaren mit der Erwartung der Bevölkerung auf einen raschen Abzug der Truppen. Ich glaube, dieser Diskurs ist notwendig, um einfach noch einmal in unserer Gesellschaft sich darüber auszutauschen, was eigentlich die Ziele dieses Einsatzes sind. Und aus meiner Einschätzung ist es wirklich so: Wir kämpfen dort auch für unsere Sicherheit in Deutschland, wir kämpfen dort im Bündnis mit Alliierten, mit anderen Nationen auf der Basis eines Mandats der Vereinten Nationen, einer Resolution der Vereinten Nationen. Alles das heißt, wir haben Verantwortung. Und ich finde es in Ordnung, wenn in Deutschland darüber immer wieder auch skeptisch mit Fragezeichen diskutiert wird. Meine Einschätzung ist aber, dass insgesamt wir auf dem Wege sind, doch auch in der Breite der Gesellschaft zu verstehen, dass ein Land unserer Größe mit dieser Außenhandelsorientierung und damit auch Außenhandelsabhängigkeit auch wissen muss, dass im Zweifel, im Notfall auch militärischer Einsatz notwendig ist, um unsere Interessen zu wahren, zum Beispiel freie Handelswege, zum Beispiel ganze regionale Instabilitäten zu verhindern, die mit Sicherheit dann auch auf unsere Chancen zurückschlagen negativ, bei uns durch Handel Arbeitsplätze und Einkommen zu sichern. Alles das soll diskutiert werden, und ich glaube, wir sind auf einem nicht so schlechten Weg.

Ricke: Muss sich Deutschland daran gewöhnen, dass Soldaten, die in einem bewaffneten Konflikt stehen – manche nennen es einen Krieg –, auch tot aus dem Einsatz nach Deutschland zurückkommen?

Köhler: Wir haben ja leider diese traurige Erfahrung gemacht, dass Soldaten gefallen sind, und niemand kann ausschließen, dass wir auch weitere Verluste irgendwann beklagen müssen.

http://www.dradio.de/aktuell/1191138 (Zugriff: 30.5.2010)

Zeichnung: Pfohlmann

M 30 Was ist „Land Grabbing"?

Eine ausreichende Versorgung mit bezahlbaren Lebensmitteln ist nicht nur eine Herausforderung für Entwicklungsländer, sondern auch für Schwellen- und sogar Industrieländer. Die Zeit des Überflusses ist vorbei: Die weltweite Getreideproduktion bleibt zunehmend hinter der wachsenden Nachfrage zurück.

Vor diesem Hintergrund hat sich ein Trend beschleunigt, der „Land Grabbing" (Landnahme, Landraub) genannt wird: Staatliche Akteure und private Investoren aus Industrie- und Schwellenländern sichern sich mittels langfristiger Pacht- oder Kaufverträge große Agrarflächen in Entwicklungsländern, um dort Nahrungsmittel und Energiepflanzen für den Export anzubauen. Nicht selten stoßen sie auf das Wohlwollen einheimischer Eliten, die großes Interesse an lukrativen Geschäften um Land zeigen. Eine riskante Gratwanderung zwischen notwendigen Investitionen in die Landwirtschaft und neokolonialer Landaneignung hat begonnen.

Eine Reihe von Faktoren sorgen für zunehmenden Druck auf Acker-, Weideland und Waldgebiete: Hohes Bevölkerungswachstum und veränderte Ernährungsgewohnheiten in bevölkerungsreichen Schwellenländern verstärken die Nachfrage nach Nahrungsmitteln. Gleichzeitig gehen landwirtschaftliche Flächen durch Erosion, Versalzung und Besiedelung verloren, und vielerorts kommt es zu Ernteausfällen als Folge des Klimawandels. Die Ernährungslandwirtschaft wird zunehmend durch den Anbau von Pflanzen zur Gewinnung von Bioenergie und Biomaterialien zurückgedrängt. (…)

Landflächen im Ausland zur landwirtschaftlichen Produktion zu kaufen oder zu pachten, ist kein neues Phänomen. Neu (*sind*) jedoch das Ausmaß und die Geschwindigkeit dieses Landerwerbs sowie die dabei zu beobachtende massive Umgehung von Landrechten: So geriet etwa Madagaskar Anfang 2009 in die Schlagzeilen, weil die Regierung einen Vorvertrag mit dem südkoreanischen Konzern Daewoo Logistics über die Verpachtung von 1,3 Mio. ha Agrarland für 99 Jahre abgeschlossen hatte.

Daewoo gab bekannt, dass beabsichtigt sei, auf dem gepachteten Land – etwa die Hälfte der gesamten landwirtschaftlichen nutzbaren Fläche Madagaskars – Mais und Palmöl für den Export nach Südkorea anzubauen. Nach massiven Protesten wurde das Vorhaben zunächst gestoppt.

Der Fall Südkorea-Madagaskar ist kein Einzelfall: Im Oktober 2008 veröffentlichte die NRO „Grain" einen Bericht, der über 100 Fälle von „Landnahme" aufzeigt.

Welthungerhilfe, Brennpunkt 8/2009: Land Grabbing

M 31 Erwerb von Ackerboden pro Land in Hektar, 2009

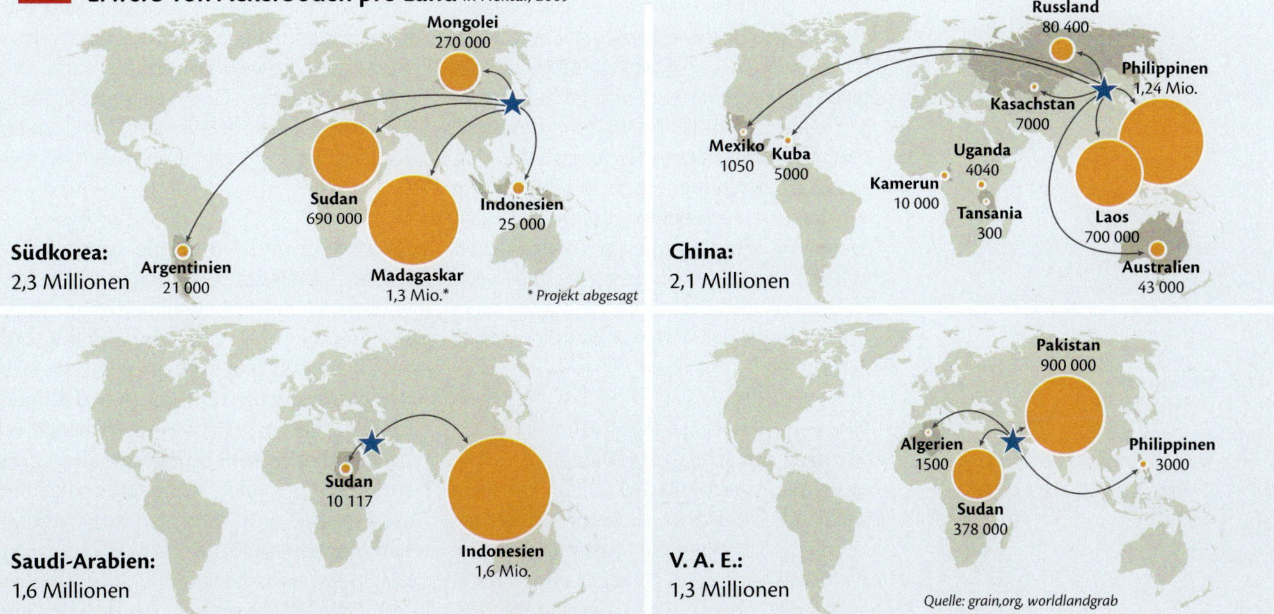

M 32 Neues Land Grabbing?

Das Schlagwort *Land Grabbing* (...) in Afrika taucht immer häufiger in der öffentlichen Debatte auf – worum aber geht es in dieser Diskussion? Der (...) Fall des südkoreanischen Unternehmens Daewoo in Madagaskar (s. M 30) sorgte 2009 für ein internationales Medienecho. (...) Kürzlich ist Madagaskars Agrarland erneut ins Interesse ausländischer Investoren gerückt, und die Ängste der Bevölkerung wurden wieder geweckt.
Solche und ähnliche Berichte prägen die Diskussion um das Thema und erklären wohl auch die verbreitete Annahme, dass es sich hierbei um eine weitere Begleiterscheinung der Globalisierung handelt, die Entwicklungsländern – und insbesondere den Ärmsten in diesen Ländern – eher schadet als nützt. Daher auch der Begriff des Land Grabbing oder der Landnahme, der unterstellt, dass hier jemandem – armen Bauern in Entwicklungsländern – Land weggenommen wird.

Verhandlungen sind oft intransparent
Grundsätzlich ist nicht von der Hand zu weisen, dass einige dieser geplanten Großinvestitionen in die Landwirtschaft von Entwicklungsländern Elemente eines solchen „Diebstahls" haben, der möglicherweise sehr negative Konsequenzen für ein Land oder auch die direkt betroffenen Bauern haben kann. Ob dies aber tatsächlich der Fall ist, hängt von einer Reihe von Bedingungen ab, die im Folgenden genauer beleuchtet werden.
Genau genommen wird Land zunächst nicht einfach gestohlen oder billig eingekauft, sondern gepachtet – wie auch im nicht realisierten Vorhaben von Daewoo seinerzeit geplant. Die Pachtverträge und Verhandlungsprozesse bleiben allerdings oft intransparent. Dies lässt darauf schließen, dass unter Umständen zu niedrige Pachtzinsen verlangt werden und Entscheidungen ohne die derzeitigen Nutzer des Landes getroffen werden. Wie man sich hier einigt, ob beispielsweise Korruption ins Spiel kommt, hängt vor allem davon ab, wer sich in den Verhandlungen gegenübersitzt.

Wer sind die Verhandlungspartner?
Auf der einen Seite des Verhandlungstisches sitzen die Investoren. (...) (*Diese*) kommen aus allen Weltregionen, in die Schlagzeilen geraten aber vor allem die Investoren aus China, Indien oder aus den Golfstaaten (z. B. Katar, Saudi-Arabien). Es gibt allerdings auch Investoren aus Industriestaaten, so beispielsweise aus den USA oder Großbritannien. Auch deutsche Investoren sind in der Landwirtschaft afrikanischer Länder tätig. Diese sehr unterschiedlichen Investoren einigt der Wunsch, Zugang zu Agrarflächen vor allem in Afrika, aber auch in Südostasien, Osteuropa und Lateinamerika zu erlangen, um dort Nahrungsmittel, Viehfutter oder Biokraftstoffe zu erzeugen.
Auf der anderen Seite des Verhandlungstisches sitzen zumeist Regierungsvertreter der Zielländer. In den seltensten Fällen sitzt die direkt von der Investition betroffene Bevölkerung mit am Tisch, wie etwa die Bauern, die im Investitionsgebiet leben und arbeiten. (...)
Einer der zentralen Gründe dafür, warum die Rechte der möglicherweise Betroffenen nicht oder nicht ausreichend wahrgenommen werden, liegt in der unzureichenden Definition von Landrechten. Insbesondere in Afrika ist Landbesitz oft nicht klar definiert, und es existieren Mischformen von staatlich kodierten (formellen) und staatlich anerkannten informellen Rechten. Nicht selten gehört Land formell der Regierung oder wird als kommunales Land durch lokale, sogenannte traditionelle Führer (chiefs) verwaltet. Einzelne Bauern haben oft nur traditionelle oder gewohnheitsrechtliche Nutzungsrechte – und damit keinen formellen Landtitel.
Investoren beantragen Landtitel und sind dann aufgrund fehlender gesetzlicher Verankerung traditioneller Rechte gegenüber den titellosen Kleinbauern im Recht. Damit ist eine Enteignung oder Vertreibung der Besitzer beziehungsweise Landnutzer zumindest im Sinne formeller Gesetze rechtens. Länder in Afrika könnten aus diesem Grund ein besonders beliebtes Ziel von Investoren sein. (...)

Bevölkerung muss von Investitionen profitieren
Ausländische Agrarinvestitionen können den entscheidenden Impuls für den dringend benötigten beschleunigten Entwicklungsprozess in den oft bitterarmen ländlichen Räumen Afrikas geben. Es gilt jedoch, Rahmenbedingungen zu schaffen, die sicherstellen, dass die Bevölkerung an diesem extern angestoßenen Entwicklungsprozess teilhat und die Zielländer insgesamt von den Investitionen profitieren. Hierbei kann und sollte Entwicklungszusammenarbeit einen Beitrag leisten, nicht jedoch in Form der direkten Sub-

Zum internationalen Tag der Landlosen protestieren als Investmentbanker verkleidete Demonstranten in Berlin gegen Spekulation mit Ackerland in Afrika („Land Grabbing"), 17.4.2012

ventionierung von Agrarinvestitionen deutscher Unternehmen.

Zu den Rahmenbedingungen gehört insbesondere die Transparenz der Planungs- und Investitionsprozesse, von der Aushandlung der Verträge bis zu deren Umsetzung. Landfragen, Landrechte und adäquate Kompensationsmechanismen für die betroffene lokale Bevölkerung sind dabei von entscheidender Bedeutung. Die Verantwortung hierfür liegt in den Händen der Regierungen der Zielländer. Das heißt, die nationalen Regierungen müssen für eindeutige Landbesitzverhältnisse sorgen.

Jann Lay/Kerstin Nolte: Neuer „Landraub" in Afrika, GIGA Focus Afrika Nr. 1/2011

Friedenssicherung durch Militäreinsätze?

Seit ihrer Gründung im Jahr 1945 herrscht in den Vereinten Nationen ein Bewusstsein dafür, dass der Friede auf der Welt und in den einzelnen Regionen aktiv gesichert werden muss. Zuvor galt als Grundsatz der internationalen Diplomatie die Nichteinmischung in die inneren Angelegenheiten eines anderen Staates. Die internationale Öffentlichkeit fordert nun aber immer deutlicher Militäreinsätze zugunsten der Schwachen und Entrechteten innerhalb von Staaten – wie etwa in Syrien 2012. Aber solche Militäreinsätze sind nicht unproblematisch. Aufgrund der Internationalisierung eines solchen nationalen Konflikts stellen sie häufig, obwohl sie den Frieden sichern sollen, einen weiteren Schritt auf der Eskalationsleiter zum Krieg dar.

M 33 Das zivilisatorische Hexagon

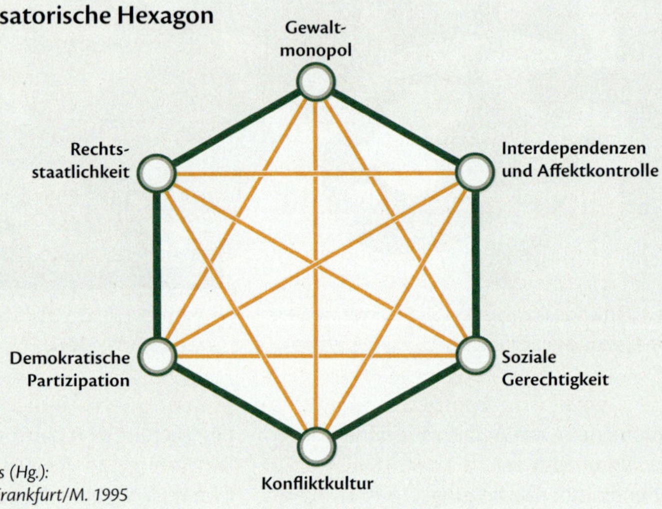

Nach: Dieter Senghaas (Hg.): Den Frieden denken, Frankfurt/M. 1995

M 34 Verarbeitung historischer Erfahrung

Der Soziologe Dieter Senghaas, 1995:

Im zivilisatorischen Hexagon (M 33) wird eine historische Erfahrung aus der neuzeitlichen Geschichte in Teilregionen Europas gebündelt. Historisch betrachtet hat sich seit dem Ende des europäischen Mittelalters zunächst das Gewaltmonopol herausgebildet; dieses Monopol war das Ergebnis lang anhaltender politischer Ausscheidungskämpfe (in aller Regel von Kriegen) um Vormachtstellungen. Zusammen mit der Herausbildung des Gewaltmonopols begannen sofort die Konflikte um die Kontrolle dieses Gewaltmonopols; langfristig mündeten sie in die Institutionalisierung von Rechtsstaatlichkeit. Die Ausdifferenzierung und Vernetzung der sich modernisierenden Gesellschaften in der Folge großflächig werdender Verkehrswirtschaften und immer feinmaschigerer Kommunikationsstrukturen erfolgten zeitverschoben. Der Kampf um demokratische Partizipation, vorstellbar nur auf der Grundlage sozial mobil gewordener Gesellschaften, ging einher mit Auseinandersetzungen um soziale Gerechtigkeit, insbesondere Verteilungsgerechtigkeit. Parallel dazu entfaltete sich schrittweise eine politische Konfliktkultur liberaler Prägung.

Dieter Senghaas: Frieden als Zivilisierungsprojekt, in: Ders. (Hg.): Den Frieden denken. Frankfurt/Main 1995, S. 198 ff.

M 35 Architektur des Friedens

Dieter Senghaas zu den Bedingungen dauerhaften Friedens, 1995:

Wo zivilisierte Politik zur Zivilisierung des Zusammenlebens der Menschen innerhalb von modernen Gesellschaften beiträgt, wird ein solches Projekt idealiter von den folgenden sechs Sachverhalten gekennzeichnet:

1. Entprivatisierung von Gewalt (Gewaltmonopol):
Wesentlich für jeden Zivilisierungsprozess ist die Entprivatisierung der Gewalt bzw. die Herausbildung eines legitimen, in aller Regel staatlichen Gewaltmonopols, dem die einzelnen untergeordnet sind („Entwaffnung der Bürger"). Wo das Gewaltmonopol zusammenbricht, also die Wiederaufrüstung und Wiederbewaffnung der einzelnen Bürger eine Chance bekommen, findet statt, was in der neueren Diskussion im Hinblick auf entsprechende Vorgänge als „Libanisierung" bzw. „Jugoslawisierung" politischen Konfliktverhaltens bezeichnet wird, nämlich die Renaissance von Bürgerkriegssituationen.

2. Kontrolle des Gewaltmonopols und Herausbildung von Rechtsstaatlichkeit (Verfassungsstaat):
Ein Gewaltmonopol, das nicht durch Rechtsstaatlichkeit eingehegt wird, wäre im Grenzfall nichts mehr als eine beschönigende Umschreibung von Diktatur. Dann wären seine gesellschaftlichen Träger nichts anderes als eine von mehreren Konfliktparteien in einer potenziellen Bürgerkriegssituation. Soll demgegenüber das Gewaltmonopol als legitim akzeptiert werden, bedarf es der Institutionalisierung rechtsstaatlicher Prinzipien und öffentlicher demokratischer Kontrolle, auf deren Grundlage sich Konflikte in einem institutionellen Rahmen fair austragen lassen.
Rechtsstaatlich verfasste politische Ordnungen hegen das Gewaltmonopol ein. Es verliert dadurch seinen ursprünglichen Charakter, nämlich einfach eine Instanz von letztlich kriegerisch errungener, also willkürlicher Vormacht zu sein. (...)
Überdies zeichnen sich solche politische Ordnungen auch im gesellschaftlichen Bereich durch eine Fülle von institutionalisierten Formen der Konfliktartikulation, des Konfliktmanagements, der Konfliktregelung und der Konfliktlösung aus. Konflikte jedweder Art, seien es Interessens- oder Identitätskonflikte, werden dabei von vornherein als „normal" und legitim erachtet, wobei in intakten rechtsstaatlichen Ordnungen Interessenkonflikte häufiger sind als Identitätskonflikte und die ersteren in aller Regel leichter bearbeitbar sind als die letzteren. (...)

3. Interdependenzen und Affektkontrolle:
Die Entprivatisierung von Gewalt („die Entwaffnung der Bürger") und die Sozialisation in eine Fülle von institutionalisierten Konfliktregelungen implizieren eine Kontrolle von Affekten. Solche Selbstkontrolle wird maßgeblich durch die Herausbildung von großflächig angelegten Verflechtungen (...) unterstützt, weil diese, zu beobachten vor allem in arbeitsteiligen Ökonomien, ein erhebliches Maß an Berechenbarkeit erfordern und in der Folge Erwartungsverlässlichkeit mit sich bringen. (...)
Affektkontrolle – Ergebnis einer Sublimierung von Affekten – meint dabei die in differenzierten Gesellschaften sich aus diversen komplexen Handlungszusammenhängen ergebende Selbstkontrolle bzw. Selbstbeherrschung. Sie ist Grundlage nicht nur von Aggressionshemmung und Gewaltverzicht, sondern darauf aufbauend von Toleranz und Kompromissfähigkeit.
Beide Einstellungen sind wahrscheinlich überhaupt nicht denkbar ohne vorgängig eingeübte Selbstdisziplin. In ihr findet das Autonomiestreben von Individuen und von Gruppen, das moderne Gesellschaften kennzeichnet, ein unerlässliches Korrektiv.

4. Demokratische Beteiligung:
In politisierbaren Gemeinschaften müssen Interessen auf breiter Front artikulationsfähig und in den gängigen politischen Prozess integrierbar sein. Je offener und flexibler dabei das rechtsstaatlich-demokratische Institutionsgefüge ist, umso belastungsfähiger wird es bei anhaltenden und möglicherweise sich ausweitenden politischen Anforderungen sein. (...)

5. Soziale Gerechtigkeit:
(...) In Gesellschaften mit einem erheblichen Politisierungspotenzial ist eine aktive Politik der Chancen- und Verteilungsgerechtigkeit, letztlich ergänzt um Maßnahmen der Bedürfnisgerechtigkeit (Sicherung der Grundbedürfnisse), unerlässlich, weil nur dann sich die Mehrzahl der Menschen in einem solchen politischen Rahmen fair behandelt fühlt. Die materielle Anreicherung von Rechtsstaatlichkeit, insbesondere im Sinne eines Anteils an Wohlfahrt, ist also nicht eine politische Orientierung, der in solchen Gesellschaften nach Belieben gefolgt werden kann oder auch nicht; sie ist vielmehr eine konstitutive Bedingung der Lebensfähigkeit von rechtsstaatlichen Ordnungen und damit des inneren Friedens. Rechtsstaatlich verfasste Gesellschaften tun deshalb gut daran, die Frage der Gerechtigkeit niemals zur Ruhe kommen zu lassen, zu-

Dieter Senghaas (geb. 1940), deutscher Soziologe und Friedensforscher

mal wenn die ihnen zugrunde liegenden Ökonomien, in der Regel Marktwirtschaften, systembedingt eher Ungleichheit als Gleichheit produzieren.

6. Konstruktive politische Konfliktkultur:
Gibt es in einer aufgegliederten, aber deshalb auch zerklüfteten Gesellschaft faire Chancen für die Artikulation und den Ausgleich von unterschiedlichen Interessen, kann unterstellt werden, dass ein solches Arrangement verlässlich verinnerlicht wird, eine Bereitschaft zur produktiven Auseinandersetzung mit Konflikten vorliegt und kompromissorientierte Konfliktfähigkeit einschließlich der hierfür erforderlichen Toleranz zu einer selbstverständlichen Orientierung politischen Handelns wird. Dann kann noch ein weiterer Faktor hinzutreten: Das Gewaltmonopol und die Rechtsstaatlichkeit werden in politischer Kultur verankert, denn ohne diese blieben beide ohne emotionale Grundlage. Die materiellen Leistungen („soziale Gerechtigkeit") erweisen sich dabei als eine wichtige Brücke zwischen dem Institutionengefüge und dessen positiver emotionaler Absicherung („Bürgergesinnung").

Dieter Senghaas: Frieden als Zivilisierungsprojekt, in: Ders. (Hg.): Den Frieden denken. Frankfurt/Main 1995, S. 198 ff.

M 36 Bedingungen einer erfolgreichen Konfliktregelung

Eine entweder durch Verhandlungen oder durch Vermittlung oder durch einen Schiedsspruch zustande gekommene, auf dem Konsens der Konfliktparteien beruhende Vereinbarung wird als gelungene friedliche Konfliktlösung betrachtet, wenn sämtliche der folgenden Bedingungen vorliegen:
1. Alle Konfliktparteien, die über ausreichende Macht verfügen, um gegebenenfalls die Umsetzung einer Vereinbarung verhindern zu können (im Folgenden: alle relevanten Konfliktparteien) sind in den Friedensprozess eingebunden und respektieren sich gegenseitig als legitime Verhandlungspartner. Bei ihren Anhängern oder ihrer Gefolgschaft, insbesondere bei den bewaffneten Einheiten, verfügen die Führer der Oppositionsgruppen beziehungsweise die Regierungsmitglieder über so viel Rückhalt, dass sie ihnen gegenüber Zugeständnisse, die sie der jeweils anderen Verhandlungsdelegation zusagen, auch durchsetzen können.
2. Die Vereinbarung löst möglichst alle oder wenigstens möglichst viele derjenigen Probleme, die zum Ausbruch des Konflikts beigetragen haben. Dazu müssen sich die Konfliktparteien darüber einig werden, welche Sachverhalte als Konfliktursachen anzusehen und wie diese zu beheben sind. Die Vereinbarung muss widerspruchsfrei und eindeutig formuliert sein, um einen Streit um ihre Auslegung und Umsetzung zu vermeiden. Eventuell vereinbarte Fristen, innerhalb derer die Konfliktparteien bestimmte Maßnahmen ergriffen haben müssen, sollen einhaltbar sein. Die Vereinbarung muss von allen relevanten Konfliktparteien ohne Vorbehalt akzeptiert werden. Darüber hinaus darf sie nicht auf Kosten Dritter geschlossen werden.
3. Zwischen den relevanten Konfliktparteien kommt es nicht erneut zum Ausbruch eines Konflikts, dem dieselben Interessengegensätze zugrunde liegen, die in der Vereinbarung geregelt werden sollten. (...)
Nicht immer werden bei einer Konfliktregelung sämtliche vorgenannten Anforderungen an eine gelungene friedliche Konfliktlösung erfüllt. Als eine teilweise oder zeitweise gelungene Konfliktlösung werden Vereinbarungen angesehen, bei denen entweder nicht alle relevanten Konfliktparteien in den Friedensprozess eingebunden sind (...); sich mindestens eine Konfliktpartei nur vorübergehend oder nur zum Teil an die getroffene Vereinbarung hält; oder in denen nicht alle zwischen den Konfliktparteien existierenden Probleme gelöst werden.

Sabine Klotz: Friedliche Konfliktregelung. Voraussetzungen für Erfolge, in: Wissenschaft & Frieden, 3/1997, S. 43 f.

1 Analysieren Sie das von Dieter Senghaas aufgestellte zivilisatorische Hexagon, indem Sie es auf Deutschland beziehen (**M 33** bis **M 36**).
2 Leiten Sie daraus mögliche Maßnahmen ab, um Staaten zu befrieden.
3 Vergleichen Sie Ihren Maßnahmenkatalog mit den Materialien **M 37** bis **M 40**.

M 37 Blauhelme im Einsatz – UN-Missionen weltweit

Nahost
UNTSO
Organisation der Vereinten Nationen zur Überwachung des Waffenstillstands
Einsatz seit Mai 1948
Mitarbeiter 374
Budget 66*

Indien/Pakistan
UNMOGIP
Militärbeobachtergruppe der Vereinten Nationen in Indien und Pakistan
Einsatz seit Januar 1949
Mitarbeiter 116
Budget 17*

Zypern
UNFICYP
Friedenstruppe der Vereinten Nationen in Zypern
Einsatz seit März 1964
Mitarbeiter 1 064
Budget 54

Syrien
UNDOF
Beobachtertruppe der Vereinten Nationen für die Truppenentflechtung
Einsatz seit Juni 1974
Mitarbeiter 1 180
Budget 45

Libanon
UNIFIL
Interimstruppe der Vereinten Nationen in Libanon
Einsatz seit März 1978
Mitarbeiter 13 209
Budget 590

Westsahara
MINURSO
Mission der Vereinten Nationen für das Referendum in der Westsahara
Einsatz seit April 1991
Mitarbeiter 514
Budget 54

Kosovo
UNMIK
Mission der Vereinten Nationen zur Übergangsverwaltung des Kosovo
Einsatz seit Juni 1999
Mitarbeiter 360
Budget 47

Zentralafrikan. Republik und Tschad
MINURCAT
Mission der Vereinten Nationen in der Zentralafrikanischen Republik und Tschad
Einsatz seit Sept. 2007
Mitarbeiter 3 449
Budget 691

Darfur
UNAMID
Hybridmission der Afrikanischen Union und der Vereinten Nationen in Darfur
Einsatz seit Juli 2007
Mitarbeiter 22 431
Budget 1 599

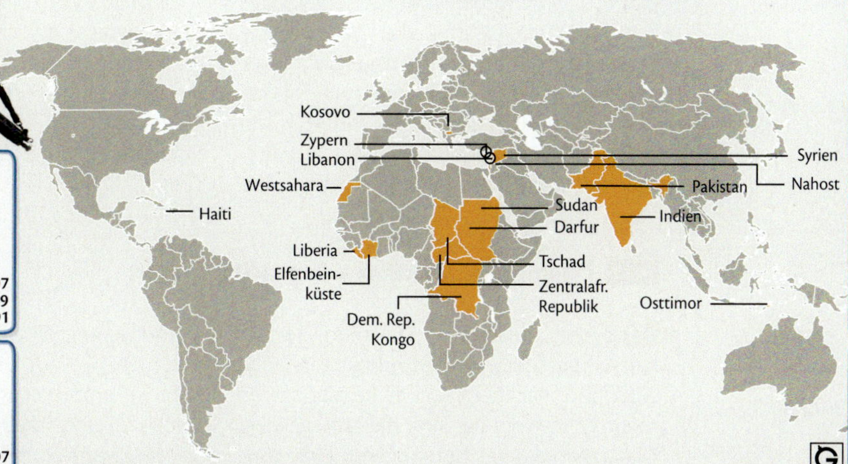

Mitarbeiter: Soldaten, Beobachter, Polizei etc.
Budget in Millionen US-Dollar, jeweils Juli 2009 bis Juni 2010 bzw. *2008 bis 2009

Quelle: UN
Stand: August 2009

Osttimor
UNMIT
Integrierte Mission der Vereinten Nationen in Timor-Leste
Einsatz seit August 2006
Mitarbeiter 3 050
Budget 206

Sudan
UNMIS
Mission der Vereinten Nationen in Sudan
Einsatz seit März 2005
Mitarbeiter 13 183
Budget 958

Haiti
MINUSTAH
Stabilisierungsmission der Vereinten Nationen in Haiti
Einsatz seit Juni 2004
Mitarbeiter 11 041
Budget 612

Elfenbeinküste
UNOCI
Operation der Vereinten Nationen in Côte d'Ivoire
Einsatz seit April 2004
Mitarbeiter 9 509
Budget 492

Liberia
UNMIL
Mission der Vereinten Nationen in Liberia
Einsatz seit Sept. 2003
Mitarbeiter 13 192
Budget 561

Dem. Rep. Kongo
MONUC
Mission der Vereinten Nationen in der Demokratischen Republik Kongo
Einsatz seit Nov. 1999
Mitarbeiter 22 798
Budget 1 347

M 38 Friedenssicherung als wichtigste Aufgabe der Vereinten Nationen

In Art. 1 ihrer Charta setzen sich die Vereinten Nationen (VN) zum Ziel, „den Weltfrieden und die internationale Sicherheit zu wahren". Der deutsche Bundestag hat am 22.6.2001 bestätigt: „Die Hauptaufgabe der Vereinten Nationen besteht unverändert darin, eine zentrale Rolle bei der Herbeiführung und Wahrung des Weltfriedens und der internationalen Sicherheit zu spielen." Angesichts der zahlreichen Krisen und Konflikte weltweit sowie neuer – auch nichtstaatlicher – Risikofaktoren und Bedrohungen für die internationale Sicherheit bleibt dieses Ziel unvermindert aktuell.

Die Organe und Instrumente

Die Wahrung bzw. Wiederherstellung des Friedens ist die vorrangige Aufgabe des Sicherheitsrates der Vereinten Nationen. Dieser ergreift geeignete Maßnahmen und kann zum Beispiel Mandate für Friedensmissionen erteilen. Der Sicherheitsrat kann auch Regionalorganisationen (z. B. NATO, EU, OSZE, Afrikanische Union) oder Zweckbündnisse (wie z. B. die militärische Mission KFOR im Kosovo), unter Führung eines Landes oder einer internationalen Organisation beauftragen („mandatieren"), um einen Konflikt beizulegen. Seit ihrer Gründung haben die Vereinten Nationen über 60 Friedensmissionen selbst durchgeführt oder mandatiert.

Neuer Lösungsansatz: multidimensionale Einsätze

Seit Ende der Ost-West-Konfrontation hat sich das Aufgabenspektrum der internationalen Friedensmissionen gewandelt. Mit dem zunehmenden Engagement der VN in innerstaatlichen Konflikten haben sich auch die Anforderungen an die Friedensmissionen verändert. Die meisten der heutigen Friedensmissionen haben vielfältige Aufgaben im zivilen und militärischen Bereich. Bei diesen sogenannten „multidimensionalen Einsätzen" übernehmen die Missionen neben militärischen Tätigkeiten zur Friedenssicherung auch eine große Bandbreite ziviler Aufgaben, z. B. Unterstützung bei der Sicherheitssektorreform, Überwachung von Wahlen und demokratischen Prozessen, humanitäre Hilfe, wirtschaftlicher Wiederaufbau, Aufbau von rechtsstaatlichen Institutionen und Überwachung der Menschenrechtslage.

Seit 2000 verzeichnet das VN-geführte Peacekeeping (sogenannte Blauhelmmissionen) wieder einen starken Aufwuchs. So hat sich die Zahl der im Einsatz befindlichen Blauhelme (Soldatinnen und Soldaten, Polizistinnen und Polizisten und anderes ziviles Personal) verfünffacht und ist bis Juni 2010 auf über 124 000 angestiegen. Der personelle Schwerpunkt wird dabei voraussichtlich weiterhin in Afrika liegen. Das breite Aufgabenspektrum und der sprunghafte Anstieg in Anzahl und Umfang der VN-geführten Missionen stellen das VN-System vor erhebliche Herausforderungen bei der Planung und Durchführung von Missionen.

Auswärtiges Amt: Friedenssicherung als wichtigste Aufgabe der Vereinten Nationen, 23.8.2010; in: http://www.auswaertigesamt.de (Zugriff: 5.11.2011)

M39 Dilemmata der humanitären Hilfe vor Ort

Das bereits bestehende Prekarium der Arbeitsvoraussetzungen für humanitäre Hilfe wird dort verstärkt, wo es keine Staaten mehr gibt – und das sind heutzutage viele Einsatzgebiete der humanitären Hilfe. Anders als die Pauschalbezeichnung „neue Kriege“ vermuten lässt, ist festzuhalten, dass sich die Situationen bewaffneter Konflikte vielfach unterscheiden. Dementsprechend bestehen auch verschiedenartige Gefährdungen von Mitarbeitern und Dilemmata für humanitäre Hilfsorganisationen.

Die simpelste Form der Gefährdung ist die des Raubes oder der Entführung, um Lösegeld zu erpressen. Da diese Übergriffe auf humanitäre Hilfsorganisationen durch Gier verursacht sind, stellen sie keine politischen Herausforderungen an die Organisationen. Meistens lässt sich das Risiko von Überfällen dieser Art erheblich reduzieren, wenn einheimische Mitarbeiter eingestellt werden, lokale Machtgleichgewichte zwischen Clans, Familien und politischen Autoritäten beachtet werden und die ausländischen Mitarbeiter der Hilfsorganisationen interkulturelles Feingefühl zeigen. Ein langfristiges und breites Angebot an Hilfsleistungen, vor allem medizinischer Art, an die gesamte Bevölkerung wird meist von lokalen Warlords und Kleptokraten höher geschätzt als eine kurzfristige Bereicherung durch den Diebstahl eines Toyota-Jeeps. Außerdem berechnen die meisten Hilfsorganisationen einen gewissen „Reibungsverlust“ durch Unterschlagungen oder Diebstahl bereits in ihre Bedarfsplanung ein. Sogenannte Low Intensity Conflicts, die sich über Jahre oder Jahrzehnte in einer Region hinziehen, ohne dass sich die Machtgleichgewichte entscheidend ändern, stellen solche Arbeitssituationen mit einer „simplen“ Gefährdung dar. (…)

Sehr viel problematischer stellt sich die Situation dar, wenn die Hilfslieferungen der Organisationen zu regelmäßigen Einnahmequellen der Kriegsgruppen werden. Dies ist meist der Fall, wenn den Kriegsgruppen kaum andere Ressourcen zur Verfügung stehen, um ihre Kriegsanstrengung zu nähren, und der Konflikt eine solche Intensität hat, dass er großer Finanzierungsanstrengungen bedarf. So wurden zum Beispiel in Bosnien, wo den Kriegsgruppen keine Rohstoffe wie Diamanten, Rauschgifte oder Öl zur Verfügung standen und illegaler Handel nur in einem kleinen Ausmaß möglich war, die internationalen Hilfslieferungen ein wichtiger Bestandteil der Kriegswirtschaft. (…)

Um ihren Auftrag zu erfüllen, ohne Teil des Krieges zu werden, müssen die Hilfsorganisationen den freien Zugang zu der Not leidenden Bevölkerung von Fall zu Fall neu verhandeln. Ihre Verhandlungsmacht ist aber gering. Die Unterstützung durch die lokale Bevölkerung kann dem Grundsatz, dass Hilfe gleichmäßig für alle Seiten geleistet werden soll und deswegen Freizügigkeit notwendig ist, Gewicht verleihen. Allerdings ist in Konflikten, in denen ethnische Animosität ein wichtiges Konfliktelement ist, dieses Argument nicht sehr wirkungsvoll, da die existenzielle Schädigung der anderen Volksgruppe erklärtes Kriegsziel ist. Humanitäre Hilfe soll nicht zu ihrem Bestimmungsort gelangen, und diese Strategie ist oft erfolgreich. So berichtete der UNHCR (…) im Falle des Krieges in Bosnien, dass im Jahr 1993 nur ungefähr die Hälfte seiner Hilfe wirklich geliefert werden konnte, und das Internationale Komitee vom Roten Kreuz

(IKRK) konnte nur ungefähr zehn Prozent seiner üblichen Hilfsleistungen erbringen. Die Mechanismen, die in „simplen" Konfliktsituationen Wirkung entfalten, zum Beispiel die enge Zusammenarbeit mit der einheimischen Bevölkerung, können in diesem Fall nicht wirken. In Konflikten wie in Bosnien kann der Rückgriff auf einheimische Mitarbeiter sogar eine zusätzliche Gefährdung bedeuten. So berichtete ein IKRK-Mitarbeiter, dass das Komitee ab einem bestimmten Zeitpunkt im bosnischen Konflikt Chauffeure aus neutralen Ländern Westeuropas engagieren musste. Lokale Mitarbeiter wurden in den jeweils andersethnischen Gebieten attackiert und Mitarbeiter aus NATO-Ländern wurden von Kroaten und Serben gleichermaßen mit Misstrauen beäugt und ebenfalls tätlich angegriffen. (...)
Aufgrund ihrer Finanzierungsmacht stehen den Staaten drei Möglichkeiten zur Verfügung, humanitäre Hilfe politisch einzusetzen. Zum Ersten kann humanitäre Hilfe dort zum Einsatz gebracht werden, wo militärisch nicht interveniert werden kann oder soll. Humanitäre Hilfe hat einen Platzhaltereffekt. Sie beruhigt das öffentliche Gewissen. Denn es wird ja etwas getan, um Not leidenden Menschen zu helfen – auch wenn nicht das wirklich Notwendige unternommen wird, nämlich die Beendigung des bewaffneten Konfliktes.

Catherine Götze: Humanitäre Hilfe – Das Dilemma der Hilfsorganisationen, in: Der Bürger im Staat 4/2004: Die neuen Kriege, S. 210 ff.

Afrikaner in einem Flüchtlingscamp des UNHCR, des Flüchtlingswerks der UN

M40 Unerwartete Friedenshoffnung: der „Arabische Frühling"

Nach den katastrophalen Terroranschlägen des 11. September 2001 wurden der Terrorismus im Allgemeinen und die Terrororganisation Al Qaida im Besonderen zum Zentralproblem der internationalen Politik erklärt, und ihnen wurde ein strategischer Charakter zugewiesen.
Ausdruck dieser Bewertung war die Formulierung des US-Präsidenten George W. Bush, einen „Krieg" gegen den Terrorismus führen zu wollen. (...) Die Wahrnehmung einer taktischen Bedrohung als strategische führte zur politischen Aufwertung dieser Terrororganisation und damit letztlich zu ihrer Stärkung. Im Irak wurde sie zeitweise zu einem lokalen Machtfaktor, bis ihre soziale Basis sich gegen sie wandte, danach im Jemen – dort allerdings nur, weil sie zuvor in Saudi-Arabien zerschlagen worden war und ihre Reste sich dort neu gruppierten. In Afghanistan dürften heute nach Angaben von US-Truppen weniger als 50 Al-Qaida-Kämpfer operieren. Selbst in Pakistan ist dieser nichtstaatliche Gewaltakteur inzwischen weitgehend diskreditiert und sogar den meisten extremistischen Gewalttätern suspekt.
Dies bedeutet nicht, dass Al Qaida nicht weiter in der Lage wäre, blutige Anschläge durchzuführen, wenn ihr seit dem 11. September auch kein vergleichbar furchtbares Verbrechen gelang. Aber als globale strategische Bedrohung kam Al Qaida bereits lange vor dem Tod ihres Anführers Osama bin Laden im Mai 2011 nicht in Betracht. (...)
Die Umwälzungen in der arabischen Welt („Arabischer Frühling") haben dem islamisch geprägten Terrorismus seine wichtigste Grundlage entzogen: Anstelle westlicher Regierungen oder Gesellschaften werden die eigenen diktatorischen Regimes als größtes Problem begriffen. Die Veränderungen vor allem in Tunesien und Ägypten, aber vermutlich auch in Ländern wie Marokko und Jordanien weisen den Weg zu nichtterroristischen Formen des politischen Kampfs. Das politische Scheitern von Al Qaida und die Umbrüche im Rahmen des „Arabischen Frühlings" werden den politischen Islam („Islamismus") insgesamt stärker in die Mitte ihrer Gesellschaften führen.

Jochen Hippler: Perspektiven der internationalen Politik im 21. Jahrhundert. Rahmenbedingungen deutscher Außenpolitik, in: Aus Politik und Zeitgeschichte 10/2012, S. 25

Kompetenzcheck

Dieses Kapitel ist der Thematik von Krieg und Frieden in der internationalen Politik gewidmet.
Folgende Aufgaben sollten Sie deshalb nach der Bearbeitung des Kapitels lösen können:

Anforderungsbereich I:

- Stellen Sie den Unterschied von Krieg und „neuen Kriegen" dar.
- Beschreiben Sie den Krieg als eine Eskalationsstufe internationaler Konflikte.
- Nennen Sie Beweggründe und Motive des internationalen Terrorismus.
- Beschreiben Sie die Struktur des Netzwerks Al Qaida.
- Stellen Sie die Reaktion der Vereinigten Staaten auf den Angriff auf das World Trade Center dar.
- Stellen Sie das Bild des zivilisatorischen Hexagons von Senghaas dar.
- Legen Sie die Anstrengungen der Vereinten Nationen in friedenssichernden Maßnahmen dar.
- Stellen Sie die Verbindungen von Friedenssicherung und humanitärer Hilfe dar.
- Beschreiben Sie die Anforderungen an eine Konfliktlösungsstrategie für internationale Konflikte.

Anforderungsbereich II:

- Erläutern Sie, inwiefern die Bezeichnung „neue Kriege" nicht unumstritten ist.
- Arbeiten Sie verschiedene Ansätze von Konfliktmodellen heraus.
- Zeigen Sie, wie sich die Zusammensetzung der Kriege auf der Welt nach dem Zweiten Weltkrieg entwickelt hat, und erläutern Sie die Konsequenzen dieser Veränderungen.
- Erläutern Sie die Bedeutung des 11. September 2001 für die internationale Politik.
- Erläutern Sie, warum das Terrornetzwerk Al Qaida so schwer zu bekämpfen ist.
- Erschließen Sie die Zusammenhänge zwischen dem Ressourcenbedarf der Welt und Konflikten in den ressourcenreichen Ländern.

Anforderungsbereich III:

- Beurteilen Sie die Berechtigung, Kriege und „neue Kriege" zu unterscheiden.
- Bewerten Sie die Reaktion der Vereinigten Staaten vor dem Hintergrund des Völkerrechts und der Menschenrechte.
- Beurteilen Sie Ressourcenkonflikte als Verteilungskonflikte zwischen den Industrie- bzw. Schwellenländern.
- Nehmen Sie Stellung zur Forderung, den Ankauf von Land durch internationale Konzerne und Länder in bestimmten Entwicklungsländern zu reglementieren, um „Land Grabbing" zu verhindern.
- Beurteilen Sie die Chancen der Friedenssicherungsmaßnahmen der Vereinten Nationen.

4 Internationale Wirtschaftsbeziehungen

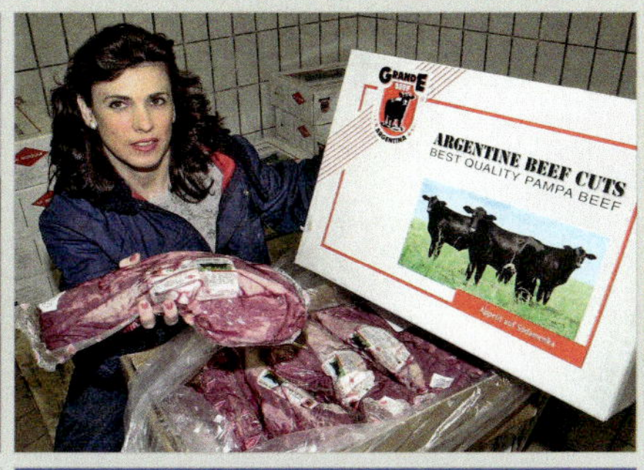

Mit der Globalisierung sind weltweit wirtschaftliche Fragen in den Mittelpunkt gerückt. Vor allem für die europäischen Staaten gilt, dass die Beziehungen untereinander und zu anderen Ländern von wirtschaftlichen Kontakten dominiert werden. Der Aufstieg Chinas hat zusätzlich dafür gesorgt, dass die internationalen Beziehungen wirtschaftlich geprägt sind. Der wirtschaftliche Aufstieg der Schwellenländer in der Globalisierung verändert die Verhältnisse, die früher von der Dominanz der westlichen Industrieländer, insbesondere Europas und Nordamerikas, bestimmt waren. Der Einfluss dieser Entwicklung auf die Weltpolitik zeigt sich erst allmählich.

Immer vernetzter? – Internationalisierung der Wirtschaft

Unter Globalisierung wird häufig die Ausdehnung des internationalen Warenhandels verstanden. Tatsächlich ist die Ausweitung des weltweiten Handels über den Handel mit Rohstoffen und exotischen Produkten hinaus ein wichtiges Merkmal für Globalisierung. Güter des alltäglichen Gebrauchs werden inzwischen in großen Mengen auf Containerschiffen um die halbe Welt transportiert. Es muss daher näher betrachtet werden, inwiefern und in welchen Bereichen der internationale Handel ausgeweitet wird und vor allem welche Konsequenzen dies für uns alle und für die Weltwirtschaft hat.

M1 Entwicklung des Warenexports nach Warengruppen

Index (1950 = 1), in konstanten Preisen, weltweit 1950 bis 2007

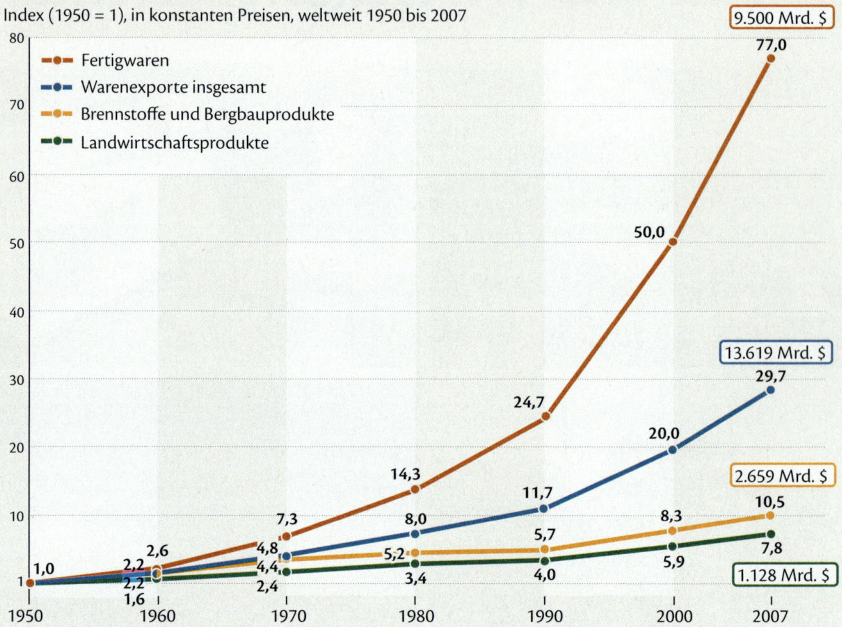

Quelle: Bundeszentrale für politische Bildung

M2 Wachstum des Welthandels

Technische Fortschritte bei der Kommunikation und Produktion heben die Grenzen zwischen Ländern immer schneller auf und mindern die Wirksamkeit einer Handelspolitik, die auf Abgrenzung von In- und Ausland ausgerichtet ist. Besonders deutlich wird dies bei elektronisch „transportierbaren" Dienstleistungen wie zum Beispiel der Entwicklung von Software. Fast jeder Ort der Welt wird als Produktionsstätte oder als Absatzmarkt in Betracht gezogen. Ob Entwicklung, Buchhaltung, Marketing, Verkauf oder Produktion: Die Verlagerung ganzer Unternehmen an neue Standorte oder die Auslagerung einzelner Bereiche ist heute Standard; je nachdem, wo die Lohnkosten am niedrigsten sind, wo gut qualifiziertes Personal zu finden ist oder wo der Absatz am größten ist.

Auch die Globalisierung des Handels schreitet voran: Während das Volumen des weltweiten Handels 1948 bei 124 Milliarden US-Dollar lag, waren es 2005 etwa 20 670 Milliarden US-Dollar.

Durch die Weltwirtschaftskrise sank das Volumen des weltweiten Handels laut Angaben der Welthandelsorganisation (WTO) im Jahr 2009 um 23 Prozent auf 12 147 Milliarden US-Dollar. Seit mehr als 70 Jahren hat es keinen so starken Rückgang gegeben. Für 2010 erwartet die WTO einen Anstieg von 9,5 Prozent.

Bundesministerium für wirtschaftliche Zusammenarbeit, 2009, http://www.bmz.de (Zugriff: 9.7.2012)

M 3 Globale Handelsströme

Inter- und intraregionaler Warenhandel 2009 in Milliarden US-Dollar

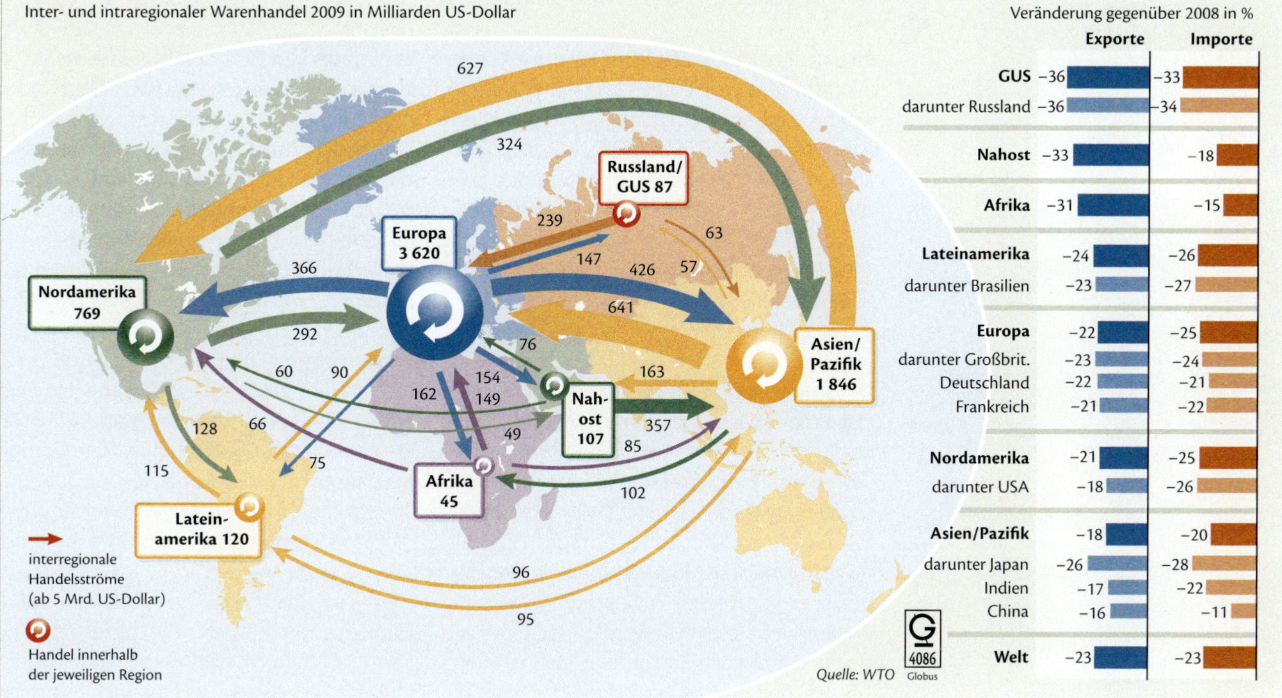

Zeichnung: Mester

1 Analysieren Sie die Ausweitung des internationalen Warenhandels anhand der Grafiken und Texte **M 1** bis **M 6** und stellen Sie Thesen darüber auf.

2 Analysieren Sie die Beteiligung der wichtigen Weltregionen am internationalen Warenhandel und stellen Sie Thesen darüber auf.

3 Analysieren Sie die Entwicklung des Wachstums in Industrie- und Schwellenländern und untersuchen Sie dessen Zusammenhang mit der Entwicklung des Welthandels.

4 Nehmen Sie Stellung zu der These aus **M 4**, wonach grenzüberscheitender Handel dem Ziel diene, den Wohlstand der Menschen zu steigern.

5 Analysieren Sie die Karikatur oben und nehmen Sie Stellung zu ihrer Aussage.

M4 Der Welthandel: Motor der wirtschaftlichen Entwicklung oder Bedrohung des Wohlstands?

Internationaler Handel kann für ein höheres Wohlstandsniveau sorgen und damit positiv wirken, er kann aber auch dafür sorgen, dass Arbeitsplätze wegen zu hoher Kosten oder anderer Faktoren abgebaut werden und dadurch Menschen verarmen. Grenzüberschreitender Handel ist kein Selbstzweck, sondern dient dem Ziel, durch internationale Arbeitsteilung den Wohlstand der Menschen zu steigern.

Der Staat schafft den Rahmen

Dabei ist es wichtig, zu berücksichtigen, dass der Weltmarkt keine Konstruktion von privatwirtschaftlichen Akteuren ist, sondern durch staatliches Handeln entsteht. Volkswirtschaften regulieren ihre Außenwirtschaftsbeziehungen über die Handelspolitik, in der die Bedingungen für den Zugang zum jeweiligen Binnenmarkt festgelegt werden. Regierungen setzen dabei Zölle und andere Maßnahmen ein, um den grenzüberschreitenden Handel zu regulieren. Die Welthandelsorganisation WTO bietet den Rahmen, in dem Staaten über die Bedingungen des internationalen Handels verhandeln und Regeln vereinbaren.

Cui bono?

Ein zentraler Punkt bei der Betrachtung der internationalen Wirtschaftsbeziehungen ist die Frage nach der Verteilung von Nutzen infolge politisch induzierter Veränderungen. Die Frage nach dem „Cui bono?" (Wem nützt es?) gehört daher zu den wichtigsten Aspekten der politikwissenschaftlichen Analyse. Wer profitiert von der Liberalisierung des Warenhandels? Wem nutzt Liberalisierung und wem schadet sie? Wer trägt die Risiken und wer wird von der Übernahme von Risiken befreit? Wem werden Chancen zur Entfaltung seiner wirtschaftlichen Potenziale eingeräumt und wem wird dies verwehrt? Die Beantwortung dieser Fragen ist ebenso wichtig wie die Untersuchung der negativen Folgen, die Freihandel für bestimmte Bevölkerungsgruppen haben kann. (...)

Stabilität und Krisenfestigkeit

Betrachtet man die Entwicklung des Welthandels in den ersten Jahren des neuen Jahrtausends, ist eine überraschende Stabilität und Krisenfestigkeit zu verzeichnen. Nicht nur die Anschläge des 11. September, sondern auch der Krieg im Irak, die Anschläge in Bali, Madrid und London hatten keine negativen Konsequenzen für den Welthandel. Auch die Verdreifachung des Ölpreises hat bislang den Warenhandel nicht beeinträchtigen können. Unmittelbar nach den Anschlägen des 11. September erschien eine solch positive Entwicklung wenig wahrscheinlich. Dies schlug sich auch in den Transportkosten nieder: Beispielsweise sanken die Kosten für Container im transpazifischen Verkehr um 15 Prozent im Jahr 2001 und um weitere 12 Prozent im Jahr 2002. Nach diesen beiden eher schwachen Jahren stieg der Handel jedoch rasch wieder an. Die Nachfrage nach Containertransporten stieg seit 2002 jedes Jahr um 10 Prozent an. Ein wichtiger Faktor ist dabei die zunehmende Dominanz Chinas: Immer mehr Waren werden in China hergestellt. Dies verdeutlicht eine Zahl: Das weltgrößte Handelsunternehmen, die amerikanische Wal-Mart Gruppe, hat insgesamt 6000 Lieferanten. 5000 davon sind in einem einzigen Land ansässig: China. (...)

Fall der Transportkosten

Ein weiterer Faktor bei der Untersuchung des Welthandels sind die Transportkosten. Untersucht man hier sehr lange Zeiträume, also etwa vom Mittelalter bis heute, ist ein stetiger Fall der Transportkosten zu verzeichnen. Die Produktivitätssteigerungen im Warentransport sind beeindruckend. Vielen Verbrauchern sind etwa die sinkenden Kosten für Flugreisen geläufig. Zwar hat es auch im Transportsektor ebensolche Senkungen der Kosten gegeben. Doch wie im Personenverkehr könnten zwei Faktoren für deutliche Preissteigerungen sorgen: zum einen die Energiekosten, zum anderen die gestiegenen Anforderungen an Sicherheitsmaßnahmen.
Der auf hohem Niveau verharrende Ölpreis treibt die Preise für Transportdienstleistungen deutlich nach oben. Für den Transport eines 12-Meter-Containers von Shanghai nach Los Angeles waren Anfang 2006 etwa 2000 US-Dollar zu zahlen, wovon 600 US-Dollar Treibstoffzuschlag waren. Auch bei Luftfracht sind hohe Zuschläge zu entrichten. Nur wenn der Ölpreis sinkt oder es gelingen sollte, alternative Antriebe, etwa bei Frachtschiffen, zu entwickeln, könnten diese Frachtraten wieder sinken. Allerdings könnten sie – so der Ölpreis steigt – auch weiter anwachsen. Diese Entwicklung wird zwar nicht dazu führen, dass

Fabriken von China wieder in die alten Industrieländer zurückverlagert werden. Aber dennoch können hohe Frachtkosten dämpfend auf weitere Verlagerungsprozesse wirken.

Wachsende Sicherheitsanforderungen

Ähnlich verhält es sich mit den gewachsenen Anforderungen an Sicherheitsmaßnahmen. Die USA verlangen seit 2001 sehr viel strengere Kontrollen von Containern im Exportland. Dies hat zwei Effekte: Zum einen werden Importe im Vergleich zu in Amerika erzeugten Waren teurer. Zum anderen werden aber vor allem die weniger leistungsfähigen Häfen weiter benachteiligt. Die amerikanische Zoll- und Grenzschutzbehörde hat weltweit insgesamt 42 Hafenbetreiber als bevorzugte Partner identifiziert, die den amerikanischen Sicherheitsanforderungen genügen. Von diesen Häfen befinden sich 21 in der Europäischen Union, nur sieben in Entwicklungsländern (ohne China) und lediglich drei in islamischen Ländern, nämlich zwei in Malaysia und einer in Dubai. Für die anderen islamischen Länder und andere Entwicklungsländer wird es wegen dieser fehlenden Anerkennung kostspieliger, in die USA zu exportieren.

Heribert Dieter: Der Welthandel, in: Mir A. Ferdowsi (Hg.): Weltprobleme, 6. Aufl. Bonn (Bundeszentrale) 2007, S. 159, 161 f.

M5 Interregionaler Warenhandel

Warenexporte in Mrd. US-Dollar, nach Regionen

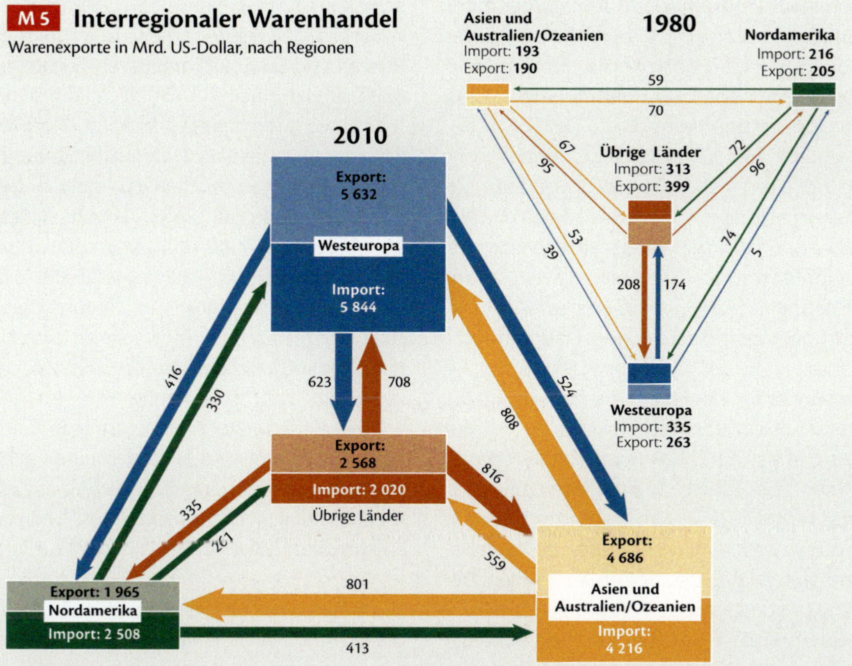

M6 Wirtschaftswachstum

Veränderung des BIP in Prozent in den Industrie- sowie Schwellen- und Entwicklungsländern

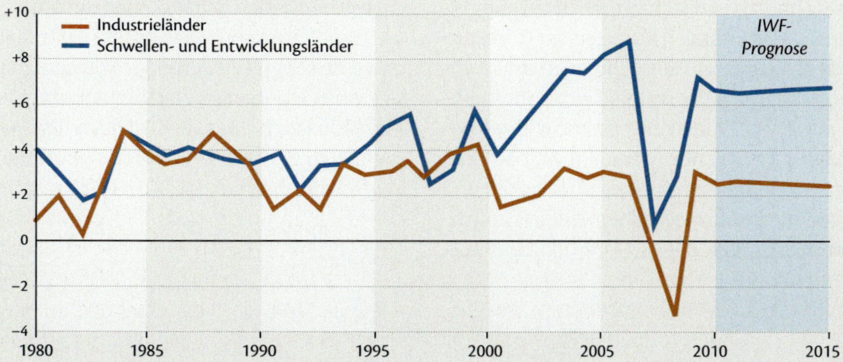

Nach: Fischer Weltalmanach 2012

Kann man die Internationalisierung der Wirtschaft messen?

Globalisierung ist ein Prozess, der kontinentübergreifende Netzwerke zwischen Akteuren in Form von komplexen Beziehungen gegenseitiger Abhängigkeit schafft. Globalisierung ist also vor allem Internationalisierung. Das Wachstum der Weltwirtschaft und die Ausweitung des internationalen Handels haben vor allem in den Ländern ihren Ursprung, die sich dem weltweiten Handel öffnen und die „für die Welt" produzieren. Die Internationalisierung der Wirtschaft gilt deshalb als wichtiger Beleg für den Fortschritt bzw. die Modernität einer Wirtschaft. Die Offenheit der Wirtschaft für Außenkontakte soll daher ein Zeichen für ihre Dynamik und Entwicklungsfähigkeit sein. Kann man den Grad dieser Verflechtung und damit der Internationalisierung messen?

OECD: Organisation für wirtschaftliche Zusammenarbeit und Entwicklung (englisch: Organization for Economic Cooperation and Development); internationale Organisation mit 34 Mitgliedstaaten, die sich Demokratie und Marktwirtschaft verpflichtet fühlen. Die meisten OECD-Mitglieder gehören zu den entwickelten Ländern

Index (Plural Indizes/Indikatoren): Messgröße (s. M 9)

M7 Indizes zur Globalisierung

Die OECD versteht unter Globalisierung einen Prozess, durch den Märkte und Produktion in verschiedenen Ländern immer mehr voneinander abhängig werden – dank der Dynamik des Handels mit Gütern und Dienstleistungen und durch die Bewegung von Kapital und Technologie. (...)

Demnach kann Globalisierung durch folgende Indikatoren erklärt werden: Handelsvolumen, ausländische Direktinvestitionen, Anzahl multinationaler Unternehmen und Verbreitung von Technologien weltweit. Der internationale Handel mit Gütern und Dienstleistungen gehört zu einer der Hauptkomponenten im Prozess der Globalisierung.

So war es für die OECD-Länder ein großer Fortschritt, ihre Handelsbarrieren zu reduzieren und sich für die Auslandskonkurrenz zu öffnen. Dies führte zu einer internationalen Integration ihrer Volkswirtschaften mit dem Ergebnis, dass sich das Volumen des Weltwarenhandels Ende der 1990er-Jahre gegenüber 1950 um den Faktor 16 erhöht hat.

Ausländische Direktinvestitionen (Foreign Direct Investments, FDI) sind ein fester Bestandteil eines offenen, leistungsfähigen, internationalen Wirtschaftssystems und eine wichtige Triebkraft der Entwicklung. Damit bezeichnet man die finanzielle Beteiligung einer gebietsansässigen Körperschaft (Direktinvestor) an einem Unternehmen in einem anderen Land (Direktinvestitionsunternehmen). Diese Beteiligung ist meist dazu bestimmt, mögliche Markteintrittsbarrieren (bspw. Handelshemmnisse) zu umgehen und (zudem) einen dauerhaften Einfluss auf die Geschäftspolitik dieses Unternehmens auszuüben.

Multinationale Unternehmen gelten ebenfalls als eine treibende Kraft in Bezug auf Globalisierung. Unter multinationalen Unternehmen versteht man Unternehmen, die in mehr als einem Land tätig sind und deren Tochtergesellschaften hinsichtlich der Produktions-, Beschaffungs- und Absatzpolitik vor Ort weitgehend autonom sind. Die Anzahl der multinationalen Unternehmen hat sich in den letzten Jahren kontinuierlich erhöht. So gab es 1980 etwa 17 000 multinationale Unternehmen und im Jahr 2006 etwa 78 000.

Auch die Verbreitung von Technologien stellt einen wichtigen Indikator für eine zunehmende Globalisierung dar. So ist z. B. der Anteil der von Unternehmen im Ausland entwickelten Technologien gestiegen. Diese Tatsache stimmt mit den allgemeinen Internationalisierungsstrategien vieler Unternehmen überein, die ihre Produktions- und Forschungskapazitäten zunehmend ins Ausland verlagern.

Auffällig ist, dass die Definition der OECD nur die ökonomische Dimension der Globalisierung abdeckt. Aber sind nicht auch soziale, politische und kulturelle Gesichtspunkte mit zu berücksichtigen? In den Indizes nach A.T. Kearney (*s. M 10*) und KOF (*s. M 12*) werden diese zusätzlichen Dimensionen mitbetrachtet. Dazu zählen beispielsweise die internationale Reisetätigkeit oder die Mitgliedschaften in internationalen Organisationen.

Anja Rohwer: Kann man Globalisierung messen? In: ifo Schnelldienst 10/2008 (Institut für Wirtschaftsforschung), S. 31 f.

M 8 Die globalen Top 20 nach vier Indikatoren

Die am meisten globalisierten Länder haben sehr unterschiedliche Gestalt und Größe und sind auf sehr unterschiedlichen Pfaden zur Globalisierung gelangt.

- **Politisches Engagement,** einschließlich Entwicklungshilfe, geschlossene Verträge, Mitgliedschaft in internationalen Organisationen und Beteiligung an der Friedenssicherung.
- **Persönliche Kontakte,** einschließlich Zahl der Telefonanrufe, der Reisen und der Geldüberweisungen.
- **Technologische Verbindungen,** einschließlich Zahl der Internetnutzer und der Internetserver.
- **Ökonomische Integration,** einschließlich des internationalen Handels und der ausländischen Direktinvestitionen.

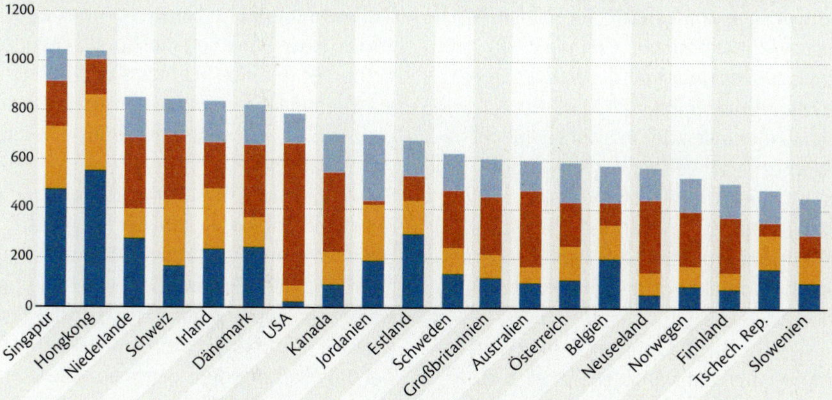

Quelle: Anja Rohwer: Kann man Globalisierung messen?, in: ifo-Schnelldienst 10/2008, S. 31 f.

M 9 Indikatoren

Indikatoren (*sind*) „Kenngrößen, die zur Abbildung eines bestimmten, nicht messbaren und oftmals komplexen Sachverhalts herangezogen werden. Sie beschreiben, woran das Eintreten einer geplanten Veränderung beobachtet oder gemessen werden kann. Sie können quantitativ oder qualitativ sein. Um die Erreichung eines Ziels mithilfe eines Indikators bewerten zu können, benötigt man Indikatorwerte. Diese definieren den Erwartungshorizont, bei dessen Eintreten das Ziel als erreicht gelten soll. Ein Indikatorwert kann quantitativ oder qualitativ sein; in letzterem Fall besteht er aus einem objektiv nachprüfbaren Qualitätsmerkmal".

(*Es können*) vier verschiedene Aufgaben, die Indikatoren erfüllen können, unterschieden werden. Indikatoren beschreiben einen Ist-Zustand und beantworten dabei die Frage: *„Wie ist es?"*

Werden die Messungen in regelmäßigen Abständen wiederholt, kann auch die Frage beantwortet werden: *„Wie verändert es sich?"*

Für Prognosen und Erklärungen müssen allerdings Theorien entworfen und empirisch in Kausalanalysen überprüft werden, um die Frage zu beantworten: *„Wie funktioniert es?"*

Zur Steuerung schließlich muss noch ein weiterer Schritt gegangen und anhand gezielter Experimente die Beeinflussbarkeit der zentralen Merkmale erprobt werden. Nur durch Indikatoren ist die Frage *„Wie kann man es beeinflussen?"* nicht zu beantworten.

Indikatoren sind somit Hilfsmittel zur frühzeitigen Identifikation von Problemen (*„Früherkennung"*), zur Verfolgung von Veränderung im Zeitverlauf (*„Dauerbeobachtung"*) und zur Einordnung des Erreichten im Hinblick auf die eigenen Ziele (*„Fortschrittskontrolle"*) sowie im Vergleich zu alternativen Lösungswegen (*„Lösungsoptimierung"*). Damit sie diese Funktionen erfüllen können, müssen sie zu Vergleichswerten in Bezug gesetzt werden.

Wolfgang Meyer: Indikatorenentwicklung, Saarbrücken (Universität des Saarlandes, Centrum für Evaluation) 2004, S. 6

1. Stellen Sie Indikatoren zusammen, an denen Sie den Globalisierungsgrad von Ländern messen würden. Beziehen Sie dazu die Hinweise zu Indikatoren ein (**M 7** bis **M 9**).
2. Vergleichen Sie den A.T. Kearney- und den KOF-Index (**M 10** und **M 12**) im Hinblick auf die Wahl der Indikatoren.
3. Vergleichen Sie **M 8** und **M 13** und diskutieren Sie die Unterschiede.
4. Beurteilen Sie die Aussagekraft der Globalisierungsindizes.

M 10 Der A.T. Kearney/Foreign Policy Magazine Index

Der erste mehrdimensionale Index zur Messung von Globalisierung wurde von der Unternehmensberatung A.T. Kearney und der amerikanischen Zeitschrift Foreign Policy erarbeitet und wurde erstmalig 2001 im Foreign Policy Magazine veröffentlicht. Globalisierung wird hier als zunehmende Interdependenz über große Distanzen definiert.

Nach Änderungen der Auswahl einzelner Variablen und der verwendeten Methodik (in der 2004 veröffentlichten Version) verwendet man aktuell 12 Veränderliche in den (...) Dimensionen politisches Engagement, persönliche Kontakte und ökonomische Integration. (...)

Die ökonomische Dimension setzt sich zusammen aus den Variablen Anteil ausländischer Direktinvestitionen am BIP und der Handelsintensität (Export+Import/BIP). Im Bereich persönliche Kontakte verwendet man die Indikatoren Telefonverkehr, Tourismus und die Variable „Zahlungen und persönliche Transfers". Letztere erfasst grenzüberschreitende Investitionseinkommen, grenzüberschreitende Transfers aus Arbeitseinkommen, grenzüberschreitende Einkommenszahlungen an Arbeitnehmer sowie sonstige grenzüberschreitende Transfers zwischen Einzelpersonen. Sämtliche Flüsse werden addiert und durch das BIP dividiert. Der Indikator „Telefonverkehr" erfasst die Minutenzahl internationaler Telefongespräche, die Variable Tourismus: die Ein-und Ausreisen, jeweils im Verhältnis zur Einwohnerzahl.

Die technologische Dimension bewertet in jeweils einer Variablen die Anzahl der Internetnutzer, der Internet Hosts und der sicheren Internetserver jeweils als Anteil der Bevölkerung. Die politische Kategorie verwendet vier Variablen.

Die Anzahl ausländischer Botschaften in einem Land und die Anzahl der Mitgliedschaften in einer repräsentativ gewählten Menge internationaler Organisationen gehen ungewichtet in zwei Variablen ein. Für die dritte Variable wird der aktive (Personal als Anteil der Bevölkerung) und der finanzielle (Anteil der Beteiligung am BIP) Beitrag zu UN-Friedensmissionen bewertet.

Beide Teile werden addiert und dann durch zwei dividiert. Die vierte Variable misst Ein- und Ausgänge staatlicher Zahlungstransfers bezogen auf das Bruttoinlandsprodukt.

Sebastian Ebenthal: Messung von Globalisierung in Entwicklungsländern. Zur Analyse der Globalisierung mit Globalisierungsindizes, in: Andreas Knorr u. a. (Hg.): Berichte aus dem Weltwirtschaftlichen Colloquium der Universität Bremen, Nr. 104, Bremen 200, S. 13

M 11 Entwicklung der Globalisierungsdimensionen

nach dem KOF-Index, 1980 bis 2005 (s. M 12)

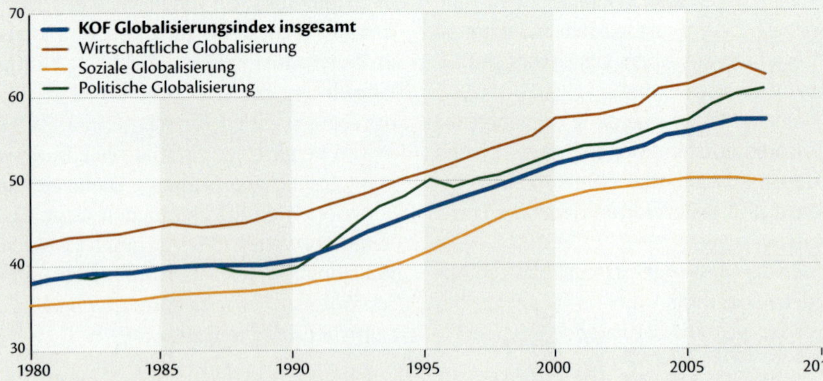

KOF-Globalisierungsindex (Skala 0 bis 100): 0 = keine Globalisierung, 100 = maximale Globalisierung im Betrachtungszeitraum

Nach: Konjunkturforschungsstelle der ETH Zürich: Globalisierungsindex 2011, Pressemitteilung vom 18.3.2011, Zürich 2011, S. 1

M 12 KOF-Index 2011: Indikatoren und ihre Gewichtung

KOF bedeutet Konjunkturforschungsstelle, ein Wirtschaftsforschungsinstitut an der Eidgenössischen Technischen Hochschule (ETH) Zürich. Der KOF-Globalisierungsindex geht davon aus, dass sich Globalisierung anhand von drei Dimensionen messen lässt: der wirtschaftlichen, sozialen und politischen. Seit den 1970er-Jahren ist die Globalisierung in diesen drei Dimensionen kontinuierlich gestiegen. Einen Schub erlebte sie vor allem nach Ende des Kalten Krieges. Der Index erfasst 24 Einzelindikatoren von 158 Ländern.

A. Ökonomische Globalisierung, 36 Prozent der Gesamtglobalisierung, davon (in Prozent):

1. Kapitalströme ins Ausland: 50
   - Handel (in Prozent des BIP): 22
   - Ausländische Direktinvestitionen (in Prozent des BIP): 29
   - Portfolio-Investitionen (in Prozent des BIP): 22
   - Einkommenszahlungen an Ausländer (in Prozent des BIP): 27
2. Handelsbeschränkungen: 50
   - Versteckte Importschranken: 22
   - Mittlere Zollrate: 28
   - Steuern auf internationalen Handel: 27
   - Beschränkungen des Kapitalverkehrs: 23

B. Soziale Globalisierung, 38 Prozent, davon (in Prozent):

1. Persönliche Kontakte: 33
   - Telefonverkehr: 26
   - Transfers (in Prozent des BIP): 2
   - Internationaler Tourismus: 26
   - Ausländische Bevölkerung (in Prozent der Gesamtbevölkerung): 20
   - Grenzüberschreitende Briefe (pro Kopf): 25
2. Informationsflüsse: 36
   - Internetnutzer (pro 1000): 36
   - Fernsehen (pro 1000): 37
   - Handel mit Zeitungen (in Prozent des BIP): 28
3. Kulturelle Nähe: 31
   - Zahl der McDonald's Restaurants (pro Kopf): 43
   - Zahl der Ikea-Geschäfte (pro Kopf): 44
   - Handel mit Büchern (in Prozent der BIP): 13

C. Politische Globalisierung, 26 Pozent, davon (in Prozent):

- Zahl der ausländischen Botschaften: 25
- Mitgliedschaft in internationalen Organisationen: 28
- Beteiligung an UN-Friedensmissionen: 22
- Internationale Verträge: 25

Nach: Axel Dreher: Does Globalization Affect Growth? Empirical Evidence from a new Index, Applied Economics 38/2006, S. 1091–1110, in: Axel Dreher u. a.: Measuring Globalization – Gauging its Consequence, New York 2008, Übers.: P.J.

M 13 Die 15 am stärksten globalisierten Länder

nach dem KOF-Index

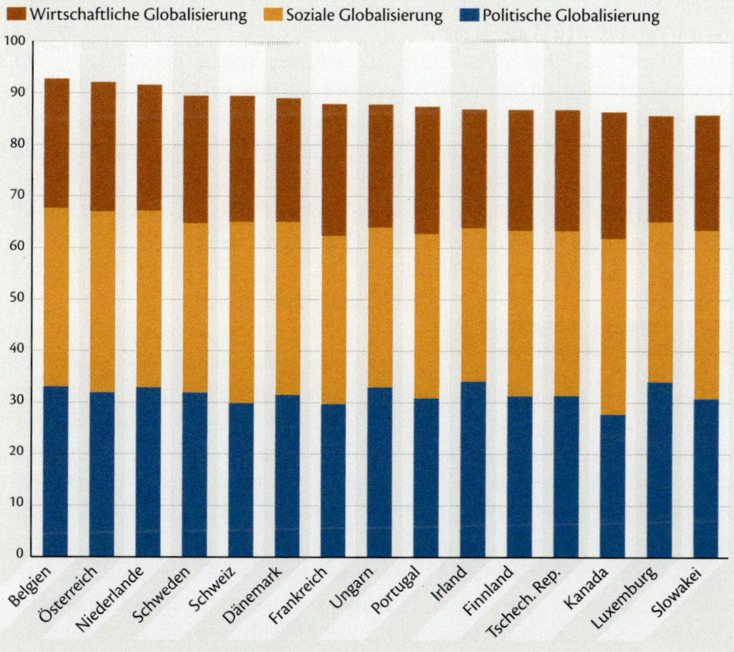

Nach: Konjunkturforschungsstelle der ETH Zürich: Globalisierungsindex 2011 Pressemitteilung vom 18.3.2011, Zürich 2011, S. 1

M 14 Globalisierung gewinnt Tempo

Messergebnisse des KOF-Index

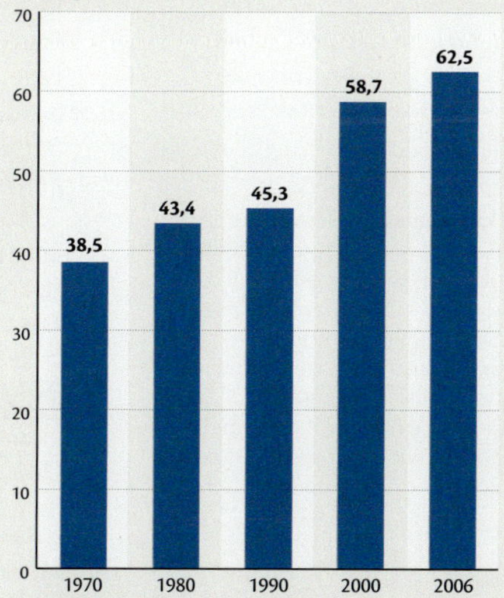

KOF-Globalisierungsindex 1970 bis 2006 (Skala 0 bis 100)
0 = keine Globalisierung,
100 = maximale Globalisierung im Betrachtungszeitraum

Lesehinweis: 100 ist erreicht, wenn alle Länder den Maximalwert, der je erzielt wurde, im Zeitraum ab 1970 erreicht haben.

Nach: Institut der deutschen Wirtschaft, http://www.iwkoeln.de (Zugriff: 9.12.11)

Zu wessen Vorteil? – Komparative Kostenvorteile

In den meisten Ländern nimmt der Grad der Globalisierung und besonders dabei der Handel mit anderen Ländern in den letzten Jahrzehnten zu. Der internationale Handel muss also für viele Länder Vorteile haben. Worin bestehen diese? Die Erklärungen hierfür wurden lange vor dem Beginn der modernen Globalisierung gegeben. Bereits in der klassischen Zeit der Ökonomie, im 18. Jahrhundert, beschäftigten sich einige Theoretiker mit den Grundlagen des neuen Wirtschaftssystems, das später als Kapitalismus bezeichnet wurde. Sie versuchten zu erklären, worin die Vorteile des damals ökonomisch fortgeschrittensten Landes, Großbritannien, gegenüber dem nach dem Wiener Kongress 1815 wieder konservativ gewordenen Kontinentaleuropa bestanden. Wirtschaftsliberalismus und Freihandel waren dabei ihre theoretischen Grundlagen.

Denkmal **Adam Smiths** (1723–1790) in Edinburgh. Adam Smith war ein schottischer Moralphilosoph und Aufklärer. Er gilt als Begründer der klassischen Nationalökonomie.

Merkantilismus: Bezeichnung für eine Wirtschaftspolitik während der Zeit des Absolutismus zwischen dem 16. und 18. Jahrhundert. Sie war durch massive Staatseingriffe in die Wirtschaft gekennzeichnet. Ihr Ziel war es, die nationale Wirtschaftskraft zu steigern und die Staatseinkünfte zu erhöhen, z. B. durch die Erhebung von Schutzzöllen und die Förderung der frühindustriellen Produktion.

M15 Absolute Kostenvorteile im internationalen Handel

Im vierten Buch des Werkes *Wohlstand der Nationen* führt Smith aus, dass jedes Land die Güter produzieren soll, die es billiger als das Ausland herstellen kann. Im Handel mit den anderen Ländern kann es diese dann gegen andere Güter tauschen. Letztendlich profitieren durch die so erfolgte Spezialisierung alle am Außenhandel beteiligten Länder. Die begrenzt vorhandene Arbeit wird produktiver eingesetzt als bei reiner Selbstversorgung eines jeden Landes, sodass durch den Außenhandel letztendlich jedes Land mehr Güter erhält als bei einer Selbstversorgung. Diese Tatsache lässt sich an einem einfachen Beispiel deutlich machen.

Beispiel

In diesem Beispiel treten die zwei Länder Frankreich und Irland auf. Irland ist in der Lage, eine Einheit Kleidung in 10 Stunden zu produzieren, Frankreich benötigt dafür 20 Stunden. Im Gegenzug stellt Frankreich eine Einheit Kohle in 10 Stunden her, wofür Irland 20 Stunden benötigt. Frankreich besitzt also einen absoluten Kostenvorteil bei der Produktion von Kohle und Irland bei Kleidung. Die Voraussetzungen lassen sich in einer Tabelle zusammenfassen:

	Kleidung	Kohle
Frankreich	20 h	10 h
Irland	10 h	20 h

Bei einem Arbeitseinsatz von je 60 Stunden könnte jedes Land bei Selbstversorgung je zwei Einheiten Kleidung und Kohle herstellen. Insgesamt wären also 4 Einheiten Kohle und 4 Einheiten Kleidung vorhanden. Spezialisierte sich aber Irland auf die Produktion von Kleidung, könnte es 6 Einheiten Kleidung herstellen, Frankreich bei entsprechender Spezialisierung 6 Einheiten Kohle. Kommt es nun zum Außenhandel und tauschen die beiden Länder 3 Einheiten Kleidung gegen 3 Einheiten Kohle, so hätte jedes Land nach dem Außenhandel je 3 Einheiten Kleidung und Kohle. Das entspricht einer Steigerung von 50 Pozent gegenüber der Selbstversorgung, womit deutlich wird, dass die Spezialisierung verbunden mit Außenhandel jedem Land Vorteile bringt.

Forderungen

Aus dem Modell der absoluten Kostenvorteile ergeben sich einige Forderungen an die beteiligten Länder. Wie am Beispiel deutlich gemacht, soll jedes Land auf die Erhebung von Zöllen oder andere Handelshemmnisse verzichten, damit der Außenhandel zustande kommt und der Wohlstand beider Länder steigt. Jedes Land muss sich zudem auf die Produktion solcher Güter konzentrieren, bei denen es tatsächlich einen Vorteil hat. Spezialisierte sich im obigen Beispiel Frankreich auf die Kleidungsproduktion und Irland auf den Abbau von Kohle, so hätte jedes Land am Ende nur 1,5 Einheiten Kleidung und Kohle, eine Verringerung um 25 Prozent.

Bedeutung der Theorie

Mit seinem Modell der absoluten Kostenvorteile wandte sich Adam Smith gegen die Strategien des Merkantilismus und begründete die klassische Außenhandelstheorie. Im merkantilistischen System war jedes Land darum bemüht, den Import von Fertigprodukten zu verhindern und diese stattdessen selber zu produzieren und zu exportieren, um größere Mengen Edelmetalle, d. h. Geld, zu erlangen. Damit ging eine entsprechende Zollpolitik einher. Der Außenhandel des Merkantilismus war ein Nullsummenspiel, bei dem ein Land nur auf Kosten eines anderen gewinnen konnte.

Adam Smith hielt den Merkantilismus, insbesondere das Streben nach Erhöhung der Edelmetallvorräte für schädlich. Eine Erhöhung der Edelmetallvorräte, die damals als Geldmittel dienten, erhöhe nur die Preise für die Güter. Der Wohlstand einer Nation lasse sich nicht am Edelmetallbesitz messen, sondern an der Gütermenge, die zur Verfügung stand, und damit an der Arbeitsleistung.

Absoluter Kostenverteil, in: http://uni-protokolle.de/Lexikon/Absolute_Kostenvorteile.html (Zugriff: 10.12.2011)

M 16 Kostenvorteile und Freihandel

Mit seinen Gedanken zum Außenhandel focht David Ricardo (...) gegen den Geist seiner Zeit. Während sein Heimatland die eigene Wirtschaft mit Zollmauern schützte, propagierte er den freien Handel. Er begründete dies mit seinem Theorem der „komparativen Kostenvorteile". Zentrales Argument: Der Warenaustausch zwischen zwei Ländern lohnt sich für beide selbst dann, wenn ein Land alle Güter günstiger herstellen kann als das andere. (...)

Die Portugiesen sind jedoch im Vergleich zu den Engländern bei der Weinerzeugung noch deutlich produktiver als bei der Tuchherstellung – deshalb liegt der komparative Kostenvorteil Portugals bei Wein. Für das Land lohnt es sich daher, sich auf die Weinerzeugung zu konzentrieren und das Tuch nicht mehr selbst zu weben, sondern im Handel mit England gegen Wein einzutauschen – denn die Portugiesen brauchen weniger Arbeit, die für den Export benötigte Menge Wein zu erzeugen, als sie einsetzen müssten, wenn sie das Tuch für den Eigenbedarf selbst fertigten. Spiegelbildlich haben die Engländer einen komparativen Kostenvorteil bei Tuchen: Ihr Arbeitseinsatz, das für den Tausch benötigte Tuch herzustellen, ist geringer als beim Anbau eigenen Weins. Die eingesparten Arbeitskräfte kann England dann profitabler in anderen Industriezweigen einsetzen. Ricardos Fazit: Wenn sich jedes Land auf das Produkt konzentriert, das es, relativ gesehen, billiger produzieren kann, wächst in beiden Ländern der Wohlstand.

Bei aller Theorie blieb Ricardo dennoch Geschäftsmann und wusste, dass sich Kaufleute nicht um so etwas Abstraktes wie komparative Kosten kümmern. Für sie zählen allein die Preise. Aber auch dann hält er seine Theorie für zutreffend, wie er wiederum am Beispiel Englands und Portugals erklärt: Englische Kaufleute neigen sehr wahrscheinlich dazu, auch Tuche aus Portugal zu importieren, wenn sie dort preiswerter sind als in England. Damit bringen sie jedoch gleichzeitig Geld nach Portugal. Die höhere Geldmenge führt dort zu Inflation, also zu höheren Preisen, während die englischen Preise wegen der abnehmenden Geldmenge fallen. Diese Geldströme dauern so lange an, bis es wieder vorteilhaft ist, Stoffe von England nach Portugal zu exportieren. Mit einiger Verzögerung bestimmen also auch in diesem Fall die komparativen Kostenvorteile den Warenaustausch.

Ricardos Theorie bildete die Basis für die Diskussion über Freihandel und Schutzzölle, die das 19. Jahrhundert beherrschte und die in England 1846 in der Abschaffung des Getreidezolls gipfelte. Seine Ideen hatten Bestand und finden sich in der aktuellen Debatte über die weitere Liberalisierung des Welthandels wieder. Und David Ricardo schmückt heute sogar die Website der Welthandelsorganisation WTO.

Ruprecht Hammerschmidt/Katharina Kort: Lohnender Tausch, Die Zeit 23/1999

David Ricardo (1772–1823), englischer Ökonom und früher Vertreter der „Klassischen Nationalökonomie"

1 Erarbeiten Sie die Theorie der Kostenvorteile in Gruppen. Erstellen Sie Lernplakate und stellen Sie sich diese gegenseitig vor.

2 Erarbeiten Sie anschließend in Gruppen die Modifikationen der klassischen Außenhandelstheorie durch die Faktorproportionen- und die Produktlebenszyklus-Theorie (M 18, M 19) sowie die Einbeziehung des intra-industriellen Handels (M 20). Bestimmen Sie dabei jeweils die Weiterentwicklung der klassischen Theorie.

3 Stellen Sie sich anschließend in gemischten Gruppen (Gruppenpuzzle) die Weiterentwicklungen vor und diskutieren Sie sie.

M 17 Berechnung komparativer Kostenvorteile

David Ricardo konnte nachweisen, dass ein Austausch auch dann beiden Ländern Vorteile bringt, wenn alle Güter in einem Land günstiger hergestellt werden können als in dem anderen Land. Voraussetzung ist, dass die Produktionskostenrelationen in den beiden Ländern unterschiedlich sind.

Beispiel (Zwei-Länder-Zwei-Güter-Modell)
Stahl und Weizen werden im Inland und im Ausland hergestellt. Die Kosten und die Kostenrelationen sind jeweils unterschiedlich (Vereinfachung: Kosten = Preis).

	Inland	Ausland
Kosten für 1 kg Stahl	20 h	30 h
Kosten für 1 kg Weizen	10 h	40 h

Das Inland hat bei beiden Gütern absolute Kostenvorteile gegenüber dem Ausland. Die Produktion von Weizen ist im Inland doppelt so teuer wie die von Stahl; im Ausland ist die Produktion von Weizen nur um ein Drittel höher als die von Stahl. Es bestehen unterschiedliche Kostenrelationen.

Inland	Ausland
1 kg Stahl = 0,5 kg Weizen	1 kg Stahl = 0,75 kg Weizen
1 kg Weizen = 2 kg Stahl	1 kg Weizen = 1,33 kg Stahl

Vorteil Inland
Wenn das Inland 1 kg Stahl mehr produziert, muss es auf 0,5 kg Weizen verzichten. Transportiert es den Stahl ins Ausland und tauscht ihn dort gegen Weizen, erhält es 0,75 kg Weizen. Der Tauschgewinn für das Inland beträgt 0,25 kg Weizen (ohne Transportkosten).

Vorteil Ausland
Wenn das Ausland 1 kg Weizen mehr produziert, muss es auf 1,33 kg Stahl verzichten. Transportiert es den Weizen ins Ausland und tauscht ihn dort gegen Stahl, erhält es 2 kg Stahl. Der Tauschgewinn für das Ausland beträgt 0,67 kg Stahl (ohne Transportkosten).
Absolute und komparative Kostenvorteile, in: http://www.omnia-verlag.de/weltimwandel/php (Zugriff: 10.12.11)

Bertil Ohlin (1899–1979), schwedischer Nationalökonom, 1977 mit dem Nobelpreis für Wirtschaftswissenschaften ausgezeichnet

M 18 Faktorproportionentheorie

Eine erste Erweiterung des Ricardo-Modells bildet die Faktorproportionentheorie der beiden Schweden Eli Heckscher (1879–1952) und Bertil Ohlin (1899–1979). Diese erklärt internationalen Handel nicht durch Produktivitätsunterschiede, sondern durch unterschiedliche Faktorpreisrelationen. Die Produktionskosten eines Landes werden bestimmt durch die Preise der Produktionsfaktoren Arbeit, Boden und Kapital. Die Preisrelationen zwischen Arbeit, Boden und Kapital unterscheiden sich in verschiedenen Ländern. Ob der Preis für Arbeit im Verhältnis zu den Kapitalkosten teuer ist oder nicht, hängt ab von den Faktorproportionen, das heißt davon, ob ein Produktionsfaktor verglichen mit den anderen in einem Land reichlich zur Verfügung steht oder knapp ist. Ist beispielsweise in einem Land E Arbeit im Verhältnis zum Kapital reichlich vorhanden, werden die Kapitalkosten (Zinsen) vergleichsweise zu den Löhnen hoch sein. Ist dagegen in einem Land I Arbeit im Verhältnis zum Kapitalbestand relativ knapp, werden die Löhne in Relation zu den Zinsen beträchtlich sein. Land E kann deshalb arbeitsintensive Produkte wie zum Beispiel Teppiche günstiger herstellen als I und hat bei solchen Gütern einen komparativen Kostenvorteil. In I werden die Arbeitsplätze eine relativ hohe Ausstattung mit Sachkapital aufweisen, und das Land hat komparative Kostenvorteile bei kapitalintensiven Gütern wie Maschinen. Allerdings wird in der Realität eine vollständige Spezialisierung auf arbeitsintensive Güter von arbeitsreichen Ländern, zu denen oft Entwicklungsländer (E) gehören, kaum angestrebt. Die Differenz im Know-how zu den kapitalreichen Ländern (Industrieländer I) würde sich vergrößern, weil die kapitalintensiven Güter ein höheres Wachstumspotenzial besitzen.
Klaus-Peter Kruber/Christian Meyer: Theoretische Grundlagen des internationalen Handels, in: Informationen zur politischen Bildung 299, Internationale Wirtschaftsbeziehungen, Bonn 2008, S. 21

M19 Produktlebenszyklus-Theorie

Eine zeitraumbezogene Betrachtung (dynamisches Modell) entwickelte der Amerikaner Raymond Vernon (1913–1999) mit der Produktlebenszyklus-Theorie der internationalen Arbeitsteilung.

Die Argumentation lautet vereinfacht wie folgt: Da Innovationen kapital- und know-how-intensiv sind, erfolgen sie hauptsächlich in den hoch entwickelten Industrieländern. In der Innovationsphase ist das technologisch anspruchsvolle neue Produkt zunächst nur auf dem Inlandsmarkt präsent, es wird technisch entwickelt und neue Anwendungen werden erschlossen. In der Ausreifungsphase steigen die Produktions- und Absatzzahlen. Mit zunehmender Standardisierung der Produktion wird es möglich, die Herstellungskosten durch Massenproduktionsvorteile zu senken. Die Forschungs- und Entwicklungsarbeit an dem Produkt verliert an Bedeutung. Durch günstige Preise können neue Käuferschichten erschlossen werden, und die inzwischen entstandenen Kapazitäten stehen für Exporte ins Ausland zur Verfügung. Oft ist es bereits in dieser Phase lohnend, auch Teile der Produktion ins Ausland zu verlagern. Dies geschieht durch Errichtung von eigenen Unternehmen oder die Beteiligung an ausländischen Firmen (Direktinvestitionen). Auf diese Weise oder durch Lizenzvergabe gelangt die Technologie ins Ausland. Auch beginnen Firmen in Importländern, die Technologien zu kopieren und nicht selten illegal Imitate zu erstellen.

In der letzten Phase des Lebenszyklus sind die Märkte im Wesentlichen gesättigt, die Technologie ist standardisiert und stellt geringe Anforderungen an die Qualifikation von Arbeitskräften. Entwicklungsländer besitzen in dieser Phase komparative Kostenvorteile. Sie produzieren über den eigenen Markt hinaus und beginnen ihrerseits zu exportieren, darunter auch in das ursprüngliche Innovationsland. Von den verbliebenen Produzenten im Innovationsland, die der Konkurrenz aus den Niedriglohnländern nicht gewachsen sind, wird der Ruf nach Protektion laut. Häufig werden sie von den ausländischen Anbietern vom Markt verdrängt. Ein Beispiel ist die Verlagerung der Textil- und Lederindustrie in Entwicklungsländer: Waren 1970 noch 379 000 Arbeitskräfte in Deutschland in der Textilindustrie beschäftigt, betrug ihre Zahl 2007 nur noch 88 000.

Der Produktlebenszyklus erklärt, dass hoch entwickelte Industrieländer sich mit ihren Exporten auf innovative Produkte spezialisieren, die – verglichen mit späteren Phasen – qualifikationsintensiv erstellt werden.

Klaus-Peter Kruber/Christian Meyer: Ebenda, S. 21

M20 Intra-industrieller Handel

Die internationalen Wirtschaftsbeziehungen sind heute geprägt durch eine enorme Zunahme der Kapitalmobilität. Nicht mehr nur Güter werden gehandelt, sondern ganze Produktionseinrichtungen werden international verlagert (Direktinvestitionen), wobei die Staaten als Standorte von Unternehmen in wechselseitige Konkurrenz treten. Für die Standortwahl von Unternehmen sind zahlreiche Faktoren von Bedeutung. Die Faktorkosten (insbesondere die Löhne) spielen dabei eine wichtige Rolle, aber sie sind keineswegs allein entscheidend. Ökonomische Standorttheorien gliedern die Standortfaktoren in vier Gruppen:

- Faktorausstattung (Menge, Qualität und Kosten der Produktionsfaktoren Arbeit, Boden und Kapital in einem Land),
- Nachfragebedingungen (Größe des Marktes, Einkommen und Präferenzen der Konsumenten),
- Verfügbarkeit von Zulieferern und Infrastruktur (Straßen, Telekommunikation, Hochschulen),
- von Staaten gesetzte Bedingungen (Rechtssicherheit, Steuern, Sozial- und Umweltstandards).

Die traditionelle Außenhandelstheorie konzentriert sich auf die ersten beiden Einflussgrößen, für Investitionsentscheidungen sind aber auch die übrigen Faktoren maßgebend.

Klaus-Peter Kruber/Christian Meyer: Ebenda

Freihandel oder Protektionismus?

Die Herausbildung der klassischen Außenhandelstheorie erfolgte in einer Zeit, in der die Lenkung des Außenhandels durch feudale, dynastische Politik zunehmend abgelöst wurde durch die bürgerliche Idee des Freihandels. Bis heute spielt dieses Konzept für die internationale Wirtschaftspolitik eine bedeutende Rolle. Von Beginn an aber war diese Idee nicht unumstritten. Auch Vertreter des neuen Bürgertums setzten sich zumindest befristet für ausgesprochenen Protektionismus ein – mit guten Gründen, die auch heute noch eine Rolle spielen. Werden in der Praxis die vielen Bekenntnisse zu freiem Handel tatsächlich umgesetzt?

M21 Freihandel im klassischen Liberalismus

Adam Smith (s. S. 100) über Freihandel, 1776:
Derjenige Handel aber, der ohne Zwang oder Beschränkung zwischen zwei beliebigen Orten natürlich und regelmäßig getrieben wird, ist immer für beide vorteilhaft, wenn auch nicht immer für beide gleich vorteilhaft. Unter Vorteil oder Gewinn verstehe ich nicht die Vergrößerung der Gold- und Silbermenge, sondern die des Tauschwertes des jährlichen Ertrages von Boden und Arbeit des Landes oder die Zunahme des jährlichen Einkommens seiner Einwohner.

Beide Seiten sind Gewinner
Ist die Bilanz ausgeglichen und besteht der Handel zwischen den zwei Orten ausschließlich im Austausch ihrer jeweiligen heimischen Waren, so werden in den meisten Fällen nicht nur beide gewinnen, sondern auch beide gleich oder fast gleich viel gewinnen: Jeder der beiden stellt in diesem Fall einen Markt für den überschüssigen Ertrag des anderen dar; jeder wird ein Kapital ersetzen, das dazu verwendet worden war, diesen Teil des Ertragsüberschusses des anderen hervorzubringen und marktreif zu machen, und das auf eine bestimmte Zahl von dessen Einwohnern verteilt gewesen war und ihnen Einkommen und Unterhalt verschafft hatte. An beiden Orten wird ein Teil der Einwohner daher Einkommen und Lebensunterhalt mittelbar vom anderen beziehen. So wie die getauschten Waren zudem gleichen Wert haben sollen, werden auch die zwei Kapitalsummen, die im Handel angelegt sind, gleich oder fast gleich sein, und da beide dazu verwendet werden, die heimischen Waren der zwei Länder hervorzubringen, werden Einkommen und Lebensunterhalt, die ihre Verteilung für die Einwohner der beiden schafft, gleich oder fast gleich sein. Dieses Einkommen und dieser Lebensunterhalt, die somit wechselseitig entstehen, werden dem Umfang ihrer Geschäfte entsprechend größer oder kleiner sein. Sollten sie sich jährlich für jede Seite beispielsweise auf hunderttausend Pfund oder auf eine Million belaufen, so würde jeder der beiden für die Einwohner des anderen im einen Fall ein Einkommen von hunderttausend Pfund, im anderen eines von einer Million schaffen. (…)

Je reicher, desto besser
Der Reichtum eines Nachbarvolkes mag zwar im Krieg und für die Politik gefährlich sein, für den Handel aber ist er sicherlich von Vorteil. In Kriegszeiten kann er unseren Feinden ermöglichen, größere Flotten und Heere zu unterhalten als wir; in Friedenszeiten aber und bei aufrechten Handelsbeziehungen muss er ihnen ebenso ermöglichen, mit uns mehr zu tauschen und einen besseren Markt entweder für den unmittelbaren Ertrag unserer eigenen Erwerbstätigkeit oder für das, was mit diesem Ertrag gekauft wurde, abzugeben. So wie ein reicher Mann voraussichtlich ein besserer Kunde für die fleißigen Leute in seiner Umgebung ist als ein armer, ist es auch ein rei-

Der Übergang zum uneingeschränkten Freihandel im 19. Jahrhundert machte Großbritannien zur bedeutendsten Handelsmacht der Welt. Eine wesentliche Voraussetzung hierfür war die britische Dominanz in Ostasien. Das Bild zeigt den Hafen von Bombay (heute Mumbai) in einem Stich von 1755. Der Hafen war ab 1661 im Besitz der Briten, ging 1668 an die Britische Ostindien-Kompanie über und war deren Hauptstützpunkt im Ostasien-Handel ches Volk. Freilich ist ein reicher Mann, der selbst ein Gewerbe treibt, ein sehr gefährlicher Nachbar für alle diejenigen, die dasselbe Gewerbe treiben. Alle übrigen Nachbarn jedoch – und das ist die überwiegende Mehrzahl – ziehen Gewinn aus den guten Absatzmöglichkeiten, die sein Aufwand ihnen eröffnet. Sie ziehen sogar daraus Gewinn, dass er die ärmeren Handwerker im selben Gewerbe unterbietet. Ebenso können die Gewerbetreibenden eines reichen Volkes ohne Zweifel für die ihrer Nachbarn sehr gefährliche Konkurrenten sein.

Vorteile für das gesamte Volk

Aber eben dieser Wettbewerb ist vorteilhaft für die große Masse des Volkes, das außerdem erheblich von den guten Absatzmöglichkeiten profitiert, die der bedeutende Aufwand eines solchen Volkes ihm in jeder anderen Hinsicht eröffnet. Privatpersonen, die es zu einem Vermögen bringen wollen, kommt es nie in den Sinn, sich in die entlegenen und armen Provinzen des Landes zurückzuziehen, sondern sie gehen entweder in die Hauptstadt oder in eine der großen Handelsstädte. Sie wissen, dass dort, wo wenig Reichtum im Umlauf ist, auch wenig zu holen ist, dass aber dort, wo viel in Bewegung ist, auch für sie etwas abfallen kann.

Dieselben Verhaltensregeln, die solchermaßen den gesunden Verstand eines einzelnen oder von zehn oder zwanzig Personen leiten, sollten auch das Urteil von einer oder von zehn oder zwanzig Millionen leiten und sollten ein ganzes Volk im Reichtum seiner Nachbarn eine wahrscheinliche Ursache und Gelegenheit, selbst zu Reichtum zu kommen, sehen lassen.

Adam Smith: Untersuchung über Wesen und Ursachen des Reichtums der Völker (1776), Düsseldorf 1999, S. 496 ff.

Freihandel: dezentraler Austausch von Handlungsrechten durch private Wirtschaftssubjekte über nationalstaatliche Grenzen hinweg, der von den Regierungen der Nationalstaaten nicht eingeschränkt wird

M22 Freihandel schafft Frieden

Der österreichische Ökonom Ludwig von Mises, 1927:

Das Ziel der inneren Politik des Liberalismus ist auch das seiner auswärtigen Politik: Frieden. So wie im Innern der Staaten, so strebt der Liberalismus auch im Verkehr zwischen den Staaten friedliches Zusammenwirken an. Der Ausgangspunkt des liberalen Denkens ist die Erkenntnis des Wertes und der Wichtigkeit menschlicher Kooperation, und alles, was der Liberalismus plant und ins Werk setzen will, dient der Erhaltung des gegenwärtig erreichten Standes und dem weiteren Ausbau der wechselseitigen Kooperation der Menschen. Als letztes Ideal schwebt dabei immer der Gedanken einer vollständigen Kooperation der ganzen Menschheit vor, die sich friedlich und ohne Reibungen abwickelt. Das Denken des Liberalen hat immer das Ganze der Menschheit im Auge und nicht nur Teile, es haftet nicht an engen Gruppen, es endet nicht an den Grenzen des Dorfes, der Landschaft, des Staates und des Erdteils. Es ist ein kosmopolitisches, ein ökumenisches Denken, ein Denken, das alle Menschen und die ganze Erde umspannt. Der Liberalismus ist in diesem Sinne Humanismus, der liberale Weltbürger Kosmopolit. (...)

Es gibt in Deutschland übereifrige Patrioten, die es den großen deutschen Dichtern, besonders Goethe, nicht verzeihen können, dass ihr Denken und Fühlen nicht national beschränkt, sondern kosmopolitisch gerichtet war. Man meint, dass zwischen den Interessen der Nation und jenen der Menschheit ein unüberbrückbarer Gegensatz bestehe, und dass derjenige, der sein Sinnen und Trachten auf das Wohl der Menschheit als Ganzes richtet, notwendigerweise die Interessen seines eigenen Volkes hintansetzt. Nichts ist verkehrter als diese Auffassung. So wenig wie derjenige, der auf das Wohl des ganzen deutschen Volkes hinarbeitet, damit die Interessen seiner engeren Heimat schädigt, so wenig schädigt ein Deutscher, der auf das Wohl der ganzen Menschheit hinarbeitet, seine Volksgenossen, d. s. die Mitmenschen, die ihm durch Sprache und Nachbarschaft und vielfach auch durch Abstammung und geistige Gemeinschaft näher stehen, in ihren besonderen Interessen. Denn so wie der einzelne daran interessiert ist, dass das engere Gemeinwesen, in dem er lebt, blühe und gedeihe, so ist er auch in demselben Maße an dem Gedeihen der ganzen Welt interessiert. (...)

Das entscheidende unwiderlegbare Argument gegen den Krieg holt der Liberalismus aus der Tatsache der internationalen Arbeitsteilung. Die Arbeitsteilung überschreitet schon lange die Grenzen der politischen Gemeinschaft. Kein Kulturvolk befriedigt heute seine Bedürfnisse selbstgenügsam unmittelbar durch eigene Produktion. Alle Völker sind darauf angewiesen, Waren aus dem Ausland

Ludwig Heinrich Edler von Mises (1881–1973), österreichischer Wirtschaftswissenschaftler und einer der wichtigsten Vertreter der liberalen Österreichischen Schule der Ökonomie im 20. Jahrhundert

zu beziehen und durch die Ausfuhr von eigenen Erzeugnissen zu bezahlen. Die Unterbindung des internationalen Warenaustausches würde die Menschheit kulturell schwer schädigen, würde den Wohlstand, ja die Existenzgrundlage von Millionen und Millionen Menschen untergraben. In einem Zeitalter, in dem die Völker wechselseitig auf die Erzeugnisse ausländischer Produktion angewiesen sind, können Kriege nicht mehr geführt werden.

Ludwig von Mises: Liberalismus (Nachdruck d. Erstaufl. v. 1927), 2. Aufl. St. Augustin 2001, S. 93 ff.

M23 Freihandel versus Protektionismus

Protektionismus: Maßnahmen des Staates zum Schutze der inländischen Wirtschaft gegenüber ausländischer Konkurrenz. Sie bestehen insbesondere in Zöllen und mengenmäßigen Kontingentierungen für Importe sowie in Subventionen für die heimische Wirtschaft

Trotz der vielen Vorteile, die sich für die an der internationalen Arbeitsteilung beteiligten Länder ergeben, neigen immer wieder Staaten oder Wirtschaftsgemeinschaften dazu, mithilfe von unterschiedlichen Maßnahmen den internationalen Handel zu beschränken, um die eigene Wirtschaft zu begünstigen. Ähnlich handelten im Mittelalter die Zünfte und verhinderten damit eine weitergehende Arbeitsteilung. Diesen protektionistischen Bestrebungen steht die Forderung nach einer Liberalisierung des Welthandels bis zum absolut freien Warenaustausch zwischen allen Ländern gegenüber.

Die Befürworter von Freihandel fordern freie zwischenstaatliche Austauschbeziehungen ohne behindernde staatliche Eingriffe. Der Handels- und Zahlungsverkehr soll ausschließlich nach marktwirtschaftlichen Prinzipien, d. h. durch Angebot und Nachfrage gesteuert werden. Freihandel sei von Vorteil, weil bestimmte Produkte (z. B. Bodenschätze) nur in bestimmten Ländern vorkommen bzw. kostengünstig produziert werden können.

Die Befürworter protektionistischer Maßnahmen halten Zölle auf Importe als zusätzliche Staatseinnahmen, als Schutz der einheimischen Wirtschaft vor Billig-Importen (damit Arbeitsplätze erhalten bleiben) sowie als Schutz vor Importabhängigkeit für sinnvoll.

In der Praxis gibt es eine Vielzahl von Möglichkeiten, Importe zu erschweren oder zu verhindern. Grob unterscheiden kann man zwischen tarifären Handelshemmnissen (Zolltarife) und nicht-tarifären Handelshemmnissen (z. B. Kontingente, Subventionen, Selbstbeschränkungen, Normen, Sicherheitsbestimmungen, Verwaltungsvorschriften, Genehmigungsvorschriften). Da die Zölle im Rahmen von Abkommen immer weiter abgebaut werden, haben die nicht-tarifären Hemmnisse in den vergangenen Jahren erheblich an Bedeutung gewonnen und dominieren heute in der Diskussion um den Abbau von Handelsschranken.

Dietmar Krafft (Hg.): Handel im Wandel, Köln 1995, S. 10

M24 Binnenmarktorientierung als Basis wirtschaftlicher Entwicklung

Daniel Friedrich List (1789–1846) war einer der bedeutendsten deutschen Wirtschaftstheoretiker und gilt als Begründer der modernen Volkswirtschaftslehre. List war ein Vorkämpfer für den Deutschen Zollverein und das Eisenbahnwesen und spielte eine wichtige Rolle für die Entwicklung des Liberalismus in Deutschland

Der Soziologe Dieter Senghaas (s. S. 84/85) über Friedrich List:

Friedrich List (1789–1846) sah in der ersten Hälfte des 19. Jahrhunderts gegenüber dem einzigen industriell entwickelten Land, Großbritannien, für die Länder der „zweiten Stufe", Kontinentaleuropa und die USA, eine Chance zur Entwicklung nur darin, dass sie ihre Wirtschaft gegen die britische Konkurrenz durch selektive „Erziehungszölle" so lange schützten, bis sie sich aus eigener Kraft auf dem Weltmarkt behaupten könnten. Dieses Ziel sollte der Staat durch innenpolitische Förderungsmaßnahmen (Agrar-, Rechts- und Verwaltungsreformen, Ausbau der Infrastruktur, Förderung des Humankapitals) zu erreichen suchen. List wurde damit zu einem frühen Vertreter jener Entwicklungstheorien, die auf eine systematische Erschließung des jeweiligen Binnenmarktpotenzials ausgerichtet sind. (…)

Worin besteht die List'sche Problemsicht?

Ausgangspunkt der List'schen Überlegungen ist das Problem „nachholender Entwicklung". Es entsteht, wenn zwischen Ökonomien, die miteinander einen regen Austausch pflegen, ein Kompetenzgefälle besteht. Dann steht einer weniger produktiven Ökonomie eine produktivere gegenüber. Aus dem Gefälle an Fähigkeiten resultiert bei anhaltendem Austausch ein Verdrängungswettbewerb zugunsten der „mehr vorgerückten Ökonomie" und zuungunsten der „minder vorgerückten": Die Vorreitergesellschaft oder Spitzenökonomie – zu Lists Zeiten Großbritannien – wird dann mühelos imstande sein, die mit hoher Produktivität erzeugten Waren preisgünstig auf den nationalen und internationalen Märkten abzusetzen. Gibt es keine Schutzmaßnahmen, werden die andernorts mit geringerer Produktivität erzeugten Waren niederkonkurriert.

Und ist überdies das Kompetenzgefälle besonders groß, so werden eventuelle Anstrengungen der Gegensteuerung oft von vornherein entmutigt. Dann droht bei den Nachzüglern die Leistungs- und Innovationsbereitschaft zu versiegen, da die kompetentere Spitzenökonomie in jeder Hinsicht ihre Überlegenheit ausspielen kann: in den Produktionsverfahren, im Hinblick auf die Produkte selbst sowie vor allem hinsichtlich der Fähigkeit zu kontinuierlicher Innovation. Das Gefälle wird zu einem strukturellen Gefälle und dokumentiert sich in dem, was die spätere Entwicklungstheorie als Kluft zwischen „Zentren" und „Peripherien" bezeichnet hat. (...)

Rückstand ist kein Schicksal

(...) List war überzeugt, dass es nicht das Schicksal von Entwicklungsländern ist, einfach von den Produkten, dem Know-how und dem organisatorischen Geschick der Spitzenökonomie überrollt und dadurch in der Weltwirtschaft marginalisiert zu werden. Und keineswegs schicksalhaft war es, bestenfalls einfach zum Lieferanten von unverarbeiteten Rohstoffen und landwirtschaftlichen Gütern für die Spitzenökonomie zu werden. List sah Alternativen: Der Peripherisierungsdruck, den er als Realist für eine unausweichliche Gegebenheit hielt, konnte auch als Herausforderung verstanden werden. Durch Imitation, geeignete Schutzvorkehrungen und gezielte Entwicklungsprojekte konnte der Entwicklungsvorsprung verringert oder ganz beseitigt werden. In solchem Falle käme es zu einer innovativen Antwort auf Peripherisierungsdruck, ganz anders als im Falle passiver Regression oder auch der einseitigen Ausrichtung einer nachgeordneten Ökonomie (qua Exklaven- oder Plantagenökonomie) auf die Bedürfnisse der Spitzenökonomie. (...)

Lists Entwicklungsprogramm

Lists Überlegungen sind in der Übergangsphase von feudalaristokratischer Ordnung zur industriellen Gesellschaft lokalisiert. Entfeudalisierung ist deshalb für ihn, wenn nicht dem Begriffe nach, so doch in der Sache, ein wichtiges Stichwort. Soll nachholende Entwicklung zustande kommen, so waren entwicklungsförderliche gesellschaftliche und öffentliche Zustände herbeizuführen: An die Stelle feudaler Despotie musste eine weitsichtige und effizient arbeitende Verwaltung treten; an die Stelle eines in Privilegien erschlaffenden Adels eine an Gewinn und materieller Prosperität orientierte Geschäftswelt; an die Stelle von Leibeigenschaft ein freies Bauerntum. Gut ernährte und gut bezahlte Arbeiter hielt List für eine der Grundlagen zunehmender Arbeitsproduktivität; die segensreichen Auswirkungen frei schaffender Wissenschaften und Künste kontrastierte er mit den Folgen des überkommenen Fanatismus, wie er sich in Religionskriegen und in der Inquisition dokumentierte; eine geistige und sozial mobile Gesellschaft sah er als Gegenstück zu den versäulten Gesellschaften des ancien régime.

Entfeudalisierung kam also der Mobilisierung von produktiven Kräften gleich, die in der überkommenen Gesellschaft brach liegenblieben. Wurde dieser Prozess gehemmt, musste es zu Entwicklungsblockaden kommen. Freiheit und Freizügigkeit waren für List wichtige Voraussetzungen eines Entwicklungsprozesses. Ein stabiler staatlicher Rahmen war dabei ebenso wichtig wie Rechtssicherheit und die Erweiterung von Selbstverwaltung. Wichtig war auch ein freier Unternehmergeist in allen Schichten der Bevölkerung ebenso wie eine weitsichtig planende öffentliche Verwaltung. Ohne weit verzweigtes Verkehrsnetz (Straßen, Eisenbahnen, Kanäle) würde es keine moderne Entwicklung geben können. Auch ein vielgliedriges Erziehungswesen, angefangen von elementarer Volksbildung bis hin zu den technischen Hochschulen, war für eine gedeihliche Entwicklung unerlässlich. (...)

Staatsintervention ist unerlässlich

List war Erfahrungswissenschaftler im besten Sinne des Begriffes. Er beobachtete positive und negative Entwicklungen und versuchte deren kausale Bedingungsfaktoren klarzulegen. Darüber verwarf er die Idee der „englischen Schule" (d. h. der repräsentativen Theoretiker der weltwirtschaftlichen Spitzenökonomie), Entwicklung sei ein von einer „hidden hand" gelenkter Selbstläufer. Für List war Staatsintervention zum angemessenen Zeitpunkt in angemessenem Ausmaß eine unerlässliche Bedingung für den Erfolg von Entwicklungsprozessen. Zum einen ging es dabei um innenpolitische Förderungsmaßnahmen, hier insbesondere um Verfassungs- und Verwaltungsreformen, sowie um Maßnahmen zum Ausbau der Infrastruktur. Zum anderen hielt er dosierte außenwirtschaftliche Schutzmaßnahmen zur Abwehr schädlicher Einwirkungen durch die Spitzenökonomie für unerlässlich. Beide Maßnahmenbündel waren für ihn gleich wichtig, wenngleich bis heute eigentlich nur sein Plädoyer für den Schutz aufstrebender Industriezweige, also das „infant-industry"-Argument erinnert wird – auch dieses allerdings nur etikettenhaft, nicht im Detail. Für die List'sche Argumentation ist aber gerade das Detail von entscheidender Bedeutung gewesen. (...)

Kohärente Entwicklung

List wusste, dass Entwicklungsimpulse nicht flächendeckend entstehen und auch nur punktuell sich inszenieren lassen, weshalb ungleichgewichtiges Wachstum nicht zu vermeiden ist. Aber im Kern war er ein Anhänger gleichgewichtigen Wachstums, weil nur über dieses eine kohärente Volkswirtschaft entstehen kann. Wirkliche Kohärenz ist jedoch nur als Endpunkt einer schlüssigen Stufenfolge innerhalb eines Entwicklungsszenarios vorstellbar: List verfocht das Konzept einer sich schrittweise erweiternden und vertiefenden Importersatz-Industrialisierung. Dabei war wichtig, dass die industrielle Wertschöpfung immer stärker ins Inland verlagert würde, einschließlich der von ihr ausgehenden Ausstrahlungseffekte. Auf die frühe Entwicklungsstufe einer Gesellschaft, die Agrargüter und Rohstoffe exportiert und Fertiggüter importiert, sollte eine zweite Stufe folgen, in der es um die nationale Herstellung der Fertiggüter einfacheren Typs geht. In einer weiteren Stufe sollte der eigene Maschinenbau massiv gefördert werden.

So baut sich eine Ökonomie auf, die schrittweise zur Verarbeitung und Veredlung eigener und fremder Agrargüter und Rohstoffe fähig wird, und die immer mehr die dafür erforderlichen Ausrüstungsgüter selbst zu erzeugen imstande ist. Werden in einer späten Stufe auch technologie- und fertigkeitsintensive Produkte international wettbewerbsfähig, ist aus einem Agrarland schließlich und endlich eine für Freihandel reife Industriegesellschaft geworden. Würde List heute leben, er hätte an der Entwicklung Taiwans seine wahre Freude gehabt!

Dieter Senghaas: Friedrich List – Binnenmarktorientierung als Basis wirtschaftlicher Entwicklung, in: Entwicklung und Zusammenarbeit 6, Juni 1999, S. 164 ff.

M25 Europas Ärger über Protektionismus made in USA

EADS: European Aeronautic Defence and Space Company, Europas größter und weltweit zweitgrößter (nach Boeing) Luft-, Raumfahrt- und Rüstungskonzern. Umsatz: 45,75 Milliarden Euro (Stand: 2010)

Für den EADS-Konzern ist es ein Desaster: Der US-Partner Northrop Grumman zieht sich aus dem milliardenschweren Bieterverfahren um die Herstellung von Tankflugzeugen für die US-Armee zurück. Damit ist der Weg frei für den EADS-Rivalen Boeing, der als einziger Interessent im Rennen bleibt. Dabei hatten die Europäer tatsächlich eine realistische Chance, auf dem US-Markt Fuß zu fassen. Im Jahr 2008 hatte das Konsortium EADS/Northrop Grumman den Auftrag zwischenzeitlich schon einmal ergattert. (...)

Politiker in Europa reagieren mit Ärger und Empörung auf den geplatzten Deal. Die EU-Kommission wird nun „weitere Entwicklungen in dem Fall sehr genau verfolgen" und droht den USA mit höheren Hürden für künftige Rüstungsprojekte. Bundeswirtschaftsminister Rainer Brüderle (FDP) ist ebenfalls enttäuscht. „Auch bei der Beschaffung von Rüstungsgütern sollte der freie Wettbewerb nicht einseitig eingeschränkt werden", sagte der Minister (...). Und auch Richard Shelby, der Senator des US-Bundesstaats Alabama, ist zornig. „Dieser sogenannte Wettbewerb hatte nicht zum Ziel, das beste Ergebnis für die Männer und Frauen in Uniform zu erzielen, sondern das beste Ergebnis für Boeing." Shelbys Ärger ist nachvollziehbar: In seinem Bundesstaat hätte EADS sein neues Werk gebaut (...).

Süddeutsche Zeitung v. 9.3.2010

1 Stellen Sie in Gruppen anhand der Materialien **M 21** bis **M 23** die Elemente der Idee des Freihandels in einem Plakat zusammen.

2 Fertigen Sie in neuer Zusammensetzung Plakate zum Protektionismus als Strategie.

3 Erarbeiten Sie in einem Gruppenpuzzle die Materialien zur Wirklichkeit von Freihandel und Protektionismus in der Welt.

4 Diskutieren Sie im Plenum die beiden konkurrierenden Ideen.

5 Erarbeiten Sie in Gruppen arbeitsteilig die in den Materialien **M 23** bis **M 30** geschilderten protektionistischen Festlegungen. Stellen Sie deren Folgen dar.

6 Diskutieren Sie anschließend die Frage: „Liberalisierung des Welthandels – wichtiges Ziel oder Ideologie?"

M 26 Importzölle der Europäischen Union

in Prozent des Warenwerts, ausgewählte Warengruppen 2006

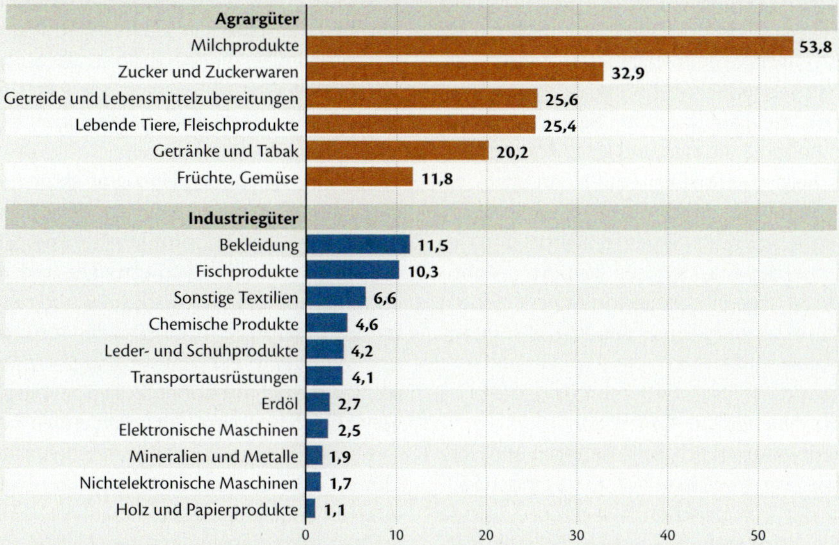

Nach: http://www.insm-oekonomenblog.de/wp-content/uploads/2009/06/importzoelle.gif

M 27 Peking verhängt „Buy China"-Klausel

Barack Obama hat seine „Buy American"-Klausel zurückgenommen. Frankreichs Staatspräsident Sarkozy wurde ebenso gerügt, als er seine Staatshilfen an Standortgarantien binden wollte. Doch das scheint China überhaupt nicht zu interessieren.

Die Regierung in Peking hat für Anschaffungen im Rahmen des nationalen Konjunkturpakets die strikte Bevorzugung chinesischer Produkte angeordnet. Ausländische Erzeugnisse dürften nur mit Genehmigung der zentralen Planungsagentur oder anderer betroffener Behörden angeschafft werden, heißt es in einer Direktive der Regierung. Ob ausländische Unternehmen mit Niederlassungen in China damit auch von Aufträgen ausgeschlossen werden, war zunächst unklar.

Der „Buy China"-Erlass ist auf den 1. Juni datiert, wurde jedoch erst in dieser Woche von staatlichen chinesischen Medien aufgegriffen. Eine ähnliche Klausel im US-Konjunkturpaket für die Bevorzugung von amerikanischem Erz und Stahl, „Buy America", hatte China noch im Februar heftig kritisiert. Die amtliche Nachrichtenagentur Xinhua sprach damals von einem „Gift" für die Bemühungen zur Überwindung der weltweiten Wirtschaftskrise.

Die protektionistische Vorschrift für das chinesische Konjunkturpaket mit einem Gesamtvolumen von vier Billionen Yuan (420 Milliarden Euro) wird international sicher für Verstimmung sorgen – zumal eine Welle des Protektionismus auch die exportorientierte Wirtschaft Chinas schwer treffen würde. China ist Mitglied in der Welthandelsorganisation (WTO) und darf ausländische Produkte daher nicht diskriminieren. Ein Zusatzprotokoll, das jene Vorschrift auch auf staatliche Anschaffungen ausweitet, hat China jedoch bislang nicht unterschrieben.

Peking verhängt „Buy China"-Klausel, 17.6.2009, in: http://www.news.de (Zugriff: 9.7.2012)

Chinesische Wirtschaftsmetropole Shanghai, 2012

M28 EU-Agrarprotektionismus

Die Europäische Union startete, bevor sie sich zur politischen Union in ihrer heutigen Form weiter entwickelte, als reine Wirtschaftsgemeinschaft. Konrad Adenauer, Walter Hallstein auf deutscher Seite, die Franzosen Robert Schuman und Jean Monnet oder der belgische Politiker Paul-Henri Spaak erkannten bald nach Ende des Zweiten Weltkrieges, dass man mittels Freihandel und Gemeinsamen Märkten den zerstörten Kontinent zu ungeahnter ökonomischer Prosperität und sogar zu einem dauerhaften Frieden führen könnte.

„Subventionitis" im Agrarsektor

So entwickelten sich Zollsenkungen und Liberalisierung der Märkte früh zu tragenden Säulen der Europäischen Integration. Europa nahm sogar in den weltweiten Zollsenkungsrunden eine Vorreiterrolle ein. Doch ein Feld der europäischen Politiken mutet seit jeher wie ein eigentlich längst überholter Anachronismus an: der gänzlich vergemeinschaftete Agrarsektor. Hier bestimmen Zölle, Quoten und eine ausgeprägte „Subventionitis" das Bild. Bisherige Reformen blieben meist kosmetischer Natur, eine wirklich substanzielle Neugestaltung wusste die mächtige europäische Landwirtschaftslobby bislang gekonnt zu verhindern. Die supranationale EU-Landwirtschaftspolitik weicht zwar kaum vom Agrar-Protektionismus in außereuropäischen Industriestaaten ab. Dies schützt sie aber trotzdem nicht vor einer kritischen Hinterfragung.
Insgesamt fließen über 40 Milliarden Euro aus dem EU-Topf in die europäische Landwirtschaft. Dies entsprach 2006 etwa 38 Prozent des Gesamthaushaltes der Union und stellte mit Abstand den größten Ausgabenposten dar. Diese Größenordnung allein wäre kein entscheidender Kritikpunkt, würde man mit dem Geld Sinnvolleres anfangen.

„Interventionspreise"

Für viele landwirtschaftliche Produkte wurden in der EU Gemeinsame Marktordnungen (GMO) etabliert. Diese sichern den europäischen Produzenten häufig so genannte Interventionspreise zu, die weit über dem Weltmarktpreis liegen. Da zu diesem garantierten Preis das europäische Angebot und die Nachfrage weit auseinander klaffen, verpflichtet sich die EU, den Angebotsüberschuss aufzukaufen und selbst abzusetzen oder den Produzenten über eine Exportsubvention den Verkauf am Weltmarkt zu erleichtern. Beide Varianten machen den EU-Agrarsektor zum Exporteur, obwohl die Union ohne Subventionen eigentlich Importeur wäre, und drücken durch das künstlich erzeugte zusätzliche Angebot den Weltmarktpreis noch weiter. Um potenziellen Import zu den niedrigeren Weltmarktpreisen zu verhindern, schottet sich die EU mit hohen Zöllen ab, die die vom EU-Konsumenten zu bezahlenden Preise für den Import von landwirtschaftlichen Gütern über die Interventionspreise hinaus erhöhen und damit die Einfuhr aus Nicht-EU-Staaten uninteressant machen. Große Wirkung erzielt dieses System vor allem bei der Zucker- und der Bananenproduktion der Gemeinschaft.

Nachteile für die Entwicklungsländer

Die wohl größten Nachteile aus diesem Instrumentarium müssen die Entwicklungsländer tragen, die eigentlich auf den Agrarexport angewiesen wären. Nur in der Landwirtschaft erreichen sie mit ihren Produkten komparative Vorteile gegenüber den Industriestaaten, werden aber durch deren Protektionismus von riesigen Absatzmärkten ausgeschlossen. Zusätzlich senkt der subventionierte europäische Export den Weltmarktpreis und schadet diesen Ländern. Blickt man etwa – allein schon aus europäischem Eigennutz – auf die Flüchtlingsboote in spanischen, italienischen oder maltesischen Gewässern, muss man diese Länder endlich aktiv am Welthandel in solchen Märkten teilhaben lassen. Nur Stacheldraht an allen Küsten oder die Chance auf eine prosperierende Zukunft für die Entwicklungsländer aus eigenem Antrieb kann Europa in Zukunft vor einem nicht zu bewältigenden Migrationsstrom aus dem Süden schützen. Welche Alternative die wünschenswertere ist, muss sich jeder mündige Bürger selbst überlegen.

Florian Schliegel: Der EU-Agrarprotektionismus, http://www.polinomics.eu (Zugriff: 10.12.11)

M29 China und USA setzen auf Protektionismus

Keine Reifen aus China, keine Hühnchen und Autoteile aus den USA: Der Streit um Strafzölle und unfairen Wettbewerb zwischen Peking und Washington hat sich verschärft. Nach der Verhängung amerikanischer Strafzölle auf chinesische Reifen-Importe hat China seinerseits Ermittlungen wegen der angeblichen Ausfuhr von Hühnerfleisch und Autoteilen aus den USA zu Schleuderpreisen eingeleitet. Das Handelsministerium wollte nicht von „Vergeltung" sprechen, sondern teilte mit, es reagiere lediglich auf Klagen heimischer Hersteller. Sie hätten kritisiert, dass die US-Waren durch „unfairen Wettbewerb" auf Chinas Markt kämen und die chinesische Industrie schädigten, wie amtliche Medien das Ministerium zitierten. Die Ermittlungen folgten den Anti-Dumping-Regeln der Welthandelsorganisation (WTO).

In scharfem Ton warf das Außenministerium in Peking den USA „ernsten Handelsprotektionismus" vor, der die wirtschaftlichen Beziehungen und eine frühe Erholung der Weltwirtschaft untergraben werde. Eine Sprecherin äußerte die „große Unzufriedenheit" der chinesischen Regierung. Washington missbrauche die Werkzeuge der WTO zur Lösung von Handelsproblemen. In einem Kommentar der Staatsagentur Xinhua hieß es, der Schritt werde nicht nur China, sondern auch die USA und den Welthandel schädigen. Die Fortschritte im freien Welthandel hätten „zweifellos einen schweren Rückschlag erlitten".

Durch die Strafzölle bis zu 35 Prozent auf Reifen dürften 100 000 chinesische Arbeiter ihre Jobs verlieren und Chinas Reifenindustrie eine Milliarde US-Dollar an Exporten in die USA verlieren, verwies der Xinhua-Kommentar auf Expertenschätzungen. „Es wird auf der anderen Seite in den USA keine Arbeitsplätze sichern." Vielmehr könnten in den USA 100 000 Arbeitsplätze im Import, Vertrieb und Einzelhandel von Reifen „betroffen" sein. Dort stammen nach US-Presseberichten inzwischen 17 Prozent aller Reifen aus China. In den ersten sieben Monaten dieses Jahres sind demnach chinesische Reifen für 1,3 Milliarden US-Dollar (rund 893 Millionen Euro) in die USA exportiert worden, während China Autoteile für 800 Millionen US-Dollar und Hühnerfleisch für 376 Millionen US-Dollar importierte.

Die Entscheidung von US-Präsident Barack Obama, die Strafzölle zu erheben, folgt einer Beschwerde der Gewerkschaft der Stahlarbeiter. Sie beklagt, dass sich der chinesische Anteil am US-Reifenmarkt in den vergangenen fünf Jahren verdreifacht habe und 5000 Arbeitsplätze in dem US-Industriezweig verloren gegangen seien. Ein US-Gesetz aus dem Jahr 2000 erlaubt solche Strafmaßnahmen, wenn ein rapider Anstieg von Importen aus China einem US-Industriezweig schadet. China hatte dieses bisher nicht angewandte Gesetz in den Verhandlungen für seinen WTO-Beitritt 2001 akzeptiert.

Die Zeit v. 14.9.2009

Zeichnung: Adams

M30 Pickups und Hähnchenkrieg

Nur wenige Länder haben sich so oft und so eindeutig für Freihandel ausgesprochen wie die USA. Auch George W. Bush wird nicht müde, die Liberalisierung des Warenhandels zu fordern. Doch die Zweifel an der Aufrichtigkeit der amerikanischen Handelspolitik wachsen. Wie ernst meinen es die USA mit der Verwirklichung von Freihandel auf dem eigenen Markt?

Pickups von GMC stehen zum Verkauf bei einem Autohändler in San Diego/USA bereit, 2008

USA – liberale Handelsnation?

Seit dem Amtsantritt von George W. Bush (2001) hat der Ruf der USA als liberale Handelsnation schon erheblichen Schaden genommen. Die im Jahr 2002 verhängten Zölle auf Stahlimporte haben Empörung in vielen Teilen der Welt hervorgerufen. Auch deutsche und andere europäische Stahlhersteller waren von dieser protektionistischen Maßnahme betroffen. Ebenfalls im vergangenen Jahr musste das Nachbarland Kanada die Verhängung eines Strafzolls auf Bauholz hinnehmen, weil nach Ansicht der amerikanischen Regierung die Kanadier der eigenen Holzindustrie zu niedrige Gebühren für die Nutzung der Wälder abverlangen. Dies sind neue, häufig kritisierte Entwicklungen. Erstaunlich ist aber, dass die USA einen wichtigen Teilbereich ihres Automobilmarktes seit vier Jahrzehnten mit einem hohen Zoll schützen.

Durch Schutzzölle mehr „light trucks"

Ohne den Schutz durch hohe Zölle für bestimmte Fahrzeugtypen wäre der Niedergang der US-Automobilindustrie vermutlich nicht aufzuhalten gewesen. Die Automobilindustrie gehörte in den 1970er- und 1980er-Jahren noch zu den am stärksten von ausländischer Konkurrenz bedrohten Branchen der US-Industrie. Auf den ersten Blick hat sich dies in den 1990er-Jahren gewandelt. Damals gewannen Pritschenwagen (*Pickups*) an Bedeutung:

Waren 1990 noch neun der zehn am meisten verkauften Fahrzeuge normale Pkw, so finden sich in der Bestsellerliste des Jahres 2001 gleich vier Pritschenwagen. In den 1960er-Jahren machte die gesamte Kategorie „light trucks", zu der neben Pritschenwagen auch Geländewagen und Kleinbusse zählen, weniger als 15 Prozent des gesamten Fahrzeugmarktes aus. Im Jahr 2001 kauften Amerikaner aber 8,7 Mio. „light trucks", während die Zulassungszahlen für normale PKW mit 8,4 Mio. erstmals darunter lagen.

Am Gesamtmarkt haben die US-Hersteller inzwischen weiter an Boden verloren. 2001 betrug deren Marktanteil nur noch 51,4 Prozent. Anders hingegen das Bild bei „light trucks": Im Segment der leichten Lastwagen haben die US-Hersteller noch immer einen Marktanteil von 77,2 Prozent. Bei der Untergruppe der Pritschen- und Lieferwagen beträgt der Marktanteil amerikanischer Hersteller sogar über 90 Prozent.

Man könnte annehmen, dass die amerikanischen Hersteller inzwischen bessere, billigere Produkte herstellen und deshalb im Segment der Pritschen- und Lieferwagen so dominant sind. Dies ist aber nicht der Fall. Der Grund ist vielmehr die protektionistische Handelspolitik der US-Regierung, die damit die einheimische Industrie erfolgreich gestärkt hat. Gemäß des Zolltarifs 8704.21 unterliegen leichte Lastwagen mit einem Gesamtgewicht unter fünf Tonnen nämlich einem Einfuhrzoll von 25 Prozent, während normale Pkw nur mit 2,5 Prozent zu verzollen sind. Die Kategorie „leichte Lastwagen" des Zolls ist enger gefasst als die Kategorie „light trucks" der amerikanischen Verkehrsbehörden. Der Zoll betrachtet Kleinbusse und Geländewagen nicht als leichte Lastwagen. Bei Zulassungsstatistiken und Abgasvorschriften wird die weitere Definition genutzt.

Der „Hähnchenkrieg"

Erstaunlicherweise ist der hohe Zoll auf Lieferwagen das Resultat eines Handelskonfliktes zwischen der Regierung Kennedy/Johnson und der Regierung Adenauer. Im Jahr 1963 stritten Deutschland und die USA über die Höhe des Einfuhrzolls auf gefrorenes amerikanisches Hähnchenfleisch. In den USA hatte in den 1950er-Jahren die Massenhaltung von Hühnern stark an Bedeutung gewonnen. Ebenso wuchs die Ausfuhr: Der Wert der Ausfuhren von Hühnerfleisch in die EWG stieg von 1,5 Mio. Dollar im Jahr 1958 auf 30,7 Mio. im Jahr 1962.

1962 hatte die EWG begonnen, den variablen Zoll der gemeinsamen Agrarpolitik auf Hühnerfleisch zu erheben. Damit verdreifachte sich der Zoll für Einfuhren in die Bundesrepublik. Die USA betrachteten dies als Verstoß gegen den GATT-Vertrag (*s. S. 114*)und erhoben Klage beim GATT-Sekretariat in Genf. Ein

GATT-Ausschuss bezifferte den Schaden und gestattete den USA die Erhebung von Strafzöllen.

In den Jahren 1962 und 1963 wurden die Beziehungen zwischen den USA und Deutschland durch diesen „Hähnchenkrieg" erheblichen Belastungen ausgesetzt. Schon damals versuchten amerikanische Politiker, Deutschland zu maßregeln. Der einflussreiche Vorsitzende des Auswärtigen Ausschusses des Senats, J. William Fulbright, drohte mit einer Reduzierung der amerikanischen Militärpräsenz in der NATO – kurz nach dem Bau der Mauer eine sehr drastische Warnung. Senator Fulbright vertrat den Bundesstaat Arkansas, in dem die wichtigsten Produzenten von Hähnchenfleisch beheimatet waren.

Folgen des Hähnchenkriegs

Der Hähnchenkrieg hatte zur Folge, dass bei Einfuhr in die USA auf Pritschenwagen, französischen Cognac, Kartoffelmehl und Traubenzucker Strafzölle erhoben wurden. Präsident Johnson legte im Dezember 1963 einen Strafzoll in Höhe von 25 Prozent auf leichte Lastwagen fest. Davor betrug der entsprechende Zoll lediglich 8,5 Prozent. Getroffen werden sollte der VW-Konzern, der bis dahin nicht nur VW-Busse, sondern auch Kastenwagen und Pritschenwagen nach Amerika exportiert hatten.

Für die amerikanischen Hersteller bot der Zoll die Möglichkeit, fortan unbehelligt von ausländischer Konkurrenz hohe Gewinne zu erzielen. Geholfen hat die Werbung: Die US-Autoindustrie hat den Verbrauchern die Vorteile des individuellen Personentransports mittels tonnenschwerer Lieferwagen schmackhaft gemacht.

Nützlich bei der Ankurbelung des Verkaufs dieser unmäßigen Fahrzeuge war, dass die in den USA ansonsten recht rigiden Bestimmungen für den Benzinverbrauch für Pritschen- und Geländewagen nicht gelten. Während der Durchschnittsverbrauch von Pkw auf 27,5 Meilen pro Gallone begrenzt ist, dürfen „light trucks" erheblich mehr verbrauchen, müssen nämlich mit einer Gallone nur 20,7 Meilen weit fahren.

Ohne diese Ausnahmeregelung bei den Bestimmungen zum Benzinverbrauch hätte es keinen Boom der leichten Lastwagen gegeben: Entweder hätten die Hersteller leistungsschwache Motoren verwenden müssen, was dem Image der „light trucks" geschadet hätte, oder die Hersteller hätten anspruchsvollere und in der Herstellung teure Motoren verwenden müssen, was die Gewinne geschmälert hätte.

Vorteile für die US-Industrie

Für die amerikanischen Hersteller war die Kombination von Schutzzöllen und niedrigen Hürden beim Kraftstoffverbrauch besonders lukrativ. In gewöhnliche Lkw-Fahrgestelle wurden großvolumige, aber konstruktiv simple Motoren eingebaut. Niedrige Produktionskosten und der Schutz vor ausländischer Konkurrenz bescherte den US-Herstellern in den 1990er-Jahren traumhafte Renditen. Nebenbei bemerkt waren die hohen Gewinne, die Chrysler vor der Übernahme durch Daimler-Benz aufzuweisen hatte, wesentlich auf dieses Fahrzeugsegment zurückzuführen.

Schließlich hat der amerikanische Protektionismus im Automobilsektor auch Auswirkungen auf die Treibhausgasemissionen der USA. Die von amerikanischen Herstellern angebotenen Fahrzeuge verwenden eine veraltete Motorentechnologie, die für hohe Emissionen sorgt. Amerikanischen Konsumenten ist aber wegen der protektionistischen Handelspolitik die Möglichkeit genommen, sich für ein sparsameres und umweltfreundlicheres Fahrzeug aus asiatischer oder europäischer Produktion zu entscheiden. (...)

Das Beispiel der leichten Lastwagen zeigt, mit welchen Maßnahmen der amerikanische Binnenmarkt in Teilbereichen sehr effizient vor ausländischer Konkurrenz geschützt werden konnte. Die Kehrseite dieser Medaille ist allerdings, dass amerikanische Hersteller ihre Produkte auf dem Weltmarkt nur noch schwer absetzen können. Amerikanische Autos sind außerhalb der USA, von einigen wenigen Ausnahmen abgesehen, kaum verkäuflich. Veraltete Technologie und unangemessen hoher Benzinverbrauch sind außerhalb der Vereinigten Staaten keine guten Verkaufsargumente.

Der nunmehr 40 Jahre alte Zoll auf leichte Lastwagen schwächt darüber hinaus die Glaubwürdigkeit der amerikanischen Forderungen nach Freihandel. Präsident Bush wird nicht müde, die Vorzüge von Freihandel für Wohlstand zu preisen. Anlässlich einer Rede zur geplanten panamerikanischen Freihandelszone bezeichnete er im Januar 2002 freie Märkte und offenen Handel als die besten Waffen gegen Armut, Krankheit und Tyrannei.

Heribert Dieter: Der Hähnchenkrieg um Amerikas Laster, in: Wuppertal Bulletin 2/2003, S. 10 ff.

Liberalisierung oder Neoliberalismus?

In Anlehnung an die Klassiker der Ökonomie vertreten die westlichen Regierungen und inzwischen auch die der Schwellenländer die Strategie der Liberalisierung. Aus durchaus unterschiedlichen Interessenlagen heraus haben sie sich auf dem Papier auf eine weitgehende Handelsliberalisierung geeinigt und dazu eine weltweite Organisation, die WTO, gegründet. Kritiker sehen in diesem Vorgehen allerdings eine Ideologie zum Abbau sozialer Standards und zur Umverteilung des gesellschaftlichen Reichtums von unten nach oben.

GATT: General Agreement on Tariffs and Trade (Allgemeines Zoll- und Handelsabkommen), wurde am 30. Oktober 1947 abgeschlossen und trat am 1. Januar 1948 in Kraft. Ziel ist es, Benachteiligungen beim Handel zu verhindern. Das GATT wurde durch die WTO abgelöst

WTO: World Trade Organization (Welthandelsorganisation). Sie wurde am 15. April 1994 gegründet. Ziel ist der Abbau von Handelshemmnissen und die Liberalisierung des internationalen Handels

M 31 Liberalisierung und Neoliberalismus

Liberalisierung meint die Rücknahme oder Abschwächung bisher bestehender gesetzlicher Regelungen oder anderweitiger Verordnungen und Verhaltensvorschriften. Speziell ist gemeint die Rücknahme staatlicher Auflagen, Be- und Einschränkungen in Bezug auf die wirtschaftliche Betätigung, die Herstellung oder den Handel mit Gütern und Dienstleistungen, nach außen z. B. durch den Abbau von Zöllen, Mengen- oder anderen Handelsbeschränkungen.

Der Neoliberalismus ist eine Denkrichtung des Liberalismus, die eine freiheitliche, marktwirtschaftliche Wirtschaftsordnung mit den entsprechenden Gestaltungsmerkmalen wie privates Eigentum an den Produktionsmitteln, freie Preisbildung, Wettbewerbs- und Gewerbefreiheit anstrebt, staatliche Eingriffe in die Wirtschaft jedoch nicht ganz ablehnt, sondern auf ein Minimum beschränken will.

Nach: Bundeszentrale für politische Bildung, Online-Lexikon

M 32 Die Mitgliedstaaten der Welthandelsorganisation (WTO)

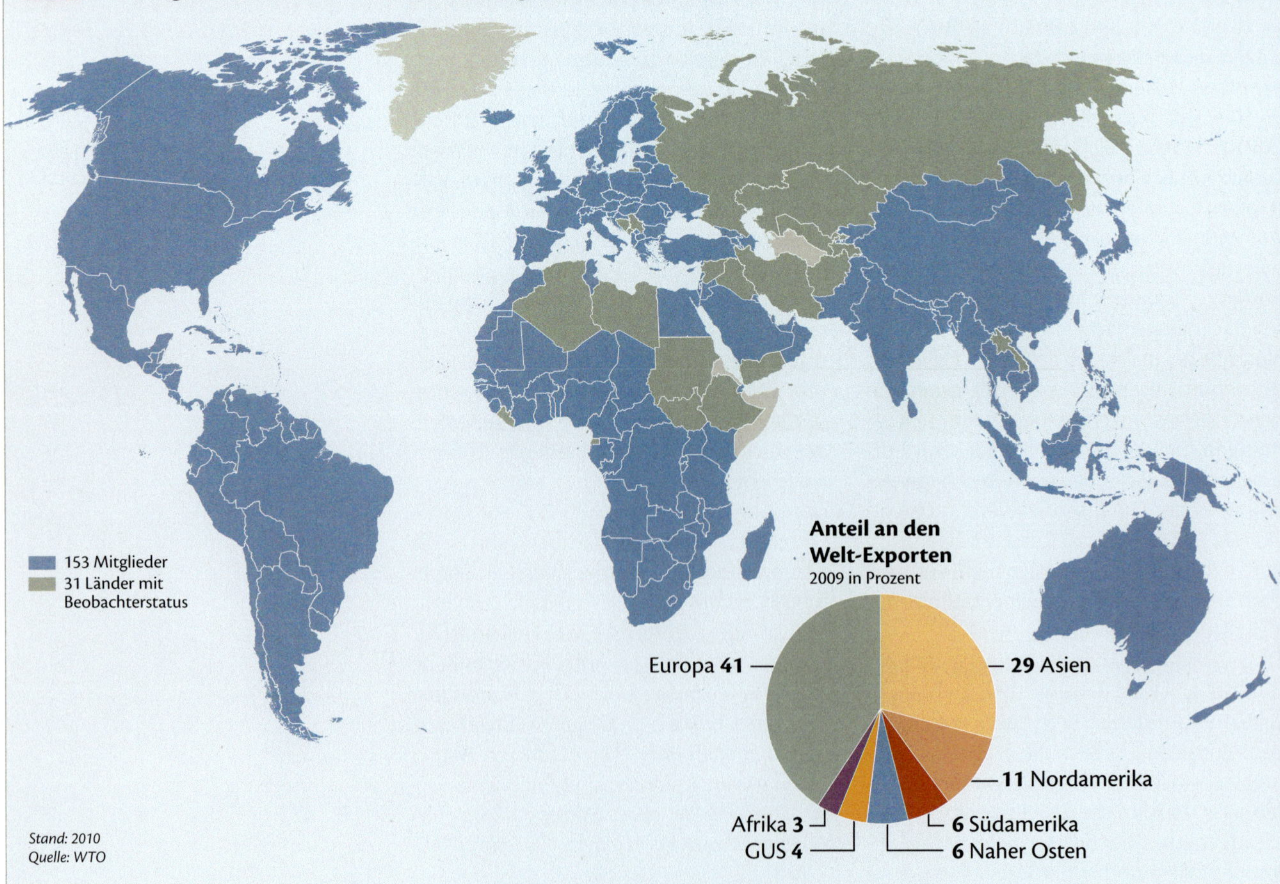

M 33 Kernprinzipien der Welthandelsorganisation

Angestrebtes Ziel der WTO ist der weltweite Abbau aller Handelsschranken. Zu dessen Verwirklichung bedient sich die machtvolle Organisation verschiedener Abkommen mit folgenden Grundsätzen:

- *Das Prinzip der Gleichbehandlung der Handelspartner oder Meistbegünstigung* (most-favoured-nation) verpflichtet ein WTO-Mitglied dazu, alle handelspolitischen Vorteile, insbesondere Zollermäßigungen, die einem WTO-Mitglied gewährt werden, auch allen anderen Mitgliedern einzuräumen.
  GATT-Artikel I enthält die Meistbegünstigungsklausel, die es einem WTO-Mitgliedstaat verbietet, einzelne WTO-Mitglieder besser oder schlechter als andere zu behandeln (Diskriminierungsverbot). Von diesem Prinzip gibt es Abweichungen bzw. Ausnahmen.
- *Das Prinzip der Gleichbehandlung der Waren oder Inländerbehandlung (national treatment)* verbietet, dass importierte Waren schlechter als einheimische Waren behandelt werden.
  Die Regeln der Inländerbehandlung bzw. zur Gleichheit der Produkte finden sich im GATT-Artikel III. Jeder Mitgliedstaat ist verpflichtet, ausländische mit inländischen Waren gleichzustellen. So dürfen Abgaben und sonstige Belastungen, Gesetze und Vorschriften nicht derart angewandt werden, dass dadurch die inländische Erzeugung geschützt wird. Auch dieses Prinzip beinhaltet ein Diskriminierungsverbot.
- *Nach dem „Prinzip der Voraussehbarkeit und Transparenz der Maßnahmen"* sind alle Einfuhrbeschränkungen außer Zöllen verboten. Die maximale Zollhöhe für jedes eingeführte Produkt muss im Voraus verbindlich festgelegt und darf nicht einseitig angehoben werden.
  Von diesem in GATT-Artikel XI festgelegten Verbot der Mengenbeschränkungen (z. B. durch Kontingente, Einfuhr- oder Ausfuhrbewilligungen) gibt es besonders für den Handel mit Agrarprodukten zahlreiche Ausnahmen.

Weitere Ausnahmen dieser drei Grundsätze, etwa zum Schutz des Lebens und der Gesundheit von Mensch, Tier und Pflanze oder zur Erhaltung begrenzter Naturschätze, sind nach GATT-Artikel XX nur unter der Voraussetzung zulässig, dass sie zu keiner „willkürlichen und ungerechtfertigten Diskriminierung zwischen Ländern, in denen gleiche Verhältnisse bestehen, oder zu einer verschleierten Beschränkung des internationalen Handels führen". Das importierende Land muss beweisen, dass gute Gründe für eine handelsbeschränkende Maßnahme vorliegen.

Greenpeace: Zehn Jahre WTO. Greenpeace unterzieht die Welthandelsorganisation einer kritischen Umweltbilanz, Hamburg o. J. (2004), S. 4 f.

M 34 Arbeitsbereiche der Welthandelsorganisation (WTO)

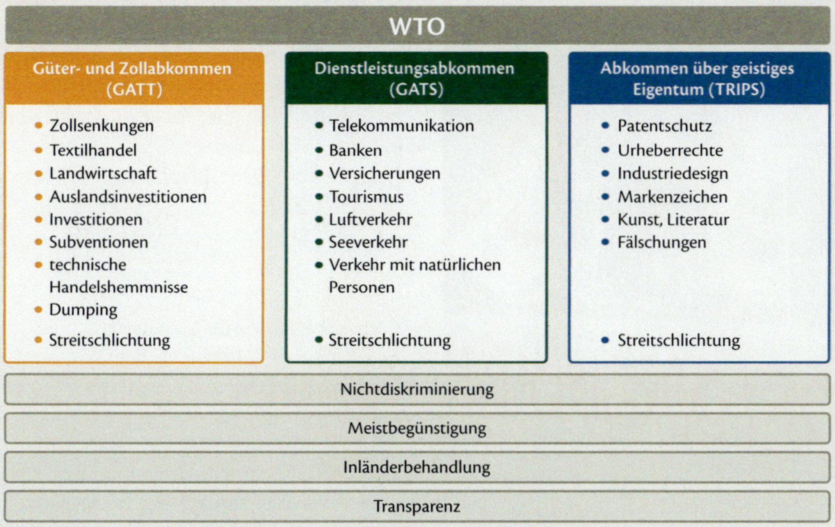

M35 Bedeutung der Handelspolitik für Deutschland

Die Erfahrungen der letzten Jahrzehnte haben für Deutschland gezeigt, dass der florierende Handel mit dem Ausland Wohlstand im Inland bringt. Der freie Welthandel gibt wichtige Impulse für Wirtschaftswachstum und Beschäftigung in unserem Land. Deutschland tritt daher seit langem für offene Märkte und für eine Handelsliberalisierung auf der Grundlage klarer, vorhersehbarer und multilateral abgestimmter Regeln ein. Für die Zukunft des Wirtschaftstandortes Deutschland ist eine weitere Liberalisierung des Welthandels von entscheidender Bedeutung. Vor diesem Hintergrund ist die Globalisierung der wirtschaftlichen Aktivitäten vor allem eine Chance, den wohlstandsfördernden Charakter des Welthandels zum Wohle aller möglichst auszuweiten. (...)

Im Rahmen der Welthandelsorganisation (WTO) versucht die EU, über multilaterale Verhandlungen im Sinne eines fairen und freien Welthandels bestehende Handelshemmnisse abzubauen und ein stabiles und transparentes Regelwerk zu schaffen.

Bundeswirtschaftsministerium, in: http://www.bmwi.de (Zugriff: 22.3.2010)

M36 Der „Liberalisierungsschwindel"

Eigentlich ist längst alles gesagt und geschrieben worden. Eigentlich hätten die Industrieländer längst eine Kehrtwende vollziehen müssen. Sie haben es nicht getan – und wollen es auch in Zukunft nicht tun. (...)

Die wichtigste Frage wird sein, ob die Reformagenda ihrem entwicklungspolitischen Anspruch gerecht wird. Sie wird es nicht. Zwar sollen die Industrieländer ihre Agrarzölle innerhalb von fünf Jahren um bis zu 60 Prozent reduzieren. Mit ihren Exportsubventionen sollen sie in spätestens zehn Jahren Schluss machen. Das klingt gut. Doch nahezu unbehelligt von der WTO sollen die Regierungen des Nordens ihre Bauern weiter mit Zuschüssen beglücken dürfen – wenn sie es geschickt anstellen.

Die WTO einigte sich nämlich einst darauf, die Agrarsubventionen in Gut und Böse einzuteilen und einem gelben, blauen oder grünen Kästchen zuzuordnen. Als besonders schädlich gelten staatliche Preisgarantien und Zahlungen, die für jeden Liter Milch oder für jede produzierte Tonne Weizen geleistet werden. Solche Wohltaten ordnet die WTO ihrer „gelben Box" zu; sie unterliegen strengen Begrenzungen. „Blaue Box"-Subventionen sind mit produktionsbeschränkenden Auflagen verbunden oder werden pro Hektar oder pro Kuh ausgezahlt. Auch sie haben keine Zukunft. Zahlungen indes, die aus der sogenannten „grünen Box" geleistet werden, gelten als unschädlich. Hierbei handelt es sich um Transferzahlungen aus dem Staatssäckel, die von der Produktionsmenge oder von der Ausstattung mit Produktionsfaktoren vollkommen losgelöst sind. Viele Industrieländer haben ihre Subventionen bereits in diese grüne Box umgeschichtet oder sind, wie die EU, dabei. (...) Ein Desaster.

Fritz Vorholz: Der Liberalisierungsschwindel, Die Zeit 9/2003

Spielerischer Protest des Welthandels-Aktionstheaters WTOpoly vor dem Wirtschaftsministerium in Berlin, September 2006. Die Aktivisten der BUNDjugend und von Attac protestieren mit ihrem Spiel gegen „den Handel ohne Hemmnisse, bei dem der Bevölkerung das Mitspracherecht verwehrt ist"

M 37 Welthandel: Das süße Gift des Protektionismus

Die sogenannte Doha-Entwicklungsrunde wurde im November 2001 von den WTO-Mitgliedsländern in Doha, der Hauptstadt von Katar, aufgenommen. Seitdem haben mehrere Gipfel im Rahmen der Doha-Runde stattgefunden:

Seit 10 Jahren will die Welthandelsorganisation WTO den Welthandel liberalisieren und zugleich die Entwicklungsländer fördern. Aber aus dem wohltönenden Grundsatzbeschluss von Doha 2001 sind die hohlen Worte von Genf 2011 geworden. (...)

Der Schwung im großen Handelsunterfangen ist hingegen versandet. Die Verhandlungen befinden sich in einer Sackgasse, räumt selbst der stets zuversichtliche WTO-Generaldirektor Pascal Lamy ein. Die Doha-Runde wollte in einem „Big Bang" die größten Handelshemmnisse in der Industrie, der Landwirtschaft und bei den Dienstleistungen beseitigen. Dies verband sich mit dem Plan einer besonderen Förderung der Entwicklungsländer. Wahrscheinlich war der große Wurf schon dem Ansatz nach zu groß gedacht. Jetzt steht die WTO vor einem Scherbenhaufen. Sie droht auf dem internationalen Handelsparkett nicht mehr ernst genommen zu werden. Die Schuld tragen allerdings die Mitglieder der Organisation, die sich nicht zusammenraufen konnten.

Die „Geister der Abschottung"

Ganz im Gegenteil erwachen wieder die Geister der Abschottung. Es ist bezeichnend, dass in Genf ungefähr 50 Staaten einen „Pakt gegen den Protektionismus" vereinbarten. Es wäre schon viel gewonnen, wenn sie das vergleichsweise bescheidene Ziel erreichten, die seit der Finanz- und Wirtschaftskrise rund um die Welt eingeführten Schutzmaßnahmen rückgängig zu machen. Selbst Gesundheitsbestimmungen müssen für das Aufstellen von Grenzbäumen herhalten. Die Verpflichtung der Pakt-Unterzeichner lässt im Übrigen vermuten, dass die seit 2008 eingeführten Schutzmaßnahmen in der Summe nicht so harmlos sind, wie sie das WTO-Sekretariat stets glauben machen wollte.

Jüngst haben China und Brasilien mit neuen Zöllen für Autoimporte die Gefahren für eine offene Handelswelt ins Bewusstsein gerufen. Auf einer grundsätzlicheren Ebene zeigt der Streit über die Agrarpolitik, wie gefährdet die Stellung derjenigen ist, die freien Märkten die Treue halten. Zur Freude zahlreicher Nichtregierungsorganisationen hat Olivier de Schutter, der UN-Berichterstatter für das Recht auf Nahrung, dieser Tage die WTO direkt angegriffen: Die Handelsliberalisierung habe zu einer Flut von Agrarexporten in die Dritte Welt geführt, wo sie die auf kleinen Feldern wirtschaftenden, kinderreichen und über wenig Maschinen verfügenden Bauern immer stärker bedrohe. Schutter kann auf den Berg von Agrarsubventionen in den Vereinigten Staaten und in der EU verweisen, die „Doha" abräumen sollte. Aber er hätte zugleich sagen müssen, dass Rückständigkeit in der Landwirtschaft kein Zukunftsmodell ist. Wirtschaftliches Einigeln kann vielleicht aktuelle Leiden lindern, die Krankheit aus mangelnder Effizienz und ungenügender Innovation aber nicht heilen. Die WTO steht vor einer großen Bewährungsprobe. Sie ist gefordert wie seit Jahrzehnten nicht. Das Thema heißt nicht mehr Doha-Runde, sondern wirtschaftspolitische Gefahrenabwehr. Schon jetzt zeigt sich, dass in Zeiten schlechter Konjunktur das süße Gift des Protektionismus allzu leicht die Sinne vernebelt.

Jürgen Dunsch: Welthandel: Das süße Gift des Protektionismus, in: Frankfurter Allgemeine Zeitung v. 19.12.2011

Indische Oppositionspolitiker protestieren in New Delhi gegen die Konferenz von Doha, November 2001

1. Erläutern Sie die Zielsetzung der WTO (**M 31** bis **M 34**).
2. Zeigen Sie, mit welchen Mitteln diese Zielsetzung verfolgt wird.
3. Stellen Sie in Gruppenarbeit die unterschiedlichen Positionen zur WTO in den Verhandlungen um Handelsliberalisierung dar: Industrieländer, Europäische Union, Entwicklungsländer (**M 35** bis **M 37**).
4. Arbeiten Sie insbesondere die Kritik heraus, die an der WTO geübt wird, und nehmen Sie dazu Stellung.

Kompetenzcheck

Anforderungsbereich I:

- Beschreiben Sie die Entwicklung des Welthandels in den vergangenen Jahren und zeigen Sie die Verbindungen zur Globalisierung auf.
- Stellen Sie den KOF-Index und den A.T. Kearney-Index im Vergleich dar.
- Skizzieren Sie die Theorie der absoluten Kostenvorteile von Adam Smith.
- Geben Sie das Theorem der relativen Kostenvorteile von David Ricardo wieder.
- Stellen Sie die Faktorproportionentheorie dar.
- Legen Sie die Produktlebenszyklus-Theorie dar.
- Stellen Sie die Meistbegünstigungsklausel dar.
- Fassen Sie die Argumente der aktuellen Befürworter eines zumindest zeitweisen Protektionismus zusammen.

Anforderungsbereich II:

- Untersuchen Sie, inwiefern die transnationalen Konzerne den Welthandel beeinflussen.
- Erläutern Sie, wie der Globalisierungsgrad eines Landes gemessen werden kann.
- Arbeiten Sie den Zusammenhang von Kostenvorteilen und Freihandel heraus.
- Erläutern Sie die Vorteile des Freihandels.
- Erschließen Sie die Überlegungen Friedrich Lists zum Protektionismus.
- Charakterisieren Sie Aufbau und Zielsetzung der WTO.

Anforderungsbereich III:

- Nehmen Sie Stellung zur Frage, inwiefern der Globalisierungsgrad eines Landes eine Aussage über dessen Entwicklungsstand erlaubt.
- Nehmen Sie Stellung zum Umgang Europas und der Vereinigten Staaten mit der Kontroverse um Freihandel und Protektionismus.
- Beurteilen Sie die Kritik an der WTO.

5 Die Rolle Deutschlands in der Welt

Der Nationalstaat ist eine Entwicklung der europäischen Neuzeit. Er ist ein Staatsmodell, das auf der Idee und Souveränität der Nation beruht. In der Form des Nationalstaates konnten sich im 19. und 20. Jahrhundert Demokratien entwickeln, seine Herausbildung und Festigung führte jedoch auch zu Spannungen und Kriegen. Nationalstaaten sind als Akteure der internationalen Beziehungen nach wie vor von großer Bedeutung. Die Rolle Deutschlands als eines „zu spät gekommenen" Nationalstaats war im 19. und 20. Jahrhundert nicht rühmlich: Seine Einigung wie auch der Kampf um seine Stellung in der Welt waren mit Kriegen gegen die Nachbarstaaten verbunden. Besonders der von Deutschland begonnene und verbrecherisch geführte Zweite Weltkrieg wirkt bis heute nach.
Deutschlands politische Rolle in der Welt steht nach wie vor unter diesem Eindruck; seine wirtschaftliche Rolle hat sich allerdings verändert. Die Wirtschaft Deutschlands ist die leistungsstärkste Volkswirtschaft Europas, nach dem Bruttoinlandsprodukt die viertgrößte weltweit.

Exportnation Deutschland

Deutschland ist eine der exportstärksten Wirtschaften der Welt. Erst vor kurzem ist es vom Platz 1 der Liste der Exportnationen von China und den USA abgelöst worden. Den hohen Exporten entsprechen allerdings auch hohe Importe. Der starke Außenhandel Deutschlands hat viele Konsequenzen für Wirtschaft und Beschäftigung. Dabei gibt es von den EU-Partnern durchaus auch Kritik an der deutschen Exportstärke. Als Standort ist Deutschland natürlich nicht nur vom Export, sondern auch von der starken Binnennachfrage sowie von seiner starken Produktivität bestimmt.

M 1 Wirtschaften der Welt nach der Größe des Dienstleistungshandels

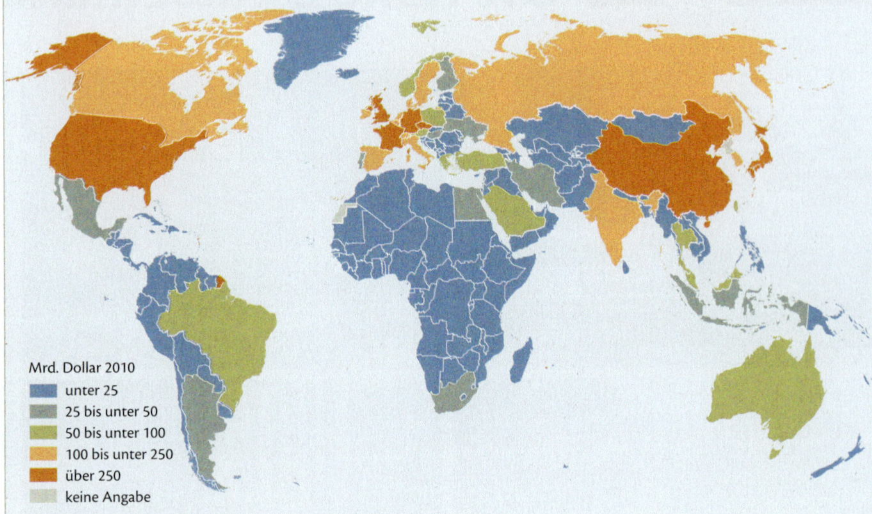

Nach: WTO, International Trade Statistics 2011, Genf o.J. (2011) S. 7

M 2 Exporte ausgewählter Länder insgesamt

in Billionen US-Dollar 2009

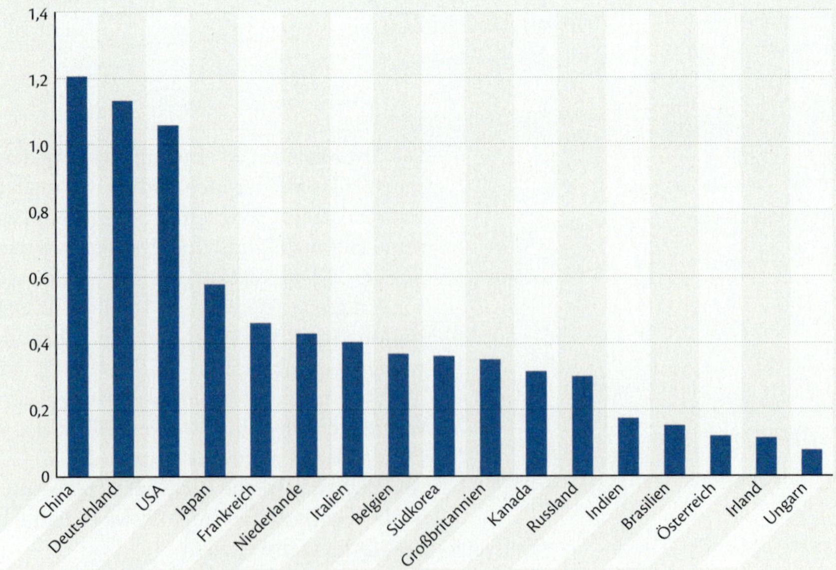

Quelle: Statistisches Bundesamt, Statistisches Jahrbuch 2011

M 3 Wirtschaften der Welt nach der Größe des Warenhandels

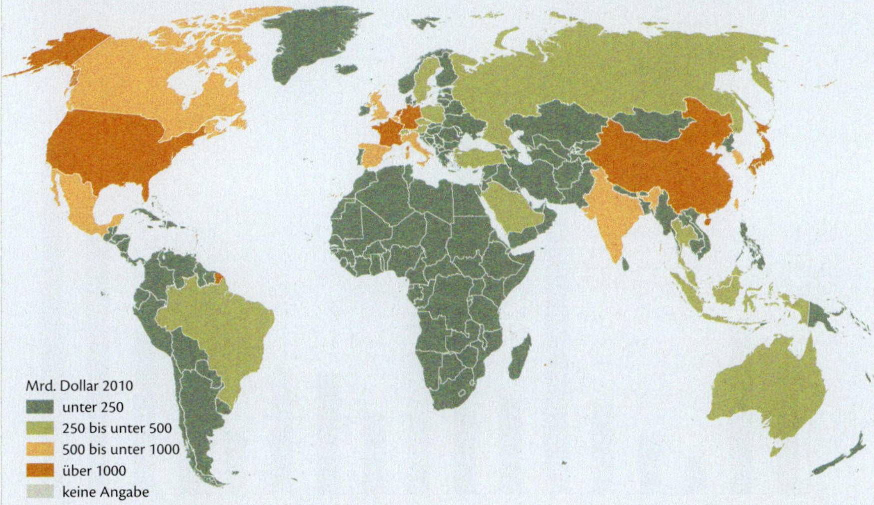

Nach: WTO, International Trade Statistics 2011, Genf o.J. (2011) S. 7.

M 4 Exporte ausgewählter Länder

pro Kopf in US-Dollar 2009

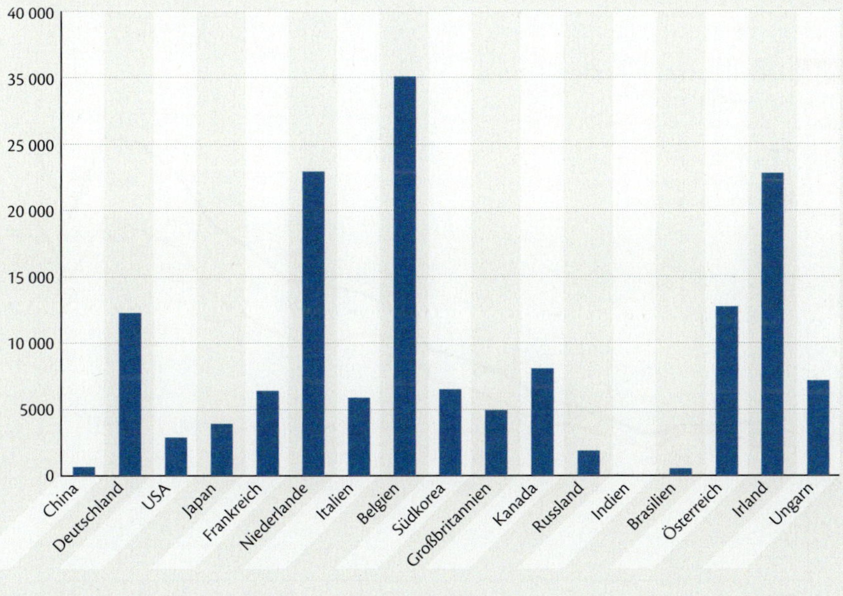

Quelle: Eigene Berechnungen nach Statistisches Bundesamt, Statistisches Jahrbuch 2011; Fischer-Weltalmanach 2012

1 Analysieren Sie die Vorstellung vom Exportweltmeister Deutschland anhand der Grafiken und Statistiken **M 1** bis **M 8**. Beziehen Sie dabei als Untersuchungsaspekte ein:
- Wie stark beeinflusst der Export die Binnenwirtschaft (Export pro Kopf)?
- Wie stark ist die Wirtschaft insgesamt exportorientiert?

2 Beurteilen Sie, inwiefern die deutsche Wirtschaft tatsächlich als besonders exportabhängig bzw. -fixiert gesehen werden kann.

M 5 Anteil des Exports am BIP ausgewählter Länder

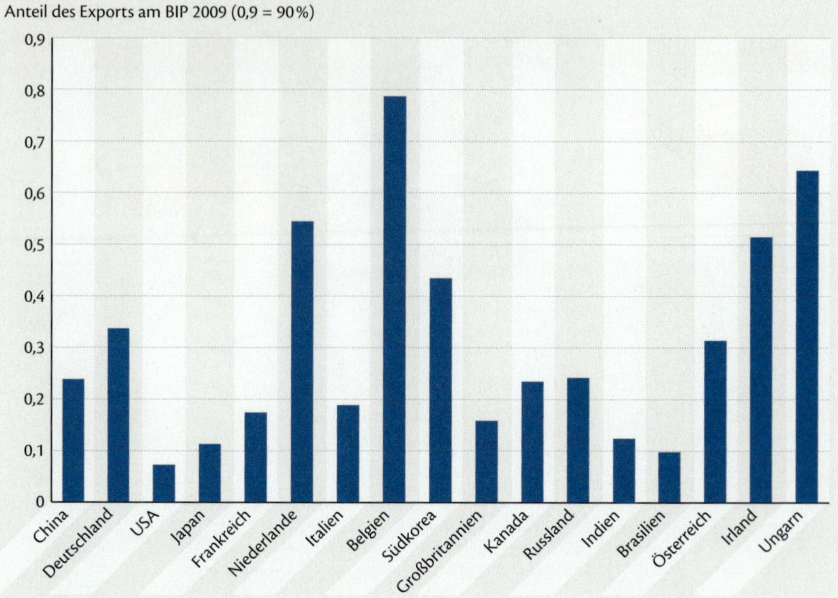

Quelle: Eigene Berechnungen nach Fischer-Weltalmanach 2012

M 6 Der deutsche Außenhandel

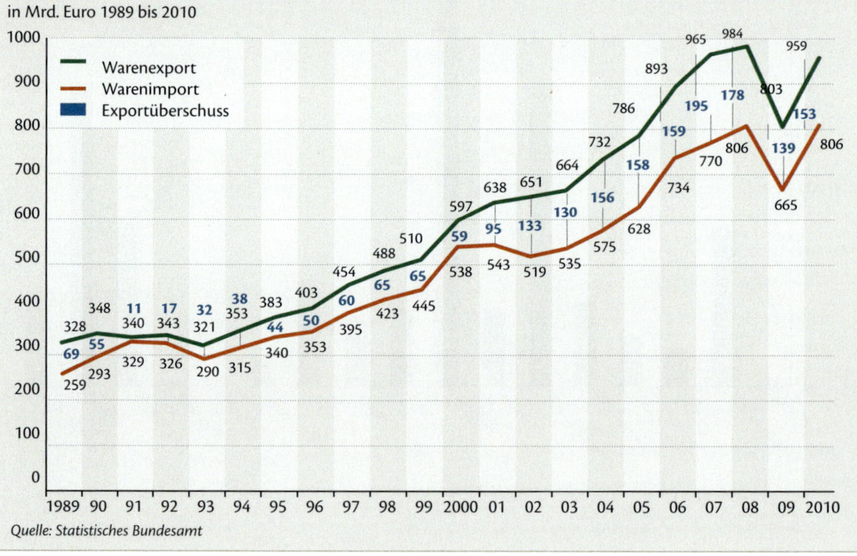

Quelle: Statistisches Bundesamt

M 7 Außenhandelsquote ausgewählter Länder

in Prozent 2009

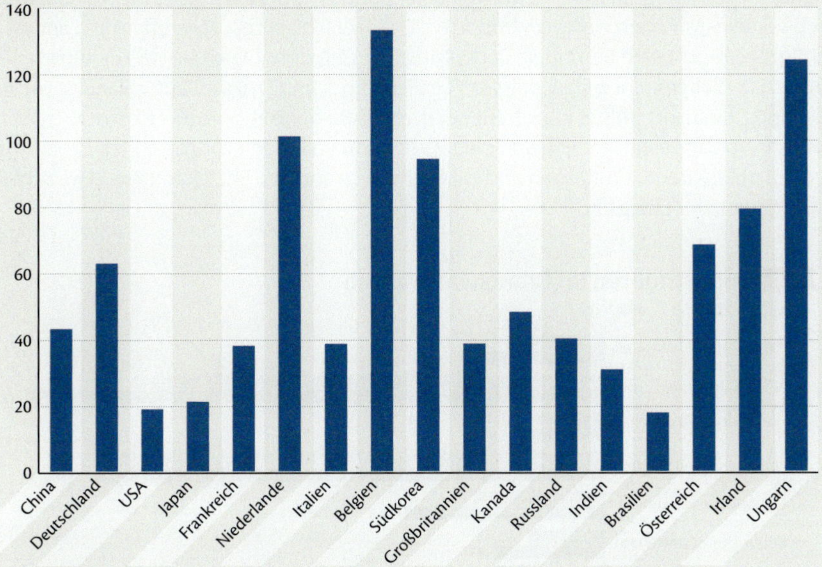

Eigene Berechnungen nach Fischer-Weltalmanach 2012. Durch den Im- und Export von Zwischen- und Vorprodukten kann die Quote bei einzelnen Ländern den Wert 100 überschreiten.

M 8 Außenhandelsquote Deutschlands

in Prozent 1992 bis 2010

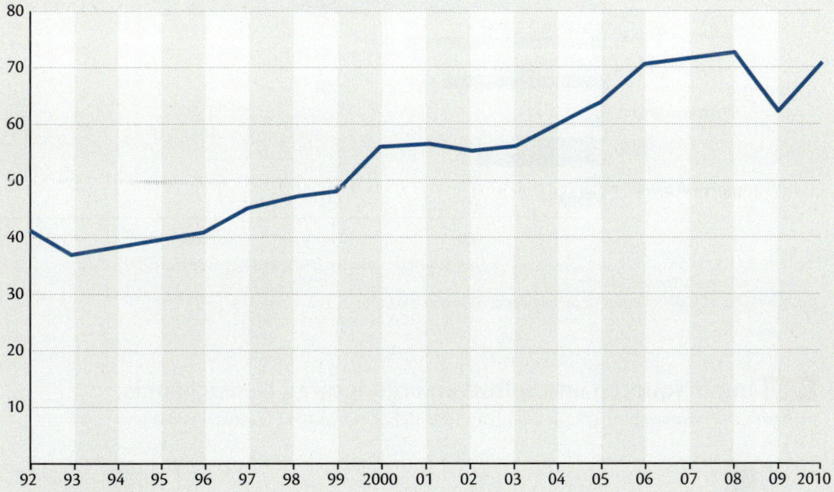

Quelle: Statistisches Bundesamt

Ohne das Ausland nicht? – Importabhängigkeit Deutschlands

Die deutsche Wirtschaft ist nicht nur von einer hohen Exportquote gekennzeichnet, sondern auch von einem hohen Anteil an Importen. Da Deutschland ein rohstoffarmes Land ist, hat der Energieimport eine besondere Bedeutung. Deshalb dominieren bei den Einfuhren neben Textilien und chemischen Erzeugnissen vor allem Erdöl und Erdgas. Deutschland ist nach den USA und China drittgrößter Importeur der Welt. Diese hohe Importquote hatte auch Abhängigkeiten von anderen Ländern zur Folge – vor allem von erdölexportierenden Ländern. Dies führt zu politischen Diskussionen und zur Suche nach anderen Energieformen, etwa zum Ausbau erneuerbarer Energien.

M 9 Importquoten im Branchenvergleich

in Prozent

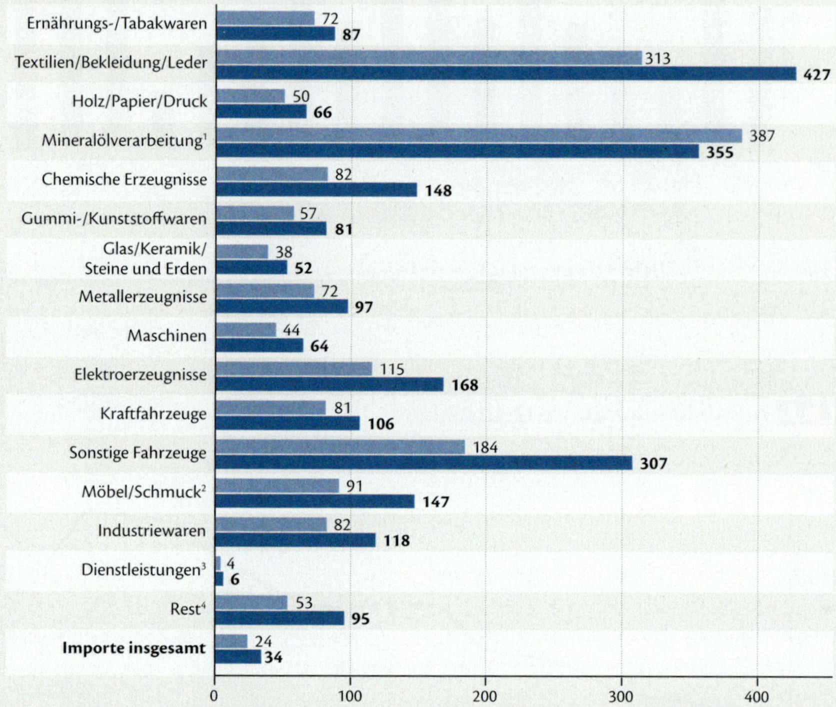

[1] Einschließlich Kokereien und Brutstoffen. [2] Einschließlich Musikinstrumenten und Sportgeräten. [3] Einschließlich Bau. [4] Agrargüter, Bergbau, Energie, Wasser

Nach: IW-Trends 1/2007, Köln: Institut der deutschen Wirtschaft 2007, S. 4

M 10 Importquoten und Selbstversorgungsgrad Deutschlands

bei einzelnen Primärenergieträgern in den Jahren 1999 und 2009, Mio. t SKE (Steinkohleeinheiten)

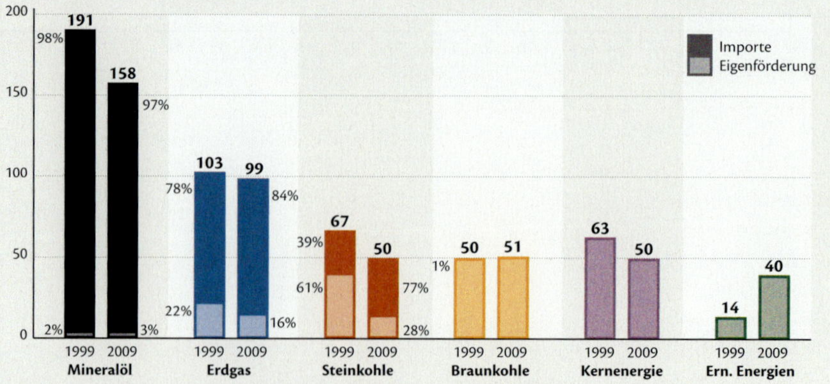

Quelle: http://www.bgr.bund.de/DE/Themen/Energie/Bilder/Kurzstudie2010/Ene_Energierohstoffe_Importabh%C3%A4ngigkeit2009_g.html

M 11 Importabhängigkeit in der Metallindustrie

Die reibungslose Versorgung mit metallischen Rohstoffen ist für eine moderne Volkswirtschaft ebenso grundlegend wie eine gesicherte Energieversorgung. (...)

Seltene Erden (s. a. S. 46) sind u.a. für die Herstellung leistungsfähiger Magneten für Windturbinen und Elektroautos erforderlich, Lithiumbatterien werden schon jetzt millionenfach in Handys und Laptops eingebaut und sind in Elektrofahrzeugen derzeit nicht zu ersetzen. Darüber hinaus kommen Metalle und Metallerzeugnisse auch in traditionellen volkswirtschaftlichen Schlüsselsektoren wie dem Fahrzeug- und Maschinenbau sowie der Chemietechnik zum Einsatz. Indium, Tantal und Wolfram haben im Vergleich zu der eingesetzten Menge und ihrem Nettoimportwert eine überproportional hohe Bedeutung, weil sie in Hightech-Produkten verwendet werden, mit denen in Deutschland eine erhebliche Wertschöpfung erfolgt.

Einen Großteil der verarbeiteten Metalle beziehen deutsche Unternehmen aus dem Ausland. Hauptsächlich aus Rentabilitätsgründen wurde der klassische Metallerzbergbau hierzulande Anfang der neunziger Jahre eingestellt.

Auch im Ausland fördern deutsche Unternehmen bis auf wenige Ausnahmen keine Metallerze mehr, obwohl sie vor allem in der Eisenerzproduktion über viele Jahrzehnte stark vertreten waren. Da sie ihren Bedarf auf dem Weltmarkt preisgünstig decken konnten, zogen sich Konzerne wie ThyssenKrupp und zuletzt Volkswagen aus dem Auslandsbergbau zurück. Die einzige nennenswerte heimische Quelle in Deutschland ist das Recycling von Altmetall, aus dem durchschnittlich 56 Prozent der verarbeiteten Metalle gewonnen werden. Jedoch lassen sich noch nicht alle Metalle kostendeckend oder in ausreichender Menge wiedergewinnen, wie z.B. das seltene, in Flachbildschirmen und Handys verwendete Indium oder das in Festplattenlaufwerken und elektrischen Widerständen eingesetzte Ruthenium. (...)

Importabhängigkeit und steigende Preise sind für deutsche Unternehmen so lange kein Problem, wie der Zugang auch zu seltenen, nicht substituierbaren Metallen gesichert ist, Preise nicht arbiträr gesetzt werden und für alle Marktteilnehmer gleichermaßen gelten. Dies ist jedoch nicht immer der Fall.

Zwei Trends bereiten der deutschen Industrie besondere Sorgen: die steigende Konzentration in einigen Sektoren des Metallerzbergbaus und die Exportbeschränkungen im Ausland. (...)

Ein wichtiges, wenngleich bislang unzureichendes Instrument auf internationaler Ebene ist das Regelwerk der WTO. Grundsätzlich konzentriert sich die WTO auf die Beseitigung protektionistischer Importrestriktionen zur Verbesserung des Marktzugangs; Exportrestriktionen spielten bislang keine bedeutende Rolle in den Liberalisierungsverhandlungen. Analog zu den Importzöllen sind auch Exportzölle grundsätzlich erlaubt. Während Importzölle allerdings gebunden werden müssen (sie können dann nicht mehr ohne weiteres wieder angehoben werden), gilt dies für Exportzölle nicht. Dem Abbau ihrer Exportzölle haben sich bislang nur wenige Länder verpflichtet.

Stormy-Annika Mildner/Florian Wassenberg: Immer knapper, immer teurer? Die Importabhängigkeit bei metallischen Rohstoffen schafft Verwundbarkeiten, in: Internationale Politik November/Dezember 2009, S. 52 ff.

substituierbar: ersetzbar
arbiträr: nach Ermessen, willkürlich
Restriktion: Einschränkung

1 Analysieren Sie die Importabhängigkeit der deutschen Wirtschaft (**M 9** bis **M 13**). Stellen Sie dazu aus den Materialien differenziert die Importquoten nach Branchen und Bereichen zusammen. Beachten Sie auch die Entwicklung.

2 Beurteilen Sie, inwiefern Deutschland eine vom Import abhängige Nation ist und ob diese Abhängigkeit zunehmen wird.

3 Beurteilen Sie die These, dass ihre Importabhängigkeit die deutsche Wirtschaft zu einer Vertreterin des Freihandels machen müsse.

4 Analysieren Sie, inwiefern Deutschland als Import- und Exportökonomie funktioniert (**M 12** bis **M 15**).

5 Beurteilen Sie die These, dass die Exportabhängigkeit die deutsche Wirtschaft besonders krisenanfällig mache.

6 Diskutieren Sie, ob die deutsche Wirtschaft ihre Exportorientierung beibehalten soll (**M 14**, **M 15**).

M 12 Rangfolge der Handelspartner Deutschlands

in Mrd. Euro, 2010

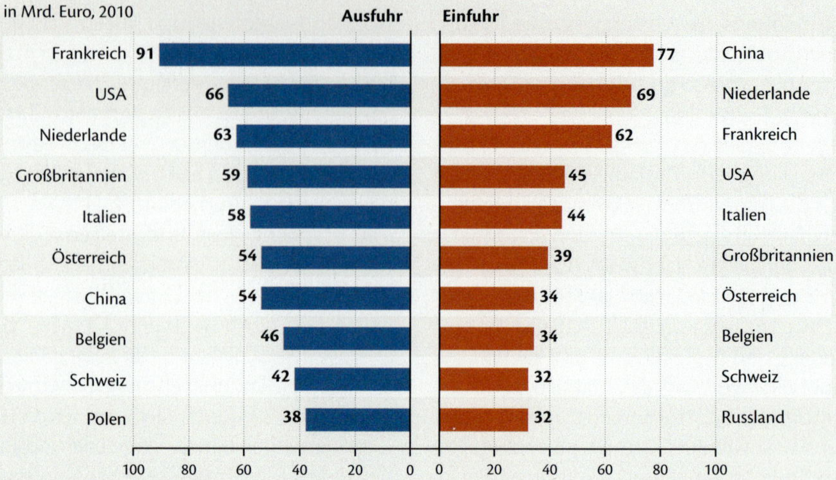

Quelle: Statistisches Bundesamt, Datenreport 2011, Wiesbaden 2011, S. 81

M 13 Anteile der Ein- und Ausfuhr 2010 nach Warengruppen

in Prozent

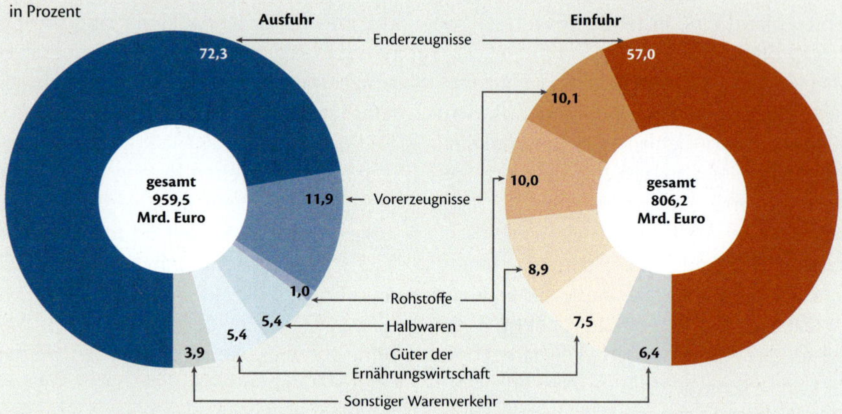

Quelle: Statistisches Bundesamt, Statistisches Jahrbuch 2011, Wiesbaden 2011, S. 467

M 14 Die zehn wichtigsten deutschen Exportgüter 2010

in Mrd. Euro

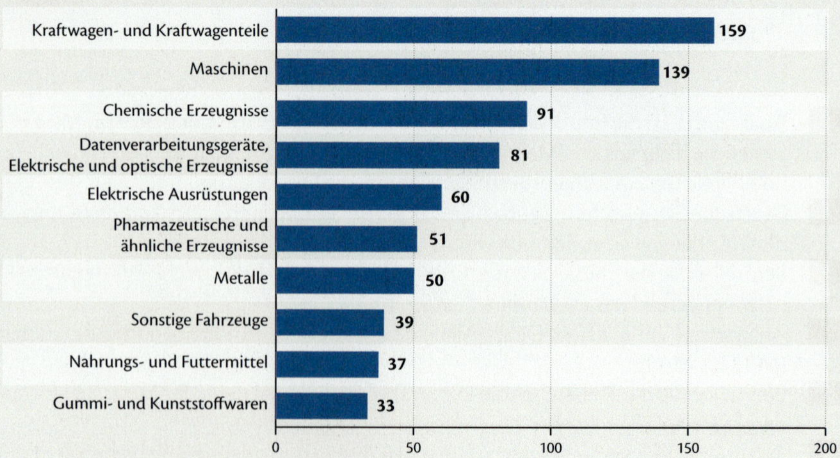

Quelle: Statistisches Bundesamt, Datenreport 2011, Wiesbaden 2011, S. 81

M 15 Beibehaltung der Exportorientierung?

Eine zentrale Herausforderung für die Stabilität der Weltwirtschaft in den nächsten Jahren ist der Abbau der globalen Ungleichgewichte im Außenhandel. Dies betrifft neben Japan und China auch Deutschland, das als „Exportweltmeister" besonders von der weltweiten Rezession betroffen ist. (...)
Die maßgeblichen Argumentationslinien bezüglich der deutschen Exportorientierung sind in einer Übersicht zusammengefasst:

Aufrechterhaltung der Exportorientierung
Argumentationslinie 1: Die Exportorientierung war erfolgreich und kann nach der Krise aufrechterhalten werden. Die Lohnzurückhaltung sollte fortgesetzt werden. Diese Position wird u. a. von Christoph M. Schmidt vertreten: „Die Exportlastigkeit hat uns sehr gut getan, der Wohlstand ist beständig gewachsen. Es besteht kein Anlass, das deutsche Geschäftsmodell zu ändern."
Vor allem warnt er davor, die Umverteilung zulasten der Löhne zu beenden, um so eine Stärkung des Konsums und des binnenwirtschaftlichen Wachstums anzustreben: „Dahinter steckt die Idee, wir könnten uns selbst aus dem Sumpf ziehen, wenn nur die Löhne steigen. Ein Trugschluss. In den vergangenen Jahren war die Lohnzurückhaltung ein Erfolgsfaktor. Übermäßig steigende Löhne schaffen eine höhere Arbeitslosigkeit. Das würde die Krise noch verschärfen. (...)

Lohnzurückhaltung zur Stärkung der Binnenwirtschaft
Argumentationslinie 2: Die Exportorientierung war erfolgreich, kann aber nach der Krise nur schwer fortgesetzt werden. Nun sollten Lohnzurückhaltung und sozialpolitische Einschnitte zur Stärkung der Binnenwirtschaft fortgesetzt werden.
Eine etwas andere Position wird von Wolfgang Franz sowie von der Mehrheit des Sachverständigenrates im aktuellen Jahresgutachten vertreten. Franz stellt im Unterschied zu Schmidt fest, dass die Weltwirtschaftskrise das deutsche Geschäftsmodell vor schwerwiegende Herausforderungen stellt: „Um den Aufholprozess zu beschleunigen, dürfen wir uns aber nicht allein auf die anspringende Auslandsnachfrage verlassen. Wir brauchen eine ergänzende Strategie. Wir müssen dafür sorgen, die Bedingungen für Investitionen im Inland wieder attraktiver zu machen, so Arbeitsplätze zu schaffen, die Einkommen zu stärken und darüber den privaten Konsum zu stimulieren. Der umgekehrte Weg einer expansiven Lohnpolitik wäre töricht – die Lohnzurückhaltung der vergangenen Jahre war einer unserer Vorteile gegenüber unseren Wettbewerbern." (...)
Eine etwas andere, weniger auf die Forderung nach Lohnzurückhaltung fixierte, Position vertritt Dennis Snower, der ebenfalls davon ausgeht, dass es nach der Weltwirtschaftskrise für Deutschland schwerer werden wird, ein kräftiges Wachstum über den Export zu erzeugen: „Deutschland wird aufgrund der vielen Länder, die stark verschuldet sind und sparen müssen, wie die USA, England oder Spanien, in Zukunft einen Exportmarkt haben, der langsamer wächst." Dennoch hält Snower das exportorientierte Geschäftsmodell weiterhin für beinahe alternativlos. (...)

Überwindung der Exportorientierung
Argumentationslinie 3: Die Exportorientierung war nicht erfolgreich und sollte nach der Krise überwunden werden, und daher sollten Lohnzurückhaltung und sozialpolitische Einschnitte fortgesetzt werden.
Eine ganz andere Problemdiagnose wird von Hans-Werner Sinn (s. S. 128) vertreten. Er ist nicht der Auffassung, dass „(uns) die Exportlastigkeit (...) sehr gut getan (hat)" (Schmidt) oder dass „die Lohnzurückhaltung der vergangenen Jahre (...) einer unserer Vorteile gegenüber unseren Wettbewerbern (war)" (Franz). Vielmehr erklärt Sinn die deutsche Exportorientierung damit, dass die Lohnzurückhaltung in Deutschland unzureichend und die Löhne trotz der rasanten Umverteilung und zunehmenden Lohnspreizung zu hoch und zu wenig differenziert waren: „Das Kapital und die Talente flohen aus den arbeitsintensiven Binnensektoren, weil sie Angst vor den Fesseln einer fehlgeleiteten Sozialpolitik hatten, die der internationalen Niedriglohnkonkurrenz mit einer Hochlohnkonkurrenz auf heimischen Arbeitsmärkten entgegentrat. Ein Teil des Kapitals floh ins Ausland; das erklärt den hohen deutschen Exportüberschuss. Anstatt in Deutschland zu investieren, haben viele Unternehmen lieber Maschinen ins Ausland exportiert und dort die Arbeitsplätze geschaffen, deren Verlust man nun in Deutschland beklagt."
Gustav Horn/Simon Sturn/Till van Treeck: Die Debatte um die deutsche Exportorientierung, in: Wirtschaftsdienst 1/12010, S. 22 ff.

Sachverständigenrat: Gremium zur Begutachtung der gesamtwirtschaftlichen Entwicklung, das sich wissenschaftlich mit der gesamtwirtschaftlichen Entwicklung Deutschlands befasst. Ziel ist die Erleichterung der Urteilsbildung aller wirtschaftspolitisch verantwortlichen Instanzen sowie der Öffentlichkeit

Basar-Ökonomie?

Deutschland ist als Volkswirtschaft import- wie auch exportabhängig. Die Frage drängt sich dabei fast auf, was eigentlich innerhalb Deutschlands mit den importierten Waren geschieht, die dann wieder exportiert werden. Der Ökonom Hans-Werner Sinn hat dazu die These von der Basar-Ökonomie aufgestellt, einer Art volkswirtschaftlichen „Blase", bestehend aus einer ganzen Volkswirtschaft. Ist Deutschland eine Basar-Ökonomie?

Hans-Werner Sinn (geb. 1948)

Basar: persisches Wort für Markt. Der Begriff Basar wird für Märkte in orientalisch-islamischen Städten verwendet

M 16 Basar-Ökonomie

Der Ökonom und Präsident des ifo-Instituts für Wirtschaftsforschung, Hans-Werner Sinn:
Die Basar-Hypothese besagt, dass der inländische Wertschöpfungsanteil an der Industrieproduktion, die sogenannte Fertigungstiefe, zugunsten des Auslands fällt und dass sich Deutschland zunehmend auf Basar-Tätigkeiten spezialisiert.

Sie besagt nicht, dass der Wertschöpfungsanteil der Industrie am Bruttoinlandsprodukt fällt, und schon gar nicht, dass die Wertschöpfung der Basare fällt. Die Basar-Hypothese geht von der Erkenntnis aus, dass immer mehr deutsche Industrieunternehmen arbeitsintensive Teile ihrer Wertschöpfungsketten in ausländische Niederlassungen verlagern (Offshoring) oder bei Zulieferern aus dem Ausland kaufen (ausländisches Outsourcing), um dadurch den hohen deutschen Lohnkosten zu entkommen. Deutschland baut seine Position als Basar der Welt aus und kann auf hohe und wachsende Exporte verweisen. Doch werden die Industriegüter zu wachsenden Wertanteilen in Niedriglohnländern vorfabriziert, vor allem neuerdings auch wieder in Deutschlands traditionellem Hinterland in Osteuropa. Dadurch läuft die Industrieproduktion und auch der Export von Industriegütern der industriellen Wertschöpfung davon. Schon aus diesem Grunde zeigt die Exportstatistik nicht, wie Deutschland mit der Globalisierung zurechtkommt. (...)

Die exportinduzierte Wertschöpfung steigt auch, wenn sich ein Land, wie Deutschland es tut, auf Basar-Tätigkeiten spezialisiert, also seine Produktion im kundennahen Downstream-Bereich vertikaler Produktionsketten ausbaut. In diesem Fall wandern die Produktionsfaktoren aus den arbeitsintensiven Upstream-Aktivitäten, bei denen komparative Handelsnachteile bestehen, sowie aus anderen arbeitsintensiven Sektoren in die Basare. Dadurch steigt

M 17 Reale Wertschöpfung und Vorleistungen aus dem In- und Ausland

Verarbeitendes Gewerbe 1991 bis 2003. 1995 = 100

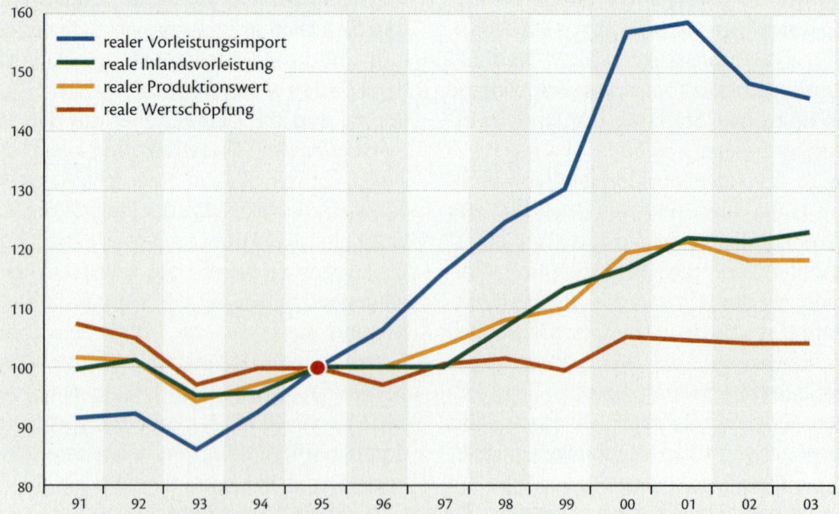

Quelle: v. a. Hans-Werner Sinn, Ist Deutschland noch zu retten? Berlin 2005

das in den Basaren verdiente Einkommen, also die Wertschöpfung, im Verhältnis zum Bruttoinlandsprodukt. Da die Erhöhung der Wertschöpfung in den Basaren stets mit einer Zunahme der exportierten Vorleistungen einhergeht, muss das Exportvolumen freilich noch schneller wachsen als die exportinduzierte Wertschöpfung. Die Elastizität des Exportvolumens bezüglich der exportinduzierten Wertschöpfung liegt in Deutschland bei 1,36. Das bedeutet, dass eine Zunahme der exportinduzierten Wertschöpfung um 1 Prozent das Exportvolumen in Deutschland um 1,36 Prozent steigert.

Hans-Werner Sinn: Basar-Ökonomie Deutschland – Exportweltmeister oder Schlusslicht? In: ifo-Schnelldienst 6/2005, S. 5 ff., 41

M 18 Der Basar-Effekt im internationalen Vergleich

Anteil der Bruttowertschöpfung des verarbeitenden Gewerbes am Wert seiner eigenen Produktion (in Prozent)

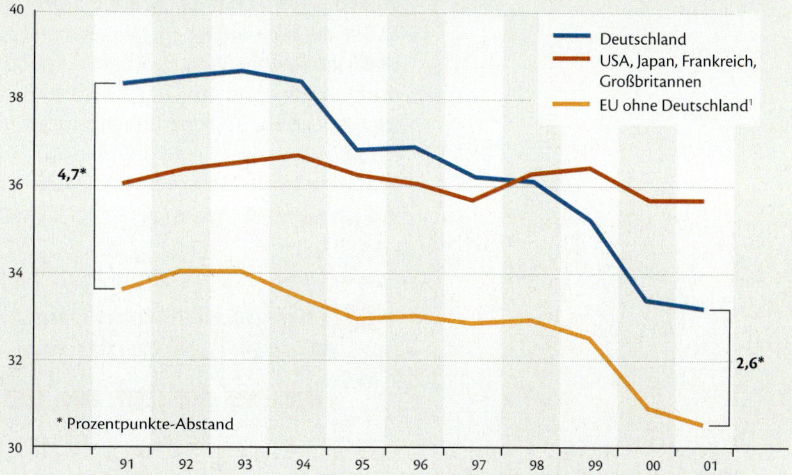

[1]Belgien, Dänemark, Finnland, Frankreich, Italien, Niederlande, Österreich, Portugal, Schweden und Großbritannien

Quelle: Statistisches Bundesamt

M 19 Basar-Ökonomie oder Exportwunder?

SPIEGEL-Gespräch mit Hans-Werner Sinn und Peter Bofinger:

SPIEGEL: Herr Sinn, Sie haben für die deutsche Wirtschaft den Begriff der „Basarökonomie" geprägt, die Vorleistungen im Ausland einkauft, diese zusammenschraubt und dann als „made in Germany" verkauft. Ist das nicht reichlich übertrieben?

Sinn: Das Bild ist eine Karikatur, die den Endpunkt einer problematischen Reise beschreibt. Meine Behauptung war, dass der Wertanteil der Industrieproduktion, der im Inland erzeugt wird, fällt, weil immer mehr ins Ausland verlagert wird.

Bofinger: Das Bild ist einfach falsch. Basarökonomie bedeutet: Produkte, die aus Deutschland exportiert werden, sind überwiegend – sonst hat das Bild keinen Sinn – Produkte, die durchgehandelt werden.

Sinn: Zunehmend, nicht überwiegend.

Bofinger: Dann ist der Begriff falsch. Das Statistische Bundesamt hat festgestellt, dass 62 Prozent eines deutschen Exportgutes deutsche Wertschöpfung sind. Also ist das Exportgut überwiegend ein in Deutschland produziertes Gut.

Sinn: Es hat auch festgestellt, dass dieser Anteil dramatisch fällt.

Bofinger: Der Begriff suggeriert, unsere Exporterfolge seien aufgebläht. Das sind sie nicht. Sie zeigen, wie wettbewerbsfähig die deutsche Wirtschaft ist. Dass im Zuge der Globalisierung ein deutsches Exportgut nicht mehr so deutsch ist, wie es 1960 oder 1980 deutsch war, ist ein völlig normaler Prozess, der sich insgesamt positiv für unsere Wirtschaft ausgewirkt hat.

SPIEGEL: Herr Sinn, ist denn das, was Sie als Basarökonomie bezeichnen, wirklich etwas Negatives? Bislang ist es doch so, dass zwar der Importanteil an den Exporten steigt, aber dieser Effekt wird durch Mehrexporte überkompensiert.

Sinn: Das ist bedeutungslos. Die Wertschöpfung bei den Exporten steigt wegen der Globalisierung überall. Die Entwicklung zur Basarökonomie hilft den Firmen. Die bleiben wegen der Mischkalkulation bei den Löhnen wettbewerbsfähig. Viele Arbeitsplätze, die sonst verloren gegangen wären, bleiben erhalten. Das Boot schwimmt weiter, weil Ballast abgeworfen wird. (...)

Bofinger: Deshalb müssen wir die Nachfrage stärken. Überall auf der Welt, wo die Nachfrage dynamisch ist, werden uns unsere Produkte aus der Hand gerissen.

Spiegel 50/2004, Spiegel Online, http://www.spiegel.de; Gesprächsmoderation: Alexander Jung/Armin Mahler (Zugriff: 30.6.2012)

Peter Bofinger (geb. 1954), deutscher Ökonom

1 Analysieren Sie die These Sinns von der Basar-Ökonomie Deutschland (**M 16** bis **M 18**)

2 Nehmen Sie Stellung zu der These Sinns unter Einbeziehung der Kritik an ihr (**M 19**).

Deutschland – Waffenliefer-Land?

Import – Weiterverarbeitung – Export, das ist ein Strukturmerkmal der deutschen Wirtschaft als Teil der Weltwirtschaft. Doch womit wird in Deutschland das Geld verdient? Deutschland ist ein großes Rüstungsexportland. Es rangiert mittlerweile auf Rang drei der größten Waffenexporteure nach den USA und Russland. Beruht der deutsche Exporterfolg etwa auf Waffenverkäufen? Die Bundesregierung tritt für ein wirksames Waffenhandelsabkommen ein. Sie befindet sich allerdings in einem Widerspruch: Zum einen erklärt sie, dass bei Exportgenehmigungen die jeweilige Menschenrechtssituation berücksichtigt wird, zum anderen tragen deutsche Waffen immer wieder zu Menschenrechtsverletzungen bei. Wie ist dieser Widerspruch zu lösen?

M 20 Kriegswaffenexport Deutschlands insgesamt

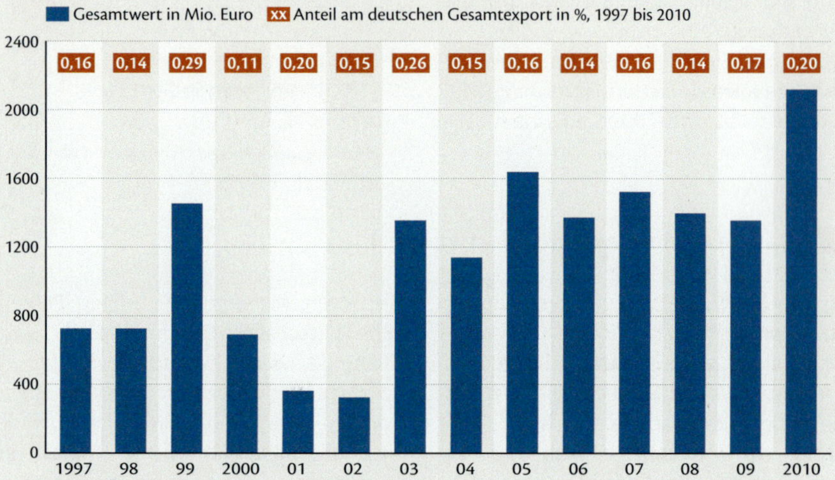

Nach: Bundesregierung, Rüstungsexportbericht 2010, Berlin 2011, S. 46

M 21 Deutsche Waffenexporte

Exportgenehmigungen 2010: Insgesamt 4,754 Mrd. Euro

Ausfuhrgenehmigungen nach Regionen 2010 in Mio. Euro

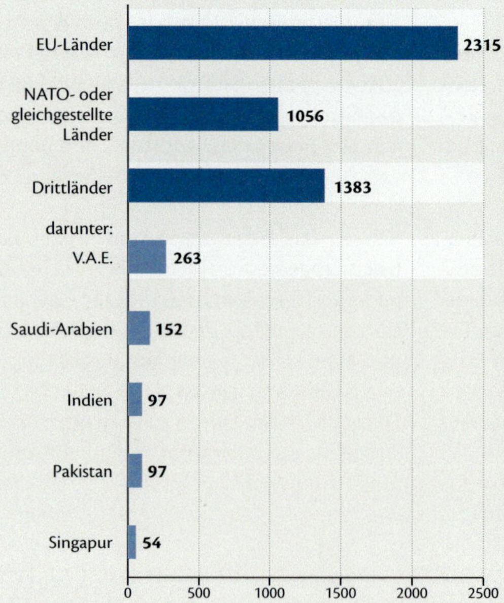

Quelle: BMWI, Zahlen gerundet

Der UNO 2010 gemeldete Großwaffenexporte in Stück

Brasilien	**87**	Panzer Leopard 1
Chile	**32**	Panzer Leopard 2
	63	Panzer Marder
Griechenland	**223**	Panzerhaubitzen
	1	U-Boot Kl. 214
Luxemburg	**2**	Luftabwehrraketen
Niederlande	**10**	Panzer Leopard 2
	2	Luftabwehrraketen
Portugal	**1**	U-Boot Kl. 209PN
Singapur	**56**	Panzer Leopard 2
Spanien	**23**	Lenkflugkörper Taurus
Türkei	**10**	Panzer Leopard 2

M 22 „Kriege schaffen – mit mehr Waffen"?

Anlässlich der Verabschiedung des Rüstungsexportberichts 2010 durch die Bundesregierung erklären die Sprecher des Bundesausschusses Friedensratschlag in einer ersten Stellungnahme, 7.12.2011:

Das angesehene internationale Friedensforschungsinstitut in Stockholm (SIPRI) hatte bereits im Juni Deutschland wieder auf Platz drei in der Weltrangliste der Rüstungsexporteure platziert. Seit 2005 hält Deutschland laut SIPRI den zweifelhaften (west-)europäischen Spitzenplatz beim Rüstungsexport. Im Jahrfünft von 2006 bis 2010 verdoppelte Deutschland seinen Kriegswaffenausfuhrwert gegenüber dem Jahrfünft davor. Es führte in den letzten fünf Jahren beinahe so viele Rüstungsgüter aus wie Frankreich und Großbritannien zusammen. (...)

Waffenexport nach Saudi-Arabien?

Auch für 2011 ist mit einem hohen Wert an Exportgenehmigungen zu rechnen. Noch im Dezember droht durch den geheim tagenden Bundessicherheitsrat die endgültige Entscheidung für den Export von bis zu 270 Kampfpanzern Leopard 2 A7+ nach Saudi-Arabien im Wert von etwa 3 Mrd. Euro. Diese speziell für den Kampf in Städten und Ortschaften entwickelten Panzer eignen sich sowohl für den Einsatz im Inneren gegen Aufständische im repressiven Saudi-Arabien als auch in undemokratischen Nachbarländern. (...) Wir fordern die Regierung auf, diesem Deal mit dem reaktionären saudischen Königshaus die Zustimmung zu verweigern!

Wir verurteilen den weiterhin hohen Genehmigungswert für den Export von „Kleinwaffen" und ihrer Munition in „Drittländer" (außerhalb von NATO und EU). Der Wert von 16,3 Millionen Euro im Jahr 2010 ist der dritthöchste überhaupt und liegt um 2 Millionen Euro über dem des Vorjahrs. In den Jahren 2006 bis 2010 wurden um 128 Prozent mehr Genehmigungen dieser Art erteilt als im Jahrfünft davor (2001 bis 2005). (...) Unter den Empfängern deutscher „Kleinwaffen" befinden sich außerdem weitere Länder, die diese Waffen zur Repression nach innen einsetzen könnten: Bahrain, das Sultanat Brunei (seit 1962 Ausnahmezustand), Indien, Indonesien und Mexiko. Die Klausel in den eigenen „Rüstungsexport-Richtlinien" aus dem Jahr 2000, wonach erst ein „hinreichender Verdacht" dafür vorliegen müsse, dass diese Waffen für die interne Repression eingesetzt werden sollen, um die Ausfuhr zu verweigern, ist zu lasch – und verdient nicht das von der Regierung selbst vergebene Prädikat „restriktive Handhabe".

Waffen für repressiven Einsatz

Die Erfahrung zeigt, dass gelieferte Waffen auch erst nach Jahren zum repressiven Einsatz kommen. Das muss nicht einmal im belieferten Land selbst sein, sondern kann in anderen Ländern passieren; denn der Endverbleib dieser Waffen liegt außerhalb der Kontrolle deutscher Organe. Doch selbst wenn sich die Bundesregierung an den Geist der eigenen Rüstungsexport-Richtlinien und an den „Code of Conduct" der Europäischen Union halten würde, dürfte sie Lieferungen nach Saudi-Arabien, in die Vereinigten Arabischen Emirate, aber auch z. B. in das NATO-Land Türkei (gewaltsame Unterdrückung der Kurden) niemals zustimmen.

Genereller Stopp der Waffenexporte!

Wir wissen uns mit der Ablehnung des Rüstungsexports einig mit der Mehrheit der Bürgerinnen und Bürger unseres Landes und fordern einen generellen Stopp der Waffenexporte.

http://www.ag-friedensforschung.de/themen/export/bericht2010-baf.html (Zugriff: 8.12.2011)

M 23 Rüstungshandel

Quelle: Sipri, Die Presse/HR

1 Analysieren Sie die Tabellen und Grafiken in Bezug auf die Bedeutung des Waffenexports für das Exportland Deutschland.

2 Waffenexporte unterliegen in Deutschland strengen Kontrollen, wenn sie außerhalb des NATO-Gebiets erfolgen. Analysieren Sie die Exporte in „Drittländer".

3 Nehmen Sie Stellung zu den deutschen Waffenexporten.

Was bleibt von „Made in Germany"? – Standort Deutschland

Im Rahmen der Globalisierungsdebatte ist der Wirtschaftsstandort Deutschland in die Diskussion gekommen. Wegen der gesunkenen Transportkosten und wegen der Grenzöffnung nach Osteuropa sieht sich der Wirtschaftsstandort Deutschland intensiverer Konkurrenz ausgesetzt als vor 1990/91. Da Arbeit in Osteuropa günstiger sei, wird befürchtet, dass dies zum Abbau von Arbeitsplätzen in Deutschland führen werde. Daher, so argumentieren viele, müsse auf die Globalisierung mit einer Senkung der Lohn- und Lohnzusatzkosten reagiert werden. Ansonsten komme es zu einem Export von Arbeitsplätzen.

M 24 Stärken des Standorts Deutschland

„Wie bewerten Sie Deutschland hinsichtlich folgender Standortfaktoren?"

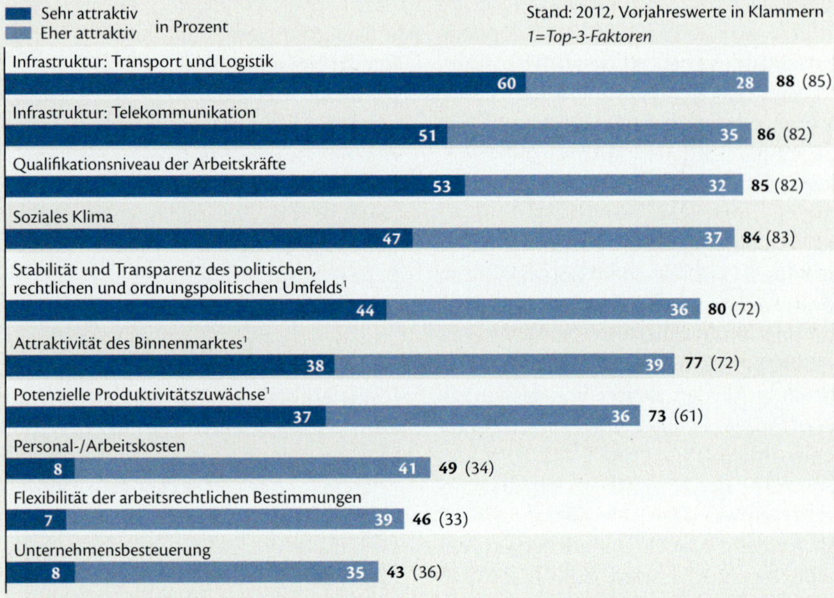

Quelle: Ernst & Young, Standort Deutschland 2012. Deutschland und Europa im Urteil internationaler Manager. Essen 2012, S. 11; Befragung von 840 international tätigen Unternehmen durch telefonische Interviews der Führungskräfte (Vorstands-/Geschäftsführungsebene) im Februar und März 2012

M 25 Investoren feiern Standort Deutschland

Die europäische Schuldenkrise geht an Deutschland komplett vorbei – jedenfalls in der Bewertung der Investoren weltweit. Internationale Manager bewerten den Standort Deutschland noch besser als im Vorjahr (2011) und erwarten sogar, dass die Attraktivität weiter zunimmt. Das zeigt eine Umfrage der Beratungsgesellschaft Ernst & Young bei Managern von 840 internationalen Unternehmen zur Attraktivität des Wirtschaftsraums Europa.

Deutschland ist demnach in den kommenden Jahren der mit Abstand attraktivste Investitionsstandort in Europa – weltweit nur geschlagen von China, Indien, den USA, Russland und Brasilien. Die Zahl der ausländischen Unternehmen, die im vergangenen Jahr in Deutschland investiert haben, stieg deutlich an. Der Untersuchung zufolge ist die Zahl der Investitionsprojekte um sieben Prozent gestiegen, die neu geschaffenen Jobs legten auf fast 18 000 zu – ein Plus von satten 43 Prozent.

Deutschland hängt Westeuropa ab

Der Befragung zufolge vergrößert sich der Abstand zwischen Deutschland und anderen europäischen Ländern. Während Westeuropa insgesamt schlechter abschneidet als im vergangenen Jahr, ist die Attraktivität Deutschlands gestiegen: 13 Prozent der befragten Manager bezeichnen Deutschland als einen der drei Top-Standorte weltweit. Die wichtigsten Konkurrenten Deutschlands um die Ansiedlung ausländischer Unternehmen sind demnach nicht die europäischen Nachbarländer, sondern China und die USA. „Deutschland ist heute eindeutig die dynamischste und wettbewerbsfähigste unter den großen Volkswirtschaften Europas", sagte Peter Englisch von Ernst & Young. „Wer in Europa investieren möchte, nimmt fast immer Deutschland in die engere Wahl – das war noch vor fünf Jahren ganz anders." Gerade die europäische Schuldenkrise habe die Stärken des Standorts offenbart: Die international wettbewerbsfähige Wirtschaft und eine einigermaßen gesunde Haushaltslage.

Chinesische Firmen bevorzugen Deutschland
Bemerkenswert ist die starke Zunahme chinesischer Investitionen: Im Jahr 2011 gab es 45 Projekte chinesischer Firmen – 36 Prozent mehr als im Vorjahr und so viele wie in keinem anderen Land Europas: Jedes dritte Investitionsprojekt chinesischer Unternehmen in Europa wurde in Deutschland umgesetzt. Chinesische Unternehmen stellen damit die viertgrößte Investorengruppe – hinter den USA, der Schweiz und Großbritannien.
Besonders gute Noten erhält Deutschland vor allem für die Infrastruktur, das Qualifikationsniveau der Arbeitskräfte und das soziale Klima. Bei allen abgefragten Faktoren schneidet Deutschland in diesem Jahr besser ab als im Vorjahr. Deutschlands wichtigster Wettbewerbsvorteil ist aus Sicht der befragten Manager die hohe Qualität von Forschung und Entwicklung: 40 Prozent bezeichnen die Forschungs- und Innovationskapazitäten als herausragendes Merkmal des Standorts Deutschland. Um im weltweiten Wettbewerb weiterhin erfolgreich zu sein, muss Deutschland nach Ansicht jedes dritten Befragten verstärkt in Aus- und Weiterbildung investieren und innovative „Hightech"-Branchen fördern.

Ifo-Index sinkt
Die Schuldenkrise in Europa erreicht allerdings auch zusehends die hiesige Wirtschaft. Die Stimmung in deutschen Unternehmen hat sich im Juni weiter verschlechtert. Der Ifo-Geschäftsklimaindex fiel von 106,9 auf 105,3 Punkte, wie das Ifo-Institut am Freitag in München mitteilte. Die Unternehmen beurteilten ihre aktuelle Lage zwar etwas besser, ihre Geschäftsaussichten jedoch deutlich schlechter als in den vergangenen Monaten. (...)
Auch Börsianer in Deutschland sehen die Zukunft skeptischer. Die Zuversicht der Finanzexperten hat sich im Juni stark eingetrübt. Der am vergangenen Dienstag veröffentlichte ZEW-Index, der ihre Konjunkturerwartungen für die kommenden sechs Monate wiedergibt, sank um 27,7 Punkte auf minus 16,9 Zähler.

Investoren feiern Standort Deutschland; in: Spiegel Online v. 22.6.2012; http://www.spiegel.de (Zugriff: 1.7.2012)

M 26 Die attraktivsten Investitionsstandorte in Europa

„Welche drei Länder sind in den kommenden drei Jahren aus Ihrer Sicht die attraktivsten Investitionsstandorte in Europa?"
Angaben in Prozent; bis zu drei Nennungen möglich; Grundgesamtheit: n = 840

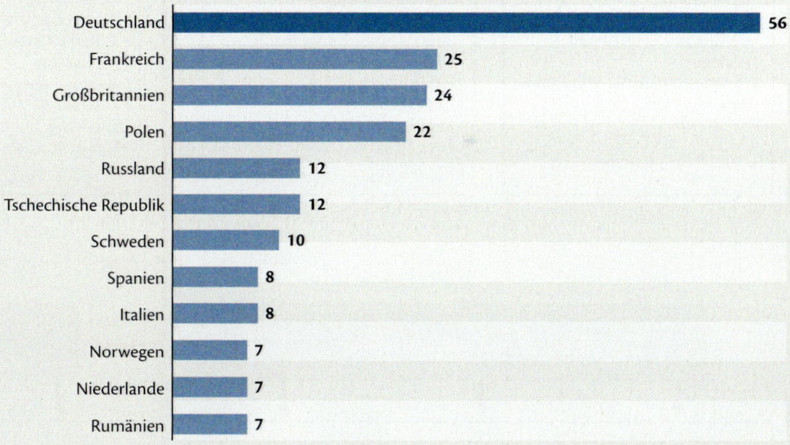

Quelle: Ernst & Young, Standort Deutschland 2012. Deutschland und Europa im Urteil internationaler Manager. Essen 2012, S. 11

1 Sammeln Sie im Placemat-Verfahren Indikatoren eines guten Wirtschaftsstandorts.

2 Vergleichen Sie Ihre Standortfaktoren mit denen der Materialien **M 24** bis **M 26**.

3 **M 24** und **M 26** beruhen auf einer Studie eines internationalen Marktführers in Wirtschaftsprüfung, Steuerberatung, Transaktionsberatung und Advisory Services. Recherchieren Sie im Internet weitere Ergebnisse und vergleichen Sie sie mit denen von Ernst & Young. Stellen Sie Ihr Ergebnis der Klasse vor.

4 In den Materialien **M 24** bis **M 27** werden Standortfaktoren aufgeführt. Analysieren Sie diese Materialien arbeitsteilig in Gruppen. Tragen Sie ihre Ergebnisse der Klasse vor.

5 Führen Sie abschließend eine Diskussion zur Zukunft des Standorts Deutschland.

M 27 Standortfaktoren in der Übersicht

Standortbedürfnis ← **Standortfaktoren** → Standortqualität

↓

Systematisierung

Grad der Spezifität

Allgemeine Standortfaktoren

- Transportbedingungen
- Verkehrsanbindung
- Flächen und Gebäude
- Verfügbarkeit und Kosten der Arbeitskräfte
- Infrastruktur
- Verfügbarkeit von Absatzmärkten
- Höhe von Steuern und Gebühren

etc.

Spezielle Standortfaktoren

Primärer Sektor:
- Qualität und Beschaffenheit des Bodens
- Marktnähe

Sekundärer Sektor:
- Qualität der Arbeitskräfte
- optimale Verkehrsanbindung
- Umweltschutzauflagen

Tertiärer Sektor:
- Absatzmarktnähe
- Kundenkontakte
- Erreichbarkeit

etc.

Grad der Quantifizierbarkeit

Harte Standortfaktoren

- Nähe zu Kunden und Lieferanten sowie Unternehmen der gleichen Branche
- Verkehrs- und Kommunikationsmöglichkeiten
- Angebot an Betriebsflächen
- Grundstücksreserven
- Lohnkosten
- Entsorgungseinrichtungen
- kommunale Wirtschaftsförderung
- Gewerbesteuer

etc.

Weiche Standortfaktoren

- Wohnqualität
- kulturelles und Freizeitangebot
- Freizeitwert
- Umweltqualität
- Zugang zu Naherholungsgebieten
- gastronomisches Angebot
- Kriminalitätsrate
- Weiterbildungsmöglichkeiten
- soziale Einrichtungen

etc.

Zugehörigkeit zur Leistungserstellung

Beschaffungsbezogene Standortfaktoren

- Grund und Boden
- Betriebseinrichtung
- Materialien und Rohstoffe
- Energieversorgung
- Finanzierungseinrichtungen
- staatliche Leistungen
- Verkehrs- und Nachrichtenverbindungen
- Arbeitskräfte
- Beschaffungskontakte

etc.

Produktionsbezogene Standortfaktoren

Allgemeine und spezielle die Produktion betreffende ökonomische, ökologische, soziale, politische Rahmenbedingungen

Absatzbezogene Standortfaktoren

- Nähe und Intensität der Absatzmärkte
- Absatzkontakte und Verfügbarkeit von Absatzmittlern
- Ferne und Intensität der Konkurrenz
- staatliche Absatzhilfen
- Verkehrsverbindungen
- Rückstandsbeseitigung

etc.

Maßstabsebene

Makroebene

- Allgemeine nationale bzw. weltweit gültige finanzielle und sachliche Rahmenbedingungen
- Steuer- und Zollsystem
- Beschaffungs- und Absatzstrukturen
- Stabilität des wirtschaftlichen und politischen Systems

etc.

Mesoebene

- Regionale Verfügbarkeit
- Qualifikation und Kosten von Arbeitskräften im Vergleich zu anderen Räumen,
- Ausstattung der regionalen Infrastruktur
- Anbindung an das überregionale Verkehrssystem

etc.

Mikroebene

- Lokale Verkehrsanbindung und Erreichbarkeit
- lokale Subventionsgewährung
- kommunale Wirtschaftsförderung
- örtliche Preise für Flächen und Gebäude
- Gewerbesteuer
- Ausprägung der weichen Standortfaktoren

etc.

Nach: http://wirtschaftslexikon.gabler.de/Definition/standortfaktoren.html (Zugriff: 23.12.2011)

M28 Standortfaktor Infrastruktur

Aus einer Mitteilung des Deutschen Städte- und Gemeindebundes:
Infrastruktur umfasst die beiden Teilbereiche der technischen Infrastruktur (Verkehr, Versorgung, Energie, Telekommunikation) sowie die soziale Infrastruktur (Bildung, Gesundheitssystem, Rechtssystem u. a.). Viele Infrastrukturen haben Vorleistungscharakter, das heißt, sie gehen als Vorprodukt in den Produktionsprozess der Unternehmen ein. (...) Im internationalen Standortwettbewerb erweist sich die Infrastruktur einer Volkswirtschaft als zentraler Standortfaktor. (...) Verkehrsinfrastruktur ermöglicht den kostengünstigen Austausch von Produkten und macht die Produktionsfaktoren regional mobil. Eine gute Verkehrsinfrastruktur erhöht die Möglichkeit der Arbeitsteilung und Spezialisierung, was wiederum zu mehr Wachstum und Wohlstand führt. Die Verkehrsinfrastruktur hilft, neue Märkte zu erschließen, und ermöglicht eine verbesserte Güterverteilung. Es werden bessere Wahlmöglichkeiten insbesondere in ländlichen und strukturschwachen Regionen geschaffen, nicht nur beim privaten Konsum, sondern auch bei der Arbeitsplatzsuche. (...)
Auch der Energieinfrastruktur kommt für den unternehmerischen Erfolg und für den allgemeinen Wohlstand große Bedeutung zu. (...) Im Stromnetz kommt es – anders als im Verkehr – nicht auf Schnelligkeit des Netzdurchflusses an, sondern auf eine hinreichende Kapazität, um Netzzusammenbrüche (Black-outs) durch Überlastung zu vermeiden. (...) Auch die Telekommunikationsinfrastruktur ist für die Zukunft des Standortes Deutschland von zentraler Bedeutung, und zwar speziell die flächendeckende Versorgung mit breitbandigem Internet.
Deutscher Städte- und Gemeindebund: Infrastruktur im internationalen Standortwettbewerb, S. 2 f., in: www.netzwerk-zukunftsstaedte.de (Zugriff:16.9.210)

M29 Infrastruktur in Deutschland

a) Verkehrsinfrastruktur (1000 km)	Tag/Monat	2007	2008	2009	2010
Überörtliches Straßennetz, davon	01.01.	231,4	231,2	231,0	231,0
Autobahnen	01.01.	12,5	12,6	12,6	12,8
Bundesstraßen	01.01.	40,7	40,4	40,2	39,9
Landesstraßen	01.01.	86,6	86,6	86,5	86,6
Kreisstraßen	01.01.	91,5	91,6	91,6	91,7
Schienennetz (Betriebsstreckenlänge)	31.12.	38,0	37,8	37,9	—
Wasserstraßen	31.12.	7,5	7,5	—	—
Rohölleitungen	31.12.	2,4	2,4	2,4	—

— = Angabe fällt später an

Quelle: Statistisches Bundesamt

a) Breitbandverfügbarkeit

Region *(Gemeinden)*	Haushalte insgesamt		Kerntechnik		DSL		Kabel		Funk		UMTS	
städtisch *(870 Gemeinden)*	21 335 034	*100,00 %*	21 331 224	*99,98 %*	21 169 830	*99,23 %*	17 735 917	*83,13 %*	7 944 624	*37,24 %*	21 294 383	*99,81 %*
halbstädtisch *(4782 Gemeinden)*	13 330 861	*100,00 %*	13 068 110	*98,03 %*	12 733 165	*95,52 %*	4 478 326	*33,59 %*	1 806 649	*13,55 %*	10 701 468	*80,28 %*
ländlich *(6892 Gemeinden)*	4 063 633	*100,00 %*	3 699 074	*91,03 %*	3 585 286	*88,23 %*	290 643	*7,15 %*	323 154	*7,95 %*	1 346 320	*33,13 %*

Quelle: Bundesministerium für Wirtschaft und Technologie: Breitbandatlas 2009, S. 4

M 30 Stabilität als Standortfaktor

Stabilität ist zunächst ein Zustand der Festigkeit, der Geordnetheit. Die Strukturen des politischen Systems sollen stabil, die politischen und rechtlichen Verfahren verlässlich und die staatlichen Entscheidungen vorhersehbar oder zumindest nachvollziehbar sein. Die wirtschaftliche Stabilität eines Staates ist von der politischen Stabilität abhängig, denn ohne Vertrauen in die Stabilität der politischen Verhältnisse – und damit implizit in die Sicherheit des materiellen wie des geistigen privaten Eigentums – werden Wirtschaftssubjekte kaum Geld investieren oder anlegen, und ohne Sicherheit fehlt ein wesentlicher Ansporn für unternehmerische Leistungen. Sind die politischen Strukturen nicht stabil, so sind auch die politischen Prozesse weniger verlässlich und deren Ergebnisse eher volatil (*flüchtig*). Politische Stabilität umfasst mehr als die Stabilität der Rechtsordnung, denn stabile Rechtsnormen nützen nichts, wenn deren Umsetzung instabil ist, bspw. durch Korruption unterlaufen wird. In der Demokratie sind rechtliche Rahmenbedingungen sowohl die Korridore als auch die Ergebnisse politischer Prozesse. Politische Stabilität heißt freilich nicht Starrheit und Unabänderbarkeit. Ganz im Gegenteil. Sie beinhaltet auch die Fähigkeit des politischen Systems, von innen oder von außen kommende Veränderungen und Störungen – auch abrupte – verarbeiten zu können, ohne dass es instabil wird. Nach einer Veränderung soll eine Rückkehr in den Ausgangszustand oder in einen neuen Zustand der Stabilität erreicht werden können. Dies gilt auch für die Rechtsordnung. Sie muss stabil und verlässlich sein, verlässlich auch in der rechtlichen Verarbeitung neu auftauchender Probleme. (...)

Damit ein politisches System stabil ist, muss es also beständig bzw. anpassungsfähig in seiner Struktur, seinen Verfahren und seinen Ergebnissen sein. Es muss über Legitimation (Anerkennungswürdigkeit) sowohl auf der Input- wie auch auf der Outputseite des politischen Prozesses verfügen. Die Inputlegitimation wird in der Demokratie durch Wahlen gewährleistet (...). Die Outputlegitimation ergibt sich durch einen leistungsfähigen Staat, der in der Lage ist, Sicherheit zu gewährleisten, die Infrastruktur bereitzustellen, Interessenkonflikte auszugleichen und den Wohlstand zu fördern. (...)

Ohne politische Stabilität kann ein Wirtschaftsstandort auf längere Frist nicht attraktiv sein (...). Am attraktivsten ist ein Wirtschaftsstandort, wenn Stabilität gekoppelt ist mit Demokratie, denn die Stabilität der Demokratie basiert auf dauerhaften Institutionen, während die Stabilität von autoritären Staaten meist an einzelne Personen oder Personengruppen gebunden ist.

Stabilität erfordert auch Rechtssicherheit. Für die Wirtschaftssubjekte und damit auch für die Wirtschaftsstandorte sind Stabilität und Verlässlichkeit der rechtlichen Rahmenbedingungen unabdingbare Voraussetzungen für planmäßige Wirtschaftsaktivitäten. Ohne einen starken und verlässlichen Staat und ohne gute Regierungsführung gibt es keinen prosperierenden Wirtschaftsstandort (...).

Silvano Moeckli: Politische Stabilität als Rahmenbedingung für den Wirtschaftsstandort Schweiz, in: Rechtswissenschaftliche Abteilung der Universität St. Gallen (Hg.): Rechtliche Rahmenbedingungen des Wirtschaftsstandortes in der Schweiz, Zürich 2007, S. 7–16

M 31 Politische Stabilität und Rechtssicherheit

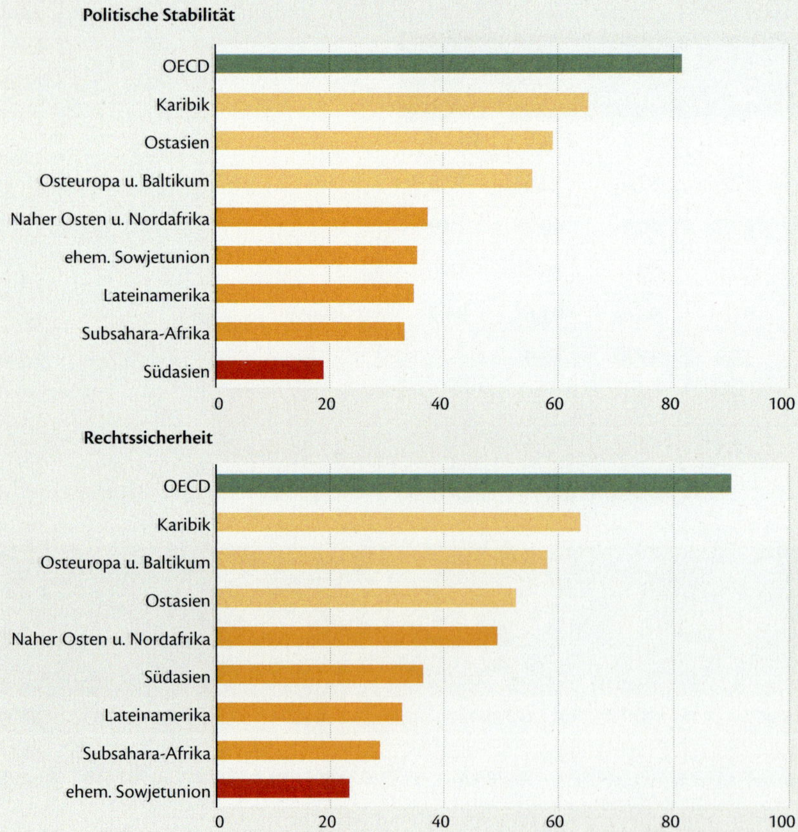

Nach: D. Kaufmann/A. Kray/M. Mastruzzi: The Worldwide Governance Indicators: Methodology and Analytical Issues, 2010, in: http://info.worldbank.org/governance/wgi/mc_chart.asp (Zugriff: 20.9.2010)

M 32 Qualifikationsstruktur als Standortfaktor

Betrachtet man ausschließlich die Produktionskosten, erscheint es zunächst unlogisch, dass in hoch entwickelten Volkswirtschaften überhaupt Güter in einem nennenswerten Umfang produziert werden. Wäre es angesichts der ohnehin gegebenen globalen Vernetzung der Märkte nicht sinnvoller, Unternehmensaktivitäten in denjenigen Volkswirtschaften zu konzentrieren, in denen weitaus geringere Personalkosten anfallen? Auch wenn ökonomisches Denken grundsätzlich die Frage der Kosten im Blick hat, trifft diese Logik nicht in allen Fällen zu. So gibt es zahlreiche Güter und Dienstleistungen, für deren Produktion bzw. Bereitstellung Arbeitskräfte benötigt werden, die über spezielle und zum Teil sehr hoch entwickelte Fähigkeiten verfügen. Man spricht im Zusammenhang mit diesen Fähigkeiten von Qualifikationen bzw. von der in einer Volkswirtschaft vorfindbaren Qualifikationsstruktur der Bevölkerung. So ist leicht nachvollziehbar, dass etwa im Zusammenhang mit der Produktion wissensintensiver Hochtechnologie-Güter (z. B. in der Computer- und Softwarebranche oder der Medizin- und Umwelttechnik) weniger die Frage möglichst geringer Personalkosten im Vordergrund steht als das hierzu benötigte Qualifikationsprofil der potenziellen Arbeitskräfte. Die Qualifikationsstruktur der erwerbsfähigen Bevölkerung innerhalb einer Volkswirtschaft stellt somit einen wesentlichen Standortfaktor dar, der die Eignung als Standort für bestimmte wirtschaftliche Investitionen maßgeblich mit beeinflusst. Die Entwicklung einer möglichst hoch entwickelten Qualifikationsstruktur wird dabei als zentraler volkswirtschaftlicher Wachstumsfaktor angesehen.

Autorentext

M 33 Stichwort: Humankapital

Unter Humankapital werden das Wissen, die Kenntnisse und Fähigkeiten jeder einzelnen Person verstanden, die für wirtschaftliche Aktivitäten genutzt werden können. Da Humankapital untrennbar mit einer Person verbunden ist, kann es auch als das „an Menschen gebundene Wissen" bezeichnet werden (...). Eine gute Ausstattung mit Humankapital ist zunächst einmal für jede einzelne Person von besonderer Bedeutung, da sie Einfluss auf die Arbeitsmarktchancen und die Einkommenshöhe haben kann (...). Der Zusammenhang zwischen einem höheren Bildungsstand und einem geringeren Arbeitslosigkeitsrisiko oder einem höheren Einkommen hat sich in den letzten Jahren verstärkt. (...) Die relative Nachfrage der Unternehmen nach qualifizierten Arbeitskräften (*hat sich*) zuungunsten Geringqualifizierter und Ungelernter erhöht (...).

IWD Köln: IW-Trends 3/2007: Deutschlands Ausstattung mit Humankapital, S. 25

M 34 Humankapital im Überblick

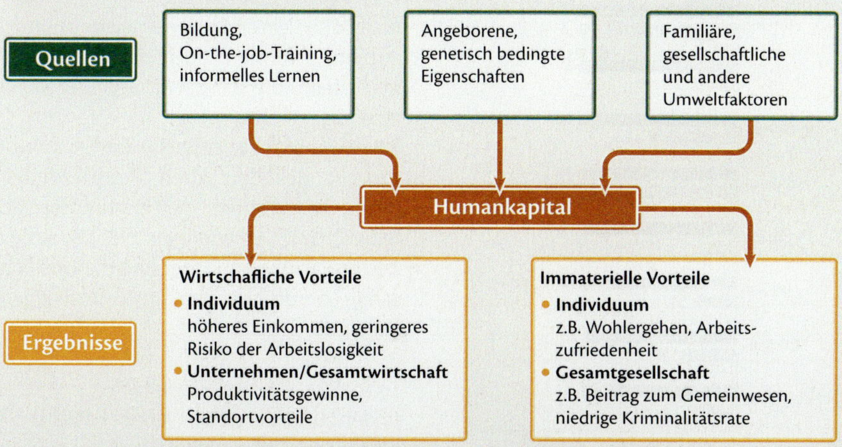

Nach: Hans Pechar: Bildungsökonomie und Bildungspolitik, Münster, 2006, S. 41 (geändert)

Sind die Löhne zu hoch?

Der wichtigste Faktor in der Debatte um die Verlagerung von Arbeitsplätzen ins Ausland ist die Frage der Arbeitskosten. In Deutschland sei die Arbeit zu teuer, so eine verbreitete Meinung, deshalb verlagerten alle Unternehmen, die dazu in der Lage seien, ihre Produktion in Billiglohnländer, wo die Arbeitskosten wegen der niedrigeren Löhne geringer seien. In der Debatte wird allerdings häufig ein wichtiger ökonomischer Faktor außer Acht gelassen: die Produktivität der Arbeit.

Die **Lohnstückkosten** drücken aus, wie viel Lohn einschließlich der Lohnnebenkosten für ein Produkt oder eine Dienstleistungseinheit bezahlt werden müssen. Die absoluten Arbeitskosten werden ins Verhältnis zur Produktivität gesetzt.

M35 Deutschland bleibt im Hintertreffen

Die deutsche Industrie ist im internationalen Vergleich überdurchschnittlich produktiv. Ihren Arbeitskostennachteil kann sie damit aber nicht wettmachen. Daher weist Deutschland von 27 Industrieländern die siebthöchsten Lohnstückkosten aus. Diese Kosten sind im ersten Halbjahr 2009 zudem deutlich gestiegen – vor allem, weil die Unternehmen trotz der gesunkenen Produktion die Zahl ihrer Beschäftigten nahezu konstant gehalten haben. (...)
Das Verhältnis von Arbeitskosten und Produktivität – die sogenannten Lohnstückkosten – erweisen sich damit als maßgeblicher Wettbewerbsfaktor. Wie Deutschland in dieser Hinsicht dasteht, zeigt eine Analyse des Instituts der deutschen Wirtschaft Köln (IW):

Produktivitäts- und Lohnstückkostenniveau
Der internationale Produktivitätsvergleich fällt für die Bundesrepublik recht vorteilhaft aus: Im Ranking der Industrieländer erreicht Deutschland Platz fünf – übertroffen nur von Norwegen, Finnland, Belgien und den Niederlanden.
Im Schnitt „schaffen" die Mitarbeiter ausländischer Konkurrenzfirmen in jeder Arbeitsstunde 21 Prozent weniger als die Beschäftigten am Standort D. Manche etablierten Industriestaaten wie Großbritannien, Japan und Kanada hinken in Sachen Wertschöpfung je Stunde den Deutschen teilweise sogar um mehr als 30 Prozent hinterher.
Trotz dieser guten Nachrichten macht der Blick auf das gesamte Zahlenbild deutlich: Die Produktivität der deutschen Industrie ist zwar beachtlich, aber nicht herausragend genug, um die weit überdurchschnittlich hohen Arbeitskosten wettzumachen.
Im Industrieländer-Vergleich der Lohnstückkosten belegt Deutschland unter 27 Standorten den siebten Rang – im Schnitt sind die Arbeitskosten je produzierte Gütereinheit im Ausland um 8 Prozent niedriger als hierzulande.
So erreichen beispielsweise die USA nur 88 Prozent des deutschen Produktivitätsniveaus; die Industriefirmen dort müssen aber lediglich mit 74 Prozent der hiesigen Arbeitskosten kalkulieren. Daher sind die amerikanischen Lohnstückkosten um 16 Prozent geringer als die deutschen. (...)

Lohnstückkostenentwicklung.
In den zurückliegenden Jahren haben die Tarifpartner in Deutschland verstärkt maßvolle Entgeltsteigerungen vereinbart. Das hat die

M 36 Lohnstückkosten: Großes Gefälle

Lohnstückkosten · Produktivität
im Verarbeitenden Gewerbe im Jahr 2008, Index, Deutschland = 100

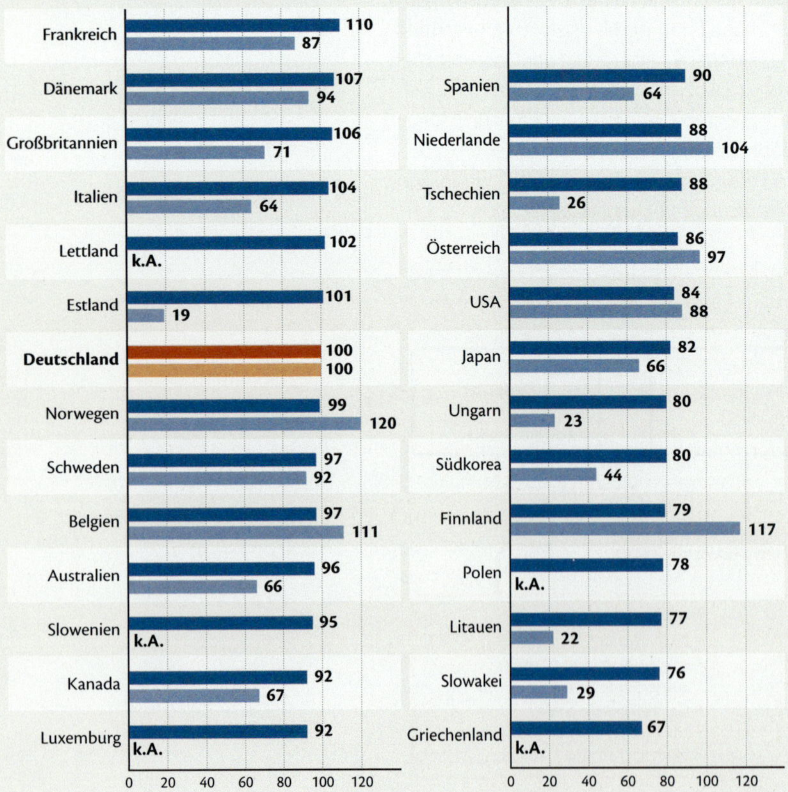

Quelle: Institut der deutschen Wirtschaft Köln; k. A.: keine Angaben

Kosten je Produkteinheit gedrückt: Von 2000 bis 2008 sind die Lohnstückkosten hierzulande um insgesamt gut 6 Prozent zurückgegangen.
Noch stärker auf die Bremse traten – in nationaler Währung gerechnet – nur Polen, die Slowakei, Finnland und Japan. Im Schnitt der Konkurrenzländer legten die Lohnstückkosten im selben Zeitraum dagegen um fast 5 Prozent zu.
Die in der jüngeren Vergangenheit an den Tag gelegte heimische Kostendisziplin hat allerdings den Anstieg zwischen 1991 und 1996 nicht vollständig wettgemacht. Damals kletterten die Lohnstückkosten in Deutschland um mehr als 16 Prozent – während sie im Ausland fast stagnierten.
Institut der deutschen Wirtschaft: http://www.iwkoeln.de/Portals/0/pdf/pm52_09iwd.pdf (Zugriff: 23.12.2011)

M 37 Lohnstückkosten als Indikator preislicher Wettbewerbsfähigkeit

Die Analyse der Arbeitskosten allein erlaubt keine Aussage über die preisliche Wettbewerbsfähigkeit einer Volkswirtschaft. Um beurteilen zu können, wie sich die Exportchancen aufgrund veränderter Arbeitskosten entwickelt haben, sind zum einen Wechselkursänderungen und zum anderen die Entwicklung der Produktivität mit zu berücksichtigen. Bei Ländern innerhalb des Euro-Währungsraums bleiben Wechselkurse naturgemäß ausgeklammert, berücksichtigt werden müssen aber Änderungen der Arbeitsproduktivität. Denn Arbeitskostensteigerungen verteuern nicht per se ein Produkt. Ein gleichzeitiger Anstieg der Produktivität kann die Arbeitskostensteigerungen ausgleichen oder sogar überkompensieren. Bei gestiegener Produktivität kann mit dem gleichen Arbeitseinsatz mehr produziert werden, weswegen die Kosten pro Stück trotz hoherer Arbeitskosten nicht entsprechend steigen.
In nahezu allen betrachteten Ländern – hier der Übersichtlichkeit halber wieder in zwei Ländergruppen aufgeteilt – ist in der letzten Dekade die Arbeitsproduktivität pro Stunde gestiegen. Werte werden hier und im Folgenden immer bis zum 3. Quartal 2010 ausgewiesen. Sowohl in den beiden großen Ökonomien Frankreich und Deutschland als auch in Spanien und Portugal nahm die Arbeitsproduktivität ähnlich stark zu wie im Euroraum insgesamt. Überdurchschnittliche Steigerungen der Arbeitsproduktivität weisen Finnland und Irland auf, etwas darunter liegen Österreich und auch Griechenland, das allerdings im Zuge der Krise einen herben Einbruch hinnehmen musste. Kaum Fortschritte bei der Arbeitsproduktivität zeigt dagegen Italien.
Krisenbedingt ist in den meisten Ländern die Arbeitsproduktivität im Jahr 2008 zurückgegangen. Hauptgrund hierfür ist die niedrige Kapazitätsauslastung. Bis auf Griechenland hat sich das Produktivitätsniveau in den meisten Ländern aber wieder dem Vorkrisenniveau angenähert oder hat es sogar in einigen Ländern – Spanien, Portugal und Irland – überschritten. In Spanien und Irland geschah dies aufgrund massiver Entlassungen (...).
Setzt man nun also die Arbeitnehmerentgelte, die die Arbeitskosten maßgeblich bestimmen, mit der Arbeitsproduktivität in Beziehung, ergeben sich die Lohnstückkosten. Die Entwicklung der Lohnstückkosten ist ein besserer Indikator der preislichen Wettbewerbsfähigkeit als der reine Vergleich von Arbeitskostenniveaus, weil die Preissetzung relativ eng der Entwicklung der Lohnstückkosten folgt. Abweichungen ergeben sich dann vor allem durch variierende Gewinnaufschläge und veränderte Importpreise.
Im Folgenden werden die Lohnstückkosten sowohl für die Gesamtwirtschaft als auch für die Industrie ausgewiesen. Auf den ersten Blick erscheinen nur diejenigen der Industrie relevant für die Frage, wie sich die preisliche Wettbewerbsfähigkeit gegenüber dem Ausland und damit die Exportbedingungen verändert haben. Da aber die erheblich niedrigeren Arbeitskosten im deutschen Dienstleistungssektor die Produktionskosten der Industrie über die Vorleistungsverflechtung merklich senken, sind die Lohnstückkosten der Industrie als alleiniger Indikator preislicher Wettbewerbsfähigkeit jedoch nicht geeignet. Sie überschätzen die Bedeutung der Arbeitskosten für die Produktionskosten der deutschen Industrie nennenswert. Zudem werden auch Dienstleistungen exportiert. Daher werden hier sowohl die Lohnstückkosten für die Industrie als auch für die Gesamtwirtschaft aufgeführt.
Institut für Makroönomie und Konjunkturforschung (IMK): IMK-Report 60/2011, Düsseldorf: Hans-Böckler-Stiftung 2011, S. 11 ff.

M 38 Arbeitsproduktivität ausgewählter Länder des Euroraums

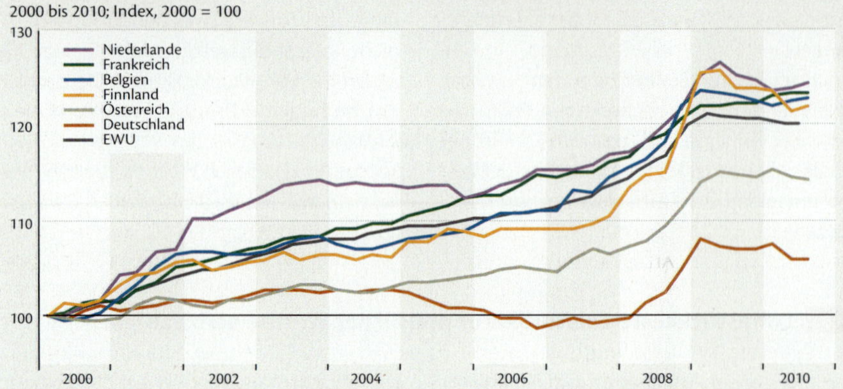

Quelle: IMK: IMK-Report 60/2011, Düsseldorf: Hans-Böckler-Stiftung 2011, S. 12

M 39 Lohnstückkostenentwicklung ausgewählter Länder des Euroraums

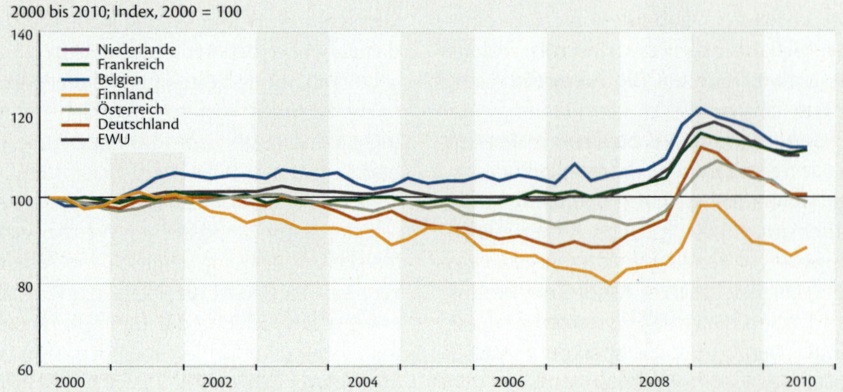

Quelle: IMK: IMK-Report 60/2011, Düsseldorf: Hans-Böckler-Stiftung 2011, S. 13

M 40 Was sind Arbeitskosten?

Arbeitskosten sind die Gesamtausgaben der Arbeitgeber für die Beschäftigung der Arbeitnehmer. Die gesamten Arbeitskosten setzen sich aus den folgenden Kostenarten zusammen:

- Arbeitnehmerentgelt (...)
- Kosten für die berufliche Aus- und Weiterbildung (...)
- Sonstige Aufwendungen (...)
- Steuern auf die Lohnsumme oder Beschäftigtenzahl (...) abzüglich dem Arbeitgeber erstattete Lohn- und Gehaltszahlungen (= Lohnsubventionen)

Im Einzelnen beinhalten diese Kostenarten Folgendes: Das *Arbeitnehmerentgelt* (...) umfasst sämtliche Geld- und Sachleistungen, die von den Arbeitgebern an Beschäftigte erbracht werden, und zwar als Vergütung für die von den Arbeitnehmern im Berichtszeitraum geleistete Arbeit. Das Arbeitnehmerentgelt setzt sich zusammen aus den Bruttolöhnen und -gehältern (...) sowie den Sozialbeiträgen der Arbeitgeber (...). Zu den *Kosten für die berufliche Aus- und Weiterbildung* (...) zählen z. B. Lehrgänge für die Beschäftigten, Vergütungen für firmenfremdes Ausbildungspersonal, Kosten für Schulungsmaterial sowie Prüfungsgebühren. Unter sonstige *Aufwendungen* (...) fallen die Kosten für gestellte Berufskleidung und solche, die den Arbeitgebern im Zusammenhang mit Neueinstellungen entstehen (z. B. Kosten für Stellenanzeigen, Erstattung von Umzugskosten oder von Reisekosten für Vorstellungsgespräche). Unter Steuern auf die *Lohnsumme oder Beschäftigtenzahl* (...) wird die Ausgleichsabgabe nach Schwerbehindertenrecht erfasst, und unter die *Lohnsubventionen* (...) fallen die Zuschüsse der Bundesagentur für Arbeit wie Einstellungszuschüsse, Eingliederungszuschüsse und Lohnzuschüsse zum Kombilohn.

Aus den verschiedenen Kostenarten können weitere Kenngrößen gebildet werden. So unterscheiden die ILO und Eurostat zwischen direkten und indirekten Kosten, was einer Aufteilung der Arbeitskosten in Bruttolöhne und -gehälter (...) und Lohnnebenkosten (...) entspricht. Als *Bruttolöhne und -gehälter* (BLG) bezeichnet man die Löhne und Gehälter der Arbeitnehmer vor Abzug der Lohnsteuer sowie der Beiträge der Arbeitnehmer zur Sozialversicherung. Zu den BLG zählen das Entgelt für die geleistete Arbeitszeit, Sonderzahlungen (wie z. B. Weihnachtsgeld, Urlaubsgeld, Gratifikationen), Vermögenswirksame Leistungen, Vergütungen für nicht gearbeitete Tage (wie z. B. Feiertage oder tatsächlich in Anspruch genommene Urlaubstage) sowie Sachleistungen (wie z. B. Mitarbeiterwohnungen, Firmenwagen, Job-Tickets). Die *Lohnnebenkosten* gliedern sich auf in die

a) gesetzlich vorgeschriebenen Beiträge der Arbeitgeber zur Sozialversicherung,
b) tarifvertraglich vereinbarten bzw. freiwilligen Aufwendungen der Arbeitgeber zur Sozialversicherung (das ist vor allem die betriebliche Altersvorsorge) sowie
c) die sonstigen Lohnnebenkosten (...) wie die Lohn- und Gehaltsfortzahlung im Krankheitsfall, Abfindungen, Kosten für die Aus- und Weiterbildung sowie für die Neueinstellung von Mitarbeitern, Steuern auf die Lohnsumme bzw. Beschäftigtenzahl abzüglich Lohnsubventionen.

Wie werden die Arbeitskosten ermittelt?

Alle vier Jahre wird in Deutschland eine *Arbeitskostenerhebung* (AKE) durchgeführt, deren Ziel es ist, das Niveau und die Struktur der Kosten des Produktionsfaktors Arbeit zu ermitteln. Im Rahmen der AKE werden von Unternehmen mit mindestens zehn Beschäftigten detaillierte Angaben zu allen Bestandteilen der Arbeitskosten sowie zum Arbeitseinsatz (Vollzeit- und Teilzeitarbeitsplätze, bezahlte und geleistete Arbeitsstunden) erfragt bzw. auf Basis der erhobenen Informationen berechnet. (...)

Warum werden neben den Arbeitskosten auch noch die Lohnstückkosten betrachtet?

Es ist nicht sinnvoll, die preisliche Wettbewerbsfähigkeit eines Landes ausschließlich anhand des Niveaus der Arbeitskosten zu beurteilen, da neben den Kosten die Arbeitsproduktivität eine entscheidende Rolle spielt. Dies ist so, weil Arbeitskostensteigerungen nicht per se ein Produkt verteuern. Ein gleichzeitiger Anstieg der Produktivität kann die Arbeitskostensteigerungen ausgleichen oder sogar überkompensieren. Bei gestiegener Produktivität kann mit dem gleichen Arbeitseinsatz mehr produziert werden, weswegen die Kosten pro Stück trotz höherer Arbeitskosten nicht entsprechend steigen. Deshalb ist es in Bezug auf die preisliche Wettbewerbsfähigkeit besser, die Lohnstückkosten heranzuziehen, in deren Berechnung die Produktivität eingeht.

Es gelten folgende definitorische Zusammenhänge:

Arbeitsproduktivität

$$\text{Stundenbasis} = \frac{\text{reale Bruttowertschöpfung}}{\text{Arbeitsvolumen der Erwerbstätigen}}$$

wobei das Arbeitsvolumen die tatsächlich geleisteten Stunden umfasst. Die Lohnstückkosten lassen sich bestimmen als:

Lohnstückkosten

$$\text{Stundenbasis} = \frac{\dfrac{\text{nominales Arbeitnehmerentgelt}}{\text{Arbeitsvolumen der abhängig Beschäftigten}}}{\text{Arbeitsproduktivität}}$$

$$= \frac{\dfrac{\text{nominales Arbeitnehmerentgelt}}{\text{Arbeitsvolumen der abhängig Beschäftigten}}}{\dfrac{\text{reale Bruttowertschöpfung}}{\text{Arbeitsvolumen der Erwerbstätigen}}}$$

IMK: IMK-Report 60/2011, Düsseldorf: Hans-Böckler-Stiftung 2011, S. 19 ff.

ILO: International Labour Organization (Internationale Arbeitsorganisation); Sonderorganisation der Vereinten Nationen mit der Aufgabe, soziale Gerechtigkeit sowie Menschen- und Arbeitsrechte zu befördern

Eurostat: Statistisches Amt der Europäischen Union

Dirk Schumacher

M41 „Die Jobverlagerung wird überschätzt"

Porsche produziert in der Slowakei – und weiter in Stuttgart. Die große Abwanderung deutscher Arbeitsplätze nach Osteuropa, wie sie in Talkshows gern beschworen wird, findet nicht statt. Eine Studie der Investmentbank Goldman Sachs warnt vor Panikmache und kommt zu überraschenden Einsichten über Deutschland.

Manchmal hilft es, eine scheinbar alte Frage erneut zu stellen, und schon sieht man klarer. Dirk Schumacher fragte sich: Stimmt es, dass die deutsche Industrie in Heerscharen nach Osteuropa auswandert? Stimmt es, dass die Industrie in Deutschland dorthin verschwindet, wo die Lohnkosten gering sind?

Seine Antwort: „Nein."

Talkshow-Weisheiten lauten anders. Und zahllose Meldungen über geschlossene und neue Standorte – die geschlossenen in Deutschland, die neuen in Osteuropa – legen gegenteilige Schlüsse nahe. Continental, wo der Streit um das Hannoveraner Stammwerk vergangene Woche hochkochte, ist so ein Beispiel. Oder AEG, zwei Beispiele unter vielen.

Nun steht Schumacher nicht im Verdacht, an sozialstaatlicher Verträumtheit zu leiden. Der Mann ist Deutschland-Volkswirt der US-Investmentbank Goldman Sachs. Die Details seiner Antwort hat er in eine Studie gepackt, (...) Titel: „Das produzierende Gewerbe in Deutschland wird die EU-Erweiterung überleben".

„Tatsächlich lagern viele Unternehmen ihre Produktion aus", sagt er, „aber von einer Flut kann keine Rede sein. Die Zahl der Verlagerungen wird allgemein überschätzt." In seiner Studie kommt er zu dem Schluss, dass die jüngsten Daten zu Investitionsströmen ein ausgeglichenes, sogar leicht positives Bild für Deutschland zeichnen. Der Abfluss direkter Investitionen aus Deutschland erreichte seinen Höhepunkt im Jahr 2000 mit 10 Prozent des Bruttoinlandsprodukts, inzwischen liegt der Anteil knapp über 1 Prozent.

Wider die eindimensionale Sicht

Doch woher kommt dann die Wahrnehmung, dass eine Produktionsanlage nach der anderen über die Oder geschafft wird? Über Motive lässt sich nur spekulieren. Was Dirk Schumacher auffällt: „Oft wird nur auf die Lohnkosten geschaut, die unbestritten in Osteuropa niedriger sind als hier zu Lande. Eine Standortentscheidung ist aber deutlich komplexer, da sind die Löhne nur ein Faktor unter vielen."

Bei einigen davon zählt Deutschland zur Weltspitze, angefangen bei der hervorragenden Infrastruktur. Kaum zu überschätzen: das Fachwissen, das sich in der deutschen Industrie über die Jahrzehnte und mithilfe einer guten Ausbildung angesammelt hat. Den deutschen Wissensschatz schätzt Schumacher auf etwa 25-mal so groß wie den in der tschechischen Industrie.

Beim Thema Rechtssystem und Regelungsdichte belegt eine Studie der Weltbank, dass Deutschland deutlich wirtschaftsfreundlicher ist, als sein Ruf vermuten lässt. Das Institut rankte 155 Länder nach dem Merkmal „ease of doing business". Deutschland landete auf Platz 19. Mittelmaß ist das nicht. Großbritannien liegt als bester europäischer Staat auf Platz 9; von den zentraleuropäischen Ländern schafften es nur zwei auf bessere Plätze als die Bundesrepublik: Litauen und Estland mit Rang 15 und 16.

Größter Vorteil: Größe

Ein weiterer wichtiger Vorteil ist die Größe der Industrie. Die führt zu Skaleneffekten: Die Fixkosten pro Stück sinken mit der produzierten Menge. Ein Größenvorsprung von 100 Prozent in der Autoindustrie entspricht etwa einem Produktivitätsgewinn von 20 Prozent. Damit, so der Volkswirt, lasse sich der Kostennachteil gegenüber Osteuropa zum Teil auffangen. Jedoch nicht ganz. Immerhin betragen die osteuropäischen Lohnstückkosten nur 70 Prozent der deutschen.

Hier sieht Schumacher durchaus Reformbedarf: „Deutschland muss sich einer veränderten Marktlage anpassen. Seit dem Fall der Mauer sind – zusammen mit China und Indien – drei Milliarden Menschen auf den weltweiten Arbeitsmärkten hinzugekommen, die integriert sein wollen."

Matthias Kaufmann: „Die Job-Verlagerung wird überschätzt", in: Manager-Magazin 19.12.2005, S. 25

M 42 Rückkehr der Reumütigen

Der Trend zur Jobverlagerung ins billige Ausland scheint gestoppt. Einige Unternehmen kehren sogar wieder zurück oder verlegen Arbeitsplätze gezielt nach Deutschland. Das liegt an den Risiken der Abwanderung – und der neuen Attraktivität des Standortes D. Früher ließ der Süßwarenhersteller Katjes Fassin seine Bonbons in Italien und Finnland herstellen. Doch diese Werke wurden Mitte des vergangenen Jahres (2006) dichtgemacht. Das Unternehmen hat die Arbeitsplätze verlagert – nach Deutschland. Im Oktober nahmen 60 Mitarbeiter die Produktion in der nagelneuen, zwölf Millionen Euro teuren Fabrik in Potsdam auf. Dort rollen seither Granini-Bonbons, Gletschereis und sonstige Leckereien vom Band. Nach der Übernahme mehrerer Bonbonmarken verfüge man über die ausreichende Kapazität für eine eigene Fertigung in Deutschland, erklärt Katjes-Sprecher Heiner Wolters. „Hier haben wir auch die Qualität besser unter Kontrolle." Inzwischen produziert Katjes ausschließlich in Deutschland. In Ländern wie Polen oder Tschechien befinden sich lediglich Vertriebsstandorte.

Früher wurde ein Betrieb, der weiterhin im Hochlohnland produzierte, als schrulliger Außenseiter belächelt. (...) Inzwischen holen sich manche Unternehmen gezielt Produktionskapazitäten nach Deutschland. Stiebel Eltron, international agierender Hersteller von Warmwasser- und Heizgeräten, hat vor wenigen Wochen die Kunststofftechnik-Fertigung einer aufgekauften slowakischen Firma nach Eschwege verlagert. Im dortigen „Kompetenzzentrum Kunststofftechnik" werden Technologie und Know-how gebündelt. Dadurch ist zwar nur eine Handvoll neuer Arbeitsplätze entstanden, doch zweifellos wurde das Werk in Hessen mit seinen rund 200 Beschäftigten gestärkt.

Gewiss, solche Maßnahmen können mehrere Gründe haben – die Konzentration von Kapazitäten zum Beispiel. Oder auch die Hinwendung zum wichtigsten Absatzmarkt. Fest steht jedoch: „Der Trend zur Stellenverlagerung ist gestoppt." Das erklärt Frank Wallau, wissenschaftlicher Geschäftsführer des Instituts für Mittelstandsforschung (IfM) in Bonn. Doch damit nicht genug: „Es gibt sogar Anzeichen für eine Rückverlagerung."

„Kein Grund, abzuwandern"

Das hängt damit zusammen, dass der Standort D hart an seiner Attraktivität gearbeitet hat. Beschäftigte hielten sich mit Lohnforderungen zurück, die Arbeitgeber steigerten gleichzeitig ihre Produktivität. Somit sanken die Lohnstückkosten. Die Folgen sind unübersehbar: die Gewinne steigen, die Konjunktur erholt sich. „Da gibt es keinen Grund mehr, ins Ausland abzuwandern", so Wallau. Auch Axel Nitschke, Chefvolkswirt des Deutschen Industrie- und Handelskammertags (DIHK), erklärt: „In den letzten Jahren hat der Druck, Jobs zu verlagern, nachgelassen." In der deutschen Industrie sind nach DIHK-Schätzungen im vergangenen Jahr zwar 50 000 Stellen ans Ausland verloren gegangen. Dabei habe es sich vor allem um einfache Tätigkeiten gehandelt, die laut Nitschke noch immer stark von ausländischer Konkurrenz bedroht sind. Gleichzeitig entstanden hierzulande jedoch rund 60 000 neue Jobs. Erstmals seit dem Jahr 2000 wurden damit mehr Stellen geschaffen als durch Abwanderung vernichtet.

Simon Hage: Standort Deutschland: Rückkehr der Reumütigen, Spiegel Online v. 2.2.3007; in: http://www.spiegel.de (Zugriff: 25.7.2012)

Abschied mit einem lachenden und einem lachenden Auge

Zeichnung: Wiedenroth

1 Analysieren Sie die unterschiedlichen Bewertungen der Lohnstückkostenentwicklung aus **M 35** bis **M 40**.

2 Ermitteln Sie, welche Interessenlagen hinter **M 35** bis **M 40** jeweils stehen. Setzen Sie die Bewertungen in Beziehung zur Interessenlage.

4 Beurteilen Sie nach Lektüre von **M 41** und **M 42** welche Bedeutung die Arbeitskosten für einen Standort haben.

Kompetenzcheck

Anforderungsbereich I:

- Beschreiben Sie die Importabhängigkeit der deutschen Wirtschaft.
- Beschreiben Sie die Exportabhängigkeit der deutschen Wirtschaft.
- Nennen Sie relevante Standortfaktoren und zeigen Sie, inwiefern Deutschland mit ihnen aufwarten kann.

Anforderungsbereich II:

- Erläutern Sie die Rolle, die Deutschland in der Welt als Industrienation spielt.
- Vergleichen Sie die wirtschaftliche Rolle Deutschlands mit seiner politischen Rolle in der Welt.
- Erläutern Sie die These von der Basar-Ökonomie Deutschlands.
- Erläutern Sie die Rolle Deutschlands als Waffenexporteur.
- Charakterisieren Sie den Begriff Wirtschaftsstandort.
- Erklären Sie den Begriff der Lohnstückkosten.
- Erklären Sie den Begriff der Arbeitskosten.
- Erklären Sie den Begriff der Arbeitsproduktivität.
- Erläutern Sie Motive von Unternehmen zur Verlagerung der Produktion ins Ausland.
- Erläutern Sie Motive von Unternehmen zur Verlagerung der Produktion nach Deutschland.

Anforderungsbereich III:

- Beurteilen Sie die politischen Konsequenzen aus der Verflochtenheit der deutschen Wirtschaft mit dem Ausland.
- Nehmen Sie Stellung zur These von der Basar-Ökonomie Deutschland.
- Beurteilen Sie die Rolle Deutschlands als Wirtschaftsstandort.
- Erörtern Sie die Konkurrenzfähigkeit Deutschlands in Bezug auf die Arbeits- und Lohnstückkosten.
- Diskutieren Sie die Gefahr der Jobverlagerung aus Deutschland ins Ausland.

6 Krisen der Weltwirtschaft

Nach der großen Weltwirtschaftskrise 1929 schien sich der Kapitalismus über Jahrzehnte hinweg relativ stabil zu entwickeln. Deshalb traf die große Weltwirtschaftskrise 2008 viele recht unvorbereitet. Nun befindet sich die Weltwirtschaft erneut in schweren Turbulenzen, die zwischenzeitlich abflauten, sich dann aber wieder verschärften und seit 2011 zu eskalieren drohen.
Die krisenhafte Entwicklung der Weltwirtschaft scheint Alltag geworden zu sein. Großbanken werden reihenweise zahlungsunfähig, und ganze Länder geraten in die Pleite. Die Zahlungsunfähigkeit Griechenlands hat die EU in die Krise gestürzt, und weitere Staaten sind stark gefährdet. Um handhabbare Gegenstrategien entwickeln zu können, ist es wichtig, die Eigenarten von Krisen und ihre Ursachen zu begreifen.

Krise? Was heißt hier Krise?

Besonders durch die Berichterstattung in den Medien werden wir täglich mit allen möglichen Krisen konfrontiert: Ehekrisen bekannter Persönlichkeiten, Naturkatastrophen, die PISA-Ergebnisse der Schulen. Die Medien suchen sich aus den Ereignissen besonders immer die spektakulären und krisenhaften heraus und tragen so selbst dazu bei, dass sich manches krisenhaft entwickelt. Diese Inflation der Krisen führt leicht dazu, dass diese auch schnell wieder in Vergessenheit geraten, wenn „das Thema in den Medien durch ist". Hier geht es darum, eine klare Vorstellung von der wirtschaftlichen Krise zu bekommen und sie in ihren Auswirkungen – negativen und positiven – zu erfassen.

M 1 Das Bruttosozialprodukt (BSP) der OECD-Länder

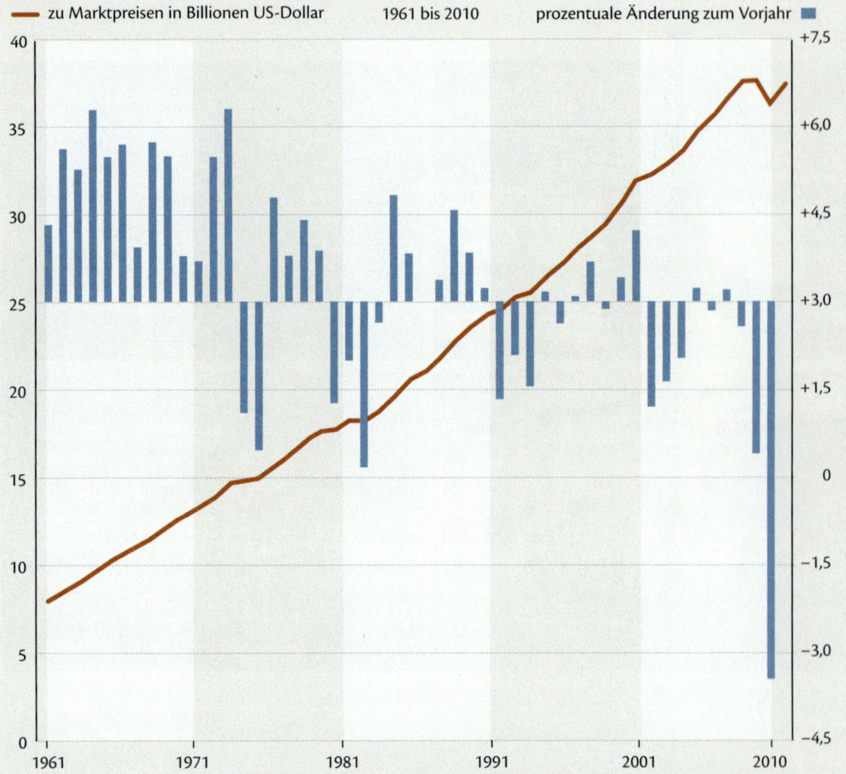

Nach: Konjunkturforschungsstelle der ETH Zürich: Globalisierungsindex 2011 Pressemitteilung vom 18.3.2011, Zürich 2011, S. 1

M 2 Reale Veränderung des BIP in Frankreich

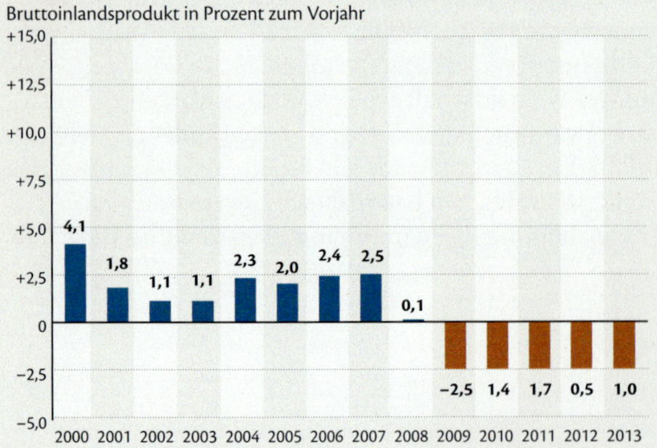

Nach: Statistisches Bundesamt, Länderprofil 2011 2012 und 2013: Prognose

M 3 Reale Veränderung des BIP in den USA

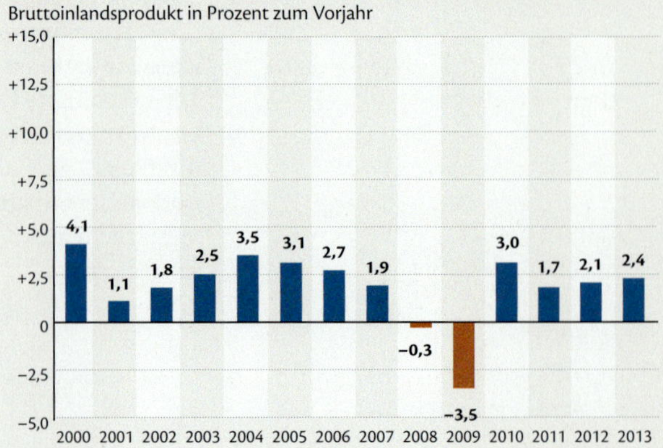

Nach: Statistisches Bundesamt, Länderprofil 2011 2012 und 2013: Prognose

M 4 Reale Veränderung des BIP in Indien

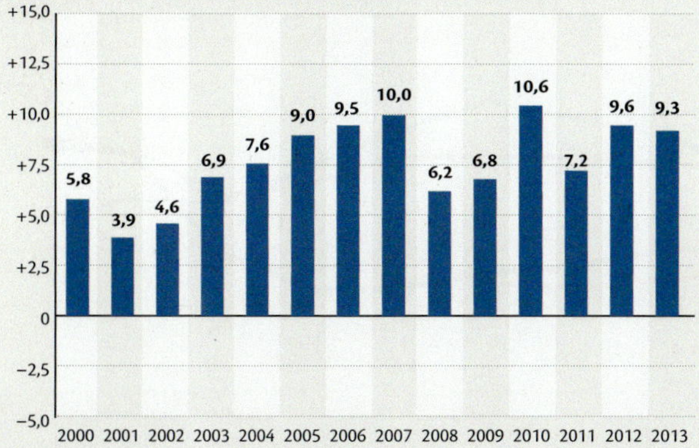

Nach: Statistisches Bundesamt, Länderprofil 2011 2012 und 2013: Prognose

M 5 Reale Veränderung des BIP in China

Nach: Statistisches Bundesamt, Länderprofil 2011 2012 und 2013: Prognose

M 6 Globale Finanz- und Wirtschaftskrise

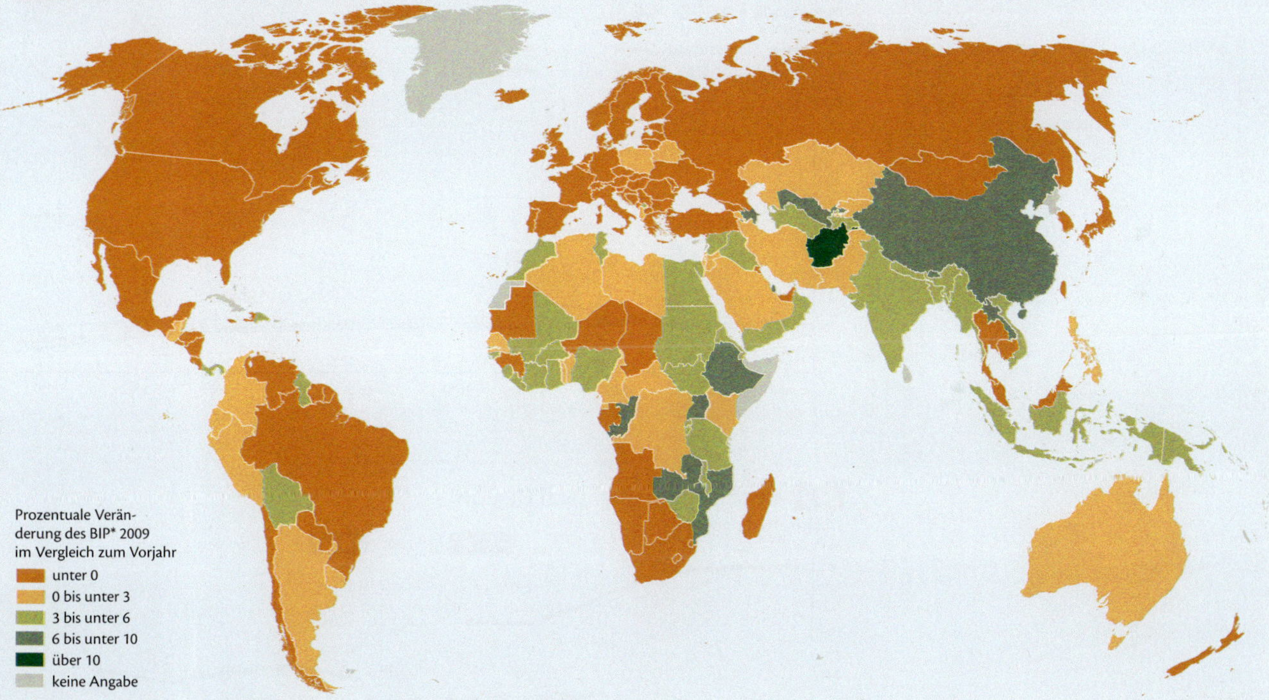

Quelle: Bundeszentrale für politische Bildung

* Bruttoinlandsprodukt, in konstanten Preisen

1 Analysieren Sie die Materialien **M 1** bis **M 6** arbeitsteilig im Hinblick auf Veränderungen des Bruttosozialprodukts.

2 Diskutieren Sie, welche Schlüsse sich daraus in Bezug auf das Problem der Weltwirtschaftskrise ziehen lassen.

3 Untersuchen Sie danach ebenfalls arbeitsteilig die Materialien **M 7** bis **M 11** im Hinblick auf:
- die feststellbaren Krisenerscheinungen,
- die Frage, wer oder was in die Krise geraten ist,
- die Frage, wer oder was von der Krise am meisten bzw. am härtesten betroffen ist.

4 Diskutieren Sie nun die Frage, ob von einer Krise der Weltwirtschaft gesprochen werden kann.

5 Ziehen Sie **M 12** hinzu und analysieren Sie den Film „Inside Job" (auf Youtube) im Hinblick auf die dort gegebene Krisenerklärung.

M 7 Erwerbslosenquoten im internationalen Vergleich

2000 bis 2010 in Prozent

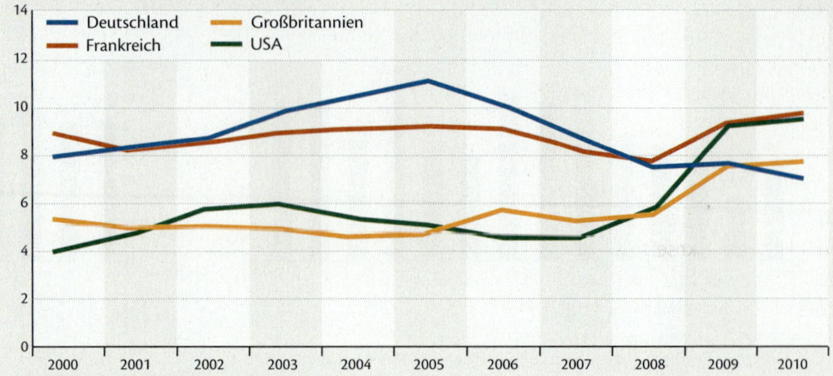

Nach: OECD Stat. Database (www.oecd.org)

M 8 Entwicklung der internationalen Automobilproduktion

Index (2000 = 100)

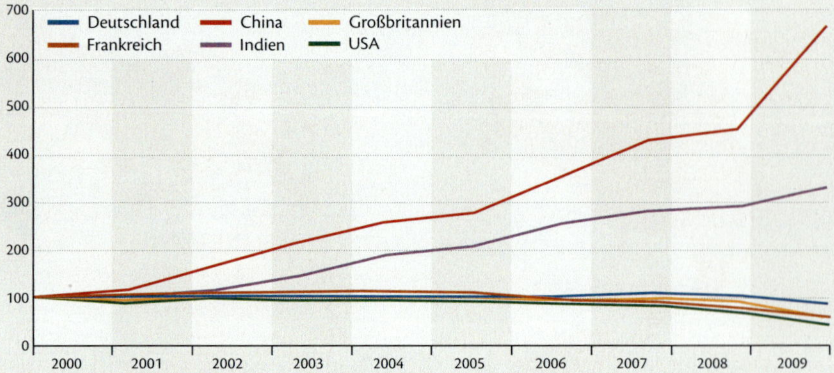

Nach: http://oica.net/category/production-statistics (Zugriff: 2.1.2012)

M 9 Unterernährung nach Region

Millionen Hungernde

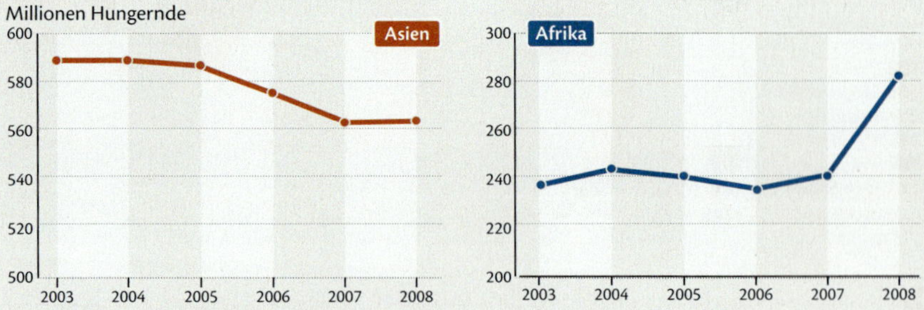

Nach: FAO, The State of Food Insecurity in the World, Rom 2011, S. 8

M 10 Hungerkrise reloaded – die Globalisierung schlägt zurück

In nur drei Jahren ist die Anzahl der Hungernden (weltweit) um 170 Millionen auf ca. 1,02 Milliarden angestiegen. Jeder sechste Mensch ist heute (2009) chronisch unterernährt. Ausgelöst wurde die – erst jetzt – sogenannte Hungerkrise durch jähe Preissteigerungen auf den internationalen Agrarmärkten. Verschärft wird sie durch die globale Finanz- und Wirtschaftskrise. Die Vorstellung, die Ernährung könne am besten über den Import billiger Lebensmittel gesichert werden, erweist sich heute als fataler Irrtum. Die seit drei Jahrzehnten forcierte Globalisierung der Agrarmärkte hat zunächst jene marginalisiert, die das Gros der Grundnahrungsmittel produzieren, allen voran Kleinbauern, Landarbeiter, Indigene, Nomaden und Fischer. Als dann 2007 und 2008 die Billigimporte ausblieben, konnten die heimischen Produzenten die Angebotslücken nicht mehr schließen, und die Hungerkrise schwappte auf die Städte über. Exportsektoren, welche lange zum Allheilmittel gegen Armut stilisiert wurden, sind von der aktuellen Wirtschaftskrise am härtesten getroffen. Die Arbeitslosigkeit steigt, und mangels sozialer Sicherheit ist sie in vielen Ländern nahezu gleichbedeutend mit Armut und Hunger. Patentrezepte gegen den Hunger gibt es nicht, neue Antworten sind gesucht. Das international anerkannte Menschenrecht auf Nahrung ist bei dieser Suche ein unverzichtbarer Kompass. Hungerbekämpfung darf nicht mehr mit Produktionssteigerung und mehr Welthandel in der Landwirtschaft gleichgesetzt werden. Im Mittelpunkt einer überzeugenden Strategie müssen stattdessen die Menschenrechte der Marginalisierten stehen.

Die „Tortillakrise“

Mit der Tortillakrise fing es an. Slumbewohner in Mexiko-Stadt mussten angesichts explodierender Maispreise auf ihr tägliches Grundnahrungsmittel verzichten. Ihre lautstarken Proteste gaben im Januar 2007 den Startschuss für Hungeraufstände in über 40 Ländern. Spätestens im April 2008, als in Haiti Autoreifen brannten, Barrikaden errichtet, Lebensmittelgeschäfte geplündert und der Premierminister gestürzt wurde, war die weltweite „Hungerkrise“ in aller Munde. Ausgelöst wurde sie durch den rasanten Preisanstieg für Agrarrohstoffe auf dem Weltmarkt. Der steigende Einsatz von Agrarrohstoffen wie Soja und Mais für Agrartreibstoffe, steigender Fleischkonsum und Futtermitteleinsatz, witterungsbedingte Ernteausfälle in den USA, Australien und der Türkei, steigende Energiepreise, sinkende Lagerbestände sowie die ausufernde Spekulation an den Warenterminbörsen hatten zu den außergewöhnlichen Preissprüngen auf den internationalen Märkten geführt.
Allein in der ersten Jahreshälfte 2008 kam es dadurch bei Grundnahrungsmitteln wie Reis und Speiseöl zu einer Preisverdopplung. (...)

Mehr als eine Milliarde Unterernährte

Zum ersten Mal in der Menschheitsgeschichte übersteigt die Anzahl der chronisch Unterernährten eine Milliarde. (...) „Die Zunahme der Unterernährung ist nicht das Resultat eines begrenzten internationalen Angebots an Nahrungsmitteln“, stellte die FAO klar. Auch 2009 werde die Getreideernte hinter dem Rekordniveau von 2,28 Milliarden Tonnen im Jahr 2008 nur leicht zurückbleiben (...). Verantwortlich sei vor allem die weltweite Finanz- und Wirtschaftskrise, welche die verheerenden Effekte der Preiskrise noch verschärfend überlagere. Zwar haben sich die Rohstoffpreise seit Herbst 2008 wieder deutlich erholt, dennoch liegen die realen Durchschnittspreise für Grundnahrungsmittel in Entwicklungsländern immer noch 24 Prozent höher als zwei Jahre zuvor.

Armin Paasch: Hungerkrise reloaded – die Globalisierung schlägt zurück, in: http://www.eco-fair-trade.org (Zugriff: 2.1.2012)

M 11 Monatspreise für Mais, Reis, Soja und Weizen

2000 bis 2010, Index (2000 = 11), in konstanten US-Dollar 2000

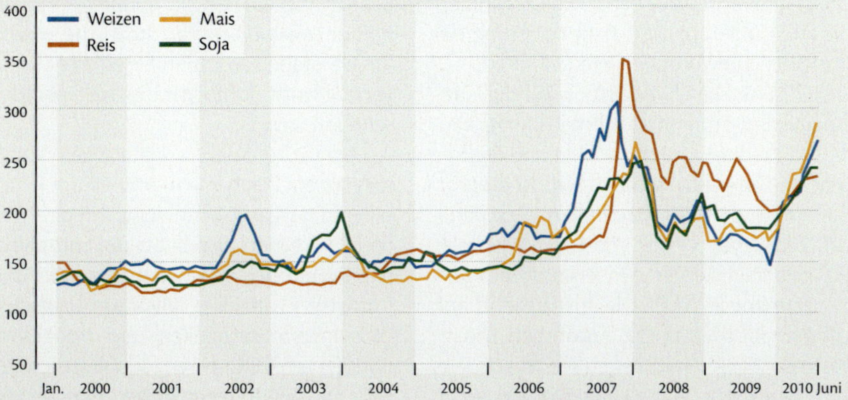

Nach: Hans-Heinrich Bass: Finanzmärkte als Hungerverursacher? Studie für die Welthungerhilfe, Bonn 2011, S. 52

M 12 Chronik des Weltfinanzcrashs ab 2007

Von der US-Immobilienblase zu Bankenpleiten

Jahreswende 2005/2006: Die Immobilienpreise in den USA beginnen zu sinken. Fachleute sprachen seit langem von einer Spekulationsblase auf dem US-Immobilienmarkt, die durch freizügige Vergabe von Kredite ohne Sicherheiten an Privatkunden aufgeblasen wurde.

Februar 2007: Ein US-amerikanischer Ableger von HSBC (*Hongkong and Shanghai Banking Corporation*) gibt einen Abschreibungsbedarf von 10 Mrd. Dollar auf risikobehaftete Hypotheken (Subprimes) bekannt.

3. April 2007: New Century Financial, einer der größten US-Hypothekenfinanzierer, beantragt Insolvenz.

30. Juli 2007: Die Düsseldorfer Mittelstandsbank IKB steht vor dem Zusammenbruch und wird durch die Kreditanstalt für Wiederaufbau (KfW) übernommen. Sie erhielt umfangreiche öffentliche Liquiditätshilfen und Garantiezusagen bis zu 10 Mrd. Euro, „bevor sie zum Spottpreis von 150 Mio. Euro an einen US-amerikanischen Investor weiterverkauft wurde" (Karl-Heinz Roth).

August 2007: Die SachsenLB kann nur durch eine Kreditzusage in Höhe von 17,3 Mrd. € durch die Sparkassen-Finanzgruppe vor dem Kollaps gerettet werden. Sie wird am 1. Januar 2008 liquidiert und der Landesbank Baden-Württemberg einverleibt.

14. September 2007: Bank run auf Northern Rock. Innerhalb einer Woche heben verängstigte Kunden der damals achtgrößten britischen Bank annähernd 3 Mrd. Euro an Einlagen ab. Die Bank muss die Schalterzeiten verlängern, um den Ansturm zu bewältigen.

14. März 2008: Kollaps der Investmentbank Bear Stearns. Sie wird von JP Morgan Chase übernommen. Die Zentralnotenbank der USA (Federal Reserve Bank, FED) organisiert die Ausgliederung und Refinanzierung der notleidend gewordenen Wertschriften.

18. Juli 2008: Die US-Regierung kündigt umfangreiche Rettungsmaßnahmen (Aktienkäufe und Kredite) für Fannie Mae und Freddie Mac an. Die beiden größten Hypothekenförderbanken der USA machten im Geschäftsjahr 2008 einen Verlust von 58,7 Mrd. Dollar. Sie werden im September verstaatlicht.

15. September 2008: Die Investmentbank Lehman Brothers bricht zusammen. Die Investmentbank Merrill Lynch entgeht diesem Schicksal knapp durch einen Notverkauf an die Universal Bank of America.

16. September 2008: Die Versicherung American International Group wird für vorläufig 85,5 Mrd. US-Dollar notverstaatlicht. Sie war in Schieflage geraten, weil sie im großen Stil Hypotheken über Kredit-Ausfallversicherungen (Credit Default Swap, CDS) rückversichert hatte.

Von Bankenpleiten zum Staatsbankrott

28. September 2008: Mit der Hypo Real Estate (HRE) steht eine der zehn größten deutschen Banken vor der Pleite. Sie soll laut Reuters als größter Finanzierer von Gewerbeimmobilien in Deutschland für ein Fünftel des deutschen Pfandbriefmarkts gestanden haben. Das Adjektiv systemrelevant kommt in Mode. Die Bundesregierung entscheidet sich, 93 Mrd. Euro in das marode Unternehmen zu pumpen, um einen angeblich drohenden Kollaps des gesamten Finanzsystems abzuwenden.

14. Oktober 2008: Die Isländische Börse bricht um 75 Prozent ein, nachdem sie aufgrund von Turbulenzen drei Tage geschlossen war. Zuvor hatte der Staat die insolventen Banken Glitnir, Landesbanki und Kaupthing übernommen. Island steht vor dem Staatsbankrott und muss durch Hilfen des Internationalen Währungsfonds (IWF) gerettet werden.

17. Oktober 2008: Der Sonderfonds Finanzmarktstabilisierung (Soffin) wird durch das Inkrafttreten des Finanzmarktstabilisierungsgesetzes installiert. Er spannt über Garantien und Eigenkapital einen sog. Rettungsschirm über die deutschen Banken, der ein Volumen von bis zu 480 Mrd. Euro umfasst.

23. Juli 2009: Das deutsche „Bad-Bank-Gesetz" (*Gesetz zur Fortentwicklung der Finanzmarktstabilisierung*) tritt in Kraft. Nunmehr können Banken ihre Bilanzen bereinigen, indem sie Schrott-Papiere (*Original-Slang für: risikobehaftete Wertpapiere*) an staatliche Abwicklungsanstalten abstoßen. Sie erhalten im Gegenzug vom Soffin garantierte Schuldverschreibungen.

23. April 2010: Nach monatelangem Tauziehen bittet Griechenland offiziell um Finanzhilfen. Das Land kann seine Kredite nicht mehr bedienen und bittet die Europäische Union und den Internationalen Währungsfonds (IWF) um Hilfe. Zuvor wurde bekannt, dass Investmentbanken und Hedgefonds mithilfe von CDCs (Kreditausfallversicherungen) massiv auf dieses Ereignis hin spekuliert hatten.

Subprime-Markt (subprime = zweitklassig): Teil des privaten Hypothekendarlehenmarkts, auf dem Kreditnehmer mit meist geringer Bonität bei US-amerikanischen Banken Hypotheken zum Hauskauf aufnahmen bzw. von diesen dazu überredet wurden

Vom Staatsbankrott zur Gefährdung des Euros

7. Mai 2010: Die Staats- und Regierungschefs der Euro-Zone vereinbaren in Brüssel einen europäischen Rettungsschirm, um die gemeinsame Währung zu stabilisieren und gegen Spekulationsangriffe zu schützen.

10. Mai 2010: Die Europäische Zentralbank (EZB) kauft Staatsanleihen von Insolvenz bedrohter Mitgliedstaaten der EU.

21. Mai 2010: Der Bundestag verabschiedet das Euro-Stabilisierungsmechanismusgesetz. Damit wird der deutsche Anteil von bis zu 148 Mrd. € an der Zweckgesellschaft EFSF bewilligt, die Staaten der Euro-Zone finanziellen Beistand leisten soll (Gesamtvolumen 750 Mrd. €).

28. September 2011: Fünf Verordnungen und eine Richtlinie zur Erneuerung des Stabilitäts- und Wachstumspaktes, genannt Six Pack, werden vom Europäischen Parlament verabschiedet.

29. September 2011: Der Bundestag stimmt der Erweiterung des EFSF zu.

28. Oktober 2011: Die EU-Regierungschefs beschließen einen vermeintlichen Schuldenschnitt für Griechenland, bei dem die Schuldner auf freiwilliger Basis ihre Anleihen bei einem Verlust von möglicherweise 50 Prozent austauschen können.

3. November 2011: Die Euro-Staaten stoppen die Hilfskredite für Griechenland.

7. November 2011: Der neue EZB-Präsident Draghi lässt offenbar massiv Staatsanleihen aus Euro-Krisenländern kaufen. Die Euro-Finanzminister erhöhen den Druck auf Athen und Rom.

9. November 2011: Der griechische Ministerpräsident Papandreou verkündet seinen Rücktritt.

12. November 2011: Auch das italienische Abgeordnetenhaus billigt die von der EU geforderten Wirtschaftsreformen und macht so den Weg frei für den Rücktritt von Ministerpräsident Berlusconi.

29. November 2011: Die Ratingagentur Fitch nimmt die Kreditwürdigkeit der USA ins Visier.

2. Dezember 2011: Bundeskanzlerin Merkel dringt vor dem EU-Gipfel weiter auf eine Änderung der EU-Verträge. Nur mit einer abgestimmten Finanzpolitik und automatischen Sanktionen könne die Eurokrise überwunden werden, sagt sie in einer Regierungserklärung.

6. Dezember 2011: Die Ratingagentur Standard & Poor's droht 15 der 17 Euroländer und damit auch den sechs Staaten mit der Top-Kreditwürdigkeit „AAA" eine verschärfte Beobachtung an. Ihnen – und damit auch dem Rettungsschirm EFSF – droht damit eine Abstufung.

9. Dezember 2011: Die EU will die Schuldenkrise überwinden, indem sich die Eurozone und weitere Staaten neue Regeln geben, die nicht alle Staaten mittragen – vor allem Großbritannien nicht.

21. Dezember 2011: Die EZB stützt das angeschlagene Bankwesen mit dreijährigen Krediten über fast 500 Milliarden Euro.

Januar 2012: Die Ratingagenturen stufen den Europäischen Rettungsschirm (*ESM*) und verschiedene europäische Länder herab.

30. Januar 2012: Auf dem EU-Gipfel beschließen 25 Staaten die Einführung eines Fiskalpakts, der zur langfristigen Lösung der Schuldenprobleme beitragen soll – Großbritannien und Tschechien bleiben außen vor.

12./13. Februar 2012: In der Nacht stimmt das griechische Parlament dem von der Troika geforderten Sparpaket zu. Begleitet wurde die Abstimmung im Parlament von schweren Krawallen in Athen. Mindestens 120 Menschen wurden verletzt, Gebäude gingen in Flammen auf.

30. März 2012: Trotz monatelanger Ablehnung durch die Bundesregierung wird der Euro-Rettungsschirm beschlossen. Insgesamt sollen statt der bisher vereinbarten 500 Milliarden Euro nun mindestens 800 Milliarden zur Verfügung stehen.

24. Mai 2012: Auf einem Sondergipfel verständigen sich die EU-Staats- und Regierungschefs auf das Ziel, das Wachstum stärker zu fördern.

29. Juni 2012: Auf dem EU-Gipfel in Brüssel setzen Spanien und Italien durch, dass die Bedingungen gelockert werden, um Hilfen aus dem Euro-Rettungsfonds zu bekommen. Die Staats- und Regierungschefs der Eurozone beschließen außerdem, eine gemeinsame Bankenaufsicht zu schaffen. Bundestag und Bundesrat stimmen ESM und Fiskalpakt zu.

5. Juli 2012: Die Europäische Zentralbank senkt den Leitzins auf einen historischen Tiefstand seit Einführung des Euro: von 1,0 auf 0,75 Prozent.

Zusammenstellung nach:
http://www.lobbypedia.de und
http://www.tagesschau.de (Zugriff: 3.1.2012)

EFSF: Europäische Finanzstabilisierungsfazilität. Fazilität ist eine Kreditmöglichkeit, die bei Bedarf in Anspruch genommen werden kann

Hedgefonds sind eine spezielle Art von Investmentfonds, die durch eine spekulative Anlagestrategie gekennzeichnet sind. Sie bieten die Chance auf sehr hohe Renditen und tragen entsprechend ein hohes Risiko

Wie lässt sich die Krise erklären?

Die Erscheinungsformen der Krise sind vielfältig. Aber warum kommt es überhaupt zur Krise? Warum entwickelt sich das Wirtschaftsgeschehen nicht geradlinig und ohne größere Schwankungen? Diese Frage zu klären tut sich die Wirtschaftswissenschaft viel schwerer, als zu erklären, warum das Marktgeschehen funktioniert. Auch sind die Erklärungsmuster durchaus unterschiedlich. Es existieren verschiedene Theorien.

M 13 Theorien zur Entstehung von Blasen

Ein Ökonom und sein Freund laufen die Straße entlang. Der Freund zeigt auf eine 100-Dollar-Note auf dem Trottoir. Daraufhin sagt der Ökonom: „Dieser Geldschein ist nicht wirklich da, denn wäre er es, hätte ihn längst jemand aufgehoben." Seit dem Ausbruch der Finanzkrise nimmt diese Art von Spott über die Hypothese, dass Märkte immer effizient seien (...), unter Börsianern und Investoren zu. Die 1970 von Eugene Fama von der University of Chicago formulierte Theorie besagt, dass Kapitalmärkte insofern effizient sind, als alle vorhandenen Informationen in den Wertpapierkursen enthalten sind und alle Marktteilnehmer vollständig rational handeln.

Herdentrieb und Panik

(...) Der von der Finanzkrise ausgelöste Börsen-Crash hat nun eine heftige Debatte über die Gültigkeit der These effizienter Märkte ausgelöst. Diese sei tot, ist nicht selten zu hören – ihr Diktum „Der Markt hat immer recht" habe sich als falsch erwiesen. Das größte Manko der Hypothese sehen Kritiker darin, dass sie die Bildung von Blasen nicht erklären könne. Wenn es an den Märkten immer rational zugehe, müssten nämlich überhöhte Preise stets rasch korrigiert werden, sobald sie zu stark von historischen Durchschnitten abweichen. So starke Kursverluste wie im letzten Crash (...) wären dann nicht möglich.

Die zunehmende Abkehr der Börsianer von der These effizienter Märkte findet ihren Niederschlag in der wachsenden Popularität der Behavioral Finance, der verhaltensorientierten Finanzmarkttheorie. Sie geht davon aus, dass Marktpreise stärker von der Psychologie der Investoren geprägt sind als von fundamentalen Daten, und sie erklärt so Blasenbildungen an den Märkten. Dabei stehen der Herdentrieb und Überreaktionen von Investoren im Zentrum. Die Bedeutung der Psychologie an den Finanzmärkten hat sich im letzten Börsen-Crash erneut gezeigt. Als die Krise sich verschärfte, rannten die Investoren gleichzeitig zum „Ausgang" und verkauften ihre Wertpapiere panikartig, ohne zu differenzieren. In der Folge stürzten die Bewertungen von Aktien, verschiedenen Anleihe-Arten sowie Hedge-Funds gleichzeitig ab, und auch Immobilien- und Rohwarenpreise entwickelten sich negativ. Anlageklassen, denen zuvor eine gegenläufige Entwicklung zugesprochen worden war, korrelierten plötzlich stark – und der erwartete Diversifikationseffekt blieb aus.

Eine Theorie als Sündenbock

Die Folgen des Crashs sind so tiefgehend und schmerzhaft, dass die ursprünglich rein akademische Diskussion über die These von der Effizienz der Märkte nun auch Notenbanker, Regierungsvertreter und Parlamentarier erfasst hat. Dabei ist viel vom Scheitern des „entfesselten" Markts und der zugrunde liegenden These effizienter Märkte die Rede. Um eine Theorie zu ersetzen, braucht es aber eine bessere – und eine solche ist weit und breit nicht in Sicht. So sehr Behavioral Finance ihre Berechtigung hat, kann sie die Hypothese der effizienten Märkte doch nicht substituieren. Sie ist zu großen Teilen einfach eine Sammlung von Gegenbeispielen zur Effizienzmarkt-These, und auch mit ihr lässt sich die Existenz einer Blase erst im Nachhinein feststellen. Somit bleibt die These von der Effizienz der Märkte als Grundgerüst der Finanzmarkttheorie weiterhin unabdingbar. Auch wenn – wie dann später die Expost-Analyse zeigt – eine Blase besteht, gibt es an den Finanzmärkten freiwilligen Handel. Es gibt Käufer, die zum angebotenen Preis zugreifen, und Verkäufer, die bereit sind, zu diesem Preis zu liefern. Die Hypothese von der Effizienz der Märkte und die Bildung von Blasen sind kein Widerspruch – die Theorie hat nie versprochen, Letztere prognostizieren zu können. Das Problem sind die zu hohen Erwartungen an die Hypothese vom effizienten Markt. Banker, Investoren und Politiker benützen diese nun als Sündenbock für ihre eigenen

Das Narrenschiff und sein unsinkbarer Refrain

Zeichnung: Wiedenroth

Fehler. Beispielsweise legten Banker ihren Berechnungen oftmals zu optimistische Zahlen zugrunde, und Investoren liessen sich in ihrer Gier davon blenden. Der Politik wiederum ist es bis heute nicht gelungen, eine kluge Regulierung der Finanzmärkte zu installieren. Wer glaubt, die Krise sei durch einen Mangel an Regeln hervorgerufen worden, sei daran erinnert, dass die stark regulierten Banken sich schliesslich als die grössten Krisenherde entpuppten, während die schwach regulierten Hedge-Funds besser abschlossen.

Versöhnungsansatz gesucht

Der Börsen-Crash 2008 hat das Gedankengebäude von der Effizienz der Märkte somit sogar untermauert. Die Krise hat gezeigt, dass es an den Märkten keinen „free lunch" gibt. Die Behauptungen von Banken, mithilfe von Derivaten und Verbriefungen lasse sich bei geringerem Risiko eine höhere Rendite erzielen, wurden mit aller Härte widerlegt. Vorher als Revolution gefeierte Finanzinstrumente verloren rasant an Wert, und der Handel trocknete aus. Top-Bewertungen der Rating-Agenturen konnten daran nichts ändern. Zudem zeigte sich auch die Gültigkeit der Hypothese des „Random Walk". Diese sieht, eben weil die Märkte effizient sind, Kursverläufe von Aktien als einen Zufallsprozess an. Deshalb tun sich Anlagefonds-Manager schwer, den Markt zu schlagen. Wären die Märkte nicht effizient, müsste das Gegenteil der Fall sein. Thorsten Hens, Professor an der Universität Zürich, zieht den einleuchtenden Schluss, Finanzmärkte seien ein dynamisches, evolutionäres System, das im langfristigen Durchschnitt effizient ist, jedoch zuweilen recht große Abweichungen von diesem Trend produziert. Sowohl die These der effizienten Märkte als auch die der Behavioral Finance weisen zutreffende Elemente auf, keine der beiden erklärt aber die Funktionsweise der Finanzmärkte vollständig. Es gibt keinen grundlegenden Widerspruch zwischen Markteffizienz und Behavioral Finance, vielmehr müssen sich beide ergänzen.

feb.: Finanzblasen und der effiziente Markt, Neue Zürcher Zeitung, 25.7.2009, in: http://www.nzz.ch (Zugriff: 26.7.2012)

Derivate: Finanzinstrumente, deren Preis oder Wert von den künftigen Kursen oder Preisen anderer Handelsgüter (zum Beispiel Rohstoffe oder Lebensmittel), Vermögensgegenstände (Wertpapiere wie zum Beispiel Aktien oder Anleihen) oder von marktbezogenen Referenzgrößen (Zinssätze, Indices) abhängt
(nach: http://de.wikipedia.org/wiki/Derivat_Wirtschaft)

1 Analysieren Sie im Jigsaw-Verfahren die verschiedenen Ansätze zur Krisenerklärung (M 13 bis M 18).

2 Bestimmen Sie dabei
- die jeweiligen Voraussetzungen, z. B. eine bestimmte Weltsicht,
- die Reichweite der dargestellten Ansätze, z. B. die Spannbreite der Erklärungen,
- die Konsequenzen der Ansätze.

Klären Sie insbesondere, worin sich der marxistische Ansatz (M 14) von allen anderen unterscheidet.

3 Stellen Sie die Ansätze arbeitsteilig in Kurzreferaten im Plenum vor und diskutieren Sie die Erklärungen.

Karl Marx (1818–1883), einflussreichster Theoretiker des Sozialismus und Kommunismus

M 14 Die Krise heißt Kapitalismus

Ein Ausgangspunkt, um sich die marxistische Krisentheorie zu erschließen, sind die Eigentumsverhältnisse im Kapitalismus. Für Karl Marx (1818–1883) ist das Privateigentum an den Produktionsmitteln (Fabriken, Maschinen usw.) wesentliches Charakteristikum der kapitalistischen Produktionsweise. Obwohl es im Kapitalismus auch Staatseigentum, Genossenschaften u. Ä. gibt, findet die vorherrschende Wertschöpfung in privatwirtschaftlichen Unternehmen statt und auch die Investitionen sind überwiegend private Investitionen. Marx spricht davon, dass diese Organisation der gesellschaftlichen Produktion dazu führt, dass jeder einzelne Kapitalist bei „Strafe des Untergangs" (also z. B. des Konkurses) gezwungen ist, sein Kapital immer wieder so profitabel wie möglich zu verwerten (also z. B. neu zu investieren). Diese fortwährende „Selbstverwertung des Kapitals" erzeugt eine Tendenz zur Akkumulation (Vermehrung, Anhäufung) von Kapital in der Gesamtwirtschaft. (...)

Strategien der Profitmaximierung

Aus Sicht der marxistischen Wirtschaftstheorie sind „investieren" und „spekulieren" ebenfalls zentrale Verwertungsstrategien, auch wenn sie in einem anderen begrifflichen Gewand abgehandelt werden (s.u.). An verschiedenen Stellen des Marx'schen Werkes werden allerdings auch noch andere Strategien der Profitmaximierung abgehandelt: So können Unternehmen ihre Profite erhöhen, indem sie die Arbeitshetze erhöhen oder die Arbeitszeit verlängern (Marx spricht hier von einer Erhöhung des absoluten Mehrwerts), indem sie die Löhne absenken, indem sie Kosten externalisieren (*auslagern*) (z. B. durch Umweltverschmutzung) oder indem sie die Kosten für ihre Vorleistungen reduzieren (z. B. Rohstoffkosten). (...) Es macht für jeden einzelnen Kapitalisten Sinn, so niedrige Löhne wie möglich zu zahlen und Umweltstandards aus Kostengründen abzusenken, auch wenn das den dauerhaften Fortbestand des Kapitalismus bedroht. Dies erscheint als ein Auseinanderfallen von betriebswirtschaftlicher und volkswirtschaftlicher Rationalität und ein Wesenszug der auf Konkurrenz basierenden Organisation der kapitalistischen Produktionsweise. (...)

Mehrwertrate und Wert der Ware Arbeitskraft

Eine Schlüsselstellung in der marxistischen Argumentation nimmt dabei die relative Mehrwertrate ein. Als Mehrwertrate wird das Verhältnis von Mehrwert, also dem Teil des Produktwertes (der Wert des Produktes wird dabei in Arbeitszeiteinheiten gemessen), den sich die Kapitalisten aneignen (Gewinne bei Eigenkapital, Zinsen bei Fremdkapital und Bodenrenten bei Grundbesitz), und der zur Herstellung des Produkts notwendigen lebendigen Arbeit definiert. Grundannahme ist, dass die Kapitalisten unter dem wettbewerbsbedingten Kostensenkungsdruck der kapitalistischen Produktionsweise dazu tendieren, den Anteil des Werts, den sich die Kapitalisten aneignen, zu erhöhen und den Anteil, den die Lohnarbeiter erhalten, zu verringern. (...)

Überproduktionskrisen

Aus Sicht jedes einzelnen Unternehmens stellt sich die Situation folgendermaßen dar: Das Unternehmen hat einerseits Aufwendung für Maschinen und Vorprodukte (Marx nennt dies konstantes Kapital oder auch „tote Arbeit", da die Arbeit hierfür in der Vorperiode aufgewendet wurde) und andererseits Löhne und Gehälter für die Beschäftigten (Marx spricht hier auch von variablem Kapital oder „lebendiger Arbeit"). Profitmaximierung heißt dann, dass jedes Unternehmen versucht, das Verhältnis von Mehrwert (der nach Marx kausal ausschließlich mit der lebendigen Arbeit verknüpft wird) zum eingesetzten konstanten und variablen Kapital zu maximieren. Dieses Verhältnis wird auch als Profitrate bezeichnet. Durch eine „Investition" in neue Maschinen (d. h. technischen Fortschritt) kann nun ein einzelner Kapitalist versuchen, sein Kapital profitabel zu verwerten und seine Profitrate zu erhöhen. Die Investition erfolgt dabei in aller Regel mit dem Ziel, die Arbeitsproduktivität zu erhöhen, in marxistischer Terminologie: die relative Mehrwertrate. Relative Mehrwertrate (im Gegensatz zur bereits oben erwähnten absoluten Mehrwertrate) deshalb, weil es hier nicht darum geht, die Arbeitszeit absolut auszudehnen, sondern vielmehr den relativen Anteil der Arbeitszeit, die nun bedingt durch die neue Technologie auf die Produktion von Mehrwert entfällt, zu erhöhen (bei gleich bleibenden, unter Umständen sogar steigenden, Löhnen). Die Investition erhöht zugleich das Verhältnis von toter zu lebendiger Arbeit (Marx spricht hier von der organischen Zusammensetzung des Kapitals) in der Produktion, d. h. die Aufwendungen für konstantes Kapital nehmen tendenziell zu (wiederum bei unveränderter Lohnhöhe). Für das erste Unternehmen, das solch eine neue Technologie (z. B. eine neue Maschinengeneration) einführt, rechnet sich das Geschäft in aller Regel. Es erhöht zwar seine Aufwendungen (die Summe von konstantem und variablem Kapital), steigert aber auch seinen Ertrag durch die zunehmende relative Mehrwertrate. Es kann gegenüber seinen Konkurrenten einen Extraprofit erzielen. Um keine Marktanteile an dieses nun mit erhöhter Produktivität und damit kostengünstiger produzierende Unternehmen zu verlieren, sind die anderen Unternehmen der gleichen Branche gezwungen, ebenfalls in die neue Technologie zu investieren. Für die unmittelbar nachfolgenden Unternehmen mag sich das Geschäft auch noch rechnen, aber ab einem gewissen Punkt dieses technologischen Erneuerungszyklus stellt sich folgendes Problem: Wenn die ausgezahlte Lohnsumme unverändert bleibt, verändert sich auch die kaufkräftige Nachfrage nicht, d. h. der produktivitätsbedingt höhere Output der Unternehmen trifft auf einen unverändert großen Markt. Paul Sweezy (1910–2004) spricht davon, dass sich ab einem gewissen Punkt des technologischen Erneuerungszyklus ein Realisierungsproblem stellt, die Unternehmen können den durch die neue Technologie relativ gesteigerten Mehrwert nicht mehr realisieren (die Waren zu dem vorgesehenen Preis verkaufen), da die kaufkräftige Nachfrage systematisch hinter den Produktionsmöglichkeiten zurückbleibt. Es kommt zu einer sogenannten Überproduktionskrise, die sich darin ausdrückt, dass die Produktion zurückgefahren werden muss und Überkapazitäten entstehen. Einige Unternehmen werden in der Wirtschaftskrise untergehen oder von anderen erfolgreicheren Unternehmen aufgekauft. Am Ende steht die ganze Branche mit erhöhtem Kapitalstock bei unverändert großem Markt (d. h. auch unverändert hohem realisierbaren Mehrwert) da. Die Profitrate, also das Verhältnis von eingesetztem Kapital und Ertrag ist gesunken, und der technologische Erneuerungszyklus beginnt auf diesem erhöhten Kapitalstock von neuem.

Tendenzieller Fall der Profitrate

Von Konjunkturzyklus zu Konjunkturzyklus wird die Kluft zwischen Produktionsmöglichkeiten und kaufkräftiger Nachfrage größer. Die Profitrate auf den Gütermärkten sinkt tendenziell, da die Gesamtkosten für den Kapitalstock zunehmen und die Realisierung der Produktivitätsgewinne aufgrund der beschränkten Märkte dahinter zurückbleibt. Es gibt zwar eine Reihe von Faktoren, die dem Fallen der Profitrate entgegenwirken können wie sinkende Löhne oder staatliche Nachfrage, aber für jede dieser entgegenwirkenden Faktoren lässt sich belegen, dass sie das Problem nicht grundlegend beheben. So bringen sinkende Löhne (etwa aufgrund von Entlassungen im Zuge der Einführung der neuen Technologie) zwar kurzfristig einen Kostenvorteil, mittelfristig verschärfen sie aber das Realisierungsproblem. Unproduktive staatliche Nachfrage kann dem Realisierungsproblem entgegenwirken, erhöht aber die Produktionskosten (wenn sie durch unternehmensrelevante Steuern finanziert wird) oder senkt mittelfristig die kaufkräftige Nachfrage (wenn sie durch Konsumsteuern finanziert wird). Die somit auf den Gütermärkten von Zyklus zu Zyklus in der Tendenz sinkende Profitrate führt nach Marx zu einer strukturellen Überakkumulation, die sich auf zweierlei Weise ausdrücken kann: entweder in Form von Überproduktion oder nicht ausgelasteten Kapazitäten auf den Gütermärkten oder in Form von zunehmender „Spekulation" auf den Geld- und Finanzmärkten. Sind die Profiterwartungen auf den Geld- und Finanzmärkten höher als auf den Gütermärkten, so kann es zum Aufbau von Spekulationsblasen, die sich zumindest phasenweise von den realwirtschaftlichen Prozessen entkoppeln, kommen. Marx spricht hier vom Aufbau fiktiven Kapitals. Allgemein lässt sich festhalten, dass zunehmende Überakkumulation dazu tendiert, sich vermehrt auf den Geld- und Finanzmärkten auszudrücken, wobei diese sich natürlich nie vollständig von den realwirtschaftlichen Prozessen entkoppeln können und es deshalb auch regelmäßig zum Platzen der Blasen kommt (sei es die Aktienblase zu Zeiten der New Economy oder die aktuelle Hypothekenblase). Das Platzen solcher Blasen kann durchaus zum Auslöser von Wirtschaftskrisen werden und es kann ihren Verlauf bestimmen, aber die Ursache liegt immer in der strukturellen Überakkumulation auf den Gütermärkten, also in der Realwirtschaft, begründet.

Lorenz Blume/Wolfram Klein: Marx is back – Die Krise heißt Kapitalismus, in: sozialismus info Nr. 12, 2011, in: http://sozialismus.info (Zugriff: 26.7.2012)

M15 Die Theorie der langen Wellen

Der russische Wissenschaftler Nikolai Kondratieff (1892–1938) gilt als der Begründer der Theorie der langen Wellen. Bei seinen Konjunkturforschungen zwischen 1919 und 1921 fand er heraus, dass es in den kapitalistischen Ländern außer kurzen und mittleren Zyklen auch lange Konjunkturwellen mit einer Dauer von 45–60 Jahren gibt. 1926 veröffentlichte er – zu dieser Zeit war er Direktor des Moskauer Instituts für Konjunkturforschung – seine Erkenntnisse im „Archiv für Sozialwissenschaft und Sozialpolitik".

Kondratieff war Nationalökonom. Die langen Wellen, die er gefunden hat, hat er ausschließlich auf der volkswirtschaftlichen Ebene gesucht und gefunden, z. B. bei den Warenpreisen in England und USA, im Kurs der festverzinslichen Wertpapiere in Frankreich, beim Arbeitslohn in England. Kondratieff fand aber keine Erklärung für die Entstehung der langen Wellen. Die Behauptung, er hätte Innovationen als ihre Auslöser angesehen, ist nicht richtig. Kondratieff interessierte sich überhaupt nicht für Innovationen, die bedeutendsten Innovationen seiner Zeit, Dampfmaschine, Eisenbahn oder Elektrizität, erwähnte er mit keinem Wort. Er lehnte es sogar ab, „technische Veränderungen" als Auslöser der langen Wellen anzusehen. Die zentrale Bedeutung von Innovationen als Auslöser der langen Wellen hat Joseph Schumpeter erkannt. Er hat die Kondratieffschen Erkenntnisse aufgegriffen und in seinem richtungweisenden Buch „Konjunkturzyklen" weitergeführt. Von ihm stammt auch die Bezeichnung „Kondratieff-zyklus". Die älteren Beiträge zur Theorie der langen Wellen basieren hauptsächlich auf makro-ökonomischen Zeitreihen. Mithilfe statistischer und anderer Verfahren wurde versucht, den Langzyklus aus den Zeitreihen herauszurechnen. In den 1970er- und 1980er-Jahren wurden an der Science Policy Research Unit (SPRU) der Universität Sussex unter Christopher Freeman und Carlota Perez und durch Cesare Marchetti am Internationalen Institut für Angewandte Systemanalyse (IIASA) in Luxenburg, Österreich, die Methoden zum Nachweis des Kondratieffzyklus erweitert und verbessert. Die neuen Verfahren berücksichtigen nicht nur makroökonomische Zeitreihen, sondern stützen sich zusätzlich auf technologische, soziale und institutionelle Daten und Trends. Durch diese Erweiterungen wurde der Nachweis eines Kondratieffzyklus auf eine breitere wissenschaftliche Grundlage gestellt.

Missverständnisse und Vorurteile

Im Umgang mit der Theorie der langen Wellen bestehen dennoch immer noch Missverständnisse und Vorurteile. Dazu trägt bei, dass von den Kritikern nicht klar genug unterschieden wird zwischen den langen Wellen auf der makroökonomischen Ebene, die aus historischen Zeitreihen berechnet werden, den Makro-Kondratieffs, und den langen Wellen auf der Ebene von Innovationen, den Innovations-Kondratieffs. Beide Typen unterscheiden sich grundlegend, sie bringen unterschiedliche dynamische Prozesse zum Ausdruck, stellen unterschiedliche Betrachtungsebenen dar und besitzen unterschiedliche Realitätsnähe (...).

Die Makro-Kondratieffs (M-Kondratieffs) gelten in der Wissenschaft als umstritten. Die Existenz von Innovations-Kondratieffs ist unstrittig. Wer sich vergewissern möchte, dass die Dampfmaschine einen Konjunkturzyklus von ca. 60 Jahren, den ersten Kondratieff, ausgelöst hat, sollte sich die technische und wirtschaftliche Entwicklung des 18. und 19. Jahrhunderts und ihre Wechselwirkungen mit dem sozialen, institutionellen und geistigen Wandel genauer ansehen. Dabei darf er nicht primär auf die makroökonomische Ebene schauen. Die volkswirtschaftliche Ebene ist wichtig, aber für die Identifizierung der Kondratieffzyklen von sekundärer Bedeutung. Der Volkswirt kann das analytische und prognostische Potenzial der Theorie der langen Wellen nur erschließen, wenn er über die Grenzen seines Faches hinausgeht.

M- und I-Kondratieffs

M-Kondratieffs finden auf der volkswirtschaftlichen Ebene statt, sie sind das Ergebnis der Überlagerung aller Wirtschaftsschwankungen, den stärksten Einfluss übt dabei der I-Kondratieff aus. Beide Langzyklen finden nicht parallel zueinander statt, aber doch mit einer gewissen zeitlichen Überlappung. M-Kondratieffs können durchgehend über nur einen Indikator aufgezeigt werden, sie folgen unmittelbar aufeinander und überlappen sich nicht. I-Kondratieffs werden durch zyklenspezifische Basisinnovationen ausgelöst und identifiziert, jeder Zyklus stellt ein einmaliges Muster dar, hat einen eigenen Träger.

I-Kondratieffs lassen sich über Primärdaten (z.B. Mengenangaben) gut erkennen und sie überlappen sich. Der vierte und fünfte I-Kondratieff überlappte sich z.B. in Italien um mehr als 20 Jahre. Und weil sie sich überlappen, haben sie auf der Zeitachse andere Datierungen als die M-Kondratieffs.

Makro-Langwellen sind das Ergebnis der akkumulierten Innovationswellen und haben eher theoretische Bedeutung. Das bedeutet, sie haben keine Eigenständigkeit. Die realen Abläufe der Wirtschaft, wo es um Produkte, Technologien, Dienstleistungen, Innovationen, Märkte und Arbeitsplätze geht, werden von den Innovationswellen direkt abgebildet, von den M-Kondratieffs nur ungenau und indirekt. Den I-Kondratieffs kommt deshalb die größere Realitätsnähe und Bedeutung zu.

Um die realen Prozesse in der Wirtschaft beurteilen und voraussagen zu können, sollte in erster Linie auf die Innovationsebene geschaut werden. Ohne die Berücksichtigung z.B. der technologischen Entwicklung und der Lebenszyklen von Innovationen kann man das Auftreten von Konjunkturen und Wirtschaftszyklen nur unzureichend verstehen.

A. Nefiodow/A. Leo: Der sechste Kondratieff. Wege zur Produktivität und Vollbeschäftigung im Zeitalter der Information. Sankt Augustin, 2006, in: http://www.kondratieff.net/18.html (Zugriff 26.7.2012)

S&P 500: Börsenindex der Ratingagentur Standard & Poors, der auf dem Kurs von 500 amerikanischen Unternehmen basiert

M 16 Konratieffzyklen – Wohlstand in langen Wellen

Rollierende 10-Jahres-Renditen des S&P 500 von 1814 bis März 2009 in Prozent pro Jahr

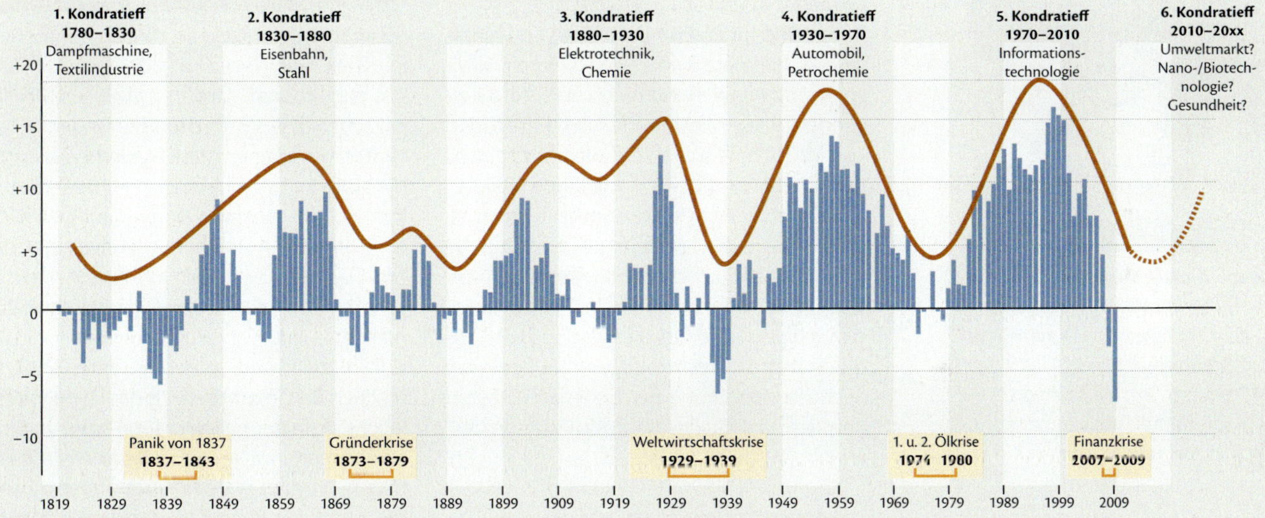

Quelle: Allianz, Datastream

M 17 Der vierte Kondratieff

In der Marktwirtschaft gibt es keinen gleichförmigen Verlauf, vielmehr wechseln Aufschwung und Abschwung einander regelmäßig ab. Die kurzen Wirtschaftszyklen mit einer Dauer von ca. drei Jahren werden Kitchinzyklen genannt, die mittleren mit einer Dauer von 7–11 Jahren heißen Juglarzyklen. In der Marktwirtschaft treten aber auch lange Schwankungen mit einer Periode von 40–60 Jahren auf. Nach ihrem Entdecker Nikolai Kondratieff werden sie Kondratieffzyklen genannt (s. *M 15*, *M 16*). Auslöser dieser langen Wellen sind Basisinnovationen.

Basisinnovationen sind bahnbrechende Erfindungen, die durch vier Merkmale charakterisiert sind: Sie bestimmen die Hauptrichtung des Innovationsgeschehens über mehrere Jahrzehnte; sie bringen einen neuen Markt mit Millionen neuer Arbeitsplätze hervor und prägen maßgeblich das weltweite Wirtschaftswachstum; sie haben einen Lebenszyklus von 40-60 Jahren und sie führen zu weit reichenden gesellschaftlichen Veränderungen.

Basisinnovationen des vierten Kondratieffs waren Mineralölwirtschaft und Automobilindustrie (s. *M 16*). In diesem Langzyklus waren sie die größten Investoren in Forschung, Entwicklung und Produktion sowie die größten Arbeitgeber. Um sie herum entstand ein breites Netz von Zulieferern, Kunden und Nutzern, die dem Langzyklus eine Leitfunktion für die gesamte Wirtschaft verschafften: Stahlhersteller und Reifenproduzenten, Brücken-, Autobahn- und Straßenbaufirmen, Raffinerien und Pipelinehersteller sowie Tausende von kleinen und mittleren Lieferanten von Metall-, Elektro-, Elektronik- und Kunststoffteilen.

Auch der Dienstleistungssektor profitierte von Auto und Petrochemie (Banken, Versicherungen, Handel, Tankstellen, Transportunternehmen, Speditionen, Automobilclubs, Tourismus). Neue Berufe und ein neues Rechtssystem, das Verkehrsrecht, wurden geschaffen und ihnen verdanken Millionen von Menschen ihren Arbeitsplatz: Kfz-Mechaniker, Lkw-, Bus- und Taxifahrer, Kfz-Sachverständige, Fahrschullehrer, Verkehrspolizisten, Ingenieure, Wissenschaftler, Rechtsanwälte und Richter. In den Ländern, in denen die Automobil- und Petrochemie florierte, entstand Vollbeschäftigung. Jeder fünfte Arbeitsplatz z. B. in den USA wurde im vierten Kondratieff direkt oder indirekt vom Automobil abhängig.

A. Nefiodow/A. Leo: Der sechste Kondratieff, Sankt Augustin 2006

Joseph Alois Schumpeter (1883–1950), österreichischer Ökonom. Er prägte die Begriffe „schöpferischer Unternehmer" und „schöpferische Zerstörung durch Wettbewerb". Sein bekanntestes Werk ist „Kapitalismus, Sozialismus und Demokratie" aus dem Jahr 1942

M18 Krisen als Durchgang zum Neuen

Der Ökonom Saral Sarkar über die Konjunkturtheorie Joseph Schumpeters:

Krisen sind für (*Schumpeter*) ein „notwendiges Komplement immer neuen wirtschaftlichen und sozialen Auftriebs und stets steigenden Realeinkommens aller Kategorien von Wirtschaftssubjekten". Notwendig, weil wirtschaftliche Entwicklung ohne periodische Zerstörung des Alten nicht möglich ist. Zerstörung des Alten bedeutet nicht nur die umfangreiche Unbrauchbarwerdung von veralteten Produktionsmitteln (Fabriken, Maschinen usw.) und Obsoletwerdung von Produktivkräften (Technologien), sie bedeutet auch die Zerstörung der bisherigen inneren Proportionalität des Reproduktionsprozesses.

„Schöpferische Zerstörung"

Sie ist „schöpferische Zerstörung", denn nach ihr kommt das Neue, die neuen, höheren Produktivkräfte, Produktionsmethoden, Produktionsmittel usw., die der Wirtschaft Auftrieb geben, sie über kurz oder lang auf eine höhere Produktionsstufe bringen. Beides, Auftrieb und „Deklassierung von Betrieben, Existenzen, Lebensformen, Kulturwerten, Idealen", ... „ist theoretisch und praktisch, wirtschaftlich und kulturell viel wichtiger als die Existenz relativ konstanter Besitzpositionen ... ". Der Hauptakteur, ja die treibende Kraft, dieses Prozesses ist der dynamische Unternehmer, der Innovationen in die Wirtschaft einführt. (...)

Schumpeter geht davon aus, dass es, erstens, – wie bisher in der Geschichte, so auch in der Zukunft – einen ständigen Strom von wirtschaftlich potenziell relevanten Erfindungen und Entdeckungen geben wird, und, zweitens, dass es in jeder Gesellschaft einige Menschen gibt, die einen hohen Grad von unternehmerischen Fähigkeiten besitzen. In Zeiten, in denen zuverlässige Kalkulationen von Risiken möglich sind – also in vorläufigen Gleichgewichts- bzw. stationären Zuständen in der Wirtschaft – gehen diese Menschen, die mal dynamische Unternehmer, mal Pioniere, mal Innovatoren genannt werden, daran, die neuen Erfindungen und Entdeckungen zu nutzen. Das heißt, sie führen Innovationen ein. Schumpeter definiert „Innovation" sehr allgemein als „neue Kombinationen von Produktionsmitteln" und, später, als „jedes Andersmachen im Gesamtbereich des Wirtschaftslebens". Konkret nennt er fünf Arten von Innovationen: 1. Die Herstellung eines ganz neuen Produktes oder eines altbekannten Produktes mit neuer Qualität (Produktinnovation); 2. die Einführung einer neuen Produktionsmethode, die keineswegs auf einer neuen wissenschaftlichen Entdeckung zu beruhen braucht und die in einer neuartigen Weise bestehen kann, mit einer Ware kommerziell zu verfahren (Prozessinnovation, z. B. Taylorisierung der Produktion); 3. die Erschließung eines neuen Absatzmarktes; 4. die „Eroberung einer neuen Bezugsquelle von Rohstoffen oder Halbfabrikaten"; und 5. eine Neuorganisation, z. B. die Schaffung einer Monopolstellung oder das Durchbrechen eines Monopols. Schumpeter hat zwar keine komplett neue Konjunkturtheorie vorgelegt, aber die existierende bekam durch seine Arbeit eine spezifisch Schumpeter'sche Prägung. Ausgehend von einem vorläufigen stationären Gleichgewicht bei Vollbeschäftigung (vor 1936 existierte die Keynes'sche Vorstellung eines Gleichgewichts unterhalb

Zeichnung: Schmidt

der Vollbeschäftigung nicht) erklärt Schumpeter die Aufschwungsphase in einem Konjunkturzyklus als Ergebnis der Einführung von Innovationen durch scharenweise auftretende dynamische Unternehmer, die darin Chancen für zeitweilige Extragewinne sehen. Nachdem die ersten Innovationen eingeführt sind, kommen die weniger mutigen/fähigen Unternehmer zum Zug. Sie imitieren die Pioniere. Nun beginnt auch der Multiplikatoreffekt zu wirken; Bestellungen fallen jetzt leichter, weil das betreffende neue Produkt schon auf dem Markt eingeführt ist. In dieser Phase kommen die Folgeinnovationen, die oft Resultat einer Kombination von den ursprünglichen einzelnen Innovationen sind.

Ruckartiges Wachstum

Am Anfang der Innovationswelle gibt es, gemäß der Annahme, keine unausgenutzten Produktionspotenziale. Das bedeutet, dass kurzfristig die Gesamtproduktion nicht ansteigen kann, was dazu führt, dass eine Veränderung in der gegebenen Nachfragestruktur zugunsten der Produktionsmittelindustrie stattfindet. Das führt wiederum zum Anstieg der Preise, insbesondere der Preise von Produktionsmitteln, und der Zinssätze für Bankkredite, durch die nach Schumpeter Innovationen in der Regel finanziert werden. Jetzt wird allmählich die Kalkulationsbasis für weitere Innovationen unsicher. Mithin reduziert sich die Planungssicherheit der angehenden Innovatoren, und die Ertragserwartungen von weiteren Innovationen nehmen ab. Das ist eine Art eingebauter Mechanismus, der die Innovationswelle verlangsamt oder gar beendet, so dass man von einem Innovationszyklus sprechen kann. Nach Schumpeter geschehen diese Veränderungen nicht allmählich. Wirtschaftliche Entwicklung ist kein allmähliches, kontinuierliches Wachstum.
Sie verläuft in ruckartigen, schockartigen Sprüngen. Es gibt auch Gegenbewegungen, Rückschläge und Zusammenbrüche, die sich in dem Begriff „Krise" zusammenfassen lassen. Die Ursachen von Krisen können außerhalb der Wirtschaft liegen, z. B. in einem Krieg (oder, wie wir wissen, in einem Börsencrash in den USA), aber auch innerhalb der Wirtschaft selbst. „... die ‚Gegenbewegungen' und ‚Rückschläge' ... sind häufig; so häufig, dass sie schon deshalb allein als unentrinnbar und unvermeidlich betrachtet werden könnten; ... so häufig, dass sich ... so etwas wie eine notwendige Periodizität der Zusammenbrüche aufdrängt".

Depression und Aufschwung

Der Aufschwung zerstört das davor bestehende gesamtwirtschaftliche Gleichgewicht. Aber er schafft nicht bloß ein neues Gleichgewicht bei vergrößertem Sozialprodukt. Es gibt dann oft einen spekulativen Boom, der zum Überkonsum und zum Einsatz von unproduktiven Anlagen führt, die den produktiven Konkurrenz machen. Es gibt Überproduktion, und dann folgt dem neuen Gleichgewicht eine Bewegung unter die Gleichgewichtslage, es kommt eine Depression. Aber in Schumpeters Modell hat auch eine Depression eine Ordnungsaufgabe, die sie allerdings nur erfüllen kann, wenn Preise, Löhne und Zinssätze auch nach unten frei beweglich sind. Die Depression ist eine Zeit der schöpferischen Zerstörung; es findet eine umfangreiche Vernichtung von unrentablem und obsoletem Kapital statt. Die Wirtschaft wird von solchem Kapital bereinigt, wird neu geordnet und für eine Erholung zum nächsten Gleichgewicht und danach für einen neuen Aufschwung zu einem neuen, höheren Höhepunkt vorbereitet.
Es kommt aber nach dem Aufschwung wieder eine Krise, die ihn beendet, allerdings auf einer höheren Stufenleiter des Entwicklungsprozesses. Bei dieser Konjunkturtheorie und diesem Verständnis von Krisen/Depressionen ist es kein Wunder, dass Schumpeter die Große Depression und die allgemeine depressive Lage der 1930er-Jahre weder als außerordentlich dramatisch noch als außerordentlich anormal beurteilt hat, wie es andere Ökonomen taten. Schumpeter meinte, dass, zumindest in den USA, der Konjunkturzyklus dieses Jahrzehnts und der Jahre davor weitgehend modellgerecht ablief: Die Zeit zwischen 1925 und 1929 war die Aufschwungsphase, von 1929 bis 1930 war der Rücklauf, dann zwei Jahre Depression, dann war von 1932 bis 1934 die Erholungsphase. Der neue Zyklus begann 1935, und die Aufschwungsphase, die allerdings relativ schwach war, währte bis 1937. Der dann erwartete Rücklauf war aber nicht modellgerecht. Er war ein starker Rückschlag, der die US-Wirtschaft unerwartet schnell in eine tiefe Depression führte.

Saral Sarkar: Die Krisen des Kapitalismus, Köln/Mainz 2009, S. 106 ff.

Schuldenkrise und Staatsbankrott

Man glaubte lange Zeit, Staaten könnten nicht Pleite gehen. Diese Auffassung hatte früher eine gewisse Berechtigung, weil Staaten allein über ihre Geldpolitik bestimmen konnten. In Zeiten der Globalisierung ist dies jedoch offensichtlich falsch. So konnte der Staatsbankrott einiger Länder wie Irland, Griechenland, Spanien und Italien bisher nur mit großer Unterstützung der europäischen und der internationalen Gemeinschaft abgewendet werden. Selbst in den USA steht der Staatsbankrott immer wieder auf der Tagesordnung.

M 19 Allgemeiner Bruttostaatsschuldenstand

ausgewählter fortgeschrittener Volkswirtschaften, in Prozent des BIP

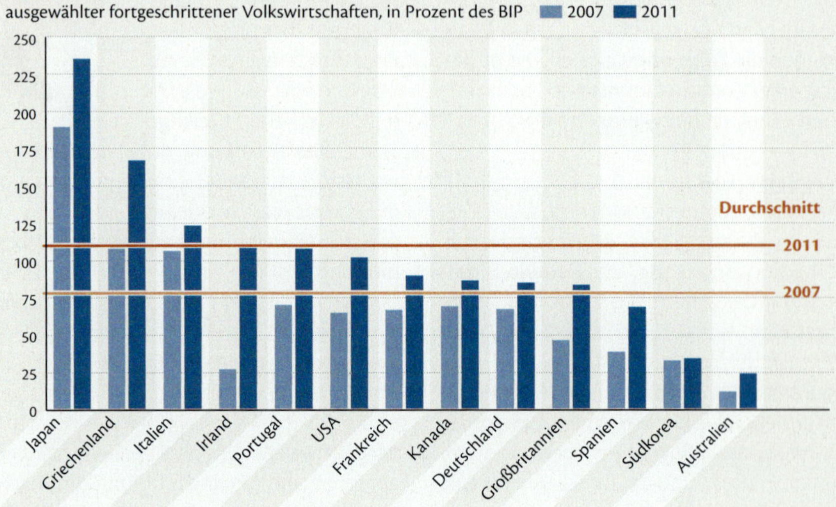

Nach: IWF: Fiscal Monitor, Washington D.C. 2011, S. 25

M 20 Staatsbankrott: Wer kauft eine griechische Insel?

Früher oder später könnte Griechenland der Staatsbankrott nicht erspart bleiben. Wie hat man sich eine solche Pleite vorzustellen? Und was unterscheidet sie von einer Insolvenz, wie wir sie von Unternehmen kennen?

Wer feuert die Verantwortlichen?

Bei einer klassischen Unternehmenspleite setzt ein Gericht einen Insolvenzverwalter ein, der die alleinige Verfügungsgewalt über das Vermögen des Unternehmens, sprich das Regiment übernimmt. Ein solcher Insolvenzverwalter prüft, ob die Führung kompetent, loyal und ehrlich ist. „Wenn nicht, wird sie gefeuert", sagt Horst Piepenburg, einer der bekanntesten Insolvenzverwalter in Deutschland.

Regierungen können – anders als Firmenvorstände – nicht von außen entmachtet werden. Es gibt keine völkerrechtliche Instanz, die über Griechenland einen Insolvenzverwalter einsetzen oder auch nur ein Insolvenzverfahren beginnen könnte. Die Verantwortlichen bleiben, bis sie vom griechischen Volk abgewählt werden, und sie halten auch schützend ihre Hand über das Vermögen des Landes.

Das ist der entscheidende Unterschied zwischen Staats- und Unternehmensbankrotten: Die Pleitiers verschwinden nicht mit der Pleite. Allerdings hat sich ein Verfahren eingebürgert, das das Insolvenzverfahren ersetzt. Klamme Regierungen, vor allem aus Entwicklungsländern, wenden sich an den „Pariser Club" der traditionellen Gläubigerstaaten und beantragen dort Stundung und Umschuldung. Dieser Club der reichen Länder gibt dann den Insolvenzverwalter: Er macht Auflagen, gibt gewöhnlich aber auch Sanierungshilfen.

Warum fließt kein Geld mehr?

Über das Vermögen von Unternehmen wird das Insolvenzverfahren eröffnet, wenn sie zahlungsunfähig sind. Staaten kennen kein Insolvenzverfahren über ihr Vermögen. Sie gehen Bankrott, wenn sie zahlungsunwillig sind.

Ein Diktator fände in Griechenland immer noch enorme Möglichkeiten, Geld zu beschaffen und die Zinsen weiter zu bedienen. Athen könnte Staatsunternehmen verkaufen, Beamte später als bisher pensionieren, die Pensionen drastisch kürzen und die Steuereintreibung professionalisieren. All das brächte Geld. Als Ultima Ratio hat die Regierung immer noch die theoretische Möglichkeit, die 10 Millionen Griechen zu enteignen. Doch Demokraten möchten sich und den Bürgern die Schmerzen nicht zumuten, die damit verbunden sind. Lieber kapitulieren sie vor den Gläubigern als vor den Bürgern.

Wie werden die Staaten wieder liquide?
In gewöhnlichen Insolvenzverfahren stellt der Verwalter sorgfältig eine Liste des gesamten Eigentums auf: Grundstücke, Gebäude, Fuhrpark und so weiter. Dann wird unterteilt zwischen dem betriebsnotwendigen Vermögen und dem Vermögen, das für die Fortführung der Firma überflüssig ist. (...)
Staaten kennen eine ähnliche Vermögensunterteilung: das Verwaltungsvermögen (Schulen, Straßen, Krankenhäuser), das gewissermaßen für die Erledigung des Kerngeschäfts nötig ist, und das Finanzvermögen, etwa Beteiligungen an Unternehmen oder Wohnungen, das für das Geschäftsmodell von Staaten nicht nötig ist. (...)
Dann wird geschachert. Ist die Akropolis, sind die mehr als 3000 griechischen Inseln Verwaltungsvermögen oder doch nicht notwendigerweise im Staatsbesitz? Allerdings prüft der erfahrene Insolvenzverwalter auch, ob es überhaupt einen Abnehmer gibt: Wer kauft denn zurzeit griechische Inseln? Und gibt es einen Markt für weiße Ruinen aus der Antike?

Welches Pfand haben die Gläubiger?
Im deutschen Privatrecht kann ein Gerichtsvollzieher beim säumigen Schuldner Vermögen beschlagnahmen, wenn der Gläubiger lange vergebens gemahnt hat und sich dann entnervt einen sogenannten Schuldtitel bei Gericht besorgt hat. Die Beute wird versteigert, den Erlös bekommt der Gläubiger. Es kann kein ausländischer Gerichtsvollzieher nach Griechenland fliegen, um dort staatliche Wohnungen oder Limousinen zu beschlagnahmen.
Eher möglich ist es, dass Gläubiger das griechische Vermögen im Ausland pfänden. Da gilt die Regel, dass alles, was zum politischen Geschäft nötig gebraucht wird, immun ist. Griechisches Staatsgeld auf deutschen Konten bliebe unangetastet, ist es doch Treibstoff für die Wirtschaftspolitik. (...)

Wer bezahlt für den Schlamassel?
Die meisten Insolvenzverfahren beenden das wirtschaftliche Leben eines Unternehmens. Oft reicht das Geld aus dem Verkauf von Vermögen kaum aus, um die Kosten der Abwicklung zu bezahlen. Den Gläubigern, die nicht durch besondere Pfandrechte abgesichert sind, bleibt dann gar nichts. Die Quoten liegen meistens im einstelligen Bereich: Für zehn Euro Forderung bekommt der Gläubiger weniger als einen Euro. Fortgeführt werden höchstens zehn Prozent der Unternehmen. Die Chancen wären höher, wenn ihre Geschäftsführungen schon früher zum Konkursrichter gegangen wären. (...)
Im Fall Griechenland allerdings könnten die Gläubiger sogar ungeschoren davonkommen. Die Griechen nehmen die von den Euroländern und dem Internationalen Währungsfonds bereitgestellte Rettungshilfe jetzt in Anspruch, ohne dass die Gläubigerbanken bisher um Nachlässe oder Stundungen gebeten wurden.
Winand von Petersdorff: Wer kauft eine griechische Insel, in: Frankfurter Allgemeine Zeitung v. 25.4.2010, in: http://www.faz.net (Zugriff: 27.7.2012)

1 Vergleichen Sie den Bankrott eines Privatunternehmens mit einem Staatsbankrott und stellen Sie Gemeinsamkeiten und Unterschiede fest.

2 Untersuchen Sie in Gruppen Sie die Besonderheiten der Schuldenkrise im Euroraum (**M 21–M 23**). Ziehen Sie dabei Informationen aus der Tagespresse und aus dem Internet hinzu.

3 Beurteilen Sie, ob die in den Texten getroffenen staatlichen Rettungsmaßnahmen bisher zur Bewältigung der Krise beitragen konnten.

4 Diskutieren Sie, ob mithilfe dieser Maßnahmen die Schuldenkrise dauerhaft bewältigt werden kann.

5 Verfolgen Sie die Entwicklung der Schuldenkrise des Euroraums und diskutieren Sie sie im Kurs.

M21 Die Verschuldung der Euro-Staaten

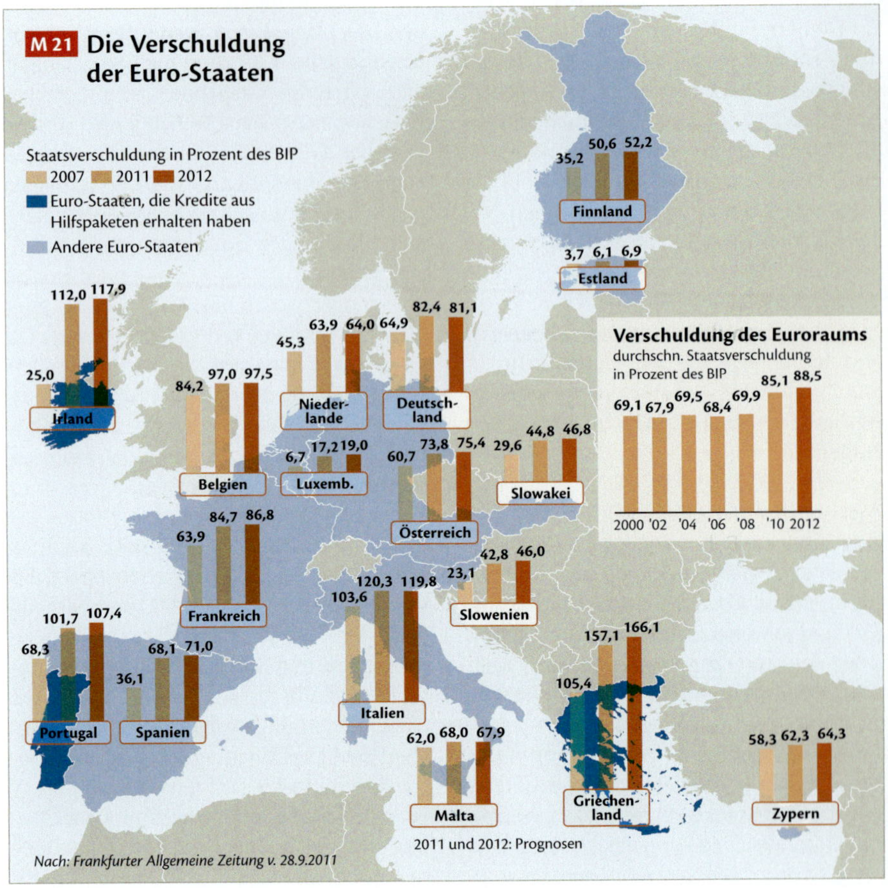

M22 Einführung des Euro: Mehr Schulden durch niedrige Zinsen

Anders als in der vorangegangenen Weltwirtschaftskrise war nicht der Bankensektor das Zentrum der neuen Krise. Es handelt sich eindeutig um eine Staatsschuldenkrise, insofern einige Euro-Länder überschuldet sind und die Akteure auf den Finanzmärkten zunehmend mit einer „Staatspleite“ rechnen, also der Unfähigkeit dieser Länder, ihre Anleihen korrekt zu bedienen. Sollte es zu einer solchen Situation kommen, könnte als Sekundäreffekt eine neue Bankenkrise eintreten, da eine Reihe in diesen Anleihen stark engagierter Banken nicht über genügend Eigenkapital verfügen könnte, um diese Verluste aufzufangen und damit in die Insolvenz getrieben werden könnte. Beides zusammen könnte wiederum weitere Ansteckungsbefürchtungen auslösen und im Endeffekt zu einer Flucht aus dem Euro führen, auch wenn zurzeit von einer Währungskrise des Euro – Indikatoren wären eine Inflationsentwicklung und/oder starke Kursverluste beim Wechselkurs – keine Rede sein kann. Zu erwarten wäre bei einem solchen Szenario darüber hinaus, dass auch die Realwirtschaft angesteckt würde, und zwar nicht auf den Euroraum und die EU begrenzt, sodass die labile Weltkonjunktur wiederum in eine Rezession getrieben werden könnte. Erschwerend kommt hinzu, dass schon wachsende Befürchtungen einer solchen Entwicklung unmittelbar Reaktionen der Akteure auslösen können, auch in Richtung self-fulfilling prophecy.

Die Einführung der Gemeinschaftswährung Euro hat erst einmal gerade bei wirtschaftlich schwächer eingeschätzten Ländern wie den südeuropäischen zu einer „Euro-Dividende“ geführt, indem sie ihre Anleihen, für die sie traditionell einen deutlich höheren Zinssatz bieten mussten als z. B. Deutschland (Differenz der Risikoprämien als spread), nunmehr zu deutlich günstigeren Bedingungen platzieren konnten. Sie haben diesen Vorteil sehr viel besserer Kapitalmarktbedingungen aber nicht zur Verbesserung ihrer Wettbewerbsfähigkeit mittels Reformen genutzt, sondern sich privat wie staatlich stärker verschuldet. Die Weltwirtschaftskrise hat nun sowohl die staatliche Verschuldung sprunghaft erhöht als auch die Struktur- und Wettbewerbsdefizite unterstrichen und die eingetretene Euro-Illusion einer nahezu gleichen Risikosituation aller Euroländer beseitigt. Es kann daher nicht verwundern, dass einige Euroländer eher verspätet in den Fokus der Rating-Agenturen und Finanzmarktakteure – Investoren wie Spekulanten – gerieten, allerdings mit der in solchen Marktsituationen nicht seltenen Tendenz zur Überzeichnung.

Uwe Andersen: Staatsüberschuldung – eine Gefährdung des Euro?, in: Politische Bildung 1/2011, S. 38 ff.

M23 Die Schuldenkrise der Europäischen Währungsunion

Die Schuldenkrise der Europäischen Währungsunion (EWU) wurde durch das nach der Weltfinanzkrise wieder höhere Risikobewusstsein der Investoren ausgelöst, die nun auch europäische Staatsschuldtitel unter die Lupe nahmen. Dabei geriet Griechenland ins Visier, da hier bei unverändert hohem Schuldenstand auch rasch wachsende Defizite vorlagen, die nicht (wie in anderen Ländern) durch Konjunkturprogramme oder Bankenrettungen, sondern durch übermäßigen staatlichen Konsum erklärbar waren.

Die Schuldenkrise wäre jedoch auch ohne das Platzen der Subprime-Blase entstanden. Der Schuldenabbau seit den 1990er-Jahren ist weniger auf strukturelle Sparbemühungen, sondern primär auf sinkende Zinskosten zurückzuführen, von denen gerade die früheren Hochzinsländer profitierten. Die Staatsschuldtitel ehemaliger Schwachwährungsländer mussten ab 2002 kaum höhere Zinsen als deutsche Papiere bieten. Die überraschend positive Einschätzung dieser Länder an den Finanzmärkten war wenig rational.

- Staatliche Kreditaufnahme in der EWU ist faktisch Verschuldung in „fremder" Währung; der Staatshaushalt gerät dadurch in Abhängigkeit von den Finanzmärkten. Befürworter der EWU waren davon ausgegangen, dass die nationale Finanzpolitik aufgrund des nicht länger gegebenen Zugriffs auf eine eigene Notenbank einen stärkeren Disziplinierungsdruck empfinden würde. Offenbar war das jedoch nicht der Fall.
- Zinsgleichheit zwischen „guten" und „schlechten" Staatspapieren lässt sich auch mit der Erwartung eines Bail-out oder von Transfers im Krisenfalle erklären. Die eskalierenden Zinsen in den Problemländern des Jahres 2010 zeigen aber, dass sich die Gläubiger nicht mehr sicher waren, dass ihre Forderungen ohne Wertverlust bleiben würden.

Ein Mangel an Rationalität ist auch der Politik anzulasten. Nach dem Wegfall der Währungsrisiken innerhalb Europas konnte die nationale Verschuldung in einem großen Finanzmarkt mit einem weltweiten Anlegerpotenzial platziert werden. Die insoweit erhöhte Verschuldungsneigung musste durch eine institutionelle Kontrolle gebremst werden. Ausgerechnet Deutschland verletzte als erstes Land (neben Frankreich) den Stabilitätspakt.

Es war der strategische Fehler des deutschen Finanzministers, die drohende Strafzahlung mit allerlei Verhandlungsgeschick abzuwenden, anstatt mit der sofortigen Überweisung des Geldbetrages zu signalisieren, dass Deutschland den Pakt ernst nimmt und dies auch von allen anderen Ländern erwartet. In ähnlicher Weise hätte der aufgedeckte Betrug der griechischen Behörden den sofortigen Ausschluss des Landes aus der EWU zur Folge haben müssen. (...)

Die verbreitete Redeweise, die Hilfsaktionen dienten „der Rettung des Euro", ist verfehlt. Der Euro erfährt durch die Schuldenkrise(n) eine kleine Abwertung am Devisenmarkt, weil mit der nun wieder deutlich gewordenen unterschiedlichen Solidität nationaler Staatsschuldtitel die Illusion eines homogenen Euro-Kapitalmarktes für Staatsanleihen schwindet; dieser zerfällt wieder in nationale Teilmärkte. Damit werden Euro-Finanztitel für international agierende Anleger, die eine Alternative zum „Weltgeld" Dollar suchen, weniger attraktiv. Aber selbst eine Abschaffung des Euro beendet ja nicht die Schuldenkrise der EWU-Staaten, sondern würde nur dazu zwingen, die Schuldverhältnisse in nationale Währungseinheiten umzurechnen.

Peter Spahn: Die Schuldenkrise der Europäischen Währungsunion, wiso direkt, Dezember 2010. Bonn 2010, S. 125

Die Expansion der Finanzmärkte

Da viele Bürgerinnen und Bürger und auch viele Expertinnen und Experten die Banken und die Finanzmärkte als Verursacher der Krise ansahen, wurde der Ruf nach einer Regulierung, nach stärkeren staatlichen Eingriffen immer lauter. Die „Occupy"-Bewegung startete ihre Aktionen in den USA und anderen westlichen Industriestaaten. To occupy heißt zunächst einmal nur besetzen. Gemeint war aber immer auch, dass die Finanzjongleure an die Kandare gelegt werden sollten. Wie ist dies möglich?

M24 Märkte außer Kontrolle

Spekulanten wetten gegen den Euro, Banken gehen unkalkulierbare Risiken ein, und die Börsen spielen verrückt: Die Finanzindustrie ist zu einer Bedrohung für die globale Gesellschaft geworden. Denn ihre Krisen sind keine Fehler des Systems, der Fehler ist das System selbst.

Die „destruktive Kraft der Banken"
Derzeit sind die Aktienbörsen in Aufruhr. Selbst die erfahrensten Aktienhändler können sich an keine Zeit erinnern, in der die Kurse von Tag zu Tag und oft sogar innerhalb eines Tages so stark schwankten wie in den vergangenen Wochen. Der Deutsche Aktienindex brach allein am vergangenen Donnerstag um 5,8 Prozent ein, am Freitag rauschte er weiter in die Tiefe. Die Weltwirtschaft kommt nicht zur Ruhe, Einbrüche und Krisen gehören inzwischen zum Alltag. Und deshalb stellt sich die Frage, weshalb die Finanzmärkte so außer Rand und Band sind. Sie haben sich zur permanenten Bedrohung für die globale Wirtschaft entwickelt. (...)
Nicht für alle Krisen der globalen Wirtschaft ist die Finanzindustrie verantwortlich, zu der alle zählen, die mit Wertpapieren, Währungen, Geld und daraus abgeleiteten Produkten, sogenannten Derivaten, handeln. Es bedurfte

M25 Volumina der weltweiten Finanzgeschäfte 2010

in Billionen Dollar

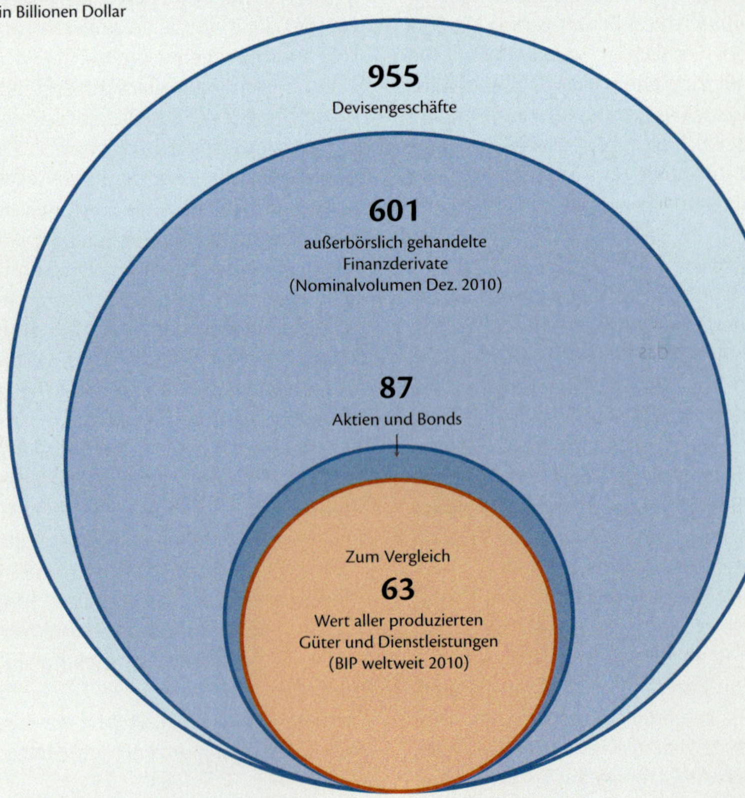

Nach: Spiegel Online v. 22.8.2011

*Hochrechnung auf Basis der Umsätze im April 2010

M 26 Entwicklung der Welt-Finanzmärkte

in Vielfachen des Welt-BIP

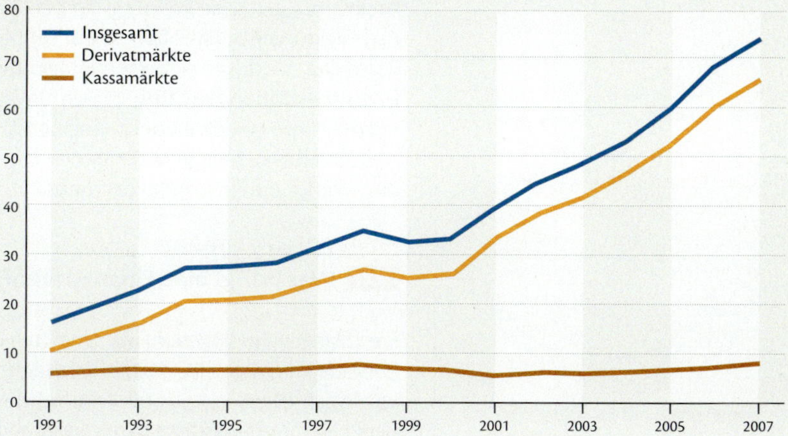

Quelle: Spiegel Online v. 22.8.2011

auch der Politiker, die zu viele Schulden anhäuften und den Banken zu große Freiheiten einräumten. Aber ohne die destruktive Kraft der Banken, Hedgefonds und anderer Investmentgesellschaften stünde die Welt nicht da, wo sie heute steht – am Abgrund.

Risiken werden immer unkalkulierbarer

Rasant wuchs die Branche, immer größer wurden die Summen, mit denen sie auf die Entwicklung von Aktien, Rohstoffen und Staatsanleihen spekulierte. Komplex und immer komplexer wurden die Produkte, die sie entwickelte, um aus Geld noch mehr Geld zu machen. Und unkalkulierbar wurden die Risiken, die sie dabei in Kauf nahm. (...) Doch noch immer, meint Heiner Flassbeck, Chefökonom der UNO-Organisation für Welthandel und Entwicklung, „scheint die Zeit nicht reif, die Krise nicht heftig genug gewesen zu sein, um – dem neoliberalen Zeitgeist zum Trotz – der Wirtschaftspolitik ein klares Primat gegenüber spekulationsanfälligen Märkten einzuräumen und die Finanzwirtschaft konsequent auf ihre dienende Funktion für die Realwirtschaft zu beschränken". Flassbeck sieht in den Krisen der globalisierten Wirtschaft „eine gemeinsame Wurzel. Es ist die Unfähigkeit der Ökonomen, die Welt angemessen zu deuten". Weil Finanzmärkte ganz anders funktionieren als Gütermärkte, dürften sie niemals sich selbst überlassen werden. (...)

Während sich die Theorie eher an der Ökonomie eines Wochenmarkts orientiert, herrschen an den Finanzmärkten ganz andere Verhältnisse, hier werden nicht Waren, sondern Erwartungen gehandelt, hier werden spekulative Geschäfte mit spekulativen Geschäften abgesichert. (*Der Buchautor Joseph*) Vogl beschreibt das Prinzip so: „Jemand, der eine Ware nicht hat, sie weder erwartet noch haben will, verkauft diese Ware an jemanden, der diese Ware ebenso wenig erwartet oder haben will und sie auch tatsächlich nicht bekommt."

Effiziente Finanzmärkte – ein Irrglaube

Ein solcher Markt wird immer zu Übertreibungen neigen – in die eine wie in die andere Richtung. Paul Woolley sieht das genauso, allerdings aus einem anderen Blickwinkel. Er kennt die Finanzmärkte bestens, er war selbst ein Teil von ihnen, in der Londoner City brachte er es zum vielfachen Millionär. Vier Jahre lang arbeitete er bei der traditionsreichen Barings Bank, die dann von einem kleinen englischen Händler in Singapur zugrunde gerichtet wurde. Später ging er zu dem amerikanischen Vermögensverwalter GSO, um sehr reiche Menschen noch reicher zu machen.

Woolleys Erfahrung: Dass Finanzmärkte effizient sind, ist ein Irrglaube. „Alle Akteure an den Finanzmärkten agieren für sich genommen rational, aber das Ergebnis dieses Prozesses kann eine Katastrophe für die Menschheit sein", sagt er. (...) Eine wirkungsvolle Finanzmarktreform müsste die Schattenbanken wie alle anderen Banken auch behandeln. Sie müsste sogenannte Leerverkäufe vollständig verbieten, mit denen auf fallende Kurse gewettet wird. Sie müsste neue Finanzkonstrukte genehmigungspflichtig machen, manche der vorhandenen verbieten, weil sie nur der Spekulation dienen, und eine Reihe weiterer Regeln aufstellen, die Banken, Hedgefonds und Private-Equity-Gesellschaften das Geschäft deutlich erschweren.

Dietmar Hwarenek u. a.: Märkte außer Kontrolle (Der Spiegel 34/2011), Spiegel Online v. 22.8.2011, http://www.spiegel.de (Zugriff: 29.7.2012)

1 Erklären Sie, warum sich Vorgänge an den Finanzmärkten zu einer Bedrohung für ganze Volkswirtschaften entwickelt haben (**M 24** bis **M 26**).

2 Analysieren Sie die genannten Lösungsansätze aus **M 24**.

3 Recherchieren Sie, inwieweit diese Ansätze umgesetzt werden.

Maßnahmen gegen die Spekulation

Angesichts der Krise konnte man bei Bankern, Wirtschaftswissenschaftlern und Politikern Ratlosigkeit verspüren. Nach einem geflügelten Wort ergibt sich aus den Krisenverlusten der Ratschlag, nur das zu tun, was man selbst versteht. Die Maßnahmen gegen die überbordende Finanzspekulation, die ganze Staaten ins Wanken brachte, sind u. a. das Verbot bestimmter sehr risikoreicher Handelsaktionen (Leerverkäufe) oder die Einführung einer Finanztransaktionssteuer. Verbleiben diese Maßnahmen innerhalb der Logik, die die Krise erzeugt hat, oder sind sie geeignet, die Finanzmärkte grundsätzlich in den Griff der Politik zu nehmen?

M27 Was bringt eine Finanztransaktionssteuer?

Spekulatives „Trading" auf Finanzmärkten erhöht die kurzfristige Volatilität (Flüchtigkeit) von Wechselkursen, Rohstoffpreisen und Aktienkursen und verstärkt damit gleichzeitig auch die längerfristigen Abweichungen dieser Preise von ihren „fundamentalen" Gleichgewichtswerten. Anders gesagt: „Exzessive" Liquidität ist ein typisches Merkmal von „asset markets" geworden.

Dieser Befund stellt die wichtigste Begründung für die Einführung einer generellen Finanztransaktionssteuer mit einem niedrigen bis minimalen Steuersatz dar. Denn eine solche Steuer würde spezifisch die extrem kurzfristigen Transaktionen mit Finanzderivaten verteuern und so einen Beitrag zur Stabilisierung von Wechselkursen, Rohstoffpreisen und Aktienkursen leisten. Dies gilt insbesondere im Hinblick auf die trendverstärkenden Wirkungen des „schnellen" Handels mithilfe technischer „trading systems".

In einer kürzlich publizierten Studie wurden Preiseffekte und Erträge einer generellen Finanztransaktionssteuer (FTS) untersucht. Ihre wichtigsten Ergebnisse (...):

Die Studie schätzt das Aufkommen einer generellen FTS für drei mögliche Steuersätze, nämlich 0,1, 0,05 und 0,01 Prozent. Bei Finanzderivaten wird der „notional value" der Transaktion zugrunde gelegt, also etwa bei einem Future sein Kontraktwert. Dies bedeutet, dass die FTS solche Transaktionen stärker belastet, für die relativ wenig Bargeld eingesetzt werden muss, insbesondere Derivate mit hoher Hebelwirkung. Auch ist klar, dass eine FTS den Handel mit Finanztiteln umso stärker belastet, je größer die Transaktionshäufigkeit ist. Daraus folgt, dass die FTS in erster Linie (spekulative) Transaktionen mit einem hohen Risiko spürbar verteuert. Das potenzielle Steueraufkommen wird unter der Annahme geschätzt, dass das Handelsvolumen als Reaktion auf die Einführung einer FTS zurückgeht. Die Größe dieses Effekts hängt vom Steuersatz, den Transaktionskosten und dem Hebel („leverage") ab.

Für jeden Steuersatz und jeden Typ von Finanzinstrument wird dementsprechend ein niedriges, mittleres und hohes „transactions-reduction scenario" (TRS) spezifiziert. Das Steueraufkommen wurde für einzelne europäische Länder, große Regionen sowie für die Welt insgesamt geschätzt. Für Deutschland beliefen sich die Erträge bei einem Steuersatz von 0,1 auf 1,69 Prozent des BIP und bei einem Steuersatz von 0,01 auf 0,52 Prozent des BIP (56,1 bzw. 17,3 Milliarden Euro – dabei wird jeweils das mittlere TRS unterstellt). Der weitaus größte Teil der Erträge käme von der Derivatbörse EUREX, der Handel mit „echten" Aktien bzw. Anleihen würde kaum belastet.

Aufgrund der hohen Konzentration von Transaktionen auf den Finanzplatz London stellt Großbritannien einen „Sonderfall" dar. Dementsprechend hoch wären die Einnahmen aus einer generellen Transaktionssteuer. In Europa erbrächte eine generelle FTS einen Ertrag zwischen 2,30 und 0,74 Prozent des BIP (bei einem Steuersatz von 0,1 bzw. 0,01 Prozent und der Annahmen des mittleren TRS). Damit könnte ein großer Teil des Budgets der EU finanziert werden.

Für die Weltwirtschaft insgesamt ergäbe sich ein Steuerertrag zwischen 1,69 und 0,53 Prozent des Welt-BIP bei einem Steuersatz von 0,1 bzw. 0,01 Prozent (mittleres TRS). Zumindest ein Teil davon sollte für die Entwicklungszusammenarbeit verwendet werden.

Stephan Schulmeister: Der Boom der Finanzderivate und seine Folgen, in: Aus Politik und Zeitgeschichte 26/2009, S. 13 f.

M28 Koalition plant Einführung einer Börsenumsatzsteuer

In Deutschland gab es bis 1991 eine Börsenumsatzsteuer. Sie wurde je nach Wertpapierart mit 1 Promille für öffentliche Anleihen und 2,5 Promille vom Kurswert für andere festverzinsliche Papiere und für Aktien berechnet. Im Jahre 1991 wurde diese Steuer durch das erste Finanzmarktförderungsgesetz in Deutschland abgeschafft. Nun will sie die schwarz-gelbe Koalition wieder einführen: (...) In kleinen Schritten bewegt sich die Führung der schwarz-gelben Koalition auf einen Konsens zu, eine neue Steuer auf Börsengeschäfte einzuführen. Zwar stehen Einzelheiten nicht fest – außer dem Umstand, dass es sich nicht um eine umfassende Besteuerung aller Finanzgeschäfte (Finanztransaktionssteuer) handeln soll, weil diese weder in der gesamten Europäischen Union noch in der Eurozone durchsetzbar ist. Aber die Vorsitzenden der drei Koalitionsparteien, Angela Merkel (CDU), Horst Seehofer (CSU) und Philipp Rösler (FDP), haben Unterhändler beauftragt, ein Modell zu entwickeln, wie die Finanzmärkte an den Kosten der Finanzkrise beteiligt werden könnten. Am Dienstagabend beriet erstmals eine Arbeitsgruppe von Koalition und Opposition über die Einführung einer Finanzmarktsteuer. Eine europaweite Lösung werde bevorzugt, hieß es in der Koalition. Festlegungen habe es bei dem Spitzengespräch im Kanzleramt aber nicht gegeben. Die Arbeitsgruppe soll das Treffen aller Partei- und Fraktionsvorsitzenden am 13. Juni vorbereiten.

Die Union übt in dieser Frage seit längerem Druck auf den kleineren Koalitionspartner aus. Zuletzt hatte Frau Merkel auf einer Konferenz mit CDU-Kreisvorsitzenden am Wochenende neue Möglichkeiten der Besteuerung angesprochen: „Wir schauen, ob wir vielleicht mit einigen ähnlich gestimmten Ländern etwas hinbekommen." Rösler deutete am Dienstag ein Einlenken an. Er ließ wissen, er habe „nichts gegen eine kluge Regulierung der Finanzmärkte". Zu den möglichen Mitteln gehörten ein Verbot des „Hochfrequenzhandels" und eine „Besteuerung von Derivaten". In der FDP-Spitze hieß es: „Auch die FDP will, dass diejenigen, die die Krise mit verursacht haben, an den Kosten beteiligt werden." Der Verhandlungsführer der FDP, Volker Wissing, sagte der F.A.Z., er sei nur dann bereit, der Steuer zuzustimmen, wenn nicht das Sparen, die Altersvorsorge und die Realwirtschaft belastet würden. Auch dürfe es nicht zu Verlagerungen von Umsätzen an nicht besteuerte Finanzplätze kommen.

Günter Bannas/Manfred Schäfers: Koalition plant Einführung einer Börsenumsatzsteuer, Frankfurter Allgemeine Zeitung v. 5.6.2012; in: http://www.faz.net (Zugriff: 29.7.2012)

M29 Verbot ungedeckter Leerverkäufe

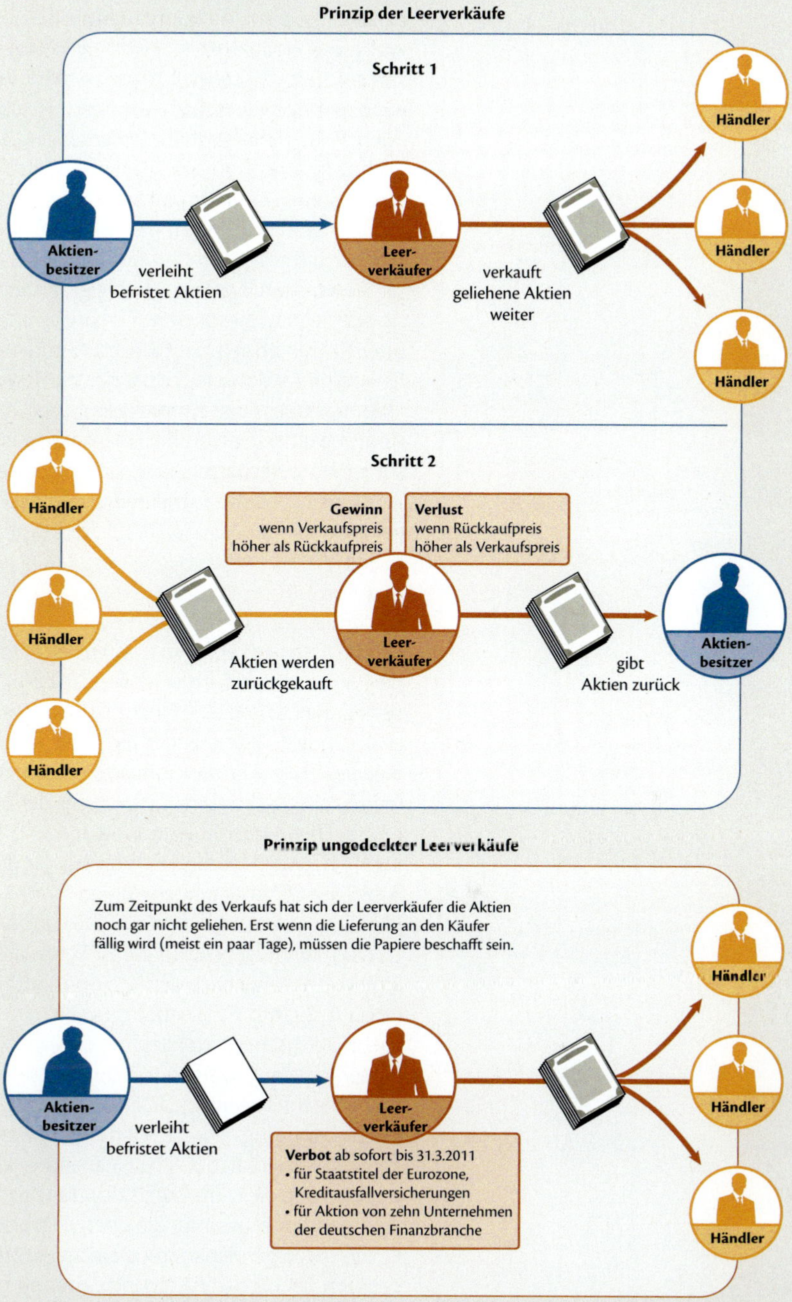

Nach: Frankfurter Allgemeine Zeitung

M30 Vor- und Nachteile einer Finanzaktivitätssteuer

Ein anderes Instrument, mit der die Besteuerung des Finanzsektors potenziell verbessert und eine potenziell negative Wirkung auf die übrige Wirtschaft verringert werden könnte, ist die vom IWF (Internationalen Währungsfonds) vorgeschlagene Finanzaktivitätssteuer. In ihrer umfassendsten Form (auf der Additionsmethode beruhend) betrifft sie die gesamten Gewinne und Gehälter. Sie kann auch so konzipiert werden, dass sie speziell auf besondere Einkünfte und/oder Risiken abzielt. Im Gegensatz zu einer Finanztransaktionssteuer, bei der die Transaktionen jedes Finanzmarktteilnehmers besteuert werden, betrifft die Finanzaktivitätssteuer Körperschaften. Die nachfolgenden Ausführungen konzentrieren sich auf die Finanzaktivitätssteuer nach der Additionsmethode.

Einnahmenaspekte

Für die 22 entwickelten Volkswirtschaften, die der IWF in seinem Bericht an die G20 berücksichtigt hat, würde eine Finanzaktivitätssteuer nach der Additionsmethode mit einem Steuersatz von 5 Prozent Einnahmen generieren, die durchschnittlich 0,28 Prozent des BIP entsprechen. Unter Zugrundelegung der Länderschätzungen würden sich daraus für den Anteil am BIP in absoluten Zahlen für die 22 Länder Gesamteinnahmen in Höhe von etwa 75 Mrd. Euro ergeben. Für die 27 EU-Staaten könnte die Steuer nach der Additionsmethode bis zu 25 Mrd. Euro einbringen.

Die geografische Verteilung der Einnahmen entspräche im Großen und Ganzen der tatsächlichen Verteilung des Finanzsektors in der EU. Allerdings sind die Einnahmen weniger konzentriert als bei einer Finanztransaktionssteuer, da die Bemessungsgrundlage nicht eine Handelstätigkeit ist, die überwiegend in einigen wenigen Finanzzentren stattfindet, sondern vielmehr Gehälter und Gewinne, die gleichmäßiger verteilt sind. In diesem Sinne wäre die Finanzaktivitätssteuer besser geeignet, Einnahmen für eine Haushaltskonsolidierung zu generieren, die in vielen Mitgliedstaaten ein dringendes Anliegen ist.

Die wirtschaftliche Belastung würde davon abhängen, wie die Steuer konkret gestaltet wird. Es liegen keine empirischen Erkenntnisse darüber vor, wie sich eine Finanzaktivitätssteuer tatsächlich auswirken würde. Wenn die Steuer auf den Kunden abgewälzt würde, könnte die Steuerbelastung teilweise auch die Nutzer von Finanzdienstleistungen treffen, da Geschäftskunden keine Abzugsmöglichkeit haben.

Auswirkungen auf Markteffizienz und wirtschaftliche Stabilität

Die Auswirkungen auf die Finanzgeschäfte hängen von der Gestaltung der Steuer ab. Eine Finanzaktivitätssteuer nach der Additionsmethode würde die Strukturen der Märkte, auf denen Finanzinstitute tätig sind, nicht direkt verändern, da Einkommen unabhängig davon, wie es entsteht, besteuert würde. In diesem Sinne gibt es keine Diskriminierung zwischen einzelnen Produkten, und die Steuer hängt auch nicht vom Umsatz ab. Das Konzept ist auf EU-Ebene insofern interessant, als es mit einem Einnahmenpotenzial verbunden ist und einige bisher ungelöste Fragen im Zusammenhang mit der Besteuerung von Finanzdienstleistungen in Angriff nimmt.

Die Finanzaktivitätssteuer betrifft die Gesamtgewinne aus der Geschäftstätigkeit von Finanzinstituten. In diesem Sinne wird sie auf alle Tätigkeiten, also nicht nur auf den Handel, erhoben. Da sie die Preise für Finanzinstrumente nicht verändert, hat sie keinen Einfluss auf die Marktstruktur als solche. Das bedeutet auch, dass sie die Existenz des Hochfrequenzhandels nicht unmittelbar betrifft.

Weitere Folgen

Eine Finanzaktivitätssteuer könnte die bestehenden Anreize verstärken, durch die Auslagerung von Einkommen oder Gehältern aus der EU auch Gewinne zu verlagern. In Anbetracht der Art der Steuerbemessungsgrundlage und dem Erfordernis, dass Finanzinstitute im Allgemeinen ihre grundlegenden Tätigkeiten dort ausüben müssen, wo ihre Kunden ansässig sind, könnten die Anreize für eine Verlagerung jedoch schwächer ausfallen. Dem steht aber die Tatsache gegenüber, dass sich die Mobilität des Finanzsektors durch technische Entwicklungen erhöhen könnte. Wenn nur einige Mitgliedstaaten in Eigenregie eine Finanzaktivitätssteuer einführen, könnte es auf dem Binnenmarkt zu Verzerrungen kommen, was möglicherweise nicht mit dem Erfordernis vereinbar ist, für die Mitgliedstaaten gleiche Ausgangsbedingungen zu schaffen.

Europäische Kommission, Brüssel, 7.10.2010, in: http://eurlex.europa.eu (Zugriff: 8.1.2011)

M31 Bankenabgabe – Selbstfinanzierung von Rettungsmaßnahmen

Mit der Bankenabgabe soll die Kreditwirtschaft künftig Restrukturierungs- und Abwicklungsmaßnahmen von in Schieflage geratenen systemrelevanten Banken selbst finanzieren. Rettungsmaßnahmen bei Banken zulasten des Steuerzahlers wird es in Zukunft nicht mehr geben.
Die Bundesanstalt für Finanzmarktstabilisierung (FMSA) wird die Bankenabgabe jährlich bei allen Kreditinstituten in Deutschland erheben – erstmals zum 30. September 2011. Die Beiträge fließen in den bei der FMSA eingerichteten Restrukturierungsfonds.
Sollte eine systemrelevante Bank in eine Krise geraten, werden notwendige Abwicklungs- oder Restrukturierungsmaßnahmen aus den Mitteln des Restrukturierungsfonds finanziert. Die Institute sollen mit der Bankenabgabe pro Jahr etwa eine Milliarde Euro in den Fonds einbringen.
Die wesentlichen Eckpunkte für die Bankenabgabe sind mit dem Restrukturierungsfondsgesetz Anfang Januar in Kraft getreten. Die Einzelheiten zur Bankenabgabe, z. B. die Höhe der Abgabesätze, der Mindestbeitrag und das Erhebungsverfahren, werden in einer Rechtsverordnung zum Restrukturierungsfonds geregelt. Diese wurde Anfang März vom Bundeskabinett beschlossen.
Das Beitragsaufkommen wird jedes Jahr neu bestimmt: Die Abgabesätze orientieren sich dabei am Geschäftsvolumen, der Risikoausrichtung und der Vernetzung des jeweiligen Instituts – also an den sogenannten systemischen Risiken. Die Bankenabgabe soll somit auch bewirken, dass die Branche diese systemischen Risiken reduziert.

Bundesregierung: Bankenabgabe wird konkret, 8.7.2011, in: http://www.bundesregierung.de (Zugriff: 29.7.2012)

M32 Basel III– Die neuen Kapitalregeln für Banken

Kapitalanforderungen (Angaben in Prozent)	2013	2014	2015	2016	2017	2018	2019
Harte Mindestkernquote	3,5	4,0	4,5	4,5	4,5	4,5	4,5
Kapitalerhaltungspuffer	–	–	–	0,625	1,25	1,875	2,5
Hartes Kernkapital gesamt	3,5	4,0	4,5	5,125	5,75	6,375	7,0
Abzüge vom harten Kernkapital (z. B. Steuergutschriften)	–	20	40	60	80	100	100
Mindestkernkapitalquote	4,5	5,5	6,0	6,0	6,0	6,0	6,0
Gesamte Eigenkapitalquote	8,0	8,0	8,0	8,0	8,0	8,0	8,0
Gesamte Eigenkapitalquote plus Kapitalpuffer	8,0	8,0	8,0	8,625	9,25	9,875	10,5
Übergangsfristen für auslaufende Kapitalinstrumente	Zehn Jahre ab 2013						

Die Finanzkrise hat deutlich gemacht, dass das globale Bankensystem zu wenig qualitativ hochwertiges Eigenkapital besaß. Deshalb hat der Basler Ausschuss der Bank für Internationalen Zahlungsausgleich (BIZ) ein Reformpaket vorgeschlagen, das auf die ab 2007 offengelegten Schwächen der bisherigen Bankenregulierung reagiert. Es wird als „Basel III" bezeichnet und ersetzt die bereits bestehende Bankenregulierung Basel II. Es zeichnet sich vor allem dadurch aus, dass es sich verstärkt auf die reinste Form von Eigenkapital, das sogenannte Kernkapital („Common Equity"), konzentriert. Bei Aktiengesellschaften setzt sich dieses in erster Linie aus dem eingezahlten Gesellschaftskapital und den Gewinnrücklagen zusammen. Die Grafik zeigt die künftigen Kapitalanforderungen und die entsprechenden Auswirkungen.

Quelle: APA

1 Stellen Sie arbeitsteilig in Gruppen die in den Materialien enthaltenen Maßnahmen gegen die Finanzspekulation im Gruppenpuzzle-Verfahren einander vor (M 27 bis M 31).

2 Berücksichtigen Sie dabei besonders die Reichweite der einzelnen Maßnahme und die zu erwartende Wirkung.

3 Recherchieren Sie (M 28),
a) was das Finanzmarktförderungsgesetz von 1991 aussagt,
b) warum die Börsenumsatzsteuer 1991 abgeschafft wurde,
c) warum diese Steuer heute wieder eingeführt werden soll,
d) wie die Opposition (SPD, Linke und Grüne) dazu steht.
Tragen Sie Ihre Ergebnisse in der Klasse vor.

4 Recherchieren Sie weitere Maßnahmen gegen die Finanzspekulation.

5 Diskutieren Sie anschließend die Wirksamkeit dieser Maßnahmen.

Auf dem Weg zu einer neuen Weltfinanzordnung?

Manche sahen in den Ereignissen der Jahre 2008 bis 2011 das Ende des Kapitalismus. Andere drängten auf einschneidende Reformen des globalen Finanzsystems. So wollten die Staats- und Regierungschefs der wichtigsten Industrie- und Schwellenländer auf dem G20-Finanzgipfel in Washington 2008 den Grundstein legen für umfassende Reformen des globalen Finanzsystems. Diese sollten verhindern, dass sich eine Krise dieses Ausmaßes wiederholen kann. Vor allem die Europäer drängten auf eine umfassende und lückenlose Überwachung aller Bereiche der weltweiten Finanzindustrie. Wie kommt diese Reform voran?

M33 Papst will Krise durch Regulierung überwinden

Am Tag vor dem G8-Gipfel in Aquila hat Papst Benedikt XVI. seine dritte Enzyklika vorgestellt. Das Oberhaupt der römisch-katholischen Kirche mahnt darin die Regierungen, die nationalen Ökonomien stärker zu regulieren, um die weltweite Finanz- und Wirtschaftskrise zu überwinden.

Benedikt XVI. hat ungezügeltem Kapitalismus und unregulierten Marktkräften eine Absage erteilt. In der am Dienstag veröffentlichten Sozialenzyklika „Caritas in veritate" (Liebe in Wahrheit) fordert der Papst die Ausrichtung wirtschaftlichen Handelns an ethischen Zielen.

Das Oberhaupt der römisch-katholischen Kirche mahnt die Regierungen, die nationalen Ökonomien stärker zu regulieren, um die weltweite Finanz- und Wirtschaftskrise zu überwinden und ihre Wiederholung zu vermeiden. Die Krise wie auch die Globalisierung sollten als Chance genutzt werden, eine Welt in Gerechtigkeit und Solidarität zu bauen. In dem Schreiben spricht er sich für eine neue Weltfinanzordnung aus, die von Ethik, Würde und der Suche nach dem Allgemeinwohl geleitet werden soll. Er prangert die Mentalität des Gewinnstrebens um jeden Preis an. Diese Gier habe den schwersten Niedergang der Weltwirtschaft seit der Großen Depression herbeigeführt.

Scharf geht der Papst mit den Praktiken an den Finanzmärkten ins Gericht: „Die Finanzmakler müssen die eigentlich ethische Grundlage ihrer Tätigkeit wieder entdecken, um nicht jene hoch entwickelten Instrumente zu missbrauchen, die dazu dienen können, die Sparer zu betrügen."

sda/dpa/Reuters/ap: Papst will Krise durch Regulierung überwinden, Neue Zürcher Zeitung v. 7.7.2009, in: http://www.nzz.ch (Zugriff: 31.7.2012)

M34 Neue Grundausrichtung

Für das 21. Jahrhundert braucht die Welt eine völlig neue Wirtschafts- und Finanzarchitektur. Das fordert eine von Nobelpreisträger Joseph Stiglitz (s. S. 207) geleitete UN-Expertenkommission. (...)

Was die Reform des Weltfinanzsystems angeht, schlägt die Stiglitz-Kommission vor, sowohl bestehende Institutionen zu reformieren als auch neue zu schaffen. Neu einzurichten seien etwa eine globale Wettbewerbsbehörde, eine oberste Regulierungsbehörde für Finanzprodukte und ein Rat für globale wirtschaftspolitische Koordination. Gleichzeitig sei es jedoch auch wichtig, dass die etablierten Institutionen ihre Glaubwürdigkeit und Legitimität wiederherstellten, indem sie demokratischer würden. Deshalb sei auch eine Reform der Weltbank unabdingbar. Doch obwohl keine andere Gruppe, die derzeit an Reformvorschlägen arbeitet, so viele Länder an einen Tisch bringt, ignorierte der G20-Gipfel in London Anfang April die Vorschläge der Stiglitz-Kommission fast vollständig. Unterdessen feierte der Internationale Währungsfonds ein Comeback (...).

Claudia Rittel: Neue Grundausrichtung, in: Zeitschrift für Entwicklung und Zusammenarbeit/E + Z 5/2009, S. 180

M35 Eine multipolare Währungsordnung?

Zeichnung: Sakurai

Wie die neue Weltfinanzarchitektur genau aussehen wird, ist völlig offen. Bei der geforderten Transparenz für staatliche Investitionsfonds konnten sich die USA in Abstimmung mit europäischen Ländern noch gegen den Widerstand aus Moskau und Peking durchsetzen und klare Regelungen festlegen. Die anstehende Neugewichtung der Kontrolle über Weltbank und IWF wird sich nicht ohne Einflussverlust umsetzen lassen. So forderte unlängst Xie Xuren, Chef der chinesischen Zentralbank, eine einschneidende Umverteilung zuungunsten der USA (und anderer Industrieländer) vorzunehmen: „Der G20-Gipfel in Pittsburgh hat explizit gefordert, die Stimmrechte und Quoten der Entwicklungsländer in den beiden Institutionen (*IWF und Weltbank*) jeweils um mindestens drei und fünf Prozent zu erhöhen. (...) Wir betonen, dass diese Umverteilung der Anteile bei der Weltbank in der zweiten Phase der Reform dem zunehmenden Gewicht aller Mitglieder in der Weltwirtschaft Rechnung tragen sollte."

Wie wird diese „Umverteilung" aussehen? Gemäß den historischen Trends in Produktion, Investitionen und Handel müsste sie vor allem bedeuten, dass finanzpolitische Entscheidungsbefugnisse nach Asien und insbesondere China verlagert werden.

Dies wird auf diplomatischer Ebene bereits deutlich. Neue internationale Foren werden meist unter Ausschluss der USA geschmiedet; ins Zentrum rückt China. Dazu zählen die immer engere finanzpolitische Zusammenarbeit der Schanghai Organisation für Zusammenarbeit (SCO) und die Kooperation der BRIC-Staaten (Brasilien, Russland, Indien, China), die sich im Juni 2009 im russischen Jekatarinenburg zu ersten offiziellen Gipfeltreffen zusammenfanden. In diesem Rahmen verhandelten die BRIC-Staaten mit den Ölförderstaaten am Golf laut Presseberichten über mögliche Alternativen zum Dollar als Transaktionswährung.

Am deutlichsten zeichnet sich die einsetzende Machtverschiebung durch die G20 ab, welche die G7/G8 ersetzen soll und mit einem signifikanten Einflussverlust der USA und Europas einhergeht. Aber auch hinsichtlich der Entwicklung einer ostasiatischen Wirtschaftsunion scheint die US-Diplomatie regelrecht in die Ecke gedrängt zu werden. Auf dem jüngsten ASEAN-Gipfel in Thailand, wo die Staatschefs verschiedene Ordnungsmodelle einer „Ostasiatischen Gemeinschaft" debattierten, war selbst für Japan, dem wichtigsten Verbündeten der USA in der asiatisch-pazifischen Region, unklar, wie Washington genau in eine solche Gemeinschaft eingebunden werden sollte. Die neuen Bedingungen auf institutioneller Ebene beantworten jedoch nicht die Frage nach der zukünftigen globalen Leitwährung. Klar ist lediglich, dass der Greenback seine ehemals unangefochtene Vormachtstellung eingebüßt hat.

Maximilian Mayer/Jost Wübbecke: Das Ende der Dollar-Dominanz, in: internationale politik März/April 2010, S. 86 f.

1 Beurteilen Sie den Ansatz von Benedikt XVI., die Wirtschaftskräfte einer Ethik zu unterwerfen.

2 Stellen Sie die Perspektive einer neuen Währungsordnung in wenigen Worten kurz dar (**M 34**).

3 Nehmen Sie Stellung zur Frage, ob eine neue Weltfinanzarchitektur vor dem Hintergrund der Veränderungen in Richtung einer multipolaren Weltordnung möglich ist (**M 34, M 35**).

Kompetenzcheck

Anforderungsbereich I:

- Geben Sie einen kurzen Abriss der Entwicklung der Weltfinanz- und Wirtschaftskrise.
- Stellen Sie die Veränderungen dar, die die krisenhafte Entwicklung im Weltfinanzsystem bewirkt haben.
- Stellen Sie am Beispiel der Finanz- und Wirtschaftskrise 2009 dar, wie in der Krise unterschiedliche Bereiche verschieden betroffen sein können.
- Beschreiben Sie die Auswirkungen der Krise auf den hungernden Teil der Weltbevölkerung.
- Nennen Sie mögliche Erklärungen der Weltfinanz- und Wirtschaftskrise.
- Stellen Sie die Krisentheorie des Marxismus dar.
- Fassen Sie die Krisentheorie Schumpeters zusammen.
- Stellen Sie die Theorie der langen Wellen dar.
- Beschreiben Sie den Charakter der Verschuldungskrise der europäischen Staaten.
- Stellen Sie die Veränderungen durch „Basel III" dar.
- Skizzieren Sie den Ansatzpunkt einer Finanztransaktionssteuer.

Anforderungsbereich II:

- Erläutern Sie Merkmale einer weltweiten Krise.
- Begründen Sie die Notwendigkeit der Finanzmarktregulierung.
- Erläutern Sie die Finanzaktivitätssteuer.
- Erklären Sie die Wirkung von Bankenabgaben.

Anforderungsbereich III:

- Beurteilen Sie die These von der „Krise als Chance".
- Nehmen Sie Stellung zur Frage, inwiefern die Regulierung der Finanzmärkte gelingt.
- Beurteilen Sie den Einfluss von Rating-Agenturen.
- Nehmen Sie Stellung zur Möglichkeit einer neuen Weltfinanzordnung.
- Bewerten Sie die bisherigen Veränderungen in der Weltfinanzordnung im Hinblick auf eine Vermeidung künftiger Krisen.

7 Eine Welt

Der Begriff „Eine Welt“ stammt aus der kirchlichen Entwicklungshilfearbeit. Er steht im Gegensatz zum Begriff der „Dritten Welt“ für ein neues Verständnis von Entwicklungszusammenarbeit.
Die Unterteilung der Welt in drei Welten und das damit verbundene Blockdenken wurden in den 1970er-Jahren zunehmend kritisiert und abgelehnt. Es setzte sich die Auffassung durch, dass man angesichts der Bedrohung durch weltweite atomare und Umweltzerstörung sowie angesichts der kolonialen Vergangenheit nicht mehr von einzelnen, in sich abgetrennten Welten sprechen könne. Diese Argumentation bekam durch die Globalisierung, die vor allem von weltweiter wirtschaftlicher Verflechtung gekennzeichnet ist, neue Nahrung. Trotz aller Unterschiede zwischen einzelnen Ländern würde die Theorie der „Drei Welten“ der Wirklichkeit und der gemeinsamen Verantwortung für die Welt nicht gerecht. Der Begriff „Eine Welt“ hingegen weise darauf hin, dass es nur eine Erde gebe, die es zu bewahren gilt.

Eine Welt? Oder drei? Oder vier?

Bis in die 1970er-Jahre wurden die Länder der „Ersten Welt", also die Industrieländer, als Vorbild der Entwicklung angesehen, die die Länder der Dritten Welt schneller nachzuholen hätten. Die damaligen sozialistischen Länder bildeten die „Zweite Welt", weil sie sich streng von der kapitalistischen „Ersten Welt" absetzen würden und zu ihr in einem Systemgegensatz stünden. Dies hätte der Dritten Welt erlaubt, sich einen „dritten Weg" zwischen den Blöcken zu suchen. Vor allem die ökologischen Herausforderungen machten jedoch deutlich, dass eine nachholende Entwicklung der Dritten Welt auf das Niveau der Ersten Welt für den Planeten nicht verkraftbar ist. Obwohl nun die „Eine Welt" betont wurde, bestehen nach wie vor erhebliche Unterschiede zwischen „den Welten".

M 1 Die OECD-Länder

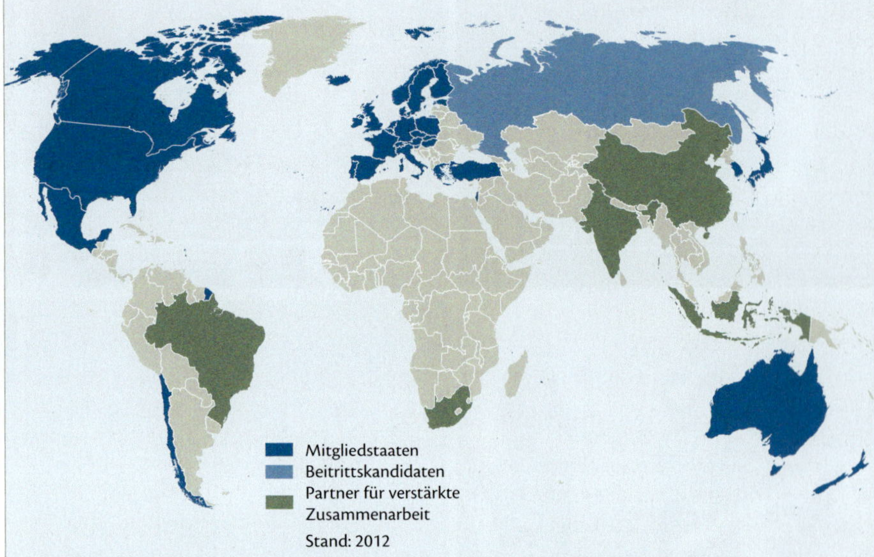

Nach: http://www.kooperation-international.de/oecd/themes/international/fub/multilateral/organisation/aufgaben

M 2 Die Vier Welten

Das Vier-Welten-Modell des Soziologen Dieter Senghaas (s. S. 84/85):

Die OECD-Welt (Welt I)

An der Spitze der Weltgesellschaft sind zwischen den fortgeschrittenen Industriegesellschaften (OECD-Welt) Entgrenzungsprozesse zu beobachten, die in allen Dimensionen (Politik, Wirtschaft, Gesellschaft und Kultur) komplexe Interdependenzen entstehen lassen. Besonders markant zeigt sich dieser Vorgang, der als Denationalisierung bezeichnet wird, in der politisch-forcierten, aber auch eigendynamisch vorangetriebenen ökonomischen Entwicklung des europäischen Binnenmarktes, der inzwischen durch eine freihändlerisch motivierte Mobilität der entscheidenden ökonomischen Faktoren gekennzeichnet ist.

Die hier entstandenen Interdependenzen zeichnen sich durch Symmetrie und substitutive Arbeitsteilung aus. D.h. alle beteiligten Ökonomien produzieren tendenziell kapital-, wissens- und technologieintensiv; in den fortgeschrittenen, für die Dynamik der Ökonomie wesentlichen Sektoren sind sie vergleichbar wettbewerbsfähig; sie exportieren branchenübergreifend ein und denselben Typ von Gütern mit hoher Wertschöpfung. Das führt zu einem raumausgreifenden erheblichen und akzentuierten Wettbewerb und in der Folge, keineswegs paradoxerweise, sondern sachlogisch, zu grenzüberschreitenden integrierten Märkten. (...)

Solche auf Gewinn ausgelegten „trading states" (Handelsstaaten) sind in ihrer politischen Kultur in der Tendenz universalistisch orientiert, was sie aus ihrem Kontext heraus verständlicherweise zu einem unbekümmerten freihändlerischen Globalisierungsdiskurs verleitet. (...)

Die neue Zweite Welt (Welt II)

(...) Hier handelt es sich neben den derzeitigen EU-Erweiterungskandidaten im Wesentlichen um ostasiatische, vermutlich in Zukunft auch um einige südostasiatische Gesellschaften, die aufgrund ihrer nach innen breitenwirksamen und ihrer weltwirtschaftlich auf Wettbewerb ausgerichteten Entwicklungsdynamik Schritt für Schritt zum Profil der OECD-Welt aufgeschlossen haben. (...) Parallel zu einem breitenwirksamen Erschließungsprozess des eigenen Wirtschaftspotenzials und einem weltwirtschaftlichen upgrading erfolgte, wie nicht anders vorstellbar, ein dramatischer sozialer Wandel, der sich nunmehr in einer modernen Sozialschichtung dokumentiert. Aus der dabei entstehenden Bürgergesellschaft kamen schließlich die Forderungen nach demokratischer Partizipation, die nach Rückschlägen tatsächlich zu einer Demokratisierung führten (...).

Die Dritte Welt (Welt III)

(...) In den letzteren Fällen verfestigt und erweitert sich die strukturelle Heterogenität im Spektrum zwischen kärglicher Subsistenzökonomie und Subsektoren mit modernsten Produktionsverfahren (sofern es sich um fortgeschritten fehlentwickelte Fälle wie beispielsweise Brasilien handelt): Der für eine Entwicklung erforderliche Prozess tendenzieller Homogenisierung, also die allmähliche Überwindung von struktureller Heterogenität, kommt nicht zustande. Oft geschieht genau das Gegenteil: die Vertiefung innerer Zerklüftung in allen ökonomischen Sektoren, entsprechend in der sozialen Schichtung sowie der kulturellen Orientierungen und folglich auch in der politischen Sphäre.

Natürlich ist in dieser verfehlten Entwicklungsdynamik heute immer noch ein gewisses Erbe von Kolonialismus, von agrarischer und/oder mineralischer Exklavenökonomie, von übermäßig protektionierter Importsubstitutionsindustrialisierung zu erkennen. Auch sind weiterhin abträgliche internationale Faktoren nicht zu übersehen, nicht nur beispielsweise fallende terms of trade, sondern paradoxerweise gerade auch einträgliche terms of trade zugunsten von Exklavengütern (Ricardo-Güter): Vor dem Hintergrund von sozialer Ungleichheit und politischer Autokratie samt dem damit einhergehenden Klientelismus übersetzt sich nämlich der Ertragsreichtum allermeist nicht in eine breitgefächerte Entwicklung; vielmehr werden dadurch parasitäre Eliten anhaltend alimentiert. (...)

Die Vierte Welt (Welt IV)

(...) In dieser Vierten Welt findet inzwischen nicht nur eine für die Dritte Welt charakteristische Heterogenisierung und Regression statt. Vielmehr kommt es hier, gängiger Begrifflichkeit folgend, zu „failing states", d. h. zu einem regelrechten Zusammenbruch der öffentlichen Ordnung: also des staatlichen Rahmens, insbesondere des Gewaltmonopols, der öffentlichen Verwaltung, des Rechtswesens, der allermeist noch aus der Kolonialzeit stammenden Infrastruktur, der Bildungseinrichtungen, des Gesundheitswesens und der geregelten Wirtschaftsaktivitäten. Was sich vor allem in weiten Teilen Schwarzafrikas, Zentralasiens und im Kaukasus, aber auch regional begrenzt schon in Welt III beobachten lässt, ist der Zerfall des postkolonialen bzw. postsozialistischen Staates sowie die extreme Politisierung und Militarisierung von Ethnizität.

Die Zerfallsregionen der Welt zeichnen sich durch gewisse gemeinsame Merkmale aus: In ökonomischer Hinsicht beruhten sie in den vergangenen Jahrzehnten auf einer Kombination von fragiler Subsistenzökonomie, in die die Mehrzahl der Menschen eingegliedert war, und einer auf exportabhängigen Renteneinkommen ausgerichteten Exklaven-Wirtschaft, die oft nicht juristisch, aber faktisch in ausländischen Händen lag. Aus dieser Exklaven-Ökonomie, die für den Weltmarkt agrarische und mineralische Produkte produzierte, resultierten Rentenzahlungen, die die postkoloniale Elite, den postkolonialen Staatsapparat und, klientelistisch abgeschichtet, einen kleinen Teil der Bevölkerung (auf dessen politische Loyalität es ankam) alimentierten.

Dieter Senghaas: Die Konstitution der Welt – eine Analyse in friedenspolitischer Absicht, in: Leviathan 1/2003, S. 118 ff.

Ricardo-Güter: Güter, die wegen der komparativen Kostenvorteile für das Ausland produziert werden

Klientelismus: informelles, auf gegenseitigen Vorteil gerichtetes Machtverhältnis zwischen ranghöheren und niedriger gestellten Personen oder Organisationen

1 Erarbeiten Sie die Überlegungen, die in **M 2**, **M 3** und **M 4** angestellt werden, in drei Gruppen und stellen Sie sie im Plenum auf Plakaten und mit Referaten vor.

2 Nehmen Sie anschließend Stellung zu der Frage: „Eine, drei oder vier Welten?"

M3 Das Ende der Einen Welt

Wenn 1983 noch vorsichtig vom „Differenzierungsprozess in der Dritten Welt" gesprochen werden konnte, 1991 bereits eindeutiger „das Ende der Dritten Welt" konstatiert wurde, so muss jetzt festgestellt werden, dass der Gegenstandsbereich entwicklungspolitischer Theoriebildung, nämlich die einst sogenannte „Dritte Welt", nicht nur als theoretisches Konstrukt zerfällt, sondern viele diesem Konstrukt zugerechnete Länder in der politischen Realität auf dem besten Wege sind, ganz auseinanderzufallen.

Neues Nachdenken erforderlich

Wenn Theorie eine analytische und eine normative Seite hat, also auch handlungsanleitend und handlungslegitimierend sein soll, aus Theorien mithin Strategien zu folgen haben, die politisch um- und durchzusetzen sind, dann bedarf es zunächst eines ganz neuen Nachdenkens darüber, was in dieser Welt tatsächlich geschieht.

Gehen wir einmal davon aus, dass das, was mithilfe von Statistik, also z. B. von volkswirtschaftlichen Gesamtrechnungen oder Zahlungsbilanzen, aber auch der nationalen Bevölkerungs-, Sozial-, Gesundheits- und Bildungsstatistik, also den von allen Ländern herausgegebenen Statistischen Jahrbüchern, abgebildet wird, auch tatsächlich existiert, nämlich geografisch definierte Nationalstaaten mit einer entsprechend eindeutigen Zuordnung und Abgrenzung von wirtschaftlichen Aktivitäten, Bevölkerung, Umwelt etc. Nehmen wir als aggregiertes Exempel die 1997er Ausgabe des jährlich von der Weltbank herausgegebenen Weltentwicklungsberichtes, der immerhin in seiner Statistik 133 Länder mit mehr als 1 Million Einwohner verzeichnet und sicherlich zu den zuverlässigsten verfügbaren internationalen Statistiken überhaupt gehört.

Was auffällt: Länder wie Afghanistan, Bosnien, Irak, Nordkorea, Iran, Kuba und ca. 20 Länder südlich der Sahara fehlen ganz in der Statistik, andere wie Jemen, Kambodscha, Haiti, Laos, Libanon, aber auch sämtliche Nachfolgestaaten der ehemaligen Sowjetunion und Jugoslawiens weisen mehr Leerstellen (= „Angaben nicht verfügbar") als Zahlen, manchmal sogar nur Leerstellen in ihrer Länderzeile auf. Bei den Hinweisen, wie das Datenwerk zustande gekommen ist, wird berichtet, dass die letzte verfügbare Volkszählung oder die letzte volkswirtschaftliche Gesamtrechnung 10, 20 oder gar 30 Jahre zurückliegt, möglicherweise die einzige, die je unternommen wurde. (...)

Halten wir vorläufig fest: Es gibt 40, 50, möglicherweise sogar 80 „Länder" auf der Welt, über die entweder keine, nur sehr lückenhafte, unzuverlässige, völlig veraltete oder lediglich rein virtuelle Daten vorliegen, mit deren Hilfe doch Nationalstaaten oder Nationalökonomien abgebildet werden sollen. (...)

Die „Eine Welt" gibt es nicht

Mit anderen Worten, nicht nur die „Dritte Welt" war (...) eine vorgestellte Gemeinschaft, auch viele ihrer Teile, seien es die postkolonialen oder die postsozialistischen Staaten, sind mittlerweile gleichermaßen vorgestellte Gemeinschaften, die nur in der Hauptstadt, auf dem Papier und in der Statistik existieren (und einige nicht einmal mehr dort: „Daten nicht verfügbar"). One World, millions of places.

Die eingangs erwähnten Theoriebeiträge aber tun so, als gäbe es sie wirklich, die Eine Welt wie ihre einzelnen Teile, nämlich die 180 „Entwicklungsländer", wenn z. B. vorgeschlagen wird, die Produktionsfunktion um die Dimension des Humankapitals zu erweitern (etwa für Kongo-Brazzaville?), die systemische Wettbewerbsfähigkeit durch Integration der Mikro-, Meso-, Makro- und Metaebene zu verbessern (etwa im südlichen Sudan?), „good governance" durch Konditionierung von Entwicklungshilfe zu erzwingen (etwa zur Aufnahme weiblicher Patienten in den Krankenhäusern Kabuls?), durch Deregulierung eine weltmarktorientierte Strukturanpassung einzuleiten (etwa in Kaschmir, Tibet oder Irak?), oder eine nachhaltige Entwicklung durch eine Internalisierung der Kosten des Verbrauchs von freien Gütern herbeizuführen (etwa bei den Marihuana-Produzenten in Kolumbien?).

Meine These lautet also: Bevor überhaupt diese oder jene Entwicklungstheorie entwicklungspolitisch fruchtbar gemacht werden kann, über die sich dann auch streiten lässt, bedarf es in einer wachsenden Zahl von „Ländern" zunächst einmal der (Wieder-)Herstellung staatlicher Ordnung schlechthin. (...)

Vielleicht muss man sich aber auch ganz von der Vorstellung verabschieden, dass die Probleme dieser Welt mittels Entwicklungspolitik lösbar sind nach dem Motto „Man müsste doch bloß ...". Derzeit sind wir noch nicht einmal in der Lage, das Problem der Versüdlichung des Nordens, die Auflösung der vorgestellten Gemeinschaft „Erste Welt" analytisch und politisch erfolgversprechend zu bearbeiten. Vielleicht ist es ja so, dass wir von der aufklärerischen Grundannahme ganz Abschied nehmen müssen, alle Probleme dieser Welt seien grundsätzlich lösbar, auch wenn es sehr schwerfällt, in dieser Hinsicht sehr viel bescheidener zu werden.

Ulrich Menzel: Das Ende der Einen Welt, in: Reinold E. Thiel (Hg.): Neue Ansätze zur Entwicklungstheorie. Deutsche Stiftung für internationale Entwicklung, 2. Aufl. Bonn 2001, S. 379 ff.

Schafft die Jugend die „Eine Welt"?

M4 Weltgesellschaft?

Wir haben zweifelsohne eine Weltwirtschaft, einen (in die Krise geratenen) globalen Finanzmarkt, eine weltumspannende Verkehrs-, Transport- und Kommunikationsinfrastruktur sowie eine Weltpolitik, die allen Staaten Handlungsspielräume absteckt; wir haben jenseits der sich mit Souveränitätssymbolen schmückenden Staatenwelt agierende transnationale Netzwerke von zivilgesellschaftlichen Organisationen. Manche „Globalisten" sprechen auch von einer globalen Wissensgesellschaft, einer Weltkultur und sogar von einer auf universellen Menschenrechten aufbauenden Weltethik, die auf Immanuel Kants visionäre Idee eines „Weltbürgertums" zurückgreifen kann. Der Soziologe Ulrich Beck (2007) schreibt Bestseller über die „Weltrisikogesellschaft", deren Risikostreuung sich keine Gesellschaft mehr entziehen kann.

Haben wir – wie der Politologe Ernst-Otto Czempiel (1993) aus den Umbrüchen der Weltpolitik nach dem Ende des die Welt polarisierenden Ost-West-Konflikts folgerte – zwar eine neue Trias aus Staaten-, Wirtschafts- und Gesellschaftswelt, aber noch keine Weltgesellschaft als verbindenden Unterbau dieser Teilwelten oder Subsysteme in der systemtheoretischen Logik? Oder haben wir als Fundament der strukturellen Veränderungen des auf der absterbenden „Weltkultur der Nationalstaaten" aufbauenden internationalen Systems nicht doch eine im Entstehen begriffene oder gar schon existierende Weltgesellschaft? (...)

Diese skeptische Einschätzung ist auch nach einem Jahrzehnt zutreffend. Empirische Befunde haben die Grenzen der Weltgesellschaftstheorie verdeutlicht (...). Der hegemoniale Unilateralismus der achtjährigen Bush-Administration verstärkte Widerstände gegen Ansätze des globalen Regierens (Global Governance) und der Verrechtlichung der internationalen Beziehungen. Gleichzeitig verschärften sich die Risiken in der „Weltrisikogesellschaft", entwickelten sich neue Konfliktszenarien und vertieften sich die Fragmentierungen in der „fragmentierten Weltgesellschaft".

Die als globale Strukturpolitik definierte Entwicklungspolitik, die mit geringen Mitteln große Ziele anstreben soll, ist überfordert, die Polarisierung zwischen den Welten auf unterschiedlichem Entwicklungs- und Wohlstandsniveau zu überwinden. Die „Eine Welt" oder das „Global Village" sind ein zivilgesellschaftlicher Wunschtraum, noch keine soziale, politische und kulturelle Realität. Aus dem Plural von eng miteinander verwobenen Teilgesellschaften, die auf kulturelle Differenz und Autonomie pochen, ist noch nicht die singuläre Weltgesellschaft entstanden, die Hegels Weltgeist schon zu einer umfassenden Totalität vereint hat. Wir erleben als Reaktion auf den Globalisierungsdruck eher die Rückbesinnung auf das Eigene, die kulturelle Identität und Regional Governance als Gegenprojekt zu Global Governance. Die empirischen Befunde lassen den Schluss zu, dass wir uns allenfalls auf dem Weg zu einer Weltgesellschaft befinden.

Franz Nuscheler/Veronika Wittmann: Weltgesellschaft und Entwicklung: Einführung, in: Tobias Debiel u. a. (Hg.): Globale Trends 2010. Frankfurt/M., S. 129, 133

Unilateralismus: Handeln eines Staates auf eigene Faust auf Ebenen, die mehr als einen Staat betreffen, also international

Die Verantwortung Europas – Kolonialismus und Imperialismus

Die Verbundenheit der Teile der Welt ergibt sich auch aufgrund der Geschichte. Europa war in der Vergangenheit mit vielen anderen Teilen der Erde dadurch verbunden, dass sich europäische Mächte dort Kolonien erstritten und die Welt unter sich aufgeteilt hatten. Erst vor etwa 50 Jahren wurden die meisten dieser ehemaligen Kolonien auf der Welt von ihren Kolonialmächten unabhängig. Die Kolonialmächte haben damit in nachhaltiger Weise das Schicksal vieler heutiger Staaten vorbereitet und vorbestimmt.

M5 Koloniale Strukturen in Afrika

Die koloniale Herrschaft brachte eine neue Raumordnung mit sich, koloniale Macht kristallisierte und konkretisierte sich im Raum. Das betraf drei Aspekte. Erstens führten die Umgestaltungen des 19. Jahrhunderts und die koloniale Aufteilung zu einer drastischen Reduktion von Herrschaftszonen. Aus Tausenden von kleinen, oft primär personal bestimmten, in Ausdehnung und Bevölkerungszahl höchst unterschiedlichen Einheiten wurden knapp 30 Kolonialterritorien, die den Anspruch auf eine präzise, lineare Grenzziehung erhoben. Zweitens wurden dabei aber nur scheinbar Grenzen vermindert, de facto zog die neue Herrschaftsordnung zahlreiche neue administrative, lineare Grenzen auch unterhalb der Ebene der Gesamtkolonie. In vielen Fällen zerschnitten diese Grenzen Räume, die bislang durch soziale, kulturelle und wirtschaftliche Beziehungen vernetzt waren, und forderten neue Orientierungen und Loyalitäten. Auf mittlere Sicht verfestigten sich so neue Raumstrukturen. Drittens errichtete die Kolonialherrschaft Verwaltungszentren, die wiederum raumbildend wirkten. (...)

Kolonialstaat als polyzentrisches Gebilde

Denn stabilisiert, ausgeübt und sichtbar gemacht wurde Kolonialherrschaft an Verwaltungsmittelpunkten. Der Kolonialstaat war am Anfang ein polyzentrisches Gebilde, das mehr vorkolonialen afrikanischen politischen Formationen als modernen europäischen Staaten glich. In Europa hatten sich seit der Frühneuzeit spezifische Vorstellungen von Ordnungs- und Leistungsverwaltung herausgebildet. Sie setzten einen Staat, das heißt nach der klassischen Definition Staatsterritorium, Staatsvolk und Staatsregierung, voraus, der wiederum Legitimität vor allem durch Verfahrenskorrektheit und dann durch Konstitutionalität gewann. Im kolonialafrikanischen Kontext war das Territorium nur formal abgegrenzt, ein Staatsvolk nicht präzise bestimmbar und die Kolonialstaatsregierung allenfalls rudimentär erkennbar. Die normative Staatsordnung entstand sukzessive, experimentell, sie blieb bruchstückhaft und essenziell segmentär. Einheitliche Verfahrensregeln gab es erst in Ansätzen, von Konstitutionen des Kolonialstaats kann erst für die Zeit nach 1945 gesprochen werden, und auch dann noch keineswegs für alle Kolonien. Legitimität gewann der Kolonialstaat, ungeachtet der hier nicht interessierenden Rechtfertigungen und Leistungsbilanzen gegenüber den Mutterländern, allein durch Überlegenheit: Er musste in militärischer, administrativer, ökonomischer, sozialer, kultureller und darunter auch religiöser Hinsicht durch ein Bündel von Handlungen, von Gewalt bis zu symbolischen Akten,

M6 Kolonialismus in Afrika, 15. bis 20. Jahrhundert

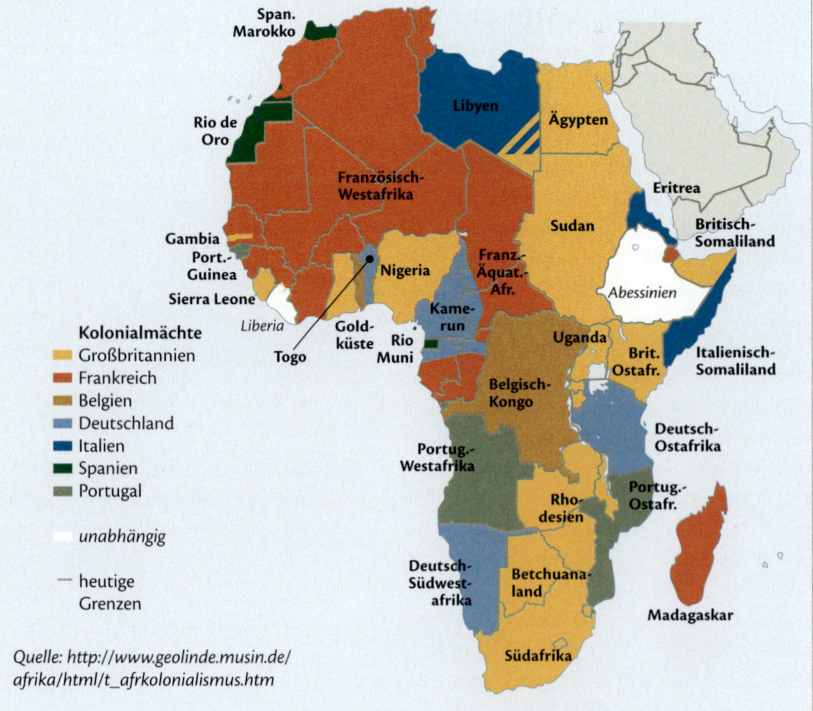

Quelle: http://www.geolinde.musin.de/afrika/html/t_afrkolonialismus.htm

beständig seine Dominanz gegenüber indigenen Autoritäten, Institutionen und Kulten unter Beweis stellen. Angesichts nur unvollständiger administrativer Durchdringung, schlechter Infrastruktur und außerordentlich begrenzten Verwaltungspersonals hieß das vor allem, dass Präsenz vorgeführt werden musste, dass auch nur punktuelle oder vorübergehende Anwesenheit von Militärs oder Beamten an einem Ort rituell überhöht und symbolisch verstetigt werden musste. Der Kolonialstaat legitimierte sich also durch reale und symbolische Praxis. (...)

Wenig Personal

In alledem spiegeln sich die Merkmale der europäischen Kolonialverwaltung in Afrika. Erstens war die personelle Präsenz außerordentlich gering. Ausgangskonstellationen in den Mutterländern wie begrenzte Finanzmittel und geringes Interesse am Überseedienst sowie die Bedingungen in den Kolonien wirkten dabei zusammen. Auch wenn die Zahl der Beamten im Zuge einer Durchdringung der Kolonien und einer Ausdifferenzierung und Verfachlichung der Verwaltung langsam wuchs, blieb die Zahl der europäischen Beamten zumal in den reinen Verwaltungskolonien, die für dauerhafte Anwesenheit von Europäern aus klimatischen Gründen ungeeignet waren, beschränkt. Im deutschen Kamerun verwalteten 1914 dreizehn Bezirksbeamte ein Gebiet von 420 000 Quadratkilometern mit 3,85 Millionen Menschen. Das gesamte deutsche Personal auf allen Ebenen umfasste zu dieser Zeit gerade 93 Beamte. Im britischen Nigeria waren in der Zwischenkriegszeit rund 400 europäische Beamte für 20 Millionen Menschen zuständig. (...)

Zweitens bündelten die Beamten eine große Zahl an Kompetenzen. Auf der untersten Verwaltungsebene waren Exekutive und Judikative nicht getrennt. Zudem konnte der Beamte alle administrativen Fragen de facto alleine entscheiden. Beratende Gremien traten erst in der Zwischenkriegszeit punktuell und mit beschränktem Wirkungsbereich hinzu. Durchsetzungskraft und Qualität kolonialer Herrschaft hingen von der Persönlichkeit des Beamten ab, von seinem Verwaltungsstil, seinem Charisma, von seiner Fähigkeit zur Nutzung angemessener symbolischer Formen und von seinem Geschick bei der Berücksichtigung heimischer Amtsträger und Sitten.

Drittens galt das umso mehr, als angesichts der skizzierten Rahmenbedingungen, der großen Entfernungen und der unzulänglichen Infrastruktur an eine bürokratische, normengerechte Verwaltungspraxis nicht zu denken war. (...)

Flexibilität als wichtigste Eigenschaft

Viertens war unter diesen Bedingungen die Realisierung von kolonialer Herrschaft nur möglich, wenn man in großem Umfang auf die Mithilfe indigener Autoritäten, Fachleute und Hilfskräfte baute. Der Kolonialstaat benötigte nicht nur Zehntausende von einheimischen Trägern, Arbeitern und Dienstboten für seine unmittelbaren praktischen Bedürfnisse, sondern auch Soldaten und Verwaltungsangestellte. Außerdem brauchte er Dolmetscher und Verbindungspersonen, die mit Sprache und Gebräuchen der heimischen Bevölkerung vertraut waren, bei exekutiven Handlungen ebenso wie bei Gerichtsverfahren assistierten und eine zentrale Funktion bei der Vermittlung zwischen den Kulturen einnehmen konnten. Vor allem aber stützte sich der Kolonialstaat auf heimische Autoritäten. Als Patchwork-Staat setzte er sich aus verschiedenen Herrschaftsbezirken zusammen, die nach unterschiedlichem Recht regiert wurden und in denen auf unterschiedliche Weise heimische Instanzen mitwirkten. Es gab einmal Gebiete, die nur pro forma der Kolonie einverleibt waren, bestenfalls Kollektivtribute abliefern mussten, aber de facto außerhalb der europäischen Präsenz blieben. Weiterhin gab es Gebiete, deren Herrscher im Amt belassen worden waren, denen aber ein Resident zur Seite gestellt wurde.

Winfried Speitkamp: Kleine Geschichte Afrikas. Stuttgart 2007, S. 228 ff.

1 Analysieren Sie die Materialien **M 5** bis **M 8** im Hinblick auf die Frage, inwiefern die Auswirkungen der kolonialen Strukturen den heutigen ehemaligen Kolonialgebieten zu schaffen machen.

2 Nehmen Sie Stellung zur Frage, warum sich die unabhängigen afrikanischen Staaten frühzeitig auf die Unverletzlichkeit der Grenzen einigten.

3 Beurteilen Sie die Möglichkeiten für ehemalige Kolonialgebiete, heute die Strukturen eines im westlichen Sinne funktionierenden Staatswesens zu etablieren.

M7 Dekolonialisierung Afrikas

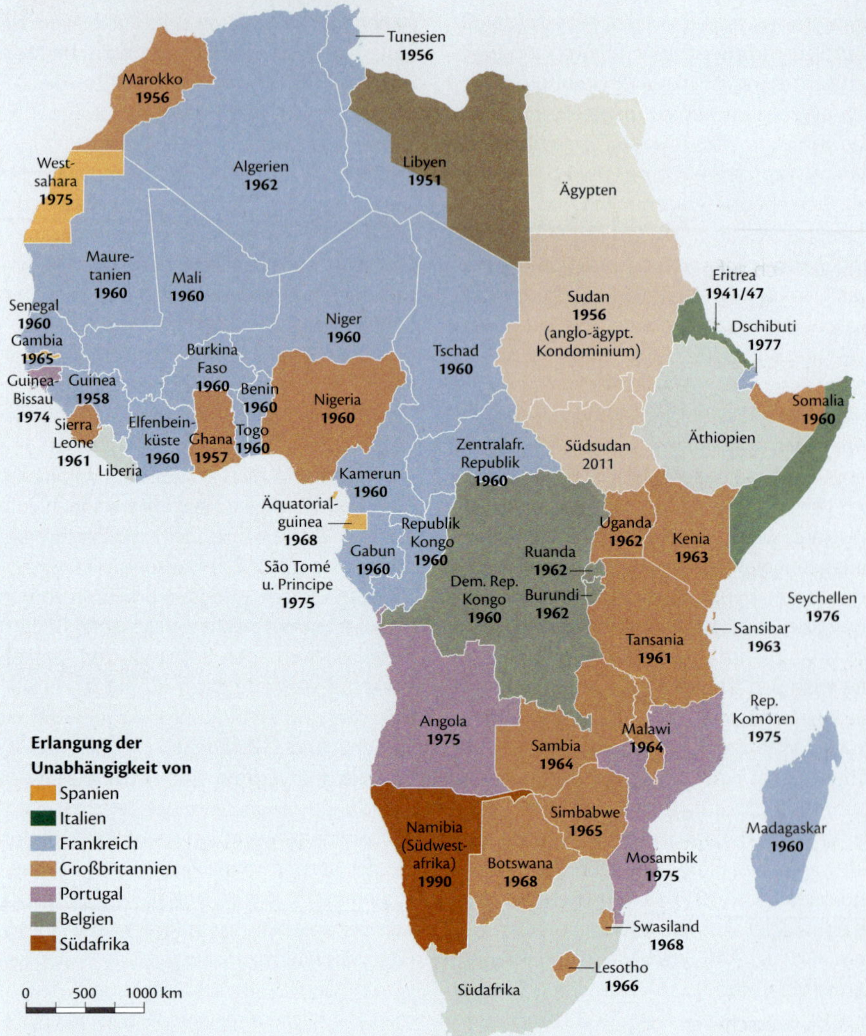

Nach: Ingo Thiel/BICC

M8 Auswirkungen der kolonialen Staatenbildung in Afrika

Die linienförmige Grenze ist für die heutige Staatenwelt selbstverständlich, denn sie markiert, ein Staat endet, und ein anderer beginnt. Sie ist darum eng verbunden mit der Vorstellung vom Territorialstaat. Dieser bestimmt sich über sein Territorium, wovon ausgehend alle anderen Zuständigkeiten ableitbar sind. In Afrika wurde diese Form von Staat in der Kolonialzeit eingeführt, es handelte sich um eine Neuheit, da die weitaus meisten vorkolonialen afrikanischen Staaten als Personenverbandsstaaten bezeichnet werden können. Der Personenverbandsstaat zeichnet sich im Gegensatz zum Territorialstaat dadurch aus, dass eine Menschengruppe und ihre politische Organisation primär den Staat bestimmen, während es von untergeordneter Bedeutung ist, welches Territorium sie besiedelt. Aus diesem Grund gab es im vorkolonialen Afrika das Phänomen wandernder Königreiche, die sich ein neues Siedlungsgebiet suchten, aber als Personenverband ihre Kontinuität bewahrten.

Die Grenzen der nachkolonialen Staatenwelt Afrikas wurden weitgehend unverändert aus der Zeit der europäischen Kolonialherrschaft übernommen, was nichts anderes besagt, als dass die Europäer die heute noch gültigen Grenzen in Afrika zogen. Die Willkürlichkeit dieser Grenzziehungen ist bekannt, da es den

Europäern primär um ihre eigenen Interessen ging und die Grenzen häufig das Ergebnis politischer Kompromisse waren, die in Verhandlungen gefunden wurden. In der Literatur wird oft als das grundlegende Problem nachkolonialer Staatlichkeit in Afrika die „Künstlichkeit" der Grenzen genannt, als ob Grenzen nicht immer und überall künstlich wären. Sicherlich wurden in etlichen Fällen vorkoloniale politische Einheiten gespalten, fanden Ethnien sich auf beiden Seiten einer modernen Staatsgrenze wieder. Dies war insbesondere dann der Fall, wenn die Europäer im Verlauf der Aufteilung Flüsse, deren Täler eher Orte der Kommunikation als der Trennung sind, zu Grenzen machten, wie den Kunene, den Rovuma oder den Mittellauf des Sambesi. An solchen wie an anderen Grenzen spielte sich, wie in Europa oder anderswo, bald ein kleiner Grenzverkehr ein, der ungeachtet der getrennten staatlichen Sphären dort eine ganz andere Lebensrealität der Kommunikation über Grenzen (wieder) entstehen ließ. Problematischer war die Situation in den ariden Zonen Afrikas für Nomaden, deren transhumante Wanderungszyklen durch moderne Staatsgrenzen durchbrochen, zumindest aber behindert wurden.

Das eigentliche Problem der modernen Grenzen liegt keineswegs nur in der Missachtung ethnischer Einheiten als vielmehr in dem damit verbundenen Staatsmodell, das die Europäer im Lauf ihrer frühen Neuzeit entwickelt und ab dem späten 19. Jahrhundert flächendeckend in Afrika einführten. Der europäische Staat hat als zentrales Kennzeichen, das ihn von Reichen unterscheidet, die Tendenz zur Homogenisierung, was ganz praktisch auf die umfassende administrative Durchdringung seines Territoriums hinausläuft. Der Staat ist idealerweise in der Hauptstadt mit ähnlicher Intensität präsent wie an seinen Grenzen. Diese Staatsform ist in Afrika nur in den seltensten Fällen verwirklicht worden, am ehesten in Süd- und Nordafrika. Dies hatte oft mit rudimentärer Infrastruktur zu tun, mit der ungleichen Verteilung der Städte, was in manchen Fällen auf eine übersteigerte Bedeutung der Hauptstadt hinauslaufen konnte.

Hinzu kam, dass etliche vorkoloniale politische Gemeinwesen durch Zentrum-Peripherie-Strukturen geprägt waren, bei denen ein Machtgefälle vom Zentrum zu den entfernteren Gebieten erkennbar war, was sich in kolonialen und nachkolonialen Staaten, allen Ansprüchen zum Trotz, häufig fortsetzte. (…)

Der Anspruch staatlicher Souveränität kommt in der Unverletzlichkeit seiner Grenzen zum Ausdruck, die viele postkoloniale Staaten aber faktisch oft gar nicht effektiv kontrollieren konnten (…)

Die afrikanischen Staaten einigten sich frühzeitig auf das Prinzip der Unverletzlichkeit der Grenzen, das auf eine Initiative Kaiser Haile Selassies von Äthiopien zurückgeht, der mit besonders vielen separatistischen Bewegungen zu kämpfen hatte und es 1963 in der Charta der Organisation für Afrikanische Einheit (OAU) durchsetzte. Tatsächlich bildete sich in den folgenden Jahren ein Konsens, der so stark war, dass keine Grenzveränderungen weder im Fall separatistischer Bewegungen wie in Biafra (1967–1970) noch Fusionen wie zwischen Senegal und Gambia (1981), längerfristig erfolgreich waren (eine der wenigen Ausnahmen war die Vereinigung von Tanganyika und Sansibar im Jahr 1964 zum neuen Bundesstaat Tansania).

Christoph Marx: Grenzen in Afrika als Last und Herausforderung, in: http://www.boell.de (Zugriff: 16.1.2012)

Auf den Straßen Dakars (Senegal) kreuzen sich Tradition und Moderne, Foto, 2000

transhumant: mit Herden wandernd

Wie beseitigen wir den Hunger? – Probleme der Einen Welt

Während in den reichen Wohlfahrtsstaaten massenhaft Nahrungsmittel vernichtet werden, herrscht in anderen Teilen der Welt großer Hunger. Weil in den Industriestaaten Nahrungsmittelpflanzen als Mineralölersatz genutzt werden, steigen die Nahrungsmittelpreise für die Ärmsten, die diese Nahrung brauchen. Das Hungerproblem ist nicht beseitigt, obwohl kompetente Organisationen immer wieder berechnen, dass die weltweit erzeugten Nahrungsmittel trotz steigender Weltbevölkerung immer noch mehr als ausreichen, um die Weltbevölkerung zu ernähren. Es liegt also eindeutig ein Problem der Verteilung vor.

M 9 Der Welthunger-Index

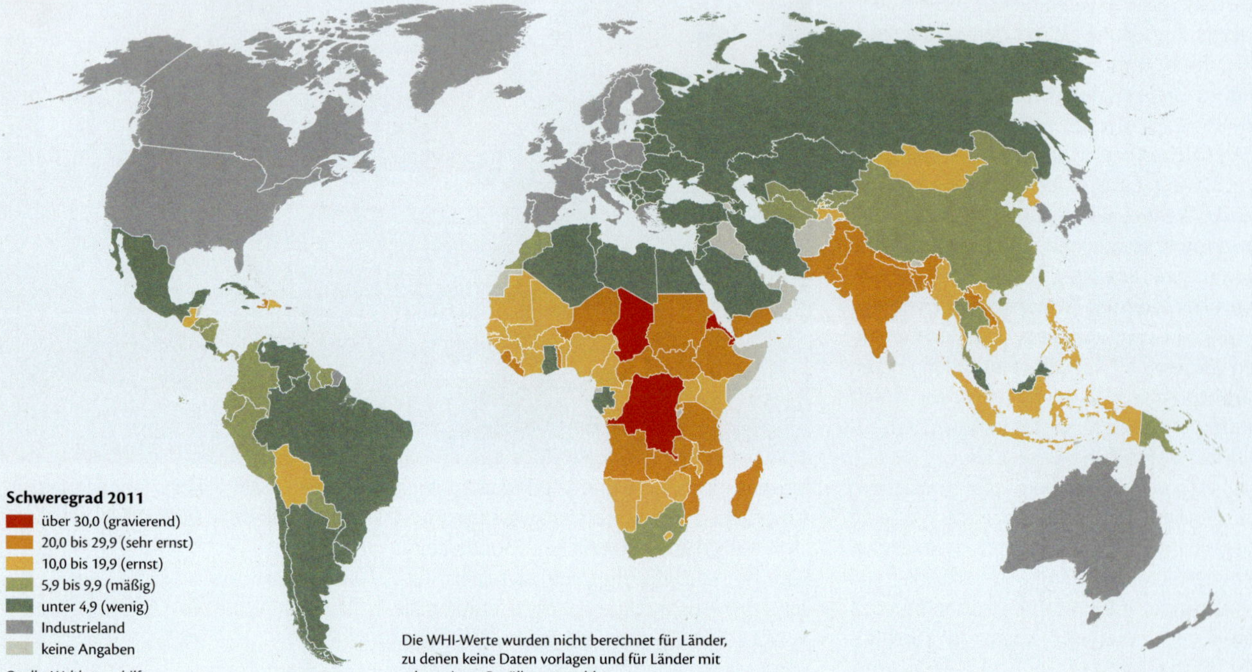

Quelle: Welthungerhilfe

Die WHI-Werte wurden nicht berechnet für Länder, zu denen keine Daten vorlagen und für Länder mit sehr geringer Bevölkerungszahl.

M 10 Das Welthungerproblem

Der weltweite Hunger ist zwar seit 1990 etwas zurückgegangen, grundlegende Fortschritte wurden jedoch nicht erzielt. Während die Anzahl der unterernährten Menschen von Mitte der 1990er-Jahre bis 2009 anstieg, ging der Anteil der unterernährten Menschen weltweit in den letzten zehn Jahren leicht zurück. Der WHI (*Welthunger-Index*) geht über die reine Messung von Kaloriendefiziten hinaus und zeichnet ein Bild des relativen Hungers. Da er sich damit auf den Anteil der Menschen bezieht, die unter Hunger leiden, weist der Index einen positiven Trend aus. Der weltweite WHI 2011 fiel gegenüber dem WHI 1990 um 26 Prozent, von einem Wert von 19,7 auf 14,6. Dieser Fortschritt geht hauptsächlich auf die Reduzierung des Anteils von untergewichtigen Kindern unter fünf Jahren zurück. Der größte Rückgang des weltweiten WHI-Werts (um drei Punkte) fand zwischen 1990 und 1996 statt, danach verlangsamte sich der Fortschritt.

Unterernährung und Untergewicht bei Kindern sanken zwischen 1990 und 1996 am stärksten, während die Fortschritte bei der Bekämpfung von Kindersterblichkeit seit 1996 am meisten beschleunigt wurden. Der Anteil der unterernährten Menschen ist seit 1995–1997 weltweit mit einem Rückgang um nur 1 Prozent nahezu unverändert.

Alle drei Indikatoren, auf deren Grundlage der WHI berechnet wird, haben sich seit 1990 verbessert. Damit ist der weltweite

WHI-Wert insgesamt gesunken: Der Anteil untergewichtiger Kinder unter fünf Jahren sank um 8 Prozentpunkte, der Anteil unterernährter Menschen an der Gesamtbevölkerung um 4 Prozentpunkte und die Sterblichkeitsrate von Kindern unter fünf Jahren um 3 Prozentpunkte. Trotz dieser Fortschritte bleibt die weltweite Hungersituation ernst.

Hauptproblem: Nahrungsmittelpreise

Wie schon 2008 sind es auch heute die hohen und schwankenden Nahrungsmittelpreise, die eine Bedrohung für die globale Ernährungssicherheit bedeuten und die viele arme Menschen der Gefahr von erhöhtem Hunger aussetzen. Die aktuelle Hungersnot am Horn von Afrika zeigt, wie fragil die Lebensbedingungen vielerorts sind und wie eine Verkettung negativer Faktoren dazu führen kann, dass Menschen von der Armut in den Hunger abrutschen. Genaue Daten zu den Auswirkungen der Hungerkrise werden jedoch erst mit erheblicher Zeitverzögerung verfügbar sein; der WHI 2011 bildet diese jüngsten Entwicklungen noch nicht ab.

Die weltweiten Durchschnittswerte kaschieren weitreichende Unterschiede zwischen einzelnen Regionen und Ländern. Der WHI-Wert für die Region Afrika südlich der Sahara ist 2011 um 18 Prozent niedriger als der Wert des WHI 1990, in Südasien fiel der Wert um 25 Prozent und im Nahen Osten und Nordafrika um 39 Prozent. Besonders groß war der Fortschritt in Südostasien und in Lateinamerika und der Karibik mit einem Rückgang der WHI-Werte um jeweils 44 Prozent. Dabei war das Ausmaß des Hungers in Lateinamerika und der Karibik bereits 1990 relativ niedrig. In Osteuropa und den GUS-Staaten fiel der WHI-Wert um 47 Prozent im Vergleich zu 1996.

Südostasien, der Nahe Osten und Nordafrika sowie Lateinamerika und die Karibik verzeichnen seit 1990 einen stetigen Rückgang der WHI-Werte. In Südasien und Afrika südlich der Sahara – den beiden Regionen, die mit 22,6 und 20,5 die höchsten WHI-Werte aufweisen – gestalteten sich die Fortschritte jedoch uneinheitlich.

Südasien und südliches Afrika

Im WHI 2011 verzeichnet Südasien den höchsten regionalen WHI-Wert. Zwar konnte die Region ihren WHI-Wert zwischen 1990 und 1996 um 6 Punkte senken – hauptsächlich durch den starken Rückgang des Anteils untergewichtiger Kinder um 15 Prozentpunkte. Diese schnellen Erfolge konnten jedoch nicht fortgesetzt werden. Stagnation trat ein: Trotz des weiterhin starken Wirtschaftswachstums konnte Südasien seinen WHI-Wert seit 2001 nur um einen Punkt senken. Der Anteil unterernährter Menschen stieg seit 1995–1997 sogar um 2 Prozentpunkte an. Soziale Ungleichheit und der niedrige Ernährungs-, Bildungs- und Sozialstatus von Frauen – eine Hauptursache der Unterernährung von Kindern in dieser Region – erschwerten Fortschritte beim WHI-Wert.

Obwohl in Afrika südlich der Sahara seit 1990 insgesamt weniger Fortschritte als in Südasien erzielt wurden, konnte seit der Jahrtausendwende ein Aufholprozess eingeleitet werden: Laut WHI 2011 ist das Ausmaß des Hungers in Afrika südlich der Sahara geringer als in Südasien. Dies liegt jedoch vor allem daran, dass der WHI-Wert in der Region Afrika südlich der Sahara bereits im Jahr 1990 unter dem von Südasien lag. Auch wenn sich die Fortschritte bei der Hungerbekämpfung in Afrika südlich der Sahara zuletzt beschleunigten, so wurden insgesamt doch geringere Erfolge als in Südasien erzielt. Der WHI-Wert von Afrika südlich der Sahara stagnierte zwischen 1990 und 1996, sank dann bis 2001 leicht und ging bis zum im WHI 2011 berücksichtigten Zeitraum stärker zurück.

Welthungerhilfe: Welthunger-Index 2011, Bonn 2011, S. 11 ff.

1 Analysieren Sie in Gruppen arbeitsteilig das Ausmaß, die Entwicklung und die Ursachen des Welthungerproblems als Folgen eines Verteilungsproblems.

2 Beurteilen Sie anschließend in einer Diskussion die Möglichkeiten, den Welthunger durch eine veränderte Politik in den westlichen Industrieländern zu bekämpfen. Berücksichtigen Sie dabei den Umgang mit Nahrungsmitteln in den Industrieländern (Stichwort: Biosprit und Finanzspekulation, **M 15** bis **M 18**).

3 Recherchieren Sie zur Frage, ob internationale Finanzspekulationen Einfluss auf die Nahrungsversorgung der Länder haben, in denen Hunger herrscht.

M 11 Immer mehr Menschen leiden Hunger

Die Zahl der Hungernden wächst schneller als die Weltbevölkerung

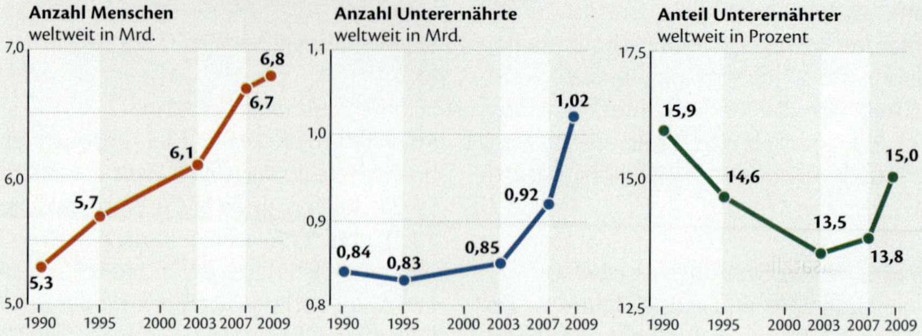

Nach: Rafaël Schneider/Constanze von Oppeln: Globale Hungerkrise, Bonn (Welthungerhilfe) 2009, S. 2

M 12 Subsistenzwirtschaft

Subsistenzwirtschaft ist eine Wirtschaftsweise, bei der Haushalte landwirtschaftliche Güter überwiegend für den Eigenbedarf produzieren und nur einen geringen Teil auf dem Markt verkaufen. Sie erzielen kaum Geldeinkommen und konsumieren im Wesentlichen, was sie selbst erzeugen. Subsistenzwirtschaft ist für vorindustrielle agrarische Gesellschaften typisch, existierte aber kaum je in reiner Form: Bäuerliche Haushalte mussten stets einige Güter (etwa Metallwaren) kaufen und meist Abgaben an die Obrigkeit entrichten.
In Entwicklungsländern benötigen heute alle Haushalte Geld zum Beispiel für den Schulbesuch der Kinder, die Gesundheitsversorgung und evtl. für Abgaben an den Staat. Eine Trennung vom Markt ist in der Regel Ergebnis der Not: Kleinbäuerliche Haushalte können keinen Überschuss erzeugen, weil ihnen ausreichend Land, Wasser oder Dünger fehlt, oder ihre Überschüsse mangels der nötigen Verkehrswege nicht zum Markt schaffen.
Viele produzieren nicht einmal genug für den eigenen Bedarf. Sie bleiben, wenn nicht Familienmitglieder anderswo Lohnarbeit finden, von der Geldwirtschaft nahezu ausgeschlossen. Das Nebeneinander des modernen, marktorientierten Sektors mit Subsistenzwirtschaft, in der der Großteil der Armen und Hungernden überlebt, kennzeichnet viele Entwicklungsländer.

Welthungerhilfe: Subsistenzwirtschaft, in: http://www.welthungerhilfe.de (Zugriff: 17.1.2012)

M 13 Entwicklung der Nahrungsmittelpreise

Index der Weltmarktpreise für Nahrungsmittel 2001 bis 2011 (Durchschnitt 2002–2004 = 100)

Preisanstieg 2001 bis 2011 in Prozent

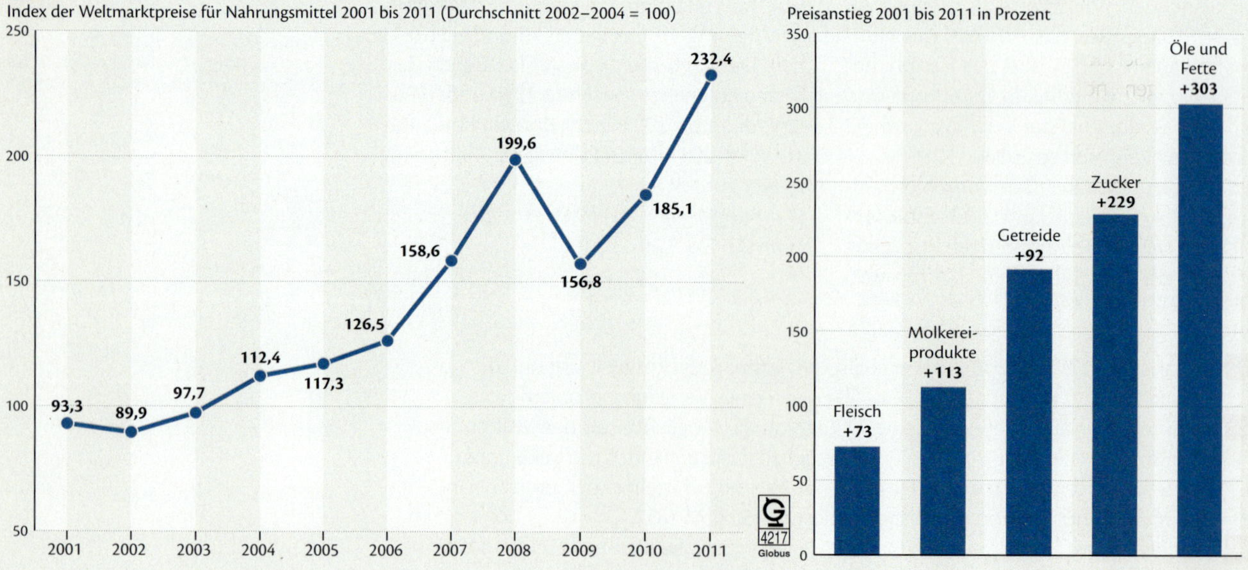

M 14 Beispiel: Hühnchen in Ghana

Marcus Akamenko lebt in der Gemeinde Ashaiman nahe der Hafenstadt Tema. Der 54-jährige Vater von drei Kindern und Großvater eines Enkelkinds lebt seit 1989 fast ausschließlich von der Geflügelhaltung. Durchschnittlich etwa 1000 Hühner, darunter Legehennen und Schlachthühner, umfasst sein Bestand seither. Zur Fütterung der Tiere bestellt er zusätzlich sechs Morgen mit Mais. Der Verkauf der Eier, so Marcus, sicherte seiner Familie lange Zeit ein bescheidenes, aber regelmäßiges Einkommen.

Schlachthühner kontra Geflügelteile

Die Schlachthühner verkaufte er an Marktfrauen, mitunter auch Restaurants und Privatleute. Die meisten Hühner wurde er immer um die Weihnachtszeit los, wenn sich viele Familien ausnahmsweise den Luxus eines saftigen Huhns gönnen. Auf die Einkünfte aus dem Verkauf der Schlachthühner war er angewiesen, um alljährlich neue Hühner anschaffen zu können.

Seit etwa fünf Jahren jedoch ist der Wurm drin. Seitdem, sagt Marcus, laufe das Geschäft mit den Schlachthühnern mehr schlecht als recht, im letzten Jahr sei es dann ganz zusammen gebrochen. „Der Hauptgrund sind die gefrorenen Hühnerteile aus Europa", klagt er. „Die Leute zahlen hier nur noch einen Teil vom Preis und gehen wieder. Den Rest zahlen sie nicht mehr. Mit den Preisen der importierten Geflügelteile kann ich nicht mithalten."

Das Schicksal von Marcus teilen in Ashaiman fast alle 180 Mitglieder der lokalen Niederlassung des Geflügelbauernverbands, allesamt kleine oder mittelgroße Betriebe. Aus der Produktion von Schlachthühnern haben sie sich zurückgezogen und verkaufen nur noch Eier.

Heimische Bauern chancenlos

In der Tat: Auf dem Markt in Ashaiman sind lebende Schlachthühner, wie sie früher allenthalben feilgeboten wurden, kaum mehr zu finden. Stattdessen werben die Marktfrauen mit gefrorenen Hühnchenteilen. Eine Studie, die im Auftrag der Welternährungsorganisation FAO der Vereinten Nationen angefertigt wurde, bestätigt diese Beobachtung. Anfang der 1990er-Jahre wurde noch der gesamte Konsum von Hühnerfleisch in Ghana aus der heimischen Produktion bestritten, bis die Einfuhren begannen und alsbald rasch anzogen. Regelrechte „Importfluten", also extreme Steigerungen der Importe, registrierte die Studie in den Jahren 2001 bis 2003. Wurden 1998 nur 4800 Tonnen Hühnerfleisch importiert, so waren es 2003 bereits 39 200. Die FAO-Analyse belegt, dass die heimischen Bauern gegen diese Konkurrenz chancenlos sind. Im Jahr 2004 wurde das importierte Hühnerfleisch in Ghana für umgerechnet 1,50 Euro pro Kilo verramscht, während das lokal produzierte Fleisch 2,60 Euro kostete. Und das, obwohl die europäischen Exporteure nicht einmal in den Genuss der berüchtigten Exportsubventionen kommen. Der Grund: Was auf den Märkten Westafrikas landet, sind die „Reste" der in Europa allseits beliebten Hähnchenschenkel und Hühnerbrust. Diese Reste zu entsorgen, kostet die Schlachthöfe viel Geld. In den 1990er-Jahren hatten sie eine zündende Idee, wie man sich dieses Problems elegant entledigen könnte: Man verramscht die gefrorenen Geflügelteile in Westafrika, und schon wird aus einem Kostenfaktor für die europäischen Unternehmen ein lukratives Geschäft. (...)

Reste ab nach Afrika!

Natürlich werden auch in Europa noch Hähnchenflügel, Innereien oder Hälse konsumiert, und der Preis ist wesentlich höher als in Afrika. Aber 60 Prozent unseres Geflügelfleischkonsums werden durch Hähnchenbrüste gedeckt, die aber nur 20 Prozent der Hühner ausmachen. Es werden also Millionen von Hühnern weltweit geschlachtet, um an den „Porsche" des Hähnchenfleischs, das Brustfilet, zu kommen. Dieses kann von den Schlachtereien für fast fünf Euro das Kilo verkauft werden und kostet bis zu neun Euro pro Kilo im Supermarkt.

Armin Paasch: Verheerende Fluten. EU-Handelspolitik verletzt Recht auf Nahrung in Ghana, Bonn 2008, S. 7–10

M 15 Biosprit

Die Ölpreise erreichten im Juli 2011 einen Rekordstand von fast 120 US-Dollar pro Barrel für das Referenzrohöl Brent und beinahe 100 US-Dollar für West Texas Intermediate-Rohöl. Gleichzeitig stimulieren Produktionssubventionen in den Vereinigten Staaten und

Zeichnung: Wiedenroth

volatil: flüchtig

Beimischungsquoten in der Europäischen Union den Ausbau der Agrartreibstoffproduktion. Vor diesem Hintergrund wird die Verwendung von Agrarpflanzen zur Gewinnung von Treibstoffen attraktiver und die Maisproduktion in den USA wird zunehmend zur Herstellung von Ethanol verwendet (...). Auch andere Länder, darunter Schwellenländer wie Indien oder Peru, setzen mittlerweile Beimischungsquoten für Agrartreibstoff fest. Diese neue Nachfrage nach Nutzpflanzen zur Kraftstoffherstellung übt zusätzlichen Druck auf die Agrarmärkte aus, die ohnehin durch zeitliche Beschränkungen (Dauer der Produktionssteigerung), begrenzte Ressourcen (Boden, Wasser und Nährstoffe) sowie steigende Nachfrage aufgrund von demografischen Zuwächsen und höheren Einkommen gekennzeichnet sind. Die Starrheit der Beimischungsquoten für Agrartreibstoffe vergrößert nicht nur die Spannungen zwischen Angebot und Nachfrage, sie verschärft auch Preisschwankungen und verstärkt die weltweite Preisvolatilität. Und nicht zuletzt verstärken Agrartreibstoffe auch die Verknüpfung zwischen den (hoch volatilen) Energie- und den (ebenfalls volatilen) Nahrungsmittelmärkten, wodurch die Volatilität Letzterer zusätzlich gesteigert wird. Traditionell sind beide Märkte durch den landwirtschaftlichen Produktionsbedarf miteinander verknüpft (wie zum Beispiel den Bedarf an Strom für Bewässerungssysteme oder Öl für die Düngemittelproduktion). Heute gibt es eine neue, engere Verbindung zwischen Energie- und Nahrungsmittelmärkten: Die gesteigerte Nachfrage nach Agrarpflanzen zur Gewinnung von Treibstoff führt selbst dort zu einer engeren Verflechtung der Märkte, wo Beimischungsquoten für Agrartreibstoffe nicht bindend sind. Es ist zu erwarten, dass diese Verknüpfung in gleichem Maße wachsen wird wie die Nachfrage nach Agrartreibstoffen.

Nach Schätzungen der Organisation für wirtschaftliche Zusammenarbeit und Entwicklung (OECD) und der FAO wird sich die Agrartreibstoffproduktion von 2007/09 bis 2019 mehr als verdoppeln. Die Nachfrage nach Agrartreibstoffen wird sich von 2008 bis 2035 vervierfachen (Internationale Energieagentur, IEA 2010). Die Subventionen für Agrartreibstoffe sollen sich von 20 Milliarden US-Dollar im Jahr 2009 auf 45 Milliarden US-Dollar im Jahr 2020 und bis auf 65 Milliarden US-Dollar im Jahr 2035 erhöhen. Gleichzeitig wird der ökologische Nutzen der Agrartreibstoffe zunehmend infrage gestellt.

Welthungerhilfe: Welthunger-Index 2011, Bonn 2011, S. 24 ff.

M 16 Anteil der US-Maisernte für die Ethanolproduktion

in Prozent und gesamte Maisproduktion in Mio. Tonnen, 1995 bis 2010

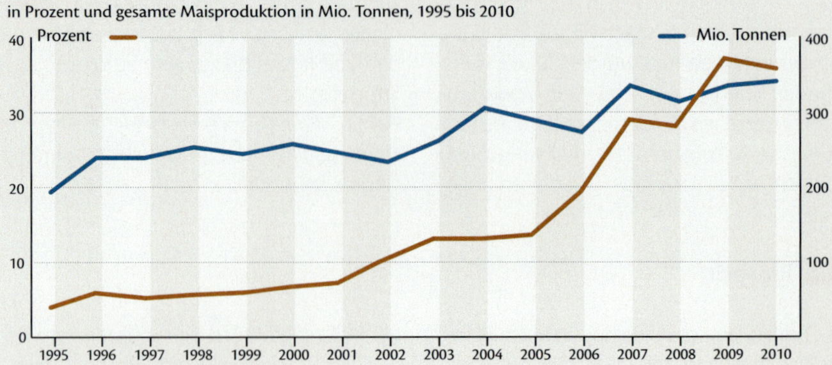

Quelle: Daten des Earth Policy Instituts, 2011

M 17 Spekulation mit Nahrungsmitteln

Ein Anzeichen für die Zunahme der Volatilität von Nahrungsmittelpreisen ist der beträchtliche Anstieg des Umsatzes von Warentermingeschäften im Agrarbereich an der Chicagoer Terminbörse (Chicago Board of Trade, CBOT) – eine der führenden Terminbörsen für Agrarprodukte – seit 2008. Zwischen 2005 und 2006 wuchsen die monatlichen Umsätze von Termingeschäften mit Weizen und Mais um über 60 Prozent und für Reis um 40 Prozent. Im Jahr 2007 stieg das Handelsvolumen für Weizen, Mais, Reis und Sojabohnen nochmals beträchtlich. Vor allem bei Sojabohnen lag der Monatsdurchschnitt um 40 Prozent über dem des Vorjahrs (...). Auch in den Jahren 2010 und 2011 setzte sich der Trend fort: Das Handelsvolumen sämtlicher Agrargüter nahm weiter zu. Darüber hinaus ist auch die Anzahl der Open Interests in den vergangenen Jahren gestiegen – eine Entwicklung, die auf einen Zuwachs mittel- und langfristiger Spekulation bei den Warentermingeschäften hinweisen könnte. (...)

Spekulanten machen üblicherweise kurzfristige Geschäfte; wenn sie auf einen Markt drängen, verschärfen sie die anfängliche Preissteigerung, und wenn sie sich fluchtartig zurückziehen, tragen sie damit zum Preisverfall bei. Zudem ziehen Agrarprodukte (inklusive Nahrungsmittel) in jüngster Zeit höhere Investitionen an. Sie werden als sichere Anlagemöglichkeit zum Schutz des Geldvermögens vor Inflation oder Deflation angesehen. Dies könnte auch den erheblichen Geldzufluss in diejenigen Indexfonds erklären, die Nahrungsmittelaktien beinhalten. (...)

Eine Politik, die Agrartreibstoffe fördert, der zunehmende Terminhandel mit Agrargütern und die Auswirkungen des Klimawandels befördern die zunehmende Teuerung von Nahrungsmitteln und tragen dazu bei, dass Nahrungsmittelpreise volatiler werden. Diese Preistrends werden durch (...) zentrale Charakteristika der heutigen Agrarmärkte noch verstärkt:

Erstens sind die Exportmärkte für alle Grundnahrungsmittel – Reis, Mais, Weizen und Sojabohnen – in den Händen einiger weniger Länder konzentriert. In vielen anderen Ländern wird nur ein kleiner Anteil der nationalen Produktion gehandelt; die exportierte Menge ist demnach sehr gering. Bei Mais und Reis tragen die fünf größten Produzenten zu über 70 Prozent der weltweiten Produktion bei und die fünf größten Exporteure zu über 80 Prozent der weltweiten Exporte . (...)

Zweitens befinden sich die weltweiten Maisreserven und die Weizenreserven derzeit auf einem historischen Tiefstand. (...) Dadurch kann es bei Angebotsverknappungen wie beispielsweise infolge von Dürren oder Überflutungen zu Preisspitzen kommen, wenn Bauern gleichzeitig ihre Produkte horten, um von zukünftigen Preiserhöhungen zu profitieren.

Welthungerhilfe: Welthunger-Index 2011. Bonn 2011, S. 26 ff.

M 18 Monatliches Volumen der Termingeschäfte

Anzahl der Aktionen bei Warentermingeschäften in Millionen, 2002 bis 2011

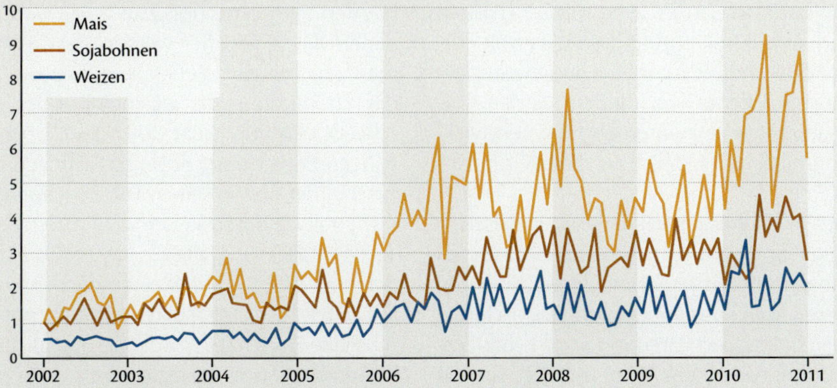

Termingeschäfte für Reis werden wegen Geringfügigkeit des Reishandels nicht angezeigt.
Quelle: Chicagoer Terminbörse, CBOT (2011)

Entwicklung als Ziel?

Entwicklungshilfe war jahrzehntelang ein völlig unreflektierter Begriff, und Entwicklung bzw. Fortschritt war meist ein wenig reflektiertes Leitbild. Es war geprägt von der Vorstellung, dass andere Länder sich in ähnlicher Weise entwickeln müssten wie die Industriestaaten. Dieses Leitbild hat mittlerweile einen Dämpfer bekommen – nicht nur dadurch, dass Hochrechnungen zu dem Ergebnis gekommen sind, dass die Erde dies nicht verkraften würde. Kann überhaupt davon ausgegangen werden, dass die heute ärmsten Länder sich entwickeln müssen oder sollen?

M19 Entwicklung als handlungsbestimmendes Ziel politischer Eliten

Die älteren Grundannahmen – übrigens durch den Wiederaufbau Europas nach dem Zweiten Weltkrieg angeregt und scheinbar bestätigt – sind in etwa folgende:
Unterschiedliche Länder sind – aus welchen Gründen auch immer – unterschiedlich wohlhabend, d. h. einige, die euphemistisch so genannten „Entwicklungsländer" hinken auf dem mehrfach erwähnten Marsch in eine bessere Zukunft hinterher. Ihre politischen Führer kennen kein höheres oder vielleicht sogar kein anderes Ziel, als bei diesem Marsch einige oder viele Plätze gutzumachen und möglichst schnell zu den wohlhabenden Ländern aufzuschließen. Dem von ihnen kontrollierten Staatsapparat wird diese große Aufgabe der Entwicklung als Hauptziel vorgegeben. Soweit politische Auseinandersetzungen überhaupt einmal zur Kenntnis (der Entwicklungsexperten bei uns) genommen werden, werden sie als Debatten um Mittel und Wege, nicht jedoch um grundsätzlich divergierende Ziele begriffen. Entwicklungshilfe ist so einerseits durch den Anspruch umfassender Rationalität bei der Wahl von Zielen und Instrumenten, andererseits durch die Annahme einer – mit der beschriebenen Ausnahme – weitgehend konfliktfreien Welt charakterisiert. Es folgt, dass der Entwicklungsstaat als Ganzes, seine politischen Eliten und seine Bürokratie im Besonderen als notwendige und insbesondere geeignete sogenannte „Partner" verstanden werden. Das staatszentrierte Unternehmen „Entwicklungshilfe" ruht letztlich auf dieser Grundannahme.

Die Wirklichkeit sieht, wie wir inzwischen durch eine Fülle von theoretischen Überlegungen und empirischen Untersuchungen wissen, durchaus anders aus: Es ist schlicht naiv, politischen Eliten in Ländern der Entwicklungswelt mehr Altruismus, Rationalität oder gar Weisheit zuzutrauen als solchen Eliten anderswo, etwa bei uns – und das heißt, normalerweise, recht wenig davon.

Um mit dem Altruismus zu beginnen:
Statt normativ von Entscheidungsträgern den Verfolg des irgendwie definierten oder operationalisierten Gemeinwohls zu erwarten, wird man realistischerweise nach ihren eigenen Interessen zu fragen haben. Zentraler Wert in der Politik ist Macht, dann folgen, wie überall sonst auch, Geld und Ideologie. Machterhalt wird also bei einem subjektiv so verstandenen Zielkonflikt allen anderen Zielen vorgezogen, es folgt die persönliche Bereicherung. In welchen Formen dieses Streben sich äußert, ist eine Folge der realen Verfassung des Landes. In einer funktionierenden Demokratie z. B. setzt Machterhalt langfristig Erfolg an den Wahlurnen – wie auch immer erzielt – voraus, dem hemmungslosen Streben nach Wohlstand auf Kosten anderer sind durch eine Vielzahl von Vorkehrungen Grenzen (wenn auch nicht immer enge) gesetzt. Kann jedoch Macht durch gefälschte sogenannte Wahlen, durch einen Militärputsch oder durch sonstige undemokratische Manöver errungen oder verteidigt werden, werden diese Mittel ergriffen werden, sofern es nicht genügend starke Gegenkräfte gibt. Ist Wohlstandsmehrung durch mehr oder weniger legalen Zugriff auf fremdes Eigentum, etwa Staatseigentum, oder durch vielfältige Formen der Korruption erreichbar, wird zu diesem Mittel gegriffen werden. Der Zusammenhang mit dem Fehlen von Interesse an der Entwicklung des eigenen Landes erschließt sich nun leicht durch zwei Überlegungen: Entwicklung ist ein oft nicht vorherzusehender und in seinen Folgen schon gar nicht vollständig zu steuernder Prozess; besser ist es, alles beim alten zu lassen. Zum anderen ist der Zugriff auf einen nennenswerten Teil des Sozialproduktes durch die politische Elite für sich selbst oder die öffentlichen Kassen direkt wachstumsfeindlich.

Jürgen H. Wolff: Kritik an der Entwicklungshilfe – eine Skizze, in: Politische Bildung 3/2011, S. 32 ff.

M20 „Wir haben intellektuell alles im Griff!“

Dass wir genau wüssten, wie Entwicklung zustande gebracht werden kann, ist ein Optimismus, der schon durch die Vielzahl miteinander wetteifernder und sich teilweise widersprechender Entwicklungstheorien wenig wahrscheinlich erscheint. Zuzeiten wurde gar das „Scheitern der großen Theorie“ verkündet. Hier gilt es indessen sorgfältig zu unterscheiden:
Alle Theorien, die (nur) den einen Faktor X als Schlüssel zu Entwicklung herausgestellt haben (Kapital, Wissen, Motivation, offene Güter- und Kapitalmärkte, gesunde Staatsfinanzen und was immer), die also die Komplexität der sozialen Wirklichkeit nicht nur heuristisch, sondern im Prinzip ausgeblendet haben, sind gescheitert – und das zu Recht. Die Suche nach dem (einen und einzigen) „Schlüssel“ war und ist vergeblich und wird es auch immer bleiben, weil sie allzu viele variable Faktoren analytisch für konstant – und dazu noch für Entwicklung günstig – erklärt. Wenn überhaupt, werden nur Theorien höherer – und dann u.U. nicht mehr recht handhabbarer – Komplexität weiterhelfen.
Zum zweiten: Das mutlos ausgerufene Theoriescheitern beruhte zu weiten Teilen auf einer Verwechslung von Rhetorik und entwicklungspolitischer Wirklichkeit. Eine Theorie für gescheitert zu erklären, weil sie ihr angestrebtes Ziel, Entwicklung, nicht erreicht habe, setzt logischerweise ihre konsequente Anwendung voraus. Beispiel Schwarzafrika: Über Jahrzehnte sind immer neue Versuche unternommen worden, den Kontinent aus dem Zustand der bitteren Armut herauszuführen, bis in die jüngere Vergangenheit vergeblich. Verständlich, wenn auch logisch wenig begründet, dass voller Verzweiflung der Theorienotstand ausgerufen wurde: Was gab es denn noch, was in Afrika nicht vergeblich ausprobiert worden wäre? Dabei hätte schon ein flüchtiger Blick gezeigt, dass in Wirklichkeit, bei der drängenden Ungeduld der Experten vor Ort und in den respektiven Zentralen sowie, nicht zu vergessen, der intervenierenden und unplanbaren nationalen Politik in den Empfängerländern kaum eine Theorie konsequent und über einen genügend langen Zeitraum angewendet worden war. (Ein hier relevantes Beispiel wären die sogenannten Strukturanpassungsprogramme der Bretton-Woods-Institutionen, die nur zum geringen Teil wirklich durchgeführt worden sind; ihr Abbruch blieb übrigens meist ohne nennenswerte Folgen für die vertragsbrüchigen Empfängerländer.) Daraus folgt bestenfalls eine Krise der Entwicklungspolitik, nicht aber notwendig eine solche der Theorie.
Drittens: Selbst eine umfassende Theorie – wenn sie denn existieren sollte – löste nicht das Problem ihrer Anwendung. Der schon diskutierte Rationalitätsanspruch des planend-technokratischen Geistes kollidiert ganz einfach oft mit der Widerständlichkeit der Politik oder auch nur dem menschlichen Beharrungsvermögen und den Interessenstrukturen an der so genannten „Basis“. Die Kunst besteht also meist nicht in der Entwicklung einer noch so überzeugenden Theorie, eines noch so schönen Projektes, eines noch so ausgefeilten Planes, sondern in deren Umsetzung in der sozialen Wirklichkeit.

Jürgen H. Wolff: Kritik an der Entwicklungshilfe – eine Skizze, in: Politische Bildung 3/2011, S. 36 ff.

Die Jugendgruppe „Red Cross Youth Council“ pflanzt im Rahmen eines Umweltprojektes Bäume an den Ufern eines großen Süßwassersees auf den Philippinen. Ziel ist es, die erodierten Landstriche wieder aufzuforsten und eine bessere CO_2-Bilanz zu erreichen. Das Projekt hat den UN-Sasakawa-Preis 2011 gewonnen, der nachhaltiges Umweltengagement auszeichnet

1 Skizzieren Sie kurz, worin der traditionelle Entwicklungsbegriff bestand. Nehmen Sie Stellung dazu.

2 Arbeiten Sie in Gruppen die verschiedenen Überlegungen heraus, die gegen einen einfachen Begriff der Entwicklung angeführt werden (M 19 bis M 21).

3 Erklären Sie die Position Aram Ziais zur Entwicklung (M 22). Arbeiten Sie heraus, wodurch sie sich von anderen Positionen unterscheidet, und nehmen Sie Stellung dazu.

4 Nennen Sie einige Grundlagen, die eine moderne Entwicklungspolitik haben müsste.

M21 Wir können dabei helfen!

Wir greifen zunächst auf bereits diskutierte Punkte zurück: Arme Länder und ihre Eliten wünschen, so die Annahme, nichts sehnlicher als Fortschritt und Entwicklung. Dazu ergreifen sie alle ihnen möglichen Maßnahmen, die sie obendrein genau kennen. Da ihre Mittel in vielfacher Hinsicht beschränkt sind (wäre das anders, wären sie ja gerade keine armen Länder mehr), kommen sie um ausländische und internationale Assistenz ein. Diese stellt, so gesehen, „Hilfe zur Selbsthilfe" dar, wie das alte Schlagwort lautet. In schöner Harmonie vereinen sich alle Kräfte bei der Arbeit an dem Großen Ziel. Der Erfolg kann nicht auf sich warten lassen.

Dass so etwas vorkommt, wird durch den Erfolg beim Wiederaufbau Europas nach dem Zweiten Weltkrieg, u.a. mithilfe des Marshallplanes, bewiesen. (Allerdings weisen jüngere Forschungen darauf hin, dass er überschätzt werde, dass seine Hauptwirkung psychologischer Art gewesen sei.) Nun unterscheidet sich der Wiederaufbau eines Industrielandes nach einem zerstörerischen Krieg im Detail doch sehr von einer nachholenden Entwicklung. Aber immerhin: Europa war einst erfolgreich, warum nicht Afrika oder Asien heute?

Die Propagandisten der „Hilfe zur Selbsthilfe" haben ganz offensichtlich mit der besten aller Welten gerechnet, wie das skizziert wurde. Sorgfältig wurde eine Antwort auf die in manchen oder vielleicht sogar in vielen Ländern alles entscheidende Frage vermieden: Was ist zu tun, wenn ein Land – unglücklicherweise trifft das auf die extrem armen besonders häufig zu – weder den Willen noch die Fähigkeit zur Selbsthilfe besitzt, oder wenn auch nur einer dieser Faktoren fehlt? Hier wäre Hilfe besonders erwünscht und erforderlich, aber ist sie auch möglich? Kann ein Land ohne nennenswerte Eigenleistung von außen „entwickelt" werden? Man erkennt schwer, wie diese Frage bei Wahrung der politischen Selbstständigkeit eines Landes bejaht werden kann. Man müsste ja die entwicklungsunwilligen oder -unfähigen Eliten politisch ausschalten oder zu einem Verhalten oder zum Mindesten zum Tolerieren von Maßnahmen und Entwicklungen zwingen können, die ihren eigenen perzipierten Interessen oder ihren eigenen Weltanschauungen – für wie falsch wir diese auch immer halten mögen – widersprächen. Das mag in Einzelfällen in Situationen größter Not – etwa einem drohenden Staatsbankrott – für eine gewisse Zeit gelingen, auf Dauer wird dergleichen nicht möglich sein. Die Beispiele, wie etwa afrikanische Eliten wohlgemeinte, aber eben als solche verstandene Zumutungen internationaler Organisationen trotz des eklatanten Machtgefälles unterlaufen haben, sind Legion. Kurz: Entwicklung lässt sich von außen nicht erzwingen; die „Hilfe zur Selbsthilfe" ruht auf Voraussetzungen, die sie selbst nicht schaffen kann.

Jürgen H. Wolff: Kritik an der Entwicklungshilfe – eine Skizze, in: Politische Bildung 3/2011, S. 38 ff.

Zeichnung: Mester

M22 „Entwicklung" – ein eindimensionaler Begriff?

Der Politikwissenschaftler Aram Ziai, 2010:
Der Entwicklungsdiskurs geht in der Regel von nationalstaatlich abgegrenzten Gesellschaften aus (...), die sich in „entwickelte" und „unterentwickelte" einteilen lassen (teilweise werden Letztere auch als „Entwicklungs-" oder „sich entwickelnde" Länder bezeichnet). Diese Zweiteilung geht von einer universellen Entwicklungsskala aus und begreift die historischen Prozesse sozialen Wandels in Westeuropa und Nordamerika (und Japan) als menschheitsgeschichtlichen Fortschritt. „Entwicklung" ist hierbei normativ positiv konnotiert. Diese Denkfigur konzipiert andere Gesellschaften als rückständige Vorstufen der eigenen und impliziert eine Fortsetzung kolonialen Überlegenheitsdenkens. Henning Melber spricht hierbei von einer „Verzeitlichung des räumlichen Nebeneinander", Ashis Nandy analog von einer „Umwandlung geokultureller Differenzen in historische Stadien". Die eigene Gesellschaft dient als ideale historische Norm, andere Gesellschaften werden anhand dieser Norm als defizitär identifiziert.

„Entwicklung der Unterentwickelten"?
Gleichzeitig mit dieser Diagnose wird die Therapie impliziert. Diese Gesellschaften müssen moderner, produktiver, säkularer, demokratischer werden – mit anderen Worten: so wie unsere eigene Gesellschaft. Hier sind deutliche Kontinuitäten zum kolonialen Diskurs erkennbar: Das Projekt der „Zivilisierung der Unzivilisierten" wurde in der Nachkriegszeit abgelöst durch das der „Entwicklung der Unterentwickelten". Stuart Hall macht darauf aufmerksam, dass die Herausbildung einer westlichen, modernen Identität auf die Abgrenzung von einem rückständigen Anderen angewiesen war. Das aus der Denkfigur im Entwicklungsdiskurs abgeleitete Grundmuster lässt sich vereinfacht auf den folgenden Nenner bringen: Der Süden hat Probleme („Unterentwicklung": Mangel an Kapital, Technologie usw.), der Norden die Lösung („Entwicklung": Investitionen, Experten usw.).
Aber, so mag man einwenden, steckt in dieser Denkfigur nicht ein wahrer Kern? Sind nicht in einigen Ländern Ostasiens die Prozesse sozialen Wandels, die historisch in Westeuropa und Nordamerika stattfanden, erfolgreich nachgeahmt worden? Und kann man nicht mit Fug und Recht den Standpunkt vertreten, dass die Menschen in diesen Ländern einen höheren Lebensstandard genießen als in Subsahara-Afrika und dass daher das Vorantreiben dieser Prozesse – auch im Sinne einer Orientierung am westlichen Vorbild – z. B. im Rahmen der Entwicklungszusammenarbeit ein ethisch durchaus hochwertiges Unterfangen ist? (...)
Dem sind folgende Punkte entgegenzuhalten: Erstens sind die erwähnten Prozesse sozialen Wandels unter spezifischen historischen Umständen zustande gekommen, die sich nicht ohne weiteres auf andere Länder mit anderen Voraussetzungen und in einer anderen weltwirtschaftlichen Konstellation verallgemeinern lassen. (...) Davon abgesehen lässt die ökologische Bilanz der Industriegesellschaften ihren angenommenen Vorbildcharakter als überaus fragwürdig erscheinen: Das westliche Gesellschaftsmodell ist aus dieser Perspektive nicht verallgemeinerbar.

Kriterien einer „guten Gesellschaft"
Doch nicht nur die Frage der Möglichkeit einer solchen Universalisierung, auch die der Wünschbarkeit steht zur Debatte. Die Annahme, dass die „entwickelten" Industriegesellschaften anderen überlegen sind, beruht auf bestimmten Indikatoren wie Bruttoinlandsprodukt und Pro-Kopf-Einkommen (PKE) (die hinsichtlich eines „guten Lebens" nur sehr begrenzt aussagefähig sind), seit einiger Zeit (im Rahmen des Human-Development-Index) auch auf Lebenserwartung und Schulbildung. Nun sind aber durchaus andere Kriterien einer „guten Gesellschaft" denkbar: Wie steht es mit sozialer Gleichheit, sozialem Zusammenhalt und Selbstmordraten, Gastfreundschaft und Rassismus, Sexismus, dem Umgang mit Alten oder Behinderten? Wie mit dem Ressourcenverbrauch und dem Verhältnis zur Natur? Ist für die vorherrschende Lebensweise die Instrumentalisierung anderer Gesellschaften im Rahmen einer neokolonialen Arbeitsteilung notwendig? Auf der Grundlage dieser Indikatoren fiele eine Aufrechterhaltung des Überlegenheitsanspruchs „entwickelter" Gesellschaften schwerer. Entscheiden sollten jedoch generell die Betroffenen.

Aram Ziai: Zur Kritik des Entwicklungsdiskurses, in: Aus Politik und Zeitgeschichte 10/2010, S. 24 ff.

Wie ist Entwicklung zu erklären?

Zur Erklärung der Entwicklungsunterschiede gibt es unterschiedliche Theorien. Aus diesen unterschiedlichen Ansätzen folgen in der Regel unterschiedliche Strategien zur Überwindung der mangelnden Entwicklung oder der Ungleichheit zwischen den Ländern. Mittlerweile wird allerdings nicht mehr „Unterentwicklung", sondern Entwicklung erklärt. Von zu einfachen Vorstellungen wie etwa der, dass Entwicklung und Unterentwicklung klimatisch bedingt seien, wird Abstand genommen. Entwicklungstheorien sind somit theoretische Grundlage von Entwicklungspolitik oder auch von Ablehnung von Entwicklungspolitik. Von der Definition von Entwicklung hängt ab, welche politischen Maßnahmen ergriffen werden, um Entwicklung zu unterstützen. Vor allem die Modernisierungstheorie hatte hier einen großen Einfluss.

Walter Rostow (1916–2003), US-amerikanischer Ökonom und Wirtschaftshistoriker

M23 Rostows Modernisierungstheorie von Gesellschaft

Modernisierungstheorien ist die Annahme gemeinsam, Entwicklungshemmnisse würden nicht so sehr wirtschaftlichen Defiziten, sondern Eigenarten und Wertvorstellungen traditioneller Gesellschaften entspringen. Die Theorien Walter Rostows Anfang der 1960er-Jahre gelten als neuer Beitrag zur Modernisierungstheorie. Er unterteilt die Entwicklung in Stadien:

Erstes Stadium: Die traditionale Gesellschaft (Traditional Society)

Rostow fasst alle Gesellschaften vor dem späten 17. Jahrhundert unter dem Begriff „traditionale Gesellschaft" zusammen. (...)

Eine traditionale Gesellschaft ist in ihrem Wesen eine *Agrargesellschaft*, in der der überwiegende Teil der Menschen in ländlichen Gebieten und von der Landwirtschaft lebt. (...) Es ist ein zentrales Kennzeichen vormoderner Gesellschaften, „dass es eine obere Grenze in der erreichbaren Produktion pro Kopf gibt. Diese Grenze resultiert aus der Tatsache, dass die Anwendungsmöglichkeiten der modernen Wissenschaft und Technik entweder nicht verfügbar sind oder nicht genutzt werden". Dadurch kann *kein permanentes Wirtschaftswachstum* einsetzen. Der Umfang des Handels z. B. schwankt mit dem Grad der politischen und sozialen Unruhen, dem Zustand der Straßen usw. Die Bevölkerungszahl und der Lebensstandard steigen und fallen mit dem Rhythmus der Ernten, dem Ausbruch eines Krieges oder einer Seuche. Neue Gewerbezweige können zwar auf den Plan treten, ihre Produktivität ist aber (wie jene in der Agrarwirtschaft) durch das Fehlen oder die Nichtanwendung moderner Produktionsmethoden limitiert. Das Vorherrschen der Landwirtschaft findet in einer *hierarchischen Gesellschaftsstruktur mit geringer sozialer Mobilität* seinen Niederschlag. Der Besitz von oder die Verfügung über Grund und Boden prägen die soziale Schichtung. Das Wertesystem traditionaler Gesellschaften wird durch einen langfristig wirksamen *Fatalismus* bestimmt, nämlich durch die „Annahme, dass die den eigenen Enkeln offenstehenden Möglichkeiten genau dieselben sein würden wie die, die den Großeltern offengestanden hatten".

Zweites Stadium: Die Voraussetzungen wirtschaftlichen Aufstiegs

Die Voraussetzungen für den wirtschaftlichen Aufstieg werden in einer Übergangsperiode gelegt, „in der sich eine Gesellschaft darauf vorbereitet oder durch äußere Kräfte vorbereitet wird", in den Modernisierungsprozess einzutreten. (...)

Für Rostow sind es *revolutionäre Umwälzungen in zwei Bereichen*, die „eine lebensfähige Basis für die moderne Industriestruktur" herstellen: Produktivitätssteigerungen im Primärsektor, also in der Agrarwirtschaft und im Abbau von Rohstoffen, sowie Infrastrukturinvestitionen besonders im *Verkehrssektor*. (...) Rostow betont aber auch *gesellschaftlich-politische Aspekte*, die für die Übergangsperiode von Relevanz sind. So muss sich eine neue Führungsklasse herausbilden, welche die Autorität der alten grundbesitzenden Elite bricht und den Grundstein für eine moderne industrielle Gesellschaft legt.

Drittes Stadium: Der wirtschaftliche Aufstieg (Take-Off)

Mit dem aus der Fliegersprache entlehnten Begriff „take-off", mit dem das Abheben eines Flugzeugs bezeichnet wird, charakterisiert Rostow das dritte Stadium seiner Theorie. Diese *Aufstiegsperiode* bringt den „großen Umsturz im Leben moderner Gesellschaften". Die alten Hindernisse und Widerstände sind überwunden, der Weg für ein *stetiges Wachstum* ist frei geworden. (...)

Der direkte *Anstoß zum Take-off* kann in den einzelnen Ländern durch unterschiedliche Ereignisse ausgelöst werden. Rostow zählt dazu:
- *Politische Revolutionen*, die das soziale Gefüge aus dem Gleichgewicht bringen und wirtschaftlichen Institutionen, der Investitionstätigkeit etc. neue Bahnen eröffnen. (…)
- *Erfindungen* im Produktions- und Verkehrssektor, die eine Kette von sekundären Expansionseffekten in Bewegung setzen.
- *Günstige internationale Marktkonstellationen.* (…)
- *Herausforderungen durch ein ungünstiges internationales Wirtschaftsklima*, wie ein starkes Sinken der terms of trade (= das in Preisen ausgedrückte Verhältnis von Import- und Exportgütern) oder eine Blockade in Kriegszeiten. (…)

Viertes Stadium: Die Entwicklung zur Reife (Drive to Maturity) (…)

Fünftes Stadium: Das Zeitalter des Massenkonsums (High Mass Consumption)
(…) Das Realeinkommen pro Kopf ist nunmehr bis zu einem Punkt angestiegen, „an dem eine große Anzahl von Menschen sich mehr als nur die elementaren Nahrungsmittel, Unterkunft und Kleidung" leisten kann und danach strebt, „die Früchte der reifen Wirtschaft in Form von Konsumgütern zu genießen". (…)

Heike Doll: Kultur und Entwicklung – Modernisierungstheorien im Wandel der Zeit. Studienarbeit, München/Ravensburg 2006, S. 16 ff.

M24 Stadien der Modernisierung nach Rostow

	1. Stadium: Traditionale Gesellschaft	2. Stadium: Voraussetzungen des wirtschaftlichen Aufstiegs	3. Stadium: Wirtschaftlicher Aufstieg	4. Stadium: Entwicklung zur Reife	5. Stadium: Zeitalter des Massenkonsums
Zeitliche Einordnung	Bis spätes 17. Jahrhundert	Spätes 17. bis ausgehendes 18. Jahrhundert	Ab 1783	Ab 1850	Ab 1920
Räumliche Einordnung	Weltweit	Zuerst in Westeuropa	Zuerst in England	Zuerst in England	Zuerst in den USA
Investitionsquote	Niedrig; kein stetiges Wachstum	Langsamer Anstieg auf ca. 5 %	Anstieg auf 10 % und mehr; Einsetzen eines sich selbst tragenden Wachstums	Anstieg auf 10–20 %	Verlagerung der Investitionen auf den Konsumgüterbereich
Leitsektoren	Keine Leitsektoren; Dominanz einer wenig produktiven Landwirtschaft	Intensivierung der Landwirtschaft; Verkehrssektor	Baumwollindustrie, Eisenbahnbau; auch andere Wirtschaftszweige	Elektrizität; Stahl-, Elektro-, Werkzeug-, Maschinen- und chemische Industrie	Dauerhafte Konsumgüter und Dienstleistungen
Gesellschaftliche Implikationen	Hierarchische Gesellschaftsstruktur; geringe soziale Mobilität; langfristig wirksamer Fatalismus	Überwindung feudaler Strukturen; Nationalstaat und Nationalismus	Sieg der Modernisierungskräfte	Abnahme der landwirtschaftl. Erwerbstätigen auf 20 % und weniger; Zunahme der Facharbeiter, Techniker, Angestellten; Urbanisierung	Weitere Abnahme der landwirtschaftlich Erwerbstätigen; überproportionale Zunahme der Facharbeiter und Angestellten; hohe soziale Mobilität

1 Erarbeiten Sie in Gruppen die verschiedenen Entwicklungstheorien (**M 23** bis **M 28**). Berücksichtigen Sie dabei die folgenden Aspekte:
- Welche Ursachen werden für Entwicklung/fehlende Entwicklung gesehen: endogene oder exogene Ursachen (aus sich selbst heraus/von außen kommend)?
- Auf welche Art wird der Entwicklungsprozess gesehen?
- Welche Konsequenzen ergeben sich aus der Theorie für eine Entwicklungszusammenarbeit?

2 Beurteilen Sie die verschiedenen Theorieansätze im Hinblick auf ihre Erklärungsrelevanz für die aktuelle Weltlage und im Hinblick auf die Frage, inwiefern sie als Grundlage heutiger Entwicklungszusammenarbeit dienen können.

Andre Gunder Frank (1929–2005), US-amerikanischer Ökonom

M25 Dependenztheorie

Andre Gunder Frank wurde im Jahre 1929 als Sohn des radikal-pazifistischen Schriftstellers Leonhard Frank in Berlin geboren. 1933 emigrierte die Familie und lebte schließlich ab 1940 in den USA. (…)

Seine Mitte der 1960er-Jahre entstandene Schrift *Sociology of Development and Underdevelopment of Sociology* dokumentiert seine Auseinandersetzung mit den verschiedenen Spielarten der Modernisierungstheorie. (…) Frank stellte dem in verschiedenen Schriften seine Dependencia-Thesen gegenüber, die er zuerst 1963 in Auseinandersetzung mit Thesen zur dualen Gesellschaft (…) auf einer Anthropologen-Tagung in São Paulo präsentierte: Wichtig sei nicht die Gegenüberstellung dualer Gesellschaftsstrukturen, wichtig seien die Beziehungen zwischen modernen und (angeblich) traditionellen Sektoren und deren Abhängigkeit von externen Entwicklungen.

1967 erschien dann sein erstes Buch *Kapitalismus und Unterentwicklung in Lateinamerika* (deutsch 1969), worin er die im Folgenden skizzierten zentralen Thesen darstellte und mit Beispielen der historischen Entwicklung Brasiliens und Chiles erläuterte. (…) Den Ausgangspunkt des gesamten Dependenzansatzes bildet die folgende These:

„Die jetzt entwickelten Länder waren niemals unterentwickelt, auch wenn sie unentwickelt gewesen sein mögen. (…) Die historische Forschung zeigt (…), dass die zurzeit stattfindende Unterentwicklung zum großen Teil das historische Produkt der vergangenen und andauernden wirtschaftlichen und anderen Beziehungen zwischen den unterentwickelten Satelliten und den jetzt entwickelten Metropolen ist" (…).

Die Metropolen-Satelliten-Struktur der kapitalistischen Weltwirtschaft ist danach durch drei grundlegende „kapitalistische Widersprüche" gekennzeichnet:

– Die Enteignung/Aneignung von ökonomischem Surplus (*Mehrwert*). Anknüpfend an die Arbeiten des marxistischen Wirtschaftswissenschaftlers Paul Baran betont Frank die Existenz eines ständigen Surplus-Transfers von den letzten Satelliten über die abhängigen Metropolen in die Hauptmetropolen des Weltsystems, vermittelt über die monopolistischen Strukturen des kapitalistischen Weltmarkts.

– Der Widerspruch der Metropolen-Satelliten-Polarisierung: Den Satelliten wird im Rahmen des weltkapitalistischen Systems ständig investierbarer Surplus entzogen, der den Metropolen als Grundlage ihres Wachstums zur Verfügung steht. So sind wirtschaftliche Entwicklung und Unterentwicklung zwei Seiten einer Medaille, wobei die einheimische Wirtschaft des Satelliten mit der gleichen kapitalistischen Struktur und ihren fundamentalen Widersprüchen „imprägniert" wird: Die Metropolen-Satelliten-Beziehungen bestehen also nicht nur auf internationaler Ebene, sondern ebenso innerhalb von Nationen.

– Der Widerspruch der Kontinuität im Wandel: Auch wenn sich das kapitalistische Weltsystem im Laufe seiner historischen Entwicklung wandelt, reproduzieren sich die Grundstrukturen der Metropolen-Satelliten-Beziehungen immer wieder. Dabei erfahren die Satelliten eine ökonomische Entwicklung, die dem klassischen Kapitalismus dann am nächsten kommt, wenn ihre Bindungen an ihre Metropolen am schwächsten sind. Aber wenn die jeweiligen Metropolen sich von ihren Krisen erholen und durch eine neue Expansion der Handels- und Investitionsbeziehungen die Satelliten wieder völlig in das System integrieren, brechen diese Ansätze wieder in sich zusammen. Frank verweist auf die Krise der wirtschaftlichen und vor allem sozialen Entwicklung gerade der modernen Stadtregionen von Buenos Aires und São Paulo als Folge der seit Kriegsende wieder verstärkten Beziehungen zwischen diesen lokalen Metropolen und den Weltmetropolen.

Frank betont, dass es aufgrund dieser Strukturen verständlich sei, dass diejenigen Gebiete, die heute als am stärksten unterentwickelt und feudal erscheinen, diejenigen waren, die in der Vergangenheit die engsten Bindungen an die Metropolen hatten. Er verweist auf die Westindischen Inseln, Nordost-Brasilien und das Hochland von Peru und Bolivien mit den dort entstandenen Latifundien.

Wolfgang Hein: Andre Gunder Frank – Metropolen, Satelliten und das Weltsystem, in: Entwicklung und Zusammenarbeit 3/2000, S. 12

M26 Weltsystemtheorie

Immanuel Wallerstein entwickelte eine politökonomische, historisch und vergleichend angelegte Makrotheorie der Entwicklung, insbesondere des Kapitalismus. Die zentrale Aussage ist, dass der Wandel einzelner Länder nicht ohne weltweiten Blick zu verstehen ist, ja, dass Entwicklung schon seit dem 16. Jahrhundert, also schon lange vor der jetzigen Globalisierung, durch ein die ganze Welt umspannendes wirtschaftlich einheitliches, aber politisch nicht integriertes System bestimmt wird. Als globaler Erklärungsansatz ist die *World-Systems Theory* (eng verwandt mit den Ansätzen der Dependenztheorie, *s. S. 194*) heute der Hauptkonkurrent der Modernisierungstheorie und eine Alternative zu gängigen Globalisierungstheorien.

Ein Welt-System (*world-system* oder *world-economy*) im Sinne Wallersteins ist einfach gesagt ein System der weltweiten Arbeitsteilung. Es besteht aus einem Netzwerk von Produktions- und Tauschbeziehungen und bildet in Bezug auf Rohstoffversorgung eine autonome Welt für sich. Es ist eine ökonomische Einheit mit einer einheitlichen Arbeitsteilung, aber keine politische Einheit, und es enthält mehrere kulturelle Subsysteme. In der Neuzeit waren Nationalstaaten die Träger des Systems; sie sind jedoch keine notwendige Voraussetzung für das Existieren und Weiterbestehen eines Welt-Systems. (...)

Das „moderne Welt-System" (*modern world-system*, genauer *modern capitalist world-system*) entstand nach Wallerstein im „langen 16. Jahrhundert" zwischen 1450 und 1640 in Europa. Es war das Resultat einer Krise des Feudalismus (Bauernrevolten, Kriege, Seuchen, Hunger), die nur dadurch aufgefangen werden konnte, dass der Staat die Feudalherren rechtlich stützte. Die historische Lösung der Krise bestand in 1) geografischer Expansion, 2) der Bildung von Nationalstaaten und 3) einer neuen weltweiten Arbeitsteilung. Das Welt-System gründet auf marktwirtschaftlicher Organisation und umspannt als erstes System den ganzen Globus; seit der Mitte des 16. Jahrhunderts existiert nur noch ein einziges Welt-System. Dieses hat folgende Kennzeichen:

1. Das Welt-System ist eine ökonomische Einheit, aber keine politische. Wirtschaftliche Entscheidungen werden in Bezug auf die ganze Welt, politische dagegen nur im Rahmen kleinerer Einheiten getroffen. In früheren Zeiten waren das Reiche und Stadtstaaten; im modernen Welt-System sind es Nationalstaaten.
2. Es existiert eine globale Arbeitsteilung. Produktion, Handel und Arbeit sind in bestimmten Regionen eng verknüpft. Das Welt-System basiert auf Handelsnetzen, die über Staatsgrenzen hinausreichen.
3. Der Hauptmotor für die Dynamik des Systems ist das Prinzip nicht nur der Akkumulation von Kapital, sondern der unbegrenzten Akkumulation. Diese Kapitalakkumulation führt zur Konkurrenz zwischen Staaten um Arbeitskräfte, Rohstoffe und Märkte.
4. Da Kapitalismus auf dem Prinzip der unbegrenzten Akkumulation basiert, tendiert das System zur Expansion, also zur Einbeziehung noch nicht integrierter Wirtschaften (noch nicht peripherisierte „externe Arenen"). Der Prozess der Expansion ist historisch weitestgehend abgeschlossen.
5. Da die Expansion ungleich verläuft, entstehen strukturell ungleich entwickelte Zonen als Subsysteme des einen Welt-Systems. Die Position von Elementen des Systems, z. B. von Staaten, ändert sich in der Zeit.
6. Die Konkurrenz führt immer wieder zu Krisen im Welt-System, z. B. durch Überproduktion. Das System ist durch lange Wellen von Stagnation und Dynamik gekennzeichnet. Jede Krise hat bislang zu einer Transformation des ganzen Welt-Systems geführt.
7. Bewegungen gegen die Struktur des Welt-Systems, sog. antisystemische Bewegungen (1984), sind eine normale Komponente des Welt-Systems. (...)

Wallerstein unterscheidet innerhalb des modernen Welt-Systems drei strukturelle Einheiten, genannt „Zonen": das Zentrum, die Peripherie und dazwischen eine Semiperipherie. Diese Zonen sind von zentraler Bedeutung für die Entwicklung, da die Position eines Staates oder einer sozialen Gruppe innerhalb dieser Zonen die entscheidende Determinante des internen politischen Geschehens in diesem Staat bzw. in dieser Einheit darstellt.

Christoph Antweiler: Immanuel Wallerstein – Alle Entwicklung ist eingebettet im kapitalistischen Welt-System, in: Entwicklung und Zusammenarbeit 9/1999, S. 16 f.

Immanuel Wallerstein (geb. 1930), US-amerikanischer Soziologe

M27 Struktur des Welt-Systems

Merkmale	Kern(-staat)	Semiperipherie	Peripherie(-staat)
Anzahl	eines bzw. wenige	mehrere	je Zentrum eine oder wenige
Kapital	Konzentration		geringer Kapitaleinsatz
Arbeitsmarkt	hohe Nachfrage		Familienarbeit, Zwangsarbeit
Technisches Wissen	hoher Wissensstand		einfache Technologien
Produktion	industrielle Herstellung, aufwendige Produkte		Rohstoffgewinnung, Gebrauchsgüter, Halbfertigwaren
Handel	differenziert und intensiv		wenig intensiv
Lebensweise	„gehobener" Lebensstil, trendbildend, Städte wichtig		„rückständig", zumeist ländlich
Soziale Differenzierung	hoch, Mittelklasse		geringe Arbeitsteilung, hoher Anteil abhängiger Bauern (peasants)
Politische und militärische Macht	hoch konzentriert, starker Staat, ausgereifte Bürokratie		geringe Macht, schwacher Staat, kleine Bürokratie
Ideologien	dominierend	aufsteigende P./absteigende Z.	untergeordnet
Räumliche Ausdehnung	zumeist klein	Pufferzone	u. U. sehr ausgedehnt
Funktion im Welt-System	akkumuliert Rohstoffe, Halbfertigprodukte, Arbeitskraft, sichert Monopolrechte	Mittlerstellung im Handel	liefert Rohstoffe, Halbfertigprodukte, Arbeitskraft an Zentrum

Zusammenstellung: Antweiler 1999

Amartya Sen (geb. 1933), indischer Wirtschaftswissenschaftler und Wirtschaftsphilosoph

M28 Entwicklung als Freiheit

Einer breiteren Öffentlichkeit ist der Inder Amartya Kumar Sen durch die Verleihung des Nobelpreises für Ökonomie im Jahr 1998 bekannt geworden. Geehrt wurde er für seine Beiträge zur Wohlfahrts-Ökonomie. Innerhalb seiner Disziplin der Wirtschaftswissenschaften ist er insofern als „Außenseiter" anzusehen, als er immer wieder die Ökonomie mit Fragen der Ethik und Moral in Verbindung bringt. Sein Erkenntnisinteresse gilt u. a. der Analyse von Hunger und Armut, Fragen der Einkommensverteilung, der Lebenschancen und „capabilities". Der Entwicklungsbegriff, wie Sen ihn versteht, hat nichts zu tun mit einem auf reine Wachstumsfixierung reduzierten Verständnis von Entwicklung. Konstitutiv für Entwicklung im Sinne von Sen ist der Abbau von Unfreiheiten, die die Handlungs- und Lebensmöglichkeiten des Einzelnen einschränken. (...)

Für den Bereich der Entwicklungstheorie sind diese Überlegungen insofern relevant, als Sen sich damit gegen eine normative Ökonomik wendet, die die Wohlfahrt zur alleinigen Wertbasis macht. Stattdessen stellt er z. B. in „Commodities and Capabilities" von 1985 die Entfaltung individueller Fähigkeiten in den Mittelpunkt gesellschaftlicher Entwicklung. Oder, wie Hans-Peter Weikard es formuliert hat: „Es kommt nicht darauf an, (...) wie gut eine Person mit Gütern versorgt ist, sondern was die Person mit diesen Gütern erreichen kann. Es ist aber auch nicht Gegenstand der Bewertung, was jemand mit seiner Güterausstattung tatsächlich erreicht. Weder die Ausstattung noch der subjektive Erfolg (Nutzen) sind also Gegenstand der Bewertung, sondern die Befähigung (capability), etwas zu erreichen." (...)

Theoretische Arbeiten zur Messung von Wohlfahrt, Armut und Ungleichheit sowie empirische Untersuchungen zu den Ursachen von Hungersnöten stellen einen Schwerpunkt der Arbeiten von Sen dar. Bereits 1973 hatte Sen in seinem Buch „On Economic Inequality" die Basis zur Entwicklung einer Messgröße geschaffen, die Armut angemessen erfassen sollte. Dazu sind zunächst einmal die Armen überhaupt zu identifizieren und dann die Merkmale der Armut zu einer umfassenden Messgröße zu aggregieren. Nach der in den 70er-Jahren von Sen vorgetragenen Kritik an den traditionellen Armutsmaßen sind diese unzureichend, weil sie bestimmte Anforderungen („Axiome") nicht erfüllen.

Messung der Armut

In „Poverty: An Ordinal Approach to Measurement" formuliert Sen zwei zentrale Axiome: 1. Das Armutsmaß muss sich erhöhen, wenn sich das Einkommen einer unterhalb der Armutsgrenze lebenden Person verringert (sog. Monotonicity Axiom). 2. Das Armutsmaß muss sich auch erhöhen bei einem Einkommenstransfer von einer unterhalb der Armutsgrenze lebenden Person zu jemandem, der weniger arm ist (sog. Transfer Axiom, in Anlehnung an einen Aufsatz von Hugh Dalton aus dem Jahr 1920). Beide Anforderungen, so kritisiert Sen, würden jedoch nicht erfüllt durch eine weit verbreitete Messgröße wie die „Armutsquote" (head count ratio „H"; Anteil der Armen an der Gesamtbevölkerung), denn Veränderungen in der Einkommensverteilung derer, die unter der Armutsgrenze leben, werden hier überhaupt nicht erfasst. Demgegenüber gibt eine weitere in Armutsstudien gerne verwendete Messziffer, nämlich die „Armuts- bzw. Einkommenslücke" (income-gap ratio „I"; durchschnittliche Differenz der Einkommen der Armen zur Armutsgrenze), Aufschluss darüber, wenn die Armen insgesamt ärmer werden. „I" wird also dem „Monotonicity Axiom" gerecht, verletzt aber immer noch das „Transfer Axiom". Denn das Maß wird durch einen Einkommenstransfer zwischen zwei Armen nicht verändert, solange beide unter der Armutsgrenze bleiben.

Sen bleibt nun nicht bei dieser Kritik stehen. Auf der Basis weiter gehender Überlegungen und einer mathematischen Beweisführung kommt er zu einem Armutsindex (poverty index „P"), der die beiden kritisierten Maße „H" und „I" kombiniert mit dem Gini-Koeffizienten, der die Einkommensverteilung in der Gesellschaft erfasst. So lautet – ohne dass hier auf mathematische Details eingegangen werden könnte – sein neu entwickeltes Armutsmaß $P = H[I+(1-I)G]$. Berücksichtigt wird hier die Zahl der Armen, der Einkommensabstand der Armen zur Armutsgrenze und die Verteilung des Einkommens unter den Armen. Dabei wird das Einkommen der Ärmsten stärker gewichtet als das Einkommen der weniger Armen. (...)

Stärkung der individuellen Kaufkraft

Ein zentraler Ansatz, um Hungersnöte zu vermeiden, besteht nach Sen darin, die Zugangsrechte (entitlements) zu den vorhandenen Nahrungsmitteln durch eine Stärkung der individuellen Kaufkraft zu sichern. So schreibt Sen im Oktober 1996 (...) anlässlich der World Food Conference: „Hungersnöte können z. B. dadurch verhindert werden, dass die Einkommensverluste der potenziellen Opfer ausgeglichen werden (etwa durch zeitlich begrenzte Beschäftigung bei öffentlichen Arbeiten) und sie dadurch in die Lage versetzt werden, Nahrungsmittel auf dem Markt zu kaufen." (...)

In seinen Arbeiten insgesamt weist Sen auf vielfältige wirtschaftliche und gesellschaftliche Zusammenhänge hin, die das Auftreten von Hunger und Armut beeinflussen. (...)

Die politische Dimension

Und entgegen den Vorwürfen an den „frühen" Sen, er lasse die politische Dimension unberücksichtigt, nimmt seit einiger Zeit der politisch-institutionelle Aspekt in seinen Überlegungen eine zentrale Bedeutung ein. Heute wie schon in seiner Abhandlung von 1984 unter dem Titel „Resources, Values, and Development" wird er nicht müde, auf das Phänomen hinzuweisen, dass sich in Demokratien mit einem funktionierenden Parteiensystem, regulär stattfindenden Wahlen und einer freien Presse nie größere Hungersnöte ereignet hätten. Und dies gilt unabhängig davon, ob es sich um reiche oder ärmere Demokratien wie beispielsweise Indien handelt. Nach Sen ist es kein Zufall, dass sich in Indien die letzte große Hungersnot vier Jahre vor der Unabhängigkeit ereignet habe.

Eines seiner entscheidenden Argumente für den Zusammenhang von politischem System und Hungersnöten ist, dass in Demokratien auch die Herrschenden im Falle einer Hungersnot unter deren Folgen zu leiden hätten. Sie müssen zumindest mit ihrer Abwahl rechnen, wohingegen Diktatoren Hungersnöte in ihrem Land unbehelligt überstehen. Anders formuliert: „In Ländern, in denen es keine Wahlen oder Opposition gibt, brauchen sich die Regierungen nicht um die politischen Folgen zu kümmern, die sich aus ihrem Versagen bei der Armutsbekämpfung ergeben." Im Unterschied zu Diktaturen weisen in einem demokratischen System auch freie Medien in der Regel auf gesellschaftliche Missstände hin, die eine Hungersnot verursachen könnten.

Anknüpfend an diese Überlegungen hat Sen sich in jüngerer Zeit auch intensiver in die Diskussion um die Demokratie als universalen Wert eingeschaltet, die auch und gerade im Kontext der asiatischen Wertedebatte geführt worden ist und noch geführt wird.

Christoph Wagner: Amartya Sen – Entwicklung als Freiheit – Demokratie gegen Hunger, in: Entwicklung und Zusammenarbeit 4/2000, S. 24 f.

Welche Ziele soll Entwicklungspolitik haben?

Von der Beantwortung der Frage, was Entwicklung ist, hängt ab, ob und wie man Entwicklung fördern und unterstützen kann. Die Frage nach den Zielen der Entwicklungspolitik wurde in der deutschen Politik unterschiedlich beantwortet, einerseits als Folge der wirtschaftlichen und entwicklungspolitischen Orientierung der jeweiligen Bundesregierung, andererseits als Folge der Diskussion um die Entwicklungspolitik.

Dirk Niebel (geb. 1963), seit 2009 Bundesminister für wirtschaftliche Zusammenarbeit und Entwicklung (BMZ)

M29 Entwicklungspolitik soll Chancen schaffen

Dirk Niebel (FDP) zur Entwicklungspolitik, 2011:
„Chancen schaffen – Zukunft entwickeln" – eingeschmolzen auf vier Wörter ist es das, was wir tun und wofür das BMZ steht. Darum haben wir dem neuen Entwicklungspolitischen Konzept, in dem wir neue Leitlinien für die deutsche Entwicklungspolitik auf schlanken 26 Seiten umreißen, genau diesen Titel gegeben. Wir geben denen eine Richtschnur an die Hand, die in diesem Politikfeld arbeiten. Wir ermutigen alle, das Anliegen der Entwicklungspolitik in der Mitte der Gesellschaft zu verankern. Wir wollen alle, auch Skeptiker, davon überzeugen: Entwicklungspolitik ist eine lohnende Investition in die Zukunft. Dabei können und wollen wir nicht alle Fragen aufgreifen und beantworten oder jedes Programm aufführen. Wir wollen aber zeigen: Entwicklungspolitik hat großes Potenzial, zu einer besseren Welt beizutragen. Fünf Schlüsselbereiche, in denen wir jetzt die Weichen für eine zukunftsfähige Entwicklung stellen können, zeigen wir auf.

Und wir wollen uns einer offenen Diskussion stellen. Deshalb sind wir über ein Diskussionsforum auf unserer Homepage, aber auch in neuen Medien wie Twitter und Facebook erreichbar. Kommentare und Meinungen sind uns wichtig. Am Ende des Dialogprozesses wird ein erweitertes Papier stehen, in dem dargestellt wird, wie die einzelnen Schwerpunktbereiche umgesetzt werden und wie die vielen Engagierten dazu beitragen. Der Dialog ist also Teil des Konzepts.

Freiheit von Furcht und Not
Im Zentrum steht dabei das Individuum. Alle Menschen sind frei und gleich an Würde und Rechten geboren. Darum gilt unser Engagement der Freiheit von Furcht und Not, chancengerechten Gesellschaften weltweit. Gute Entwicklung befähigt Menschen, Chancen zu ergreifen und sich aus Not zu befreien. Unsere Entwicklungspolitik gilt daher besseren globalen Rahmenbedingungen im ökonomischen und ökologischen, im politischen und sozialen Sinn, um die strukturellen Ursachen von Armut zu beseitigen. Wenn wir dazu beitragen können, dass die Globalisierung eine gute Entwicklung für alle Menschen nimmt, dann entspricht das nicht nur unseren Werten, sondern auch unseren Interessen.

Unsere Agenda für mehr Entwicklungschancen übernimmt die Millenniumsentwicklungsziele (MDGs) (s. S. 202) und geht zugleich über sie hinaus. Unsere Ziele sind: gute Regierungsführung, menschenwürdiges Leben, ökologisch verantwortliches und Arbeit schaffendes Wachstum sowie faire Strukturen der internationalen wirtschaftlichen und politischen Kooperation. Ob Entwicklungspolitik gelingt oder misslingt – die Folgen betreffen in beiden Fällen auch uns in Europa. Scheiternde Entwicklung befördert Gewaltbereitschaft, Krankheiten, Konflikte, Klimawandel oder Flucht. Gelingende Entwicklung fördert weltweit zukunftsfähigen Wohlstand und Freiheit, Rechtsstaatlichkeit, Partizipation und Sicherheit.

Staatliche Entwicklungspolitik kann die Trendwende zur Lösung der Zukunftsaufgaben nie allein erreichen. Entwicklungspolitik ist eine gesamtgesellschaftliche Investition in die Zukunft. Das BMZ sehen wir im Blick auf Partner, Ziele und globale Ordnung auch als Dialogplattform für globale Zukunftsfähigkeit. Entwicklungsfortschritte können nur erreicht werden, wenn Menschen Verantwortung übernehmen und dazu imstande sind. Entwicklung lässt sich nicht importieren oder exportieren. Entwicklungspolitik kann individuelle Eigenanstrengungen und Verantwortungseliten unterstützen, aber nicht ersetzen. Faire Regeln und die Abschaffung benachteiligender Handelshemmnisse sind Grundvoraussetzungen erfolgreicher Entwicklung. Deshalb sind viele benachbarte Politikfelder für die Entwicklungspolitik höchst relevant. Unternehmertum auf funktionierenden lokalen, regionalen und globalen Märkten ist unverzichtbar, um Steuereinnahmen zu ermöglichen und Beschäftigung, soziale Sicherung, breitenwirksames Wachstum und Lebenschancen zu verbessern. Die Produktivität lokaler Unternehmen, Investitionen und verantwortungsvolles Engagement sind grundlegend für Wirtschaftswachstum in Entwicklungsländern. Zukunftsfähiges Wachstum soll Armut reduzieren. Es muss wirtschaftlich, sozial und ökologisch nachhaltig gestaltet sein. Indem wir dazu beitragen, wollen wir ein Leben in sozialer und wirtschaftlicher Freiheit für alle ermöglichen – unabhängig von Geschlecht und Herkunft, Gesundheit und Alter. So fördern wir Teilhabegerechtigkeit und unterstützen Eigenverantwortung, anstatt Hilfsbedürftigkeit zu verlängern. Arme Menschen und die Regierungen der Partnerländer sehen wir als Partner in der Verantwortung für das, was sie selber vermögen.

Nachhaltigkeit im Mittelpunkt

Auch wenn uns aktuelle Krisen dabei immer wieder einholen und nach direkter Nothilfe verlangen, dürfen wir uns nicht entmutigen lassen. Gerade die Krise am Horn von Afrika hat bestätigt, dass wir richtig damit liegen, ländliche Entwicklung nach langer Zeit wieder zum zentralen Thema zu machen. Hier muss, jenseits der akuten Nothilfe, die Nachhaltigkeit unseres Handelns im Mittelpunkt stehen.

Der Schlüssel zur Überwindung von Armut, von Unfreiheit und für die eigenständige und partizipationsorientierte Entwicklung von Gesellschaften ist Wissen. Die Beteiligung an Wissensnetzwerken, der Aufbau von Forschungseinrichtungen und -kooperationen ist Teil unseres ganzheitlichen Bildungsansatzes. Bildungsarmut bedingt Einkommensarmut, beeinträchtigt Menschenrechte, raubt Lebenschancen und zementiert Ungleichheit. Dem setzen wir eine entwicklungspolitische „Vermögensbildung" entgegen, die auf Bildung, insbesondere berufliche Bildung, interdisziplinäre Methodenkompetenz sowie Eigenständigkeit und Verantwortung setzt. Zusätzlich zu diesem ganzheitlichen Verständnis von Bildungschancen fördern wir Investitionen in soziale Sicherungssysteme und die Stärkung von Gesundheitssystemen – sie sind Voraussetzung, um die Millenniumsziele auch im Bereich Gesundheit zu erreichen. Entwicklung braucht also Befähigung zu eigenverantwortlichem Handeln, wirtschaftliche Zusammenarbeit, regionale Märkte und den Zugang zu Finanzdienstleistungen. Sie kann nur in einer demokratischen Umgebung, die Menschenrechte achtet und guter Regierungsführung verpflichtet ist, fruchtbar sein. Diesen Ansatz werden wir in den nächsten beiden Jahren weiter verfolgen. Dazu gehören auch Konditionierungen in der Zusammenarbeit, wie wir sie zum Beispiel in der Zusammenarbeit mit Afghanistan sehr erfolgreich und gemeinsam mit unseren Partnern praktiziert haben. Und dazu gehört, mit Budgethilfe als Instrument sehr vorsichtig umzugehen und sie dort, wo sie bereits besteht, aktiv zum politischen Dialog zu nutzen, wie geschehen in der Zusammenarbeit mit Malawi und Sambia.

Dirk Niebel: Chancen schaffen – Zukunft entwickeln, in: Entwicklung und Zusammenarbeit 10/2011, S. 382 f.

1 Analysieren Sie in Gruppen die verschiedenen Zielbestimmungen von Entwicklungspolitik, indem Sie
- die Zielbestimmungen festhalten,
- die Bezüge zu den Entwicklungstheorien aufzeigen.

2 Stellen Sie die verschiedenen Ansätze vor und positionieren Sie sich im Kursraum auf einer Streitlinie.

3 Diskutieren Sie anschließend im Plenum, welche Entwicklungspolitik Sie unter den gegebenen Verhältnissen befürworten.

Heidemarie Wieczorek-Zeul (geb. 1942), war von 1998 bis 2009 Bundesministerin für wirtschaftliche Zusammenarbeit und Entwicklung

Koalitionsvertrag: die 1998 gebildete Bundesregierung bestand aus einer Koalition zwischen SPD und Bündnis 90/Die Grünen

M 30 Entwicklungspolitik als globale Strukturpolitik

Heidemarie Wieczorek-Zeul (SPD) zur Entwicklungspolitik, 1999:

Das Ziel der deutschen Politik ist, zur Zukunftssicherung für künftige Generationen und zu einer nachhaltigen menschenwürdigen Entwicklung beizutragen. Entwicklungspolitik ist Friedenspolitik und Politik globaler Zukunftssicherung. Sie trägt zu einer Gesamtpolitik für die Umsetzung einer ökologisch und sozialverträglichen Politik bei, die den Vernetzungen verschiedener Problembereiche (Umwelt- und Ressourcenzerstörung, Klimaveränderung, Armut und Arbeitslosigkeit, Krisen und Konflikte, Bevölkerungswachstum, wirtschaftliche Verflechtungen) Rechnung trägt. Eine im europäischen Kontext der EU ausgerichtete Entwicklungspolitik ist ohne eine globale Ausrichtung nicht denkbar. Die Aufgaben der Entwicklungspolitik als globale Strukturpolitik bestehen in strategischen und operativen Vorhaben, die u.a. dazu beitragen, eine Globalisierung des demokratischen Rechtsstaats und der Menschenrechte zu verwirklichen, durch Entschuldungen von Entwicklungsländern diesen neue Entwicklungschancen zu ermöglichen, die Globalisierung mit ökologischer Modernisierung zu verbinden, die interkulturelle Verständigung zu fördern und zur Krisenprävention und friedenserhaltenden Stabilität beizutragen. Die folgenden Bereiche charakterisieren beispielhaft die Aufgaben der Entwicklungspolitik als globale Strukturpolitik.

Eine Demokratisierung des Rechtsstaats ist anzustreben

Der freiheitlich-demokratische Rechtsstaat ist eine Notwendigkeit auch für Staaten mit unterschiedlichem sozio-kulturellen und wirtschaftlichen Hintergrund. Das demokratische Prinzip des Schutzes der Schwächeren muss internationaler Standard werden. Rechtssicherheit, die übrigens allen, auch wirtschaftlichen Initiativen zugute kommt, ist eine der Grundvoraussetzungen für die Entfaltung des Einzelnen und ermöglicht erst die universale Verwirklichung der Menschenrechte. Die Erklärung der Allgemeinen Menschenrechte von 1948 sowie die beiden Menschenrechtspakete der Vereinten Nationen von 1966, die Beschlussempfehlungen der „Agenda 21" von 1992 und die Ergebnisse der Weltkonferenz über Menschenrechte von 1993 halten einvernehmlich fest: Demokratie, Entwicklung und Verwirklichung der Menschenrechte sind untrennbar miteinander verbunden und stärken sich gegenseitig. (...)

Globalisierung mit interkultureller Verständigung verbinden

Heute kann sich kaum eine Gesellschaft der Dynamik der wirtschaftlichen Globalisierungsprozesse entziehen. Wirtschaftliche, politische und soziale Entscheidungen werden zunehmend stärker auch auf die kulturellen Identitäten in einzelnen Gesellschaften und Regionen Auswirkungen haben. Die Verständigung zwischen den Kulturen wird aber eine der Voraussetzungen sein, um vernünftige und zukunftsfähige Formen des Zusammenlebens auf dem Planeten Erde zu ermöglichen. Wo es nicht gelingt, die Menschen aus der Armut zu befreien sowie ihnen eine menschenwürdige Lebensperspektive zu geben und darauf aufbauend ihre geistigen Potenziale und Qualitäten zu entfalten, kann es keine vernünftige Verständigung geben, die die Grenzen der Nationalstaaten, Regionen und Kulturen überschreitet. Und wenn es nicht gelingt, die Einsicht in diese Zusammenhänge in eine politische Vernetzung und Entwicklungsdynamik im globalen Rahmen umzusetzen, werden mit der übrigen Welt auch die Industriegesellschaften nicht zukunftsfähig sein.

Die globalen Kommunikationsmöglichkeiten durch neue Technologien führen zwangsläufig zu einem vermehrten Austausch zwischen den Kulturen: Versatzstücke anderer Kulturen werden in die eigene integriert und ergeben eine wachsende Vielfalt von Verhaltensmustern und Werten. Die interkulturelle Verständigung ist eine Grundlage von Kommunikation und Konsensfindung und kann dazu führen, die Welt auch mit den Augen der Menschen anderen Kulturen zu sehen, deren Perspektive auch in das eigene Denken mit einzubeziehen ist, um gemeinsame Lösungswege für die Zukunftsprobleme zu finden. (...) Als eine auf globale Prozesse und Rahmenbedingungen orientierte Politik wird die Entwicklungspolitik zu einer neue Qualität der internationalen Zusammenarbeit beitragen.

Heidemarie Wieczorek-Zeul: Entwicklungspolitik als globale Strukturpolitik, in: Zeitschrift für Sozialistische Politik und Wirtschaft (SPW) Nr. 107/1999, S. 43 f.

M31 „Wir brauchen eure Entwicklungshilfe nicht"

Interview der „Frankfurter Allgemeinen Zeitung" mit der sambischen Ökonomin Dambisa Moyo, 2009:

FAZ: Ihr Buch ist ziemlich umstritten. Sie wollen die Entwicklungshilfe in fünf Jahren komplett streichen. Warum?

Moyo: Weil wir diese Diskussion irgendwann führen müssen und ich der Meinung bin, der richtige Zeitpunkt dafür ist jetzt. In den vergangenen 50 Jahren sind über zwei Billionen Dollar an Hilfen von den reichen an die armen Länder geflossen. Aber dieses Modell hat nirgendwo auf der Welt wirtschaftlichen Aufschwung gebracht. Dabei wissen wir, wie es geht. Wir haben gesehen, welche Konzepte die Armut in China, Indien, Südafrika und Botsuana vermindert haben. Diese Länder haben auf den Markt als Motor für Wirtschaftswachstum gesetzt.

FAZ: Warum hat die Entwicklungshilfe versagt?

Moyo: Wenn Sie ein Land abhängig machen von Hilfen, dann nehmen sie die Karotte weg und den Prügel: Niemand wird bestraft, wenn er nicht innovativ ist, denn die Hilfen fließen trotzdem. Und niemand wird belohnt, wenn er sich anstrengt. Es gibt in Afrika viele sehr smarte Leute, aber die wirtschaftlichen Rahmenbedingungen ermutigen sie nicht dazu, ihr Schicksal selbst in die Hand zu nehmen.

FAZ: Sollen wir also nicht mehr spenden?

Moyo: Mir geht es nicht um die Notfallhilfe, etwa nach einem Tsunami oder Erdbeben. Ich meine auch nicht das Geld von Spendenorganisationen – das sind relativ kleine Summen. Das Problem sind die Hilfen auf Regierungsebene, die in großem Maßstab etwa von der Weltbank an afrikanische Länder vergeben werden. Die sollten gestrichen werden, denn sie haben die Armut nur verschärft.

FAZ: Und was soll mit den Millionen von Menschen geschehen, die in Afrika unter Aids leiden?

Moyo: Auch das ist Notfallhilfe. Ich habe nie gefordert, sie zu streichen. Aber was ist das für eine Gesellschaft, in der das Gesundheitssystem, die Bildung und die Infrastruktur von Spendenorganisationen finanziert werden? Solche öffentlichen Güter müssen auf lange Sicht die afrikanischen Regierungen bereitstellen. Es ist lächerlich, dass Spendenorganisationen den Laden schmeißen. Diese Organisationen haben ihre Verdienste, etwa im Kampf gegen Malaria. Aber wir reden hier über zwei verschiedene Dinge: Das eine sind Heftpflaster und das andere langfristige Lösungen. Wir müssen Arbeitsplätze durch Wirtschaftswachstum schaffen, und das kann Malariahilfe nicht leisten. (...)

FAZ: Es gibt Beispiele dafür, dass Entwicklungshilfe funktioniert: zum Beispiel der amerikanische Marshallplan.

Moyo: Die Marshallplan-Hilfen nach dem Zweiten Weltkrieg waren klar abgegrenzt und zeitlich eng befristet. In den Köpfen der afrikanischen Regierungen ist dagegen mittlerweile fest verankert, dass die Hilfen dauerhaft fließen. In Zimbabwe zahlen die Leute seit langem keine Steuern mehr, aber Mugabe ist immer noch an der Regierung, weil es die Entwicklungshilfe gibt.

FAZ: Sie sagen, Afrika soll auf den Markt statt auf Almosen setzen. Ist das eine gute Idee mitten in der größten Krise der Marktwirtschaft seit achtzig Jahren?

Moyo: Diese Krise ist für Afrika eine großartige Chance zur Veränderung. Alle anderen Regionen der Welt werden ihre Wirtschaftspolitik verändern, und das sollte Afrika auch tun. Wenn ich die Regierung von Sambia wäre, würde ich mir sagen: Moment mal, die britische Regierung wird ihre Hilfen kürzen, die Italiener haben es schon getan. Ich muss handeln. Es gibt einen fundamentalen Wandel überall auf der Welt, und ich muss nach anderen Wegen der Finanzierung suchen.

FAZ: Was empfehlen Sie als afrikanische Ökonomin?

Moyo: Wir müssen den Außenhandel stärken. Nicht mit Nordamerika oder Europa – diese Märkte sind gegen Güter aus Afrika, etwa landwirtschaftliche Produkte, weitgehend abgeschottet. Ich würde auf den Handel mit Ländern wie China setzen, die brauchen Lebensmittel aus Afrika.

FAZ: Ihre Kritiker sagen, der Handel werde in Afrika nur Kinderarbeit und Umweltzerstörung fördern.

Moyo: Die Afrikaner sind keine Kinder. Wir brauchen solche Ratschläge nicht. Umweltpolitik und Arbeitsschutzgesetze sind unabdingbar. Aber die sambische Regierung muss selbst dafür sorgen, dass es in ihrem Land keine Kinderarbeit gibt. Die Afrikaner und nicht die Europäer sollten ihre Regierungen dafür verantwortlich machen.

Frankfurter Allgemeine Zeitung v. 13.4.2009, http://m.faz.net (Zugriff: 4.8.2012); Interviewer: Marcus Theurer

Dambisa Moyo (geb. 1969)

Welche Ziele setzt sich die Weltgemeinschaft?

Zur Jahrtausendwende setzte sich die Weltgemeinschaft acht Ziele, die Millenniumsentwicklungsziele (Millenium Development Goals, MDGs). 189 Staaten unterschrieben die Millenniumserklärung im September 2000. Die Zielerreichung wird bis 2015 angestrebt. Mit den Zielen hat die internationale Gemeinschaft gleichzeitig Indikatoren beschlossen, an denen die Zielerreichung gemessen werden soll. So ist der Fortschritt auch zwischenzeitlich überprüfbar.

M32 Millenniumsentwicklungsziele (MDGs) mit Indikatoren

Zielvorgaben	Indikatoren	
1.A: Zwischen 1990 und 2015 den Anteil der Menschen halbieren, deren Einkommen weniger als einen US-Dollar pro Tag beträgt 1.B: Produktive Vollbeschäftigung und menschenwürdige Arbeit für alle, einschließlich Frauen und junger Menschen, verwirklichen 1.C: Zwischen 1990 und 2015 den Anteil der Menschen halbieren, die Hunger leiden	1.1 Anteil der Bevölkerung mit weniger als einem US-Dollar pro Tag (umgerechnet in Kaufkraftparität) 1.2 Armutslückenverhältnis: Armutsinzidenz (Zahl der extrem Armen) multipliziert mit der Armutstiefe (gibt an, um wie viel Prozent das Einkommen der Armen unterhalb der Armutsgrenze liegt) 1.3 Anteil, den das ärmste Fünftel der Bevölkerung am gesamten nationalen Konsum hat 1.4 Wachstum des Bruttoinlandsproduktes (BIP) pro Erwerbstätigen 1.5 Verhältnis Beschäftigung–Bevölkerung 1.6 Anteil der Erwerbstätigen, die mit weniger als einem US-Dollar (Kaufkraftparität) pro Tag auskommen müssen 1.7 Anteil der Selbstständigen ohne Beschäftigte und der Familienarbeitskräfte an der Gesamtbeschäftigung 1.8 Anteil der untergewichtigen Kinder unter fünf Jahren 1.9 Anteil der Bevölkerung unter dem Mindestniveau der Nahrungsenergieaufnahme	**MDG 1: Extreme Armut und Hunger beseitigen**
2.A: Bis zum Jahr 2015 sicherstellen, dass Kinder in der ganzen Welt, Jungen wie Mädchen, eine Primarschulbildung vollständig abschließen können	2.1 Nettoeinschulungsquote im Grundschulbereich (Anteil der Kinder im schulpflichtigen Alter, die eine Grundschule besuchen) 2.2 Anteil der Grundschulanfänger, die die letzte Klassenstufe der Grundschule erreichen 2.3 Alphabetenquote bei den 15- bis 24-jährigen Frauen und Männern	**MDG 2: Verwirklichung der allgemeinen Grundschulbildung**
3.A: Das Geschlechtergefälle in der Grund- und Sekundarschulbildung beseitigen, vorzugsweise bis 2005 und auf allen Bildungsebenen spätestens bis 2015	3.1 Verhältnis Mädchen/Jungen in der Primar-, Sekundar- und Tertiärstufe des Bildungssystems 3.2 Anteil der Frauen an den unselbstständigen Erwerbstätigen im nichtlandwirtschaftlichen Sektor 3.3 Sitzanteil der Frauen im nationalen Parlament	**MDG 3: Gleichstellung der Geschlechter und Stärkung der Rolle der Frauen**
4.A: Zwischen 1990 und 2015 die Sterblichkeitsrate von Kindern unter fünf Jahren um zwei Drittel senken	4.1 Sterblichkeitsrate von Kindern unter fünf Jahren (pro 1000 Lebendgeburten) 4.2 Säuglingssterblichkeitsrate (pro 1000 Lebendgeburten) 4.3 Anteil der Einjährigen, die gegen Masern geimpft wurden	**MDG 4: Senkung der Kindersterblichkeit**
5.A: Zwischen 1990 und 2015 die Müttersterblichkeitsrate um drei Viertel senken 5.B: Bis 2015 den allgemeinen Zugang zu Leistungen der Reproduktionsmedizin verwirklichen	5.1 Müttersterblichkeitsrate (Anzahl der Frauen pro 100 000 Lebendgeburten, die während der Schwangerschaft oder Geburt sterben) 5.2 Anteil der von medizinischem Fachpersonal betreuten Geburten 5.3 Verwendungsrate von Verhütungsmitteln 5.4 Geburtenrate bei Jugendlichen 5.5 Zugang zur Schwangerenvorsorge (mindestens ein Besuch und mindestens vier Besuche) 5.6 Ungedeckter Bedarf an Familienplanungsdiensten	**MDG 5: Verbesserung der Gesundheit von Müttern**

Zielvorgaben	Indikatoren	
6.A Bis 2015 die Ausbreitung von HIV/AIDS zum Stillstand bringen und allmählich umkehren 6.B: Bis 2010 allgemeinen Zugang zu HIV/AIDS-Behandlung für alle Behandlungsbedürftigen sicherstellen 6.C: Bis 2015 die Ausbreitung von Malaria und anderen schweren Krankheiten zum Stillstand bringen und allmählich umkehren	6.1 HIV-Prävalenz bei den 15- bis 24-Jährigen 6.2 Kondombenutzung beim letzten risikoreichen Geschlechtsverkehr 6.3 Anteil der 15- bis 24-Jährigen mit umfassendem und richtigem Wissen über HIV/AIDS 6.4 Verhältnis der Schulbesuchsquote von Waisenkindern zur Schulbesuchsquote von Nichtwaisen im Alter von 10–14 Jahren 6.5 Anteil der Bevölkerung mit fortgeschrittener HIV-Infektion, der Zugang zu antiretroviralen Medikamenten hat 6.6 Malariainzidenz und Malariasterblichkeit 6.7 Anteil der Kinder unter fünf Jahren, die unter imprägnierten Moskitonetzen schlafen 6.8 Anteil der Kinder unter fünf Jahren mit Fieber, die mit geeigneten Malaria-Medikamenten behandelt werden 6.9 Tuberkuloseinzidenz, -prävalenz und -sterblichkeit 6.10 Anteil der diagnostizierten und mit Hilfe der direkt überwachten Kurzzeittherapie geheilten Tuberkulosefälle	**MDG 6: Bekämpfung von HIV/AIDS, Malaria und anderen Krankheiten**
7.A: Die Grundsätze der nachhaltigen Entwicklung in einzelstaatliche Politiken und Programme einbauen und den Verlust von Umweltressourcen umkehren 7.B: Den Verlust an biologischer Vielfalt reduzieren, mit einer signifikanten Reduzierung der Verlustrate bis 2010 7.C: Bis 2015 den Anteil der Menschen um die Hälfte senken, die keinen nachhaltigen Zugang zu einwandfreiem Trinkwasser und grundlegenden sanitären Einrichtungen haben 7.D: Bis 2020 eine erhebliche Verbesserung der Lebensbedingungen von mindestens 100 Millionen Slumbewohnern herbeiführen	7.1 Anteil der Waldflächen 7.2 Kohlendioxid-Emissionen insgesamt, pro Kopf und je einem Dollar BIP (Kaufkraftparität) 7.3 Verbrauch ozonabbauender Stoffe 7.4 Anteil der Fischbestände innerhalb sicherer biologischer Grenzen 7.5 Anteil der genutzten Wasserressourcen an den gesamten Wasservorkommen 7.6 Anteil der geschützten Land- und Meeresgebiete 7.7 Anteil der vom Aussterben bedrohten Arten 7.8. Anteil der Bevölkerung mit Zugang zu verbesserter Trinkwasserversorgung 7.9 Anteil der Bevölkerung mit Zugang zu verbesserten sanitären Einrichtungen 7.10 Anteil der in Slums lebenden städtischen Bevölkerung	**MDG 7: Umweltschutz und nachhaltige Nutzung natürlicher Ressourcen**
8.A: Ein offenes, regelgestütztes, berechenbares und nicht diskriminierendes Handels- und Finanzsystem weiterentwickeln. Dies schließt die Verpflichtung zu guter Regierungsführung, die Entwicklung und die Armutsreduzierung – sowohl auf nationaler als auch auf internationaler Ebene – ein. 8 B: Den besonderen Bedürfnissen der am wenigsten entwickelten Länder Rechnung tragen. Umfasst den zoll- und quotenfreien Zugang für die Exporte der am wenigsten entwickelten Länder, ein verstärktes Schuldenerleichterungsprogramm für die hochverschuldeten armen Länder und die Streichung der bilateralen öffentlichen Schulden sowie die Gewährung großzügigerer öffentlicher Entwicklungshilfe an Länder, die sich für die Armutsminderung einsetzen. (…)	*Einige der nachstehend aufgeführten Indikatoren werden für die am wenigsten entwickelten Länder, Afrika, die Binnen- und kleinen Inselentwicklungsländer gesondert überwacht.* 8.1 Öffentliche Entwicklungshilfe, netto (insgesamt und an die am wenigsten entwickelten Länder), in Prozent des Bruttonationaleinkommens der OECD/DAC-Geberländer (…) 8.6 Anteil der zollfreien Einfuhren an den Gesamteinfuhren der entwickelten Länder aus den Entwicklungsländern und den am wenigsten entwickelten Ländern (nach Wert und ohne Rüstungsgüter) (…) 8.14 Festnetzanschlüsse je 100 Einwohner 8.15 Mobilfunkteilnehmer je 100 Einwohner 8.16 Internetnutzer je 100 Einwohner	**MDG 8: Aufbau einer weltweiten Entwicklungspartnerschaft**

Bundesministerium für wirtschaftliche Zusammenarbeit und Entwicklung: Die Milleniumsentwicklungsziele – was wurde bisher erreicht?, in: http://www.bmz.de (Zugriff: 21.12012)

1 Analysieren Sie in Gruppen, ob die Millenniumsziele (MDGs) bis 2015 erreicht werden können. Nehmen Sie **M 34** zuhilfe, recherchieren Sie aktuelles Datenmaterial und beziehen Sie dieses ein.

2 Beschreiben Sie die größten Hindernisse bei der Umsetzung der Millenniumsziele.

3 Diskutieren Sie die Erfahrungen der Weltgemeinschaft mit der Umsetzung der Millenniumsziele und daraus folgende politische Konsequenzen.

M 33 Zielerreichung, Stand: 2011

Ziele und Zielvorgaben	Afrika		Asien				Ozeanien
Ziel 1 – Beseitigung der extremen Armut und des Hungers							
Extreme Armut halbieren	niedrige Armut	sehr hohe Armut	hohe Armut	hohe Armut	sehr hohe Armut	niedrige Armut	–
Produktive, menschenwürdige Beschäftigung	sehr hohe Defizite bei menschenwürdiger Arbeit	sehr hohe Defizite bei menschenwürdiger Arbeit	mäßige Defizite bei menschenwürdiger Arbeit	sehr hohe Defizite bei menschenwürdiger Arbeit	sehr hohe Defizite bei menschenwürdiger Arbeit	sehr hohe Defizite bei menschenwürdiger Arbeit	sehr hohe Defizite bei menschenwürdiger Arbeit
Hunger halbieren	geringer Hunger	sehr verbreiteter Hunger	mäßiger Hunger	mäßiger Hunger	verbreiteter Hunger	mäßiger Hunger	–
Ziel 2 – Verwirklichung der allgemeinen Grundschulbildung							
Allgemeine Grundschulbildung	hohe Bildungsbeteiligung	mäßige Bildungsbeteiligung	hohe Bildungsbeteiligung	hohe Bildungsbeteiligung	hohe Bildungsbeteiligung	mäßige Bildungsbeteiligung	–
Ziel 3 – Förderung der Gleichstellung der Geschlechter und Ermächtigung der Frauen							
Gleiche Bildungsbeteiligung in Grundschulen	fast gleich	fast gleich	gleich	gleich	gleich	fast gleich	ungleich
Frauenanteil an der erwerbstätigen Bevölkerung	niedriger Anteil	mittlerer Anteil	hoher Anteil	mittlerer Anteil	niedriger Anteil	niedriger Anteil	mittlerer Anteil
Gleiche Vertretung von Frauen in nationalen Parlamenten	niedrige Vertretung	mäßige Vertretung	mäßige Vertretung	niedrige Vertretung	niedrige Vertretung	sehr niedrige Vertretung	sehr niedrige Vertretung
Ziel 4 – Senkung der Kindersterblichkeit							
Sterblichkeit von Kindern unter 5 Jahren um zwei Drittel senken	geringe Sterblichkeit	hohe Sterblichkeit	geringe Sterblichkeit	geringe Sterblichkeit	mäßige Sterblichkeit	geringe Sterblichkeit	mäßige Sterblichkeit
Ziel 5 – Verbesserung der Gesundheit von Müttern							
Müttersterblichkeit um drei Viertel senken*	geringe Sterblichkeit	sehr hohe Sterblichkeit	geringe Sterblichkeit	mäßige Sterblichkeit	hohe Sterblichkeit	geringe Sterblichkeit	hohe Sterblichkeit
Zugang zu reproduktiver Gesundheit	mäßiger Zugang	geringer Zugang	guter Zugang	mäßiger Zugang	mäßiger Zugang	mäßiger Zugang	geringer Zugang
Ziel 6 – Bekämpfung von HIV/Aids, Malaria und anderen Krankheiten							
Ausbreitung von HIV/Aids zum Stillstand bringen und umkehren	niedrige Inzidenz	hohe Inzidenz	niedrige Inzidenz	niedrige Inzidenz	niedrige Inzidenz	niedrige Inzidenz	mäßige Inzidenz
Ausbreitung von Tuberkulose zum Stillstand bringen und umkehren	geringe Sterblichkeit	hohe Sterblichkeit	mäßige Sterblichkeit	hohe Sterblichkeit	mäßige Sterblichkeit	geringe Sterblichkeit	mäßige Sterblichkeit
Ziel 7 – Sicherung der ökologischen Nachhaltigkeit							
Waldverlust umkehren	geringe Waldbedeckung	mittlere Waldbedeckung	mittlere Waldbedeckung	hohe Waldbedeckung	mittlere Waldbedeckung	geringe Waldbedeckung	hohe Waldbedeckung
Anteil der Menschen ohne besseres Trinkwasser halbieren	hoher Versorgungsgrad	niedriger Versorgungsgrad	mittlerer Versorgungsgrad	mittlerer Versorgungsgrad	mittlerer Versorgungsgrad	hoher Versorgungsgrad	niedriger Versorgungsgrad
Anteil der Menschen ohne Sanitätsversorgung halbieren	mittlerer Versorgungsgrad	sehr niedriger Versorgungsgrad	niedriger Versorgungsgrad	niedriger Versorgungsgrad	sehr niedriger Versorgungsgrad	mittlerer Versorgungsgrad	niedriger Versorgungsgrad
Lebensbedingungen von Slumbewohnern verbessern	mäßiger Anteil an Slumbewohnern	sehr hoher Anteil an Slumbewohnern	mäßiger Anteil an Slumbewohnern	hoher Anteil an Slumbewohnern	hoher Anteil an Slumbewohnern	mäßiger Anteil an Slumbewohnern	mäßiger Anteil an Slumbewohnern
Ziel 8 – Aufbau einer weltweiten Entwicklungspartnerschaft							
Internetnutzer	hohe Nutzungsgrad	niedriger Nutzungsgrad	hoher Nutzungsgrad	mittlerer Nutzungsgrad	niedriger Nutzungsgrad	hoher Nutzungsgrad	niedriger Nutzungsgrad

Die vorstehende Matrix umfasst zwei Informationsebenen. Der Text in jedem Kasten beschreibt den gegenwärtigen Erfüllungsstand der Zielvorgabe. Die Farben zeigen die Fortschritte bei der Umsetzung der Zielvorgabe entsprechend der nachstehenden Legende.

- Zielvorgabe bereits erreicht oder voraussichtlich bis 2015 erreicht.
- Zielvorgabe wird bei Fortsetzung der derzeitigen Trends nicht erreicht.
- Stillstand oder Rückschritte.
- Fehlende oder unzureichende Daten.

* Rote Hinterlegung bedeutet unzureichende Fortschritte (d. h. Müttersterblichkeitsrate ist um weniger als 2 Prozent pro Jahr gesunken)

Lateinamerika und Karibik	Kaukasus und Zentralasien
mäßige Armut	hohe Armut
mäßige Defizite bei menschenwürdiger Arbeit	hohe Defizite bei menschenwürdiger Arbeit
mäßiger Hunger	mäßiger Hunger
hohe Bildungsbeteiligung	hohe Bildungsbeteiligung
gleich	gleich
hoher Anteil	hoher Anteil
mäßige Vertretung	niedrige Vertretung
geringe Sterblichkeit	geringe Sterblichkeit
geringe Sterblichkeit	geringe Sterblichkeit
guter Zugang	mäßiger Zugang
niedrige Inzidenz	niedrige Inzidenz
geringe Sterblichkeit	mäßige Sterblichkeit
hohe Waldbedeckung	geringe Waldbedeckung
hoher Versorgungsgrad	mittlerer Versorgungsgrad
mittlerer Versorgungsgrad	hoher Versorgungsgrad
mäßiger Anteil an Slumbewohnern	–
hoher Nutzungsgrad	hoher Nutzungsgrad

UN: Millenniums-Entwicklungsziele 2011, New York 2011 (Faltblatt)

M34 Bewertung

Dem UN-Fortschrittsbericht 2009 zufolge hat sich die Zahl der in extremer Armut Lebenden von 1,8 Milliarden im Jahr 1990 auf 1,4 Milliarden im Jahr 2005 (davon 70 Prozent Frauen) reduziert. Dies klingt nicht sehr erfolgreich, kann sich aber angesichts des Anstiegs der Weltbevölkerung von 5,3 auf 6,5 Milliarden sehen lassen: Der Anteil der extrem Armen fiel von rund 40 auf 25 Prozent. Die Situation hat sich besonders in Ostasien bzw. Südostasien verbessert, wo der Anteil der Armen von 60 auf 16 bzw. von 39 auf 19 Prozent fiel und das für das Jahr 2015 anvisierte Halbierungsziel erreicht scheint. Die zahlenmäßig größten Erfolge konnten dabei in China und Indien erzielt werden, wo 37 Prozent der Weltbevölkerung und 43 Prozent der Menschen in Entwicklungsländern leben. Von Halberfolgen kann man in Lateinamerika und der Karibik sowie in Nordafrika sprechen, die aber bereits vor dem Jahr 1990 zu den wesentlich besser gestellten Regionen gehörten und wo im Jahr 2005 noch 8 bzw. 3 Prozent der Bevölkerung in extremer Armut lebten und das Halbierungsziel erreichbar scheint. Unbefriedigend ist die Situation vor allem in Subsahara-Afrika, wo der Anteil von 57 auf lediglich 51 Prozent gefallen ist. Dass sich die im UN-Fortschrittsbericht 2009 verwendeten aggregierten Zahlen auf die Gesamtbewertung der Regionen beziehen und die Situation einzelner Länder innerhalb einer bestimmten Region erheblich von den gesamtregionalen Werten abweichen kann, zeigt das Beispiel Uganda, wo das Halbierungsziel nahezu erreicht werden konnte.

Bei der Hungerbeseitigung konnten seit dem Jahr 1990 – global gesprochen – nur geringe Fortschritte verzeichnet werden; in einzelnen Ländern wie Brasilien waren aber erstaunliche Erfolge im Kampf gegen den Hunger zu verzeichnen. Der leichte Abwärtstrend wurde durch die Nahrungskrise und die jüngste globale Wirtschaftskrise gestoppt, zum Teil umgekehrt. Die Zahl der weltweit Hungernden und Unterernährten ist auf über eine Milliarde im Jahr 2009 und damit einen Rekordwert hochgeschnellt.

Eine Schlüsselaufgabe der Armutsbekämpfung ist es, allen Menschen den Zugang zu menschenwürdiger und angemessen bezahlter Arbeit zu ermöglichen. Verlässliche Daten zur Beschäftigung und Arbeitslosigkeit in Entwicklungsländern sind immer noch Mangelware. In einer Reihe von Entwicklungsländern konnten viele Arbeitsplätze mit höherer Arbeitsproduktivität geschaffen werden – an erster Stelle in China, der Werkbank der Welt. Der UN-Fortschrittsbericht prognostiziert wegen der hohen Energiepreise und der Wirtschaftsturbulenzen düstere Aussichten im Bereich Erwerbsarmut, die Zunahme prekärer Beschäftigungsverhältnisse und eine andauernde, vergleichsweise niedrige Arbeitsproduktivität in den Entwicklungsregionen, insbesondere in Subsahara-Afrika.

Was die Verwirklichung der Grundschulbildung für alle angeht (…), so kommen die Entwicklungsländer dem Ziel näher, jedoch zu langsam, um die Zielmarke zu erreichen. Immer noch wurde 72 Millionen Kindern das Recht auf Bildung verweigert (2007).

Uwe Holtz: Die Millenniumsziele – eine gemischte Bilanz, in: Aus Politik und Zeitgeschichte 10/2010, S. 3 f.

M35 Anteil der Menschen, die mit weniger als 1,25 Dollar am Tag auskommen müssen

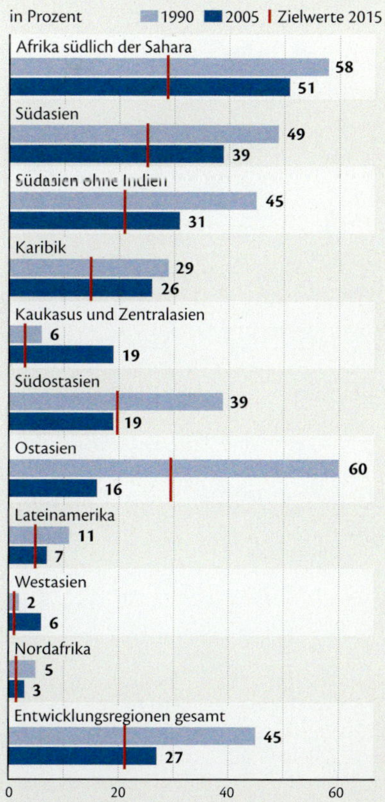

Nach: UN, Millenniums-Entwicklungsziele 2011, New York 2011, S. 6

Wie lässt sich Entwicklung messen?

Entwicklungspolitik ist nur sinnvoll, wenn sie tatsächlich Fortschritte bei den betroffenen Menschen bewirkt. Doch wie soll man diese feststellen? Bis 1990 war es allgemein üblich, die Länder – wie es die Weltbank tat – nach Pro-Kopf-Einkommen zu klassifizieren. Dieses Verfahren geriet jedoch zunehmend in die Kritik, weil es sich einseitig auf ökonomische Daten stütze und andere Faktoren wie etwa Lebenserwartung oder Bildungsgrad nicht berücksichtige. Um ein vollständigeres Bild von Entwicklung zu bekommen, wurden umfassendere Wohlstandsindikatoren entwickelt, etwa der Human Development Index (HDI). Ist es mit diesen Mitteln möglich, etwa Aussagen über den Erfolg von Entwicklungspolitik zu machen?

M36 Wohlstandsindikator BIP reicht nicht aus

Beschluss des Bundestags zur Einsetzung einer Enquête-Kommission zu nachhaltigem Wirtschaften und gesellschaftlichem Fortschritt, 2010:

Wir stehen vor großen Herausforderungen: Die Unsicherheiten über die weitere Entwicklung der Wirtschaft, des Arbeitsmarktes, der Finanzmärkte sowie der demografische Wandel und die steigende Staatsverschuldung beunruhigen die Menschen ebenso wie die Gefahren des Klimawandels, der Verlust von biologischer Vielfalt, die mangelnde Generationengerechtigkeit und die soziale Ungleichheit auf globaler wie auf nationaler Ebene. All dies hat eine grundlegende Diskussion über gesellschaftlichen Wohlstand, individuelles Wohlergehen und nachhaltige Entwicklung angestoßen. Nicht nur in Deutschland, auch in anderen Industriestaaten gibt es eine Debatte darüber, ob die Orientierung auf das Wachstum des Bruttoinlandsproduktes (BIP) ausreicht, um Wohlstand, Lebensqualität und gesellschaftlichen Fortschritt angemessen abzubilden. (...)

Unstreitig ist, dass das BIP soziale und ökologische Aspekte nicht hinreichend abbildet. Umweltkatastrophen führen durch kostspielige Gegenmaßnahmen sogar zu einer Steigerung des BIP. Außerdem gibt es in der internationalen wissenschaftlichen Diskussion eine Auseinandersetzung darüber, dass ab einem bestimmten Niveau die Steigerung der wirtschaftlichen Leistungsfähigkeit nur noch geringfügigen Einfluss auf die Lebenszufriedenheit der Menschen habe.

Daraus ergeben sich die Fragen, ob das Wachstum des BIP als wichtigster Indikator einer erfolgreichen Wirtschaftspolitik gelten kann und welche Möglichkeiten es gibt, einen umfassenderen ergänzenden Wohlstandsindikator zu entwickeln. (...) Um eine geeignete Grundlage zur Bewertung politischer Entscheidungen anhand ökonomischer, ökologischer und sozialer Kriterien zu schaffen, ist zu prüfen, wie die Einflussfaktoren von Lebensqualität und gesellschaftlichem Fortschritt angemessen berücksichtigt und zu einem gemeinsamen Indikator zusammengeführt werden können. Insbesondere folgende Aspekte sind dabei zu beachten:

- der materielle Lebensstandard;
- Zugang zu und Qualität von Arbeit;
- die gesellschaftliche Verteilung von Wohlstand, die soziale Inklusion und Kohäsion;
- intakte Umwelt und Verfügbarkeit begrenzter natürlicher Ressourcen;
- Bildungschancen und Bildungsniveaus;
- Gesundheit und Lebenserwartung;
- Qualität öffentlicher Daseinsvorsorge, sozialer Sicherung und politischer Teilhabe;
- die subjektiv von den Menschen erfahrene Lebensqualität und die Zufriedenheit.

Deutscher Bundestag: Einsetzung einer Enquete-Kommission „Wachstum, Wohlstand, Lebensqualität – Wege zu nachhaltigem Wirtschaften und gesellschaftlichem Fortschritt in der Sozialen Marktwirtschaft", Drucksache 17/3851, 23.11.2010, S. 1 ff.

M37 Auf der Suche nach dem Glück

Der *(frühere)* französische Staatspräsident Sarkozy hat diese Woche für Aufsehen gesorgt, nicht allein mit seiner Ankündigung, dass er seine neue Liebschaft Carla Bruni allenfalls zu ehelichen gedenke. Sarkozy liess an seiner ersten Pressekonferenz als Staatsoberhaupt auch verlauten, das Bruttosozialprodukt sei ihm nicht mehr genug, um den Wohlstand der Franzosen zu messen. Es müssten bessere und umfassendere Maße her. Das erstaunt angesichts des Gewichts, das Politiker sonst den Wachstumszahlen beimessen; je nach Konjunkturlage verkaufen sie sie gerne als eigenen Erfolg. Vielleicht hängt es damit zusammen, dass sich das ohnehin nicht berauschende Wachstum in Frankreich in diesem Jahr weiter abschwächen und somit keinen besonderen Glanz auf das erste Amtsjahr von Sarkozy werfen dürfte. Vielleicht liegt es auch daran, dass der Staatspräsident mit der neu aufgeflammten Liebe entdeckt hat, dass es weit wichtigere Dinge im Leben gibt als „kalte" Wirtschaftszahlen. In jedem Fall hat er eine Kommission mit gleich zwei Wirtschaftsnobelpreisträgern, Joseph Stiglitz (*s. S. 170*) und Amartya Sen (*s. S. 196*), damit beauftragt, bessere Indikatoren für das Wohlergehen der Franzosen zu entwickeln. Sarkozy hat mit seinen Plänen natürlich völlig recht. Jeder ernsthafte Ökonom stimmt ihm darin zu, dass das Bruttosozialprodukt ein sehr unvollkommenes Maß für den Wohlstand einer Gesellschaft bildet. (...) Während der umtriebige Stiglitz vor allem als populäres Aushängeschild der Kommission dienen dürfte, hat sein Nobelpreis-Kollege Sen bei der Suche nach neuen Wohlfahrtsindikatoren an vorderster Front mitgewirkt. Aufgrund seiner Arbeiten wurden etwa die sogenannten Sozialindikatoren entwickelt, deren prominentestes Beispiel der Human Development Index des Entwicklungsprogramms der Vereinten Nationen (UNDP) ist. Darin wird nicht nur das kaufkraftbereinigte Bruttosozialprodukt pro Kopf berücksichtigt, sondern auch die durchschnittliche Lebenserwartung in einem Land sowie der Ausbildungsstand der Bevölkerung. Das umfassendere Maß – das ebenso wenig ohne Kritik geblieben ist – dürfte für Sarkozys Zwecke allerdings auch nicht sonderlich viel hergeben. Frankreich steht bei der Lebenserwartung und der Ausbildung seit vielen Jahren gut da und belegt im neuesten Länder-Ranking des UNDP den zehnten Platz. Man darf deshalb gespannt sein, mit welchen neuen Vorschlägen die Kommission aufwarten wird.

Sarkozy sucht das Glück, in: Neue Zürcher Zeitung v. 12.1.2008

M 38 Durchschnittliches Wachstum des BIP 2010 bis 2011, in Prozent

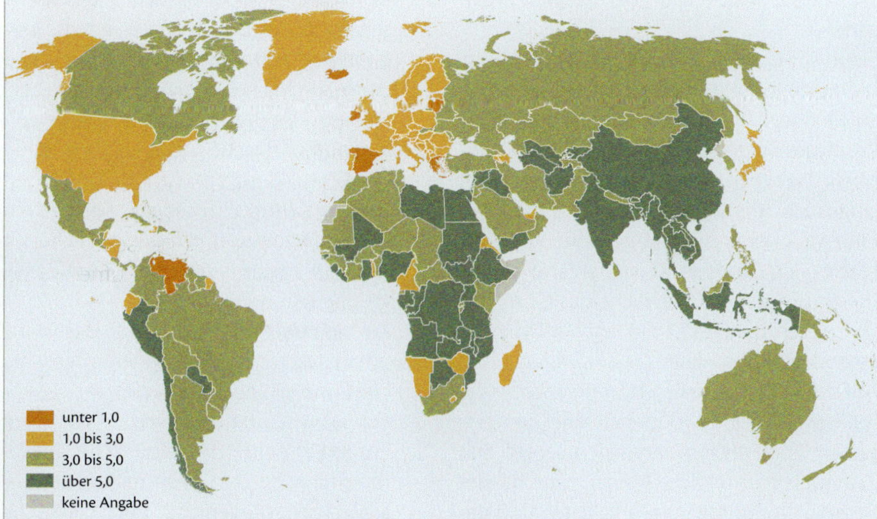

Nach: The Guardian v. 21.4.2010. Quelle: IMF staff estimates

1 Analysieren Sie in Gruppen die Mängel des Wachstumsindikators BIP sowie die Vorgehensweise der anderen vorgeschlagenen Wachstumsindikatoren (**M 36** bis **M 45**).

2 Vergleichen Sie im Plenum die verschiedenen Wachstumsindikatoren.

3 Formulieren Sie auf dieser Grundlage einen Vorschlag des Kurses für die eingesetzte Enquête-Kommission des Bundestages.

Trickle-down-Effekt (englisch trickle = sickern): These, dass Wirtschaftswachstum und allgemeiner Wohlstand der Reichen nach und nach in die unteren Schichten der Gesellschaft durchsickerten

Structural Adjustment Program (Strukturanpassungsprogramm): wirtschaftliche Maßnahmen in Ländern der Dritten Welt, die vom Internationalen Währungsfonds (IWF) und der Weltbank als Bedingung für die Vergabe von Krediten oder für den Schuldenerlass im Rahmen verlangt werden

M39 Das Human-Development-Konzept

Human Development ist ein Entwicklungs-Paradigma, das viel mehr als das Steigen oder Fallen des Volkseinkommens umfasst. Es geht darum, ein Umfeld zu schaffen, in denen Menschen ihr Potenzial voll entfalten und ein produktives und kreatives Leben im Einklang mit ihren Bedürfnissen und Interessen führen können. Menschen sind der wahre Reichtum der Nationen. Bei Entwicklung geht es somit um die Erweiterung der Wahlmöglichkeiten für Menschen, um ein Leben, das wertvoll für sie ist. Und es geht um so viel mehr als das Wirtschaftswachstum, das nur ein Mittel – wenn auch ein sehr wichtiges – zur Erweiterung der Wahlmöglichkeiten der Menschen ist.
Grundlegend für Vergrößerung der Entscheidungsspielräume ist der Ausbau von menschlichen Fähigkeiten – es geht um das, was die Menschen tun oder im Leben erreichen können. Die meisten grundlegenden Funktionen für die menschliche Entwicklung sind ein langes und gesundes Leben zu führen, sachkundig zu sein, Zugriff auf die Ressourcen, die für einen angemessenen Lebensstandard notwendig sind, zu haben und in der Lage zu sein, am Leben der Gemeinschaft teilzunehmen. Ohne dies stehen viele Möglichkeiten einfach nicht zur Verfügung, und viele Chancen im Leben bleiben unzugänglich.
Diese Art der Betrachtung der Entwicklung, oft bei der unmittelbaren Beschäftigung mit anfallenden Rohstoffen und finanziellem Reichtum vergessen, ist nicht neu. Philosophen, Ökonomen und Politiker haben schon lange das menschliche Wohlbefinden als Endzweck der Entwicklung betont. Wie Aristoteles im antiken Griechenland sagte: „Reichtum ist offenbar nicht das Gute, das wir suchen, denn es ist nur sinnvoll im Interesse von etwas anderem."
Auf der Suche nach diesem anderen steht die menschlichen Entwicklung in einer gemeinsamen Vision mit den Menschenrechten. Das Ziel ist die menschliche Freiheit. Und bei der Vervollkommnung von Fähigkeiten und der Realisierung von Rechten ist diese Freiheit von entscheidender Bedeutung. Die Menschen müssen frei sein, ihre Entscheidungen zu treffen und bei der Entscheidungsfindung der ihr Leben beeinflussenden Faktoren teilzuhaben. Menschliche Entwicklung und Menschenrechte verstärken sich gegenseitig und helfen das Wohlbefinden und die Würde aller Menschen zu sichern, indem sie Selbstachtung und den Respekt der anderen ausbauen.

Die Ursprünge des Human-Development-Ansatzes
Der Human Development-Ansatz entstand teilweise als Folge der wachsenden Kritik an dem führenden Entwicklungs-Ansatz der 1980er-Jahre, der eine enge Verbindung zwischen nationalem wirtschaftlichen Wachstum und dem Ausbau der individuellen menschlichen Entscheidungen vermutet. (...) Menschliche Entwicklung ist immer flexibel und „open-ended" bezüglich genauerer Definitionen. Es kann so viele Dimensionen menschlicher Entwicklung geben, da es Möglichkeiten zur Erweiterung der Wahlmöglichkeiten der Menschen sind. Die Schlüssel- und prioritären Parameter der menschlichen Entwicklung können *im Laufe der Zeit sowohl zwischen den Ländern wie innerhalb der Länder variieren*.
Einige der Fragen und Themen, die zurzeit von zentraler Bedeutung für die menschliche Entwicklung sind:

- *Sozialer Fortschritt* – ein besserer Zugang zu Wissen, bessere Ernährung und Gesundheitswesen.
- *Wirtschaft* – die Bedeutung des Wirtschaftswachstums als Mittel, um die Ungleichheit zu reduzieren und die Stufen der menschlichen Entwicklung zu heben.
- *Effizienz* – in Bezug auf die Nutzung von Ressourcen und Verfügbarkeit. Menschliche Entwicklung spricht sich für Wachstum und Produktivität aus, solange ein solches Wachstum von direktem Nutzen für die Armen, Frauen und andere Randgruppen ist.
- *Eigenkapital* – in Bezug auf das Wirtschaftswachstum und andere menschliche Entwicklungsparameter.
- *Die Teilhabe und die Freiheit* – vor allem Empowerment, demokratische Regierungsführung, die Gleichstellung der Geschlechter, bürgerliche und politische Rechte und kulturelle Freiheit, vor allem für marginalisierte Gruppen von Stadt-Land, Geschlecht, Alter, Religion, Ethnizität, körperliche/psychische Parameter etc. definiert
- *Nachhaltigkeit* – für die künftigen Generationen in ökologischer, ökonomischer und sozialer Hinsicht.

– *Menschliche Sicherheit* – Sicherheit im täglichen Leben gegen solche chronischen Bedrohungen wie Hunger und abrupte Störungen einschließlich Arbeitslosigkeit, Hunger, Konflikte etc.

UNDP: About Human Development, Report 2011, in: http://hdr.undp.org/en/humandev (Zugriff: 21.1.2012; Übersetzung: Peter Jöckel)

M40 Indikatoren des HDI

Das Entwicklungsprogramm der Vereinten Nationen (UNDP) veröffentlicht seit 1990 einen Gesamtindikator der menschlichen Entwicklung (Human Development Index, HDI). Damit sollen die traditionellen Indikatoren (Bruttosozialprodukt, Bruttoinlandsprodukt, Volkseinkommen) mithilfe eines umfassenderen Instrumentes, welches von grundlegenden Kriterien der Entwicklung ausgeht, ergänzt werden. Im Zentrum steht die Absicht, die menschliche Entwicklung, das heißt die Schutz verdienende Herausbildung der Fähigkeiten und Rechte der Menschen, auf allen Ebenen zu erfassen.

Der HDI hebt insbesondere die Lebensdauer, das Wissen und das Lebensniveau hervor und wird gegenwärtig aufgrund von vier Grundvariablen berechnet: Einkommen, Lebenserwartung, Alphabetisierung der Erwachsenen und durchschnittliche Bildungsdauer, wobei zwischen den verschiedenen Bildungsstufen (Primar-, Sekundar- und Hochschulstufe) unterschieden wird. Die Entwicklung ist mit drei Dimensionen verknüpft: ein langes und gesundes Leben, der Zugang zu Wissen und Informationen sowie die Verfügbarkeit von Ressourcen, welche ein menschenwürdiges Lebensniveau zulassen.

Der HDI enthält für jedes Kriterium einen Höchst- und einen Mindestwert. Die Position aller Länder wird durch eine Zahl zwischen 0 und 1 ausgedrückt. So umfasst die Lebenserwartung eine Spannweite von 25 bis 85 Jahren, die Alphabetisierung der Erwachsenen und die Schulbesuchsquoten reichen von 0 bis 100 Prozent, das Bruttoinlandsprodukt zu realen Preisen pro Einwohner erstreckt sich von 100 bis 40 000 US-Dollar.

Das UNDP unterscheidet drei Gruppen von Ländern: jene mit einem hohen Niveau der menschlichen Entwicklung (HDI > 0,799), jene mit einem mittleren Niveau der menschlichen Entwicklung (0,800 > HDI > 0,499) und jene mit einem schwachen Niveau der menschlichen Entwicklung (HDI < 0,500).

Socialinfo: Wörterbuch der Sozialpolitik, http://www.socialinfo.ch (Zugriff: 21.1.2012)

M41 Der Human Development Index (HDI) 2008 in Punkten

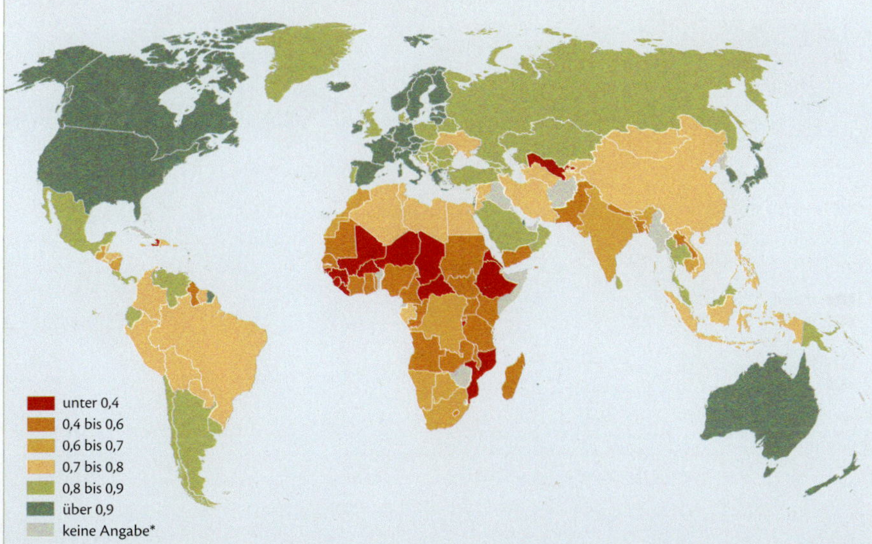

Quelle: DSW Datenreport 2008

*Länder mit unter 0,3 Mio. Einwohnern sind nicht berücksichtigt

M42 Der „Happy Planet Index" (HPI)

Eine der Fragen, mit der sich Ökonomen in aller Welt beschäftigen, ist die nach dem Stand und der Entwicklung der Wohlfahrt in Volkswirtschaften. Gemessen wird die Wohlfahrt bislang üblicherweise mit dem Bruttoinlandsprodukt eines Landes. In Teilen der Gesellschaft ist dieses Maß seit längerer Zeit in der Kritik, spätestens seit der globalen Finanzkrise ist diese Frage aber auch in das Zentrum der allgemeinen öffentlichen Diskussion gerückt. Widergespiegelt wird dies beispielsweise durch die Entscheidung des Bundestages, die Enquête-Kommission „Wachstum, Wohlstand, Lebensqualität" zu gründen. Diese soll sich mit der Frage beschäftigen, welchen „Stellenwert Wachstum in Wirtschaft und Gesellschaft" haben, und einen „Wohlstands- und Fortschrittsindikator" entwickeln. In Fachkreisen werden bereits seit einiger Zeit unterschiedliche Nachhaltigkeitsindikatoren diskutiert. (...)

Unter dem griffigen Titel „Happy Planet Index" veröffentlicht der Think Tank New Economics Foundation seit einigen Jahren einen Indikator, der versucht, mithilfe der Kombination von Kennzahlen die Lebenssituation in verschiedenen Ländern zu beschreiben. Auf diese Weise soll vergleichbar gemacht werden, wie lange und wie glücklich die Einwohner eines Landes leben und in welchem Maße dies auf Kosten der Umweltqualität erfolgt. Die wesentlichen Größen, auf denen der Indikator basiert, sind die durchschnittliche Lebenserwartung, die Lebenszufriedenheit sowie der ökologische Fußabdruck. Berechnet wird der Happy Planet Index (HPI) gemäß der folgenden Formel:

$$\frac{\text{Lebenserwartung x Lebenszufriedenheit}}{\text{Ökologischer Fußabdruck}}$$

Für das Jahr 2005 sind die Daten für 143 Länder erhoben worden. In der unten stehenden Karte (*M 43*) ist das Ergebnis grafisch dargestellt. Aus dieser wird eine recht eindeutige geografische Aufteilung deutlich: Die schlechtesten Werte sind für Länder in Afrika, insbesondere das südliche Afrika, gegeben.

In Südamerika sowie Südostasien hingegen ist die Lebenssituation der Menschen deutlich besser; die höchsten Werte des HPI sind in karibischen Ländern sowie Vietnam zu finden. Die meisten entwickelten Staaten in Europa und in Nordamerika erreichen hingegen nur durchschnittliche Werte des Index.

Marc Gronwald/Jana Lippelt: Kurz zum Klima: Zum Wohl – der „Happy Planet Index", in: ifo-Schnelldienst 14/2011, S. 48 f.

M 43 Der Happy-Planet-Index (HPI) 2005 in Punkten

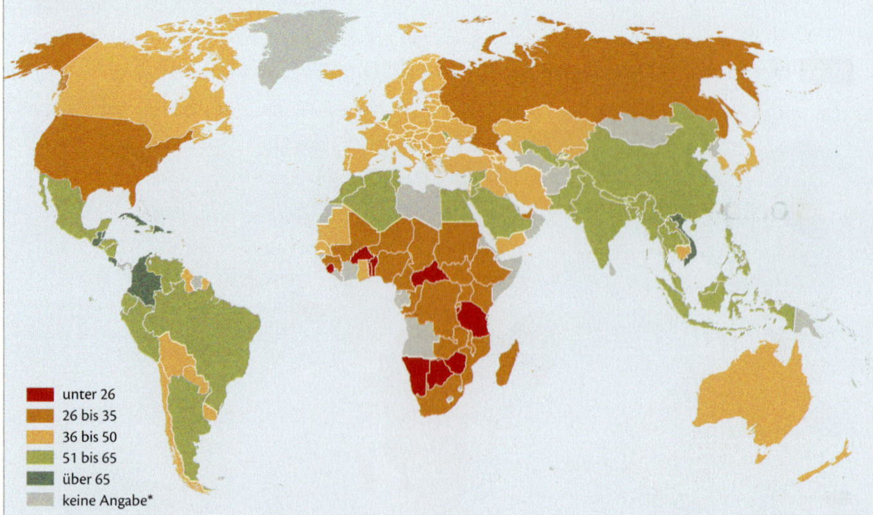

Nach: Marc Gronwald/Jana Lippelt: Kurz zum Klima: Zum Wohl – der „Happy Planet Index", in: ifo-Schnelldienst 14/2011, S. 48 f.

M 44 Das Bruttosozialglück

Der 4. König Bhutans, S.M. Sigme Singye Wangchuck, Vater des neuen Königs S.M. Jigme Khesar Namgyel Wangchuk, hat dieses Konzept schon als ganz junger Monarch 1976 der erstaunten internationalen Öffentlichkeit vorgestellt. Seither ist es kontinuierlich insbesondere vom früheren Außen-, später Innenminister, seit 2008 erstem demokratisch gewählten Premierminister Jigmi Y. Thinley und dem Centre for Bhutan Studies ausgebaut und verfeinert worden.

Das Ziel des Staates ist demnach, die Voraussetzungen zu schaffen, die es jeder einzelnen Bhutanerin und jedem einzelnen Bhutaner ermöglichen, das eigene „Bruttosozialglück" anzustreben und zu fördern; dieses hat Vorrang vor dem Ziel Steigerung des lediglich auf die Wirtschaft abstellenden „Bruttosozialprodukts".

Die Bedeutung dieses durchaus nicht nur philosophischen Konzepts hat auch darin ihren Ausdruck gefunden, als eine „GNH-Commission" als eine Art Super-Ministerium alle Ministerien der bhutanischen Regierung auf die Vereinbarkeit ihrer Aktionen, Maßnahmen und Gesetzes-Entwürfe etc. mit GNH überprüft und entsprechende Veto-Rechte hat. Gerade in der aktuellen internationalen Wirtschafts- und Finanzkrise ist dieses faszinierende Konzept zu einem „intellektuellen Exportschlager" Bhutans geworden; es findet immer mehr Beachtung und Verwendung in Reden auch höchstrangiger Politiker und in internationalen Foren und Diskussionen; als Konterpunkt und Alternative zum goldenen Kalb und Fetisch „Wachstum", dem Spiegelbild des grassierend gewachsenen Materialismus, als Ausdruck der steigenden Sehnsucht vieler materiell enttäuschter Menschen nach neuer Sinnhaftigkeit des Lebens über den Konsum hinaus.

Tobias Pfaff: Bruttosozialglück, OHM-Journal, Ausgabe Sommersemester 2009, in: http://www.probhutan.com (Zugriff: 2.1.2012)

Jigme Singye Wangchuck (geb. 1955), König von Bhutan

GNH: Gross National Happiness (Bruttosozialglück)

M 45 Indikatoren des GNH

Das Design der Untersuchung wurde entlang von neun Domänen durchgeführt, die vorher als konstituierend für das GNH identifiziert wurden:

1. Psychologische Wohlfahrt
2. Gesundheit
3. Erziehung
4. Zeitmanagement und -balance
5. Kulturelle Vielfalt und Resilienz
6. Gute Regierungsführung (good governance)
7. Gemeinschaftsleben
8. Ökologische Vielfalt und Resilienz
9. Lebensstandard

Tobias Pfaff: Measuring Gross National Happiness (GNH) in Bhutan, in OECD, Measuring the progress of societies, Newsletter 3/2008, S. 6

Resilienz: Widerstandsfähigkeit gegenüber Störungen

M 46 OECD-Rahmenbedingungen für den Fortschritt von Gesellschaften

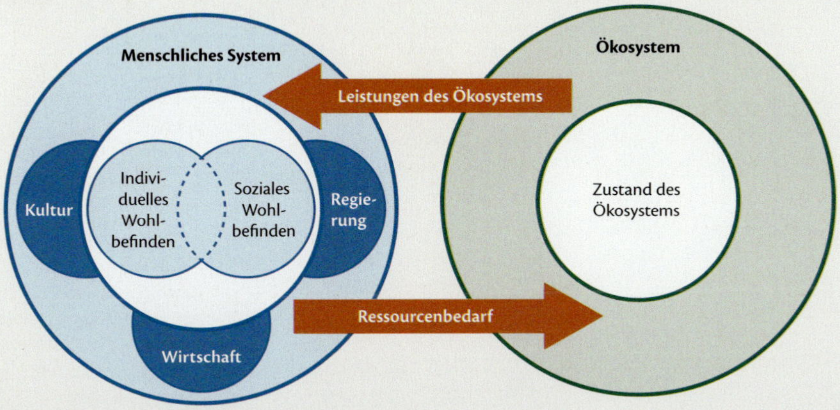

Nach: New Economics Foundation (nef), The Happy Planet Index, London 2009, S. 17

Kompetenzcheck

Anforderungsbereich I:

- Stellen Sie den Zusammenhang der Argumentation von den drei Welten der Erde dar.
- Stellen Sie den Zusammenhang der Argumentation von der Einen Welt dar.
- Skizzieren Sie die Weltsystemtheorie Wallersteins.
- Nennen Sie verschiedene Möglichkeiten der Messung von menschlicher Entwicklung.
- Stellen Sie die Kontroverse um die Entwicklungshilfe dar.
- Nennen Sie die Millenniumsentwicklungsziele und erläutern Sie Schwierigkeiten bei der Zielumsetzung.

Anforderungsbereich II:

- Erläutern Sie die Position Senghaas' von den vier Welten.
- Arbeiten Sie den Zusammenhang der heutigen Ungleichheiten in der Welt mit Kolonialismus und Imperialismus heraus.
- Die Erde könnte nach einer Prognose der Weltlandwirtschaftsorganisation (FAO) 12 Milliarden Menschen ernähren. Derzeit bewohnen etwa 7 Milliarden Menschen die Erde. Erklären Sie, wie es dazu kommt, dass etwa 1 Milliarde davon Hunger leidet.
- Erläutern Sie die Skepsis am bisher gebrauchten Entwicklungsbegriff, wie er in dem Wort „Entwicklungsländer" enthalten ist.
- Stellen Sie die Modernisierungstheorie Rostows dar und ihren Zusammenhang mit dem kritisierten Entwicklungsbegriff.
- Erläutern Sie die Dependenztheorie Gunder Franks und ihren Zusammenhang mit der Kritik am Entwicklungsbegriff.
- Erklären Sie die Entwicklungstheorie Amartya Sens und erläutern Sie den Zusammenhang mit dem HDI.

Anforderungsbereich III:

- Erläutern Sie Ihre eigene Position zu der Frage, ob von einer, drei oder vier Welten der Erde ausgegangen werden sollte.
- Inwiefern kann nach Ihrer Meinung von einer Weltgesellschaft ausgegangen werden? Nehmen Sie Stellung.
- Nehmen Sie Stellung zu der Frage, inwiefern Europa eine besondere Verantwortung aus der Kolonialgeschichte erwächst.
- Diskutieren Sie: Inwiefern kommt den westlichen Industrieländern eine besondere Verantwortung in Bezug auf den Hunger in der Welt zu?
- Nehmen Sie Stellung zur Frage, ob man den Begriff „Entwicklungsländer" noch verwenden sollte.
- Diskutieren Sie die Frage, inwiefern Deutschland bzw. die EU weiterhin Entwicklungshilfe leisten sollte.
- Nehmen Sie Stellung zur Frage, inwieweit sich die Weltgemeinschaft neue Entwicklungsziele setzen sollte.

8 Globale Herausforderungen

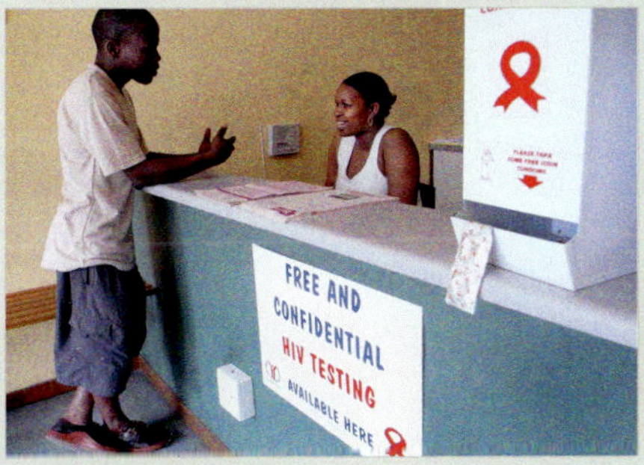

Die Welt wandelt sich rasch und wächst immer mehr zusammen. Die Globalisierung erfasst nicht nur den Handel und den Kapital- und Geldverkehr, sondern auch immer stärker den Alltag der Menschen in der ganzen Welt. An den globalen Herausforderungen ist jedoch auch das Bewusstsein von der Einen Welt gewachsen. Die Zukunftsfragen der Menschheit sind offenkundig, denn alle Anzeichen deuten darauf hin, dass die großen Weltprobleme nicht weiter ungelöst bleiben können. Nicht nur der Klimawandel, sondern auch Terrorismus, Drogen, Armut, Bevölkerungswachstum, globalisierte Ökonomie und Energiesicherheit stellen die Menschheit vor Probleme, die sie nur gemeinsam lösen kann.
Jeder ist von den globalen Veränderungen betroffen. Politische Mündigkeit bedeutet daher auch, die Veränderungen und die Entscheidungen der nationalen wie der supranationalen Gremien bezüglich der globalen Entwicklungen wenigstens in Grundzügen zu verstehen und ihre Auswirkungen auf das eigene Leben einschätzen zu können.

Was sind globale Herausforderungen?

Der Begriff Herausforderung hat sich eingebürgert für Umstände, unter denen man nicht umhin kommt, etwas zu tun, weil die bestehenden Verhältnisse ohne eigenes Zutun nicht verändert werden können, und weil sie verändert werden müssen, weil sie nicht so bleiben können. Weltprobleme sind insofern globale Herausforderungen. Ohne die Lösung dieser Probleme ist vielfach die Existenz der Menschheit auf der Erde infrage gestellt. Zum ersten Mal in der Geschichte der Menschheit scheint eine Problemlösung nur durch die Zusammenarbeit der ganzen Menschheit möglich.

M 1 Die 15 wichtigsten globalen Herausforderungen für die Menschheit

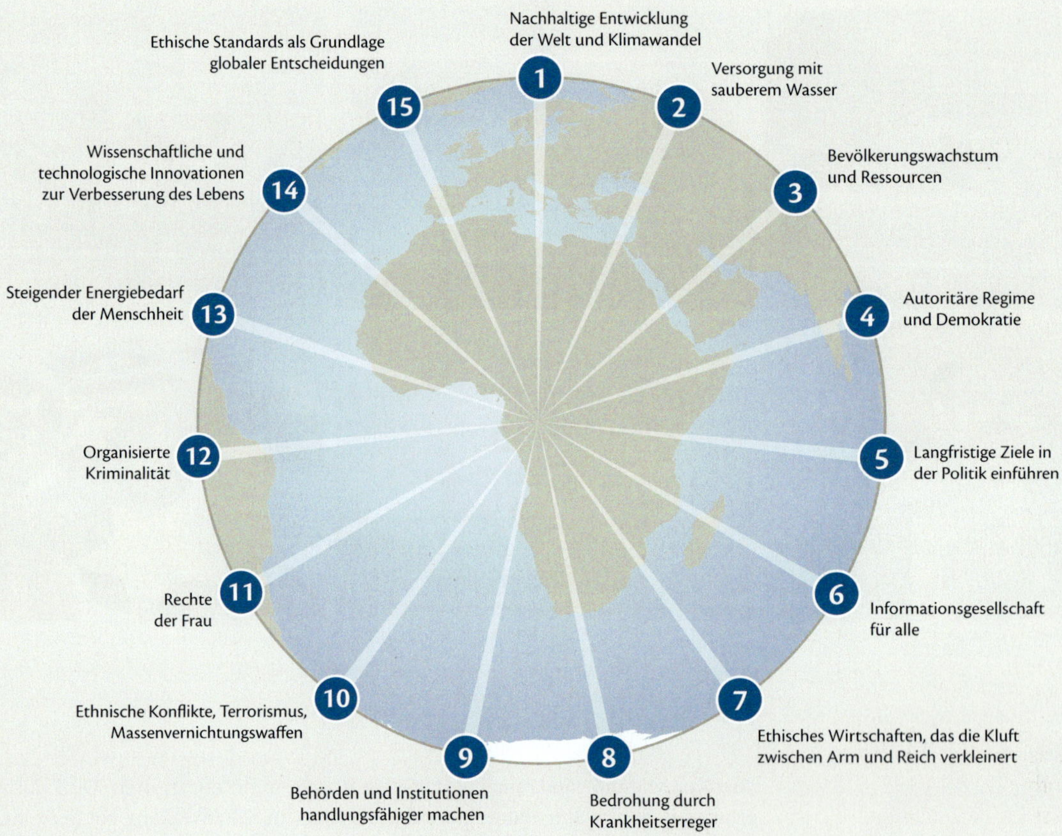

Nach: http://www.millennium-project.org/millennium/challenges.html (Zugriff: 23.1.2012, Übersetzung: Peter Jöckel)

M 2 Macht, Geld und Frieden

Wegen der gegen Mitte des 20. Jahrhunderts begonnenen und im 21. Jahrhundert einstweilen sich fortsetzenden Explosion der Weltbevölkerung (*wird es*) Herausforderungen geben, die alle Nationen und ihre Staaten gemeinsam betreffen. Dazu gehören die Versorgung mit Energie, mit Rohstoffen aller Art und mit Wasser, die überbordenden Umweltprobleme und das Problem der globalen Erwärmung und ihrer voraussichtlichen Folgen, dazu gehört insbesondere das Problem des menschengemachten Beitrags zur globalen Erwärmung und seiner angestrebten Eindämmung. Bisher haben die UN oder auch die G 20 auf diesem Felde keine durchgreifenden Korrekturen zustande gebracht – und es ist unklar, ob in absehbaren Jahren eine Änderung zustande kommt.

Zu den gemeinsamen Herausforderungen gehört die Frage nach einer funktionstüchtigen Ordnung der globalisierten Ökonomie. Der globale Wettbewerb um Wohlstand, um Rohstoffe, um Arbeitsplätze wird sich fortsetzen. Die Rolle der Welthandelsorganisation WTO wird wichtiger werden.

Jedoch aktuell am wichtigsten ist die Durchsetzung transnationaler Regeln für die globalen Finanzmärkte und für die Aufsicht über die international tätigen Finanzinstitute und für ihre immer undurchsichtiger werdenden Finanzierungsinstrumente.

Mit großer Wahrscheinlichkeit werden sich im Laufe der nächsten Jahrzehnte drei Währungen von Weltbedeutung herausschälen: der amerikanische Dollar, der europäische Euro und der chinesische Yuan (oder Renminbi). Man kann nur hoffen, dass das heute gut funktionierende inoffizielle Zusammenspiel der drei über ihnen stehenden Zentralbanken dazu führt, dass die verantwortlichen Regierungen ihre Aufgabe erkennen, die enorm gewachsenen Defizite und Überschüsse der wichtigsten nationalen Zahlungsbilanzen (besser gesagt: der Leistungsbilanzen) einigermaßen ins Gleichgewicht zu bringen.

Hier sind besonders der Defizitstaat USA und die Überschussstaaten China, Japan und einige mittlere Staaten herausgefordert. Das heutige globale finanzielle Ungleichgewicht ist sowohl für die Überschussstaaten als auch für die Defizitländer hochgefährlich. Die Herstellung einer einigermaßen kontinuierlichen Balance liegt deshalb im dringenden Interesse der Beteiligten. Das schließt China ein und ebenso Deutschland.

Das führt mich zur allgemeinen Frage nach den gemeinsamen Interessen. Natürlich wird auch im 21. Jahrhundert Konkurrenz um politischen Einfluss, um ideologischen Einfluss, um ökonomischen Vorteil und um Prestige eine ebenso große Rolle spielen wie in den vergangenen Jahrhunderten. Jedoch will mir die denkbare Möglichkeit eines abermaligen Weltkriegs als ziemlich unwahrscheinlich vorkommen. Die übergroße Mehrheit der Menschenmassen in allen fünf Kontinenten ist friedlich gesinnt. Dies gilt auch für die große Mehrheit der Regierungen. Immerhin wissen wir aber aus der Erfahrung des 20. Jahrhunderts und des ersten Jahrzehnts des 21. Jahrhunderts, dass Regierungen sich zu militärischen Konflikten hinreißen lassen, insbesondere wenn sie provoziert werden. Dabei spielt die Verschiedenheit der staatlichen Verfassungen und der Regierungsformen keine beherrschende Rolle. (...)

Ich möchte nicht als Kassandra erscheinen. Immerhin hat es seit Hiroshima und Nagasaki keinen feindlichen atomaren Waffeneinsatz gegeben. Gleichwohl liegt es im gemeinsamen Interesse der gesamten Menschheit und im gemeinsamen Interesse der allermeisten Staaten, dass es zu vertraglicher Rüstungsbegrenzung kommt. Insbesondere zu vertraglicher und vertragstreuer atomarer Rüstungsbegrenzung. Und – ebenso wichtig! – zu vertraglicher Einschränkung des Exports von militärischen Waffen. Deshalb müssen wir gemeinsam appellieren an die friedenswillige Vernunft in unseren öffentlichen Meinungen, in unseren Parlamenten und unseren Regierungen.

Allerdings wird das Prinzip der friedensorientierten Vernunft für eine erhebliche und zunehmende Anzahl von terroristischen Bewegungen und Organisationen nicht gelten. Terrorismus kann zu einem weltweiten Problem werden, von Indien oder Pakistan bis in den Nahen Osten, ob in Europa oder bis auf die Südspitze von Manhattan. Wahrscheinlich benötigen viele Staaten in der Welt weniger militärische Kräfte als vielmehr eine hoch leistungsfähige Polizei und Justiz.

Helmut Schmidt: Globale Trends und gemeinsame Herausforderungen, in: http://www.koerber-stiftung.de (Zugriff: 9.8.2012)

Helmut Schmidt (geb. 1918), 1969 bis 1972 Bundesminister der Verteidigung, 1972 Bundesminister für Wirtschaft und Finanzen und von 1972 bis 1974 Bundesminister der Finanzen, von 1974 bis 1982 Bundeskanzler

1 Vergleichen Sie die Materialien M 1 bis M 3 hinsichtlich der genannten globalen Herausforderungen. Welche Aspekte werden jeweils hervorgehoben? Recherchieren Sie zusätzlich im Internet zum Thema „Globale Herausforderungen".

2 Stellen Sie ein Ranking der Herausforderungen innerhalb der Kursgruppe auf.

M3 Trends zentraler Herausforderungen für Weltpolitik

Trend 1: Die Weltfinanzkrise wirft gerade im Bereich sozioökonomischer Entwicklung große Teile der Welt zurück; neoliberale Paradigmen dürften damit endgültig ausgedient haben. Die wirtschaftlichen Folgen sind nicht nur in den reichen Volkswirtschaften, sondern insbesondere auch in den vom Außenhandel (v. a. Rohstoffe) und von ausländischen Kapitalzuflüssen besonders abhängigen Entwicklungsökonomien spürbar. In den letzten Jahren erzielte wirtschaftliche Fortschritte, insbesondere in Afrika, drohen zunichtegemacht zu werden. Der Aufstieg vieler Schwellenländer wird für eine Übergangsphase abgeschwächt, gleichzeitig wächst ihre Bedeutung als neuer weltwirtschaftlicher Motor. Immer wieder hatte sich in der Vergangenheit die G7/8 als quasi informelle Weltregierung geriert – sehr zum Missfallen des Südens und hier insbesondere der Aufsteiger Indien und China, die zunehmend deutlich ihre Mitwirkung im weltpolitischen Mächtekonzert reklamieren.

Trend 2: Die Weltfinanz- und Weltwirtschaftskrise hat das Monopol der G7/8 auf exklusive Club-Herrschaft endgültig diskreditiert. Die Rückkehr stärkerer multilateraler Ansätze wird dokumentiert in der Übernahme zentraler Konsultations- und mitunter auch Steuerungsfunktionen durch die G20. (...) Obwohl die Weltfinanzkrise seit 2008 die öffentliche Aufmerksamkeit auf sich gezogen hat, ist und bleibt der sich abzeichnende Klimawandel die zentrale Herausforderung für die Menschheit im 21. Jahrhundert. Eine globale Erderwärmung von mehr als 2°C wird relativ verlässlich vorhersehbare Folgen wie zunehmende Dürren oder einen Anstieg des Meeresspiegels hervorrufen. (...)

Trend 3: Der Klimawandel ist zum wichtigsten Treiber globaler Umweltveränderungen mit weitreichenden Auswirkungen auf Gesellschaften, Ökonomien und das internationale System geworden. Die Folge werden – gerade in den verwundbaren Weltregionen – neue Konfliktkonstellationen sein, die sich aus Ernährungskrisen, Süßwasserknappheit, Sturm- und Flutkatastrophen sowie krisenbedingter Migration ergeben. (...)

Trend 4: Das Politikfeld Sicherheit ist von wechselnden und zum Teil widersprüchlichen Trends geprägt: Kriegerische Gewaltkonflikte sind seit 1993 rückläufig. Zugleich leiden zahlreiche Länder weiterhin unter sporadischer Gewaltanwendung und sind von fragiler Staatlichkeit betroffen; dies gilt in besonderem Maße für Subsahara-Afrika. Parallel ist seit Ende der 1990er-Jahre ein Jahrzehnt der Aufrüstung zu beobachten. Die multilaterale Rüstungskontrolle befindet sich in der Krise, eine weitere Proliferation (*Verbreitung*) von Nuklearwaffen ist wahrscheinlich. (...) Die nukleare Bedrohung bleibt eine ständige Gefahr – und die Krise der multilateralen Rüstungskontrolle im vergangenen Jahrzehnt ist ein schlechtes Omen dafür, dieses Problem in den Griff zu bekommen. (...)

Trend 5: Im Westen lange unterschätzt wurde die Bedeutung des religiösen Faktors in den inter- und transnationalen Beziehungen. Gerade in der Disziplin der „Internationalen Beziehungen" wurden die Ausübung von Macht sowie die Bereitschaft zur Kooperation häufig aus rationalen Kalkülen eines homo oeconomicus abgeleitet. Demgegenüber zeigten bereits die Machtübernahme von Ajatollah Chomeini im Iran 1979 und die Beendigung der sowjetischen Besetzung Afghanistans durch Mudschaheddin-Kämpfer, dass Weltpolitik auch maßgeblich von politisch-religiösen Identitäten und Ideologien bestimmt ist. (...)

Trend 6: Der Prozess der Urbanisierung schreitet kontinuierlich voran. Seit 2007 leben mehr Menschen weltweit in Städten als auf dem Land, wobei das Städtewachstum v. a. in den Schwellen- und Entwicklungsländern stattfindet. Eine besondere Herausforderung stellt die Herausbildung von Megastädten dar, von denen die meisten in Entwicklungsländern liegen. (...)

Trend 7: Die Zahl internationaler Migranten hat sich seit 1960 verdreifacht. Auch wenn ihr Anteil an der Weltbevölkerung im Wesentlichen stabil ist, so nimmt doch das relative Gewicht von Migranten in den „überalternden" Industriegesellschaften zu. Migration ist der zentrale menschliche Faktor transnationaler Globalisierung und bekommt angesichts des deutlich steigenden Frauenanteils verstärkt auch ein „weibliches Gesicht". Zugleich ist als Schattenseite der Globalisierung human trafficking, der Menschenhandel, zum Milliardengeschäft geworden.

Angesichts der zunehmend ungünstigen Altersstruktur in den Industrie- und Dienstleistungsgesellschaften hat sich im Migrationsdiskurs ein tiefgreifender Perzeptions- und Paradigmenwandel vollzogen. Es setzt sich die Einsicht durch, dass zur Erhaltung des Wohl-

Megastadt Seoul (Südkorea). Die eigentliche Stadt Seoul hat 10,5 Millionen Einwohner; in der Metropolregion Seoul leben etwa 25 Millionen Menschen (Stand jeweils 31. Dezember 2009)

standsniveaus die Zuwanderung von Arbeitskräften benötigt wird. Der erleichterte Arbeitsmarktzugang für Hochqualifizierte bei zugleich stärkerer Abwehr von irregulärer Zuwanderung und Flüchtlingen ist insofern zu einem häufig auftretenden Muster in den westlichen Industriegesellschaften geworden. (...)

Trend 8: Die „Lebenschancen" zwischen und innerhalb einzelner Weltregionen und Gesellschaften bleiben extrem ungleich oder entwickeln sich noch weiter auseinander. Insbesondere Subsahara-Afrika fällt weiter zurück; hier hat sich entgegen dem globalen Trend die Lebenserwartung verringert, ebenso wie in Südasien werden etwa die Gesundheits-MDGs nicht erreicht werden. Im Gegensatz dazu steht Ostasien als „Gewinnerregion" da – allerdings begleitet von einer wachsenden sozialen Polarisierung. Eine zunehmende Spaltung der Welt in Industrie- und Schwellenländer auf der einen und ärmere Entwicklungsländer auf der anderen Seite ist bei Grundbedürfnisbefriedigung und Gesundheitsgefährdungen zu beobachten. So ist die Zahl der unterernährten Menschen in allen Entwicklungsregionen seit 2003 wieder gestiegen. Auch bei anderen zentralen MDGs lassen sich knapp zehn Jahre nach dem Millenniumsgipfel deutliche Verlierer und Gewinner identifizieren: So konnte die Zahl der Armen in der Region Ostasien/Pazifik gesenkt werden, wohingegen in Subsahara-Afrika und Südasien deren Zahl weiterhin auf hohem Niveau verbleibt und infolge der Finanzkrise teils deutlich ansteigen dürfte . (...)

Trend 9: Wissenschaftlich-technologischer Fortschritt wird zunehmend international organisiert. Dies ist Ausdruck einer wachsenden Offenheit der Märkte wie auch eine Reaktion auf globale Probleme. Schwierig bleiben die Interessengegensätze bei der Regelung des Schutzes geistiger Eigentumsrechte. Vor allem im letzten Jahrzehnt hat sich der Kreis der wissenschaftlich-technologisch leistungsfähigen Länder um zentrale Akteure wie Brasilien, China und Indien erweitert. Global vernetzte Agglomerationsräume wie Shanghai, Bangalore, São Paulo und Johannesburg stellen wissensintensive Unternehmensfunktionen für globale Wertschöpfungsketten zur Verfügung. Global sind die Forschungskapazitäten aber weiterhin ungleich verteilt. (...)

Doch auf welchen Wegen können effektive Regulierungsmechanismen geschaffen werden? In den zurückliegenden zwei Jahrzehnten führten insbesondere globale und transnationale Problemlagen zu neuen Modi von Global Governance.

Mittlerweile hat sich neben traditionellen Formen hierarchischen Regierens im internationalen System durch eine Hegemonialmacht oder einen vorrangig über das UN-System institutionalisierten Multilateralismus eine Reihe von neuen horizontalen Steuerungsformen herausgebildet.

Trend 10: Die hierarchisch organisierte Steuerung von Global Governance wird in wachsendem Maße durch neue horizontale Governance-Mechanismen ergänzt und bisweilen gar ersetzt. Diese können exklusiv oder inklusiv, d. h. auf die selektive oder umfassende Teilhabe unterschiedlicher Akteure angelegt sein. Sie ermöglichen häufig dort eine Problemregelung, wo multilaterale Prozesse blockiert und hegemoniale Ansätze zum Scheitern verurteilt sind. Allerdings sind sie kein Allheilmittel. Für kohärentes Vorgehen und einen legitimen Handlungsrahmen bleiben multilaterale Ordnungsstrukturen unverzichtbar.

Tobias Debiel/Michèle Roth/Cornelia Ulbert: Globale Trends im Schatten der Weltfinanzkrise, in: Tobias Debiel u. a. (Hg.): Globale Trends 2010. Frankfurt/M. 2010, S. 12 ff.

Wir werden immer mehr – Herausforderung Bevölkerungswachstum

Nach der Schätzung der Vereinten Nationen leben derzeit mehr als 7 Milliarden Menschen auf der Erde. Laut UN-Prognosen wird die Weltbevölkerung auf 9,3 Mrd. im Jahr 2050 und auf mehr als 10 Mrd. Menschen im Jahr 2100 steigen. Dieses Bevölkerungswachstum wird nahezu ausschließlich in den Entwicklungsländern stattfinden. Diese Entwicklung führt zu Problemen bei der Nahrungsversorgung, der Versorgung mit Trinkwasser, der Energieversorgung usw. Die Versorgung so vieler Menschen ist eine globale Herausforderung, die mit begrenzter werdenden Ressourcen bewältigt werden muss. Wie viele Menschen verträgt die Erde? Wie können wir die demografische Entwicklung steuern?

M4 **Entwicklung der Weltbevölkerung**

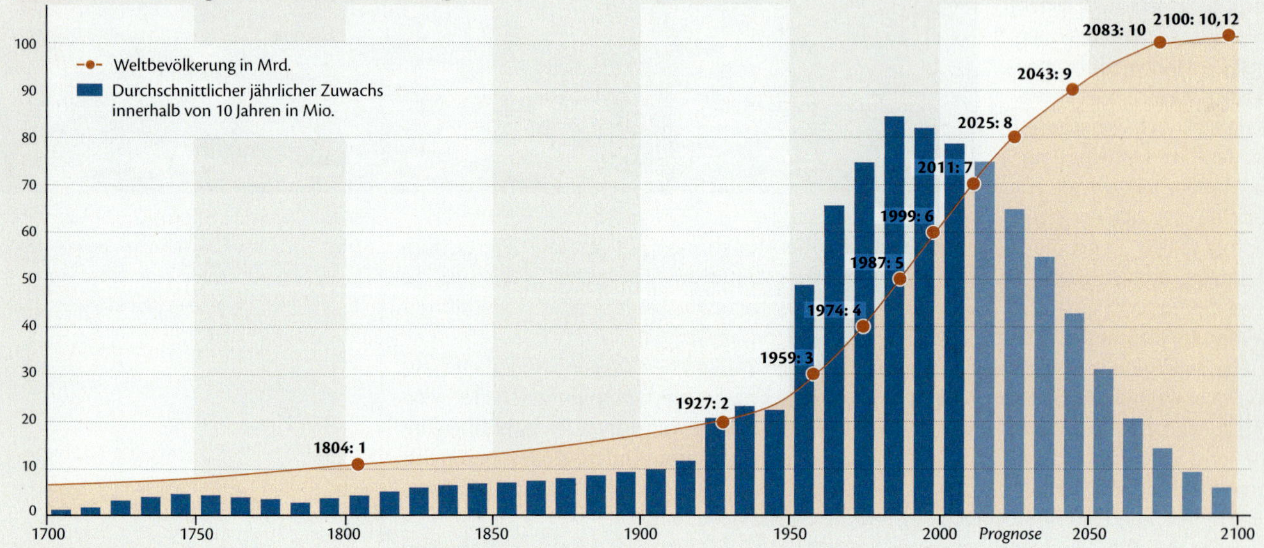

Nach: Deutsche Stiftung Weltbevölkerung, http://www.weltbevoelkerung.de (Zugriff: 23.1.2012). Quelle: UN

M5 Gegenstrategien

Die Verbesserung der medizinischen Versorgung und der Anstieg der Nahrungsproduktion – die sogenannte „Grüne Revolution" – verursachten nach dem Zweiten Weltkrieg einen Anstieg der Lebenserwartung und einen Rückgang der Säuglingssterblichkeit.
Im gleichen Zeitraum blieb in vielen Gesellschaften der Wunsch nach großen Familien bestehen und auch der Zugang zu modernen Methoden der Familienplanung war oft begrenzt. In der Folge beschleunigte sich das Bevölkerungswachstum, wobei der Anteil der Menschen, die in Entwicklungsländern lebten, beständig anstieg. 1950 lag er bei 68 Prozent, 2004 bereits bei 81 Prozent. Im Jahr 2050 werden 86 Prozent der Weltbevölkerung in den weniger entwickelten Regionen der Erde leben. (…)
Drei Faktoren sind im Wesentlichen für die zukünftige Entwicklung der Weltbevölkerung verantwortlich: ungewollte Geburten, der Wunsch nach mehr als zwei Kindern pro Paar sowie die junge Altersstruktur.
Alle drei Variabeln sind beeinflussbar: Der Zugang zu adäquater Familienplanung kann Paaren helfen, ungewollte Schwangerschaften zu vermeiden. Maßnahmen zur Senkung der Kinder- und Säuglingssterblichkeit und bessere Bildungs- und Beschäftigungsmöglichkeiten für Frauen können die gewünschte Kinderzahl deutlich beeinflussen. Gezielte Sexualaufklärung und Zugang zu Verhütungsmitteln für Jugendliche, die Verzögerung der ersten Geburt durch mehr Bildungschancen für Mädchen sowie eine Erhöhung des Heiratsalters können den Altersstruktureffekt abschwächen.
Deutsche Stiftung Weltbevölkerung: Info Weltbevölkerung – Entwicklung und Projektionen, in: http://www.weltbevoelkerung.de (Zugriff: 2.8.2010)

M6 Weltbevölkerungsprojektionen für 2100

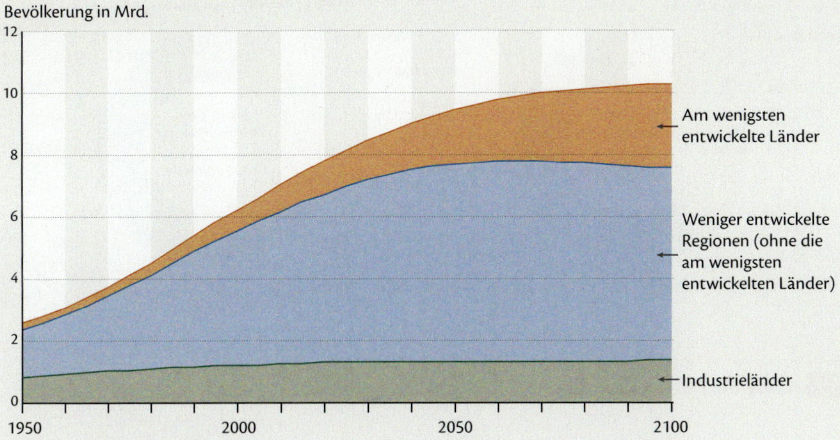

Nach: Deutsche Stiftung Weltbevölkerung, Datenreport 2011, Hannover 2011, S. 3. Quelle: Stiftung Weltbevölkerung

M7 Die Welt – ein Dorf

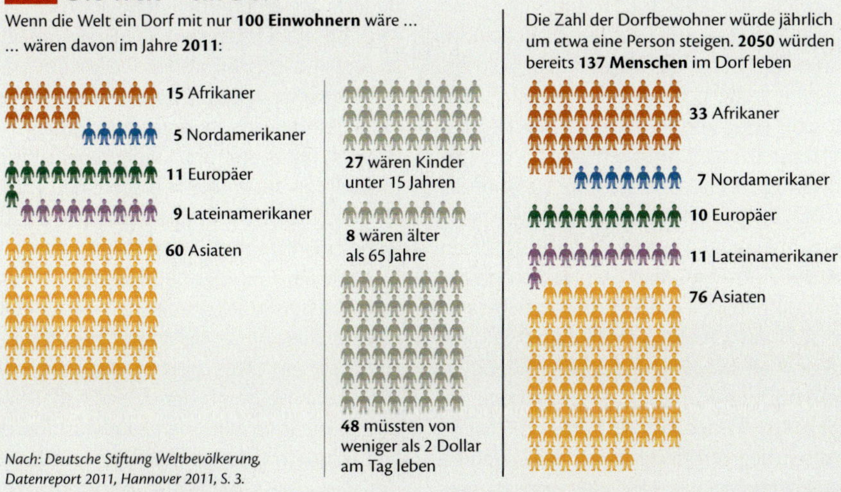

Nach: Deutsche Stiftung Weltbevölkerung, Datenreport 2011, Hannover 2011, S. 3.

1 Erstellen Sie nach der Szenario-Methode in Gruppen Szenarien für die Welt 2050. Beziehen Sie dazu die Aspekte Bevölkerungswachstum und Ressourcen, nachhaltige Entwicklung der Welt und Klimawandel, Bedrohung durch Krankheitserreger und steigender Energiebedarf der Menschheit ein.

2 Diskutieren Sie die Ergebnisse Ihrer Szenarien.

3 Präsentieren Sie Ihre Szenarien in der Öffentlichkeit und diskutieren Sie sie mit Entscheidern in Wirtschaft und Politik – etwa in Form einer Podiumsdiskussion oder einer Talkshow.

M 8 Regionale Verteilung der Weltbevölkerung

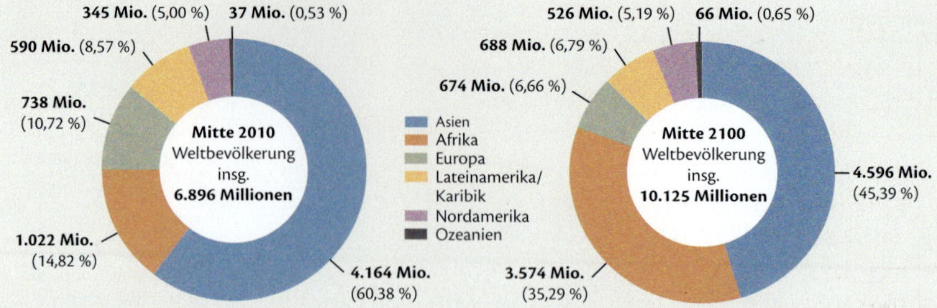

Nach: Deutsche Stiftung Weltbevölkerung, http://www.weltbevoelkerung.de (Zugriff: 23.1.2012). Quelle: UN

Living Planet Report (Bericht über die lebende Welt): Bericht, den die Umweltstiftung WWF (World Wildlife Fund for Nature) alle zwei Jahre herausgibt und in dem Umweltschützer beschreiben, wie es um die Erde mit ihren Meeren, Flüssen und Wäldern bestellt ist

M 9 Globaler Ökologischer Fußabdruck

Der Ökologische Fußabdruck drückt die biologisch produktive Land- und Wasserfläche aus, die erforderlich ist, um die vom Menschen genutzten erneuerbaren Ressourcen bereitzustellen, und berücksichtigt den Raum, der für Infrastruktur und Vegetation erforderlich wäre, um das ausgestoßene Kohlendioxid (CO_2) absorbieren zu können. Auch hier zeigt sich eine durchgehende Tendenz: die eines kontinuierlichen Wachstums. Im Jahr 2007, dem jüngsten Jahr, für das Daten verfügbar sind, überstieg der Fußabdruck die Biokapazität der Erde – also die Fläche, die zum Erzeugen erneuerbarer Ressourcen und zur Aufnahme von CO_2 tatsächlich zur Verfügung steht – um 50 Prozent. Insgesamt hat sich der Ökologische Fußabdruck der Menschheit seit 1966 verdoppelt. Dies ist vor allem auf den Kohlenstoff-Fußabdruck zurückzuführen, der seit 1961 um das Elffache und seit der Veröffentlichung des ersten Living Planet Reports (LPI) 1998 um ein gutes Drittel zugenommen hat.

Allerdings hat nicht jeder Mensch den gleichen Fußabdruck, und es gibt enorme Unterschiede zwischen verschiedenen Staaten, insbesondere wenn Wirtschaftskraft und Entwicklungsstand stark abweichen. (...)

Der Wasser-Fußabdruck der Produktion bildet eine zweite Messgröße des menschlichen Bedarfs an erneuerbaren Ressourcen und zeigt, dass 71 Länder derzeit auf die eine oder andere Art ihre Süßwasserquellen über Gebühr beanspruchen. Dieses Phänomen hat tiefgreifende Auswirkungen auf die Gesundheit von Ökosystemen, auf die Lebensmittelproduktion sowie die menschliche Lebensqualität und wird durch den Klimawandel wahrscheinlich noch verschärft werden.

Der LPI, der Ökologische Fußabdruck und der Wasser-Fußabdruck der Produktion überwachen Veränderungen bei der Gesundheit von Ökosystemen und ihrer Inanspruchnahme durch den Menschen, liefern aber keine Informationen zum Zustand der Umweltleistungen – d. h. der Nutzeffekte, die der Mensch aus der Natur zieht und auf denen alle menschlichen Aktivitäten beruhen.

World Wildlife Fund (WWF): Living Planet Report 2010, Berlin o. J. (2011), S. 10

M 10 Ökologischer Fußabdruck und Biokapazität der Erde

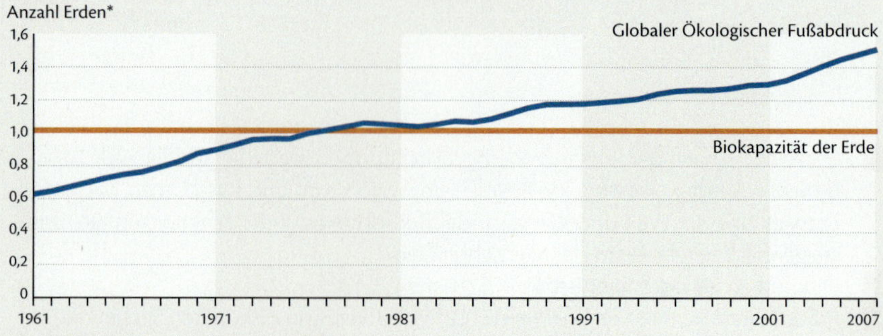

*„Anzahl Erden" bedeutet, dass die Kapazität der Erde ausreicht (1 Erde) oder überschritten wird

Nach: WWF, Living Planet Report 2010, Berlin o.J. (2011), S. 10. Quelle: Global Footprint Network, 2010.

M 11 Weltbevölkerung braucht Ressourcen von drei Erden

Zum Frühstück Kakerlaken, als Mittagessen ein Designer-Steak aus dem Labor und zum Abendessen Gen-Reis mit vielen Vitaminen, weil es schnell gehen muss – die Nährstoffe zählen. Was wie aus einem Science-Fiction-Roman klingt, sind künftige Ernährungsszenarien, die Wissenschaftler sich vorstellen können. Was davon tatsächlich Wirklichkeit wird, ist schwer zu sagen. In jedem Fall aber drängen sich angesichts der rasant wachsenden Weltbevölkerung zwei Fragen auf: Wie lässt sich der globale Hunger eindämmen, und wie werden die Menschen in Zukunft satt?

Die Uhr jedenfalls tickt: Alle 2,6 Sekunden wird nach Angaben der Deutschen Stiftung Weltbevölkerung (DSW) irgendwo auf der Welt ein Baby geboren. Mehr als sieben Milliarden Menschen leben derzeit auf der Erde – am 31. Oktober 2011 erst war der Stichtag, an dem der siebenmilliardste Erdenbürger erwartet wurde. Und die Zahl steigt weiter. Bis zum Jahr 2100 könnten laut UN über zehn Milliarden Menschen auf der Welt leben.

Das Wachstum findet dabei vor allem in Schwellen- und Entwicklungsländern wie China, Indien oder Nigeria statt. Dort soll nach DSW-Angaben allein in den nächsten vierzig Jahren die Bevölkerung von 5,7 auf fast 8 Milliarden Menschen wachsen. Wenn man den bisherigen Ressourcenverbrauch berücksichtigt, bräuchte man im Jahr 2050 gleich drei Erden, um den Bedarf all dieser Menschen zu decken, heißt es bei der Umweltorganisation WWF (*s. auch M 10*).

Dabei ist das Problem gar nicht, dass es nicht genug zu essen gäbe, sondern dass viel Nahrung verschwendet wird: Während weltweit eine Milliarde Menschen hungert – zum Großteil in den Entwicklungsländern –, werden jedes Jahr rund 1,3 Milliarden Tonnen Lebensmittel weggeschmissen. Das ist ungefähr ein Drittel der globalen Jahresproduktion, wie die Welternährungsorganisation FAO schätzt. In den Industrienationen sind die Gründe für die Verschwendung so vielfältig wie haltlos: Abgelaufene Haltbarkeitsdaten, überfüllte Supermärkte mit zu kleinen Lagerhallen oder oberflächliche Makel in Agrarprodukten sind Anlass genug, dass genießbare Lebensmittel im Müll landen. In den ärmeren Ländern dagegen geht die Nahrung zum Großteil schon nach der Ernte verloren, etwa durch schlechte Bedingungen beim Lagern oder während des Transports. Die Bekämpfung des weltweiten Hungers könnte also hier ansetzen. Jedoch reicht es nach Ansicht von Experten nicht aus, nur die Lebensmittelverschwendung zu verringern, wenn die Versorgung künftig gesichert werden soll. Bereits beim Anbau von Nahrungspflanzen müsse sich einiges verändern.

dpa: Weltbevölkerung braucht Ressourcen von drei Erden, Die Welt v. 11.1.2012, in www.welt.de (Zugriff: 9.8.2012)

M12 Die Reichweite von Reserven

Beispiel der statistischen Reichweite der Reserven für Metall- und Nichtmetallrohstoffe als Maß für die Notwendigkeit von Explorationsaufwendungen

Lebensdauer 2004 – Momentaufnahme eines dynamischen Systems in Jahren

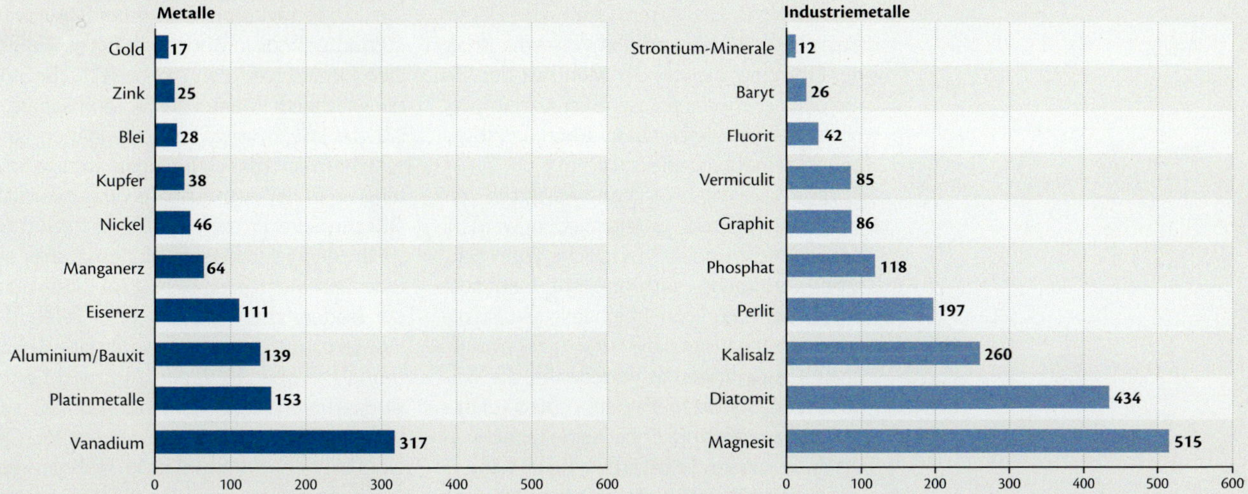

Quelle: Bundesanstalt für Geowissenschaften und Rohstoffe 2006

Überhitzung? – Klimawandel und Nachhaltigkeit

Aus den Living Planet Reports des WWF geht hervor, dass die Menschheit die Erde so verschmutzt, dass sie unbewohnbar zu werden droht. Vor allem die globale Erwärmung bzw. der Klimawandel ist hier ins Blickfeld gerückt. Unter der globalen Erwärmung versteht man den Anstieg der Durchschnittstemperatur der erdnahen Atmosphäre und der Meere in den vergangenen Jahrzehnten sowie deren künftig erwartete Erwärmung. Dieser Wandel des Weltklimas ist in erster Linie keine vorübergehende, natürliche Erscheinung, sondern menschengemacht und in seinen Folgen schwer absehbar. Was müsste getan werden, um die Entwicklung in einem beherrschbaren Rahmen zu halten?

M 13 Globale Durchschnittstemperatur in °C

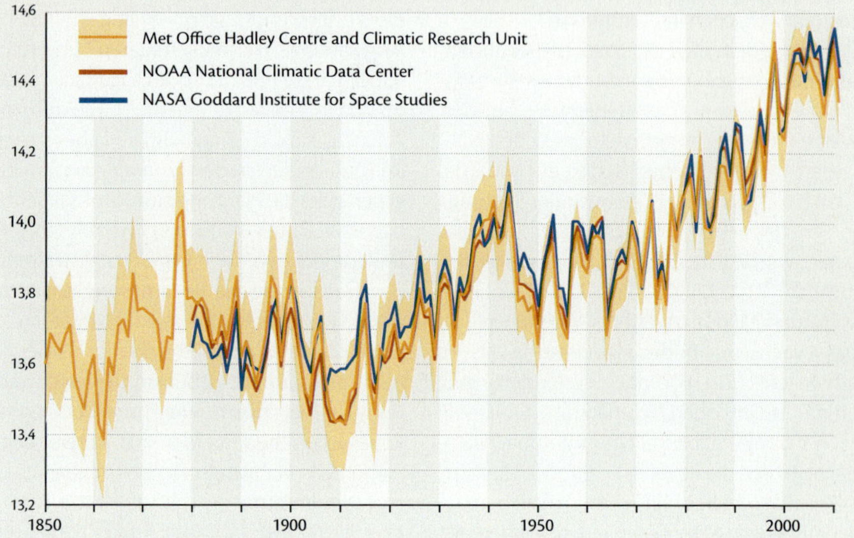

Nach: Fischer Weltalmanach 2012. Quelle: WMO 2011

M 14 Klimawandel

Das zurzeit wohl größte globale Umweltproblem mit negativen Folgen auch für die Ozonschicht, die Artenvielfalt, die Fläche fruchtbarer Böden und den Wasserhaushalt der Erde stellt die von der Mehrheit der Klimaforscher erwartete rasche Erwärmung der bodennahen Luftschichten durch den sogenannten Treibhauseffekt dar.

Es muss allerdings zwischen zwei Arten von „Treibhauseffekten" unterschieden werden: der natürliche und der zusätzliche, vom Menschen verursachte, anthropogene Treibhauseffekt. Der natürliche Treibhauseffekt ist zunächst durchaus positiv. Er führt zu erträglichen Temperaturen in Bodennähe, die Voraussetzung für die Vielfalt des Lebens auf unserem Planeten sind. Er hat seine Ursache in der Atmosphäre, die die Erde umgibt. Gäbe es diese „Schutzhülle" nicht, so hätten wir eine über den ganzen Planeten und alle Jahreszeiten gemittelte Durchschnittstemperatur von schätzungsweise –11° bis –18°Celsius. Tatsächlich beträgt die globale durchschnittliche Lufttemperatur in Bodennähe aber + 15°C. Den Unterschied von 26° bis 33°C bewirkt der wärmende Mantel der Erdatmosphäre.

Für die Erwärmung der bodennahen Luftschichten sind dabei nur einige wenige Spurengase in der Atmosphäre verantwortlich. Nur rund drei Prozent der Masse der Atmosphäre definieren den Strahlungshaushalt der Erde: Den wichtigsten Beitrag zur Erwärmung der bodennahen Luftschichten liefert der Wasserdampf. Er allein bewirkt eine Erwärmung von über 20°C. Am zweitwichtigsten ist das Treibhausgas Kohlendioxid (CO_2). Es bringt eine Erwärmung um weitere 7°C. Obwohl die Konzentrationen der Treibhausgase Ozon, Distickstoffoxid (Lachgas) und Methan weit unter der von Kohlendioxid liegen, beträgt ihr Anteil am natürlichen Treibhauseffekt immer noch 2,4°, 1,4° und 0,8°C. (…) Kohlendioxid wird durch die Atmung von Tieren und Menschen freigesetzt oder durch natürliche Verbrennungsprozesse. Methan entsteht etwa bei Vergärungsprozessen; Wasser wird von Pflanzen bzw. der Sonne verdunstet usw. Es hat sich ein natürliches Gleichgewicht in der Atmosphäre eingependelt, den Quellen für diese Treibhausgase stehen ausreichende Senken (CO_2-Speicher wie Wälder und Ozeane) gegenüber.

Dieses Fließgleichgewicht wird durch den Menschen seit einigen Jahrhunderten massiv beeinflusst. Die Konzentration der Treibhausgase in der Atmosphäre nimmt dadurch ständig zu, sodass sich die bodennahen Luftschichten immer stärker erwärmen. Beeinflussten zunächst vor allem Änderungen in der Landnutzung (Rodung der Wälder, Feldbau) das Klima und die Zusammensetzung der Erdatmosphäre, so traten nach der industriellen Revolution Verbrennungsprozesse in den Vordergrund. Auch sind durch die chemische Industrie neue, bis dahin auf der Erde nicht existente Gase (z. B. FCKW, H-FCKW oder FKW) in die Luft gelangt, die ebenfalls als Treibhausgase wirken: Der sogenannte zusätzliche, anthropogene Treibhauseffekt ist entstanden.

Heinz Gmelch: Globale Umweltprobleme – Dimensionen, Ursachen, Lösungsansätze, in: Mir A. Ferdowsi (Hg.): Weltprobleme, Bonn: Bundeszentrale für politische Bildung 2008, S. 238 f.

M 15 Globale Treibhausgasemission

in Mrd. t CO_2-Äquivalent, 1990 bis 2050

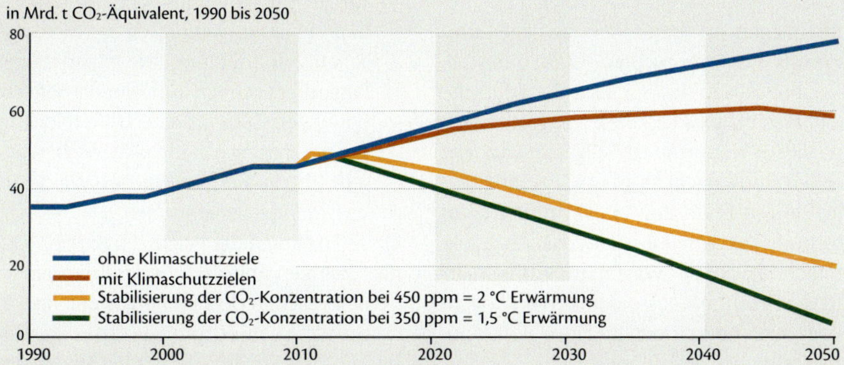

Nach: Fischer Weltalmanach 2012. Quelle: PIK, Ecofys, Climateanalytics 2011

WGBU: Wissenschaftlicher Beirat der Bundesregierung zur globalen Umwelterwärmung

Leitplanke: Leitlinie zur tolerablen Umweltveränderung (z. B. Erderwärmung um höchstens 2 Grad Celsius gegenüber der vorindustriellen Zeit, eine Setzung, die größere Umweltschäden beherrschbar machen soll)

IPCC: Intergovernemental Panel on Climate Change, Weltklimarat der Vereinten Nationen

M 16 Entwicklung der Erdtemperatur

Globaler Temperaturverlauf in Vergangenheit und Zukunft. Gezeigt sind rechts drei verschiedene Emissionsszenarien (B1, A2 und A1FI); die farbigen Bereiche sind die dazu gehörigen klimatologischen Unsicherheitsspannen.

Temperaturabweichung relativ zum Mittel von 1880–1920 (°C)

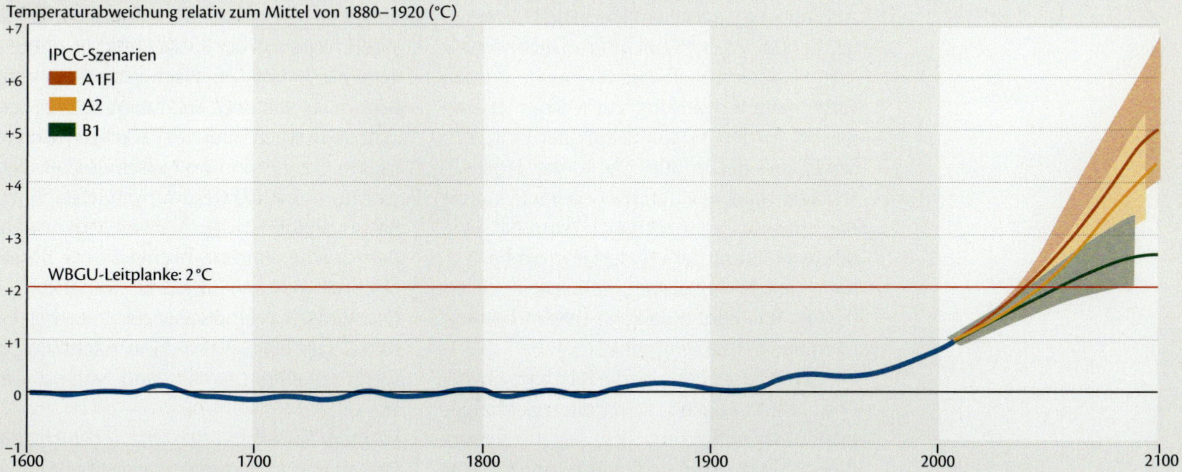

Nach: Wissenschaftlicher Rat der Bundesregierung: Globale Umweltveränderungen, Hauptgutachten: Welt im Wandel. Gesellschaftsvertrag für eine Große Transformation. Berlin 2011, S. 38 f.

M 17 Nachhaltigkeit

Nachhaltigkeit oder nachhaltige Entwicklung (sustainable development) hat Wurzeln in allen Kulturen; schon die Indianer haben „nachhaltig" gelebt. Beleg dafür ist ein See in Südamerika, dessen Name „Manchau gagog changau gagog chaugo gagog amaug" sinngemäß lautet: „Wir fischen auf unserer Seite, ihr fischt auf eurer Seite und niemand fischt in der Mitte." Diese „offensichtlich einfache Anweisung für den nachhaltigen Umgang mit lebensnotwendigen Ressourcen" zeigt, dass hinter Nachhaltigkeit eine Überlebensstrategie steht. Deutlich wird dies auch im Allmende-Denken, d. h. in der Bewirtschaftung von Gemeingütern (engl. Commons), was Nachhaltigkeitsbewusstsein, Verantwortungsgefühl und Respekt vor der Natur zeigt. Der Nachhaltigkeitsgedanke ist vor allem in bäuerlichen Kulturen seit der Antike eine Selbstverständlichkeit. Die Wurzeln des Begriffes liegen im Jagdwesen, als Jäger und Sammler sich darum bemühten, ihren Lebensunterhalt zu sichern. „Das alte deutsche Wort ‚Nachhalt' bezeichnete früher jene Vorräte, die für Notzeiten zurückgelegt wurden." Der Terminus „nachhaltig" bzw. „nachhalten" wird „gegen Ende des 18. Jahrhunderts als Ableitung aus dem Substantiv ‚Nachhalt' (eigentlich Rückhalt, was man zurückhält) nachgewiesen". Alltagssprachlich wird „nachhaltig" auch heute noch im Sinne von „dauerhaft wirksam" gebraucht. (...)

Im 18. Jahrhundert wurde Nachhaltigkeit erstmals als Grundsatz in der deutschen Forstwirtschaft formuliert. Der erste niedergeschriebene Gedanke zur Nachhaltigkeit stammt vom sächsischen Oberberghauptmann Hans Carl von Carlowitz (1645–1714) aus Freiberg (Sachsen). In seinem 1713 veröffentlichten Werk „Sylvicultura Oeconomica, oder Haußwirtschaftliche Nachricht und Naturgemäße Anweisung zur Wilden Baum-Zucht" fordert er eine Form der Holzwirtschaft, bei der immer nur so viel Holz geschlagen wird, wie durch Wiederaufforstung nachwachsen kann. Er spricht von „nachhaltender Nutzung der Wälder" und plädiert dafür, „... einen Anbau des Holzes anzustellen, dass es eine kontinuierliche, beständige und nachhaltige Nutzung gebe." (...)

Hieraus ergibt sich, dass die forstwirtschaftliche Nachhaltigkeit bzw. die nachhaltige Waldbewirtschaftung kein eigenständiges Ziel ist. Sie ist vielmehr als Grundprinzip eines wirtschaftlichen Forstbetriebes zu verstehen,

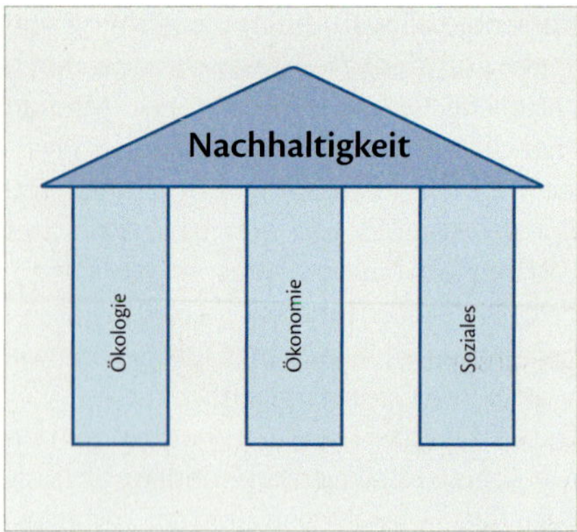

welches auf folgenden Komponenten beruht:

- *Langfristigkeit:* Die Leistungen bzw. Wirkungen des Waldes sind stetig zu sichern.
- *Sozialpflichtigkeit:* Die Interessen der Gesellschaft am Wald können zu Einschränkungen der Nutzungsrechte führen.
- *Ökonomie:* Notwendigkeit zur wirtschaftlichen Forstnutzung bei planmäßigem Ressourcenschutz, um einen möglichst optimalen Gesamtnutzen zu erreichen.
- *Verantwortung:* Verantwortungsbewusstsein für die Bedeutung des Waldes für kommende Generationen.

Diese Prinzipien der Nachhaltigkeit bzw. der nachhaltigen Entwicklung (...) wurden aus dem forstlichen Bereich heraus auf viele andere globale Umweltprobleme bezogen und sind so zu einer grundlegenden Handlungsmaxime in allen Wirtschafts- und Gesellschaftsbereichen geworden.

Grundsätzlich geht es um den Erhalt des Naturkapitals. „Der natürliche Kapitalstock muss konstant bleiben, die Menschheit muss lernen, von dessen Erträgen zu leben und nicht von dessen Plünderung." (...) „Von den Zinsen leben, nicht von der Substanz" kann heute als generelles Motto der Nachhaltigkeit gelten. Begrifflich ist hier zu erwähnen, dass es beim „Konzept Nachhaltigkeit" weniger um eine exakte Definition von Nachhaltigkeit geht, „sondern um die Bestimmung dessen, was Bestand haben soll, und um die Verknüpfung der zeitlichen und räumlichen Ebene, die eine Nachhaltigkeitspolitik einzubeziehen hat. Die Grundidee basiert also auf der einfachen Einsicht, dass ein System dann nachhaltig ist, wenn es selber überlebt und langfristig Bestand hat.

Edmund Spindler: Geschichte der Nachhaltigkeit. in: http://www.nachhaltigkeit.info/media (Zugriff: 28.1.2012)

M 18 Transformation zur Nachhaltigkeit

Unter Großer Transformation versteht der WBGU die weltweite Veränderung von Wirtschaft und Gesellschaft in Richtung Nachhaltigkeit. Um bestehende Blockaden zu überwinden, ist die Transformation auf gesellschaftliche Gestaltung angewiesen. Das Ausmaß einer Großen Transformation zur Nachhaltigkeit ist vergleichbar mit den beiden fundamentalen Transformationen der Weltgeschichte: der Neolithischen Revolution (der Verbreitung von Ackerbau und Viehzucht) sowie der Industriellen Revolution (dem Übergang von der Agrar- zur Industriegesellschaft).
Am Beispiel des Klimawandels heißt dies: Sollen mehr als 2°C Erwärmung vermieden werden, müssen die globalen Treibhausgasemissionen noch in diesem Jahrzehnt ihr Maximum überschreiten und danach sehr schnell sinken. Vor allem die Energiesysteme, die Landnutzung und die urbanen Räume sollten so umgebaut werden, dass klimaverträgliche Gesellschaften mit entsprechend angepassten Produktions- und Konsummustern sowie Lebensstilen entstehen können. Bei den Energiesystemen geht es in erster Linie um eine drastische Steigerung der Energieeffizienz und die technische Umgestaltung auf emissionsfreie Energieträger.
Die Große Transformation verlangt Technologiesprünge, neue Wohlfahrtskonzepte, vielfältige soziale Innovationen sowie ein bislang unerreichtes Niveau an internationaler Kooperation. Sie kann nur gelingen, wenn die Menschen sie wollen. Immer mehr Menschen weltweit wünschen sich einen Wandel in Richtung Nachhaltigkeit und Zukunftsfähigkeit. Jetzt gilt es, die Blockaden gegen die Transformation zu überwinden und den Übergang zu beschleunigen. Dazu ist die Transformation auf gesellschaftliche Gestaltung angewiesen.
Die Transformation zur Nachhaltigkeit hat das Ziel, die Lebensgrundlagen der Menschheit langfristig zu sichern. Klimaschutz spielt dabei eine entscheidende Rolle. Die Transformation vermeidet nicht nur irreversible Schäden im Erdsystem, sondern sie bringt auch wertvolle Vorteile für die Menschen mit sich. Viele Faktoren beschleunigen die Transformation. Die Technologie ist reif, die Finanzierung möglich und die politischen Instrumente sind bekannt.

Wissenschaftlicher Rat der Bundesregierung: Globale Umweltveränderungen, Factsheet Nr. 4/2011: Transformation zur Nachhaltigkeit, Berlin 2011

M 19 Blockierende und begünstigende Faktoren für die Transformation zur klimaverträglichen Gesellschaft

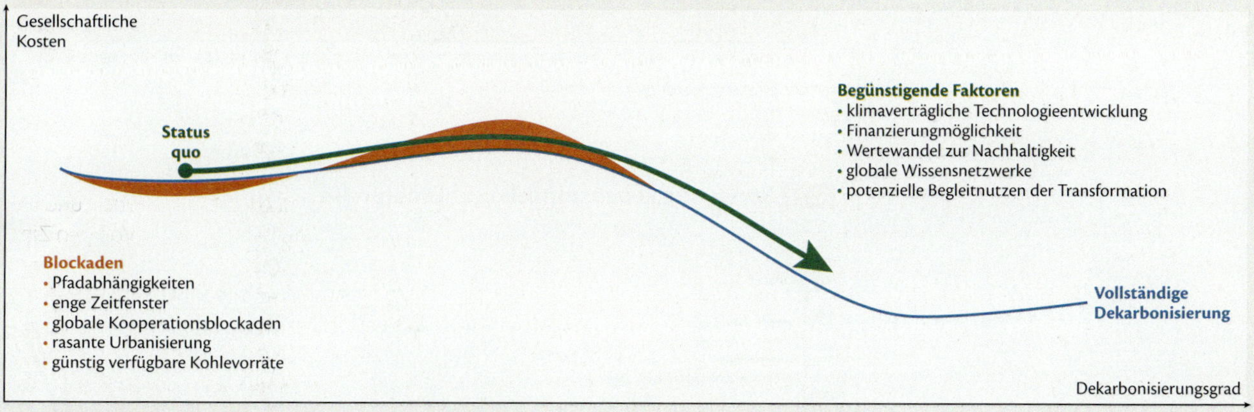

Quelle: WBGU, Hauptgutachten 2011

1. Stellen Sie die Fakten zum Problem der Erderwärmung zusammen. Ergänzen Sie die Materialien durch eine aktuelle Recherche.
2. Überprüfen Sie, inwiefern die vom IPCC und dem WGBU vorgeschlagene Leitplanke (2-Grad-Ziel) eingehalten wurde bzw. wird.
3. Beurteilen Sie die Gründe für eine eventuelle Nichteinhaltung.
4. Beurteilen Sie, inwiefern das Nachhaltigkeitskonzept in Bezug auf die Klimakatastrophe ein realistisches Modell ist.

Aus der Traum? – Energiebedarf der Menschheit

Die Industrielle Revolution hat den Energiebedarf der Menschheit dramatisch gesteigert. Die Industrieländer bleiben bis heute auf hohem Niveau die hauptsächlichen Energieverbraucher. Aber die Entwicklungsländer holen auf, und vor allem die Erfolge der Schwellenländer erhöhen den Energiebedarf erneut. Diesem wachsenden Energiebedarf steht die zunehmende Knappheit an fossilen Energieträgern gegenüber. Sie gehen eindeutig dem Ende zu. Wie soll der wachsende globale Energiebedarf gedeckt werden? Atomenergie wäre eine Alternative – sie birgt allerdings zu große Risiken. Ein Ausweg wäre die verstärkte Nutzung alternativer Energien, so zumindest die Schlussfolgerung in Deutschland. Durch den Atomausstieg nach der Reaktorkatastrophe von Fukushima 2011 wurde in Deutschland ein Entwicklungspfad eingeschlagen, der die Energieerzeugung aus Atomkraft beenden und auf erneuerbare Energien setzen will. Da eine der Atomenergie folgende Entwicklung der Kernfusion noch in weiter Ferne liegt, sind die erneuerbaren Energien die bestehende Alternative. Doch lässt sich der steigende Energiebedarf wirklich durch erneuerbare Energien auffangen?

M 20 Welt-Energieverbrauch nach Energieträgern

in Mrd. t Öleinheiten, kommerzielle Energie, 1985 bis 2010

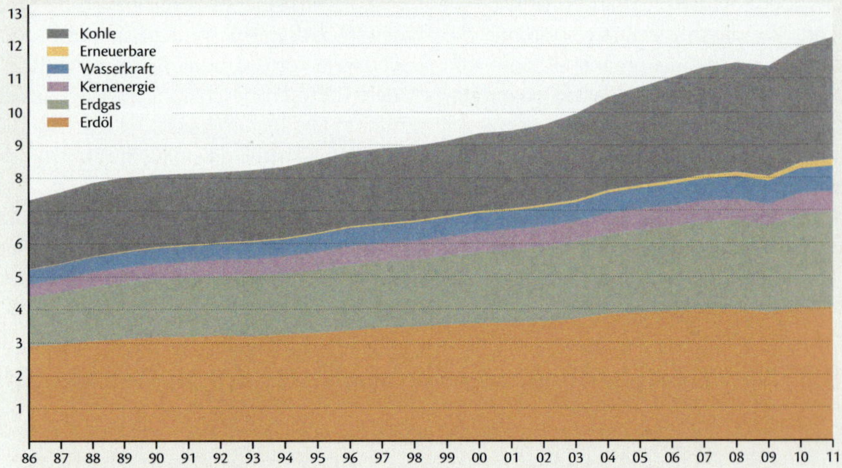

Nach: Fischer Weltalmanach 2012. Quelle: BP 2011

M 21 Steigende Lebensmittel- und Erdölpreise

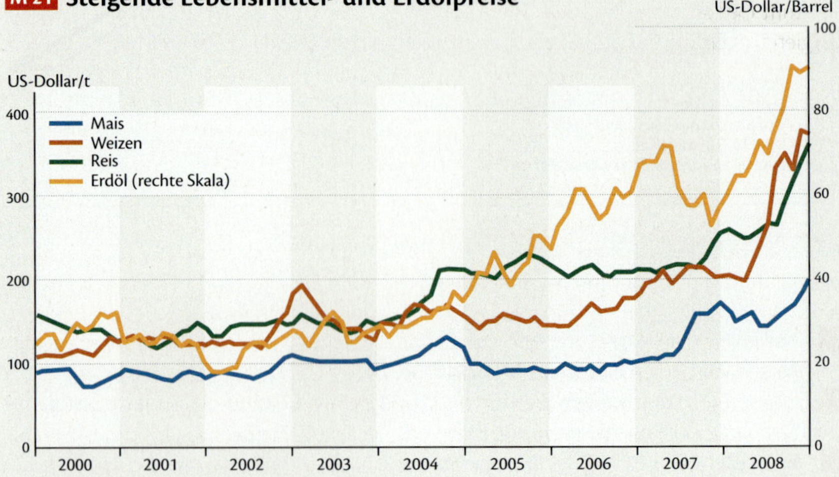

Nach: Zukunftsfähiges Deutschland in einer globalisierten Welt. Eine Studie des Wuppertal Instituts für Klima, Umwelt, Energie, Frankfurt a.M. 2008, S. 50

M 22 Energiehunger weltweit

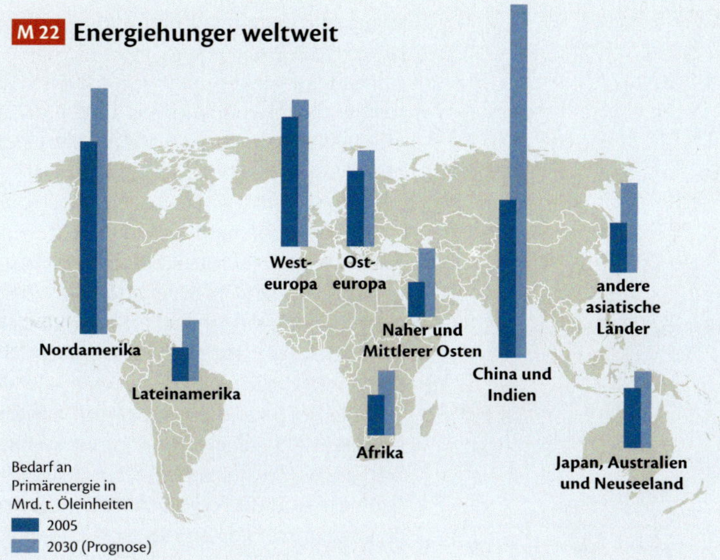

Nach: Le Monde diplomatique, Atlas der Globalisierung, 2009, S. 74 Schätzungen, Stand 2007

M 23 Welt-Energieverbrauch nach Kontinenten und Regionen

Primärenergieverbrauch in Mio. t. Öleinheiten	2000	2010	Veränd. zu 2009 in %	Welt-anteil in %
Nordamerika	**2757,2**	**2771,5**	**3,3**	**23,1**
USA	2313,7	2285,7	3,7	19,0
Mittel- und Südamerika	**464,4**	**611,9**	**4,6**	**5,1**
Europa (inkl. Russl. u. GUS)	**2821,4**	**2971,5**	**4,1**	**24,8**
EU 25	1720,4	1732,9	3,2	14,4
Russland	620,4	690,9	5,5	5,8
Naher Osten	**416,2**	**701,7**	**5,4**	**5,8**
Afrika	**272,1**	**372,6**	**3,4**	**38,1**
Asien und Ozeanien	**2651,2**	**4573,8**	**8,5**	**8,5**
China	1038,2	2432,2	11,2	20,3
Indien	295,8	524,2	9,2	4,4
OECD	**5435,4**	**5568,3**	**3,5**	**46,4**
Welt	**9382,4**	**12 002,4**	**5,6**	**100**

Nach: Fischer Weltalmanach 2012. Quelle: BP 2011

M 24 Am Scheitelpunkt der Produktion

Die fossilen Energieträger wurden seit Ende der 1990er-Jahre wegen des starken globalen Wirtschaftswachstums viel stärker verbraucht als erwartet. Daher hat sich bereits jetzt bei einem der fossilen Energieträger, dem Erdöl, die Situation grundlegend geändert. Rekordpreise für Öl auf dem Weltmarkt, auch wenn Spekulation und Kriegsrisiken eine Rolle spielen, weisen darauf hin, dass die Zeit des billigen Öls der Vergangenheit angehört. Die Weltölproduktion erreicht einen Scheitelpunkt, jenseits dessen sich eine Schere zum weiter wachsenden Bedarf auftut. Kurz: Es handelt sich um ein Strukturproblem, nicht um ein Tagesphänomen. Zeitversetzt trifft dies auch für die anderen fossilen Energieträger Erdgas und Kohle zu.

Produktionsmaximum ist überschritten

Gegen diese Erwartung wird oft der Hinweis auf die sogenannte statische Reichweite der Ölreserven (Quotient aus Reservengröße und aktueller Produktion) ins Feld geführt. Als gebrechliche Argumentationshilfe dient sie der OPEC, den Ölkonzernen, sogar lange Zeit der Internationalen Energieagentur in Paris, die ähnlich einer Gebetsmühle immer und immer wieder dasselbe Lied von den noch lange ausreichenden Vorräten herunterbeten. Diese Reichweite, so das Diktum, läge seit Jahrzehnten im Bereich von etwa 40 Jahren und wäre somit eher eine „Konstante", und deshalb das beunruhigende Fazit. Das beruhigende Fazit: weit und breit keine Erschöpfungstendenzen, keine Knappheiten erkennbar. In der Tat, mathematisch mag dieser Quotient zutreffen; aber er ist nicht realitätstüchtig. Erstens sprechen alle Anzeichen dafür, dass der Verbrauch weiterhin so steil in die Höhe geht wie in der Vergangenheit. Und zweitens, wichtiger noch, kann die Ölproduktion nicht 40 Jahre auf gleichem Niveau verbleiben, um dann im 41. Jahr ins Nichts abzustürzen. Das ist weder geologisch-physikalisch noch produktionstechnisch möglich. Vielmehr verläuft die Produktion grob in Form einer Glockenkurve, die bis zu einem Scheitelpunkt ansteigt, um anschließend – eventuell nach Durchschreiten eines Plateaus – unweigerlich zu sinken. Dabei entsteht das Produktionsmaximum etwa am Erschöpfungsmittelpunkt der Gesamtreserven, also wenn die Hälfte der förderbaren Menge entnommen ist. Die meisten Beobachter erwarten das globale Produktionsmaximum innerhalb der nächsten zehn bis fünfzehn Jahre, die deutsche Energy Watch Group geht gar davon aus, dass es bereits im Jahr 2006 erreicht wurde. Die Internationale Energieagentur hat in jüngster Zeit bezüglich der Steigerung der globalen Ölproduktion kritischere Töne angeschlagen und endlich auch die Knappheit von Erdöl thematisiert. Fakt ist: Von knapp hundert erdölproduzierenden Staaten hat die Hälfte ihr Fördermaximum bereits überschritten. Zu ihnen zählen so bedeutende

M 25 Verlauf der Welterdölproduktion

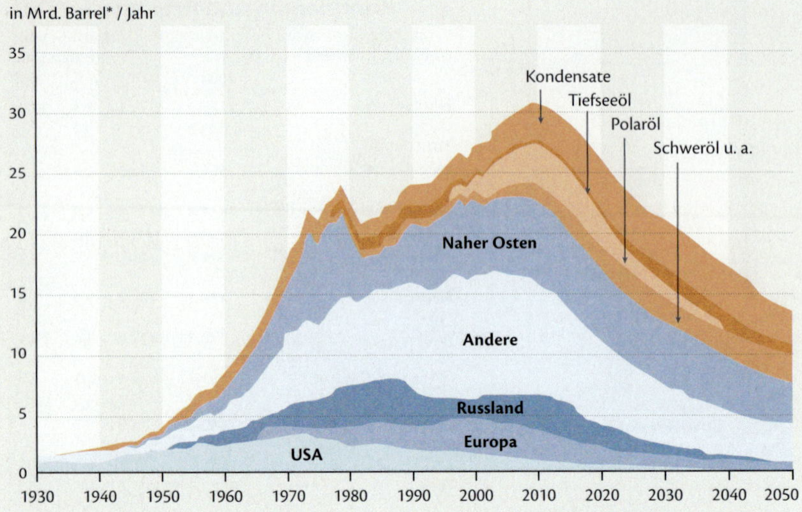

Quelle: Studie Zukunftsfähiges Deutschland, 2008

*Ein Barrel (engl.: Fass) enthält 159 Liter

Länder wie die USA (Produktionsmaximum/Peak 1970), Norwegen (2001), Großbritannien (1999) und Mexiko (2002). Indonesien, ein großer Produzent innerhalb der OPEC, ist inzwischen ein Nettoimporteur von Erdöl geworden! Einige Länder können ihre Produktion weiterhin noch steigern; zu diesen gehören zum Beispiel Angola und einige weitere afrikanische Länder, ebenso einige Staaten im Kaspischen Raum. Doch diese Produktionssteigerungen werden die sinkende Förderung der klassischen Erdölländer nicht ausgleichen können. (...)
Eine ähnlich glockenförmige Produktionskurve wie beim Erdöl ist auch für die Vorkommen an Erdgas zu erwarten, nur dass das Maximum mit einer Verzögerung von etwa zwei Jahrzehnten erreicht wird. In einem Vierteljahrhundert werden aller Voraussicht nach sowohl die Ölproduktion als auch die Gasproduktion in den großen Abschwung eingemündet sein.

Große Umverteilungen
Dabei ist das Sinken der Produktion in den einen Ländern das Glück der anderen, welche die Produktion noch halten oder steigern können. Auf die Letzteren warten zusätzliche Einnahmen, während die Ersteren wie alle Erdöl importierenden Länder sich auf eine steigende Abhängigkeit von immer weniger Anbietern einrichten müssen. Große Umverteilungen sind die Folge. Schätzungen zufolge werden die Staaten des Golf-Kooperationsrats (Gulf Cooperation Council) Saudi-Arabien, Bahrein, Oman, Vereinigte Arabische Emirate, Katar und Kuwait) im Jahr 2008 etwa 450 Milliarden US-Dollar an Einnahmen aus Öl- und Gasexporten erwirtschaften. Auch militärische Auseinandersetzungen sind verstärkt zu befürchten. Und betroffen sind wiederum vor allem die Ärmsten der Armen. In Entwicklungsländern wird deutlich mehr Öl pro Wirtschaftseinheit verbraucht als in Industrieländern – wegen der oftmals energieintensiven Industrien und der allgemein ineffizienten Verbrauchsstrukturen. Gelder aus der Entwicklungszusammenarbeit werden für Ölimporte ausgegeben.
Zukunftsfähiges Deutschland in einer globalisierten Welt. Eine Studie des Wuppertal Instituts für Klima, Umwelt, Energie, Frankfurt a.M. 2008, S. 42 ff.

M 26 Energieerzeugung durch Kernenergie

Seit den Reaktorunfällen im japanischen Fukushima im März 2011 wird auch in Europa wieder intensiv über die Zukunft der Atomkraft diskutiert. Im weltweiten Vergleich werden dort (*in Japan*) die meisten kommerziellen Atomanlagen betrieben. Die EU deckt beispielsweise ein Drittel ihres Energiebedarfs durch Strom aus Kernkraftwerken. Allerdings spielt die Atomkraft im Energiemix europäischer Staaten eine sehr unterschiedliche Rolle: Einige Länder messen ihr keine oder nur eine geringe Bedeutung bei (...). Andere hingegen setzen sowohl bei der Deckung des eigenen Bedarfs als auch bei Lieferverpflichtungen gegenüber dem Ausland auf diesen Energieträger.
Aus Sicht ihrer Befürworter bringt die friedliche Nutzung der Kernkraft eine Reihe von Vorteilen mit sich: Durch die Vermeidung von CO_2-Emissionen leiste sie einen wichtigen Beitrag zum Klimaschutz. Des Weiteren stehen Atommeiler nach ihrer Auffassung für eine leistungsfähige Forschung im Bereich der Hochtechnologie und somit für das Zukunftspotenzial eines Landes. Atomenergie könne auch dazu beitragen, die Abhängigkeit von anderen Energiequellen und deren Lieferanten zu verringern.
Darüber hinaus trage sie durch ihre Verlässlichkeit und Preisvorteile gegenüber anderen Energieträgern erheblich zur Versorgungssicherheit und zu wirtschaftlichem Wachstum bei.

Zu große Risiken

Gegner sehen in der Atomkraft ein überaus gefährliches Verfahren zur Energiegewinnung. Wie auch die jüngsten Erfahrungen in Japan zeigen, seien seine Risiken letztendlich nicht beherrschbar. Nach ihrer Auffassung bestehen sichere Alternativen, die einen wirkungsvolleren Beitrag zur CO_2-Reduktion leisten können. Kritiker der Kernkraft interpretieren das starke atomwirtschaftliche Engagement mancher Staaten nicht selten als Wettbewerbsverzerrung, die andere Energieträger benachteilige. Sie sind der Meinung, dass kostenintensive Maßnahmen zur Gefahrenvermeidung und -bewältigung in der Regel der Allgemeinheit überlassen werden. Darüber hinaus gehört das noch nicht gelöste Problem der Endlagerung von Atommüll zu den zentralen Argumenten der Kernkraft-Skeptiker. Auch künftig werden zahlreiche Faktoren die Debatte um die zivile Nutzung der Atomkraft in Europa beeinflussen. Dazu gehören die erhöhte Bedeutung der Versorgungssicherheit, Gefahren durch Terrorismus sowie eine größere Energieeffizienz durch den Einsatz neuer Technologien. Der Erschließung von zuverlässigen Endlagerstätten kommt eine besondere Bedeutung zu. Dabei bilden die energiepolitischen Grundsatzentscheidungen auf nationaler wie europäischer Ebene und das Akzeptanzniveau für die Kernkraft in der Bevölkerung wichtige Rahmenbedingungen. (...)

Von Windscale bis Tschernobyl

Risiken bei der Wiederaufbereitung von Brennstäben und bei der Endlagerung von Nuklearmaterial (*wurden*) wiederholt zum Thema. Als frühes Beispiel sei der Reaktorbrand in der britischen Atomanlage Windscale (heute Sellafield) im Jahre 1957 genannt. Er führte zu einer radioaktiven Wolke, die sich über weite Teile Europas erstreckte und deren Folgen bis heute noch nicht vollständig erfasst sind. Im Zuge weiterer Pannen geriet der Komplex im Norden Englands immer wieder in die Kritik. Nicht zuletzt sorgte die restriktive Informationspolitik der zuständigen Behörden dafür, dass das Image der Anlage unter derartigen Vorfällen erheblich litt. Dennoch sorgten langfristige Lieferverträge u. a. mit Energieunternehmen aus Deutschland (bis 2005), der Schweiz oder Japan für eine weitgehende Auslastung der Kapazitäten.

Einschneidende Folgen für die Bewertung von Chancen und Gefahren einer friedlichen Nutzung von Atomkraft hatten die Unfälle im US-amerikanischen Harrisburg („Three Mile Island“, 1979) und im ukrainischen Tschernobyl (1986). Letztere Katastrophe verdeutlicht aus der Sicht vieler Kernkraftgegner bis heute ausdrucksstark das Gefahrenpotenzial nuklearer Energiequellen und die Risiken, die sich in diesem Zusammenhang mit dem „Unsicherheitsfaktor Mensch“ verbinden. Für viele Staaten ergaben sich aus den dramatischen Ereignissen tiefe Einschnitte in der Ausrichtung ihrer Energiepolitik. So beschloss Österreich 1978 in einem Referendum den Verzicht auf den Bau eigener Atomkraftwerke. Die Italiener entschlossen sich im November 1987 zum Ausstieg aus der kommerziellen Kernenergie, obwohl das Land seit den 1960er-Jahren auf diese Technik zurückgegriffen hatte. 17 Jahre lang war es deshalb das einzige Mitglied der G 8-Gruppe ohne Stromproduktion aus eigenen Atomkraftwerken. In Schweden sprach sich die Bevölkerung 1980 dafür aus, die bestehenden Anlagen bis zum Ablauf ihres Laufzeitmaximums von 25 Jahren am Netz zu lassen und die in Bau befindlichen Anlagen fertigzustellen. Auf dieser Grundlage beschloss das Parlament den schrittweisen Ausstieg aus der friedlichen Nutzung der Kernenergie bis zum Jahre 2010. Voraussetzung dafür war allerdings die Erschließung alternativer Energiequellen. Ursprünglich sollten die Ereignisse in Tschernobyl Schwedens Einstieg in den Ausstieg beschleunigen und bereits 1995 einleiten. Politischer Druck und das Urteil einer Energiekommission führten jedoch zu einer dreijährigen Verzögerung.

Georg Weinmann: Vom einstigen Hoffnungsträger zum Auslaufmodell? Die Zukunft der Atomkraft, in: Deutschland und Europa 61/2011, S. 58 ff.

M 27 Prognosen zum Energiebedarf

Primärenergie in Mrd. t SKE pro Jahr

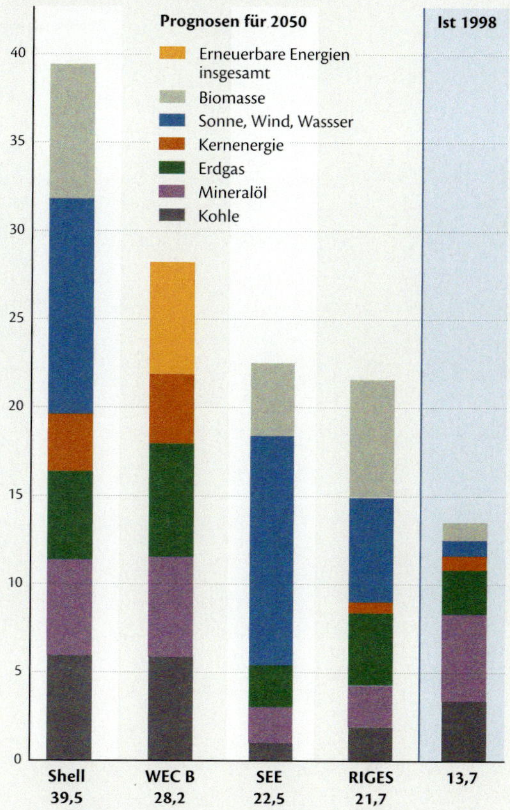

Shell-Studie Nachhaltige Entwicklung; WEC World Economic Council (Weltenergierat, mittlere Variante B); SEE Solar Energy Economy, Szenario des Deutschen Zentrums für Luft- und Raumfahrt; RIGES Renewable-intensive Global Energy Scenario.

Nach: BMU, Erneuerbare Energien und nachhaltige Entwicklung, Berlin 2002

M 28 Der Atomausstieg in Deutschland

Restlaufzeiten deutscher Atomkraftwerke

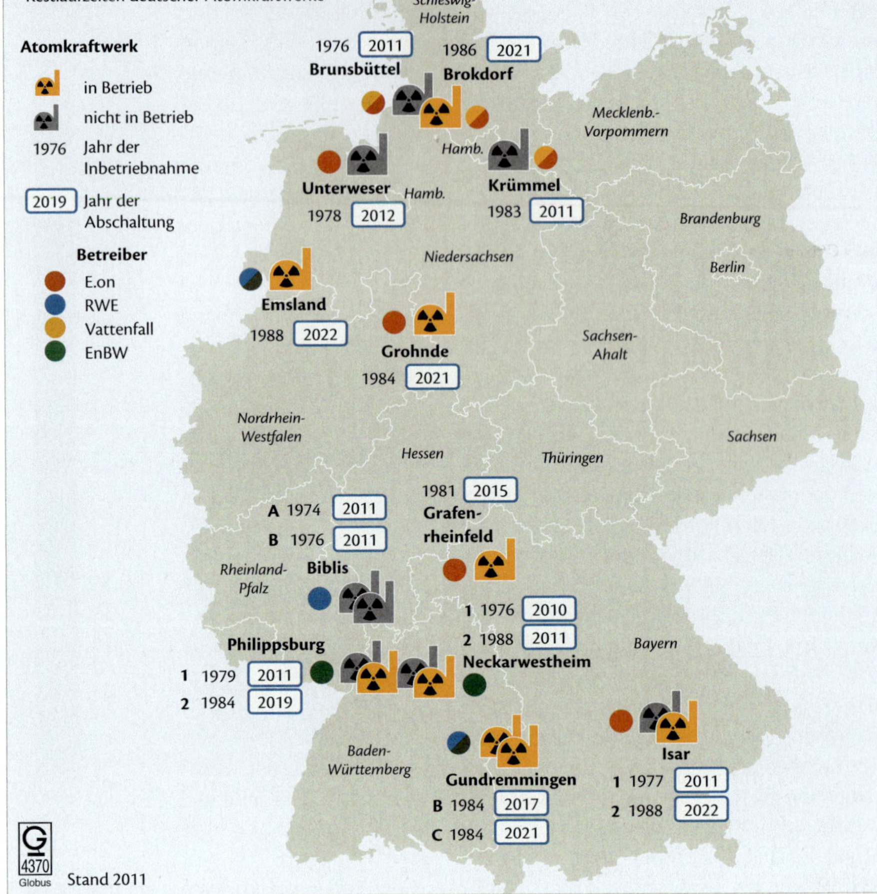

M 29 Strom genug von Nord bis Süd

Man stelle sich einmal vor, die Debatte über die Zukunft der Energieversorgung würde über den deutschen Horizont hinaus geführt, weit jenseits von AKW-Laufzeiten, Castor-Transporten und Endlagerfragen. (...) In dieser idealen Stromlandschaft würde unser Kontinent von Süden her von riesigen Sonnenparks und von Norden her aus großflächigen Offshore-Windenergieanlagen versorgt. In der Mitte würde ein intelligentes Stromnetz Tausende kleine Aggregate, darunter private Solardächer und Blockheizkraftwerke ebenso wie Biogasanlagen und Stauseen, zu einer Art Serververbund verdrahten. Kein Kilowatt ginge verloren, denn Europa wäre so etwas wie ein riesiges Energie-Internet. Wenn dieser Kontinent nur wollte, rechnen die Fachleute vor, könnte er sich zu 100 Prozent aus erneuerbaren Quellen versorgen. Der deutsche EU-Kommissar Günther Oettinger zum Beispiel glaubt fest daran. (...) Oettinger erinnert daran, dass die EU als Kohle- und Atomgemeinschaft gegründet wurde. Warum sollte sie in Zukunft keine Regenerativen-Gemeinschaft sein?

Sonne und Wind statt Kohle und Atom? So ganz und gar? Ist das wirklich machbar? „Ja", sagt Claudia Kemfert, Energieexpertin am Deutschen Institut für Wirtschaftsforschung, „das ist keine Illusion". Technisch sei eine Komplettversorgung Europas aus erneuerbaren Quellen möglich. Die Idee sei nicht einmal neu. „Sie ist eben nur irre teuer. Bisher hat sich die Industrie gedacht: Warum sollen wir in Sonne investieren, wenn Öl mehr Profit verspricht?" (...) Das ändert sich gerade. Bis zu 400 Milliarden Euro will ein Firmen-Konsortium, darunter Siemens, E.on und RWE, angeblich für das Wüstenstrom-Projekt Desertec aufbringen. Man warte bloß, sagt ein Vertreter der Gruppe, „auf die entsprechenden politischen Rahmenbedingungen".

Aber wo bleibt die Politik? In die Regierungszentralen der Mitgliedstaaten scheint Oettingers Modernisierungsgeist noch kaum Einzug zu halten. (...) Einfach gesagt, hakt es ganz oben und ganz unten. „Politisch haben wir uns in der EU nun einmal auf den Grundsatz geeinigt, dass jede Regierung über ihren Energiemix entscheidet", sagt Klaus Gretschmann, der Generaldirektor für den Binnenmarkt im Europäischen Rat. „Wir wollen nur da europäisch denken, wo es nötig, nicht wo es möglich ist." Offenbar sind die EU-Länder noch nicht bereit dazu, sich von den Ressourcen anderer abhängig zu machen, oder, umgekehrt, ihre Ressourcen in einen gemeinsamen Synergieraum einzubringen.

Ein Nadelöhr für Solarstrom sind beispielsweise die Pyrenäen. Über das Gebirge müssten neue Hochspannungsleitungen gezogen werden; Spanien kann derzeit nur drei Prozent seines Stroms exportieren, was zeitweise schon heute bedeutet, dass Wind- und Sonnenanlagen vom Netz genommen werden, wenn ein Stau entsteht. EU-weit rechnet Oettinger mit einem Investitionsbedarf von mindestens 50 Milliarden Euro. Doch neue Leitungen sind nicht nur teuer. Gegen mehr Masten und Drähte in der Landschaft wehren sich Betroffene in Spanien und Frankreich genauso hartnäckig wie in Norwegen oder Schottland. „In manchen Ländern reicht es schon, dass sich ein Grundstückseigentümer querstellt. Das kann einen Leitungsbau jahrelang stilllegen", sagt Konstantin Staschus, Generalsekretär der Vereinigung der europäischen Netzbetreiber. „In den Pyrenäen ziehen sich die Planungen schon über 30 Jahre hin." (...) Doch die zwangsläufige Wahl „AKWs oder Überlandleitungen" klar auszusprechen, davor scheuen sowohl Grüne wie Konservative zurück.

Jochen Bittner: Strom genug von Nord bis Süd, DIE ZEIT v. 1.11.10.2010, in: www.zeit.de (Zugriff: 10.8.2010)

Zeichnung: Mester

1 Erstellen Sie Thesen zum Welt-Energieverbrauch, nachdem Sie arbeitsteilig die Materialien **M 20** bis **M 23** ausgewertet haben.

2 Erläutern Sie am Beispiel des Erdöls die Grenzen für die Energieerzeugung aus fossilen Brennstoffen (**M 24**, **M 25**).

3 Erläutern Sie die Chancen und Risiken der Kernkraft als Energieträger (**M 26** bis **M 28**).

4 Beurteilen Sie die Chancen, den Energiebedarf durch erneuerbare Energieerzeugung europa- oder weltweit zu decken.

5 Diskutieren Sie den Beschluss Deutschen Bundestages vom 30.6.2011, die im Herbst 2010 beschlossene Laufzeitverlängerung rückgängig zu machen, acht Kernkraftwerke dauerhaft abzuschalten und die übrigen neun spätestens zu bestimmten Zeitpunkten dauerhaft abzuschalten (s. **M 28**). Nehmen Sie Stellung dazu.

Kyoto – ein Beispiel für internationale Kooperation?

Immer mehr setzt sich die Erkenntnis durch, dass die Erde unser gemeinsamer begrenzter Wohnort ist und dass dieser Wohnort in Gefahr ist. Dies hat internationale Politiker zum Umdenken bewegt. Besonders die Erderwärmung hat 1997 zu einem internationalen Abkommen geführt, dem Kyoto-Protokoll – benannt nach der japanischen Stadt Kyoto, in der die Konferenz stattfand. Seitdem gibt es Bestrebungen in der internationalen Gemeinschaft, die Festlegungen dieses Protokolls weltweit durchzusetzen und es als Vorbild für weitere notwendige internationale Vereinbarungen zu verankern. Das Kyoto-Protokoll ist aber nur ein Aspekt, an dem die Einbeziehung der Umweltproblematik in die internationale Politik deutlich wird.

M30 Wie das Kyoto-Protokoll entstand

Der Schutz der Umwelt und der natürlichen Ressourcen gelangte erst zu Beginn der 1970er-Jahre auf die Agenda der nationalen und internationalen Politik. Die erste UN-Umweltkonferenz fand 1972 in Stockholm statt. Eröffnungstag war der seitdem als „Weltumwelttag" begangene 5. Juni. Vorgenommen wurde eine Bestandsaufnahme der bis dahin identifizierten, besonders ernsthaften Umweltbelastungen und der damit verbundenen Gefahren für Weltgesundheit und -wirtschaft. Ergebnis war u. a. die Gründung des UN-Umweltprogramms UNEP (United Nations Environment Programme), auf dessen Initiative das Zustandekommen internationaler Umweltkonventionen zurückgeht, etwa das Washingtoner Artenschutzübereinkommen (1973), das „Montrealer Protokoll" (1987) zur Verminderung der Freisetzung von Stoffen, die die Ozonschicht zerstören, sowie die „Basler Konvention" (1989), die die Kontrolle des grenzüberschreitenden Transports gefährlicher Abfälle regeln soll.

Der 1987 von der UN-Kommission für Umwelt und Entwicklung vorgelegte sog. Brundtland-Bericht „Our common future" lieferte eine für die nachfolgende Diskussion maßgebliche Definition einer „Nachhaltigen Entwicklung"; „Dauerhafte Entwicklung ist Entwicklung, die die Bedürfnisse der Gegenwart befriedigt, ohne zu riskieren, dass künftige Generationen ihre eigenen Bedürfnisse nicht befriedigen können."

Zeichnung: Stuttmann

Die UN-Konferenz für Umwelt und Entwicklung (häufig auch „Weltumweltgipfel") fand 1992 in Rio de Janeiro statt. Wichtige Ergebnisse waren die „Deklaration von Rio über Umwelt und Entwicklung", das Aktionsprogramm „Agenda 21", die Klimarahmenkonvention und die Biodiversitätskonvention. 1997 wurde die Kommission für nachhaltige Entwicklung zur Überwachung und Beförderung der Umsetzung der Rio-Beschlüsse gegründet.

In den Jahren nach der von vielen schon als „Durchbruch der Weltumweltpolitik" gefeierten Rio-Konferenz machte sich Ernüchterung breit. Auf dem Weltgipfel für nachhaltige Entwicklung in Johannesburg 2002 musste man schon als Erfolg werten, dass in wichtigen Punkten bereits vereinbarte Zielvorgaben nicht aufgeweicht wurden.

Die aktuellen und zukünftigen globalen Umweltprobleme stehen großteils im Zusammenhang mit dem bereits eingetretenen Klimawandel. Deshalb verpflichteten sich auf der 3. Vertragsstaatenkonferenz der Klimarahmenkonvention (KRK) im Dezember 1997 in Kyoto/Japan die Industriestaaten auf eine überprüfbare Reduktion ihrer Treibhausgasemissionen im Zeitraum 2008–2012 um insgesamt 5,2 Prozent gegenüber dem Referenzjahr 1990.

Im Abschlussprotokoll, dem sog. Kyoto-Protokoll, werden völkerrechtlich verbindliche Zielwerte für den Ausstoß von sechs Klimaschadstoffen festgelegt, wobei CO_2 als Referenzwert dient. Es sieht für jeden Unterzeichnerstaat unterschiedliche Reduktionsziele vor, die v. a. von der jeweiligen wirtschaftlichen Entwicklung abhängen. So ist für die EU eine Emissionsabsenkung um insgesamt 8 Prozent vorgesehen, für die USA um 7 Prozent und für Japan um 6 Prozent, während Russland oder Neuseeland ihre Emissionen im Vergleich zu 1990 lediglich stabil halten müssen und Australien und Island sie sogar um 8 bzw. 10 Prozent erhöhen dürfen. Für Schwellenländer wie China oder Indien sowie für alle Entwicklungsländer sind bis 2012 keine Reduktionsverpflichtungen vorgesehen.

Das Kyoto-Protokoll trat erst am 16.2.2005 in Kraft, weil es dazu der Ratifizierung von mindestens 55 Unterzeichnerstaaten der Klimarahmenkonvention bedurfte, die zugleich für mindestens 55 der weltweiten CO_2-Emissionen von 1990 verantwortlich sein mussten. Da die USA als größter Schadstoffemittent dem Protokoll nicht beitraten, galten diese Bedingungen erst mit der Unterschrift Russlands im November 2004 als erfüllt.

Für das Jahr 2010 rechnet die UNO trotz aller bisherigen Bemühungen mit einem weiteren Anstieg des Treibhausgasausstoßes um 11 Prozent gegenüber 1990. In der Zukunft muss deshalb mit einer Verschärfung der Klimaproblematik gerechnet werden, was eine Reihe gravierender Folgen nach sich zieht.

dtv-Atlas Politik, 2. Aufl München 2011, S. 237

M 31 Kyoto-Ziele bis 2012 und Entwicklung der CO_2-Emissionen

Ab-, Zunahme der CO_2-Emission in Prozent, 1990–2006

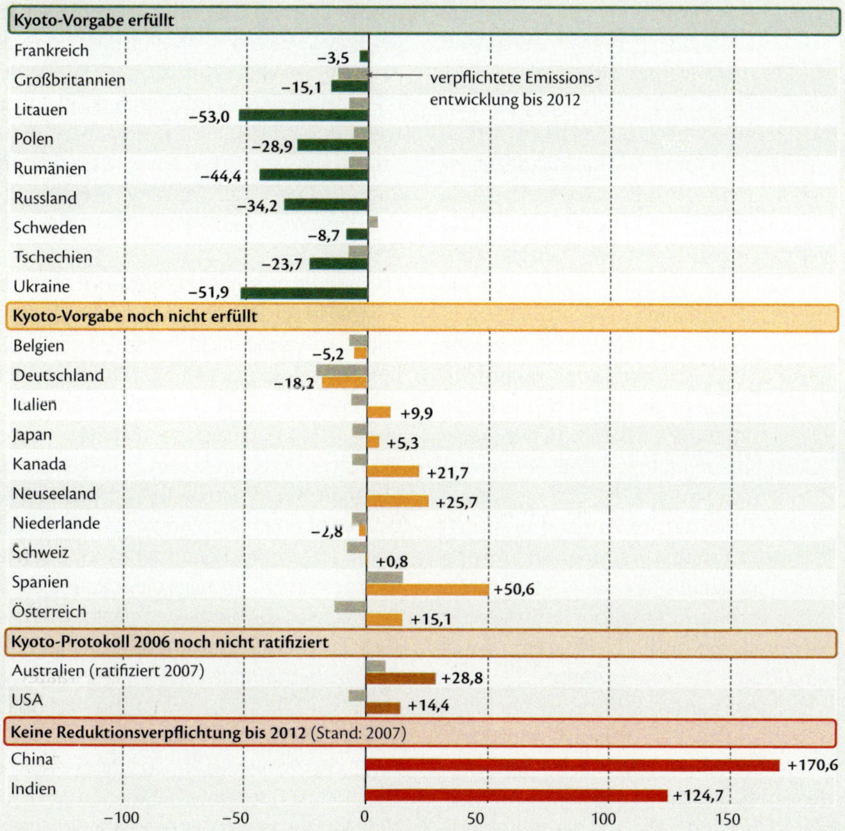

Nach: dtv-Atlas Politik. 2. Aufl. München: dtv 2011, S. 236

1 Erarbeiten Sie in Gruppen die bisherigen Ergebnisse der internationalen Bemühungen um die Umwelt bis 2007 (M 30, M 31). Ziehen Sie vor allem Folgerungen aus M 31.

2 Ergänzen Sie die Ergebnisse um eigene Recherche und um eine Analyse der Ergebnisse des Kyoto-Protokolls bis zum Jahr 2012.

3 Analysieren Sie dann in den Gruppen mögliche Gründe für die Schwierigkeit, internationale Vereinbarungen zum Klimaschutz zum Erfolg zu bringen (M 32 bis M 34).

4 Recherchieren Sie zum Emissionshandel und nehmen Sie Stellung dazu.

5 Führen Sie eine Podiumsdiskussion mit einem verantwortlichen Energiepolitiker/einer Energiepolitikerin oder -wirtschaftsfachmann bzw.-fachfrau zum Thema durch.

Clean Development Mechanism (CDM): Mechanismus für umweltverträgliche Entwicklung

Joint Implementation (JI): Gemeinschaftsreduktion

M32 Die flexiblen Mechanismen des Kyoto-Protokolls

Das Kyoto-Protokoll enthält neben den Reduktionszielen für die Unterzeichnerstaaten auch mögliche Instrumente, die sogenannten drei „flexiblen Mechanismen", anhand derer diese Staaten ihre Emissionen reduzieren können.

Emissionshandel

Die Idee ist simpel: Am Emissionshandel beteiligte Unternehmen erhalten von der Regierung ihres Landes ein „Schadstoff-Budget" mit einem Limit. Das besagt, wie viel klimaschädliches Kohlendioxid sie ausstoßen dürfen. Um diese Obergrenze einzuhalten, haben die Unternehmen drei Möglichkeiten:

- Sie können in ihren Anlagen Maßnahmen zur CO_2-Verringerung ergreifen.
- Sie können die kostengünstigsten Emissions-Reduktionen qua Zertifikate von einem anderen am Emissionshandel beteiligten Unternehmen kaufen, das diese nicht benötigt. Wenn sie selber unter der gesetzlich gezogenen Grenze liegen, können sie umgekehrt ihre eigenen Emissionsrechte verkaufen.
- Sie können kompensieren, das heißt Zertifikate von Klimaschutzprojekten im Ausland kaufen, die innerhalb des Clean Development Mechanism (CDM) oder Joint Implementation (JI) generiert werden. Aus Sicht des WWF darf der Ankauf von Zertifikaten im Ausland allerdings nicht zum Ersatz von eigenen Reduktionsbemühungen führen. Daher muss der Erwerb von Kompensationszertifikaten in einem Emissionshandelssystem durch eine Quote beschränkt sein.

Der Emissionshandel wird bisher vor allem von der Europäischen Union als Instrument zur Emissionsreduktion genutzt. Am europäischen Emissionshandel beteiligte Unternehmen sind daher mit Abstand die größten Abnehmer von Zertifikaten aus Kompensationsprojekten.

Clean Development Mechanism (CDM)

Das Instrument des CDM ermöglicht es Industrieländern und deren Unternehmen, Maßnahmen zur CO_2-Reduktion in einem Entwicklungsland durchzuführen. So können Reduktionsmaßnahmen oft kostengünstiger durchgeführt werden. Mit diesem Instrument verfolgt das Kyoto-Protokoll zwei Ziele: Zum einen verschafft es der Industrie mehr Flexibilität beim Erreichen ihrer Reduktionsziele, zum anderen sollen CDM-Projekte einen Beitrag zur nachhaltigen Entwicklung in Entwicklungsländern leisten und den dafür notwendigen Technologietransfer finanzieren. Bis Februar 2008 registrierte das CDM Executive Board weltweit 909 Projekte. Zusammen entstehen dadurch bis zum Jahr 2012 mehr als eine Milliarde Zertifikate, was einer Einsparung von mehr als einer Milliarde Tonnen CO_2 entspricht (für jede eingesparte Tonne CO_2 wird ein Zertifikat ausgegeben). Weitere 1915 Projekte sind in der Planung, die wiederum zu einer Einsparung von über einer Milliarde Tonnen CO_2 führen werden. Zum Vergleich: Deutschland verursachte im Jahr 2007 einen Ausstoß von knapp unter einer Milliarde Tonnen CO_2 (...). Die ersten CDM-Projekte wurden 2003 gestartet. (...)

Etwa 20 Prozent der Zertifikate, die sich Industrieländer gutschreiben lassen, entsprechen wahrscheinlich keinen zusätzlichen Emissionseinsparungen. Die mit diesen Zertifikaten unterstützten Projekte wären auch ohne CDM-Finanzierung realisiert worden. Sie führen letztlich zu einer Steigerung der Emissionen, weil sich die Industriestaaten diese Maßnahmen als Kompensation anrechnen und entsprechend mehr Treibhausgase emittieren. Zudem zeigt die Studie, dass der Beitrag von CDM-Projekten zu einer nachhaltigen Entwicklung der Empfängerländer häufig unzureichend ist.

Joint Implementation (JI)

Der JI-Mechanismus ermöglicht es einem Industriestaat oder Unternehmen, in einem anderen Industriestaat Emissionen reduzierende Projekte durchzuführen und sich diese Reduktionen im eigenen Land anzurechnen. Im Unterschied zum CDM handelt es sich also dabei nicht um Projekte in Entwicklungsländern.

wwf: Die flexiblen Mechanismen des Kyoto-Protokolls; in: http://www.wwf.de (Zugriff: 28.1.2012)

M 33 Staaten mit den größten energiebedingten CO_2-Emissionen

im Jahr 2009 in Millionen Tonnen, in Klammern: Veränderung von 1990 zu 2009 in Prozent

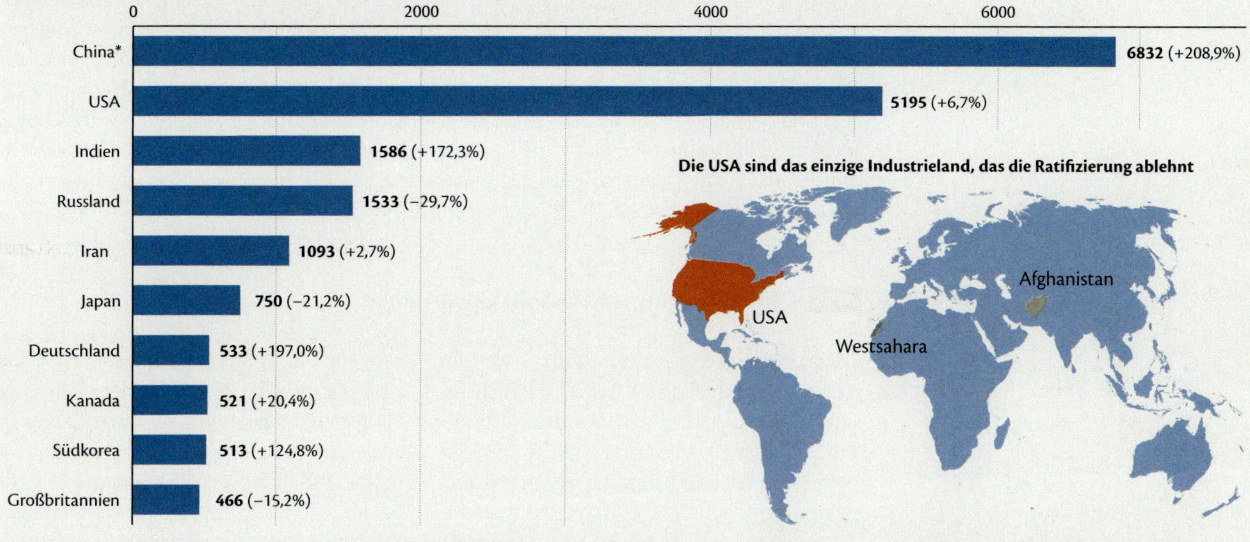

Das Kyoto-Protokoll wurde 1997 vereinbart und ist im Februar 2005 in Kraft getreten. Danach verpflichten sich die teilnehmenden Staaten, die Emission von sechs Treibhausgasen (u.a. Kohlendioxid) bis 2012 um mindestens fünf Prozent im Vergleich zu 1990 zu senken.

Nach: dpa-infografik. Quelle: UNFCCC, IEA. Stand Oktober 2011

*ohne Hongkong

M 34 Klimakonferenz mit schwachem Ergebnis

Nach mehr als zweiwöchigen Verhandlungen endet in Südafrika der Klimagipfel mit einem sehr mageren Ergebnis. „Die Welt verdient einen besseren Deal als den lauwarmen Klimakompromiss von Durban", so Eberhard Brandes, Vorstand des WWF Deutschland. „Länder wie die USA und Kanada streuren immer wieder Sand ins Getriebe. Das enttäuschende Ergebnis reicht nicht aus, den durch den Klimawandel ausgelösten Bedrohungen für Mensch und Natur zu begegnen. Es wurde die Chance verpasst, einen starken Fahrplan zu verabschieden, der den globalen Temperaturanstieg unter zwei Grad Celsius begrenzen könnte," so das ernüchternde Fazit des WWF. Hinter der glänzenden Fassade einer neuen Vereinbarung verbergen sich kaum belastbare Inhalte. Die Beschlüsse seien reine Formelkompromisse. Es klaffe nach wie vor ein immenser Abgrund zwischen den dringend notwendigen Maßnahmen und dem politischen Willen. Bei den Beschlüssen zur zweiten Verpflichtungsperiode des Kyoto-Protokolls blieb offen, wie die zahlreichen Schlupflöcher geschlossen werden sollen und welche Laufzeit diese Periode haben wird.

Es blieb unklar, wie die Rechtsverbindlichkeit eines zukünftigen Abkommens aussehen wird. Dringend notwendige Monitoring und Anrechnungsregeln fehlen fast vollständig. „Das Ergebnis ist eine Ansammlung von Unverbindlichkeiten," so Eberhard Brandes vom WWF.

Beim Verhandlungsmarathon in Durban standen zudem eine Reihe von wichtigen neuen Regelungen auf dem Programm. Im Vordergrund stand vor allem der sogenannte Grüne Klimafonds. Die Delegierten einigten sich immerhin auf einige Spielregeln des Fonds. Woher die angestrebten 100 Milliarden US-Dollar pro Jahr in 2020 kommen sollen, ist jedoch nach wie vor unklar. Die Entscheidung, ob hierzu u. a. Schiffs- und Flugverkehr bspw. mit einer Abgabe belegt werden sollen, wurde nicht getroffen.

Auch die Abmachungen zu REDD, einem Instrument, mit dem die Emissionen aus der Waldzerstörung verringert werden sollen, bewegten sich nur im Schneckentempo. Der WWF befürchtet, dass die weiterhin bestehenden Unklarheiten sowohl technischer als auch finanzieller Art das Risiko bergen, dass sowohl Geber- als auch Waldländer die Motivation verlieren, dieses Instrument zu unterstützen.

wwf: Klimakonferenz mit schwachem Ergebnis, in: http://www.wwf.de (Zugriff: 29.1.2012)

REDD: Reducing Emissions from Deforestation and Degradation, d. h. Verringerung von Emissionen aus Entwaldung und zerstörerischer Waldnutzung. Durch REDD wird den Wäldern ein Wert in Geld ausgedrückt gegeben. Dadurch sollen Wälder bei wirtschaftlichen Entscheidungsprozessen berücksichtigt werden, um die Wälder zu schützen und klimaschädliche Entwaldung zu verhindern

Global Governance – eine Utopie?

Es gibt keine Weltregierung, und auch die Möglichkeiten von hegemonialer Führung schwinden immer mehr. So wenig viele einen einheitlichen Weltpolizisten vermissen, so schwierig ist damit das Handeln gegenüber den gemeinsam bestehenden Herausforderungen. Global Governance nennt sich ein Konzept, das dieses gemeinsame Handeln auch ohne eindeutige Führungsmacht ermöglichen soll. Global Governance bedeutet die kooperative und multilaterale Gestaltung der Globalisierung. Dabei sollen die etablierten Institutionen und die NGOs ohne durchgängige Hierarchie zusammenarbeiten. Die internationalen Organisationen müssen sich auf die multipolare Welt noch einstellen.

M35 Globalisierung und Global Governance

Es gibt einen heftigen Streit darüber, wer die Gewinner und Verlierer der Globalisierung sind. Aber welche Entwicklungstrends in Weltgesellschaft, Weltwirtschaft und Weltpolitik können überhaupt auf diesen umstrittenen Begriff gebracht werden, den manche immer noch als Mythos oder Phantom abtun? Hier ist nur eine skizzenhafte Zusammenfassung der wichtigsten Globalen Trends. (...)

Erstens: Die Globalisierung ist weder etwas völlig Neues, sondern die Beschleunigung der schon vor Jahrhunderten eingeleiteten „Europäisierung der Welt", noch ein schicksalhaftes Naturereignis, sondern das Ergebnis politisch gewollter Deregulierungsstrategien. (...)

Zweitens: Globalisierung hat eine räumliche Dimension. Lokale, regionale, nationale und globale Räume werden immer enger untereinander verwoben, sodass die Eine Welt nicht nur eine romantische Vision ist. Die Revolution in der Verkehrstechnik verkürzt Transportzeiten, senkt Transportkosten und befördert die Internationalisierung der Produktion. Sie hat auch eine durch die Beschleunigung gekennzeichnete zeitliche Dimension. Menschen, Informationen, Kapital und Waren zirkulieren immer schneller rund um den Globus. Die globale Telekommunikation bildet einen Schrittmacher der Globalisierung und ermöglichte erst die rasante Zirkulation von gewaltigen Kapitalmengen zwischen den Finanzzentren.

Drittens: Globalisierung bedeutet nicht nur eine Vermehrung und Verdichtung grenzüberschreitender Interaktionen, die alle Staaten, Gesellschaften und Ökonomien in ein komplexes Geflecht von wechselseitigen Abhängigkeiten und Verwundbarkeiten verstricken, freilich mit unterschiedlichen Graden der Verwundbarkeit. Diese Verdichtung der Interdependenzen bedeutet auch einen Verlust an autonomen Handlungsspielräumen und eine Erosion von Souveränität nach innen und außen. Die zunehmende Entgrenzung der Staaten- und Wirtschaftswelt veränderte die Reichweite nationalstaatlicher Politik und löste Debatten über die Streitfrage aus, ob der territoriale Nationalstaat nur noch ein historisches Relikt sei. (...)

Viertens: Die Tendenzen zur wirtschaftlichen Globalisierung sind gekennzeichnet durch eine zunehmend internationalisierte Warenproduktion (d.h. durch ihre Zerlegung auf viele Standorte mit den günstigsten Standortbedingungen), vor allem durch konzerninterne Verflechtungen der multinationalen Unternehmen, die den Motor der Globalisierung bilden und schon ein Drittel des Welthandels als konzerninternen Handel abwickeln. Sie schließen sich unter dem sich verschärfenden internationalen Konkurrenzdruck zu immer größeren multinationalen Konglomeraten zusammen. Das politische Problem dieser nun auf globaler Ebene grassierenden „Fusionitis" ist, dass die Konzentration der Wirtschaftsmacht die Kontroll- und Regulationskraft der Staaten schwächt.

Fünftens: Die fast grenzenlose „Eine Finanzwelt" existiert bereits. Der wöchentliche Umsatz an den Devisen- und Derivatenmärkten übertrifft schon den weltweiten Güterhandel eines ganzen Jahres. Die Finanzmärkte haben sich weitgehend von der Realwirtschaft abgekoppelt und dienen nicht mehr vorrangig der Finanzierung von Handel und Dienstleistungen, sondern der buchstäblich grenzenlosen Jagd nach Spekulationsgewinnen. Diese entgrenzte Finanzwelt hat sich weitgehend auch politischer Kontrolle entzogen. (...)

Sechstens: Die sich verdichtenden Interdependenzen erzeugen auch kausale Interdependenzketten. Wirtschaftskrisen verursachen Verelendungsprozesse, die Migrationsströme auslösen können; Umweltkrisen kön-

Zeichnung: Tomaschoff

nen zu Kriegsursachen werden; die wachsenden Transportleistungen im Gefolge des wachsenden Welthandels vergrößern die Umweltbelastungen. (...)

Siebtens: Die Globalisierung birgt Chancen und Risiken; sie hat Gewinner und Verlierer, sowohl auf der Ebene der Staatenwelt als auch innerhalb der Gesellschaften in allen Weltregionen. (...) Die neuen Informations- und Kommunikationstechnologien eröffnen zwar vielen Menschen in aller Welt einen raschen Zugriff auf das international verfügbare Wissen, schließen aber durch das „digital divide" noch mehr Menschen von diesen Kommunikationsströmen aus. Der Human Development Report von 1999 unterfütterte diese Tendenz der ungleichen und deshalb konfliktträchtigen Verteilung von Kosten und Nutzen der Globalisierung mit harten Daten und beklagte deshalb eine „Globalisierung ohne menschliches Gesicht".

Achtens: Der Weltmarkt fungiert als Weltgericht über die Wettbewerbsfähigkeit und damit über die Entwicklungsfähigkeit von Nationen. Unter den verschärften internationalen Konkurrenzbedingungen geraten überall, auch in den OECD-Ländern, Sozial- und Umweltstandards unter Druck. (...)

Neuntens: Eine ungezügelte Globalisierung würde die sozialen Integrationsmechanismen von Gesellschaften überfordern. (...)

Zehntens: Die Globalisierung ist nicht nur ein ökonomisches, sondern auch ein sozio-kulturelles Phänomen. Mit ihr eng verbunden ist die Ausbreitung westlicher Wertvorstellungen, Leitbilder, Lebens- und Konsumstile. Die einen hoffen, dass diese Trends zur Universalisierung von Werten zur Herausbildung einer Weltkultur und Weltethik führen könnten, andere befürchten, dass die ganze Welt von einer trivialisierten „Allerweltskultur" überschwemmt werden könnte. Die medial vermittelte westliche Zivilisation macht vor keinen kulturellen Schutzräumen halt und unterhöhlt andere Kultur- und Lebensformen. Die Janusköpfigkeit der globalen Telekommunikation liegt aber auch darin, dass sie dem Menschenrecht auf Information mehr zum Durchbruch verhilft als alle Menschenrechtsdeklarationen.

Die Skizze dieser globalen Trends lässt erkennen, dass die Frage der politischen Gestaltbarkeit der Globalisierung und der Beherrschbarkeit von Weltproblemen zum zentralen Problem der Weltpolitik geworden ist. (...)

Ausgangspunkt der Überlegungen zur Notwendigkeit von Global Governance ist die Erfahrung, dass viele Probleme nicht mehr im nationalstaatlichen Alleingang gelöst werden können. Wenn sich die Probleme globalisieren, muss sich auch die Politik globalisieren. Dann genügt auch nicht mehr ein punktuelles und reaktives Krisenmanagement, sondern es müssen neue Ordnungsstrukturen geschaffen werden.

Franz Nuscheler: Global Governance, in: http://192.68.214.70/blz/web/old_100111/nuscheler.htm (Zugriff: 13.7.2012)

M 36 **Globale Probleme als Anstoß**

In dem Buch „Das Konzept global governance" (Duisburg 2003) haben Dirk Messner und Franz Nuscheler einen Ansatz des Global-Governance-Diskurses entwickelt.

Dirk Messner und Franz Nuscheler gehören zu den zentralen Figuren des politikwissenschaftlichen Global Governance-Diskurses in Deutschland. Ihr Ansatz ist v.a. mit dem Begriff „Global-Governance-Architektur" verbunden und kann als primär normativ und praktisch-politisch charakterisiert werden. Der Ausgangspunkt ihrer Global-Governance-Theorie sind aktuelle globale Problemfelder, deren Beschreibung in ihren Veröffentlichungen einen zentralen Stellenwert einnimmt. Die Weltprobleme werden dabei von ihnen in systematischer Perspektive in sechs Typen eingeteilt, wobei die Grenzen und Übergänge zwischen den Typen oftmals fließend sind:

1. Ein erster Typ von Problemen steht in Zusammenhang mit den globalen öffentlichen

Gütern, wie z. B. der Umwelt. Weil Menschen diese Güter in den vergangenen Jahrzehnten unverantwortlich verschwendet haben und dies bis heute tun, entstehen für die Weltgemeinschaft daraus schwerwiegende Probleme, Tschernobyl ist ihrer Meinung nach ein Kristallisationspunkt dieses Problemtyps.

2. Ein zweiter Typ kann als globales Interdependenzproblem bezeichnet werden. Unterschiedliche ökonomische, gesellschaftliche und politische Probleme hängen auf globaler Ebene miteinander zusammen, können aber aufgrund fehlender Institutionen, deren Aufgabe es wäre, Wechselwirkungen zu beobachten und Lösungsstrategien zu koordinieren, nicht effektiv gelöst werden. Die Finanzkrise der letzten zehn Jahre – insbesondere die Asienkrise 1997 – kann als ein typisches Interdependenzproblem interpretiert werden.

3. Der dritte Typ von Problemen sind so genannte „globale Phänomene". Darunter subsumieren Messner und Nuscheler Probleme wie Armut, Hunger oder Urbanisierung. Das wachsende globale Gefälle von Armut ist für sie dabei eines der größten nicht gelösten Probleme, denn auch wenn die relative Zahl der Armen abgenommen hat, stellt die Gruppe der Armen noch immer einen sehr großen Teil der Weltbevölkerung.

4. Aus dem „Systemwettbewerb der Nationalstaaten in der Weltwirtschaft" resultiert ein vierter Problemtyp. Um dem eigenen Land in der Weltwirtschaft eine aussichtsreiche Ausgangsposition zu verschaffen, werden oftmals massive Einschnitte in den jeweiligen Gesellschaften vorgenommen, wie beispielsweise die Exklusion „von Arbeitskräften aus nicht wettbewerbsfähigen Unternehmen". Dies führt zu nicht unerheblichen Spannungen und Problemen in den jeweiligen Gesellschaften (z. B. bedingt durch eine hohe Arbeitslosigkeit in vielen Ländern weltweit).

5. Fünftens gibt es viele grenzüberschreitende Probleme, wie z. B. Migration, die nur durch eine gemeinsame Politik der betroffenen Länder gelöst werden können.

6. Schlussendlich gibt es sechstens einen Typ von strukturellen Problemen, die aus der Komplexität globaler Dynamik heraus resultieren, wie z. B. das Problem der Integration der steigenden Zahl globaler Akteure in die Weltpolitik oder die demokratische Legitimierung komplexer Formen globaler Entscheidungsfindung.

Diese verschiedenen Problemtypen erzeugen nach Messner unterschiedliche Konflikte und Krisen. Die wichtigsten sind seiner Meinung nach sozialpolitische Konflikte (v. a. um Arbeit), ökologische Verteilungskonflikte, moralisch-ethische Konflikte (z. B. um Gentechnologie) und Konflikte zwischen den Gewinnern und Verlierern der Globalisierung. Viele Probleme betreffen dabei die momentane Unfähigkeit, weltpolitische Strukturen bzw. Institutionen zur Lösung globaler Probleme zu schaffen, weshalb Messner und Nuscheler insgesamt betrachtet eine Krise der internationalen Politik konstatieren. Erstens diagnostizieren sie eine Spannung zwischen der Verflechtung globaler Problemfelder und der nach wie vor national orientierten Politik. Indizien hierfür sind die wachsenden Probleme einer national ausgerichteten Wirtschafts- und Sozialpolitik angesichts globaler Dynamik oder die anhaltenden Diskussionen um das Nichteinmischungsgebot der UNO. Zweitens haben die meisten Nationalstaaten noch nicht realisiert, dass wir de facto in einer „Ära des Globalismus" leben. Nicht zuletzt deshalb sind die Staaten nicht bereit, internationale Organisationen zu stärken, weshalb globale Probleme nicht effektiv gelöst werden können. Statt einer Stärkung der Kooperationskultur in der Weltpolitik ist heute mehr denn je eine Krise des Multilateralismus zu verzeichnen. Deshalb wird eine alle Beteiligten umfassende Perspektive zur gemeinsamen Lösung der Weltprobleme nur sehr zögerlich entwickelt. Die Diagnose dieser Krise der Weltpolitik ist ein wesentlicher Anstoß für die Entwicklung der Global-Governance-Theorie von Messner und Nuscheler. Diese versucht, sich den genannten Problemen zu stellen und effektive Lösungsansätze zu entwickeln.

Autorentext

M37 Basisannahmen der Global-Governance-Architektur

Zur Beschreibung dieser ambivalenten Tendenzen der Weltgesellschaft (Polyzentrik auf der einen, Vereinheitlichungstendenzen auf der anderen Seite) bedient sich Messner der Gedankenfigur der Paradoxie. Hinsichtlich mehrerer Bereiche lassen sich solche Paradoxien feststellen: Die Paradoxie des instrumentellen Aktivismus (jeder Eingriff in die Weltgesellschaft impliziert eine Vielzahl nicht-intendierter Folgen), die Paradoxie des Rationalismus (mit dem neu erworbenen Wissen wächst überproportional das Nicht-Wissen), die Paradoxie des Individualismus (mehr Handlungsspielräume für das Individuum implizieren mehr Abhängigkeiten von anderen Entscheidungen) und die Paradoxie des Universalismus (Realisierung von Gleichheit bedeutet oft Ungleichheit an einer anderen Stelle). Diese Paradoxien verwendet Messner zur Beschreibung der Weltgesellschaft, weil deren Entwicklung kein linearer Prozess ist, sondern oftmals aus widersprüchlichen Tendenzen besteht, weshalb Paradoxien ein angemessener Ausdruck dieser Dynamik sind.

Die zweite Grundannahme betrifft die normative Basis der Global-Governance-Architektur. Als normativen Konsens betrachten die beiden Autoren, dass Menschen weltweit die „Lücke zwischen globaler Problementwicklung und Handlungsfähigkeit" schließen wollen, d. h., es wird als anerkannt angesehen, dass Menschen globale Probleme lösen wollen und bereit sind, dafür gemeinsam Strategien zu entwickeln. (...)

Ausgehend von diesem normativen Horizont kann als der eigentliche Kern der Global-Governance-Architektur die politische Frage angesehen werden, wie globale Dynamik in Zukunft angemessen gesteuert werden kann. Nuscheler und Messner vertreten die Meinung, dass nur durch eine gemeinsam koordinierte Weltpolitik globale Probleme gelöst werden können. Deshalb beruht Global Governance „auf verschiedenen Formen und Ebenen der internationalen Koordination, Kooperation und kollektiven Entscheidungsfindung". Dies bedeutet, dass globale Akteure sich in internationalen Organisationen und Politiknetzwerken zusammenschließen sollten, um ihre Interessen zu koordinieren und zu gemeinsamen Entscheidungen zu kommen. Internationale Regime haben die Aufgabe, diese Entscheidungen in die Praxis umzusetzen. Die Global Governance-Theorie von Nuscheler und Messner fragt also letztlich in einer politischen Perspektive nach einer sinnvollen Gestaltung von Weltpolitik. Da globale Probleme ihrer Meinung nach nicht „von der herkömmlichen internationalen Politik, die durch einen kooperativen und vertragspolitischen Ansatz, der die Souveränitäten der Nationalstaaten als ultima legitimatio aufrechterhält" gelöst werden können, gilt es, neue Formen der Entscheidungsfindung zu entwickeln und damit Weltpolitik von Grund auf neu zu gestalten.

Die Global-Governance-Architektur versteht sich dabei als ein an die Netzwerktheorie angelehntes Mehrebenenmodell, wodurch eine mit traditionellen, zwischenstaatlichen Kategorien operierende Politik überwunden werden soll. Handlungsebenen sind für Messner und Nuscheler neben der globalen die internationale, regionale, nationale und lokale Ebene. Diese verschiedenen Ebenen sind in der Perspektive des Global-Governance-Modells nicht voneinander zu trennen. Politik verläuft quer durch sie hindurch und nur in einer Vernetzung der verschiedenen Ebenen können Politikziele effektiv umgesetzt werden. Positive Beispiele solcher Ebenenvernetzungen sind die Klimaschutzmaßnahmen von Rio de Janeiro bzw. der damit verbundene Agenda-21-Prozess. Diese Maßnahmen wurden „international abgestimmt, national umgesetzt und lokal durchgesetzt".

Grundannahme der Global-Governance-Architektur ist also, dass Politik „in immer stärker horizontal und vertikal vernetzten Strukturen stattfinden" sollte. Weltpolitik wird dabei als notwendige und sinnvolle Ergänzung der jeweils darunter liegenden Ebene verstanden, um globales Gemeinwohl zu fordern und Weltprobleme zu lösen. Damit wird Subsidiarität zu einem zentralen Element der Global-Governance-Architektur. Die Betonung des Mehrebenenmodells impliziert für Global Governance sowohl eine Beachtung und Integration neuer globaler Akteure in weltgesellschaftliche Prozesse (gemeint sind NGOs, TNU usw.) als auch eine Neubestimmung der Rolle traditioneller Akteure (v. a. der Nationalstaaten) und deren Einbindung in mehrdimensionale Systeme (z. B. UNO, EU usw.). (...)

Der Begriff Weltordnungspolitik gibt zwar am ehesten das wieder, was Global Governance meint, jedoch bringt auch diese Umschreibung einige Probleme mit sich, denn dieser Begriff könnte mit „hegemonialen Weltordnungskonzepten" gleichgesetzt werden, was keineswegs die Intention von Messner und Nuscheler darstellt. Dies zeigt sich beispielsweise in ihrer deutlichen Ablehnung einer unilateralistisch ausgerichteten „Gleichschaltung von Wirtschafts- und Politikmodellen". Auch ist das deutsche Verständnis von Ordnungspolitik meist zu statisch und zu stark an die Bedeutung einzelner Inhalte gebunden, wogegen sich Messner und Nuscheler ebenfalls wehren.

Die sich nun indirekt erschließende Bestimmung des Begriffs „Governance" weist letztlich große Ähnlichkeiten mit der Begriffsbestimmung der Commission on Global Governance auf:

„Governance ist die Gesamtheit der zahlreichen Wege, auf denen Individuen sowie öffentliche und private Institutionen ihre gemeinsamen Angelegenheiten regeln. Es handelt sich um einen kontinuierlichen Prozess, durch den kontroverse oder unterschiedliche Interessen ausgeglichen werden und kooperatives Handeln initiiert werden kann (...). Eine wirksame globale Entscheidungsfindung muss daher auf lokal, national und regional getroffenen Entscheidungen aufbauen und diese ihrerseits beeinflussen und muss auf die Fähigkeiten und Ressourcen unterschiedlichster Menschen und Institutionen auf vielen Ebenen zurückgreifen."

Michael Reder: Global Governance. Philosophische Modelle der Weltpolitik. Darmstadt 2006, S. 40 ff.

Hans Küng (geb. 1928), Schweizer römisch-katholischer Theologe. 1993 hatte das Parlament der Weltreligionen eine „Erklärung zum Weltethos" verabschiedet, dessen Entwurf unter Federführung von Hans Küng entstand. Mit dieser Erklärung haben sich erstmals Vertreter aller Religionen über Prinzipien eines Weltethos verständigt

M38 Drei Charakteristika der Global Governance

1. Es handelt sich nicht um die Zurücknahme, sondern um den *Wiedergewinn staatlicher Handlungsfähigkeit*, um die Rückeroberung des staatlichen Gestaltungsauftrags. „Global Governance bedeutet (deshalb) gerade nicht die Abdankung von Politik, sondern vielmehr den Versuch, ihren drohenden Gestaltungs- und Steuerungsverlust zu verhindern."

Dazu bedarf es der Transformation nationalstaatlicher Politik. Durch die Einbettung in sich verdichtende globale Ordnungsmuster wird auf der einen Seite die Exekutive gegenüber der nationalen Gesellschaft, auch gegenüber dem Parlament, gestärkt und gewinnt an Handlungsspielraum. Auf der anderen Seite wird der Nationalstaat zunehmend die Funktionen eines Moderators und Interdependenzmanagers übernehmen, ohne dabei aber aus seinem normativen Bezug auf das Gemeinwohl entlassen zu werden

2. Global Governance stellt ein neues Politikmodell dar. Hier wirken in verschiedensten Vernetzungsformen miteinander verbundene staatliche und nichtstaatliche, privatwirtschaftliche wie zivilgesellschaftliche Akteure zur Erarbeitung gemeinsamer Problemlösungen systematisch zusammen. In dem Maße, wie die klaren Grenzen zwischen öffentlichen und privaten Akteuren porös werden, findet ein „Formwandel politischer Macht unter den Bedingungen der Globalisierung" statt. An die Stelle der keynesianischen Globalsteuerung der 60er- und 70er-Jahre treten nun Netzwerkgesellschaften, „in denen sich markt-, hierarchie- und netzwerkbasierte Steuerungsmuster ergänzen". Indes: „Der Nationalstaat wird zwar in horizontale und vertikale Netzwerke eingebunden und gegenüber internationalen Regelwerken sowie Gerichtsbarkeiten rechenschaftspflichtig – aber er bleibt, ausgestattet mit dem Gewaltmonopol, mehr als nur ein ‚primus inter pares'."

3. Schließlich bedarf Global Governance eines Fundaments an gemeinsamen Werten, die in den Menschenrechtspakten und in der UN-Charta niedergelegt sind und Universalität beanspruchen. „Gemeinsame Problemlösungen werden nur auf der Grundlage universell anerkannter Werte, Prinzipien und Ziele möglich sein." Ob als Weltethos (Küng 1990), Ethik der Nachbarschaft (Commission on Global Governance 1995) oder globale Verantwortungsethik (Enquête-Kommission 2002) entworfen, die Gestaltung von Globalisierung muss von einem *ethischen Minimalkonsens* gelenkt und getragen sein. Ein Schritt in diese Richtung kann darin gesehen werden, dass schon heute die Legitimität einer Regierung zunehmend anhand internationaler Standards gemessen wird. Über den Kernkodex der Menschenrechte hinaus „muss der internationale Menschenrechtsdiskurs durch Dialoge über globale (Verteilungs-)Gerechtigkeit ergänzt werden". Nur so wird zu verhindern sein, dass aus der entstehenden globalen Zivilgesellschaft ein exklusiver Club wird.

Claudia von Braunmühl/Uta von Winterfeld: Global Governance, in: wuppertal papers 135/2003, S. 15 f.

M 39 Global Compact

Global Compact bzw. United Nations Global Compact ist ein weltweiter Pakt, der 1999 zwischen Unternehmen und der UNO unter dem damaligen Generalsekretär Kofi Annan geschlossen wurde, um die Globalisierung sozialer und ökologischer zu gestalten.

Der Global Compact ist eine wertorientierte Plattform, deren Ziel die Förderung institutionellen Lernens ist. Sie schafft Transparenz und Dialogmöglichkeiten, um bewährte Verhaltensweisen („good practices") aufzuzeigen und zu unterstützen, die sich auf weltweit gültige Grundprinzipien stützen. Der Global Compact versteht sich nicht als politisches Kontrollinstrument der globalisierten Märkte oder Siegel für die Qualität der CSR-Aktivitäten von Unternehmen. Stattdessen will der Pakt dort eine Lücke füllen, wo aufgeklärtes Eigeninteresse für freiwilliges Engagement besteht. Hier liefert das weltweite Netzwerk weiterführende Informationen zu Fragen, die jenseits der Kernkompetenz der Unternehmen liegen. Der Pakt umfasst die folgenden zehn Prinzipien, die sich aus der Allgemeinen Erklärung der Menschenrechte, der Erklärung über die grundlegenden Prinzipien und Rechte bei der Arbeit der Internationalen Arbeitsorganisationen (ILO) und den Grundsätzen der Erklärung von Rio zu Umwelt und Entwicklung ableiten und vier Bereichen zugeordnet werden können:

I. Menschenrechte
Prinzip 1: Unterstützung und Respektierung der Internationalen Menschenrechte im eigenen Einflussbereich
Prinzip 2: Sicherstellung, dass sich das eigene Unternehmen nicht an Menschenrechtsverletzungen beteiligt

II. Arbeitsnormen
Prinzip 3: Wahrung der Vereinigungsfreiheit und wirksame Anerkennung des Rechts zu Kollektivverhandlungen
Prinzip 4: Abschaffung jeder Art von Zwangsarbeit
Prinzip 5: Abschaffung der Kinderarbeit
Prinzip 6: Beseitigung der Diskriminierung bei Anstellung und Beschäftigung

III. Umweltschutz
Prinzip 7: Unterstützung eines vorsorgenden Ansatzes im Umgang mit Umweltproblemen
Prinzip 8: Ergreifung von Schritten zur Förderung einer größeren Verantwortung gegenüber der Umwelt
Prinzip 9: Hinwirkung auf die Entwicklung und Verbreitung umweltfreundlicher Technologien

IV. Korruptionsbekämpfung
Prinzip 10: Selbstverpflichtung, Korruption in allen Formen, einschließlich Erpressung und Bestechlichkeit, zu begegnen

Mit der zunehmenden Globalisierung der Märkte bedarf es auch einer stärker global ausgerichteten Übernahme gesellschaftlicher Verantwortung durch Unternehmen. Für Firmen ist es geschäftspolitisch sinnvoll, ihre Unternehmensstrategie auf universelle Prinzipien und Werte aufzubauen, um ein möglichst risikofreies Umfeld für ihre Tätigkeiten zu schaffen, die Loyalität und Motivation ihrer Mitarbeiterinnen und Mitarbeiter zu sichern und dem steigenden Bewusstsein seitens der Kunden und Investoren für die Einhaltung ethischer Grundsätze auch jenseits nationalstaatlicher Grenzen Rechnung zu tragen. Zudem kann gerade für kleine und mittlere Unternehmen sowie für diejenigen aus dem Süden, die aufgrund begrenzter Ressourcen weniger Zugang zu fachspezifischem Wissen haben, der verfügbare Informationspool von besonders großem Nutzen sein. Der Global Compact soll den Unternehmen die Möglichkeit bieten, in ihrem eigenen Interesse eine führende Rolle bei einer gerechteren Gestaltung der Globalisierung zu übernehmen. Er will andere freiwillige Initiativen nicht ersetzen, sondern sieht sich als Plattform, in der Erfahrungen ausgetauscht und Ideen weiterentwickelt werden.

BMZ: Der UN Global Compact. factsheet

Logo von Global Compact

CSR: Corporate Social Responsibility (Unternehmerische Gesellschaftsverantwortung) umschreibt den freiwilligen Beitrag der Wirtschaft zu einer nachhaltigen Entwicklung, die über die gesetzlichen Forderungen hinausgeht

M 40 Probleme von Global Governance

Die Global Governance-Architektur hat, so konzedieren ihre Theoretiker, ein Demokratieproblem. Sie hat es schon deswegen, darin herrscht in der Debatte weitgehend Konsens, weil die parlamentarische Demokratie historisch und möglicherweise auch systematisch an den Nationalstaat gebunden ist und mit dessen Erosion ihrerseits an Boden verliert. Bislang blieb Nachdenken über demokratische Defizite und Desiderate im „konzeptionellen Käfig des Nationalstaats gefangen". Zudem (so Kritiker) tragen Netzwerkgesellschaften und Global Governance notwendigerweise objektiv zur Verselbstständigung der Exekutive und sonstiger Entscheidungszentren bei. Der systematische Vorzug, der privatwirtschaftlicher Selbstbindung vor staatlicher Regelung gegeben wird (codes of conduct, Global Compact), unterhöhlt einmal mehr den Kernbereich staatlicher Aufgaben, auf dessen Ausgestaltung BürgerInnen noch Einfluss nehmen könnten. Subjektiv fühlen die Menschen bei den weichenstellenden internationalen Verhandlungen ihre Interessen schwerlich vertreten. Nationale Parlamente haben ohnedies wenig Einfluss auf derlei Verhandlungsrunden. Mit demokratischen Rechten und Verfahren geraten dann auch leicht die Menschenrechte in Gefahr. Demokratische Mitgestaltungsmöglichkeiten müssen also gewährleistet werden. (...)

Bislang ungelöst ist das Problem der demokratischen Legitimierung von Nichtregierungsorganisationen. Gleichwohl sind sie in dem auf internationaler Ebene herrschenden Demokratievakuum in der Lage, ein wichtiges Stück Transparenz und Partizipation herzustellen. Die großen Weltkonferenzen der 90er-Jahre haben sich hier als global-demokratisches Laboratorium erwiesen. Indes: „Gesamtgesellschaftlich verbindliche Entscheidungen treffen sollten letztlich auch zukünftig nur entsprechend demokratisch legitimierte Akteure." Konkrete leistungsfähige Formen globaler Demokratie, die den Erfordernissen von Legitimierung, Transparenz und Rechenschaftslegung gerecht werden, müssen in dem komplexen Mehr-Ebenen-System von Global Governance erst noch entwickelt werden. (...)

Nun wird in der Debatte um Global Governance immer wieder auf die Rolle der Zivilgesellschaft verwiesen. Die Komplexität der zu lösenden Aufgaben, die Interdependenzen von Problemen und Wirkungsfeldern und nicht zuletzt höhere Partizipationsanforderungen und der gestiegene Organisationsgrad der Bürgerschaft haben, so die Argumentation, in der Zivilgesellschaft einen Akteur sui generis (aus sich selbst heraus) heranwachsen lassen, dem es jenseits der im politischen System etablierten Verfahrensweisen Stimme zu erwerben gelang. Wie immer die Akteursgruppe der „Zivilgesellschaft" bestimmt wird – einschließlich der Privatwirtschaft, wie im System der Vereinten Nationen, oder (wie überwiegend der Fall) ausschließlich Non-Profit-Organisationen und soziale Bewegungen umfassend – ihr Mitreden gilt als erheblicher Demokratiegewinn oder gar als Antwort auf die im Global-Governance-Konzept weiterhin offene „demokratische Frage".

Hier setzen unsere Zweifel an. Die Gegenüberstellung von Staat und Zivilgesellschaft setzt eine herrschaftspolitische Getrenntheit voraus, die so ohne weiteres nicht plausibel ist. Der Vorgang der Restrukturierung von öffentlichem und privatem Raum und seine – wenngleich mit Murren untermischte – gesellschaftliche Akzeptanz deuten kaum auf eine Grundkonstellation des umstandslosen Hier-versus-Dort. Die Gegenüberstellung setzt des Weiteren voraus, dass innerhalb der Zivilgesellschaft und innerhalb des für privat erklärten Raumes keine relevanten, die Substanz des Politischen berührenden Herrschaftsachsen wirksam seien. Und sie geht schließlich davon aus, dass in die dem politischen Prozess angebotenen Gegenstände, wie den uns hier interessierenden Umgang mit Natur und Umwelt, nicht selber schon gesellschaftliche Geformtheit eingingе, etwa dort, wo Natur als „Ressource" gedacht und gemanagt werden soll.

Claudia von Braunmühl/Uta von Winterfeld: Global Governance, in: wuppertal papers 135/2003, S. 17

M41 Die Spielregeln der Globalisierung ändern?

Wenn die Notwendigkeit für Global Governance mit deren angeblichen Kapazitäten zur Problemlösung begründet wird, dann stellt sich die Frage nach den Kriterien, anhand derer Effektivität gemessen werden kann. Implizit messen die meisten Global-Governance-Protagonisten die Effektivität an dem Potenzial dieser Regime, spezifische inhaltliche Resultate erzielen zu können. Ansonsten wäre ihre Klage über unzureichende Global Governance nicht zu verstehen. Denn (*es*) bestehen zu fast allen erdenklichen Politikbereichen bereits internationale Verhandlungsforen, sprich: Regime. (...)
Wenn allerdings mit Global Governance die Ziele soziale Gerechtigkeit, Schutz der Umwelt und demokratische Partizipation primär verfolgt werden sollen, dann ist deren Verwirklichung kaum im Bündnis mit den transnationalen Konzernen vorstellbar. Deren Ziel, privates Eigentum vor staatlichen Eingriffen und Auflagen zu schützen, steht konträr zu den Forderungen sozialer Bewegungen, die die Verfügungsgewalt über Privateigentum zugunsten der Beschäftigten, der Umwelt und der Beseitigung gesellschaftlicher Diskriminierungen eingeschränkt sehen wollen.
Gerade weil Globalisierung politisch gesehen vor allem eine Verlagerung der Macht von politischen Körperschaften, deren Mitglieder über Mitspracherechte verfügen, hin zu wirtschaftlichen Körperschaften, deren Mitglieder kündbare Lohnempfänger sind, bedeutet, hieße es, durch ein Bündnis mit diesen privaten Körperschaften den Bock zum Gärtner machen zu wollen.

Christoph Scherrer: Die Spielregeln der Globalisierung ändern? In: Kommune 18/2000, S. 50 f.

M42 Global Governance in der Krise

Global Governance ist keine basisdemokratische Veranstaltung, sondern durchzogen von den machtpolitischen Hierarchien und Kräfteverhältnissen, wie sie in der Welt existieren. (...)
Wie die Krise jetzt deutlich zeigt, konnten die bestehenden Governance-Strukturen die Krise und ihre globale Ausbreitung nicht verhindern. Einige wichtige Institutionen, wie der IWF und die WTO, haben im Gegenteil sogar dazu beigetragen. Die Politik der Liberalisierung und Deregulierung, die in den vergangenen drei Jahrzehnten weltweit durchgesetzt wurde, hat zugleich die Übertragungskanäle, bzw. Ansteckungswege vervielfacht und die Widerstandskraft der einzelnen Volkswirtschaften gegen externe Schocks geschwächt. So sind auch die Schwellen- und Entwicklungsländer, die am System des Kasinokapitalismus nicht beteiligt waren, jetzt dennoch hart betroffen, zumal nur die wenigsten von ihnen über die Mittel verfügen, um mit massiven Konjunkturpaketen die Krisenfolgen abfedern zu können.
Aber auch im Krisenmanagement spielen die Strukturen der Global Governance nur eine Nebenrolle. Jetzt rächt sich das, was von der Globalisierungskritik seit vielen Jahren als ein grundlegendes Problem der Globalisierung thematisiert wurde: der zunehmenden Transnationalisierung der Ökonomie, ihrer Entbettung aus dem regulatorischen Zugriff des Nationalstaates steht nicht in gleichem Maße eine Transnationalisierung von Staatlichkeit gegenüber. Es ist eine tiefe Asymmetrie entstanden zwischen der Wirkungsmächtigkeit globalisierter Märkte und der Fähigkeit, diese politisch zu kontrollieren und zu steuern.

Peter Wahl: Global Governance in der Krise, in: Zeitschrift Marxistische Erneuerung 78/2009, in: http://www2.weed-online.org (Zugriff: 29.1.2012)

1 Erarbeiten Sie in Gruppen den Global-Governance-Ansatz einschließlich möglicher Kritikpunkte und stellen Sie Ihr Ergebnis in Form eines Plakats vor. Überprüfen Sie dazu auch die Wirksamkeit des Global Compact.

2 Präsentieren Sie die Plakate im Kursraum und diskutieren Sie, inwiefern der Global-Governance-Ansatz geeignet ist, Lösungswege für die globalen Herausforderungen zu weisen.

Kompetenzcheck

Anforderungsbereich I:

- Zählen Sie die wichtigsten globalen Herausforderungen des 21. Jahrhunderts auf.
- Stellen Sie den Inhalt der demografischen Herausforderung im Weltmaßstab dar.
- Beschreiben Sie den Charakter des demografischen Übergangs.
- Stellen Sie die Ressourcenproblematik dar.
- Skizzieren Sie das Konzept der Nachhaltigkeit.
- Stellen Sie den Energiebedarf der Menschheit als globale Herausforderung dar.

Anforderungsbereich II:

- Arbeiten Sie an Beispielen die Interdependenz verschiedener globaler Herausforderungen heraus.
- Analysieren Sie den Einfluss der Weltfinanz- und Wirtschaftskrise auf die globalen Herausforderungen.
- Analysieren Sie die Verbindung zwischen der demografischen Entwicklung und der Ressourcenproblematik.
- Arbeiten Sie den Klimawandel als globale Herausforderung heraus.
- Erläutern Sie die Bedrohung durch Krankheitserreger als globale Herausforderung, indem Sie den Zusammenhang mit der Globalisierung nachweisen.
- Analysieren Sie die Umsetzung des Kyoto-Protokolls.
- Erläutern Sie das Konzept der Global Governance.

Anforderungsbereich III:

- Nehmen Sie Stellung zur These, dass der Klimawandel die wichtigste globale Herausforderung sei.
- Schätzen Sie die Möglichkeiten der internationalen Gemeinschaft ein, den Klimawandel als globale Herausforderung zu bewältigen.
- Beurteilen Sie, inwiefern das Kyoto-Protokoll der globalen Herausforderung des Klimawandels gerecht geworden ist bzw. gerecht werden kann.
- Erörtern Sie, inwiefern das Konzept des Global Compact als beispielhaft für die Global Governance gesehen werden kann.
- Beurteilen Sie, inwiefern Global Governance geeignet ist, die Welt zur Bewältigung der globalen Herausforderungen zu führen.
- Diskutieren Sie, inwieweit Global Governance ein Weltordnungskonzept darstellt.

9 Methoden in den Sozialwissenschaften

Dieses Kapitel ist nach folgenden Methodengruppen gegliedert:

1. Methoden Politischen Forschens

Beim forschenden Lernen handelt es sich um methodische Zugänge, die es Schülerinnen und Schülern ermöglichen, selbsttätig Wege der politischen Problemlösung zu entdecken, zu begehen und zu reflektieren. Forschendes Lernen will zu selbstständigen Denkleistungen anregen und kann sowohl entdeckend-reproduktiven Charakter als auch entdeckend-explorativen Charakter entfalten. Lernende können eigene Lösungswege politischer Probleme und Konflikte suchen und mit der politischen Wirklichkeit abgleichen.

Die Methoden des Politischen Forschens lassen sich wiederum in folgende Subkategorien unterscheiden:

- Erhebungsmethoden (S. 246–251) eröffnen einen Zugang zur politischen Wirklichkeit, indem Informationen gesammelt, Daten erhoben, Quellen gefunden, Beobachtungen durchgeführt oder Materialien gesichtet werden.
- Auswertungsmethoden (S. 252–267) sind Verfahren, die die Interpretation der Daten kontrollieren. Es handelt sich um systematische Schrittfolgen, die eine Unabhängigkeit von der subjektiven Perspektive des „Forschers" ermöglichen.
- Präsentationsmethoden (S. 268–273) fassen Ergebnisse und Erkenntnisse der Untersuchung zusammen, stellen diese dar und vermitteln sie an Dritte.

2. Methoden Politischen Handelns

Durch Methoden Politischen Handelns wird erlernt, wie eigene Interessen in die politische Wirklichkeit eingespeist werden können bzw. wie plurale Interessen vermittelt werden. Hier sind vor allem folgende Methoden zu nennen:

- Artikulations- und Interventionsmethoden (S. 274–277) ermöglichen es, die eigene politische Position zum Ausdruck zu bringen.
- Simulationsmethoden (S. 278–281) bedienen sich realitätsnaher Inszenierungen des Politischen. Sie ermöglichen es, die Strukturen, Prozesse und Inhalte des Politischen zu erschließen.

Recherche

Die Recherche ist eine Arbeitstechnik des Journalismus und bedeutet die Beschaffung von neuen und wichtigen Informationen. Die journalistische Recherche kann als Vorbild für die Informationsbeschaffung dienen, die in der Schule wichtig ist. An Information herrscht spätestens seit dem Siegeszug des Internets kein Mangel. Information ist anscheinend schnell beschafft. Aber ist es auch die richtige, ist sie korrekt und noch aktuell, trifft sie auf die Fragestellung zu? Die eigentliche Arbeit der Informationsrecherche muss sich mehr und mehr solchen Fragen widmen. Die Informationsbeschaffung erschöpft sich nämlich nicht im mehr oder weniger zufälligen Auffinden. Entscheidend ist die Prüfung und Einordnung der Information.

M 1 Vorgehen bei der Recherche

Um die unüberschaubare Datenmenge vorzustrukturieren, empfiehlt sich folgendes Vorgehen.

1. Schritt: Planung
Nach der Festlegung eines Themas prüft der politische Bildner, ob überhaupt genügend brauchbare Online-Dokumente verfügbar sind und stellt eine Sammlung von Internet-Adressen zusammen, die als Ausgangspunkt für die Recherche dienen können. Die Internet-Adressen sollten möglichst kommentiert werden. Ob sich ein Online-Dokument als Informationsquelle eignet, lässt sich mit den Kriterien aus M 2 feststellen.

2. Schritt: Erste Recherche
Grundlage der ersten Recherche ist ein klar formulierter Recherche-Auftrag. Dieser Auftrag fordert dazu auf,
- vorgegebene (Start-)Seiten zu besuchen,
- evtl. weitere Online-Seiten ausfindig zu machen,
- die gefundenen Seiten zu selektieren,
- online gefundenes Material durch Abspeichern oder Ausdrucken festzuhalten und
- den Rechercheweg detailliert zu dokumentieren.

Entscheidend ist, dass das festgehaltene Material nur wenige Seiten umfasst.

3. Schritt: Auswertung
Das Ergebnis der ersten Recherche wird ausgewertet, indem
- das festgehaltene Material noch einmal selektiert und bewertet,
- sprachlich erschlossen und
- hinsichtlich der Themenstellung aufbereitet wird.

4. Schritt: Weitere Recherchen
Der Sinn weiterer Recherchen durch den Einsatz zusätzlicher Suchwerkzeuge liegt in der Vertiefung des erworbenen Informationsstandes und der Optimierung der Suchstrategie.

5. Schritt: Aufarbeitung und Vorbereitung der Präsentation
Wie im 3. Schritt werden die Resultate der weiteren Recherchen ausgewertet; zusätzlich geht es nun aber darum, eine Präsentation vorzubereiten

6. Schritt: Präsentation und Diskussion
Entsprechend der Arbeiten in Phase 5 werden die Recherche-Resultate präsentiert und in der Gesamtgruppe kritisch gewürdigt.

Frank Langner: Internet. Methodische Hinweise zum Medieneinsatz, 2002; http://www.sowi-online.de (Zugriff: 16.1.2009)

M 2 Wichtige Fragen zur Recherche auf Internet-Seiten

- Enthält die Seite relevante Informationen?
- Sind die Informationen sachlich korrekt und seriös?
- Sind die Informationen aktuell? Ist ein Aktualisierungsdatum angegeben?
- Ist die Strukturierung der Inhalte transparent, logisch und der Sache angemessen?
- Sind Informationen über den Anbieter gegeben? Wer, welche Einrichtung?
- Werden Quellen und Zitate korrekt angegeben?

Eugen Baacke/Gisela Ruprecht: Politische Bildung @Netz, in: Herbert Kubicek u. a.: Jahrbuch Telekommunikation und Gesellschaft 2000, S. 7 f.

1 Führen Sie eine Recherche zu einem selbstgewählten Thema der internationalen Politik durch.

Befragung

M3 Umfrage – Handwerkszeug der Sozialwissenschaften

Umfragen gehören zum Handwerkszeug der Sozialwissenschaften. Je nach Beschaffenheit einer Umfrage und der Auswahl von Befragten unterscheidet man mündliche (vor allem telefonische) Befragungen (Interviews) und schriftliche Befragungen mithilfe von Fragebögen.

Je nachdem, wie die Fragen eines Interviews oder eines Fragebogens formuliert sind, unterscheidet man:

- *strukturierte Interviews:* Themengebiet, Fragenfolge und Antwortvorgaben sind festgelegt. Meist wird mit geschlossenen Fragen gearbeitet, die standardisierte Antwortvorgaben ermöglichen, wie Einfach- und Mehrfachauswahlfragen, Skalenfragen, Maßzahlfragen usw.;
- *Leitfadeninterviews:* Das Themengebiet ist ggf. ohne festgelegte Fragenfolge vorgegeben. Mit offenen Fragen und freien Antworten wird versucht, die Sichtweise der/des Interviewten zum Thema zu erfassen. Standardisierte Antwortvorgaben fehlen in der Regel.

Umfragen werden dann, wenn sie einen Wahrheitsanspruch erheben, sehr aufwändig ausgeführt. Das Verhältnis der Menge und Zusammensetzung der Befragten zur Grundgesamtheit derer, über die Aussagen gemacht werden sollen, ist entscheidend.

In einer Totalerhebung werden alle Individuen der zu untersuchenden Gruppe befragt (z. B. Abgeordnete eines Parlaments). Dies ist nicht immer möglich. Deshalb wird häufig eine Auswahl von Individuen in Stichproben untersucht. Die Stichprobe ist dann repräsentativ, wenn sie ein verkleinertes Abbild der Grundgesamtheit darstellt und ebenso abgegrenzt ist wie die Grundgesamtheit. Dazu werden bestimmte Merkmale der Grundgesamtheit ausgewählt, die aller Wahrscheinlichkeit nach für die Aussage, die getroffen werden soll, entscheidend sind (z. B. Geschlecht, Alter, Wohnort).

Autorentext

M4 GEO-Umfrage: Was ist gerecht?

Quelle: http://www.geo.de/GEO/kultur/gesellschaft/54795.html (Zugriff: 5.10.2009)

1 Führen Sie nach dem Muster von M 4 eine Umfrage durch, die die Gerechtigkeitsvorstellung zu aktuellen Themen unter Schülerinnen und Schülern bzw. Eltern bzw. Lehrerinnen und Lehrern Ihrer Schule oder einer entsprechenden Gruppe in Ihrem Stadtteil ermittelt.
Folgende Fragerichtungen könnten dabei zusätzlich eine Rolle spielen:
- Ist es gerecht, wenn die Menschen das zum Leben bekommen, was sie brauchen?
- Ist es gerecht, wenn Kinder aus Familien mit geringerem Einkommen schlechtere Bildungschancen haben als andere?
- Ist es gerecht, wenn Menschen, die mehr verdienen, einen höheren Anteil ihres Einkommens an Steuern zahlen müssen?

Überlegen Sie weitere Fragen.

Betriebserkundung

Schritte der Betriebserkundung

1. Themenfindung
2. Erstellen eines Fragebogen (s. M 6)
3. Kontaktaufnahme mit dem Betrieb
4. Durchführung der Erkundung: Befragung mit Fragebogen, gezielt beobachten, Informationen schriftlich festhalten, evtl. Fotos und Videofilm anfertigen.
5. Auswertung: Trennung von wichtigen und unwichtigen Informationen, Veranschaulichung. Verhalten der Schülerinnen und Schüler
6. Präsentation: Wandzeitung, Ausstellung, Powerpoint-Präsentation, Homepage, Videofilm

Informationen zu Betriebserkundungen im Internet u. a. über:
www.planet-beruf.de
www.schule-wirtschaft.de

M5 Erkundung

Die Erkundung ist eine geplante und methodisch organisierte Wirklichkeitsbegegnung von Lernenden mit ihrer Umwelt. Mithilfe der Erkundung werden Sachverhalte entdeckt, Hypothesen geprüft und Wissen auf seine Übereinstimmung mit der Wirklichkeit überprüft. Die Erkundung ist interaktionell angelegt, da die zu erforschenden Dinge aufgrund ihrer Komplexität eine arbeitsteilige Untersuchung erfordern. Kennzeichnend sind weiterhin eine gemeinsame Planung, ein Austausch der Wahrnehmungen im Anschluss an die eigentliche Erkundung sowie eine gemeinsam erstellte Dokumentation. (...) Das Erkunden verbindet konkretes und abstraktes Lernen. Die Lernenden müssen Beobachtungskriterien entwickeln, Fragebögen bzw. Interviewfragen konzipieren, Informationsgespräche führen, Protokolle verfassen, Skizzen anfertigen, fotografieren, Informationen auswerten und reflektieren, Texte formulieren und eine Dokumentation produzieren.

Joachim Detjen: Erkundung/Sozialstudie/Praktikum, in: Wolfgang W. Mickel (Hg.): Handbuch zur politischen Bildung, Bonn 1999, S. 397–403

M6 Fragebogen zur Erkundung eines Produktionsbetriebs (Beispiel)

1. Organisation des Betriebs
- Wie ist der Betrieb aufgebaut?
- In welche Abteilungen/Aufgabenbereiche ist der Betrieb unterteilt?
- In welchem Maße werden Mitarbeiter/Abteilungen in Entscheidungen einbezogen?

2. Produktion
- Welche Waren werden hergestellt oder welche Dienstleistungen erbracht?
- Welche Rohstoffe und Betriebsmittel werden benötigt?
- Wie läuft die Produktion ab?
- Wie ist die innerbetriebliche Arbeitsteilung organisiert?
- Welche Probleme gibt es an den Arbeitsplätzen?
- Wird in Schichten gearbeitet?
- Wurde die Arbeitsorganisation z. B. durch Rationalisierung, Einführung von Teamarbeit verändert? Wenn ja, wie wirkte sich das aus?
- Welche Maßnahmen sind geplant?

3. Wirtschaftliche Aspekte
- Welche Überlegungen waren für die Standortwahl ausschlaggebend (z. B. Arbeitskräfte, Transportwege, Absatzmärkte)?
- Gab es Überstunden, Einstellungen, Kurzarbeit, Entlassungen?
- Welche Bedeutung haben Rohstoff- und Energiepreise für die Arbeitskosten?
- Besteht eine zwischenbetriebliche oder internationale Arbeitsteilung?
- Wie ist die Auftragslage?
- Welche Entwicklungen der Branche sind für die Zukunft von Bedeutung?

4. Wettbewerb
- Welche Konkurrenten in der Umgebung gibt es, was hat sich in den letzten Jahren verändert?
- Wie wirbt der Betrieb für seine Produkte?
- Ist der Betrieb mit der Wettbewerbssituation, dem Gewinn, den Zukunftserwartungen zufrieden?
- Was plant der Betrieb, um seine Position am Markt zu sichern?
- Können die Waren über das Internet bezogen werden?

1 Führen Sie entsprechend der Anleitung eine Erkundung in einem Produktionsbetrieb, einem Büro eines internationalen Konzerns o. Ä. durch.

Mindmap

Die Mindmap (Gedanken-Karte) ist eine Form der Visualisierung, die in den letzten Jahren immer mehr in Mode gekommen ist. Sie dient der Visualisierung (bildlichen Darstellung) von Informationen. Im Unterricht kann sie gut eingesetzt werden, um Informationen aus Sachtexten übersichtlich und in knapper Form darzustellen. Sie eignet sich aber auch, um Gedanken über ein bestimmtes Thema oder ein geplantes Projekt zu sammeln und zu ordnen. Besonders für Menschen, die gerne mit Bildern lernen, kann die Mindmap eine große Hilfe sein.

M7 Die 3-Schritte-Anleitung

Die 3-Schritt-Methode ähnelt in ihrem Aufbau einem Baum …

1. Schritt:
Als erstes braucht man ein leeres Blatt. In die Mitte des Blattes schreiben Sie den zentralen Begriff (das Thema der Mindmap). Am besten malen Sie einen Kreis um den Begriff, um ihn hervorzuheben. Dieses zentrale Thema der Mindmap ist mit dem Baumstamm vergleichbar.

2. Schritt:
Von dem zentralen Begriff sollen nun Äste abzweigen. Zeichnen Sie also Linien, die vom Hauptbegriff wegführen. Auf diesen Ästen notieren Sie die Unterbegriffe, die zum Hauptthema passen. Auf jede Linie sollte nach Möglichkeit nur ein Wort, auf jeden Fall nicht mehr als eine kurze Überschrift. Diese ersten Abzweigungen sind mit den Ästen eines Baumes vergleichbar.

3. Schritt:
Erweitern Sie nun Ihre Mindmap, indem Sie von den Ästen immer mehr, immer kleinere Zweige abzweigen lassen. Achten Sie auch hier darauf, nach Möglichkeit nur Stichwörter zu verwenden.

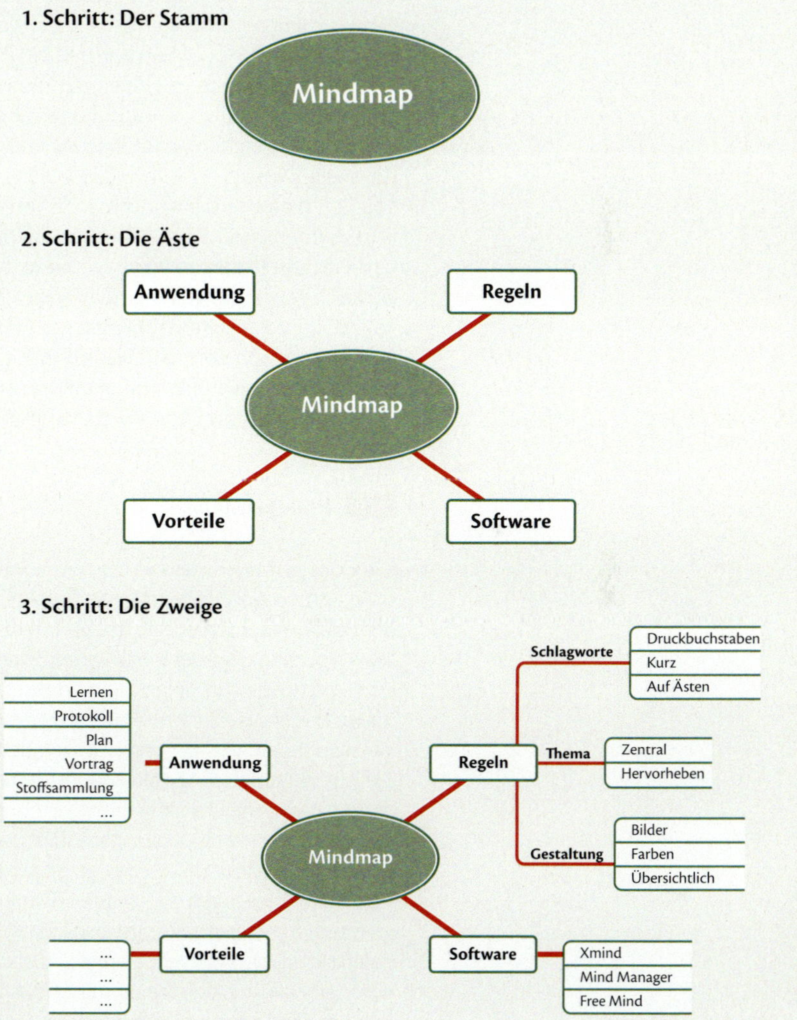

Text und Grafik aus: http://www.allgemeinbildung-macht-schule.de (Zugriff: 31.3.2011)

1 Erstellen Sie eine Mindmap zum Thema Globalisierung.
2 Erstellen Sie eine Mindmap zum Thema „Sollten die Vereinten Nationen eine eigene Armee bekommen?"
3 Prüfen Sie die Eignung von Mindmaps für Wissens- und für kontroverse Themen.

Politikzyklus

Um Politik in ihrer Vielschichtigkeit erfassen zu können, hat sich bewährt, sie – wie in den USA schon länger üblich – in drei Dimensionen aufzufassen; in ihrer institutionellen Dimension (polity), in ihrer normativ-inhaltlichen Dimension (policy) und in ihrer prozessualen Dimension (politics).

M8 Dimensionen der Politik

Politik hat (...) erstens eine institutionelle Dimension, die durch Verfassung, Rechtsordnung und Tradition festgelegt ist. Auch die Grundsätze der politischen Willensbildung werden durch Institutionen kanalisiert: Wahlen, Grundrechte der Meinungsfreiheit, Parteien und Verbände. (...) Der Handlungsspielraum wird durch die Institutionen abgesteckt. Im Englischen nennt man diese institutionelle Dimension von Politik *polity*.

Politik hat zweitens eine normative, inhaltliche Dimension, die auf Ziele, Aufgaben und Gegenstände von Politik verweist. Die Gestaltung und Aufgabenerfüllung von Politik ist von Interessen abhängig. (...) (*Daher*) ist der inhaltliche Gestaltungsraum von Politik mit Konfliktstoff gefüllt. Die inhaltliche Dimension von Politik kann man in der englischen Begrifflichkeit als *policy* bezeichnen.

Politik hat drittens eine prozessuale Dimension, die auf Vermittlung von Interessen durch Konflikt und Konsens abstellt. Dieser ständige Prozess der politischen Willensbildung und Interessenvermittlung kann durch das Studium der Institutionen oder der Inhalte nicht begriffen werden. (...) Für die dritte Dimension des Politikbegriffs hat die englische Sprache das Wort *politics* anzubieten. Alle drei Dimensionen – die institutionelle Form, der normative Inhalt und der prozessuale Verlauf – machen dann zusammen das aus, was als Politik bezeichnet werden kann.

Bundeszentrale für politische Bildung (Hg.): Politikdidaktik kurzgefasst, Bonn 1994, S. 20 f.

M9 Policy-Analyse

Die Policy-Analyse stellt einen mittlerweile anerkannten und bedeutsamen Teilbereich der Politikwissenschaft dar, dessen Interesse schwerpunktmäßig der inhaltlichen Dimension von Politik (Policy) in all ihren Erscheinungsformen, wie Entwürfen, Gesetzen oder Verordnungen, gilt. Ein erstes wesentliches Ziel der Beschäftigung mit Policies besteht darin, die enorme Vielfalt ihrer Erscheinungsformen und Ausprägungen systematisch zu erfassen, um damit die Voraussetzungen für Verallgemeinerungen zu schaffen. Die entsprechenden Klassifizierungsversuche orientieren sich dabei vor allem an drei Dimensionen: der Wirkung, den Steuerungsprinzipien und der Beschaffenheit von Policies.

Die Beschäftigung mit Politikinhalten stellt dabei für die Policy-Analyse keinen Selbstzweck dar, sondern verbindet sich aufs Engste mit dem Bemühen, die zentralen Einflussfaktoren, die die Ausformung von Policies bestimmen, zu identifizieren. Ausgehend von der Prämisse, dass Politik im Sinne von Problemlösung mittels staatlicher Policies (...) vorwiegend durch die Rahmenbedingungen in den einzelnen Bereichen bestimmt wird, wählt die Policy-Analyse als Ausgangspunkt für die Bestimmung von Einflussfaktoren auf Policies sehr bewusst einzelne Politikfelder. Sie bemüht sich dabei, die ganze Breite und Unterschiedlichkeit von Determinanten, wie etwa strukturelle Vorgaben, Spezifika von Prozessabläufen, Elemente der politischen Kultur, Interessen und Überzeugungen von Akteuren, ökonomische Faktoren und vieles andere mehr, zu erfassen. Zur Bewertung ihres Gewichts und ihrer Einordnung greift sie auf eine ganze Reihe unterschiedlicher Theoriekonzepte zurück.

Ein weiteres Kernelement der Policy-Analyse stellt die Tatsache dar, dass Policies in einer dynamischen Perspektive analysiert werden, die ihr Augenmerk nicht nur auf die Entstehung, sondern auch auf die Durchführung und gegebenenfalls Neuformulierung staatlicher Politik richtet.

Ragnar Müller/Wolfgang Schumann: Der Politik-Zyklus; in: www.dadalos-d.org/politikdidaktik/politik/policy-zyklus.htm (Zugriff: 22.8.2008)

M 10 Der Politikzyklus – ein Modell

Der Politikzyklus ist ein Modell, um das politische Geschehen bzw. politische Prozesse zu gliedern und zu verstehen (s. *M 11*). Er bietet eine mögliche Form der Auseinandersetzung mit Politik, die sich von einem rein kategorialen oder institutionellen Zugang unterscheidet. Der Politikzyklus beschreibt vier Phasen, die aufeinander folgen: die Problemstellung, die Auseinandersetzung über mögliche Lösungen, die Entscheidung für eine Lösung, die Beurteilung der Lösung, die unter Umständen zu einem neuen Problem führen kann. Dabei muss berücksichtigt werden, dass der Zyklus bei einem konkreten Prozess nicht „geschlossen" ist. Die Beurteilung führt nicht zum selben, sondern zu einem neuen Problem. Der Politikzyklus kann als Ergänzung zu den Politik-Dimensionen „policy, polity, politics" gesehen werden. Im Zyklus sind diese Dimensionen enthalten: Das Problem ist stärker eine Frage des Inhalts (policy), bei der Auseinandersetzung ist eher die Dimension der Prozesse (politics) betroffen, die Entscheidung ist stärker an die Dimension der Institutionen (polity) gebunden. Letztlich sind aber in allen Phasen alle drei Dimensionen erkennbar.

Der Politikzyklus reduziert, wie jedes Modell, die Wirklichkeit. So werden Probleme erst dann erfasst, wenn sie in den politischen Entscheidungsprozess eingeflossen sind. Ebenso wichtig kann eine Analyse der Vorgeschichte sein: Wie ist der Gegenstand der Diskussion überhaupt zu einem Problem geworden, das einer Lösung bedarf?

Der Politikzyklus eignet sich nicht nur zur Analyse eines Prozesses, sondern auch zur Sachanalyse (für die er ursprünglich entwickelt wurde). Mit dem Zyklus kann ein Unterrichtsgegenstand der Politischen Bildung systematisch gegliedert werden:

- Um welches Problem handelt es sich?
- Worum dreht sich die Auseinandersetzung? Was sind Argumente und Vorgehensweisen?
- Welche Entscheidungen werden getroffen?
- Wie fallen die Beurteilungen dieser Entscheidungen aus? Führen diese zu neuen Problemen?

Der Politikzyklus beschreibt den politischen Prozess grundsätzlich als einen Prozess der Problemverarbeitung.

Jan Hodel: Politikzyklus, in: www.politischebildung.ch (Zugriff: 22.8.2008)

M 11 Der Politikzyklus

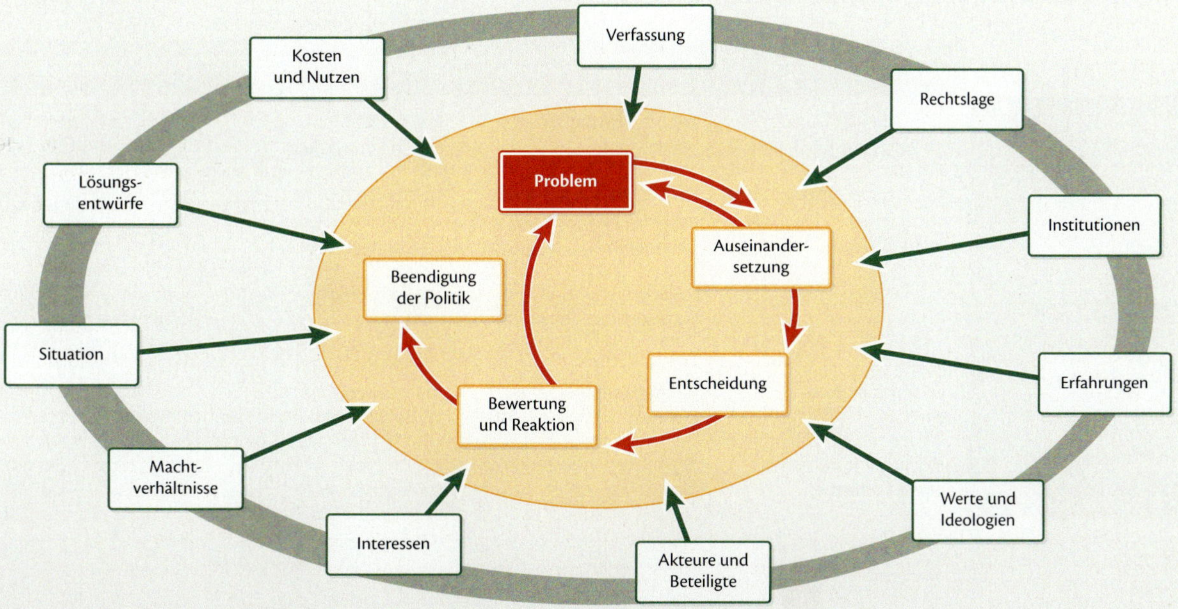

Nach: Peter Massing, 1999, http://www.politische-bildung-bayern.net/content/view/148/44

Analyse von Texten

M 12 Herangehen an Texte

Herkunft des Textes

- Welche Angaben werden zur Herkunft des Textes gemacht (siehe besonders die Quellenangabe)?
- Handelt es sich um einen Primärtext (eigenen Verfassertext) oder einen Sekundärtext (Wiedergabe des Gedankenguts anderer)?

Ermittlung des Kontextes (Zusammenhangs)

- In welcher Umgebung steht der Text (z.B. in einer Zeitung, als Kapitel in einem Buch)?
- Zu welchen anderen Texten hat der Text einen Bezug (etwa durch Zitate oder durch Nutzung einer bestimmten Form)?
- Wer ist der Autor bzw. wer sind die Autoren, und was ist über sie bekannt? Was kann sie dazu veranlasst haben, den Text zu verfassen? Zu welchem Anlass hat er/sie den Text verfasst?
- Innerhalb welcher Auseinandersetzung steht der Text (etwa einer wissenschaftlichen Kontroverse, einer politischen Auseinandersetzung usw.)?

Inhalt des Textes

- Was ist das Thema des Textes? Innerhalb welchen Themenkomplexes ist das Thema einzuordnen?
- Welche Aussagen werden im Text gemacht?
- Was sind die Hauptthesen des Textes, wenn es sich um einen argumentativen Text handelt?
- Welche Ausführungen zum Detail werden gemacht?
- Welche Belege, Argumente und Beispiele werden benutzt?
- Was ist dem Autor besonders wichtig, worauf weist er besonders hin?
- Was ist die Aussageabsicht des Autors? Worauf will er hinaus?
- Welchen Charakter hat der Text (beschreibend, wertend usw.)?

Aufbau und Stil des Textes

- Wie geht der Autor vor, um seine Intention zu verfolgen?
- Wie ist der Text gegliedert? Welche Sinnabschnitte weist er auf?
- Welche allgemeinen Merkmale hat die Sprache des Textes? Versucht sich der Autor anzubiedern? Verwendet er bewusst ein bestimmtes Sprachniveau?
- Wie ist der Sprachstil des Textes? Handelt es sich z.B. um eine wissenschaftlich-nüchterne oder eine agitatorische Sprache?
- Fallen besondere sprachliche Mittel auf?

Rezeption (Aufnahme) des Textes

- An welches Publikum wendet sich der Autor aufgrund von Inhalt, Form und Sprache? Ist die angesprochene Zielgruppe identisch mit der tatsächlich erreichten?
- Was ist über die Aufnahme des Textes beim Publikum bekannt?

Textkritik

- Welchen Stellenwert hat der Text im Publikationszusammenhang, im Werk des Verfassers, in Bezug auf eine bestimmte Problematik oder Textsorte?
- Lässt sich der Text einer geistigen Strömung oder Epoche bzw. Ideologie zuordnen?

M 13 Textsorten in den Sozialwissenschaften

	Kognitive Texte	Normative Texte	Informative Texte	Appellative Texte
Beispiele	Lehrbuch, Sachbuch, wissenschaftlicher Text	Gesetz, Vertrag, Urteil, Verordnung	Nachricht, Meldung, Bericht, Reportage	Werbetext, Rede, Flugblatt, Programm
Inhalt	Die Verfasser teilen Erkenntnisse mit, fassen Ergebnisse zusammen	Festsetzen von Normen und Regeln, Abstecken von Grenzen	Feststellen bzw. Mitteilen von Beobachtetem, von Erfahrungen usw.	Interessengeleitete Darstellung, Aufforderungen
Intention	Mitteilen und lehren	Regulieren des Handelns, Festlegen des Verhaltens	Sachlich-objektive Darstellung	Überzeugen, auffordern, überreden, zu Handlungen veranlassen
Verfasser	Fachleute, Experten, Lehrkräfte	Richter, Parlamentarier, Juristen	Journalisten, Reporter, Wissenschaftler	Werbefachleute, Politiker, Pressestellen
Adressaten	Lernende, Interessierte, andere Fachleute	Betroffene, andere Juristen	Zeitungsleser, Medienkonsumenten	Potenzielle Käufer oder Wähler

1 Analysieren Sie einen aktuellen Zeitungsartikel nach den Vorgaben von M 12.

2 Sammeln Sie Texte aus Zeitungen oder aus dem Internet und ordnen Sie sie in das Schema M 13 ein.

Begriffsbildung

M14 Die Bedeutung von Begriffsbildung in den Sozialwissenschaften

Bei der Formulierung sozialwissenschaftlicher Aussagen entsteht oft die Frage, wie man vorgehen kann, wenn man einzelnen Ausdrücken oder Begriffen einer Aussage eine Bedeutung zuschreiben will. (...)

Fragen wir zunächst, welche Probleme bei der Begriffsbildung in den Sozialwissenschaften auftreten. Die Objekte sozialwissenschaftlicher Aussagen sind u. a. menschliche Individuen oder Gruppen, z. B. Studenten, Städte, Industriegesellschaften usw. Diesen Objekten werden Merkmale zugeschrieben wie Normen, Macht, Mobilität, Nachfrageelastizität usw. Wenn eine Person, die die deutsche Sprache beherrscht, die vorangegangenen Zeilen gelesen hat, dann weiß sie, was mit den meisten der genannten Wörter „gemeint" ist. Wenn sie z. B. das Wort „Studenten" liest, dann weiß sie, dass mit diesem Wort Personen bezeichnet werden, die an einer Hochschule immatrikuliert sind.

Der Grund dafür, dass der Leser die vorangegangenen Wörter „versteht", ist, dass in der deutschen Sprache bzw. in der Sprache der Sozialwissenschaften mit bestimmten Zeichen bestimmte Phänomene der Realität, oder, wie wir sagen wollen, bestimmte Designata, verbunden sind und dass der Leser diese Verbindungen kennt. (...)

Die erste Frage, die entsteht, wenn ein Sozialwissenschaftler eine Aussage formulieren oder umformulieren möchte, lautet: Welche Möglichkeiten bestehen, Zeichen und Designata einander zuzuordnen? Wenn die Möglichkeiten, ein Wort zu definieren, bekannt sind, wird man sich weiter fragen: Welche der gegebenen Möglichkeiten sind für die Definition eines gegebenen Zeichens adäquat? Schließlich tritt die Frage auf: Welche Designata sollte man einem Zeichen zuordnen? (...)

Wir wollen im Folgenden zuerst die wichtigsten Möglichkeiten beschreiben, sozialwissenschaftliche Begriffe zu definieren. (...) Unter einer Definition versteht man die Einführung einer Konvention über die Verwendung von sprachlichen Ausdrücken. (...)

Unter einer Nominaldefinition versteht man eine Festsetzung darüber, dass ein bestimmter Ausdruck A1 gleichbedeutend mit einem anderen Ausdruck A2 sein soll, wobei die Bedeutung des anderen Ausdrucks A2 als bekannt vorausgesetzt wird und A1 die Bedeutung annehmen soll, die A2 hat. (...) Eine Nominaldefinition hat also zwei Bestandteile: Den Ausdruck, dessen Bedeutung als bekannt vorausgesetzt wird – genannt das Definiens, also der definierende Ausdruck –, und den Ausdruck, der synonym mit dem Definiens sein soll – genannt das Definiendum, also der zu definierende Ausdruck. (...)

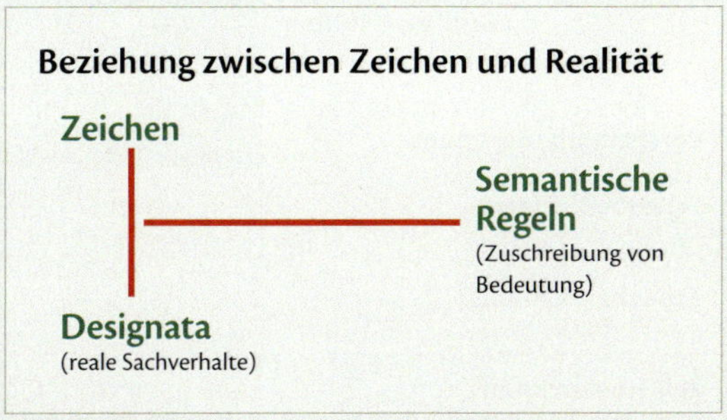

Wenn eine Nominaldefinition eine Festsetzung oder Konvention über die Verwendung eines bestimmten Ausdrucks ist, dann folgt: Eine Nominaldefinition kann weder wahr noch falsch sein. (...) Ein Nominaldefinition behauptet nichts über die Realität. (...)

In der klassischen Logik verstand man unter einer „Realdefinition" die Beschreibung des „Wesens" oder der „Natur" von Tatbeständen. (...) Analysiert man die Ausführungen von Autoren, die das „Wesen" von Sachverhalten zu ergründen suchen, dann zeigt sich, dass Wesensbestimmungen zumindest die folgenden diskutierten Bedeutungen haben:

1. Viele Wesensdefinitionen dürften Bedeutungsanalysen sein. Wenn man z. B. fragt, was das Wesen des Staates sei, dann kann man diese Frage so verstehen: Was bedeutet das Wort „Staat"? (...)

2. Häufig sind Wesensbestimmungen empirische Gesetze. Man könnte z. B. die Frage nach dem Wesen des Staates so verstehen: Welche Merkmale haben alle Staaten gemeinsam? (...)

3. Zuweilen dürfte eine Wesensbestimmung eine Begriffsexplikation sein. Man versucht also, einen Begriff zu präzisieren. (...)

4. Oft hat man den Eindruck, dass Wesensbestimmungen als Nominaldefinitionen gemeint sind. (...)

5. Angenommen, jemand äußere folgenden Satz: „Es ist das Wesen von Gesetzen, dass sie Konflikte zwischen Kontrahenten ausgleichen." Hier könnte etwas darüber gesagt werden, wie Gesetze beschaffen sein sollen. (...) Wesensbestimmungen sind also zuweilen normative Aussagen.

Karl Dieter Opp: Methodologie der Sozialwissenschaften. Einführung in Probleme ihrer Theorienbildung und praktischen Anwendung, 6. Aufl. Wiesbaden 2005, S. 25

Analyse von Tabellen

M15 Tabellenformat nach DIN 5008

Kopfbezeichnung / Vorspaltenbezeichnung	Gemeinsame Spaltenbezeichnung		
	Spaltenbezeichnung	Spaltenbezeichnung	Spaltenbezeichnung
Zellenbezeichnung			
Zellenbezeichnung		*Feld bzw. Zelle*	
Zellenbezeichnung			
Insgesamt		Summenzeile (nicht immer vorhanden)	

M16 Checkliste: Umgang mit Tabellen und Statistiken

Soll die Erschließung von Tabellen und Statistiken gelingen, ist es sinnvoll, verschiedene Arbeitsschritte zu berücksichtigen:

Annäherung unter formalen Gesichtspunkten:
- Welche Überschrift hat die Statistik?
- Welche Darstellungsform wird gewählt?
- Welche Zahlenarten liegen vor (absolute oder relative Zahlen, reale oder nominale Zahlen, Prozentzahlen, Indexzahlen)?
- Sind die vorliegenden Zahlen fehlerhaft?
- Wie wurden die vorliegenden Zahlen gewonnen (gezählt, geschätzt, vorläufig oder fortgeschrieben)?
- Welche Größen werden dargestellt? Wofür sind sie ein Indikator?
- Wer hat die Daten erhoben bzw. veröffentlicht?
- Ist die Quelle angegeben?

Beschreibung:
- Gliederungskriterium der Statistik erfassen.
- Die Extremwerte markieren (besonders wichtig bei Zeitreihen).
- Zeitliche Entwicklungen in ihren Tendenzen beschreiben (u.a. gleichmäßig, sprunghaft?).
- Zahlenangaben eventuell bearbeiten (Berechnung von Prozentanteilen, Spalten- bzw. Zeilensummen).
- Ggf. Umsetzung einer Tabelle in ein Kurvendiagramm.
- Zusammenstellung der zentralen Aussagen der Statistik in Form eines „Statistikreferats".
- Veranschaulichung der zentralen Aussagen in Form einer Strukturskizze.

Erklärung:
- Fachlichen Hintergrund der Statistik erfassen.
- Einordnung der zentralen Aussagen in größere Zusammenhänge vollziehen.
- Einordnung der Aussagen der Statistik in größere sachliche und theoretische Zusammenhänge.

Bewertung:
- Kritische Auseinandersetzung mit der Statistik durchführen (u.a.: Ist die Überschrift eindeutig? Passen Überschrift und Inhalt? Ist die Wahl des Zeitraums und der Daten sachlich angemessen? Ist die Darstellungsform angemessen? Ist die Überprüfbarkeit gewährleistet? Ist die Aufbereitung der Daten angemessen [z.B. Wahl des Basisjahres bei Indexzahlen]? Sind Fehler feststellbar? Sind die Daten aussagekräftig und miteinander vergleichbar? Ist der Urheber der Daten seriös?).
- Kritische Auseinandersetzung mit den inhaltlichen Aussagen der Statistik vor dem Hintergrund der Fragestellung des Unterrichts.

Kurt Lach/Peter Massing: Umgang mit Statistiken und Tabellen, in: Bundeszentrale für politische Bildung: Methodentraining für den Politikunterricht II, Bonn 2007, S. 30

M 17 Lügen mit Statistik

Statistik ist ein Werkzeug. Als solches ist sie wertneutral. Nicht gut oder böse, sondern nützlich oder weniger nützlich. Gut oder böse sind die Zwecke, die diejenigen verfolgen, die Statistiken aufstellen oder in Auftrag geben. „Gute" Statistik dient dem Erkenntnisgewinn. „Böse" Statistik dient der Manipulation. Gute Statistik sucht nach Fragen. Böse Statistik sucht nach Beweisen.

Idealerweise bilden statistische Daten die Basis, von der aus weitere Untersuchungen geplant und Thesen zur Überprüfung formuliert werden. Praktisch ist es meistens umgekehrt: Die These ist vorformuliert, und die Statistik wird herangezogen, um sie zu beweisen. „Die Statistik", hat der langjährige Deutsche-Bank-Chef Hermann Josef Abs einmal gesagt, „ist wie eine Laterne im Hafen. Sie dient dem betrunkenen Seemann mehr zum Halt als zur Erleuchtung."

Statistik ist ein komplexes Werkzeug. Eines mit verschiedenen Methoden und Vorgehensweisen, mit vielen Stellschrauben für den, der mit ihr arbeitet. Für denjenigen, der nach Fragen sucht, bietet sie damit viele Chancen. Für denjenigen, der nur beweisen will, eröffnet sie die Möglichkeit zur Manipulation. Hilfreich sind ihm dabei der große, naive Glaube an alles, was in Form von Zahlen daherkommt, und viele Missverständnisse, die sich, oft aus intellektueller Bequemlichkeit, bei den Lesern von Statistiken breitgemacht haben.

Eines der vielen Missverständnisse um die Statistik ist, dass man mit ihr kausale Zusammenhänge beweisen könnte. Das kann man nicht. Um zu beweisen, dass aus einem bestimmten Umstand A mehr oder weniger zwingend ein Umstand B folgt, muss man A und B inhaltlich verstehen und über die reine Beobachtung hinaus einen Blick sozusagen unter die messbare Oberfläche werfen. Die Statistik wagt diesen Blick nicht. Sie kann nur beobachten, ob und wie häufig A und B empirisch zusammen auftreten. Das kann auf eine Kausalbeziehung hindeuten, muss aber nicht.

Für diese Beobachtung gibt es eine ganze Reihe statistischer Maßzahlen. Eine der einfachsten und bekanntesten ist die sogenannte Korrelation. Sie misst den Zusammenhang zwischen zwei Messgrößen, die man mit einer kontinuierlichen Skala beschreiben kann, wie z. B. Temperatur, Körpergröße usw. Die Korrelation ist auf das Intervall von –1 bis +1 normiert. Liegt sie nahe bei 1, dann treten hohe Werte der Messgröße A sehr häufig zusammen mit hohen Werten der Messgröße B auf, und analog niedrige mit niedrigen; es handelt sich also um einen positiven Zusammenhang, mit A steigt auch B. Liegt die Korrelation nahe bei –1, liegt ein negativer Zusammenhang vor, steigt A, so fällt also B, und umgekehrt. Bei Werten nahe 0 liegt meistens kein Zusammenhang vor.

Klassischerweise kann man bei hoher Korrelation sehr gut Regressionskurven durch die empirische Datenwolke legen, eine Gerade z. B.; bei niedriger Korrelation sind die Datenpunkte mehr oder weniger gleichmäßig im Raum verteilt.

Für andere Skalentypen, qualitative Merkmale (etwa Farben: rot, grün, blau) oder auch ordinale (Rangstufen wie z. B. Schulnoten), gibt es in der Statistik andere Maßzahlen, die ein ähnliches Funktionsprinzip haben und meistens ähnlich angenehm zu handhaben sind. Gerade dass diese Maßzahlen relativ einfach gestrickt sind, verleitet allerdings dazu, sie sehr häufig zu verwenden und auch überzuinterpretieren. Das führt aber in die Irre und oft zu grotesken Ergebnissen. Ein Forscher hat sich beispielsweise einmal den Spaß erlaubt, für eine bestimmte Region zwei Zeitreihen zu vergleichen, nämlich die Geburtenentwicklung und die Storchenpopulation. Beide verliefen nahezu parallel, und eine Berechnung ergab eine Korrelation von 0,7 – also einen recht starken positiven Zusammenhang. Daraus könnte man nun einen statistischen „Beweis" für die alte Kindermär deuten, nach der der Storch die Kinder bringt. (…)

Die Korrelation und ihre Verwandten können also ein Indiz dafür sein, wo man nach kausalen Zusammenhängen durch fachwissenschaftliche Forschung suchen sollte; aber sie ersetzen diese sachlogischen Überlegungen nicht. Das muss man sich klarmachen und von manchem bequemen Begründungsmuster Abschied nehmen.

Christian Roth: Wie lügt man mit Statistik?, Akademische Blätter, 18.1.2011, in: http://akademische-blaetter.de (Zugriff: 20.2.2012)

1 Sammeln Sie Beispiele für Manipulationen mit Statistiken.
2 Erläutern Sie die Art der Manipulation

Analyse von Grafiken

Bei Grafiken gibt es verschiedene Darstellungsmöglichkeiten, die häufig auch in Kombination sowie zusammen mit Tabellen auftreten können. Verschiedene Formen von Grafiken sind Standard und mit jeder Tabellenkalkulation selbst zu erzeugen.

M18 Formen von Diagrammen

a Balkendiagramm

„Frauen sollten sich um Kindererziehung kümmern"

Zustimmung in Prozent der Befragten

Gruppe

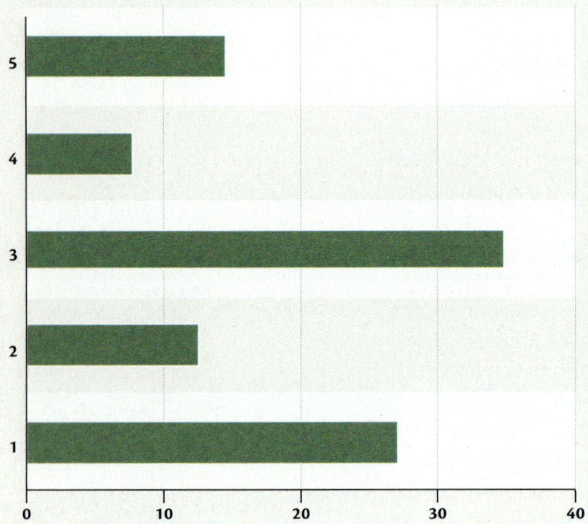

Quelle: Statistisches Bundesamt

b Kreisdiagramm

Deutschlands Energieträger 2008

Anteile am Primärenergieverbrauch in Prozent

Gesamt:
477,8 Mio. Tonnen Steinkohleäq.

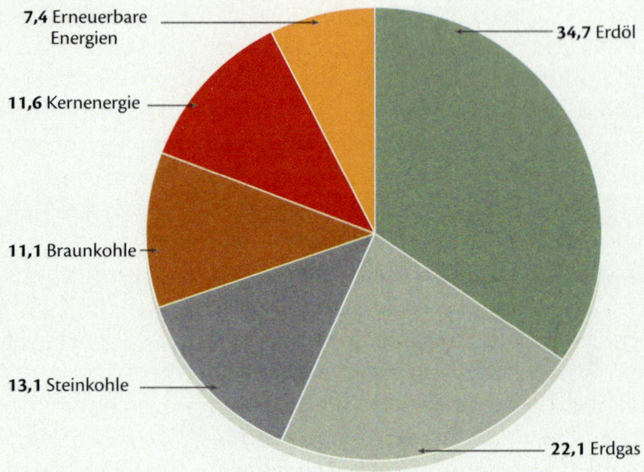

Quelle: Arbeitsgemeinschaft Energiebilanz 2009

c Säulendiagramm

Die „wahre" Arbeitslosigkeit

Angaben in Millionen

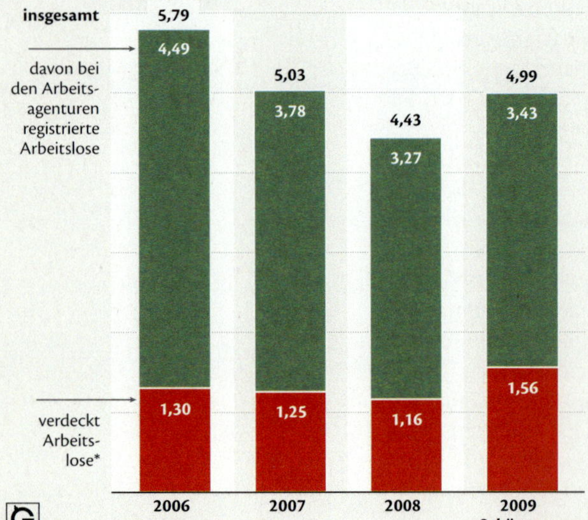

*Kurzarbeit, ABM, Umschulung, Vorruhestand u. a.

Quelle: SVR-Jahresgutachten

d Liniendiagramm

Weltindustrieproduktion[1] nach Ländergruppen

Index 2008 bis 2010; 1. Quartal 2008 = 100

¹ Gewichtet mit Anteilen an der Weltproduktion

² OECD-Länder ohne Türkei, Mexiko, Korea und mittelosteuropäische Länder

Nach: Projekt Gemeinschaftsdiagnose, Erholung setzt sich fort – Risiken bleiben groß, Kiel 2010, S. 9

e Spannweitendiagramm

„Ausländer nehmen Arbeitsplätze weg"

Zustimmung in Prozent der Befragten

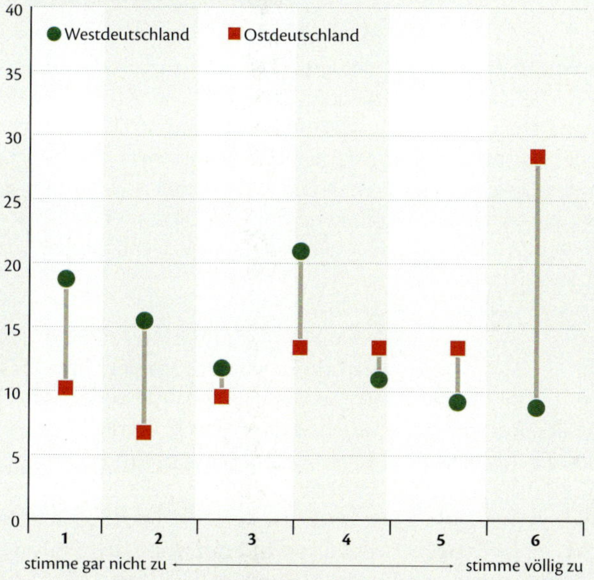

f Flächendiagramm

Erdölförderung großer Konzerne 2004–2008

in Mio. Barrel pro Tag

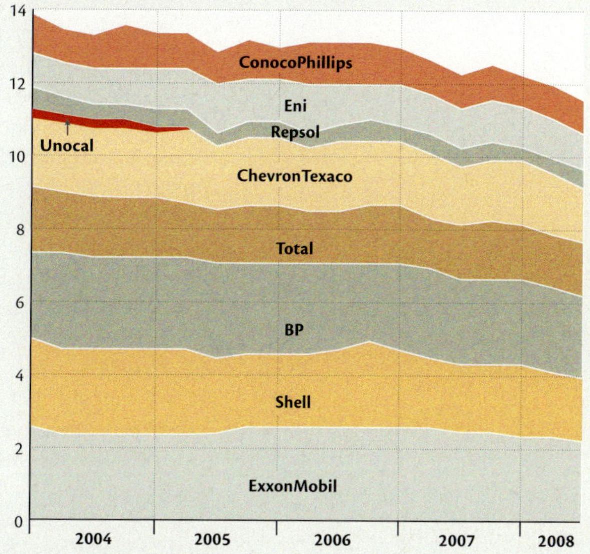

Quelle: Quartalsberichte der Firmen

M 19 Stellenwert von Grafiken

Diagramme stellen häufig komplizierte Sachverhalte in einfachen grafischen Formen dar. Weil sie so eindeutig, übersichtlich, grafisch einfach und klar gehalten sind, sind sie ein beliebtes Mittel zur Veranschaulichung, als Verständnishilfe und als Medium zum Einprägen und Behalten. Es erhebt sich jedoch die Frage, ob die Gesichtspunkte der Einfachheit, der Eindeutigkeit und Übersichtlichkeit nicht auch manchmal Gefahren für einen sachgemäßen Umgang mit historischen Problemen und für eine angemessene Erkenntnis mit sich bringen können.

Die statistische Auflistung, die tabellarische Zusammenfassung und die grafische Darstellung heben immer nur einzelne Aspekte aus einem komplizierteren Zusammenhang hervor. Man kann hier von einer inhaltlichen Vereinfachung sprechen, die noch durch die Darstellung mit einfachen grafischen Symbolen verstärkt wird. Man muss sich also davor hüten, so zu tun, als habe man mit einem Diagramm das ganze Problemumfeld abgehandelt. Vielmehr sind gerade dann Gefahren zu bedenken, wenn anhand eines Diagramms nur ein bestimmter Aspekt des dargestellten Problemzusammenhangs, wie z. B. die Verfassungstreue von politischen Parteien, hervorgehoben wird. Im schlimmsten Fall kann dies sogar zur Verkürzung, Verzerrung oder gar zur Verfälschung ausarten, wenn im Bemühen um Verallgemeinerung und eine besonders pointierte Darstellung jegliche inhaltliche Differenzierung unterbleibt.

Ulrich Mayer: Umgang mit Statistiken und Diagrammen, in: Hans-Jürgen Pandel/Joachim Rohlfes (Hg.): Umgang mit Geschichte, Stuttgart 1992, S. 137

1 Analysieren Sie eine aktuelle Infografik aus einer Zeitung in Gruppen.
2 Vergleichen Sie Ihre Ergebnisse.
3 Manipulation mittels Grafiken? Erkunden Sie die Möglichkeiten durch Anwendung einer Tabellenkalkulation.

Analyse von Karikaturen

M20 Fünf Schritte der Analyse von Karikaturen

1. Beschreiben:
Grundvoraussetzung für das Verständnis einer Karikatur ist, dass die bildliche Darstellung genau erkannt und in ihren Details (Haltung, Mimik, Gestik, Details der Darstellung usw.) präzise erfasst wird. Eine Beschreibung dessen, was zu sehen ist, steht am Anfang. Sie sollte zunächst von den weiteren Schritten getrennt werden, damit Details nicht verloren gehen oder einseitig interpretiert werden.

2. Verstehen:
Die Symbole müssen nicht nur erkannt werden, sie müssen auch in ihrer Bedeutung bekannt sein. Ikonische (bildhafte) Zeichen sind aufgrund ihrer Darstellung normalerweise aus sich selbst heraus verständlich (z. B. Fessel für Unfreiheit, Pferdegeschirr für Lenkung und Unterdrückung). Die Bedeutung arbiträrer (*willkürlicher*) Zeichen beruht auf gesellschaftlicher Konvention, die man kennen muss (z. B. Michel für die Deutschen bzw. Deutschland, Hahn für Frankreich, Waage für Gerechtigkeit).

3. Anwenden:
Der Sachverhalt, auf den sich die Karikatur bezieht, muss in den Grundzügen bekannt sein und benannt werden. Die politischen Umstände und gesellschaftlichen Bezüge müssen Erwähnung finden. Evtl. muss eine Recherche über die Umstände stattfinden, unter denen die Karikatur entstanden ist.

4. Erklären:
Die Karikatur geht über das Aufdecken charakteristischer Wesenszüge einer Situation hinaus, sie wertet und kommentiert das Geschehen, was aufgedeckt werden muss.

5. Urteilen:
Die Qualität einer Karikatur hängt entscheidend davon ab, inwieweit es dem Autor gelungen ist, seine Kritik angemessen ins Bild umzusetzen. Die Beurteilung der Karikatur muss sich auf den Zusammenhang mit dem Karikierten beziehen.

Nach: Manfred Faust: Politische Karikaturen im Geschichtsunterricht der Sekundarstufe I, in: GWU H. 12 (1980), S. 739–753

M21 Karikatur

Zeichnung: Sakurai

1 Analysieren Sie die Karikatur anhand der Arbeitsschritte.

Messverfahren

Nachdem in der Wissenschaft geklärt wurde, was eigentlich genau gemessen werden soll – denn auch das ist nicht immer einfach zu definieren –, stehen der Forschung je nach Datenlage und Themenschwerpunkt unterschiedliche Messverfahren zur Verfügung.

M22 Messverfahren am Beispiel Bildung

Die einfachste Möglichkeit, die für statistische Analysen gut zu verwenden sind, ist die Messung der Anzahl von Jahren, die eine Person im Bildungssystem verbracht hat. Dieser Indikator setzt aber voraus, dass jedes Bildungsjahr gleich zählt. Der Schüler A, der nach zehn Jahren seinen Hauptschulabschluss erwirbt, würde hier möglicherweise mit dem Schüler B gleichgesetzt, der nach zehn Jahren seine mittlere Reife erwirbt. Folgt bei A dann nach dem Hauptschulabschluss noch eine dreijährige Berufslehre, so hätte er genauso viele Jahre im Bildungssystem verbracht wie ein Abiturient (...). Daher verwendet man häufig zur systematischen Erfassung der Bildung sogenannte Bildungsklassifikationen.

Jörg Rössel: Sozialstrukturanalyse, Wiesbaden 2009, S. 173–175

M23 Die Bildungsklassifikation nach ISCED (International Standard Classification of Education)		Bildungsstand	Bildungsstand der Erwachsenenbevölkerung in % (2008)	
			NRW	BRD
Stufe 0	Vorprimarstufe: Kindergarten	Niedrig	19	14
Stufe 1	Primarstufe: Grundschule			
Stufe 2	Sekundarstufe I: Hauptschule, Realschule, Gymnasium, Berufsaufbauschule und -vorbereitungsjahr			
Stufe 3	Sekundarstufe II: Gymnasium, Fachoberschule, Duale Berufsausbildung, Berufsfachschule	Mittel	59	60
Stufe 4	Postsekundärer, nicht tertiärer Bereich: Berufs-/Technische Oberschule, Fachoberschule			
Stufe 5	Tertiärer Bereich, Phase 1: Fachhochschule, Universität, Fachschule, Fachakademie	Hoch	21	25
Stufe 6	Tertiärer Bereich, Phase 2: Promotion, Habilitation			

Eigene Darstellung; Datengrundlage: Statistische Ämter des Bundes und der Länder: Internationale Bildungsindikatoren im Ländervergleich – Ausgabe 2010

M24 Messverfahren am Beispiel der Statuszugehörigkeit

Eindimensionale Modelle stützen sich zumeist auf den Beruf als den wichtigsten Indikator. (...) Dabei können zwei verschiedene Informationen über den Beruf verwendet werden: einerseits die Angaben über die ausgeübten beruflichen Tätigkeiten, ob also jemand z. B. als Schreiner oder Anwalt arbeitet. (...) Daneben kann man in Deutschland allerdings auch auf das System der beruflichen Stellungen zurückgreifen, (*etwa*) die sozialversicherungsrechtliche Stellung eines Berufs, also die Differenzierung zwischen Selbstständigen, Beamten, Angestellten und Arbeitern. (...)

Informationshaltiger und anspruchsvoller sind allerdings Skalen, die nicht auf einem einzigen Indikator basieren, sondern multiple (*mehrfache*) Indikatoren zur Status- und Schichtzugehörigkeitsmessung verwenden.

Jörg Rössel: Sozialstrukturanalyse, Wiesbaden 2009, S. 135–138

1 Ermitteln Sie in einem Brainstorming verschiedene Niveaus von Bildung. Welche Schwierigkeiten wurden deutlich und inwiefern stehen diese Ihrer Meinung nach im direkten Bezug zur Messung von Bildung?

2 Recherchieren Sie Statistiken zur Statuszugehörigkeit in Deutschland. Analysieren Sie, welche Indikatoren zur Statusermittlung jeweils herangezogen wurden.

Bestimmung von Indikatoren

Weder in der Wissenschaft noch in der Politik besteht Einigkeit über die „richtigen" oder „besten" Indikatoren zur Messung von sozialer Ungleichheit bzw. Armut. Im Folgenden soll diese Schwierigkeit der Begriffsdefinition und somit der Indikatorenwahl näher beleuchtet werden. Dabei ist stets zu beachten, dass in die Bestimmung von Indikatoren auch politische bzw. gesellschaftlich-normative Grundsatzentscheidungen und Werturteile einfließen.

M25 Alles eine Frage des Indikators?

Zeichnung: Nicholson

M26 Stichwort: Indikator

In der empirischen Sozialforschung sind Indikatoren eine Messgröße, die einen theoretischen, nicht unmittelbar messbaren Begriff durch seine Bedeutung abdecken. Es gilt also zunächst zu fragen, was der jeweilige Begriff bedeutet, welche Sachverhalte er also darstellt. Die ausgewählten Sachverhalte sollten möglichst sowohl den Bedeutungsumfang des Begriffs widerspiegeln, als auch durch ein Messverfahren empirisch gemessen werden können. Durch dieses Verfahren wird der Begriff also zum einen definiert und konkretisiert und zum anderen operationalisiert, d. h. messbar gemacht.

Beispiel: Als Indikator für soziale Ungleichheit wird vor allem die Verteilung von Einkommen oder Konsum mithilfe des Gini-Koeffizienten abgebildet.

Autorentext

Gini-Koeffizient: statistisches Maß zur Darstellung von Ungleichheiten

Mit **Armuts- und Reichtumsberichterstattung** ist der unregelmäßig (bisher 2001, 2005, 2008, 2012) erscheinende Bericht „Lebenslagen in Deutschland – Armuts- und Reichtumsbericht der Bundesregierung" gemeint

facilitate: unterstützen
to assess: beurteilen
require: benötigen

M27 Was leisten Indikatoren?

Die Frage, was die Sozialberichterstattung bzw. soziale Indikatoren leisten sollen, wird in der nachfolgenden Definition der Vereinten Nationen (...) eher unbescheiden beantwortet. (...) „Social indicators can be defined as statistics that reflect important social conditions and that facilitate the process of assessing those conditions and their evolution. Social Indicators are used to identify social problems that require action, to develop priorities and goals for action and spending, and to assess the effectiveness of programmes and policies" (UN, 1994). (...)

Die Definition der Vereinten Nationen beinhaltet eine sehr anspruchsvolle Funktionszuschreibung, die sich (...) allerdings weitgehend mit den Erwartungen trifft, wie sie auch an die Armuts- und Reichtumsberichterstattung gerichtet werden. Die Frage, was Indikatoren tatsächlich leisten können, wird in der Fachdiskussion sehr unterschiedlich, mittlerweile aber in der Regel sehr viel zurückhaltender beantwortet.

BMAS/ISG (Hg.): Lebenslagen, Indikatoren, Evaluation – Weiterentwicklung der Armuts- und Reichtumsberichterstattung, in: http://www.bmas.de (Zugriff: 28.9.2010)

1. Interpretieren Sie die Karikatur einschließlich der Überschrift.
2. Führen Sie ein Brainstorming zum Begriff „Armut" durch. Definieren Sie auf Grundlage Ihrer Assoziationen „Armut". Recherchieren Sie im Internet offizielle Definitionen von „Armut" und vergleichen Sie Ihre Ergebnisse mit diesen.
3. Erschließen Sie die Auswirkungen Ihrer Definition auf die Indikatorenwahl.
4. Diskutieren Sie: Wie bewerten Sie die Leistungsfähigkeit sozialer Indikatoren?

Deskriptive und präskriptive Aussagen

Aussagearten oder Aussagetypen sind Klassifikationskategorien, die helfen sollen, Typen von sprachlichen Äußerungen bzw. deren Gehalt zu unterscheiden. Beispiel hierfür ist die Unterscheidung von beschreibenden (deskriptiven) und vorschreibenden (präskriptiven) Sätzen.

M28 Deskription und Präskription

Deskriptiv (von lat. describere, beschreiben, umschreiben) bezeichnet einen beschreibenden bzw. abbildenden Text oder Standpunkt, der den Anspruch einer wertfreien Betrachtung erhebt. Gefragt wird durch Seiens-Fragen nach der Faktizität von etwas. Dargestellt wird der Seins-Zustand. Beim wissenschaftlichen Arbeiten wird besonders zwischen normativen und deskriptiven Betrachtungen unterschieden, um intersubjektiv nachvollziehbare Grundlagen zu entwickeln, beispielsweise in der Betrachtung politischer Systeme.
Beispiele für Deskription sind u. a. empirische Erhebungen, die dazu dienen, Aussagen über den gegenwärtigen Zustand der Gesellschaft zu machen (Arbeitslosenzahl), aber auch Analysen menschlichen Verhaltens im Rahmen der Soziologie, Psychologie oder Philosophie. Normative Aussagen wären dahingegen solche, die einen Soll-Zustand beschreiben, etwa Mindestlöhne oder das „ideale" Verhalten von Menschen.
Das Ziel der Präskription ist die Festlegung von Strukturmerkmalen, die im Rahmen wissenschaftlicher Beobachtungen als wiederkehrende, typische Merkmale zu erfassen sein müssen. Die Präskription ist also eine wissenschaftliche Methode zur Herausbildung einer These, die im Anschluss an die Thesenbildung durch empirische (allgemeine) Beobachtung oder durch ein Experiment abgesichert werden muss.
Wikipedia.de (Zugriff: 15.8.2012)

M29 Typen von Aussagen

Aussagetyp	Zweck	Erläuterung	Beispiel
Empirisch bzw. deskriptiv	Beschreibt das, was man vorfindet oder vorfinden wird.	Empirische Information kann gewiss oder ungewiss sein; deskriptive Information ist gewiss, sofern sie auf empirischen Erhebungen beruht; prognostische Information ist ebenfalls empirische Information, aber sehr ungewiss, nur unter Wahrscheinlichkeit richtig.	„Das Wirtschaftswachstum der Gemeinde hat sich verlangsamt."
Normativ	Enthält ein Werturteil über das Vorgefundene.	Streng genommen kann normative Information in deutende und urteilende Information unterteilt werden: Deutende Information ordnet die empirische Information ein und sagt etwas über ihre Relevanz aus. Urteilende Information sagt etwas über die Wertigkeit von Variablen, Phänomenen etc. für einen bestimmten Akteur aus.	„Das Wirtschaftswachstum der Gemeinde sollte sich erhöhen."
Präskriptiv	Soll einen Adressaten zu einem bestimmten Handeln bewegen; gibt Handlungsanweisungen.	Spielt in Plänen naturgemäß eine große Rolle.	„Die Gemeinde soll ein Technologiezentrum einrichten, um Klein- und Mittelunternehmen den Technologietransfer zu erleichtern."

Normative und präskriptive Aussagen sind nicht immer auf den ersten Blick zu trennen, sie haben aber unterschiedliche rechtliche und politische Konsequenzen. Je nach der Formulierung können Planaussagen normativ oder präskriptiv gemeint sein. Ein häufiges Argument von Städten im Widerspruch gegen Regionalpläne ist, dass normative und präskriptive Aussagen (an die die Gemeinden gebunden sind) sprachlich nicht exakt genug voneinander getrennt sind.
Nach: Dietrich Fürst/Frank Scholles: Wirtschafts- und kommunikationstheoretische Grundlagen der Planung (2000); in: http://www.laum.uni-hannover.de (Zugriff: 16.1.2009)

1 Formulieren Sie deskriptive, normative und präskriptive Aussagen zu einem Thema der internationalen Politik.

Umgang mit Theorien

Soziologische Theorie: „Theorie ist das Netz, das wir auswerfen, um ‚die Welt' einzufangen – sie zu rationalisieren, zu erklären und zu beherrschen" (Karl Popper [1902–1994], österreichisch-britischer Philosoph, 1934)

mikro (griech.): klein

makro (griech.): groß

M 30 Was ist eine „Theorie"?

Eine Theorie ist ein vereinfachtes Bild eines Ausschnitts der Realität, der mit diesem Bild beschrieben und erklärt werden soll, um auf dieser Grundlage möglicherweise Prognosen zu machen und Handlungsempfehlungen zu geben. Jeder Theorie liegen mehr oder weniger deutlich ausformulierte Annahmen zugrunde. Es lassen sich Alltagstheorien und wissenschaftliche Theorien unterscheiden. Letztere unterscheiden sich von Ersteren durch höheren Grad an Bewusstheit, ausdrückliche Formulierung, größeren Umfang und meist durch die Einbeziehung von systematischer Beobachtung, die der Prüfung der Theorien dient (empirische Prüfung).

Wikipedia.de (Zugriff: 20.12.2009)

M 31 Soziologische Theorieansätze

Es gibt vor allem die folgenden Ansätze:

- mikrosoziologische Theorieansätze: Sie sind auf die Handlungen von Individuen und Kleingruppen bezogen;
- makrosoziologische Theorieansätze: Sie gehen von größeren gesellschaftlichen Strukturzusammenhängen aus;
- Theorien mittlerer Reichweite: Das (…) Theorie- und Erkenntnisprogramm der Theorien mittlerer Reichweite geht davon aus, dass die mikrosoziologischen Theorien zu kurz greifen, weil sie Gesellschaftsstrukturen gar nicht oder nur unvollkommen in den Blick bekommen, und weil die makrosoziologischen Theorien zwar wünschenswert, aber (gegenwärtig) auf einer wirklich konsistenten (*widerspruchsfreien*) Basis nicht formulierbar sind.

Nach: Bernhard Schäfers (Hg.): Grundbegriffe der Soziologie, 6. Aufl. Opladen 2000, S. 340 ff.

M 32 Zur Analyse von soziologischen Theorien

Zur Analyse einer Theorie gehören auf jeden Fall die folgenden Aspekte:

- Von welchem Faktenmaterial, von welchen Beobachtungen geht die Theorie aus?
- Welche Zusammenhänge zwischen dem Beobachteten weist die Theorie als wesentlich aus?
- Welche Kriterien stellt die Theorie für diese Zusammenhänge heraus bzw. wie sucht sie diese Zusammenhänge zu deuten?
- Welchen Anspruch hat die Theorie, was will sie erklären?
- Welche Reichweite beansprucht die Theorie und woran kann man die Gültigkeit dieser Theorie messen (z. B. durch eine aus der Theorie hervorgehende Vorhersagbarkeit gesellschaftlicher Ereignisse)?

Gegenüber allen Theorien ist in der Wissenschaft Skepsis angebracht. Zur Kritik von Theorien sollte man sich u. a. folgende Fragen stellen:

- Ist die Auswahl der Theorie aus dem Faktenmaterial richtig und nachvollziehbar?
- Sind die durch die Theorie hergestellten Zusammenhänge gültig?
- Sind die von der Theorie aufgestellten Kriterien passend und erklärend?
- Genügt die Theorie ihren Ansprüchen?
- Erklärt sie wirklich, was sie zu erklären sucht?
- Hat sich die Theorie in der Praxis bestätigt?

Autorentext

1 Fertigen Sie ein Schema zur Einordnung soziologischer Theorien nach dem Text von Schäfers an (**M 31**).

2 Arbeiten Sie heraus, welchen Theorieansatz der Marxismus hat (**M 14** auf S. 154). Ordnen Sie ihn anschließend als soziologische Theorie begründet in das Schema **M 31** ein.

3 Beurteilen Sie, ob der Marxismus plausible Erklärungen für die heutige Gesellschaft liefert.

Historische und systematische Aussagen

Wissenschaftliche Aussagen und Fragestellungen können sich in vielfältiger Weise auf politische, soziale und ökonomische Aspekte und Phänomene beziehen. Dabei ist insbesondere bei der Analyse und Auswertung von Informationen die Unterscheidung zwischen historischen und systematischen Ansätzen von hoher Relevanz.

M33 Historische und systematische Ansätze im Vergleich

Historische und systematische Fragestellung

Das Begriffspaar „historisch/systematisch" ist erst anwendbar, seitdem es das historische Bewusstsein und die historische Methode gibt. Erst seit diesem Augenblick gibt es die Möglichkeit, etwas „historisch" zu sehen und dadurch das „Systematische" vom „Historischen" als etwas Besonderes abzusetzen.

Vor dem Beginn des historischen Bewusstseins war das ganze Denken unbewusst und – ohne dass man es korrekterweise so nennen dürfte – gewissermaßen „systematisch". Man hatte nicht die Möglichkeit, einen Gegenstand „historisch" vor sich hinzustellen, sondern massierte ihn gewissermaßen gleich in das eigene Denken ein. Hierfür nur zwei Beispiele:

- Bereits die griechischen Philosophen kannten natürlich die Lehren ihrer Vorgänger und behandelten sie in ihren Schriften, so etwa Platon und Aristoteles. Aber der Zweck solcher Erörterungen war nicht die philologisch getreue Wiedergabe der Lehrmeinungen der älteren Philosophen. Sie wurden vielmehr lediglich in „systematischer" Absicht zitiert, das heißt: im Zusammenhang der eigenen Argumentationen der zitierenden Autoren. Der Philosophiehistoriker, der wissen will, was die vorplatonischen Philosophen wirklich gedacht und gesagt haben, muss dies also mehr scharfsinnig rekonstruieren, als dass er einfach aus den Schriften der Großen ablesen könnte.
- Die Geschichtswissenschaft entstand als Hof-Historiografie der Fürstenhäuser. Deshalb darf man nicht annehmen, dass das Prinzip oder zumindest das Ergebnis eine „objektive" Darstellung der Geschichte gewesen sei: Natürlich musste die Geschichte so dargestellt werden, dass das auftraggebende Fürstenhaus möglichst gut wegkam.

Historische und systematische Disziplinen

(…) Die Praxis des Wissenschaftsbetriebes jedoch gibt uns sehr bald zu erkennen, dass die einzelnen Wissenschaftsdiziplinen zur Geschichte ihres jeweiligen Gegenstandes offenbar ein ganz verschiedenes Verhältnis haben. In einigen Disziplinen nämlich spielt die Betrachtung und die Interpretation der Geschichte dieses Gegenstandes offenbar eine große Rolle – in anderen wieder nicht. (…) Voran die im engeren Sinne sogenannte „Geschichtswissenschaft", deren Gegenstand vor allem die politischen, sozialen, wirtschaftlichen und rechtlichen Hervorbringungen des Menschen im Laufe seiner Geschichte sind. (…)

Nun gibt es aber an unseren Hochschulen auch Wissenschaften, die ganz anders arbeiten als die historischen Wissenschaften (…). Das sind die systematischen Wissenschaften. Diese Wissenschaften verfolgen eine völlig andere Fragestellung. Sie gehen nicht von zu interpretierenden historischen Zeugnissen aus, sondern von einem jeweils aktuellen Problemzusammenhang (…).

Wie unterscheiden sich historisches und systematisches Denken?

(…) In einer wissenschaftlichen Darstellung vertreten Zitate und Referate dessen, was andere Autoren zu einem Thema gesagt haben, die historische Wahrheit. Indem der Autor andere Autoren zitiert oder referiert, sieht er von seiner Ansicht zu dem Gegenstand ab. Er kann an solchen Stellen nicht einfach sagen, was er für richtig hält, sondern muss das wiedergeben, was andere tatsächlich gesagt haben – (…) auch wenn der Referierende es für systematisch falsch hält, da er sich sonst eines Verstoßes gegen die historische Wahrheit schuldig machen würde.

Die eigenen Ausführungen des Autors hingegen vertreten die systematische Wahrheit – nämlich das, was er selbst nach besten Wissen und Gewissen, nach eigenem Dafürhalten, über eine Sache zu sagen weiß.

Helmut Seiffert: Einführung in die Wissenschaftstheorie 2: Geisteswissenschaftliche Methoden. Phänomenologie, Hermeneutik und historische Methode, Dialektik. München 2006, S. 234–237, 256 f.

Gruppenpuzzle (Jigsaw)

M34 Form kooperativen Lernens

Die Jigsaw-Methode (auch: *Mosaikspiel*) wurde 1978 vom Sozialpsychologen Elliot Aronson in den USA entwickelt und wird auch als Puzzle-Methode oder Gruppenpuzzle bezeichnet. Als Methode für die Textarbeit in Gruppen wurde sie ursprünglich im schulischen Kontext eingesetzt, eignet sich aber auch für die Verwendung in der Hochschullehre.

Bei der Jigsaw-Methode handelt es sich um eine Form kooperativen Lernens, welche „durch die Verschränkung dreier pädagogischer Prinzipien (Kooperation, Interdependenz, Lernen durch Lehren) den Zusammenhalt und die Ergebnisse einer Lerngruppe verbessern" soll. Ziel der Methode ist, Lernen durch Lehren zu initiieren. Deshalb erfolgt bei der Textarbeit nach der Jigsaw-Methode ein Wechsel zwischen verschiedenen Rollen der Lernenden und der Sozialformen, sodass die Lernenden Erfahrungen auf verschiedenen Ebenen erwerben können. Sie nehmen die Rolle des Lernenden, aber auch die des Lehrenden ein und arbeiten in verschiedenen Gruppenzusammensetzungen auch in Einzelarbeit.

Die Abfolge der verschiedenen Phasen der Jigsaw-Methode verläuft in folgenden sechs Schritten:

1. Schritt: Textauswahl und Textaufteilung:
Der Dozent wählt den Text aus und teilt diesen in die durch die Lernenden zu bearbeitenden Abschnitte auf.

2. Schritt: Erläuterung der Methode und Bildung der Stammgruppen (SG):
Die Lernenden werden vom Dozenten über die nun zum Einsatz kommende Jigsaw-Methode und die damit verbundenen Lernziele informiert. Das Plenum wird in sogenannte Stammgruppen aufgeteilt.

3. Schritt: Verteilen der Texte und Bildung der Expertengruppen (EG):
Der Dozent übergibt jeder SG einen Satz der Texte, d. h. jede SG hat die gleiche Textgrundlage. Innerhalb der SG einigen sich die Gruppenmitglieder, wer welchen Textabschnitt bearbeiten wird. Mit der Aufteilung der Texte innerhalb der SG werden automatisch die EG gebildet, sie setzen sich jeweils aus den Personen der verschiedenen SG zusammen, die den gleichen Textabschnitt zur Bearbeitung gewählt haben.

4. Schritt: Selbststudium der Texte:
Jeder Lernende liest nun seinen Text und eignet sich ihn mit dem Ziel an, ihn zu verstehen, um ihn später den Mitgliedern seiner SG vermitteln zu können.

5. Schritt: Textarbeit in den EG:
Die Lernenden diskutieren den Text in den EG, erarbeiten ein gemeinsames Textverständnis und überlegen, wie sie dies als Experten in den SG vermitteln können.

M35 Die einzelnen Phasen

Nach: http://lehrerfortbildung-bw.de (Zugriff: 22.2.2012)

6. Schritt: Wissensvermittlung der Experten in den Stammgruppen:
Die Experten kehren in ihre SG zurück. Nun geben alle ihr Expertenwissen aus ihren Texten an die anderen Mitglieder der SG reihum weiter.
www.wikipedia.de (Zugriff: 22.2.2012)

M 36 Die grundlegende Vorgehensweise des Kooperativen Lernens

Think–Pair–(Square)–Share

- Zuerst die individuelle Auseinandersetzung mit einer Aufgabe/Anforderung;
- danach der Austausch im Paar, die wechselseitige Ergänzung, die Kontrolle des eigenen Verständnisses im sicheren Kontakt mit dem Partner und
- (eventuell) sodann in der – immer noch schützenden – Vierer-Gruppe;
- erst am Schluss der Schritt in die Öffentlichkeit der Klasse, der Bericht, die Demonstration des Gelernten vor den (kritischen) Augen der ganzen Lerngruppe und des Lehrers.

1. Schritt: Think (Denken)

Die einzelne Schülerin, der einzelne Schüler bearbeiten einen Auftrag, z. B. einen Text zu lesen, ein Bild zu deuten oder dazu zu assoziieren, ein erweitertes Namensschild zu erstellen etc. Normalerweise bearbeiten in dieser Phase alle Schülerinnen und Schüler eine Aufgabe, die im folgenden Schritt einen sinnvollen Austausch ermöglicht. In der Regel wird die Lehrerin/der Lehrer für diesen Arbeitsschritt eine knapp bemessene Zeit angeben, um eine angemessene Arbeitshaltung zu erzeugen. Nach der angekündigten Zeitspanne folgt der nächste Schritt:

2. Schritt: Pair (Paare bilden)

Die Schülerinnen und Schüler werden nun paarweise zusammengesetzt und darüber informiert, dass jeder nach dieser Phase in der Lage sein soll, den Bericht ihres Partners der Gesamtgruppe vorzustellen. Es ist sinnvoll, das gewünschte Verhalten der Schülerinnen und Schüler in dieser Phase klar zu modellieren. Dann tauschen sich die Paare über ihre Arbeitsergebnisse aus. Dies geschieht in der Regel in einer etwas ritualisierten Form: Zuerst wird der Partner A seine Aufgabe und sein Arbeitsergebnis vorstellen, während Partner B sich Notizen macht, danach vice versa. Auch in diesem Schritt ist die Zeit üblicherweise knapp bemessen.

3. Schritt: Square (Vierergruppen bilden)

In diesem Schritt verbinden sich je zwei Paare zu einer Vierergruppe, in der dann – in knapper Form – jedes Mitglied seinen Paar-Partner mit seinen Arbeitsergebnissen vorstellt. Insbesondere, wenn eine neue Gruppenbildung angestrebt wird, ist dieser Weg sehr nützlich, da hier die Chance besteht, Kontaktivität und inhaltliche Arbeit problemlos zu verknüpfen.

4. Schritt: Share (sich aufteilen)

In dieser Phase präsentieren Schülerinnen und Schüler Ergebnisse der früheren Arbeitsphasen der gesamten Lerngruppe. Dies kann die Form annehmen, dass nach der Partnerarbeit einzelne Schülerinnen und Schüler jeweils die Arbeitsergebnisse ihres Partners vorstellen; es kann sein, dass nach einer Gruppenarbeitsphase Schülerinnen und Schüler als Sprecher der einzelnen Gruppen die Gruppenergebnisse präsentieren. In allen Fällen ist es so, dass die Präsentatoren Arbeitsergebnisse präsentieren, die sie nicht allein zu verantworten haben.

Nach: http://www.kooperatives-lernen.de (Zugriff: 22.2.2012)

Placemat

Bei der Placemat-Methode handelt es sich um eine Form des kooperativen Lernens, bei der die Lernenden zunächst die Möglichkeit haben, zu einer bestimmten Fragestellung eigene Gedanken zu entwickeln, um anschließend in eine schriftliche Diskussion mit den anderen Lernenden zu treten. Dazu wird ein Bogen Papier entsprechend der Anzahl der Diskutierenden in gleich große Teile geteilt. In der Mitte des Papiers wird Platz gelassen für die abschließend konsensuell ermittelte Antwort der gesamten Gruppe auf die eingangs gestellte Frage, Aufgabe oder These.

M 37 Beispiele

Ein Beispiel für ein unausgefülltes Placemat für eine Vierergruppe sieht so aus:

Ein Beispiel für ein unausgefülltes Placemat für eine Dreiergruppe sieht so aus:

M38 Ablauf des Placemat-Verfahrens

Wenn Sie den Dreischritt „Denken-Austauschen-Vorstellen" im Unterricht umsetzen. dann bietet es sich oftmals an, dies mit einer grafischen Struktur zu machen, die als „Placemat Activity" bekannt ist. Placemat bedeutet so viel wie Tischset oder Platzdeckchen. Im Grunde handelt es sich bei dieser Aktivität aber nicht einmal um eine eigenständige Methode, sondern nur um ein besonders wirksames Verfahren, wie kooperative Arbeitsabläufe strukturiert und Ergebnisse verglichen und zusammengetragen werden können.

Vorgehen

Die Schüler setzen sich in Vierer- oder Dreiergruppen zusammen. Jede Gruppe erhält einen großen Bogen aus Papier und teilt den Bogen so auf, dass jeder Schüler dann ein eigenes Feld vor sich hat und in der Mitte ein Feld für die Gruppenergebnisse frei bleibt (*s. M 40*).

1. In der ersten Phase (Denken) notieren die Schülerinnen und Schüler ihre Gedanken, Ergebnisse oder Fragen, die sie in der Einzelarbeit entwickelt haben, in ihr Feld.
2. In der zweiten Phase (Austauschen) werden die individuellen Ergebnisse ausgetauscht und verglichen. Dazu kann in der Gruppe der Bogen im Uhrzeigersinn gedreht werden, sodass alle Gruppenmitglieder am Ende die anderen Ergebnisse gesehen und nachvollzogen haben. Ebenso gut können die Schülerinnen und Schüler jeweils den Platz im Uhrzeigersinn wechseln, sodass jeder Schüler am Ende wieder auf seinem Platz ist und auch alle Ergebnisse gesehen hat. In dieser Phase können die Schüler dann ihre eigenen Ergebnisse bestätigen, verbessern oder revidieren und über Widersprüche und Probleme ins Gespräch kommen, um so vielleicht ein gemeinsames Gruppenergebnis zu entwickeln. Dieses Ergebnis wird in das zentrale Feld in der Mitte eingetragen.
3. In der dritten Phase (Vorstellen) stellen die Schüler ihre Gruppenergebnisse in der Klasse vor. Dazu können sie auf die Aufzeichnungen im Mittelfeld des Bogens zurückgreifen.

Hubert Mitter: Methodensammlung: Placemat, 2009, in: http://www.phsalzburg.at/hubert.mitter/Aktualisierung_Dateien/07-Plattform1/unterlagen/Methodensammlung_Placemat.pdf (Zugriff: 24.9.2012)

1 Erstellen Sie in arbeitsgleicher Arbeit Placemats zu einem von Ihnen im Kurs gewählten Thema.

2 Vergleichen Sie Ihre erstellten Placemats.

3 Beurteilen Sie den Einfluss der folgenden Faktoren auf die von Ihnen erarbeiteten Placemats:
- Sachkompetenz der Ersteller,
- soziale Handlungsfähigkeit der Ersteller,
- evtl. Störungen.

Referat

Das Referat ist im Unterschied zur Facharbeit eine Methode der Präsentation, die dazu gedacht ist, Wissen über ein bestimmtes Thema möglichst anschaulich und wirksam einem Publikum – z. B. einem Kurs – zu vermitteln.

M39 Wie hält man ein Referat?

Wichtige, unbedingt zu beachtende Hinweise:

- Halten Sie Ihren Vortrag frei. Benutzen Sie keinen ausformulierten Text, sondern lediglich Karteikarten oder einen Stichwortzettel.
- Überlegen Sie, welche Teile Ihres Referates auch in der Diskussion zusammen erarbeitet werden können. Diese Teile sollten möglichst nicht referiert werden, sondern gemeinsam zusammengetragen werden.
- Tragen Sie nur vor, was Sie selbst verstehen. Wenn Sie erwarten, dass Ihre Zuhörer die Sätze nicht verstehen, dann formulieren Sie diese in verständliche Sätze um.
- Klären Sie für sich, was das Wesentlichste Ihres Referates ist und was Ihr Referat mit dem Gesamtthema zu tun hat.
- Der Stoff sollte klar gegliedert sein, besonders, wenn er sehr „trocken" ist.
- Zeigen Sie am Anfang Ihres Referates den Zuhörern den roten Faden Ihres Referates und erläutern Sie den roten Faden. Sie können dazu auch eine Folie benutzen und zwischendurch darauf hinweisen, wo Sie gerade sind. Teilzusammenfassungen helfen dem Zuhörer zu erkennen, an welcher Stelle der Gliederung der Referent sich gerade befindet.
- Fachbegriffe und Eigennamen sollen genau ausgewählt und explizit erklärt werden.
- Fassen Sie am Ende kurz zusammen, was das Wichtigste Ihres Referates ist.
- Sorgen Sie für ausreichend Illustration jeder Idee. Versuchen Sie, das Interesse der Zuhörer durch anschauliche Beispiele, aktuelle Geschehnisse oder mit etwas Humor zu erreichen.
- Ganz wichtig: Zeitmanagement. Kontrollieren Sie die Länge Ihres Referates. Überlegen Sie sich vorher, welche Teile des Referates möglicherweise gestrichen werden können.

Folien

- Arbeiten Sie mit Folien oder Handouts, auf denen wichtige Fakten, insbesondere Aufzählungen, nachzulesen sind.
- Wenn Sie Folien benutzen, achten Sie darauf, dass diese kurz und lesbar sind.
- Medien dienen zur Auflockerung und Verdeutlichung der Inhalte eines Referates. Sie sollten begleitend eingestreut werden, können aber auch der Auftakt oder der Abschluss eines Referates sein. Vermeiden Sie „Foliengewitter" – niemals mehr als fünf Folien pro Referat.
- Das Schreiben während des Vortrags auf Overheadprojektor oder Tafel verschafft den Zuhörern eine Pause, benötigt aber mehr Zeit.

Grundlagen zur Vorbereitung einer Präsentation

- Bereiten Sie eine Gliederung mit den zu behandelnden Themen vor. Vergleichen Sie die Gliederung mit den Interessen Ihrer Zuhörer.
- Identifizieren Sie Charakteristika und Wissensstand Ihres Publikums:
  - In welchem Umfang können die Zuhörer an der Planung und Vorbereitung beteiligt werden?
  - Sollen die Zuhörer vorher etwas gelesen haben?
  - Gibt es eine entscheidende Frage- und Problemstellung, die betont werden sollte?

Das Halten eines Referates

- Stellen Sie Augenkontakt zum Publikum her; leiern Sie Ihren Text nicht einfach nur herunter, setzen Sie Betonungen bewusst ein.
- Benutzen Sie Überleitungen, sodass Ihre Zuhörer wissen, wann Sie eine neue Idee einbringen.
- Stellen Sie Fragen, so können Sie das Publikum einbeziehen, zwingen Sie Ihre Zuhörer, aktiv über das Gehörte nachzudenken.
- Erlauben Sie ausreichend Zeit für Fragen und bitten Sie um Feedback bezüglich des Inhalts (haben Sie etwas ausgelassen, was interessant gewesen wäre …), der Schlussfolgerung, Ihres Präsentationsstils.

Nach: http://www.uni-bielefeld.de/soz/organisationssoziologie/pdf/referat.pdf (Zugriff: 20.10.2010)

M40 Die „goldenen" Regeln des Referierens

1. Reden Sie so frei und ungezwungen wie möglich.

- Hier gilt: Übung macht den Meister. Je öfter Sie referierend vor einer Gruppe stehen, desto mehr Sicherheit werden Sie erlangen.

2. Denken Sie immer an Ihr Publikum. Überfordern und unterfordern Sie es nicht.

- Suchen Sie während der Präsentation Blickkontakt mit Ihrem Publikum. Sie werden in der Regel feststellen können, welche Wirkung der Vortrag auf Ihr Publikum hat.
- Bitten Sie Ihr Publikum nach der Präsentation um ein Feedback. So erhalten Sie wichtige Rückmeldungen und können diese bei der nächsten Gelegenheit berücksichtigen.

3. Versuchen Sie Ihr Publikum ebenso im Blick zu behalten wie die Uhr.

- Achten Sie darauf, während der Präsentation Ihren Blick nicht nur auf einen Teil des Publikums zu richten. Lassen Sie Ihren Blick ruhig wandern. Das Publikum erhält so das Gefühl, direkt angesprochen zu sein.
- Stellen Sie am besten einen Wecker in Ihr Blickfeld. So können Sie unauffällig den zeitlichen Verlauf Ihrer Präsentation überprüfen. Vom ständigen Blick auf die Armbanduhr ist abzuraten.

4. Konzentrieren Sie sich auf das Wesentliche, indem Sie wichtige Punkte besonders betonen.

- Kennzeichnen Sie diese wichtigen Punkte deutlich sichtbar auf Ihren Karteikarten/Ihrer Stichwortliste. So haben Sie sofort im Blick, wann eine besonders relevante Stelle Ihrer Präsentation erreicht ist.

5. Visualisieren Sie, was wichtig ist. Aber erschlagen Sie das Publikum nicht mit Abbildungen, Folien oder Powerpoint-Folien.

- Achten Sie darauf, Ihre (Powerpoint-)Folien möglichst übersichtlich zu gestalten. Denken Sie an eine ausreichende Schriftgröße und verzichten Sie möglichst auf Verzierungen und aufwändige Animationen.

6. Geben Sie am Anfang bekannt, wie Ihr Referat aufgebaut ist.

- Es bietet sich etwa an, Ihre Gliederung zu Beginn mithilfe einer gesonderten Folie vorzustellen.

7. Sagen Sie bei Übergängen, zu welchem Punkt Sie nun kommen.

- Hier könnte jeweils wieder die Gliederungsfolie zum Einsatz kommen.

8. Trennen Sie Ihre eigene Meinung und die Wiedergabe fremden Gedankenguts.

- Achten Sie insbesondere auch darauf, Zitate ausreichend kenntlich zu machen.

9. Fassen Sie am Ende die wesentlichen Ergebnisse und/oder Aussagen Ihres Referates zusammen.

- Hier bietet sich insbesondere das ergänzende Verteilen eines zusammenfassenden Thesenpapiers an.

Nach: Siegfried Frech: Das Referat. In: Bundeszentrale für politische Bildung: Methodentraining für den Politikunterricht II, Bonn 2007, S. 47 (erweitert)

Facharbeit

M41 Die Facharbeit

In der Facharbeit sollen Informationen aufbereitet werden. Die Facharbeit wird als schriftliches Produkt abgegeben und bewertet. Das Thema der Facharbeit ist präzise formuliert und deutlich eingegrenzt. Es wird in der Regel zwischen Verfasser(in) und Bewerter(in) schriftlich festgelegt. In der Facharbeit soll die Fähigkeit gezeigt werden, ein Thema zu finden und mit wissenschaftlichen Mitteln auszuarbeiten. Die Themenfindung ist deshalb besonders wichtig und eine der schwierigsten Phasen der Facharbeit. Man sollte sich u. a. immer fragen:

- Welche Informationen habe ich bereits zum Thema? Welche Quellen kenne ich bereits?
- Lässt sich das so formulierte Thema von mir in der vorgegebenen Zeit erschöpfend bearbeiten?
- Lässt sich das Thema problemorientiert formulieren?“

Phasen der Erstellung einer Facharbeit:

Phase I

- Thema festlegen
- wichtige Begriffe abklären
- Lexika und Handbücher einsehen
- die ersten Informationen zusammentragen
- erste Sekundärliteratur sammeln und sichten
- weiteren Stoff sammeln und in Ansätzen sichten
- erste Überlegungen zu möglichen Teilaspekten des Themenbereichs anstellen
- Vorüberlegungen zu einer möglichen Gliederung

Phase II

- Material sichten, ordnen und bewerten
- die eigene Argumentation ausarbeiten
- die eigenen Gedanken und das eigene Material einordnen (z. B. Versuchs-, Umfrage-, Beobachtungsergebnisse, herausgearbeitete Textbefunde)
- das Material gliedern und Teilbereichen zuordnen
- ausführliche Gliederung erstellen

Phase III

- Gliederung im Hinblick auf den Bezug zum Thema überprüfen
- Kapitel und Kapitelüberschriften der Arbeit endgültig festlegen
- fortlaufenden Text schreiben
- Rohentwurf
- Überarbeiten
- Endfassung
- Überarbeitung im Hinblick auf Fehler

Umfang und Form der Facharbeit

Die Facharbeit soll im Textteil einen Umfang von 8 bis 12 Seiten auf DIN A4, maschinenschriftlich, 1,5-zeilig, mit normalem Seitenspiegel und im Schriftgrad 12 Punkt geschrieben, nicht unterschreiten und möglichst auch nicht übersteigen.

Die Arbeit besteht aus

- Deckblatt mit Thema, Name, Schul-, Kurs- und Schuljahresangabe
- Inhaltsverzeichnis
- Textteil mit
  - Einleitung als Entwicklung der Fragestellung
  - Hauptteil mit untergliedernden Zwischenüberschriften
  - Schlussteil als Zusammenfassung der Ergebnisse
- Literaturverzeichnis
- ggf. Anhang mit fachspezifischen Dokumentationen, angefertigten Gegenständen, Objekten auf Datenträgern, Ton- und Videoaufnahmen, Materialien, Tabellen, Grafiken, Karten etc.
- Erklärung über die selbstständige Anfertigung der Arbeit bzw. des Teils der Gruppenarbeit

Autorentext

Thema der Arbeit

Facharbeit

an der Nameschule
Allstadt

eingereicht bei
Herrn A. Lehrer

vorgelegt von
Maren Mustermann
Kurs 12 im
Schuljahr 2012/2013

1 Stellen Sie einen Arbeitsplan für eine Facharbeit auf mit dem Thema: „Die Arbeit der politischen Parteienstiftungen Konrad-Adenauer-Stiftung und Friedrich-Ebert-Stiftung in Ägypten“.

2 Verfassen Sie eine Grobgliederung zu dieser Facharbeit.

Podiumsdiskussion

M42 Die Podiumsdiskussion in der Praxis

Podiumsdiskussion, Medienforum NRW, 2012

1. Portrait Podiumsdiskussion

Bei Themen, Fragen und anstehenden Problemen mit unterschiedlichen Sichtweisen, Standpunkten und Zielen eignet sich die Methode/Veranstaltungsform der Podiumsdiskussion. Hier sollen verschiedene, möglichst repräsentative Positionen miteinander in eine Diskussion gebracht werden. In seinem räumlich/organisatorischem Arrangement ist eine Podiumsveranstaltung so konstituiert, dass das Podium, d. h. die auf ihm Platz nehmenden Diskutanten/-innen mitsamt der Diskussionsleitung, dem Publikum gegenübersitzt. Im ersten Teil der Veranstaltung werden die unterschiedlichen Meinungen artikuliert, es wird nachgefragt, widersprochen, öffentlich nachgedacht und – idealerweise – eine Lösung gesucht, die von möglichst vielen der auf dem Podium Anwesenden getragen werden kann. (...) Im zweiten Teil beteiligt sich das anwesende Publikum mit Fragen und Einwänden am Gespräch. (...)

2. Anwendung

(...) Die didaktischen Ziele der Podiumsdiskussion sind die Abbildung einer Kontroverse, die damit verbundene Information über die verschiedenen Argumente, Interessen und Standpunkte sowie die Meinungs- und Willensbildung der Zuhörenden. (...)

3. Vorbereitung

(...) Einmal muss auf die angemessene Auswahl der Diskutanten/-innen geachtet werden. D. h., sie müssen sowohl in Sachkenntnis, Prominenz, Status innerhalb der Hierarchien ihrer Institutionen/Organisationen, Redegewandtheit in etwa gleichstark/-wertig sein. Zum anderen sollte das Thema zwar präzise, aber dennoch nicht zu eng formuliert werden. (...) Schließlich sind technische Vorbereitungen zu treffen: Raumorganisation, evtl. Lautsprecheranlage (u. U. mit Saalmikrofon), Namensschilder.

4. Diskussionsleitung

Striktes Gebot für die Diskussionsleitung ist ihre Neutralität während der Veranstaltung und die gleiche Fairness allen eingeladenen Diskutanten gegenüber. Das bedeutet aber nicht, dass der Moderator/die Moderatorin ohne Standpunkt sein und sich nur auf die Erteilung der Redebeiträge beschränken sollte. (...) Dazu muss der Moderator/die Moderatorin sehr gut präpariert sein: Er/sie muss sich genaue Sachkenntnisse zum Thema erarbeitet haben sowie die Positionen der Diskutierenden gut kennen. (...)

5. Verlauf

Die Diskussion beginnt mit einem Problemaufriss durch den Moderator/die Moderatorin. Hier sollten der Sachstand und die sich daraus ergebenden Probleme sowie Kontroversen dargestellt werden. (...) Diese Einführung ins Thema darf nicht länger als fünf Minuten dauern, da ansonsten Unruhe aufkommt. Mitgeteilt werden auch die Regeln des Abends: Z. B. jeder Diskutant hat die Möglichkeit zu einem Statement aus seiner Sicht von jeweils ca. drei Minuten. Daraus ergibt sich dann das Gespräch, bei dem der Moderator/die Moderatorin Trennendes und Verbindendes herausarbeitet und mit dem Ziel weiterfragt, die Standpunkte zu präzisieren oder eine Annäherung herbeizuführen. Nach max. einer Stunde soll dann das Publikum die Gelegenheit erhalten, am Gespräch teilzunehmen. (...) Die Abschlussrunde gibt jedem Podiumsteilnehmer/jeder Podiumsteilnehmerin noch einmal Gelegenheit zu einem persönlichen Fazit und zu einer Perspektive für die Zukunft. (...)

6. Anspruch / Ziele

(Der Wert der Podiumsdiskussion) liegt in der Dichte der Information sowie in der Kontroverse, die sich aus unterschiedlichen Standpunkten und Sichtweisen ergeben. Sie können den Auftakt bilden zu einer eingehenden Beschäftigung mit einem Thema (in Form eines Kurses oder Seminars). Sie können aber auch der Abschluss sein am Ende einer eingehenden Auseinandersetzung/Erarbeitung einer Lern- oder Seminargruppe.

Klaus-Peter Hufer: Die Podiumsdiskussion, sowi-online, Bielefeld 2001, sowi-online-Methodenlexikon, in: http://www.sowi-online.de (Zugriff: 20.8.2012)

Klausuren

Klausuren im Fach Sozialwissenschaften sind in aller Regel in einem Dreischritt aufgebaut. Es sollen nämlich drei verschiedene Anforderungsbereiche geprüft werden: die Reproduktions-, die Reorganisations- und die Reflexionsleistung. Die drei Anforderungsbereiche sind in ihrem Schwierigkeitsgrad steigernd angelegt. Die Reproduktion gilt als die einfachste Art der Leitung. Deshalb wird es in der Regel nicht ausreichen, einen Text oder anderes Material einfach nur wiederzugeben. Vielmehr muss es analysiert, eingeordnet, in einen Zusammenhang gestellt werden usw. Auf keinen Fall wird es für eine mindestens ausreichende Leistung hinreichen, sich ausschließlich auf das in der Klausur vorgelegte Material zu beziehen. Im Zentralabitur beispielsweise wird in aller Regel ausdrücklich Wissen aus dem Unterricht der Qualifikationsphase der gymnasialen Oberstufe eingefordert und mit entsprechend hoher Punktzahl bewertet.
Die Operatoren helfen die Anforderungen zu verstehen und einzuordnen.

M43 Operatoren

Operatoren, die Leistungen im *Anforderungsbereich I* (Reproduktion) verlangen:	
aufzählen **nennen** **wiedergeben** **zusammenfassen**	Kenntnisse (Fachbegriffe, Daten, Fakten, Modelle) und Aussagen in komprimierter Form unkommentiert darstellen
benennen **bezeichnen**	Sachverhalte, Strukturen und Prozesse begrifflich präzise aufführen
beschreiben **darlegen** **darstellen**	Wesentliche Aspekte eines Sachverhaltes im logischen Zusammenhang unter Verwendung der Fachsprache wiedergeben

Operatoren, die Leistungen im *Anforderungsbereich II* (Reorganisation und Transfer) verlangen:	
analysieren	Materialien oder Sachverhalte kriterienorientiert oder aspektgeleitet erschließen, in systematische Zusammenhänge einordnen und Hintergründe und Beziehungen herausarbeiten
auswerten	Daten oder Einzelergebnisse zu einer abschließenden Gesamtaussage zusammenführen
charakterisieren	Sachverhalte in ihren Eigenarten beschreiben und diese dann unter einem bestimmten Gesichtspunkt zusammenführen
einordnen	Eine Position zuordnen oder einen Sachverhalt in einen Zusammenhang stellen
erklären	Sachverhalte durch Wissen und Einsichten in einen Zusammenhang (Theorie, Modell, Regel, Gesetz, Funktionszusammenhang) einordnen und deuten
erläutern	Wie „erklären", aber durch zusätzliche Informationen und Beispiele verdeutlichen
herausarbeiten **ermitteln** **erschließen**	Aus Materialien bestimmte Sachverhalte herausfinden, auch wenn sie nicht explizit genannt werden, und Zusammenhänge zwischen ihnen herstellen
interpretieren	Sinnzusammenhänge aus Materialien erschließen
vergleichen	Sachverhalte gegenüberstellen, um Gemeinsamkeiten, Ähnlichkeiten und Unterschiede herauszufinden
widerlegen	Argumente anführen, dass Daten, eine Behauptung, ein Konzept oder eine Position nicht haltbar sind

Operatoren, die Leistungen im *Anforderungsbereich III* (Reflexion und Problemlösung) verlangen:	
begründen	Zu einem Sachverhalt komplexe Grundgedanken unter dem Aspekt der Kausalität argumentativ und schlüssig entwickeln
beurteilen	Den Stellenwert von Sachverhalten oder Prozessen in einem Zusammenhang bestimmen, um kriterienorientiert zu einem begründeten Sachurteil zu gelangen
bewerten Stellung nehmen	Wie „beurteilen", aber zusätzlich mit Reflexion individueller und politischer Wertmaßstäbe, die Pluralität gewährleisten und zu einem begründeten eigenen Werturteil führen
entwerfen	Ein Konzept in seinen wesentlichen Zügen erstellen
entwickeln	Zu einem Sachverhalt oder zu einer Problemstellung ein konkretes Lösungsmodell, eine Gegenposition, ein Lösungskonzept oder einen Regelungsentwurf begründend skizzieren
erörtern	Zu einer vorgegebenen Problemstellung eine reflektierte, kontroverse Auseinandersetzung führen und zu einer abschließenden, begründeten Bewertung gelangen
gestalten	Produktorientierte Bearbeitung von Aufgabenstellungen. Dazu zählen unter anderem das Entwerfen von eigenen Reden, Strategien, Beratungsskizzen, Karikaturen, Szenarien, Spots und von anderen medialen Produkten sowie das Entwickeln von eigenen Handlungsvorschlägen und Modellen
problematisieren	Widersprüche herausarbeiten, Positionen oder Theorien begründend hinterfragen
prüfen überprüfen	Inhalte, Sachverhalte, Vermutungen oder Hypothesen auf der Grundlage eigener Kenntnisse oder mithilfe zusätzlicher Materialien auf ihre sachliche Richtigkeit bzw. auf ihre innere Logik hin untersuchen
sich auseinandersetzen diskutieren	Zu einem Sachverhalt, zu einem Konzept, zu einer Problemstellung oder zu einer These etc. eine Argumentation entwickeln, die zu einer begründeten Bewertung führt

Kultusministerium des Landes Nordrhein-Westfalen: Sozialwissenschaften und Sozialwissenschaften/Wirtschaft, 2007, in: http://www.standardsicherung.schulministerium.nrw.de (Zugriff: 16.8.2012)

Pro-Kontra-Debatte

In der Pro-Kontra-Debatte wird ein für den Unterrichtszusammenhang relevantes Thema „antithetisch" diskutiert. Für die Pro-Kontra-Debatte eignen sich deshalb Themen, die auf einer Entscheidungsnotwendigkeit beruhen, etwa: Soll man eine Finanztransaktionssteuer einführen oder nicht?

M 44 Ablauf

Phase	Handlungsorientierung	Zeit
	Begrüßung durch den Moderator	
1	Hinweis auf Spielregeln Nennung des Themas	5 Min.
2	Erste Abstimmung des Publikums	5 Min.
3	Pro-Anwalt: Eingangsplädoyer Kontra-Anwalt: Eingangsplädoyer	1 Min. 1 Min.
4	Abwechselnde Befragung des Sachverständigen durch die Anwälte Abwechselnde Befragung des zweiten Sachverständigen durch die Anwälte Dritter Sachverständiger usw. (max. vier Sachverständige)	5 Min. 5 Min. 5 Min.
5	Kontra-Anwalt: Schlussplädoyer Pro-Anwalt: Schlussplädoyer	1 Min. 1 Min.
6	Schlussabstimmung des Publikums	5 Min.
7	Auswertung der Pro-Kontra-Debatte	20–30 Min.

Nach: Peter Massing: Handlungsorientierter Politikunterricht, Schwalbach/Ts. 1998, S. 149

M 45 Aufbau

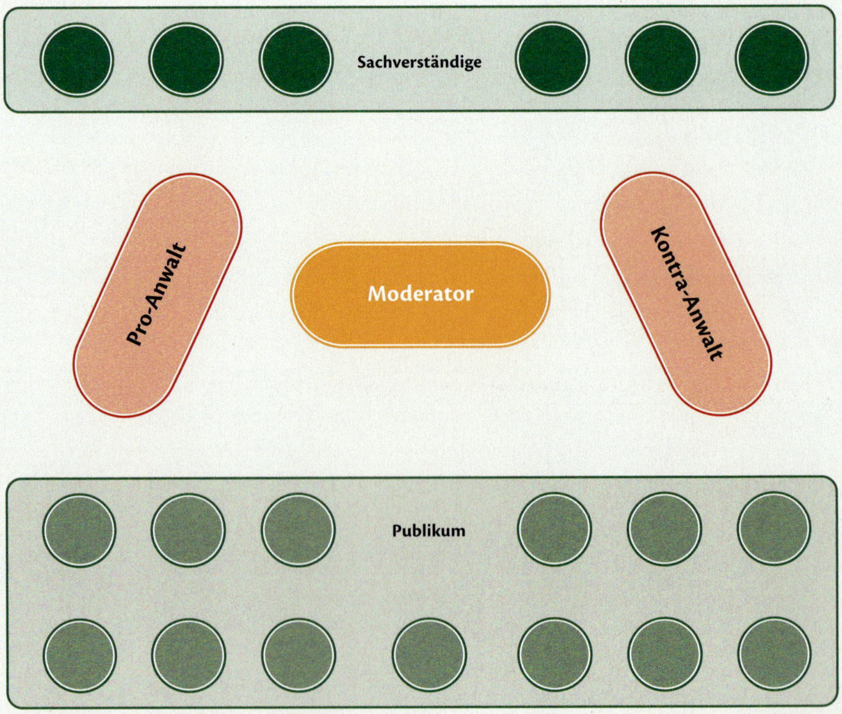

Nach: ebd.

M 46 Rollen für die Pro-Kontra-Debatte

- Ein Moderator: Er führt die Abstimmung durch und achtet darauf, dass die Spielregeln und Zeitvorgaben eingehalten werden. Er trägt die Verantwortung für einen regelkonformen Ablauf.
- Zwei Anwälte (je einer für Pro, je einer für Kontra): Sie halten das Eingangs- und Schlussplädoyer und befragen die Sachverständigen. Es ist durchaus erwünscht, Meinungen zu vertreten, die nicht der eigenen entsprechen, um festgefahrene Positionen aufzubrechen und die Thematik neu zu durchdenken. Die Rollen der Anwälte sind die schwierigsten Rollen. Diese Rollen können nur ausgefüllt werden, wenn leistungsstarke Lernende sie übernehmen und in den Arbeitsgruppen sorgfältig darauf vorbereitet werden.
- Zwei bis vier Sachverständige: Sie artikulieren keine eigene Position, sondern bieten nur Informationen, Erfahrungen und Wissen zu Begründungen für einzelne Positionen. Die Rollen der Sachverständigen müssen in Arbeitsgruppen intensiv vorbereitet werden.
- Das Publikum: Das Publikum hat die konkrete Beobachtungsaufgabe, die vorgetragenen Argumente zu sammeln und deren strategisch-taktische Relevanz für den Debattenverlauf zu beurteilen.

Sächsisches Institut für Bildung und Schulentwicklung (Hg.): Schulleben und Unterricht demokratisch gestalten, in: www.sn.schule.de (Zugriff: 7.10.2012)

M 47 Auswertung

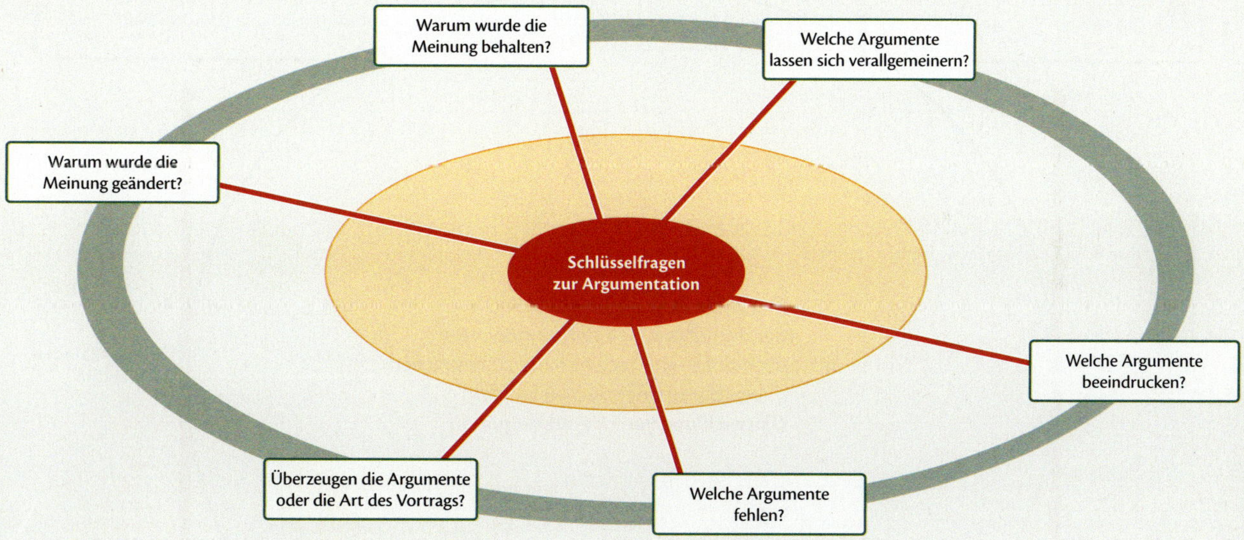

Nach: http://www.sn.schule.de/~sud/methodenkompendium/module/2/1_3.htm (Zugriff: 20.2.2012)

1 Führen Sie eine Pro-Kontra-Debatte zu dem Thema durch, ob Deutschland einen ständigen Sitz im UN-Sicherheitsrat anstreben sollte.

Politische Urteilsbildung

M 48 Politisches Urteilen

Das politische Urteilen ist eine Kunst, die man erlernen kann. Auf dieser Methodenseite finden sich Hinweise, nach denen etwa die Aufgabe des Beurteilens eines Sachverhalts oder einer These besser bewältigt werden kann.

Das Urteil ist ganz allgemein eine begründete Stellungnahme zu einer Frage oder einem Problem. Die Urteilsbildung, also der Prozess der Begründung, steht dabei im Mittelpunkt. Vier Komponenten sind für ein politisches Urteil wichtig:

- Kriterien müssen verfügbar sein, mittels derer Stellungnahmen geäußert werden können;
- Kategorien sind Leitbegriffe, die es ermöglichen, Kriterien zu ordnen und einzuordnen;
- Betrachtungsebenen verdeutlichen, für welchen Ausschnitt der Realität die gefällten Urteile gelten sollen;
- Perspektiven berücksichtigen die Tatsache, dass es unterschiedliche Sichtweisen auf ein und dieselbe Sache gibt.

M 49 Aspekte politischer Urteilsbildung

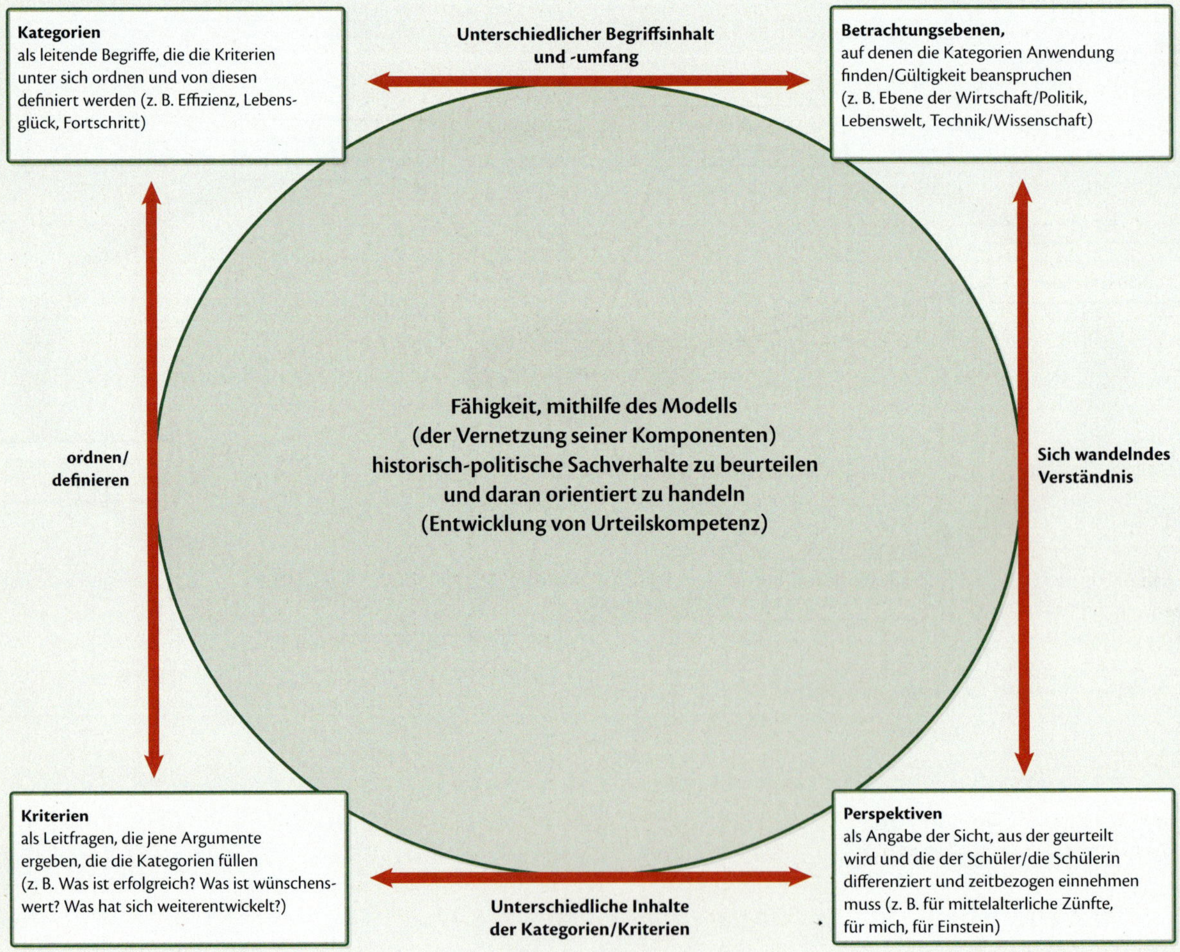

Quelle: J. Kayser/U. Hagemann (Hg.): Urteilsbildung im Geschichts- und Politikunterricht, Berlin 2005, S. 42

M 50 Stufen des moralischen Urteilens nach Kohlberg

I. Das präkonventionelle Stadium
Moralische Wertung beruht auf äußeren (...) Geschehnissen, schlechten Handlungen oder auf quasi-physikalischen Bedürfnissen statt auf Personen und Normen.

Stufe 1: Orientierung an Bestrafung und Gehorsam. Egozentrischer Respekt vor überlegener Macht oder Prestigestellung bzw. Vermeidung von Schwierigkeiten. Objektive Verantwortlichkeit.

Stufe 2: Naiv egoistische Orientierung. Richtiges Handeln ist jenes, das die Bedürfnisse des Ich und gelegentlich die der anderen instrumentell befriedigt. Bewusstsein für die Relativität des Wertes der Bedürfnisse und der Perspektive aller Beteiligten. Naiver Egalitarismus und Orientierung an Austausch und Reziprozität.

II. Das konventionelle Stadium
Moralische Wertung beruht auf der Übernahme guter und wichtiger Rollen, der Einhaltung der konventionellen Ordnung und der Erwartung anderer.

Stufe 3: Orientierung am Ideal des „Guten Jungen". Bemüht, Beifall zu erhalten und anderen zu gefallen und ihnen zu helfen. Konformität mit stereotypischen Vorstellungen vom natürlichen oder Mehrheitsverhalten, Beurteilung aufgrund von Intentionen.

Stufe 4: Orientierung an Aufrechterhaltung von Autorität und sozialer Ordnung. Bestrebt, „seine Pflicht zu tun", Respekt vor der Autorität zu zeigen und die soziale Ordnung um ihrer selbst willen einzuhalten. Rücksicht auf die Erwartungen anderer.

III. Das postkonventionelle Stadium
Moralische Wertung beruht auf Konformität des Ich mit gemeinsamen (oder potenziell gemeinsamen) Normen, Rechten oder Pflichten.

Stufe 5: Legalistische Vertragsorientierung. Anerkennung einer willkürlichen Komponente oder Basis von Regeln und Erwartungen als Ausgangspunkt der Übereinstimmung. Pflicht definiert als Vertrag, allgemein Vermeidung der Verletzung von Absichten oder Rechten anderer sowie Wille und Wohl der Mehrheit.

Stufe 6: Orientierung an Gewissen oder Prinzipien. Orientierung nicht nur an zugewiesenen sozialen Rollen, sondern auch an Prinzipien der Entscheidung, die an Universalität und Konsistenz appellieren. Orientierung am Gewissen als leitendem Agens und an gegenseitigem Respekt und Vertrauen.

Lawrence Kohlberg: Zur kognitiven Entwicklung des Kindes. Frankfurt 1974. S. 60; zit. nach: Sybille Reinhardt: Werte-Wandel und Werte-Erziehung. Perspektiven politischer Bildung. In: Silvia Buchen, Elke Weise (Hg.): Schule und Unterricht vor neuen Herausforderungen, Weinheim 1995, S. 138 f.

M 51 Regeln des Urteilens

1. Die Kriterien zur Beurteilung des konkreten Falles sind so zu wählen, dass sie auch für die Beurteilung ähnlicher Fälle Gültigkeit beanspruchen können.
Erläuterung: Ohne Kriterien ist keine praktische Entscheidung möglich. Sie können aus tradierten oder vorläufigen Urteilen eruiert werden. Angesichts neuer Entscheidungsprobleme, die sich z. B. infolge von technischem Fortschritt ergeben, sind innovative und besonders intensive Bemühungen um die Entwicklung neuer Beurteilungskriterien notwendig.

2. Die für die Bearbeitung des Falles relevanten Aussagen über die Wirklichkeit (Sachverhaltsfeststellungen) müssen auf sachliche Richtigkeit, auf ihren Wahrheitsgehalt hin überprüft werden. Hierfür ist die theoretische Vernunft zuständig.
Erläuterung: Ausgehend von den Kriterien zur Beurteilung des Falles sind die Sachverhaltsfragen zu klären. Es muss gleichsam eine Beweisaufnahme durchgeführt werden.

3. Die Passung von Beurteilungskriterien und Aussagen auf die Wirklichkeit ist schrittweise zu verbessern.

4. Die Gesamtentscheidung ist so zu fällen, dass die Einzelurteile angemessen berücksichtigt werden.
Erläuterung: Das Gesamturteil sollte nicht nur logisch und stilistisch aus „einem Guss" sein, sondern auch inhaltlich eine angemessene Berücksichtigung der einzelnen Urteile widerspiegeln.

Wolfgang Sander: Sieben Regeln zur Urteilsbildung (gekürzt), www.pbnetz.de

Planspiel

Das Planspiel ist eine Methode der Simulation von Realität, mit der sich komplexe Situationen vorbereiten und einüben lassen. So werden Planspiele in militärischen und wirtschaftlichen Bereichen angewandt, um Schwierigkeiten und mögliche Problemlösungen zu erkennen, bevor sie in einer realen Situation auftreten.

M52 Organisation der Planspiels

(*Der Pädagoge Heinz*) Klippert definiert das Planspiel als „eine relativ offene politische oder ökonomische Problemsituation, die pädagogisch-didaktisch vereinfacht ist und nach einer irgendwie gearteten Lösung verlangt." Das Problem soll konkret in Interaktion aller Lerner gelöst werden.
Entscheidend für Planspiele ist eine relativ freie Ziel- und Zeitvorgabe. So wird den Teilnehmern eine Lernumgebung geschaffen, die sich insbesondere durch Gruppenautonomie, selbstständige Erarbeitung von fachbezogenem Wissen, Flexibilität, Interaktion, Hypothesenbildung, Offenheit, Ungewissheit und nicht zuletzt einer „Quasi-Realität" auszeichnet. Ein besonders wichtiger Aspekt ist dabei der Realitätsbezug – die Simulation einer Praxissituation und die damit verbundene Bewältigung von Anforderungen und Problemen, wie sie auch in der Realität auftreten könnten. Dabei verlangt das Planspiel in der Umsetzung von den Teilnehmern ein großes Maß an planerischen, strategischen und kreativen Fähigkeiten zur Lösung des Problems. Zudem stellt das Planspiel hohe Anforderungen an die soziale Kompetenz der Teilnehmer, welche in der Interaktion mit der Gruppe von Bedeutung ist. Dabei werden gemeinsam Entscheidungen getroffen, Meinungsverschiedenheiten diskutiert, Gespräche und Verhandlungen geführt, Auswertungen der Ergebnisse vorgenommen, und zuletzt erfolgt die Auswertung und Präsentation der gemeinsamen Ergebnisse in sehr unterschiedlichen Formen (die auch selbst wieder gespielte Situationen sein können).
Zur Durchführung eines Planspiels (z. B. im Unterricht) müssen folgende Unterlagen vorbereitet/bereitgestellt werden:

- eine Fallstudie, in der kurz die vorherrschende Problemsituation skizziert wird;
- eine Arbeitskarte mit Erläuterungen zum Spielverlauf;
- Rollenkarten, durch welche den Teilnehmern spezifische Rollen übertragen werden (Informationen zum Rollenverständnis von Betriebsrat, Unternehmensleitung, Aktionären, Mitarbeitern, Kunden, Bürgerinitiativen, Ministerium u. a.)
- Ereigniskarten, die als Impulskarten durch den Spielleiter in die Gruppen gereicht werden können (Änderungen von Bedingungen, Preisen, o. Ä.),
- Arbeitsmittel wie Büromaterial und Nachschlagewerke.

Der idealtypische Verlauf eines Planspiels
Die Phasen sind im Überblick abgebildet (*M 58*). In den einzelnen Phasen sollten – idealtypisch gedacht – folgende Aspekte beachtet werden:

1. Spieleinführung
2 Informations- und Lesephase
3. Meinungsbildung und Strategieplanung innerhalb der Gruppe
4. Interaktion zwischen den Gruppen
5 Vorbereitung eines Plenums/Konferenz
6. Durchführung eines Plenums/Konferenz
7. Spielauswertung

http://methodenpool.uni-koeln.de

M53 Die Phasen des Planspiels

1. Spieleinführung

- Das Planspiel, sowie die Spielmaterialien und die einzunehmenden Rollen werden vorgestellt.
- Verständnisfragen werden geklärt.
- Die Arbeitsgruppen werden eingeteilt.
- Der Spielleiter schildert kurz das Problem und stellt das Material bereit (intensive Vorbereitung erforderlich!).

2. Informations- und Lesephase

- Es werden die Plätze an den Gruppentischen mit der entsprechenden rollenspezifischen Bezeichnung eingenommen.
- Die Gruppenmitglieder erhalten die Arbeitskarten (die für alle Gruppen gleich sind) und unterschiedliche Rollenkarten.
- Das Informationsmaterial wird durchgelesen.

- Verständnisfragen werden geklärt.
- Der Spielleiter verteilt die Arbeits- und Rollenkarten.

3. Meinungsbildung und Strategieplanung innerhalb der Gruppe

- Die Informationen werden gruppenintern strukturiert und anschließend wird die Ausgangssituation analysiert.
- Es werden Handlungsoptionen besprochen und diskutiert sowie möglichst kreative Ideen und Strategien entwickelt.
- Hilfestellungen werden nur in Notsituationen geleistet.
- Der Spielleiter beobachtet und berät bei Rückfragen.

4. Interaktion zwischen den Gruppen

- Diese Phase ist die intensivste Spielphase.
- Die Gruppen agieren (Versenden von Briefen und Faxen an die übrigen Gruppen, Besuche, das Führen von Gesprächen und Verhandlungen) und reagieren ebenso auf die Anfragen der anderen Gruppen.
- Durch Ereigniskarten können gezielt Impulse und Veränderungen ins Spiel eingebracht werden.
- Der Spielleiter beobachtet lediglich!

5. Vorbereitung eines Plenums/einer Konferenz

- Diese Phase ist meist die spannendste im Spielverlauf und bildet damit den Höhepunkt.
- Die Gruppe trägt intern ihre Ergebnisse zusammen und verarbeitet und bewertet ihre erreichten Ergebnisse.
- Es wird der Verlauf des Plenums geplant, die zu vertretenden Positionen besprochen, mögliche Argumente und Strategien sowie die Einstiegsstatements und der jeweilige Gruppensprecher bestimmt.
- Der Spielleiter berät bei Rückfragen.

6. Durchführung eines Plenums/einer Konferenz

- Am Plenum nehmen i. d. R. alle Teilnehmer teil.
- In dieser Phase werden die Ergebnisse einer jeden Gruppe vor dem Plenum zusammengetragen und durch den Gruppensprecher bzw. unterstützend durch die Gruppenmitglieder präsentiert.
- Bleiben offene Fragen oder wird kein Konsens erzielt, da die Interessen nicht zu vereinbaren sind, werden die Teilnehmer auf die Phase der Spielauswertung verwiesen.
- Der Spielleiter fungiert als Konferenzvorsitzender.

7. Spielauswertung

- In dieser Phase werden Zusammenfassungen und Analysen zum inhaltlichen, aber auch zum formalen Spielverlauf vorgenommen, wobei die Teilnehmer den Spielverlauf und die erzielten Spielergebnisse reflektieren und anschließend konstruktiv Kritik äußern sollen.
- Der Spielleiter leitet das Gespräch in der Rolle des neutralen Moderators.

Die hier dargestellte Abfolge ist idealtypisch und kann im Einzelfall variieren. In der Praxis ist darauf zu achten, dass die eingenommen Rollen tatsächlich gespielt und ernst genommen werden:
Die Teilnehmer übernehmen Verantwortung für ihre eigenständig erarbeiteten Ergebnisse und damit für ihren Lernerfolg. Sie arbeiten zwar im Team, aber als solches zugleich selbstständig. Durch die Präsentation der Ergebnisse im Plenum sind die Teilnehmer meist höchst motiviert, da das Plenum die jeweiligen Präsentationen aufmerksam verfolgt und beurteilt. Dies fördert neben der Motivation die Lernintensität, da die Teilnehmer während der Diskussion informiert sein wollen, um am Ende als „beste Gruppe" dazustehen (z. B. den höchsten Spekulationsgewinn an der Börse, den größten Unternehmensgewinn, den Gemeindezuschuss o. Ä. zu verzeichnen). Diese Anerkennung vor der Gesamtgruppe ist natürlich für viele Teilnehmer ein großer Ansporn.
Die Spielleiter trauen den Teilnehmern etwas zu und räumen ihnen damit große Freiräume ein. Diese zeichnen sich z. B. durch das Zulassen von Fehlern und Lernumwegen aus. Die Aufgabe des Spielleiters besteht hauptsächlich aus der Organisation des Materials und der Moderation der Spielphasen. Die Teilnehmer werden nur beraten, wenn sie den Spielleiter explizit dazu auffordern. Während der Gruppenaktivitäten hält sich der Spielleiter im Hintergrund, achtet jedoch auf die grobe Einhaltung der Zielvorgaben.

Heinz Klippert: Planspiele, 5. Aufl. Weinheim 2008

1 Führen Sie das Planspiel S. 46 ff. nach dieser Anleitung durch.

Szenariotechnik

Die Szenariotechnik ist eine Methode der strategischen Planung, die auf der Analyse möglicher Entwicklungen der Zukunft beruht. Untersucht werden etwa die Analyse von Extremszenarios oder besonders relevanter oder typischer Szenarios. Die Szenariotechnik hat militärische Wurzeln, findet aber seit einiger Zeit auch Anwendungsmöglichkeiten in ökonomischen, gesellschaftlichen und politischen Fragestellungen.

M 54 Unterschiedliche Verständnisse von Zukunft

Mithilfe der Szenario-Methodik wird versucht, durch die Konstruktion von verschiedenen möglichen Zukünften Orientierungswissen zu generieren, um gegenwärtiges Handeln daran auszurichten. Es gibt jedoch ein unterschiedliches Verständnis davon, wie die Zukunft sich in Hinblick auf Gegenwart und Vergangenheit verhält. Idealtypisch können drei Sichtweisen unterschieden werden. Das jeweilige Zukunftsverständnis wiederum hat einen entscheidenden Einfluss darauf, wie man von einer gegenwärtigen Position auf die Zukunft zugreift:

Erstes Verständnis: „Zukunft ist berechenbar". Was in Zukunft geschehen wird, lässt sich aus dem Wissen um Gegenwart und Vergangenheit (zumindest prinzipiell) berechnen. Je mehr gegenwärtiges Wissen angesammelt wird, desto sicherer ist die Prognose des zukünftigen Verlaufs. Diese Sicht auf die Zukunft führt dazu, sich vor allem auf statistische Trendextrapolationen zu stützen. In diesem Paradigma wird die Zukunft als vorhersagbar und kontrollierbar angesehen.

Zweites Verständnis: „Zukunft ist evolutiv". Diese Sichtweise sieht gegenwärtiges Wissen als nicht hinreichend an, um zukünftige Entwicklungen vorherzusagen. Der Verlauf der Zukunft passiert chaotisch, unkontrolliert und zufällig. Dieses Paradigma geht davon aus, dass eine bewusste Steuerung des zukünftigen Verlaufes nicht möglich ist und dass stattdessen emergente Strategien und ein intuitive muddling through zukünftige Verläufe angemessen behandeln.

Drittes Verständnis: „Zukunft ist gestaltbar". Der Verlauf der Zukunft ist weder vorhersagbar, noch entwickelt sie sich völlig chaotisch. Die zukünftige Entwicklung ist der intentionalen Gestaltung offen und somit (teilweise) durch unser Handeln beeinflussbar. Dieses Paradigma setzt auf die Strategien zur zukunftsgestaltenden Intervention, die die Rolle der Akteure und ihrer Ziele und Entscheidungen in der Zukunftsbildung betonen. (...)

Die Szenario-Methodik ist in ihrer Vielfalt nicht eindeutig einem einzigen der drei genannten Zukunftsverständnisse zuzuordnen. Das der Szenario-Methodik zugrundeliegende Zukunftsverständnis ist vor allem dadurch geprägt, dass nicht von einer notwendigen Zukunft, sondern von mehreren möglichen Zukünften ausgegangen wird. Das Konzept „Szenario" steht für die Idee einer möglichen Zukunft und verweist somit implizit immer auf die Möglichkeit weiterer, alternativer Zukünfte.

Als Veranschaulichung dieser Offenheit und Multiplizität der Zukunft und ihrer Antizipation durch Szenarien hat sich das so genannte Trichtermodell etabliert (s. M 55).

Hannah Kosow/Robert Gaßner: Methoden der Zukunfts- und Szenarioanalyse. Überblick, Bewertung und Auswahlkriterien, IZT (Institut für Zukunftsstudien und Technologiebewertung), WerkstattBericht Nr. 103, Berlin, September 2008, S. 11/12, in: http://www.izt.de (Zugriff: 16.8.2012)

emergent: unerwartet, neu auftretend
intuitive muddling through: intuitives Durchwursteln

M 55 Der Szenariotrichter und die drei Grundtypen des Szenarios

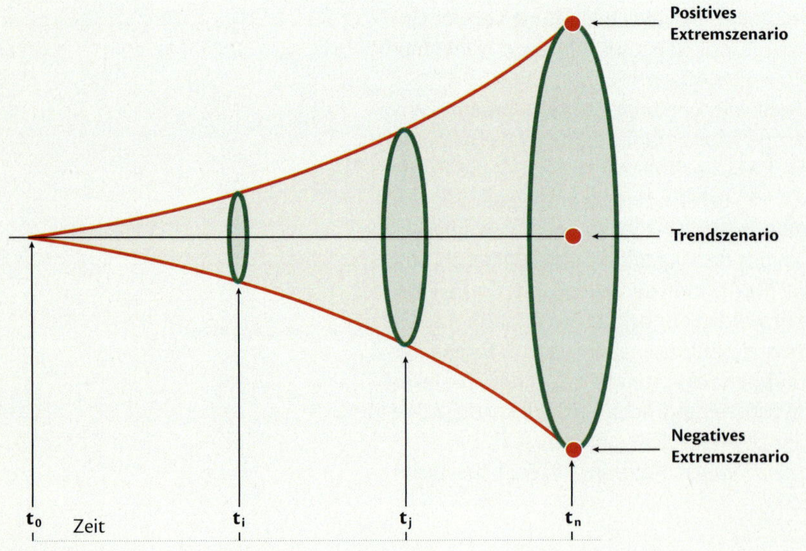

Nach: Peter Weinbrenner: Szenariotechnik, in: http://www.laum.uni-hannover.de/ilr/lehre/Ptm/Ptm_Szenario.htm (Zugriff: 10.7.2008)

M 56 Vorgehen

Der Szenarioprozess läuft idealtypisch über die fünf Phasen Szenariofeldbestimmung, Bestimmung von Schlüsselfaktoren, Analyse von Schlüsselfaktoren, Szenario-Generierung und ggf. Szenario-Transfer:

Phase 1: Szenariofeldbestimmung
Im ersten Schritt jedes Szenarioprozesses wird definiert, was genau der Gegenstand ist, für den Szenarios entwickelt werden sollen. „Worum soll es im Einzelnen gehen? Was ist das Thema, was ist das zu behandelnde Problem, wie wird das Szenariofeld definiert, was wird integriert? Und genauso wichtig: Wo sind die Grenzen, was wird nicht betrachtet? (...)
In dieser Phase wird festgelegt, welche Perspektive in Hinblick auf den Untersuchungsraum gewählt wird. (...)

Phase 2: Identifikation der Schlüsselfaktoren
Anschließend wird das Szenariofeld über Schlüsselfaktoren beschrieben. Schlüsselfaktoren, teils auch als „Deskriptoren" bezeichnet, sind die zentralen Größen, die das Szenariofeld beschreiben bzw. die auf das Feld wirken und/oder über die das Feld nach außen wirkt. Schlüsselfaktoren sind diejenigen Variablen, Parameter, Trends, Entwicklungen und Ereignisse, die im weiteren Verlauf des Szenarioprozesses zentral betrachtet werden. Zur Identifikation von Schlüsselfaktoren sind Kenntnisse über das Szenariofeld und die Wirkungsbeziehungen zwischen den verschiedenen Schlüsselfaktoren notwendig. Wie Schlüsselfaktoren tatsächlich im Rahmen von Szenarioprozessen identifiziert werden, ist im Einzelfall sehr unterschiedlich. Das Wissen über Schlüsselfaktoren wird teils durch sehr analyseintensive empirische und theoretische Vorarbeit in den Szenarioprozess eingespeist, teils aber auch partizipativ im Rahmen von Workshops oder Befragungsrunden generiert. Die erste Vorgehensweise setzt dabei vor allem auf die theoretische Fundierung der Szenarios sowie auf Analysetiefe; die zweite Vorgehensweise legt den Fokus vor allem auf die Fundierung von Szenarios über intuitives und implizites Wissen der Beteiligten sowie auf Überblick und Synthesekraft. (...)

Phase 3: Analyse der Schlüsselfaktoren
Nun erfolgt derjenige Schritt, der für die Szenariotechnik besonders typisch ist und diese Methode von anderen Methoden abgrenzt: Der Szenariotrichter (M 55) wird aufgespannt. Die einzelnen Schlüsselfaktoren werden daraufhin analysiert, welche möglichen zukünftigen Ausprägungen jeweils vorstellbar sind. Es wird sozusagen für jeden Faktor ein eigener Zukunftstrichter aufgespreizt, indem diejenigen Ausprägungen ausgewählt werden, die in die Szenario-Bildung einfließen sollen. Dieser Schritt kann auf vielfältige Weise durchgeführt werden, enthält aber immer auch intuitiv-kreative Aspekte, die notwendig sind, sich verschiedene zukünftige Entwicklungen eines Schlüsselfaktors vorzustellen.

Phase 4: Szenario-Generierung
Aus dem „Querschnitt" des Szenariotrichters zum gewählten Projektionszeitpunkt in der Zukunft werden Szenarien herausgeschält und verdichtet. Hier werden konsistente Faktorenbündel zusammengestellt, ausgewählt und zu Szenarien ausgearbeitet. (...)

Optional: Phase 5: Szenario-Transfer
Diese Phase beschreibt die weitere Verwendung und/ oder Verarbeitung der erstellten Szenarios. Sie wird nur bei einigen Szenariotechniken explizit zum Szenarioprozess selbst gezählt. Hier besteht wiederum eine große Anzahl von Möglichkeiten, was mit fertigen Szenarios gemacht werden kann, so z. B. Wirkungsanalysen, Akteursanalysen, Strategiebewertung und -entwicklung usw. Nach den generellen Gemeinsamkeiten im Szenarioprozess sollen jetzt der Fokus auf Unterschiede zwischen verschiedenen Szenarios gelegt und Merkmale zur Unterscheidung und Charakterisierung verschiedener Szenarioansätze vorgestellt werden.
Hannah Kosow/Robert Gaßner: Methoden der Zukunfts- und Szenarioanalyse, a. a. O., S. 6 ff.

1 Fertigen Sie ein Szenario zum Thema Entwicklungszusammenarbeit 2030 an.

Glossar

Akteur/e: Sozial Handelnde. Das können Einzelne, aber auch „überindividuelle" Zusammenschlüsse von Menschen (Staaten, Organisationen) sein.
Arbeitskosten: Kosten für den Einsatz der Mitarbeiter in einem Unternehmen. Das sind insbesondere Löhne, aber auch Lohnzusatzkosten (siehe dort).
Arbeitsproduktivität: „Output", der in einer bestimmten Zeit von einer bestimmten Menge Arbeitskraft erwirtschaftet wird. Beispiel: Je mehr Waren von einer Arbeitskraft in einer Stunde produziert werden, desto größer ist die Arbeitsproduktivität.
Armut: Lebenslage, in der entweder absoluter Mangel herrscht (absolute Armut) oder das Einkommen ein Durchschnittseinkommen erheblich unterschreitet (relative Armut).
Armutsrisiko(-quote): Die Armutsrisikoquote (auch: Armutsgefährdungsquote) gibt den Bevölkerungsanteil an, dessen Nettoeinkommen pro Kopf weniger als 60 Prozent des statistischen Mittelwertes beträgt.
Außenhandelstheorie: Wirtschaftstheorie, die internationalen Handel sowie die Folgen dieses Handels auf die beteiligten Akteure erklärt.
Benchmarking: Vergleichende Analyse mit einem für alle Fälle gleichen Referenzwert (Maßstab).
Binnenmarkt: Interner Markt, z. B. der gemeinsame Markt innerhalb der Europäischen Union.
Biodiversität: Nach dem 1992 geschlossenen völkerrechtlichen Übereinkommen über die biologische Vielfalt die „Vielfalt innerhalb der Arten und zwischen den Arten und die Vielfalt der Ökosysteme."
Blauhelme: Umgangssprachlicher Ausdruck für die Soldaten unter dem Befehl der Vereinten Nationen (z. B. die so genannten Friedenstruppen).
Bourgeoisie: Bürgertum. In ständischen Gesellschaften der so genannte dritte Stand nach Adel (Aristokratie) und Klerus (Kirche).
Bruttoinlandsprodukt: Gesamte Wirtschaftsleistung innerhalb eines Gebiets (Land, Staat, Region) in einem bestimmten Zeitraum.
Bruttonationaleinkommen (BNE, früher: Bruttosozialprodukt): Die Summe aller Güter und Dienstleistungen in Landeswährung, die in einer Volkswirtschaft in einem bestimmten Zeitaum hergestellt/bereitgestellt werden. Bei der Berechnung des BNE wird vom Bruttoinlandsprodukt (BIP) ausgegangen. Von diesem werden diejenigen Erwerbs- und Vermögenseinkommen abgezogen, die ans Ausland geflossen sind und die Einkommen addiert, die Inländer aus dem Ausland erhalten haben. Im Vergleich zum BIP bezieht sich das BNE eher auf Einkommensgrößen.
Budget: Haushalt bzw. Haushaltsplan.
Club of Rome: 1968 gegründete nichtkommerzielle Organisation mit 66 Vollmitgliedern. Diese sind Ökonomen, Industrielle, Wissenschaftler und andere Persönlichkeiten des öffentlichen Lebens.
CO_2-Emissionen: Ausstoß/Abgabe von Kohlendioxid an die Umgebung.
Demographie (griech. Volksbeschreibung): Als Wissenschaft von der Bevölkerung beschreibt die Demographie den Zustand der Bevölkerung (Größe, Altersaufbau, Geburtenhäufigkeit usw.) und leitet daraus Schlüsse für die Zukunft ab.
Demokratie: Volksherrschaft, ausgeübt v. a. durch regelmäßige Wahlen der Volksvertreter.
Dependenztheorie: Eine Reihe von Entwicklungstheorien vor allem Mitte und Ende der 1960er-Jahre betonte als Gemeinsamkeit die Existenz hierarchischer Abhängigkeiten (Dependenzen) zwischen Industrie- (Metropolen, Zentren) und Entwicklungsländern (Peripherien).
Devisen: Zahlungsmittel (Guthaben, Schecks etc.) in ausländischer Währung.
Diplomatie: Sammelbegriff für außenpolitische, zwischenstaatliche Aktivitäten und internationale Beziehungen. Im Speziellen die professionelle Tätigkeit (ausgeübt durch den/die Diplomaten/in), die Interessen eines Staates bei einem anderen Staat zu vertreten.
Dividende/n: Der Teil des Unternehmensgewinns, den eine Aktiengesellschaft an die Anteilseigner ausschüttet.
Dritte Welt: Sammelbezeichnung aus den 1960er- bis 1990er-Jahren für die wenig oder unterentwickelten Staaten Afrikas, Asiens, Süd- und Mittelamerikas, der Karibik und Ozeaniens.
Dschihadismus: Eine islamische Bewegung, die Individualismus und Liberalismus ablehnt. Sie versteht sich als Kampfansage an die Dominanz des Westens.
Endogen: Etwas entsteht aus sich heraus, aus inneren Ursachen (Ggs. zu exogen).
Entwicklung als politisch-ökonomischer Begriff umschreibt die nachholende Entwicklung (Modernisierung) der sog. Entwicklungsländer, die dem Weg der Industrieländer bzw. einem alternativen Entwicklungspfad zu folgen hätten. Entwicklungshilfe (= Entwicklungszusammenarbeit) ist das Bemühen von Industrieländern, Entwicklungsländern und (internationalen) Organisationen, die Entwicklung voranzubringen. Entwicklungspolitik enthält die konkreten staatlichen Maßnahmen und Ziele für Entwicklung.
EU-Erweiterung: Ausdehnung der Europäischen Union durch Aufnahme weiterer Mitglieder.
Europäische Kommission: Ein Organ der Europäischen Union (EU). Sie nimmt vor allem Aufgaben der Exekutive wahr, besitzt aber auch das alleinige Initiativrecht für die EU-Rechtsetzung.
Europäische Union (EU): Staatenbund aus 27 europäischen Staaten.
Europäische Wirtschafts- und Währungsunion (EWWU): Der angestrebte dreistufige wirtschaftliche Zusammenschluss der EU-Länder. Ziele waren unter anderem die Schaffung der EZB (Europäische Zentralbank), die Einführung des Euro und des europäischen Binnenmarktes sowie eine Liberalisierung des Kapitalverkehrs. Mit dem Beitritt zur EWWU verpflichten sich die Staaten weiter, ihre nationale Wirtschaftspolitik aufeinander abzustimmen (Wirtschaftsunion) und den Euro einzuführen.
Eurosystem: Eine im Rahmen der Europäischen Währungsunion gebildete Organisationseinheit, bestehend aus den nationalen Zentralbanken der Eurostaaten und der Europäischen Zentralbank (EZB). Das Eurosystem soll so lange existieren, bis alle Mitgliedstaaten den Euro eingeführt haben.
Exogen: Etwas entsteht oder geschieht durch äußere Einflüsse oder Ursachen (Ggs. zu endogen).
Export: Ausfuhr, d. h. Lieferung von im Inland hergestellten Erzeugnissen ins Ausland oder Dienstleistungen für ausländische Kunden.
Externe Effekte: Wenn durch Herstellung/Verbrauch von Waren oder Dienstleistungen anderen Unternehmen, Haushalten oder der Gesellschaft Kosten (externe Kosten) entstehen und vom Verursacher kein Ausgleich vorgenommen wird, spricht man von externen Effekten (Marktversagen).
Finanzkrise: Die 2008 in den USA beginnende Krise des Finanzsystems, die sich schließlich zu einer globalen Finanz- und Wirtschaftskrise entwickelte. Das globale Finanzsytem umfasst die Finanzmärkte (z. B. Kreditmärkte) und die finanzspezifischen Unternehmen (Banken, Versicherungen) sowie die für Finanzen zuständigen staatlichen Institutionen (Zentralbank, Aufsichtsbehörden). Zugleich sind auch

Privatpersonen und Unternehmen, wenn sie das Finanzsystem in Anspruch nehmen, Teil des Systems und auch von dessen Krise betroffen.

Finanzpolitik: Das Eingreifen des Staates in die gesamtwirtschaftliche Entwicklung durch entsprechende Einnahmen- und Ausgabenpolitik.

Freihandel/Freihandelszone: Zwischenstaatlicher Güterhandel, der frei von wirtschaftlichen Beschränkungen sein soll.

G 8: Die Gruppe der Acht (G 8) fasst die größten Industrienationen der Welt zusammen. Sie ist ein Forum ohne feste Regeln, das Fragen der Weltwirtschaft im Konsens erörtert. Neben Deutschland gehören ihr die USA, Japan, Großbritannien, Kanada, Frankreich, Italien und Russland an. Daneben ist in dem Gremium auch die EU-Kommission als Beobachter vertreten. Den Vorsitz hat jeweils ein Land für ein Jahr.

GATT: Das Allgemeine Zoll- und Handelsabkommen (engl. General Agreement on Tariffs and Trade, GATT) wurde 1947 als internationale Vereinbarung über den Welthandel abgeschlossen. Bis 1994 wurden Zölle und andere Handelshemmnisse Schritt für Schritt abgebaut. Das GATT ist der Grundstein der Welthandelsorganisation (WTO), in die es heute noch eingegliedert ist.

Gemeinsame Außen- und Sicherheitspolitik (GASP): Die GASP bezeichnet einen im EU-Vertrag vereinbarten Kooperationsmechanismus zwischen den EU-Mitgliedsländern. Ziel ist, schrittweise zu einer gemeinsamen Außen- und Sicherheitspolitik zu gelangen.

Genfer Konvention: Internationale und von nahezu allen Staaten unterzeichnete Abkommen über grundlegende humanitäre Regeln bei Kriegen.

Gini-Koeffizient: Ein Maß für relative Konzentration bzw. Ungleichheit. Er kann einen Wert zwischen Null und Eins annehmen. Ein Gini-Koeffizient von Null bedeutet Gleichverteilung, ein Wert von Eins die Konzentration auf nur eine Person.

Globalisierung: Prozess der zunehmenden weltweiten Verflechtung und Angleichung in Wirtschaft, Politik, Kommunikation und Kultur sowie in anderen Bereichen.

Global Governance: Eine Form des weltweiten Regierens ohne eine formelle Regierung. Vielmehr soll es einen ständigen Prozess der Abstimmung zwischen Nationen, Konzernen und NGOs, also den großen Verbänden, geben. Letztere sollen die Zivilgesellschaft vertreten.

Governance: Das Regierungssystem eines Staates bzw. das Regelungssytem unter internationalen Organisationen oder zwischen Staaten und internationalen Organisationen.

Hegemonie: Vorherrschaft/Überlegenheit einer Institution, eines Staates, einer Organisation oder eines ähnlichen Akteurs in politischer, militärischer, wirtschaftlicher, religiöser oder kultureller Hinsicht.

Heterogenität: Uneinheitlichkeit

Humanitäre Intervention: Eingriff mit bewaffneten Truppen in das Hoheitsgebiet eines anderen Staates, der dem Schutz von Menschen in einer Notlage dienen soll.

Humankapital: Alles Wissen und alle Fähigkeiten (Talente etc.), die die Menschen einer Volkswirtschaft haben.

Index: Eine aus mehreren Größen errechnete Vergleichsgröße (Kennzahl).

Indikator: Anzeiger, der Aussagen über die wirtschaftliche Situation erlaubt.

Industriegesellschaft: Eine Gesellschaftsform, in der das wirtschaftliche, soziale und kulturelle Leben wesentlich von den Bedingungen der industriellen Produktion geprägt ist. Charakteristisch für Industriegesellschaften ist z. B. eine hochgradige Arbeitsteilung.

Industriestaat: Ein Staat, in dem die Erwerbsbevölkerung vor allem im industriellen Sektor arbeitet.

Inflation: Anstieg des Preisniveaus über einen längeren Zeitraum (Ggs. Deflation).

Infrastruktur: Die langlebigen Grundeinrichtungen personeller, materieller oder institutioneller Art, die das Funktionieren einer arbeitsteiligen Gesellschaft und Volkswirtschaft garantieren.

Innovation: Neuerung, Erneuerung. Unspezifisch meist im Sinne von Erfindung(en) verstanden. In der Volkswirtschaftslehre (Schumpeter) auch im Sinne neuer Produktionsweisen zu verstehen.

Interdependenz: Wechselseitige Abhängigkeit (siehe auch: Dependenztheorie).

Interessen (politische): Ökonomische, soziale und politische Absichten und Forderungen, die an das politische System herangetragen werden.

Internationale Ordnungspolitik: Gestaltung der internationalen Rahmenbedingungen für wirtschaftliche Tätigkeiten, z. B. die Währungs- und die Handelsordnung.

Internationaler Strafgerichtshof: Internationales Gericht zur strafrechtlichen Verfolgung von Völkermord, Verbrechen gegen die Menschlichkeit, Kriegsverbrechen und Angriffskriegen. Er ist kein Ersatz für nationale Strafgerichte. Er wurde 1998 beschlossen und arbeitet seit 2003 in Den Haag.

Intraindustrieller Handel: Der Handel mehrerer Volkswirtschaften untereinander mit gleichartigen Gütern oder Dienstleistungen. Beispiel: Deutschland exportiert Autos nach Frankreich, und Frankreich exportiert Autos nach Deutschland.

Investitionen: Anlage von Geld (Kapital) zum Zwecke der Vermehrung (Gewinn, Profit).

Klassen: Große gesellschaftliche Personengruppen, die ein gemeinsames soziologisches oder ökonomisches Merkmal haben (z. B. Besitz bzw. Nichtbesitz von Produktionsmitteln).

Klassenkampf: In der marxistischen Theorie die sozialen und politischen Konflikte zwischen den gesellschaftlichen Klassen. Ursache der Konflikte sind die gegensätzlichen Interessen der Klassen.

Klimawandel: Die globale Erwärmung bzw. aktuelle Veränderung des Klimas.

Kolonialismus: Ein System wirtschaftlicher und politischer Herrschaft eines Staates über Regionen außerhalb der eigenen Grenzen. Kolonien entstanden aus der Landnahme mittels Besetzung und/oder militärischer Eroberung oder vertraglicher Vereinbarung mit den bisherigen Landesautoritäten. Historisch steht der Begriff für das Bestreben europäischer Staaten, neue Siedlungs- und Wirtschaftsräume zu erschließen und ihre Machtbasis auszuweiten (etwa vom 15. Jahrhundert bis zum Ende des Ersten Weltkriegs).

Kombattant: Eine Person, die unabhängig von der Rechtmäßigkeit des Konflikts zu Kriegshandlungen berechtigt ist (regulärer Soldat). Ein Kombattant hat Anspruch auf Behandlung im Sinne der Genfer Konvention (s. dort).

Komparativer Kostenvorteil: Die von David Ricardo (1772–1823) entwickelte Theorie der komparativen Kosten besagt, dass sich jedes Land auf die Produktion und den Export derjenigen Güter spezialisieren sollte, die es mit dem kleinsten absoluten Kostennachteil produzieren kann. Ricardos Theorie geht, entsprechend den Gegebenheiten seiner Zeit, von der Immobilität von Kapital und Arbeitskräften aus. Außenhandel lohnt sich (auch dann), wenn ein Land bei der Produktion aller Güter im Vergleich mit anderen Ländern unterlegen ist.

Konjunktur: Die gesamte Wirtschaft oder einzelne Branchen betreffende Schwankungen von Produktion und Beschäftigung aufgrund Veränderungen bestimmter ökonomischer Größen.

Konjunkturpolitik: Wirtschaftspolitische Maßnahmen, die den Konjunkturverlauf verstetigen sollen (siehe Konjunktur). Unter antizyklischer Konjunkturpolitik wird die auf Keynes zurückzuführende Konjunkturpolitik verstanden. Diese sieht in der Krise vor, dass der Staat sich verschuldet, um mit Hilfe von staatlichen Investitionen (Konjunkturprogramm) für ökonomische Nachfrage zu sorgen und so auch die sozialen und finanziellen Folgelasten der Krise abzumildern. Die entstandenen Schulden sollen dann in der Phase wirtschaftlichen Aufschwungs wieder abgebaut werden.

Konkurrenz: Siehe Wettbewerb.

Konzentration (ökonomische): Zusammenballung wirtschaftlicher Macht durch den Zusammenschluss von Unternehmen.

Kündigungsschutz: Gesetzliche Regelungen, die die Kündigung eines Arbeitsnehmers verhindern oder erschweren.

Kyoto-Protokoll: Das am 11.12.1997 unterzeichnete Kyoto-Protokoll enthält erstmals rechtsverbindliche CO_2-Begrenzungs- und Verringerungsverpflichtungen für die Industrieländer. Das Protokoll sollte in Kraft treten, sobald mindestens 55 Staaten, die 1990 zusammengerechnet mehr als 55 Prozent der CO_2-Emissionen verursachten, das Abkommen ratifiziert haben. An der zweiten Bedingung scheiterte dies lange Zeit, da sich die USA und Russland verweigerten. Erst nach der Ratifizierung durch Russland konnte das Kyoto-Protokoll am 16.2.2005 in Kraft treten. Im Protokoll haben die Vertragsstaaten vereinbart, ihre Emissionen an sechs Treibhausgasen bzw. -gruppen bis 2012 um mindestens 5 Prozent unter das Niveau von 1990 zu senken, wobei für einzelnen Länder spezifische Vorgaben vorgesehen sind.

Leitzins: Zinssatz der Zentralbank für Refinanzierungskredite an die Geschäftsbanken. Der Leitzins dient als Instrument der Geldpolitik, weil er das allgemeine Zinsniveau beeinflusst: Eine Anhebung verteuert die Geldbeschaffung der Geschäftsbanken, die diese wiederum an ihre Kunden weitergeben.

Liberalisierung (ökonomische): Befreiung des Handels von Beschränkungen, z. B. durch Zölle.

Liberalismus: Gesellschaftskonzeption, die die Freiheit und Selbstverantwortung des Einzelnen betont.

Lohnstückkosten: Lohn(kosten) pro Leistungseinheit bzw. erzeugtem Gut.

Lohnzusatzkosten: Beiträge, die der Arbeitgeber zur Arbeitslosen-, Kranken-, Pflege- und Rentenversicherung des Arbeitnehmers zahlt.

Makroökonomie: Teilgebiet der Volkswirtschaftslehre, das sich u. a. mit der Analyse der gesamtwirtschaftlichen Märkte und deren Zusammenhängen befasst.

Marginalisierung: Prozess, der Bevölkerungsschichten an den Rand der Gesellschaft drängt.

Marktkonformität: Wirtschaftspolitische Maßnahmen sind marktkonform, wenn sie das Zusammenwirken von Angebot und Nachfrage nicht stören.

Materialismus: Alltagssprachlich eine Lebenseinstellung, die hauptsächlich nach materiellem Besitz und Wohlstand strebt.

Menschenrechte: Die angeborenen und unveräußerlichen Rechte eines jeden Menschen. Sie sind höher gestellt als die Rechte des Staates. Zu den Menschenrechten gehören die so genannten liberalen Verteidigungsrechte, z. B. die Rechte auf Leben, Meinungs-, Glaubens- und Gewissensfreiheit, und die so genannten demokratischen und sozialen Rechte, z. B. das Recht auf Freizügigkeit, das Wahlrecht und das Recht auf Bildung.

Menschenwürde: Das Grundgesetz erklärt die Würde des Menschen für unantastbar (Art. 1 GG): Kein Mensch darf wie eine Sache behandelt, entrechtet, unmenschlichen und erniedrigenden Strafen und Behandlungsweisen ausgesetzt, gefoltert oder als so genanntes lebensunwertes Leben vernichtet werden.

Migration: Räumliche Mobilität von Individuen, Gruppen und Minderheiten z. B. zum Zwecke der Arbeitssuche. Migrationsprozesse können sich in Form von Land- oder Stadtflucht oder in Form von Ein- bzw. Auswanderung vollziehen.

Millenniumsziele: Im September 2000 von den UN-Mitgliedsstaaten im Rahmen ihrer Millenniumserklärung vereinbarte acht konkrete Entwicklungsziele. Darunter befinden sich beispielsweise die Bekämpfung von extremer Armut und Hunger und die Primarschulbildung für alle.

Modernisierungstheorie(n): Modernisierungstheorien sind Entwicklungstheorien. Ihnen gemeinsam ist die Annahme, Entwicklungshemmnisse würden nicht so sehr aus wirtschaftlichen Defiziten, sondern aus den Eigenarten und Wertvorstellungen traditionaler Gesellschaften entspringen. Grund für Unterentwicklung seien somit endogene Faktoren, wie z. B. mangelnde Investitionsneigung, Korruption, Misswirtschaft, Mangel an Good Governance.

Monopol/Monopolkommission: Ein Unternehmen besitzt auf einem Markt ein Monopol, wenn ihm auf diesem Markt keine Konkurrenz gegenübersteht (Angebotsmonopol). Selten kann es auch zu einem Nachfragemonopol (es gibt nur einen Nachfrager, meist den Staat) kommen. Die Monopolkommission in Deutschland ist ein unabhängiges Beratungsgremium, das die Bundesregierung auf den Gebieten der Wettbewerbspolitik berät.

Nachfrageorientierung: Sieht die gesamtwirtschaftliche Nachfrage als entscheidende Größe für Produktion und Beschäftigung.

Nationalismus: Eine politische Einstellung, die aus einer sprachlichen, kulturellen oder historischen Gemeinschaft von Personen (Nationen) das Recht auf (staatliche) Selbstbestimmung ableitet.

NATO: Die NATO (engl.: North Atlantic Treaty Organization) wurde 1949 als internationaler Militärpakt von den USA und Kanada sowie den europäischen Staaten Belgien, Dänemark, Frankreich, Großbritannien, Island, Italien, Luxemburg, den Niederlanden, Norwegen und Portugal gegründet. Später traten noch andere Staaten bei, 1955 auch die Bundesrepublik Deutschland. Wichtigstes Ziel war ursprünglich die militärische Abschreckung gegenüber der Sowjetunion und ihrer Verbündeten. Die NATO-Mitglieder verpflichten sich untereinander zum friedlichen Interessenausgleich, zur Beratung bei außenpolitischen und militärischen Bedrohungen sowie dazu, sich im Falle eines bewaffneten Angriffs gegenseitig Beistand zu gewähren. Darüber hinaus werden gemeinsame wirtschaftliche, kulturelle und politische Interessen verfolgt.

Neutralität: Die Nichteinmischung eines Staates in einen zwischen anderen Staaten bestehenden Konflikt. Durch einseitige Erklärung können sich Staaten auch völkerrechtlich anerkannt verpflichten, sich nicht in militärische Konflikte zwischen anderen Staaten einzumischen.

Nichtregierungsorganisation (NGO): Nicht auf Gewinn ausgerichtete, vom Staat unabhängige Organisation, z. B. attac.

Nichttarifäre Handelshemmnisse: Hemmnisse des Handels zwischen Staaten, die nicht die Form von Zöllen und Abgaben haben, z. B. Importquoten.

Output: Ausstoß, Ergebnis. Steht meist im Vergleich zum dafür erforderlichen Aufwand (Input).

OECD: Organisation für wirtschaftliche Zusammenarbeit und Entwicklung.

OECD-Skala: Verfahren zur Durchführung internationaler Einkommensvergleiche. Der Hauptbezieher des Einkommens geht dabei mit dem Faktor 1,0 in die Gewichtung ein, alle anderen Mitglieder der Bedarfsgemeinschaft

im Alter von mindestens 14 Jahren mit 0,5 (unter 14: 0,3).
Ökonomie: Wirtschaft.
Opportunitätskosten: Entgangener Erlös/Nutzen, der dadurch entsteht, dass vorhandene Möglichkeiten (Opportunitäten) zur Nutzung von Ressourcen nicht wahrgenommen werden (können).
Primärenergie: Die Energie, die mit den natürlich vorkommenden Energiequellen zur Verfügung steht, z. B. als Kohle, Gas oder Wind. Im Gegensatz dazu spricht man von Sekundärenergie oder Energieträgern, wenn diese erst durch einen (mit Verlusten behafteten) Umwandlungsprozess aus der Primärenergie erzeugt werden, z. B. Strom.
Produktionsfaktor/en: Arbeit, Boden, Kapital und Wissen als die Mittel und Leistungen, die an der Herstellung und Bereitstellung von Gütern und Dienstleistungen mitwirken.
Produktionssektor: Produktionsbereich.
Produktivität: Verhältnis von Aufwand und Ertrag (vgl. Arbeitsproduktivität).
Progression (im Steuersystem): Bei einer progressiven Besteuerung wird der Steuersatz immer höher, je höher die Bemessungsgrundlage der Steuer (z. B. Einkommen) ansteigt.
Proletariat: Seit dem 19. Jahrhundert Bezeichnung für die abhängig beschäftigten Industriearbeiter.
Protektionismus: Massnahmen eines Staates, welche den Import von Gütern beschränken.
Ratifizierung: Ein von Regierungen ausgehandelter völkerrechtlicher Vertrag tritt erst in Kraft, wenn die Parlamente (oder das Volk mittels Volksabstimmung) ihre Zustimmung gegeben haben und das Staatsoberhaupt den Vertrag mit seiner Unterschrift bestätigt (= ratifiziert) hat.
Rating: Aussage über die Fähigkeit (Bonität) eines Schuldners, die von ihm zu erbringenden Zins- und Tilgungsleistungen fristgerecht und in vollem Umfang leisten zu können.
Ressource: Ein politisch-ökonomischer Begriff für die materiellen, finanziellen und/oder personellen Mittel, die eingesetzt werden (können), um bestimmte (politische etc.) Ziele zu erreichen.
Schutzzoll: Dient dazu, die heimische Produktion und heimische Arbeitsplätze vor ausländischer Konkurrenz zu schützen.
Sicherheitsrat (UNO): Der Sicherheitsrat ist das mächtigste Organ der Vereinten Nationen. Er setzt sich aus fünf ständigen und zehn nichtständigen Mitgliedern beziehungsweise Staaten zusammen und hat die Hauptverantwortung für den Weltfrieden und die internationale Sicherheit. Nur er kann nach den Bestimmungen der Charta der Vereinten Nationen Entscheidungen mit Bindungswirkung für die Mitgliedstaaten treffen (z. B. Truppeneinsatz).
Souveränität: Fähigkeit und Recht auf Selbstbestimmung.
Standortwettbewerb: Konkurrenz von Staaten um Direktinvestitionen von ausländischen Unternehmen oder um hochqualifizierte Arbeitskräfte.
Subprime: Als Subprime-Markt (subprime: zweitklassig) wird ein Teil des privaten Hypothekendarlehensmarkts bezeichnet, der überwiegend aus Kreditnehmern mit geringer Bonität besteht.
Subvention/en: Vorteile, die ein Staat ohne Gegenleistung Unternehmen, Haushalten oder anderen Staaten gewährt.
Terrorismus: Gewalt und Gewaltaktionen (z. B. Entführungen, Sprengstoffanschläge etc.)
UN-Charta: Die Charta der Vereinten Nationen ist der Gründungsvertrag und damit die „Verfassung" der Vereinten Nationen (UN). Sie wurde am 26. Juni 1945 durch die 51 Gründungsmitglieder in San Francisco unterzeichnet. Die Charta bindet als völkerrechtlicher Vertrag alle Mitglieder.
UN-Menschenrechtskonvention (Deklaration der Menschenrechte, UN-Menschenrechtscharta): Enthält das ausdrückliche Bekenntnis der Vereinten Nationen zu den Menschenrechten. Sie besteht aus 30 Artikeln über die Rechte, die jedem Menschen zustehen, „ohne irgendeinen Unterschied, etwa nach Rasse, Hautfarbe, Geschlecht, Sprache, Religion, politischer oder sonstiger Überzeugung, nationaler oder sozialer Herkunft, Vermögen, Geburt oder sonstigem Stand."
Vereinte Nationen (United Nations [UN]): Ein zwischenstaatlicher Zusammenschluss von 193 Staaten. Wichtigste Aufgaben sind die Sicherung des Weltfriedens, die Einhaltung des Völkerrechts und der Menschenrechte sowie die Förderung der internationalen Zusammenarbeit.
Völkerrecht: Sammelbegriff für alle Rechtsnormen, die das Verhältnis der Staaten untereinander und die Beziehungen zwischen den Staaten und den internationalen Organisationen regeln.
Währungspolitik: Maßnahmen zur Regelung des inneren und äußeren Geldwertes einer Währung auf nationaler, europäischer und internationaler Ebene.
Wechselkurs: Preis einer ausländischen Währung, ausgedrückt in eigener gültiger Währung.
Welthandel: Gesamtheit des Handels mit Waren, Dienstleistungen, Kapital, Wissen und Rechten (Patente) zwischen allen Ländern der Erde.
Wertpapier/e: Wertpapiere sind Aktien (Anteile an Unternehmen), Zertifikate, Schuldverschreibungen und andere Wertpapiere, wenn sie an einem Markt gehandelt werden können.
Welthandelsorganisation (Word Trade Organization [WTO]): Internationale Organisation mit Sitz in Genf, die sich mit der Regelung von Handels- und Wirtschaftsbeziehungen beschäftigt.
Weltwirtschaftsordnung: Ein System von Abkommen, Vereinbarungen, Vorschriften und Gesetzen zwischen Staaten, um den Weltwirtschaftsverkehr mit Waren, Dienstleistungen und Kapital zu gewährleisten und zu regeln.
Wettbewerb (ökonomischer): Die Konkurrenz der Teilnehmer auf einem Markt; vor allem: Konkurrenz der Verkäufer von Waren und Dienstleistungen um die Gunst der Käufer.
Wirtschaftspolitik: Staatliche Maßnahmen zur Beeinflussung der Wirtschaft, z. B. zur Aufrechterhaltung der Märkte, aber auch zur Unterstützung wirtschaftlicher Innovation.
Wirtschaftskrise: Beschreibt zum einen die Konjunkturphase der Depression, zum anderen auch eine lang andauernden Störung der wirtschaftlichen Entwicklung. Solche Wirtschaftskrisen können, wie die Krise 2008/2009, auch globale Ausmaße erreichen.
Wirtschaftsstandort: Siehe Standortwettbewerb.
Zentrum-Peripherie-Modell: Siehe Dependenztheorie.
Zivilgesellschaft: Raum innerhalb der Gesellschaft, der z. B. von Vereinen, Verbänden, Initiativen, NGOs usw. ausgefüllt wird.

Register

Bildquellenverzeichnis

Umschlagbilder: © Corlis Image, Fotos: Ocean, Smith, Schultz, Kami, Scanrail, Render; © Getty Images, Fotos: Colomb, Hammersbacher; 7 o. l. picture-alliance/dpa/©dpa/Foto: epa Sanjay Bald; 7 o. m. picture-alliance/dpa/©dpa/Foto: Elkin Cabaracas; 7 o. r. picture-alliance/dpa/Foto:epa Rainer Jensen; 7 u. l. picture-alliance/dpa /Foto: Stefano Spaziani; 7 u. m. picture-alliance/dpa/©dpa/Foto: Everett Kennedy Braun; 8 o. l. picture-alliance/Landov; 8 u. r. picture-alliance/dpa/©dpa/Foto:epa Dai Kurokawa; 9 picture-alliance/Sueddeutsche Zeitung/Foto: Catherina Hess; 10 m. l. picture-alliance/dpa/©dpa/Foto: Sandro Campardo; 15 o. r. picture-alliance/dpa/©epa-Bildfunk/Foto: Manuel Bruque; 16 o. l. picture-alliance/dpa/©dpa/Foto: epa Michael Reynolds; 16 u. l. picture-alliance/dpa/©dpa/Foto: New Media Days/Peter Erichsen; 17 o. Klaus Stuttmann; 17 m. r. picture-alliance/dpa/©dpa/Foto: Saul Martinez; 18 o. l. picture-alliance/dpa/©dpa-Report/Foto: Stefan Sauer; 19 o. l. picture-alliance/dpa; 19 o. m. picture-alliance/HB Verlag/Foto: Holger Leue; 19 o. r. picture-alliance/Foto: Peter Steffen; 19 u. l. AP Photo/Kamran Jebreili; 19 u. m. ullsteinbild/Hechtenberg/Caro; 19 u. r. picture-alliance/dpa-report/Foto: Gero Breloer; 20 o. l. picture-alliance/dpa; 20 u. www.c5.net/Plaßmann; 26 m. l. picture-alliance/akg-images; 28 l. u. picture-alliance/dpa/©dpa/Foto: epa Lusa Rosa; 35 u. l. picture-alliance/akg-images; 37 o. l. picture-alliance/APA/picturedesk.com; 37 o. m. picture-alliance/Photoshot; 37 o. r. picture-alliance/dpa/©dpa/Foto: Florian Schuh; 37 u. l. picture-alliance/dpa/©dpa/Foto: Karpov Sergel; 37 u. m. picture-alliance/dpa/©epa/Foto: Indymedia Klaus Stutmann; 37 u. r. picture-alliance/dpa/©epa/Foto: Peter Kneffel; 38 picture-alliance/dpa/©dpa/Foto: Frederik von Erichsen; 40 picture-alliance/dpa/Foto: Martin Athenstädt; 43 Heiko Sakurai; 44 picture-alliance/dpa/©epa/Foto: Martial Trezzini; 46 picture alliance/ZB /©dpa/Foto: Hubert Link; 49 picture-alliance/Sueddeutsche Zeitung/Foto: Catherina Hess; 53 picture- alliance/dpa/©epa/Foto: S. Sabawoon; 54 picture-alliance/ZUMAPRESS/Foto: Jiang Kehong; 55 picture-alliance/dieKLEINERT.de/Tommy Schwarwel; 58 Burkhard Mohr; 59 o. l.picture-alliance/dpa//©dpa/Foto: PA Chris Ison; 59 o. m. picture-alliance/landov/Foto Michael Connor; 59 o. r. picture-alliance/dpa//©dpa/Foto: RIA Nowosti; 59 o. l. picture-alliance/dpa//©dpa/Foto: Sana Hinadout; 59 o. m. picture-alliance/dpa//©dpaReport/Foto: Achim Scheidemann; 59 u. r. picture-alliance/dpa/Foto: Martin Athenstädt; 61 Horst Haitzinger; 64 o. l. picture-alliance/dpa/©dpa/dpa-Report; 64 u. l. picture-alliance/©dpa/dpa-Zentralbild/Foto: Arno Burgl; 66 dpa-Report; 69 Horst Haitzinger; 71 picture-alliance/dpa/©epa-Bildfunk/Foto: Sergio Barrenechea; 72 picture-alliance/dpa/©dpa/dpa-Report/Foto: epa Cavanaugh/Pool; 75 o. r. Gerhard Mester; 75 picture-alliance/dpa//©dpa/Foto: Paul Ridgeway; 77 www.c5.net/Plaßmann; 80 Christiane Pfolmann; 83 picture-alliance/dpa//©dpa/Foto: Franziska Koark; 85 picture-alliance/dpa//dpaweb//©dpa/Foto: Ingo Wagner; 87 picture-alliance/dpa//©dpa-infografik; 89 picture-alliance/Godong/Foto: Philippe Lissac/Godong; 91 o. l. picture-alliance/dpa//©dpa/Foto: Huang Jiexian; 91 o. picture-alliance/dpa//©dpa-Bildarchiv/Foto: Claus Felix; 91 o. r. picture-alliance/dpa//©dpa-Fotoreport/Foto: Tom Maelsa; 91 o. l. picture-alliance/dpa/©World Pictures/Photoshot/Foto: Peter Phipp; 91 u. m. picture-alliance/dpa/Bildagentur-online/Tips-images; 91 u. r. picture-alliance/dpa///©dpa/Foto: Erik E. Lesser; 93 u. Gerhard Mester; 100 picture-alliance/dpa///©dpa-Report; 101 picture-alliance/dpa/Mary Evans Picture Library; 102 picture-alliance/dpa/United Archives/TopFoto; 104 picture-alliance/imagestate/HIP/Ann Roman; 105 ÖNB/Wien, Pf 18575B1; 106 picture-alliance/maxpp; 109 picture-alliance/dpa/©dpa/Foto: Wen Lei; 112 u. picture-alliance/dpa/Foto: Frankdünzel; 116 pickture.alliance/akg-images; 117 picture-alliance/dpa/©dpa/Foto: Raveendran; 119 o. l. picture-alliance/dpa/©dpa-Bildarchiv ;119 o. m. picture-alliance/dpa/©dpa-Report; 119 o. r. picture-alliance/dpa/Foto: Lars Halbauer; 119 u. l. picture-alliance/dpa/Foto: Robert B. Fishmann/ecomedia; 119 u. m. picture-alliance/dpa/©dpa/Foto: Markus Scholz; 119 u. r. picture-alliance/Foto: Robert Geiss; 128 picture-alliance/Eventpress/Foto: Müller-Stauffenberg; 129 picture-alliance/dpa/©dpa/Foto: Carmen Jaspersen; 142 picture-alliance/APA/picturedesk.com/Wirtschaftsblatt/Foto: Guenther Peroutka 143 Götz Wiedenroth; 145 o. l. picture-alliance/dpa/©dpa/Foto: Emily Wabitsch; 145 o. m. picture-alliance/dpa/©dpa/Foto: Daniel Karmann 145 o. r. picture-alliance/dpa/Foto: Daniel Kalker 145 o. l. picture-alliance/dpa/©dpa/ /Foto: EFE Fernando Villar; 145 u. m. picture-alliance/dpa/©dpa/Maxppp/Foto: Chinafotopress/Ilu Tao; 145 u. r. picture-alliance/dpa/©dpa/EPA FILE/Foto: Jastin Lane; 153 Götz Wiedenroth; 154 picture-alliance/maxppp/©Leemage; 158 picture-alliance/IMAGNO/Austrian/Archives; 159 Roger Schmidt; 171 klaus Stuttmann; 173 o. m. picture-alliance/Arco Images Gmbh/Foto: P. Henry; 173 o. r. picture-alliance/dpaweb/©dpa/EPA¬_FILES/Foto: epa Nic Bothma; 173 u. l. picture-alliance/dpa/©dpa-Report/Foto: epa anp Kooren/Pool; 173 u. m. picture-alliance/dpa/Foto: Wildlif;e 173 u. r. picture-alliance/dpa/Foto: Sven Simon; 177 picture-alliance/Science Photo Library/Foto: Jan Hooton; 181 Weiss/Ostkreuz; 186 Götz Wiedenroth; 189 picture-alliance/dpa/Foto: Sandra Gätke; 190 Gerhard Mester; 192 picture-alliance/dpa/Everett Collektion; 195 Alexei Kouprianov; 196 picture-alliance/dpa/©dpa/Foto: epa Abir Abdullah; 198 picture-alliance/dpa/©dpa/Foto: Tim Brakemeier; 200 picture-alliance/APA/picturedesk.com/Foto: Schöndorfer; 201 picture-alliance/dpa/©dpa-Report/ Foto: epa Harish Tyagi; 213 o. l. picture-alliance/Photoshot; 213 o. m. picture-alliance/Globe-ZUMA Press/Foto: g49; 213 o. r. picture-alliance/Imagestate/Impact/Foto: Michael Mirecki; 213 u. l. picture-alliance/afrikamediaonline/Foto: Eric Miller; 213 u. m. picture-alliance/empcs/The Canadians Press/Foto: Larry Macdougal; 213 u. r. picture-alliance/dpa/©epa/Foto: Frank Rumpenhorst; 215 picture-alliance/dpa/©dpa/WDR Presse und Information/Foto: Max Kohr; 217 picture-alliance/dpa/Foto: Daniel Kalker; 231 Gerhard Mester; 232 Klaus Stuttmann; 237 Jan Tomaschoff; 240 picture-alliance/dpa/©dpa/Foto: Franziska Kaufmann; 245 l. picture-alliance/dpa/©dpa-Bildarchiv/Foto: Boris Roessler; 245 m. picture-alliance/chromorange/Foto: Peter Raider; 245 r. picture-alliance/dpa/Foto: Oliver Berg; 258 Heiko Sakurai; 260 Peter Nicholson; 265 Fotos: Annette Pflügner; 271 picture-alliance/Foto: Malte Ossowski/Swen Simon